지은이 **배진아** 공주대 영상학과 교수

이화여자대학교 신문방송학과(현 커뮤니케이션·미디어학부)에서 학사 및 석사 학위를 취득
한 후, 언론학 박사학위를 받았다. 방송위원회(현 방송통신위원회) 연구조사부에서 방송 정
책에 관한 연구 및 조사 업무를 수행했으며, 문화방송 편성국에서 시청자 조사·분석, 공영방
송 정책에 관한 자문, 대외 협력 업무 등을 담당했다. 현재 공주대학교 영상학과에서 커뮤니
케이션 이론, 미디어 콘텐츠와 미디어 정책을 연구하고 교육하면서, 동시에 한국언론학회 회
장직을 수행 중이다. 여론집중도조사위원회, 방송미래발전위원회, 미디어다양성위원회, 국
민통합위원회 등의 활동을 통해 미디어 정책의 학술적 토대를 제공하는 데 기여했다. 공적 책
무성, 공정성, 다양성 등 미디어의 주요 가치를 실증적으로 연구해왔으며, 급변하는 미디어
환경 속에서 변함없이 유지되어야 할 미디어의 책임과 역할에 관심을 두고 연구를 이어가고
있다.

KB201202

뉴스의 생산

이 저서는 2021년 대한민국 교육부와 한국연구재단의 지원을 받아 수행된 연구임(NRF-2021
S1A5B8096358).
This work was supported by the Ministry of Education of the Republic of Korea and the
National Research Foundation of Korea(NRF-2021S1A5B8096358).

이 저서는 2024년 공주대학교 학술연구지원사업의 연구지원에 의하여 연구되었음.
This work was supported by the research grant of Kongju National University in 2024.

저널리즘 연구

1 & 2

윤석민·배진아 지음

뉴스의 생산자

사회평론

저널리즘 연구 1
뉴스의 생산

2025년 2월 14일 초판 1쇄 인쇄
2025년 2월 27일 초판 1쇄 펴냄

지은이 윤석민·배진아
단행본사업본부장 강상훈
편집위원 최연희
편집 엄귀영·윤다혜·이희원·조자양
경영지원본부 나연희·주광근·오민정·정민희·김수아·김승현
마케팅본부 윤영채·정하연·안은지·박찬수·강수림
디자인 이파얼
인쇄 영신사

펴낸이 윤철호
펴낸곳 (주)사회평론
등록번호 10-876호(1993년 10월 6일)
전화 02-326-1182(마케팅)
주소 서울시 마포구 월드컵북로6길 56 사평빌딩
이메일 editor@sapyoung.com

©윤석민·배진아, 2025

ISBN 979-11-6273-338-7 04070
ISBN 979-11-6273-340-0 (세트)

언론을 지키는 모든 이들에게

차례

009 머리말

023 **1장. 언론은 여전히 필요한가** 024 — 1. 언론이란 무엇인가
028 — 2. 가치 있는 언론
041 — 3. 언론의 역할이 한계에 도달했다는 주장
053 — 4. 소결: 언론은 여전히 필요하다

055 **2장. 언론의 위기** 056 — 1. 언론 위기의 양상
063 — 2. 언론 위기에 대한 논의들
080 — 3. 언론의 정치적 편향성 인식
087 — 4. 소결: 언론 위기의 해법은 언론 현장에서 찾아야 한다

091 **3장. 현장 속으로** 092 — 1. 언론 현장의 의미
093 — 2. 뉴스 생산에 관한 기존 연구들
104 — 3. 현장 연구를 위한 방법론적 설계
108 — 4. 연구 방법의 보완
116 — 5. 소결: 현장 연구의 가능성, 한계, 그리고 보완

119 **4장. 뉴스 생산 과정** 121 — 1. 뉴스 생산 공간
128 — 2. 뉴스 생산 주체 간의 상호작용
157 — 3. 종합적인 뉴스 생산 과정
164 — 4. 게이트키핑과 데스킹
185 — 5. 지면 편집
191 — 6. 소결: 긴밀하고 숨가쁜 협업으로서의 뉴스 생산 과정

195 **5장. 일선 기자** 197 — 1. 일선 기자 동행 관찰
200 — 2. 동행 관찰 기록
244 — 3. 일선 기자 동행 관찰이 말해주는 것들
256 — 4. 소결: 일선 기자들이 보여준 희망

261   **6장. 밀착 관찰 I: 사회부**   263 — 1. 사회부 밀착 관찰

266 — 2. 밀착 관찰 기록

319 — 3. 사회부 밀착 관찰이 말해주는 것들

332 — 4. 소결: 시시포스적 헌신

335   **7장. 밀착 관찰 II: 정치부**   337 — 1. 정치부 밀착 관찰

338 — 2. 밀착 관찰 기록

386 — 3. 정치부 밀착 관찰이 말해주는 것들

396 — 4. 소결: 데스크들이 주도하는 정치 뉴스 생산

401   **8장. 뉴스의 편집**   404 — 1. 신문의 편집

406 — 2. 판별 지면 데이터 수집과 코딩

412 — 3. 판별 기사의 변화

429 — 4. 판별 기사 제목의 변화

437 — 5. 판별 사진의 변화

460 — 6. 판별 기타 이미지의 변화

464 — 7. 소결: 편집, 모든 것을 다시 훑는 작업

467   **9장. 추가 편집**   470 — 1. 53판의 변화

488 — 2. 54판의 변화

493 — 3. 소결: 추가 편집, 집요한 사실 확인 과정

495   **10장. 현장으로부터의 성찰**   497 — 1. 연구의 출발점: 언론의 가치, 언론의 위기, 학계의 역할

500 — 2. 언론 현장과 뉴스 생산 과정

516 — 3. 현장으로부터의 성찰

528   본문의 주   568   부록 ❶ 참여관찰 일정 및 주요 관찰 내용
551   참고문헌   ❷ 일자별로 수집한 데이터 유형
                            ❸ 50판 분석용 코딩북
                            ❹ 51/52/53/54판 분석용 코딩북
                            ❺ 인용원 분석을 위한 코딩북

하루하루 집 앞에 배달된 신문을 확인하는 게 마음 졸이는 일이 되었다. 이른 새벽, 잠에서 덜 깬 상태로 현관문을 열면서, 언제부턴가 막연한 불안감이 들곤 한다. "혹시 신문이 안 왔으면 어쩌지." "아, 오늘도 신문이 왔네."

　이 머리말을 쓰면서 2023년 여름 극장가를 강타한 영화 〈오펜하이머〉를 떠올렸다. 로스앨러모스 사막 한복판에서 이루어진 핵폭발 실험 장면이며, 맨해튼 프로젝트에 참여한 기라성 같은 과학자들의 면면은 지금도 기억에 선명하다. 하지만 영화가 전해준 가장 강렬하고도 두려운 메시지는 순식간에 도시 하나를 재로 만들고 무수한 이들의 목숨을 앗아가는 가공할 무기의 개발과 실전 투입이 대통령 및 그를 에워싼 극소수 참모진의 판단에 전적으로 의존했다는 사실이다. 물론 전시상황이었고, 전쟁의 승패를 좌우하는 극도의 보안 사안이었다. 하지만 이들 권력 집단이 충분히 이성적이지도, 신중하지도 못했다면?

정도의 차이는 있지만, 지금도 이중, 삼중으로 보안된 군사 기지나 연구실에서 우리의 운명을 좌우하는 수많은 맨해튼 프로젝트가 국가 안보 혹은 기업 비밀이란 명분으로 진행되고 있을 것이다. 그 개연성만으로도 몸이 떨려온다. 민주주의는 의사결정 과정이 더디고 갈등을 초래하더라도, 이 같은 비밀 통치 내지 철인哲人 통치 대신, 우리가 우리 삶의 문제들을 충분히 숙지하고 그에 대한 결정권을 행사하는 것이 옳다고 믿는 정치 시스템이다. 이런 의미에서 민주주의는 여전히 진행되고 있는 미완의 프로젝트다.

그 프로젝트의 최전선에 언론이 존재한다. 우리를 둘러싼 환경, 특히 장막에 싸인 정치권력을 집요하게 감시하고 비판함으로써 언론은 민주주의를 진전시켰다. 뉴욕타임스와 워싱턴포스트의 미 국방부 베트남전 극비문서(펜타곤 페이퍼) 보도며, 워터게이트 보도가 그 사례다. 굳이 멀리서 예를 찾을 것 없이 2016년 박근혜·최순실 국정농단 보도가 그러했다. 언론이 항상 잘한 것은 아니었다. 광주민주화운동 보도며, 세월호 보도가 그러했다. 하지만 이제 우리는 언론이 진전되는 만큼 민주주의가 진전된다는 사실을 알고 있다.

그렇기에 최근 언론이 겪고 있는 상황을 생각하면 안타까움에 가슴이 눌려온다. 종래 언론을 대표해온 종이 신문은 이제 종말이 임박한 것 같은 상황이다. 더 심각한 문제는 뉴스 자체가 불신을 넘어 회피의 대상이 되고 있다는 점이다. 젊은 세대의 경우 굳이 언론이 왜 있어야 하는지 알지 못한다. 사회적 소통과 민주주의의 기틀로 평가받아온 이 소중한 사회적 가치재에 무슨 일이 생긴 것인가.

이 시대에 언론은 여전히 필요한가? 그렇다면 그 이유는 무엇인가? 언론이 겪고 있는 위기의 본질은 무엇이며 그것은 어떻게 극복되어야

뉴스의 생산

하는가? 정치권력, 시민사회, 국가 행정권력 등 외생적 힘이 아닌 언론 스스로의 내생적 힘으로 이 위기를 극복할 가능성이 존재하는가? 너와 나, 우리, 이 사회는, 그리고 연구자와 같은 미디어 학자들은 언론을 지키기 위해 무엇을 해야 하는가?

이 두 권의 책은 이 같은 질문들에 답하기 위한 언론 현장 연구의 결과물이다. 이 작업은 연구자(윤석민)가 2020년에 발간한 연구서 『미디어 거버넌스』에서 시작됐다. 거기서 연구자는 한국 사회의 언론이 겪고 있는 위기의 성격을 분석하고 그 대안을 검토했다. 이를 통해 연구자는 언론 위기의 핵심은 제도의 문제가 아닌 언론의 토대를 이루는 규범의 위기라는 결론에 도달했다. 그리고 그 연장선상에서 언론 위기 극복은 정치 시스템, 시민사회, 행정적 국가의 제도 개혁이 아닌 언론이 주도하는 규범 복원에서 시작되어야 하며, 사회, 특히 전문성과 정치적 중립성을 지닌 대학 및 학계가 이들의 노력을 적극 지원해야 한다는, 이른바 "실천적 규범주의practicable normativism"를 제안한 바 있다.

하지만 책을 발간한 직후부터 새로운 고민이 시작되었다. 이러한 주장은 타당한가? 언론 스스로가 언론 위기 극복의 실천적 주체가 되어야 한다는 주장에 대해 반론을 제기하기는 어렵다. 무너져 내린 언론의 규범성을 복원해야 한다는 주장도 마찬가지다. 하지만 언론 현장은 그 가능성을 지니고 있는가? 디지털 전환을 넘어 인공지능이 폭주하듯 발전하고, 누구나 포털, 소셜 미디어 네트워크, 그리고 챗GPT를 사용해 원하는 정보를 간단한 질문 몇 마디로 쉽게 얻고 공유하는 시대에, 언론은 수명을 다하고 자연스러운 도태의 과정에 진입했다고 보는 게 옳지 않은가.

이 질문들은 모두 한 가지 방향을 가리켰다. 답을 얻기 위해 연구자는 위기의 언론 현장에 들어가야 한다. 본문에서 구체적으로 소개하겠지만 20세기 후반에 수행된 고전적인 언론 현장 연구들이 존재한다. 하지만 강산이 대여섯 번은 바뀐 현시점에서, 인터넷도 유튜브도 챗GPT도 없던 시절에 수행된 이 연구들은 말 그대로 오랜 골동품과도 같다. 최근 이루어지고 있는 언론 현장에 대한 연구는 실질적인 현장 기반 연구라기보다는 언론인들을 대상으로 한 인터뷰나 설문조사, 기사 내용 분석 등 현장 추정 연구의 한계를 드러낸다.

현시점의 언론 현장은 어떤 상태인가? 그곳에 희망이 있을까? 마침 2021년 2학기가 연구 학기였다. 사실상 연구자가 현장 연구를 할 수 있는 마지막 기회였다. 더 이상 망설일 이유도 여유도 없었다.

하지만 현장에 들어가겠다는 생각을 굳힌 후 구체적인 질문이 꼬리에 꼬리를 물었다. 언론사는 어디로 해야 하나? 신문사로 가야 하나 방송사로 가야 하나? 또한 언론 현장이라 함은 복잡한 언론사 조직 내에서 구체적으로 어디를 말하는가? 시간이 지나면서 서서히 생각이 정리되었다. "언론을 대표하는 주요 일간지의 뉴스 생산 과정에 답이 있을 것이다."

연구 계획서를 작성해 조선일보 및 D일보, H신문 등 한국 사회를 대표하는 신문사 세 곳을 접촉했다. 결과적으로 현장 연구 요청을 받아준 곳은 조선일보뿐이었다. H신문은 다방면으로 애를 썼지만 최종적으로 돌아온 것은 부정적인 대답이었다. 이 연구가 조선일보만을 대상으로 이루어진 것은 이러한 연유다.

구체적인 연구 계획을 세우면서, 혼자서 현장 연구를 수행하기 어렵다는 사실을 깨달았다. 뉴스 생산 과정은 일선 기자들이 수행하는 취재 활동, 발제 및 기사 작성 작업, 편집국에서 각 부서 및 전체 편집국 단위로 이루어지는 게이트키핑, 데스킹, 지면 구성 작업, 전체 지면 판이 짜인 이후 본격화되는 지면 편집 작업, 이와 관련된 편집국 내의 각종 회의, 편집국으로부터 분리된 논설위원실에서 이루어지는 일들, 경영진 과의 상호작용 등을 망라한다. 이러한 활동을 어떻게 모두 관찰할 것인 가? 게다가 최근 뉴스 생산자들의 상호작용이 오프라인만큼이나 온라 인으로 이루어진다는 것은 잘 알려진 사실이다. 단순히 편집국이나 논 설위원실 한 구석에 자리를 잡고 앉아 시간을 보낸다고 필요한 정보를 얻을 수 있는 게 아니다. 당장 심층 인터뷰만 놓고 보더라도 촌각을 다 투며 바쁘게 일하는 현장의 언론인들과 시간을 맞추고, 질문 문항을 작 성하고, 인터뷰를 수행하며 기록하는 작업(녹취를 허용하는 경우는 그나마 낫지만) 하나하나가 쉽지 않은 일이다. 무엇보다 이 모든 작업에서 개별 연구자의 편향을 어떻게 최소화할 것인가?

긴밀하게 협의하면서 현장 연구를 함께 수행하고 동시에 편향을 견제하는 상대역 역할도 아우를 공동연구자가 필요했다. 하지만 언론 현장 연구를 같이 하자는 제안에 주변의 학계 인사들이 어떤 반응을 보 일지는 자명했다. 시간과 노력은 많이 드는 반면, 그에 따른 보상이 사실 상 없는 언론 현장 연구에 누가 관심을 가질 것인가? 하향세를 보이는 언론사 현장 연구를 통해 얻은 연구 성과가 과연 어떤 가치를 지닐지도 불투명한 상황이었다.

고민 끝에 오래전 필자가 박사학위 논문 심사에 참여했고 이제는 한국의 언론학계를 이끄는 주역이 된 배진아 교수에게 연락해서 연구 목적을 설명하고 참여가 가능할지 조심스레 물었다. 배 교수는 연구자 의 설명을 듣고 관찰 대상, 인터뷰 범위, 수집이 필요한 데이터, 현장에 서 보내야 하는 시간 등 몇 가지 구체적인 질문을 한 이후, 다음과 같은 답변을 주었다. "다른 일도 많고, 솔직히 고생할 게 뻔히 보이지만, 의미 있는 연구이고 저에게도 큰 공부가 될 것으로 기대합니다. 함께하겠습니다." 지금도 반갑고 고마웠던 당시 심정을 잊을 수 없다. 이후 모든 작업은 팀으로 수행되었다. 약 2개월에 걸쳐 배 교수와 횟수를 헤아릴 수 없는 통화, 온-오프라인 미팅, 이메일 연락을 주고받으며 현장 연구 계획을 구체적으로 다듬었다.

원래 계획한 현장 연구 개시일은 2021년 9월 1일이었지만 다시금 강세를 띤 코로나 팬데믹 탓에 실제 현장 연구는 10월 1일에 시작되어 2022년 2월 18일까지 이어졌다. 이 기간에 연구팀은 일주일에 평균 3일 정도를 아침부터 밤까지 현장에서 보내면서 뉴스 생산 과정을 관찰하고, 인터뷰를 수행하며, 연구와 관련된 데이터를 수집했다. 현장에 가지 않는 날에는 외부 인사 인터뷰를 수행하거나 수집한 자료를 정리했다. 2021년 12월 26일(일)부터 31일(금), 그리고 2022년 1월 24일(월)부터 26일(수), 2월 14일(월)부터 18일(금)까지는 사회부, 정치부, 논설위원실 밀착 관찰을 수행하기 위해 아침부터 밤늦게까지 매일 현장에 머물렀다. 연구자들은 연구 기간 중 신문사 구석구석, 심지어 구내식당까지 직원들과 마찬가지로 자유롭게 드나들 수 있는 출입증을 받았고, 편집국 내 공유 좌석, 회의실, 로커 등을 자유롭게 활용했다.

아침 일찍 신문사 맞은편의 카페에서 공동연구자인 배 교수와 그날 할 일을 점검한 후, 부서 및 편집국 단위로 이루어지는 다양한 활동을 관찰하고, 현장 사람들과 대화를 나누며, 데이터를 수집해 정리하다 보면 하루가 저물곤 했다. 연구자들은 처음에 어쩔 수 없이 눈에 띄는 외부자였지만 점차 누구도 의식하지 않는 조직의 일부가 되었다. 힘들지만 보람된 기간이었다. 진정한 언론 연구는 대학의 연구실이 아닌 현장에서 이루어져야 함을 절감한 시간이기도 하다. 하지만 기회가 다시 주어진다고 이 같은 현장 연구에 또 나설지는 솔직히 의문이다.

현장 연구를 마치고 대학으로 돌아온 후, 관찰하고 수집한 자료를 정리하고 분석하는 작업 역시 고난의 연속이었다. 전체 지면 판갈이 데이터를 분석하기 위한 내용 분석 틀 작성에 3개월, 이를 기반으로 코딩 작업을 수행하는 데 6개월, 이런 식이었다. A4용지로 2천여 쪽에 달하는 심층 인터뷰 녹취록은 풀어서 정리하는 데만 6개월, 그 내용을 처음부터 끝까지 통독하는 데만 한 달 가까운 시간이 걸렸다. 조금도 과장 없이, 지금까지 연구자가 수행한 모든 연구 작업들을 다 합친 것만큼 힘겨운 작업이었다. 현장 연구를 마치고 3년이 지나서야 그 결과물을 『저널리즘 연구』(전2권)로 발간하게 된 것은 이러한 사정이다.

『저널리즘 연구』는 두 권의 책으로 구성된다. 1권 『뉴스의 생산』은 일선 기자들의 취재 및 발제에서 시작되어 전체 지면 편집 작업으로 종료되는 뉴스 생산 과정을 현장 관찰, 인터뷰, 동행 관찰, 밀착 관찰, 판별 지면 데이터 내용 분석 등의 방법을 동원해 다각적으로 다루었다. 책의 출발점에서 가치 있는 언론의 본질이 무엇인지 검토한 후, 아침부터 밤 늦게까지 쉼 없이 이어지는 현장 취재 및 기사 작성, 게이트키핑, 데스킹 및 지면 편집 작업이 이러한 본질에 얼마나 충실한지 살폈다. 2권 『뉴스 생산자』는 이러한 뉴스 생산 작업을 수행하는 주체인 언론인들과의 심층 인터뷰 내용을 담고 있다. 이들이 수행하는 작업의 디테일, 그리고 이들이 생각하는 언론의 역할, 보람과 한계, 언론이 당면한 위기 상황 등에 관한 생생한 목소리를 전하고자 했다.

이 자리를 빌려 한 가지 점을 분명하게 언급하고 넘어가고자 한다. 조선일보를 대상으로 한 이 연구가 지금과 같은 사회 및 학계의 풍토에서 어떤 의혹과 시비에 휘말릴지 쉽게 짐작할 수 있다. 조선일보가 하고 싶은 말을 대신 해주는 어용 연구란 비판이 그것이다.

> 조직에 대한 접근권을 선택적으로 허락하는 행위 자체에도 어떤 동기가 작용할 수도 있으며, 이는 연구 결과에도 영향을 미칠 수 있다. 즉 접근권 부여는 암묵적인 반대급부를 전제로 하는 '거래trade'일 수도 있고 일방적인 '증여gift'의 성격을 띨 수도 있다. 여기서 거래란 연구 결과가 조직이나 생산자에게 도움이나 적어도 흥미를 유발할 것이라는 기대가 작용하거나, 연구자와 조직 구성원 사이에 형성된 사회자본 차원에서 힘입은 거래가 될 수도 있다.
>
> ― 임영호, 2020, p.57

임영호 교수가 지적한 가능성을 완전히 부인하지 않는다. 조선일보 현장 연구가 성사되는 데는 연구자와 조선일보의 오랜 친분이 분명 영향을 미쳤을 것이다. 하지만 실제 연구를 수행함에 있어서, 연구자들은 강박적일 만큼 연구의 독립성을 지키기 위해 노력했다. 연구를 수행하기 위해 조선일보로부터 뉴스 생산 현장 접근 및 자료 접근 차원의 승인을 받는 것은 불가피했지만, 연구자들은 그 외의 어떤 지원도 받지 않았다. 연구자들은 보텀업bottom-up 방식으로 현장의 사람들에게 접근해 말문을 트고, 차를 마시거나 식사를 하는 식으로 라포르rapport를 쌓았다. 그 비용은 당연히 연구자들이 지불했다. 피관찰자들이 호의를 베푸는 경우도 있었지만, 상식선을 벗어난 경우는 없었다.

더 문제가 되는 것은 연구 수행 차원의 개입일 것이다. 연구 과정에서 이러한 우려를 낳을 만한 조선일보 측의 주문이나 간섭은 일절 없었다. 조선일보는 연구자들이 구체적으로 무엇을 하는지 몰랐다는 게 더 정확한 표현이다. 일선 기자 동행 관찰, 사회부 및 정치부 밀착 관찰, 각종 회의 참여, 인터뷰와 대화, 지면 구성 공유 파일 접속, 판별 지면 데이터 분석 등 모든 세부적인 연구 작업은 연구자들이 현장에서 필요하다고 판단해 실행에 옮긴 일이다. 이 같은 세부 작업을 진행하며 조선일보 측에 양해를 구할 일이 꽤 있었다. 하지만 그 역방향의 요청은 없었다. 분석을 진행하고 책을 집필하는 과정도 마찬가지였다. 연구자들이 자료 보완 차원에서 조선일보 측에 연락을 취한 적은 있었지만, 반대의 경우는 없었다.

책을 쓰는 과정에서 방대한 자료를 축약해 정리하는 것이 불가피했다. 하지만 연구자들은 예민한 대목의 경우 원자료에 대한 해석을 최소화한 채 가능한 한 원형 그대로 전달하는 것을 원칙으로 삼았다. 축약하고 해석하는 순간 원자료가 갖는 생생함과 섬세함이 제대로 전달되지 못하고, 편향이 개입할 수 있기 때문이다. 수집한 자료나 인터뷰들 중에서 필요한 부분을 선택하는 과정이 불가피했지만, 조선일보의 문제점을 드러내는 자료 내지 비판적 언술은 오히려 의식적으로 살리려 노력했다.

책의 집필이 마무리된 단계에서 연구 결과에 대한 조선일보 측의 확인 절차를 거쳤다. 이는 참여관찰과 심층 인터뷰에 기반한 현장 연구가 반드시 거쳐야 하는 방법론적 단계이자 연구 윤리상의 요건이기도 하다. 그 과정에서 연구자들은 만에 하나 조선일보 측에서 불편한 기색을 내비치며 이런저런 내용을 삭제, 수정해달라고 요청하지 않을까, 그 경우 어떻게 대처해야 할까, 내심 긴장했다. 하지만 소소한 사실관계의 오류를 바로잡고 민감한 개인 정보를 익명 처리하는 것 외에 책의 내용에 대한 주문과 참견은 없었다. 그렇기에 연구자들은 연구를 시작하는 단계부터 책을 내놓은 현시점까지 전문 연구자의 기본 책무인 독립성과 신실성integrity을 지켰다고 믿는다.

이 연구가 하나의 언론사, 그것도 조선일보 한 곳을 대상으로 이루어진 것은 이유가 무엇이건 분명히 지적하고 넘어가야 할 한계다. 연구자들이 관찰한 내용은 조선일보와 분리되지 않으며, 이 책의 제목은 엄밀히 말해 '조선일보 저널리즘 연구'다. 하지만 연구자들은 뉴스 생산 과정을 관찰하는 과정에서, 그리고 수집된 데이터를 분석하고 그 결과를 책으로 정리하는 과정에서, 조선일보에 한정된 내용을 가능한 한 줄이고 언론과 언론인 집단 전체에 일반화될 수 있는 사실을 부각하려고 노력했다. 연구자들이 뉴스 생산 과정에 대해 서술한 내용들, 이를테면 일선 기자들과 데스크의 집요한 사실 확인 노력, 유기적인 분업과 협업, 끊임없는 소통, 몸을 갈아 넣는 헌신 등은 조선일보뿐 아니라 동아일보, 중앙일보, 한겨레신문, 경향신문 등에도 적용되는 "전 언론 차원의 사실들"이라고 믿는다. 연구진이 고심 끝에 이 책의 제목을 '조선일보 연구'가 아니라 '**저널리즘 연구**'라고 한 이유가 거기 있다. 이 제목이 적절한지에 대한 판단은 오롯이 독자들의 몫이다. 조선일보 한 곳을 관찰하는 것만으로도 연구자들은 힘에 부쳤다. 연구자들이 관찰한 내용은 현장의 일각에 불과하다. 그나마 두 권의 책은 관찰한 내용의 일부만을 담아냈을 뿐이다. 조선일보 외에도 언론사들은 또 얼마나 많은가. 향후, 보다 다양한 언론사를 대상으로 한 현장 연구가 활성화되어 이 연구의 부족함이 메워질 수 있기를 기대한다.

이 연구는 2021년 서울대 언론정보연구소가 대한민국 교육부와 한국연구재단의 지원을 받아 수행 중인 연구 과제 "자유롭고 책임 있는

AI 미디어Free and Responsible AI Media"의 일환으로 이루어졌다. 이 예산 지원이 없었다면 이 연구는 애초에 시작될 수 없었을 것이다. 현장에서 지내는 기간 동안, 그리고 대학으로 돌아와 연구 결과를 분석하고 정리하는 과정에 많은 분들이 도움을 주었다. 우선 연구자들을 편하게 맞아준 조선일보 구성원들, 특히 당시 편집국장이던 현 TV조선 주용중 대표께 이 자리를 빌려 깊은 감사의 마음을 전하고 싶다. 연구자가 현장 연구의 필요성을 절감하고 가장 먼저 접촉했던 것도 그였고, 연구에 필요한 각종 요청을 수용해준 것도 그였다. 특히 편집국 구성원들만 접속할 수 있는 판별 지면 자료에 연구자들의 접근을 허용해준 것은 연구의 분기점이 되었다고 할 정도다.

바쁜 시간을 쪼개서 인터뷰에 응해주고 그 내용을 원형에 가깝게 발간하는 걸 용인해준 전·현직 언론인들이 없었다면 이 책, 특히 2권 『뉴스 생산자』는 제대로 내용을 갖출 수 없었을 것이다. 저널리즘 전문 연구자인 세명대 정은령 교수(전 SNU 팩트체크센터장)와 서강대 서수민 교수는 책의 구석구석에 녹아든 저널리즘 영역의 주요 참고문헌을 소개해주었다. 그 외에 데이터 코딩 작업을 도와준 서울대·이화여대·한국외대 언론학 전공 대학원생들, 일선 기자 동행 관찰을 수행한 서울대 언론정보학과와 정치외교학부의 학생들, 참고문헌 대출과 교정 작업을 도와준 신지환 조교, 뉴스 생산 공간을 그래픽으로 생생히 되살려준 연세대 건축학과 박수연 양, 연구자들이 연구에 전념할 수 있도록 연구비를 꼼꼼하게 관리해준 이은정 씨 등 도움을 받은 이들이 많다. 이 모든 분께 감사의 마음을 전한다. 마지막으로 어수선한 초고가 멋지게 두 권의 책으로 탈바꿈된 건 거의 전적으로 출판사의 역량이다. 사회평론 윤철호 사장님과 편집부에 진심으로 감사드린다. 이 모든 도움에도 이 책에는 많은 부족함이 존재한다. 이는 모두 연구자의 미력함 탓임을 밝힌다.

연구자는 미디어 정책 연구에서 시작해 미디어 규범 연구를 거쳐 언론(저널리즘) 연구에 이르렀다. 가까운 학계 동료 교수로부터 정책 연구를 하던 사람이 뜬금없이 무슨 언론 연구인가 하는 말도 들었다. 하지만 돌아보면 이 과정은 자연스러운 것이었다. 신문, 방송, 온라인 미디어, 유튜브 개인 미디어, 그리고 인공지능이 생성하는 뉴스 등 끝을 모르게 확장되는 미디어 시스템의 중핵core에 해당하는 것이 언론이다. 나아가 연구자에게 언론에 관한 연구는 사회적 소통을 활성화하고, 민주주의 및 문화 발전에 기여하는 미디어 시스템을 만들어내고자 하는 정책 연구의 궁극적 도달 지점이었다.

책을 쓰는 내내 언론이 이처럼 어려운 상황에 처할 때까지 연구자가 한 일이 없다는 점을 자책했다. 동료 연구자들의 문헌을 살피는 과정에서, "저널리즘 연구는 언론학이라는 나무의 뿌리이고, 저널리즘 연구자는 그 뿌리를 보살피는 사람"(박재영 외, 2016, 서문)이라는 말을 발견하고서 너무도 공감했다. 늦게나마 언론학의 뿌리를 보살피는 연구자의 일원이 될 수 있었음에 감사한다. 이 두 권의 책이 지금도 현장에서 몸을 갈아 넣고 있을 언론인들에게 작게나마 희망과 격려의 메시지가 될 수 있다면 더 바랄 게 없을 것이다.

* * *

이 책의 최종 교정이 진행되는 단계에서 윤석열 대통령의 계엄령 선포와 무장 군인들의 국회 난입, 국회에 의한 긴박한 계엄령 해제, 그리고 대통령에 대한 탄핵 의결이 이루어졌다. 막장 같은 정치적 사태가 이어지는 가운데 진보와 보수 진영 양측의 유튜브 채널들이 끓어오르며 근거 없는 소문과 주장들을 아무런 여과장치 없이 뱉어냈다. 대통령이 극우 유튜브 채널들을 끼고 살아서 그처럼 무모한 일을 자행했다는 얘기도 돌았다.

정치가 무너지고 각종 음모론이 사회를 뒤덮는 사태를 겪으며, 우리에게 언론이 희망이라는 사실을 다시 절감했다.

2025년 2월
(연구팀을 대표해) 윤석민

만약 당신이 초기 민주주의자에게 국민 의지의 기초가 되어야 할 정보를
어디서 얻는지 물었다면, 그는 그 질문에 당황했을 것이다.

— 월터 리프먼, 『여론』

1장. 언론은 여전히 필요한가

1. 언론이란 무엇인가

현시대 언론[1]이 처한 위기 상황은 강조할 필요가 없다. 레거시 뉴스 미디어건 새로운 뉴스 미디어건 극심한 경영 위기, 신뢰 위기, 정당성 위기를 겪고 있다. 심지어 위기라는 말이 무색할 정도다. 보수와 진보로 양극화된 진영 저널리즘은 사회 분열을 부추기고, 이는 다시금 언론의 진영화를 강화한다. 파당적 진영 논리와 저급한 시장 논리가 언론의 전통적인 규범적 가치를 압도하는 가운데 언론과 언론인들은 불신과 조롱의 대상이 되고 있다. 언론의 품질, 그에 대한 정당한 평가와 주목, 그리고 시장의 뒷받침이라는 건강한 언론의 선순환 과정 대신 역방향의 악순환이 심화되는 상황이다(윤석민, 2020, p.92). 이러한 위기 상황은 정치권력과 국가 행정권력에 의한 언론 통제를 정당화하는 사태로까지 이어지고 있다.

이 책은 이러한 상황에서 언론은 여전히 필요한지 묻는다. 결론을 미리 제시하면, 그 답은 "그렇다"이다. 이 책은 현시대에 그리고 미래에 언론이 왜 계속 필요한지에 대한 논리적 설명과 실증적 증거를 제시하려는 작업의 성과물이다.

'언론은 무엇인가?'에 대한 올바른 답을 갖고 있을 때, 우리는 '언론이 여전히 필요한가?'에 대한 평가 작업을 제대로 수행할 수 있다. 그래서 책의 첫걸음에 해당하는 이 장에서는 '언론은 무엇인가?'라는 원론적 질문을 다루고자 한다.

언론이란 무엇인가? 언뜻 자명해 보이는 이 질문에 대한 답은 생각만큼 쉽지 않다. 밀턴부터 매클루언에 이르기까지 언론 사상을 두루 훑은 알철J. Herbert Altschull의 책(1990, 양승목 역, 1993)은 그 첫머리를 다음과 같은 언론의 정의로 시작한다. "우리를 항상 흥분으로 가득 차게 하는 것."(Altschull, p.35) 미국 남북전쟁 당시 의사이자 시인, 즉 당대의 지식인이었던 홈스Oliver W. Holmes의 말을 인용한 것이다. 홈스는 "거짓이 실려 있는 단편 기사들이 전하는 사실 또는 헛소문 때문에 우리는 언제나 안절부절못할 것"(p.36)이라는 말도 했다. 알철은 같은 시기의 저명한 호반 문인이자 사회운동가였던 소로Henry D. Thoreau의 말도 전한다. "분명히 말하지만, 나는 신문에서 기억할 만한 뉴스를 하나도 읽은 적이 없다."(p.37)

1918년부터 2020년까지 퓰리처상을 130회 수상한 고품질 언론의 대명사인 뉴욕타임스는 자사가 제공하는 뉴스를 다음 7개 단어로 요약한다. "All the News That's Fit to Print."(인쇄하기 적합한 모든 뉴스) 뉴욕타임스는 1896년 이후 이 슬로건을 1면 상단의 작은 박스에 넣어 하루도 빠지지 않고 싣고 있다(송의달, 2021, p.68).

학계에서 논문을 평가하며 "언론 스타일journalistic"이라는 의견을 달면 문장 서술이 피상적이고 엄밀성이 떨어진다는 뜻이다. 역으로 언론 현장에서 사용되는 "학술적scholastic"이라는 표현은 기사가 쓸데없이 어렵고 장황하다는 의미를 내포한다. 정리하면, 언론은 "우리를 흥분시키거나 안절부절못하게 하는 것, 새로운 소식(뉴스)이라고 하지만 기억할 가치가 없는 것, 그저 인쇄해서 다수의 사람에게 배포할 만한 것, 피상적이고 엄밀성이 떨어지는 것"이다.

언론 하면 바로 떠오르는 느낌 내지 인상, 특히 식자층에서 언론을 바라보는 부정적이고 못마땅한 관점을 반영하는 이 같은 촌평 수준의 정의들은 언론에 대한 전문적이고 이론적인 성찰을 기대하는 이들의 눈에 어설퍼 보일 것이다. 실제로 언론에 대한 전문적이고 이론적인 논의들은 얼마든지 쉽게 찾아볼 수 있다. 예를 들어 현시대의 대표적인 언론 연구자 중 한 사람인 젤리저(Zelizer, 2004)는 학계에서 통용되는 언론의 개념을 전문직으로서의 언론, 제도로서의 언론, 텍스트로서의 언론, 사람으로서의 언론, 행위의 집합으로서의 언론으로 구분한다(자세한 논의는 2권『뉴스 생산자』프롤로그 참조). 언론은 인문사회과학의 다양한 영역에서 관심을 보여온 주제였다. 독자적인 학술공동체도 존재하며, 규범적 연구, 경험주의 연구, 사회학적 연구, 국제적 비교 연구 등 관점 및 방법론의 변천을 거치면서 발전해왔다.[2] 지금도 본문의 길이만큼이나 긴 참고문헌이 달린 언론에 대한 연구서며 논문이 꾸준히 출간되고 있다.

이 책은 필요할 때마다 이 같은 전문적인 연구 성과들을 소개할 것이다. 하지만 '언론은 무엇인가?'라는 근원적인 질문에 관해서 위에 예시한 사회적 통념과 촌평이 그 어떤 복잡한 이론적 논의보다도 본질적이고도 중요한 통찰을 전해준다는 것이 연구자들의 판단이다. 그 핵심은 다음과 같이 요약할 수 있다. "언론은 우리 삶과 동떨어진 고결하고 궁극적인 존재가 아니라, 우리 삶과 밀접히 관련된 번잡하며 하찮은 흥밋거리를 수집하고 정리해서 전하는 사회적 소통 활동이다."

언론의 역사는 이 점을 분명하게 보여준다. 근대적 의미의 언론은 400년, 풀타임 직업으로서의 언론은 200년 남짓한 역사를 지닌 것으로 알려져 있다. 근대 언론의 발전을 이끈 영국에서 신문은 19세기까지도 여러 신문에서 퍼 나른 잡다한 읽을거리를 모아놓은 인쇄물이었다. 그 출처가 된 신문들 역시 마찬가지였다. 언론은 편집되지 않은 다양한 목소리의 홈, 요즘 말로 플랫폼이었다. 언론은 19세기 후반 무렵, 사람들의 발언 내용을 직접 전달하는 인용 부호를 적극 활용하면서 목소리를 지니게 되었다. 20세기 들어 미국을 중심으로 뉴스는 특정한 사건에 대한 연대기적 설명을 넘어, 전면에 리드lede를 내세우고 다양한 인터뷰를 담아내는 오늘날과 같은 뉴스 형태로 진화했는데 유럽의 언론인이며 지식인들에게 이는 기괴한 일로 간주되었다고 한다(Schudson, 2020, pp.17~20).

언론은 무엇이며, 특히 사회적으로 중요한 의미를 지니는 가치 있는 언론은 무엇인가에 대한 탐구는 이 책 전반에 걸쳐 계속될 것이다. 하지만 여기서는 컬럼비아 대학교 저널리즘 스쿨(언론 대학원)의 언론 사회학자인 셔드슨(Schudson, 2020)의 언론 개념을 소개하는 것으로 논의를 일단락하고자 한다. 그에 따르면, 언론은 "일반 대중을 상대로 최근 돌아가는 일들에 대한 정보나 의견을 수집해 확산시키는 일에 특화된 직종(a specialized occupation for gathering and disseminating information and commentary on contemporary affairs directed to general audiences)"(p.1)이다. 이 정의가 우리에게 익숙한 언론의 개념과 역할을 군더더기 없이 담고 있다는 데 많은 이들이 동의할 것이다. 이 정의는 아래에서 논의할 가치 있는 언론의 본질과도 긴밀히 맞닿아 있다.

2. 가치 있는 언론

셔드슨의 정의를 빌리면 언론이 필요한가라는 질문은 "일반 대중을 상대로 최근에 돌아가는 일들에 대한 정보나 의견을 수집해 확산시키는 일에 특화된 직종"이 현시점에서도 여전히 필요한가라는 질문으로 대체할 수 있다.

언론이 무엇이며 그것이 수행하는 역할과 가치가 무엇인지에 대해서는 밀턴John Milton, 밀John Stuart Mill, 마르크스Karl Marx, 퇴니스Ferdinand Tönnies, 베버Max Weber, 리프먼Walter Lippmann, 하버마스Jürgen Habermas 등으로 이어지는 정전canonical texts 급의 논의들, 언론의 기능이나 효과에 관한 고전적인 언론 사회학자들(파크R. E. Park, 슈람W. Schramm, 라스웰H. Lasswell, 라이트C. Wright 등)의 논의, 그리고 그 후속 세대 연구자들이 수행한 언론과 언론인 집단에 대한 정치경제학적 분석, 현장 기반의 뉴스 생산 과정 연구, 뉴스 텍스트 연구(Tuchman, 2002) 등이 존재한다. 이 방대한 논의들을 자세히 소개하는 것은 이 장의 목적을 넘어선다. 한 가지 지적할 점은, 이 같은 사상가며 연구자들이 언론의 자유와 책임, 제도적 및 계급적 속성, 한계, 역기능 등을 가장 비판적이고도 비관적인 관점에서 논의하는 대목에서조차 언론의 가치와 필요성 자체가 부정된 적은 없었다는 것이다.

하지만 오랜 기간 통용되어온 언론의 기능과 역할을 다룬 이러한 성찰이 현재 상황에서 여전히 유효한지는 면밀히 재검토될 필요가 있다. 언론에 대한 사회적 신뢰가 역사적 최저치로 떨어지고(Sulzberger, 2023), 한때 지배적 언론 매체였던 일간지와 TV의 자리에 수를 헤아리기 어려운 온라인 미디어며 소셜 미디어 경쟁자들이 들어서고, 디지털 전환 및 AIArtificial Intelligence 혁명이 또다시 이 모든 것들을 원점에서 흔들고 있는 현재 상황은, 분명 이들 사상가며 연구자들이 경험했거나 예상했던 언론 현상의 범위를 벗어나는 것이다. 최근 들어 변화라는 표현이 무색할 만큼 언론에 관련된 모든 상황이 빠르게 달라지고 있다. 악화하고 있다는 것이 더 정확한 표현이다.

한국의 언론을 예로 들면, 종이 신문 독자 시장의 위축과 경쟁 심화는 충성 독자층(이른바 집토끼)을 지키기 위한 정치적 편향성의 심화, 클릭을 유도하기 위한 선정적 기사 선택, 낚시성 제목 달기, 베껴 쓰기형 속보abusing, 기사형 광고의 범람 같은 문제를 초래했다. 인터넷 신문의 상황은 더 심각하다. 영세한 인터넷 경제지들은 자체 취재 대신 기업 보도자료를 그대로 베껴 쓰고(이희성, 2021), 기업 소유주나 특수 관계인의 행적을 문제 삼는 기사를 삭제 또는 게재하지 않는 대가로 광고를 받는 일탈적 행태(김위근·지성우 등, 2014)를 일삼는다. 종래의 언론을 대체하는 것으로 평가되는 유튜브 채널들은 말할 것도 없다. 그중 상당수는 독자적 취재 없이 다른 언론이 생산한 기사들을 재가공해 후자의 이익을 편취하는 유사 언론pseudo commentary journalism의 속성을 보이며 혐오 표현 및 가짜 뉴스로 통칭되는 허위조작 정보의 온상이 되고 있다. 간단한 명령만 주면 사람이 작업한 것과 구별하기 어려운 가상의 뉴스 텍스트와 이미지를 순식간에 생성할 수 있는 AI의 발전은 이러한 문제를 한층 심각하게 만든다.

이 같은 상황은 '언론이 필요한가?'라는 질문 자체를 무색하게 한다. 하지만 같은 논리에서 정치, 행정, 교육, 의료 및 복지 제도는 어떤가. 언론의 위기만큼이나 이러한 제도의 위기를 개탄하는 논의들 역시 쉽게 찾아볼 수 있다. 모든 사회 제도에는 바람직한 상태와 그렇지 못한 상태가 공존한다. 좋은 정치와 나쁜 정치, 선진화된 교육과 후진적인 교육, 유능한 정부와 무능한 정부가 구분되는 것처럼 언론에 있어서도 가치 있는 언론과 그렇지 못한 언론이 구분될 수 있다. "한국 언론은 과연 꼴찌다. 그러나 그렇다고 이 동의가 '언론, 특히 직업 언론이 없어져야 한다'거나 '언론이 적이다' 같은 극단적 주장에까지 이르러서는 안 된다고 본다. 어떤 언론이 더 나쁘고, 때로 어떤 언론은 좋으며, 자주 좋은 언론도 있다."(조항제, 2020, p.12)

논의를 정리하면, 모든 언론이 가치를 지닌 것은 아니며 그게 없다고 사회가 붕괴하지도 않는다. 하지만 언론 중에는 바람직한 사회 및 민주적인 정치 시스템을 유지하는 데 필수적인 '가치 있는 언론'이 존재한다. 연구자들이 주목하는 것은 바로 이 같은 '가치 있는 언론'이고, 이 책이 언급하는 언론의 위기는 '가치 있는 언론이 지켜지기 어려운 상황'을 의미한다. 이러한 맥락에서, 이 책은 가치 있는 언론의 구현을 가로막는 요인들은 무엇이고, 그것을 어떻게 극복할 수 있는지 탐구하는 데 그 목적이 있다.

셔드슨은 이처럼 가치 있는 언론을 '전문성과 책임성(보다 일반화된 용어로는 규범성)을 지닌 언론professional accountability journalism'으로 규정한다(Schudson, 2020, p.11). 언론의 상태에 대한 판단은 이 전문성과 규범성을 어떻게 규정하는가에 따라 달라지며 따라서 이 두 속성이 의미하는 바는 조심스럽게 성찰되어야 한다.

❶ 언론의 전문성

언론의 역할 내지 기능은 사회에서 발생하는 주요 현안에 대한 사실과 의견을 전파해서 세상사에 대한 사회 구성원의 이해를 높이고 관점(여론)의 형성을 촉진하는 것으로 요약된다. 흔히 환경 감시(특히 권력 감시 및 비판), 의제 설정, 여론 형성 등으로 알려진 언론의 역할이 그에 해당한다.

언론의 전문성은 언론 종사자들이 이러한 역할 수행에 필요한 능력이나 자질(많은 경우 열정과 헌신)을 갖추고 있는 정도를 의미한다. 능력이나 자질 면에서 기자가 일반 시민과 비교해 차이가 있다는 점은 부인할 수 없다. 그들은 정보 판별과 처리 능력이 뛰어나며, 다양한 정보를 비교함으로써 사실과 허위를 구분할 수 있고, 내부의 게이트키핑 과정과 외부의 사회적 압력에 의해 일정 부분 균형 감각을 유지한다(이완수, 2020). 뉴스를 알아보는 감각, 탁월한 사실 수집 능력(취재 능력, 정보원 관리 능력 및 솔직한 답을 끌어내는 인터뷰 능력), 정치·사회·경제·국제 등 전문 영역에 대한 식견, 가독성이 높으면서 마음을 파고드는 글쓰기, 사진과 일러스트레이션 활용 능력, 기사의 핵심을 꿰뚫고 그것을 몇 마디 표현으로 압축하는 편집 기술 등이 이러한 전문성에 포함될 수 있다. 최근에는 코딩 능력으로 알려진 빅데이터 분석 능력, 시각화visualization 능력, 그리고 챗GPT(오픈 AI)나 바드(구글) 같은 생성형 AI 명령어 구성 prompting 능력이 강조된다.

하지만 언론 종사자들에게 요구되는 이러한 전문성은 속칭 '넘사벽' 수준의 범접하기 어려운 능력과 거리가 있다. 영역 전문성을 갖추었다 해서 언론인의 전문성이 영역별로 세분화된 전문가, 예를 들어 중동 분쟁 전문가, 중국 정치학자, 빅데이터 전문가, 범죄 심리 프로파일러, 환경 문제 전문가, 기후 변동 연구자, 주식·채권 전문가, 부동산 애널리스트, 육아 전문가, 동물 조련사, 핵공학자, 미술 비평가, 영화 평론가(이러한 사례는 얼마든지 나열할 수 있다)에 미칠 수 없음은 물론이다. 이러한 한계는 사회의 다양성 내지 균열cleavage이 심화되면서 더욱 두드러진다. 또한 표현 능력 차원에서 언론 종사자들은 전업 작가, 카피라이터, 일러스트레이터, 전문 사진작가, 그래픽 전문가 등을 능가하기 어렵다. 언론인의 전문성은 영역 지식과 표현 능력 차원에서 한계를 지니며, 그래서 언론 종사자들은 내용과 표현이라는 두 가지 측면에서 자신들보다 뛰어난 전문가들의 도움을 받는다. 그렇다면 전문성 차원에서 언론의 차별적 강점은 무엇인가?

그 핵심은 일반 대중을 상대로 한 소통에 능숙하다는 것이다. 뉴스와 논평을 학술 논문, 연구 보고서, 학회 발표 등과 비교해보면 이를 분명히 알 수 있다. 언론이 생산하는 뉴스는 전문가 집단을 대상으로 한 텍스트와 처음부터 구분된다. 언론은 어려운 사안을 일반 대중의 눈높이에서 이해하기 쉽게 풀어쓰고, 그것이 왜 중요한지, 무엇이 해당 사안을 해석하는 타당한 관점인지 제시한다. 일반 대중의 관심에 부합하는지가 뉴스 가치 판단의 일차적 기준이 되며, 그것을 어떻게 전달할지도 일반 대중의 수준에 맞추어진다. 언론이 생산하는 뉴스, 이를테면 언론의 과학 기사를 과학자들의 잣대로 평가한다면 내용이 엉성하고 심지어 부정확할 가능성이 상존한다. 하지만 일반 대중들이 과학 기사와 과학 학술 논문 중 무엇을 선호할지는 물어볼 것도 없다.

언론이 지닌 이 같은 전문성은 중요한 함의를 내포한다. 언론이 수행하는 소통은 과학·기술 영역이나 사회·문화 영역의 전문가 집단이 중심이 된 학술 세미나와 포럼처럼 폐쇄적이고 심층적인 소통과 처음부터 목표를 달리하는, 소란스럽고 무질서하며 불완전하고 정제되지 않은 대중적 소통을 그 본질로 한다. 속칭 B급 소통이다. 언론의 전문성은 이러한 B급 소통을 효율적으로, 그리고 지속적으로 잘 해내는 능력이다.

사회적 차원에서 이러한 소통이 지니는 의미는 역사적인 것이었다. 이는 일반 대중이 중심이 된 근대 정치 체제, 즉 민주주의에 동전의 앞뒤처럼 배태되어 함께 발전해온 소통 양식이다. 이를테면 언론은 권력 집단이나 엘리트 집단 내에서 이루어지는 일들을 감시하는 일에 일차적인 관심과 노력을 기울이지만, 그 주목적은 이를 통해 얻어진 사실들을 대중들에게 알리는 데 있다. 이러한 맥락에서 언론이 지닌 전문성의 핵심은 '민주적 소통 능력'이라고 해도 무방하다.[3]

언론과 민주주의의 관계에 관해서는 말 그대로 대형 트럭 한 차 분량의 문헌들이 존재하며 여기서 그 논의를 반복할 필요는 없을 것이다. 하지만 이 주제를 건너뛰기에 앞서 한 가지 분명하게 지적할 사항이 있다. 일반 대중을 상대로 소통한다는 것은 생각만큼 쉬운 일이 아니라는 것이다. 좁은 분야에 대한 일관된 관심과 연결망을 지닌 전문가 집단을 대상으로 하는 소통은 전달하려는 정보를 군더더기 없이 정확하게 구성하는 것 외에는 신경 쓸 것이 없다. 촌각을 다툴 필요도 없다. 소통 수단도 제한된 수의 독자나 청중들을 상대로 한 학술지 내지 학술대회라는 형식이 적합하다.

반면에 대중은 얼마나 넓은 범주의 사람들을 포함하는가. 대중이 관심을 지닌 사안은 말 그대로 모든 세상사다. 게다가 이들의 변덕은 또 얼마나 심한가. 세상사는 계속해서 변화하고, 그에 대한 대중의 관심 역시 계속해서 변화한다. 얇고, 다양하며, 휘발성을 지닌 그들의 관심은 요동치며 끓어오르는가 싶다가 이내 차갑게 식어버린다. 일례로 최근 대중은 자녀 교육, 육아, 재테크, 건강, 은퇴 후의 삶, 여행 등에 관심이 많지만, 항상 이런 문제에 골몰해 있는 것은 아니다. 그들의 주목을 끌기 위해서는 무엇보다 시의성이 중요하다. "탐사는 사법 체계나 기타 공적인 기관이 맡을 수 있다. 해석은 대학이나 싱크탱크도 할 수 있다. 사회적 공감은 공동체 그룹이나 권리를 주장하는 운동가들이 대신할 수 있다. 토론을 위한 공론장은 고전적인 타운홀 미팅뿐 아니라 디지털 미디어를 통해서도 제공될 수 있다. 특정한 관점을 옹호하는 것은 사회운동이나 이익집단, 정당이 할 수 있다. 이에 비추어 언론이 민주주의를 위해서 할 수 있는 차별화되고 고유하며 가장 중요한 역할은 사람들이 시의적절한 방식으로 식견을 가질 수 있도록 하는 것이다."(Nielsen, 2017, p.1258; 정은령, 2025에서 재인용)

따라서 언론은 잠시도 쉴 틈이 없다. 일주일 내내 아침부터 밤늦게까지 환경을 감시하고 뉴스거리를 선택한 후, 이해하기 쉬운 뉴스 및 해설을 만들어 시의적절하게 전해야 한다. 이러한 일을 지속가능한 방식으로 수행할 수 있도록 최적화된 조직이 뉴스룸(신문사의 경우 편집국, 방송사의 경우 보도본부)이다. 세계 어느 언론사 조직이건 뉴스룸은 긴밀하게 상호작용하며 협업하는 소란스럽고 일견 무질서한 개방 공간의 형태를 띤다. 세상사에 대한 방대한 정보를 수집해 쉽고 재미있게 읽힐 수 있는 뉴스로 재가공하는 작업을 위해 분업과 협업, 집단적 의사결정의 효율성을 최적화한 작업 공간이다. 취재 영역별로 부서가 나뉘지만, 언론사의 부서 구분은 폐쇄적인 업무 칸막이silo와 거리가 멀다. 팀이나 부 단위로 일상적 작업이 이루어지지만, 사안이 생겼을 때 부서를 아우르는 특별취재팀이 신속히 구성된다. 어제까지 사회부에서 일하던 기자가 오늘 자로 산업부로 부서 이동을 해도 전혀 이상할 것 없는 조직이다. 더 나아가 언론사들의 협업은 한 언론사 단위를 넘어선다. 언론사들은 서로 치열하게 경쟁하면서 하나의 유기체처럼 서로 참조하고 보완하는 거대한 협업 체계를 형성한다.

이를 통해 언론은 그 어떤 조직이나 단체가 수행하는 것보다 강력하고 상시적인 권력 감시와 비판 기능을 수행한다. 흔히 권력 앞에 굴하지 않는 언론의 용기와 독립성이 언론을 특수하게 만드는 자질인 것처럼 인용된다. 하지만 언론이 권력의 비리나 남용을 감시하고 비판하기 시작한 것 역시, 일반 대중을 상대로 최근 돌아가는 일들을 알리는 사회적 소통이 나아가는 자연스러운 발전 과정이었다고 할 것이다. 권력 집단 안에서 발생하는 일들이 사회 다수 구성원의 삶과 직결된 중요한 관심사이기 때문이다. "언론은 선출되었거나 임명된 공직자의 역할을 감시하고 그 성과, 실패 내지 부패를 조명한다. 기실 야당에 의해 이러한 일이 수행된다. 시민사회단체가 이 역할을 하기도 한다. 그러나 언론만큼 지속적으로, 그리고 효율적으로 이러한 역할을 수행하는 기관은 없다."(Schudson, 2020, pp.39~40)

이처럼 일반 대중에 대한 소통 능력을 핵심 역량으로 삼는 언론은 그 민주적 속성에서 생겨나는 태생적 딜레마를 안고 있다. 일반 대중은 자신들이 중심이 된 정치·사회 시스템의 존립과 운영에 필수적인 이 어렵고 종종 위험하기도 한 서비스가 아무런 대가 없이 그들에게 당연히 제공되는 것이라고 기대한다는 것이다. 일반 대중은 의식주에 들어가는 각종 비용, 공공요금, 심지어 오락의 대가는 기꺼이 지불하면서, 뉴스의 대가는 지불하려 하지 않는다. 그들은 많은 수고와 비용이 투입된 가치 있는 보도를 외면하고 저급한 보도에 종종 이끌린다. 리프먼은 그의 고전적인 저서 『여론*Public Opinion*』에서 다음과 같이 적었다.

> 신문의 대가를 지불해야 한다고 잠시나마 생각하는 독자는 없다. 그 진리의 샘이 끓어오르기를 기대하면서도, 어떠한 위험이나 비용, 수고를 초래할 법적 내지 도덕적 계약은 맺으려 하지 않는다. 사람들은 신문이 자신에게 맞으면 명목상 가격을 지불할 것이고 그렇지 않으면 언제라도 지불을 중단하고 자신에게 맞는 다른 신문으로 갈아탈 것이다.
>
> — Lippmann, 1922/1950, p.321

일반 대중과 언론 사이의 이런 무심하고도 일방적인 관계는 100여 년이 지난 지금도 달라진 것이 없다. 리프먼이 "우리 문명의 한 변칙(an anomaly of our civilization)"(p.321)이라고 평가한, 그리고 그 해결이 전적으로 언론에 맡겨져 있는 이 딜레마는 현시대에 있어서도 가치 있는 언론의 존립을 위협하는 가장 어렵고도 근원적인 숙제로 남아 있고 앞으로도 그럴 것이다.[4]

❷ 언론의 규범성

세상사에 대해선 수많은 소문, 괴담, 검증되지 않은 얘기들이 떠돌기 마련이다. 언론은 이러한 정보나 의견을 걸러내고 검증해서 일반 대중에게 가치 있는 정보와 의견을 전하는 방향으로 발전해왔다. 언론의 역사와 함께 자연스럽게 언론의 기준과 규범이 발전하게 된 것이다.

언론의 기본 원칙에 관한 책을 집필한 코바치B. Kovach와 로젠스틸T.

Rosenstiel은 책의 서문에서 언론 규범의 보편성을 다음과 같이 서술한다. "세계적으로 얼마 남지 않은 원시 문화권의 커뮤니케이션 현상을 비교 연구하면서, 인류학자들은 예상하지 않았던 사실을 발견했다. 아프리카 대륙 한복판 고립무원의 한 부족사회에서부터 태평양 고도孤島에 있는 작은 사회에 이르기까지 사람들은 뉴스에 대해 근본적으로 동일한 정의를 공유했다."(Kovach & Rosenstiel, 2014, xviii) 언론 전문직주의 비교 연구를 위해 세계 곳곳의 언론사를 방문한 웨이즈보드S.Waisbord는 다음과 같이 적었다. "내가 가본 모든 곳에서, 언론인들은 공통된 관심, 희망, 좌절 그리고 욕구를 표출하였다."(Waisbord, 2013, p.1)

일반 대중을 상대로 최근 돌아가는 일에 대한 정보나 의견을 전하는 언론의 역할을 괴담이나 소문의 유포와 구분하는 것이 언론 규범이다. 이는 언론 종사자들이 자신의 소명을 정립하고 지속해서 돌아보는 역할 수행의 기준이자, 이들이 사회적으로 약속하는 책무성이다. 규범은 현장 상황에서 시시각각 선택과 판단을 해야 하는 기자들이 합리적이고 책임 있는 판단을 내리도록 하는 가이드라인의 역할을 한다. 언론 종사자들의 취재 및 글쓰기, 편집국의 작동, 그리고 언론사 간 경쟁과 협업이 이 같은 규범의 지배 체제the regime of normativity를 벗어날 때, 언론의 역할은 방향을 잃고 자칫 민주주의를 위협하는 흉기로 변질될 수 있다. 이에 대해서는 일일이 인용할 수 없을 만큼 많은 역사적 사례와 논의가 존재한다.

이러한 규범 체계의 정점에 민주주의, 권력으로부터의 자유와 독립, 객관성, 사실성 등과 같은 원칙들이 존재한다. 이러한 원칙들은 언론을 넘어 최상위의 사회적, 국가적 및 헌법적 가치를 인정받아온 근대 민주사회의 본원적 원칙이다. 이러한 규범들은 언론의 존립을 정당화하는 기반이자, 언론인에게 권력 감시와 비판의 권능을 부여하는 근원이며, 양질의 언론과 그렇지 못한 언론을 구분하는 기준이다. 또한 언론인에게 부여된 도덕적 책무임과 동시에 그들이 정치권력, 시장권력, 미디어 소유 권력으로부터 영향·간섭·통제를 받지 않고 자유롭게 언론을 실천할 수 있게 해주는 방패다(윤석민, 2020, pp.178~179). 이를 상실할 때 언론은 본연의 가치와 역할을 상실하고 권력 내지 엘리트 집단의 도구로 전락하게 된다. 그렇기에 이러한 규범들은 언론 전문직주의의 요체이며 심지어 생명에 비유된다.

이러한 규범적 원칙들은 언론에 관한 학술적 탐구를 규범학의 탐구로 만들며, 지금도 언론에 관한 교육과 연구의 첫걸음은 이러한 규범들에서 출발한다고 해도 과언이 아니다. "without fear or favor."(두려움도 호의도 없이) 뉴욕타임스의 실질적인 설립자인 아돌프 옥스Adolph Ochs가 공표한 4단어의 편집 원칙은 현시대에 표준이 된 언론의 규범을 힘 있게 축약해 전달한다.

하지만 이러한 최상위의 규범 아래에, 언론의 일상적 작동 및 언론인의 실제 활동을 이끄는 (어떤 의미에서 더 중요한) 체화된 규범habitus으로서의 관행, 습성, 신념, 조직문화가 존재한다. 이러한 층위의 규범의 본질은 "세계에서 발생하는 수많은 일들 가운데 무엇이 뉴스거리가 될 만큼 중요한 가치를 지니는지를 가려내고 해석하는 관점"이다. 이러한 관점은 언론에 있어서 불가피한 것이다. 세상은 한없이 다양하고 끝없이 변화하는 현상이고, 세상을 전달하기 위해서는 중요한 것을 걸러내고 정리하는 일종의 필터로서의 관점이 개입할 수밖에 없다. 스트레이트 뉴스 역시 "왜 그 팩트(어젠다)에 주목하는가"라는 차원에서 관점을 담아낸다. 이러한 맥락에서 언론이 제공하는 팩트, 해설, 의견은 정도의 차이가 있을 뿐 모두 관점을 담고 있으며, 따라서 규범적이다.

이와 같은 관점, 관행, 습성으로서의 규범은 역사적이고, 정치적이며, 인간적 한계를 내포하는 현상이다. 이는 언론을 지키는 방패인 동시에 언론을 위험하게 만들 수 있는 경향성으로서의 양면성을 지닌다. 이러한 맥락에서 언론이 어떠한 규범을 정립하고 실천하는가는 지속적인 감시, 비판, 그리고 개탄의 대상이 되어왔다.[5] 사회학자 갠스(Gans, 1979a & 1979b)는 1970년대에 수행된 그의 고전적인 뉴스룸 연구에서 미국 언론인들이 백인우월주의, 책임 있는 자본주의responsible capitalism(자본주의가 공익을 추구해야 한다는 인식), 이타적 민주주의altruistic democracy(약자를 보호하는 민주주의), 중도주의moderatism(정치적 극단을 불신하는 태도)와 같은 관점을 지니고 있음을 밝혔다. 이러한 언론의 규범은 다른 영역의 규범과 마찬가지로 시간이 흐름에 따라 변화한다. 언론인 뉴필드Jack Newfield는 같은 시기 대다수 미국 언론인이 공유하는 신념으로 복지 자본주의welfare capitalism, 신God, 서구 중심주의, 청교도주의, 법, 가족, 재산권, 양당 체제, 공권력의 정당성을 들었다. 현재 시점에서 볼 때 "신God"은 거의 빠졌고, 청교도주의는 확실히 빠졌으며, 그 외의 다른 가치도 대부분 변화했다(Schudson, 2020, pp.31~32에서 재인용).

한국 사회에서도 시대 상황의 변화에 따른 언론 규범의 변화가 관찰된다. 한국언론진흥재단이 매년 수행하는 '언론인 의식조사' 자료를 활용해 국내 언론인들의 정체성 인식을 시계열 분석한 전진오·김형지·김성태(2020)에 따르면, 2003년에서 2017년의 기간 동안 언론인 집단의 인식은 객관성과 정확성을 중시하는 객관 지향에서 사회 문제에 개입하고자 하는 비판 지향으로 변화한 것으로 나타났다.[6] 같은 자료를 활용해 1997년부터 2013년까지 좋은 저널리즘에 대한 기자들의 인식 변화를 추적한 남재일·이강형(2017)에 따르면 한국의 기자들은 정확성, 중립성, 사회 정의, 진실성을 중요하게 인식하며, 현재에 가까울수록 사회 정의를 중요한 가치로 여긴다. 같은 자료를 1999년부터 2021년까지 시계열 분석한 배정근(2024)은 1999년에서 2013년까지 '정확한 사실 보도'가 1위였지만, 2019년부터는 '정부와 공인에 대한 비판과 감시' 항목이 1위로 올라서고 '정확한 사실 보도'가 2위로 내려갔음을 확인했다. 사실에 앞서 정의가 언론의 일차적인 규범으로 부상한 것이다.

　이처럼 규범은 언론 및 언론인들이 당면한 시대적 현실을 반영하며, 그 일상의 실천 속에서 자연스레 생성되고, 변화하며 발전하는 현상이다. 그런데 언론에 관한 연구들 중에는 양자의 관계를 역전시켜 마치 규범이 언론을 이끄는 실체인 것처럼 간주하는 주장을 쉽게 찾아볼 수 있다. 자유로운 언론의 실천을 통해 형성된 규범이 물신화fetishism되어 언론의 자유로운 실천을 제약하는 이념적 족쇄로 작동하는 상황이다. 언론이 지닌 규범성의 본질을 호도함은 물론, 언론 위기에 대해 잘못된 해석과 처방을 이끌 위험을 내포한다.

　이는 천성이 거친 말이 말끔하게 제작된 마차에 어울리지 않는다고 마차를 말 앞에 두는 상황에 비유할 수 있다. 언론이 지향하는 규범성은 언론 본연의 역할(세상사를 기록하고 알리는 활동)에 따른 결과물이지 그것을 이끄는 절대적 가치 혹은 선행 조건이라고 할 수 없다. 시장은 자원의 배분, 생산, 소비에 있어서 최선의 효율적 성과를 달성하지만, 이는 결과적으로 얻어지는 것이지 계획적으로 추구되는 것이 아닌 것과 마찬가지다. 시장의 성과를 추동하는 것은 시장 행위자들의 이기적 욕망과 경쟁이다. 권력을 감시하고 사회적 소통과 여론 형성을 촉진하며 민주주의를 구현하는 언론의 성과도 다르지 않다. 일반 대중을 상대로 수행되는 언론의 자유분방한 소통 행위에 대해 엄격한 규범성의 기준이나 도덕과 엄숙의 잣대를 적용하려는 시도는 역설적으로 언론과 언론인의 본질을 왜곡하고 더 나아가 위축시킬 위험을 내포한다. 바람 직한 언론의 기준을 "대중이 관심을 지닌 세상사를 보고 듣는 대로 기 록하고 전하는 것"에서 "민주주의의 제고", "시대정신의 투영" 또는 "정 의 구현"처럼 정치적 관점이나 해석에 흔들리는 추상적 기준으로 대체 한다든지, 심지어 이 같은 규범성의 잣대에 따라 "좋은 언론 활동"과 "나 쁜 언론 활동"을 구분 지을 때, 현실의 언론에 대해 어떤 평가가 내려질 지는 자명하다. 언론은 바람직한 규범적 기준 내지 전문직주의를 구현 하는 데 실패할 것이다. 그것이 언론이 겪고 있는 위기의 주된 원인으로 간주될 것이다.

언론의 규범성은 가치 있는 언론을 실천하는 보루이지만, 그것이 경직된 규범주의로 변질될 때 자칫 언론의 본질을 왜곡하고 현실의 언 론을 부정하는 이념적 도그마로 작용할 수 있다. 멀리서 예를 찾을 것 없이 한국 언론학계에서 주류를 이루어온 논의가 그러했다. 이에 대해 서는 2장에서 자세히 살펴볼 것이다.

3. 언론의 역할이 한계에 도달했다는 주장

지금까지의 논의를 정리해보자. 언론, 특히 가치 있는 언론은 전문성과 규범성을 지닌다. 이때 전문성과 규범성의 본질은 조심스럽게 해석되어 야 한다. 언론의 전문성은 일반 대중을 상대로 사회의 주요 현안을 소통 하는 능력을, 규범성은 이러한 일을 제대로 수행하는 자질을 의미하며 지속적으로 변화·발전한다.

'언론이 필요한가?'라는 질문은 이제 '전문성과 규범성을 지닌 가치 있는 언론의 역할이 현시점에도 여전히 필요한가?'라는 질문으로 대체될 수 있다. 이 질문에 대해 '필요 없다'를 외치는 주장들이 귀가 아플 만큼 커지고 있는 상황이다. 셔드슨(Schudson, 2020)은 이러한 주장들을 크게 네 가지로 구분한다.[7]

① 전문적 언론에서 시민언론으로from professional journalism to citizen journalism
② 인쇄 언론에서 디지털 언론으로from print journalism to digital journalism
③ 스토리에서 데이터 베이스로from stories to databases
④ 하향적(수직적) 소통에서 공감적(수평적) 소통으로from top-down(vertical) to shareable (horizontal) communication

이 가운데 세 번째 항목에 대해서는 별다른 검토가 필요 없을 것이다. 데이터의 중요성 증가와 무관하게, 일반 대중과 소통하는 언론에 있어서 스토리가 여전히 중요하다는 것은 두말할 나위가 없다. 이를 제외한 나머지 세 주장을 검토하는 것으로 '언론은 여전히 필요한가?'에 대한 이 장의 논의를 마무리하고자 한다.

❶ 인쇄 언론에서 디지털 언론으로?

논의의 순서를 바꿔, (종이 신문으로 대표되는) 인쇄 언론이 디지털 언론에 의해 대체되고 있다는 주장부터 살펴보도록 하자. 셔드슨은 이러한 주장이 두 가지 점에서 과장되어 있다고 반박한다(Schudson, 2020, p.95). 첫째, 실제 발생하는 변화는 '인쇄 → 디지털'이 아니라 '인쇄 → 인쇄 및 디지털'이라는 것이다. 인쇄된 종이 신문을 선호하는 사람들이 아직 많기 때문이다. 둘째, 장문 형태의 인쇄 언론 시장(언론인들이 쓰는 책들)이 여전히 존재한다는 것이다. 오늘날 가장 인기 있는 뉴스 웹사이트는, 주요 신문사 및 방송사의 웹사이트라는 주장도 곁들인다. 이러한 셔드슨의 반론은 실제 관찰되는 상황을 반영하지만, 본질적이라기보다는 현상적이며 논리적으로 취약하다. 그의 검토는 언론의 큰 흐름보다는 과도기적 상황에 치중하고, 보편화하기 어려운 사례에 의존하는 한계가 있다. 신문사들이 디지털로 완전히 전환되지 못하고 인쇄-디지털의 과도기적 모습을 보이는 것은, 인쇄 신문의 경쟁력 혹은 생명력이라기보다는 시장과 사업자들의 관성 및 한계에 기인하는 측면이 크다.

정리하면, 종이 신문으로 대표되는 인쇄 언론이 디지털 언론으로 전환되는 것은 거스를 수 없는 추세다. 디지털 전환은 새로운 개념의 뉴스, 새로운 뉴스 전달 방식, 새로운 뉴스 조직·인력 등 언론의 총체적 혁신을 요청한다. 종래의 신문사 입장에서 이러한 대규모 혁신은 기회라기보다는 위기에 가깝다. 하루하루 뉴스 제작 및 영업에 허덕이는 신문사들 입장에서 디지털 혁신에는 한계가 존재한다. 그 결과 디지털 전환은 주먹구구식 편집국 리모델링, 활용도가 낮은 디지털 편집 시스템 도입, 비효율적인 아날로그-디지털 뉴스 제작 이원화, 어뷰징 뉴스팀 가동 같은 과도기적 혼선으로 이어지고 있다.

이러한 디지털 전환은 인쇄 언론에서 디지털 언론으로의 전환을 넘어 언론 자체의 소멸을 초래할 것인가? 우리가 주목해야 할 것은 사실상 이 질문이다. 이는 종이 신문 자체가 아닌 그것이 수행해온 언론의 역할이 미래에도 존속될 가치를 지니는가에 대한 답을 요구한다. 다시 말해, '일반 대중을 상대로 최근 돌아가는 일들에 대한 정보나 의견을 수집해 확산하고, 이를 통해 대중 기반의 민주주의를 꽃피우는 언론의 역할'이 그 전송 수단이 어떻게 달라지건 존속될 필요가 있는지 여부다.

이 질문에 대한 답은 명확히 서술될 수 있다. "그렇다." 종이 신문이 구현해온 저널리즘(이 경우 언론보다는 '저널리즘'이라는 표현이 적합하다)은 디지털 시대를 맞아 한층 더 중요해진다.

온라인을 넘어 AI 언론에 이르기까지, 향후 뉴스가 어떻게 달라질지는 예측하기 어렵다. 하지만 지금까지 언론이 발전해온 방향은 기술 발전이 제공하는 가능성을 적극적으로 수용하며 저널리즘적 가치를 증진하는 것이었다. 그 과정에 많은 어려움이 따르고 있지만, 디지털 전환이 이러한 역사의 경로를 바꾼다고 볼 이유는 없다. 언론이 존재하는 근본 이유가 달라지지 않기 때문이다. 디지털 시대라고 권력의 속성이 달라질 리 없다. 디지털 시대를 맞아 권력은 예산, 인력, 정보 등 모든 차원에서 위상이 오히려 강화되고 있다. 이를 감시하고 비판하는 언론의 역할은 여전히 중요하게 남을 것이다.

셔드슨도 이 점을 인식하고 있다. "지난 세기 동안 언론을 전환시킨 가장 중요한 요인은 1950~60년대 TV 뉴스의 등장이 아닌(기술 변화가 아닌), 1960~70년대의 탐사적이고, 분석적이며, 비판적인 저널리즘의 부상"이었다. 셔드슨에 따르면 언론은 새로운 기술의 가능성을 수용하며 품질을 지속적으로 개선해왔다. 과거의 언론과 현재의 언론을 비교할 때, 두말할 나위 없이 후자가 더 잘 작성·편집되고, 더 책임 있고, 덜 선정적이고, 덜 성차별적이며, 덜 인종차별적이고, 더 풍부한 정보를 담고 있고, 더욱 강한 공적 책임을 추구한다. 현재의 언론은 과거 어느 시기와 비교해도 더 완전하고, 다양하고, 분석적이고, 비판적이고, 빠르고, 수용자 지향적이며, 덜 기관적이다. 어떤 기준으로 평가하든, 현재의 언론이 과거의 언론보다 뛰어나고, 뉴스 소비자는 보다 좋은 서비스를 받고 있다(Schudson, 2020, p.87).

디지털 전환에 따라 언론의 역할이 약화되거나 사라질 것이라는 주장에서 더 진전된 형태는 디지털 전환에 따라 등장하는 새로운 미디어, 예를 들어 더욱 강한 대중적 소구력을 지닌 유튜브 채널과의 경쟁에서 종래의 언론이 밀려날 것이라는 예측이다. 실제로 최근 유튜브의 부상은 무서울 정도다. 일반적인 정보와 오락을 넘어 전문 영역의 문제에 대해서도 유튜브를 통해 최고 수준의 전문가를 접할 수 있다. 정치 영역에서 특히 유튜브 개인 채널이 활기를 띠고 있다.

하지만 이러한 예측은 디지털 전환에 따라 언론이 사라질 것이라는 주장과 마찬가지로 잘못된 것이다. 유튜브는 종래의 언론을 대체하는 경쟁자가 아니라 그것을 발전적으로 확장할 수 있는 플랫폼이다. 예를 들어, 정치 영역의 유튜브 개인 채널은 일반 대중을 상대로 사회 현안에 대한 사실이나 의견을 전달한다는 차원에서 기술 발전을 수용한 새로운 언론 유형이라고 할 것이다. 종래 언론의 입장에서도 유튜브는 일반 대중과 접할 수 있는 새로운 창구outlet이고 실제로 상당수의 언론사가 유튜브 영역으로 서비스를 확장하고 있다(박종민 등, 2023).[8]

이러한 맥락에서 디지털 전환 시대에 언론이 필요한가라는 질문은, 보다 정확히는 디지털 전환에 따라 유튜브 개인 채널처럼 새로운 언론이 속속 등장하는 상황에서 우리가 지금까지 알아온 형태의(종래의 종이신문으로 대표되던) 언론, 즉 편집국 시스템을 갖추고, 그 안에서 일정한 분업과 협업의 원리에 따라 사회가 요구하는 책임(규범적 가치)을 지향하면서 뉴스와 의견을 생산하는 형태의 언론이 유지될 필요가 있는가 가 된다.

이에 대한 답 역시 "그렇다"이다. 유튜브 개인 채널이 기존의 언론 사가 생산한 뉴스나 의견을 토대로 경향성이 강한 주의·주장의 생산에 주력하는 유사 언론의 한계를 넘어서고자 한다면, 취재 및 데스크 인력 을 확충하고 일정한 편집국 시스템을 갖추는 방향으로 나아가야 한다.[9] 알고리즘을 통한 기사 작성 시스템(로봇 저널리즘) 역시 단순한 날씨, 증 권, 스포츠 중계 기사를 넘어 분석적 기사를 생산하기 위해서는 사실과 의견을 어디선가 가져와야(크롤링) 한다. 이런 의미에서 유튜브 개인 채 널이나 AI 저널리즘은 언론을 대체하는 것이 아니라 언론이 있기에 존 립 가능한 것이다.

결론적으로, 디지털 전환을 맞아 언론의 역할은 여전히, 심지어 한 층 더 중요해지고 있다. 디지털 전환에 따라 등장하는 새로운 뉴스 매체 들은 언론을 대체하는 것이 아니라 많은 경우 그 위에 기생하며 언론의 기반을 잠식한다. 이 같은 유사 언론이 자신의 한계를 보완하고자 한다 면 이들이 나아갈 길은 결국 종래 언론사 편집국으로 대표되는 뉴스 생 산 시스템을 갖추는 것이다. 디지털 전환을 맞아, 언론이 직면한 위기의 상당 부분은 언론의 존재 가치가 사라진 게 아니라, 이처럼 유사 언론이 언론의 토대를 잠식하고 사회적 소통과 민주주의의 기반을 허물어뜨리 는 상황을 방치하는 데 있다.

❷ 전문적 언론에서 시민언론으로?

언론의 존립 기반 약화에 대한 또 다른 주장은, 전업 언론인이 중심이

된 종래 언론이 시민언론으로 전환된다(또는 되어야 한다)는 것이다.

이 주장에 대해 셔드슨은 강한 반론을 제기한다. 그에 따르면 시민언론은 주요 언론사의 온라인 또는 종이 신문, 온라인/인쇄 혼성 신문, 방송, 케이블, 온라인 뉴스 사이트의 뉴스 콘텐츠를 모두 아울러 매우 작은 양의 오리지널 보도물(5% 미만)을 제공한다. 시민언론은 자유로운 언론이 존재하지 않거나, 군사 갈등이나 정치적 무정부 상태로 인해 전문적 언론인들의 가시화가 극단적으로 위험한 "뉴스 사막news deserts" 상황에서만 가치를 발휘한다(Schudson, 2020, p.95).

하지만 이 같은 셔드슨의 시민언론 개념은 비제도권·비주류 언론을 지칭하는 대안 언론alternative media에 해당한다. 따라서 시민언론이 종래의 언론을 대체할 수 없다는 그의 반론은 결국 대안 언론은 주류 언론의 보완재일 수는 있어도 후자를 대체할 수 없다는 뻔한 주장이 된다.

종래의 언론이 시민언론으로 전환되어야 한다는 주장 및 이에 대한 보다 깊이 있는 반론은 한국 사회의 "언론 개혁" 논쟁에서 찾아볼 수 있다. 2장에서 이를 자세히 살펴볼 것이며, 여기서는 이러한 주장이 옳지 않은 이유만 간단히 제시하고자 한다. 시민언론의 주체로 가정되는 시민의 모호성이 그것이다. 시민은 흔히 사회 현안에 대해 이성적인 토론을 수행할 수 있는 주체, 숙의 민주주의를 실천할 수 있는 지식 공중, 이상적인 정치 공동체를 구현할 수 있는 공중으로 개념화된다. 한국 사회에서 시민은 이 같은 교과서적 개념에 기초해 보편적 가치를 지닌 비정파적 집단으로 신비화된다(손호철, 2011; 최장집, 2010). 하지만 고도 압축 성장 과정을 거치며 등장한 한국 사회의 구성원은 과도기적 미성숙과 이념적 분열로 대표되는 반시민적 특성을 드러낸다. 시민 개념은 이러한 한국 사회가 역설적으로 만들어낸 가공의 집단에 가깝다.

언론으로 눈을 돌릴 때, 시민은 이상적인 소통자 및 수용자 집단을 의미한다. 하지만 한국 사회의 구성원들은 이러한 이상적인 소통자 혹은 수용자로서의 시민 개념과 거리가 있다. 한국 언론의 신뢰 위기 양상과 원인을 분석한 김위근·안수찬·백영민(2018)에 따르면, 진영화된 언론의 뿌리에 진영화된 언론 수용자들이 존재한다. 수용자들의 이중 잣대, 편파적 반응, 적대적 불신을 반복적으로 접한 언론인들은 언론 신뢰 회복의 가능성을 비관하거나 냉소하는 경향을 보인다. "늘 불신받는다고 느낀다. 어차피 요즘 수용자들은 기자들 말을 믿지 않는다. 자기가 믿고 싶은 걸 얘기해주면 환호하고, 그렇지 않으면 비난할 뿐이다. 대중에게 기자는 기레기일 뿐 언론인이 아니다(p.126의 기자 인터뷰 재인용)." 시민 저널리즘을 옹호하는 이들은 이러한 현실을 도외시한 채 진영을 초월한 이상적 시민을 상정한다. 이러한 기대와 열망은 시민이 주체가 된 언론 개혁 주장으로 연장된다.

정리하면, '전문적 언론에서 시민언론으로'라는 주장은 현실성을 결여한 진영화된 정치적 구호의 한계를 지닌다. 이러한 주장은 언론을 개혁할 수 있는 도덕적·비정치적 주체로 시민을 호출하지만, 이들이 누구며 어떻게 전업 언론인들에 대한 대안이 될 수 있는지는 제시하지 않는다.

언론 현장을 경험한 사람이면 누구나 아는 사실이지만, 언론인이 수행하는 역할의 본질은 특권이 아닌, 엄정한 원칙과 규범에 따라 주 6일 새벽부터 밤늦게까지 몸을 갈아넣는 헌신이다. 언론인의 편향성 때문에? 그렇다면 이를 바로잡을 도덕적·비정치적 주체로 호출되는 시민은 누구인가. 촛불 시민인가, 태극기 시민인가. 언론의 목표는 시민에게 봉사하는 것이지만, 그 주체는 소명의식과 규범을 체화한 전문 언론인일 수밖에 없다.

— 윤석민, 2023.12.15.

❸ 하향적(수직적) 소통에서 공감적(수평적) 소통으로?

'언론은 여전히 필요한가?'라는 질문과 관련해 검토할 마지막 주장은, 종래의 수직적 사회적 소통 체계가 수평적 체계로 변화하면서 전자의 일환인 언론을 포함한 매스미디어의 시대가 끝나가고 있다는 것이다. 셔드슨은 인터넷과 소셜 미디어가 수평적 소통의 시대를 열었지만, 수평적 소통이 항상 좋은 것은 아니고 언론으로 대표되는 수직적 소통의 필요성을 대체하는 것도 아니라는 논리를 전개하며 이 주장을 반박한다(Schudson, 2020, pp.99~103).

하지만 이러한 셔드슨의 논의는 깊이와 설득력 차원에서 여전히 아쉬움을 남긴다. 최근 전개되고 있는 거시적인 사회적 소통 체계의 변화에 대한 보다 정교한 논의를 김용찬(2023)에게서 찾을 수 있다. 그에 따르면, 우리는 매스미디어에서 포스트매스미디어 시대로의 변화를 겪고 있다. 대중 신문으로 대표되는 매스미디어 시대의 특징을 한마디로 요약하면 소수가 이야기 권력을 독점했다는 것이다. "20세기 제도로서의 매스미디어가 구축한 중요한 변화는 이야기 체계를 중앙집중화시키고, 국지적인 이야기들을 주변화했다는 것이다. 제도로서의 매스미디어가 공고화되자 누가 이야기할 수 있는가(특별한 방식의 교육과 훈련을 받은 전문직 종사자로서 언론인), 어떻게 이야기할 것인가(공익성, 객관성, 공정성의 규범 틀에 맞는 이야기들), 무엇을 갖고 이야기할 것인가(막대한 초기자본이 필요한 이야기 생산 시스템)에 대한 이슈들이 어떤 경우엔 법적

인 틀로, 어떤 경우엔 비공식적 규범의 틀로 규정되었다."(김용찬, 2023, pp.218~219)

매스미디어 시대에서 포스트매스미디어 시대로의 변화는 보편적, 일반적, 추상적인 시대에서 국지적, 개별적, 구체적인 시대로, 그들의 이야기에서 나와 우리의 이야기로, 큰 미디어의 시대에서 작은 미디어의 시대로, 카리스마의 시대에서 평범한 개인의 시대로의 전환을 의미한다. 미디어 환경이 포스트매스미디어 시대로 접어들어 사회적 대립 항에 균열이 발생하면서 종래 명쾌했던 사회적 구분이 모호해지기 시작한다. 혼종화hybridization 현상이다(표 1-1 참조).

사람들은 이제 공적 영역에서 사적 행동을 하고 사적 영역에서 공적 행동을 한다. 공론장의 성격이 변화한 것이다. 물리적 장소를 공유하는 사람들이 실제로는 서로에게 집중하지 않는다(현존적 비현존). 반대로 물리적으로 떨어져 있어도 언제든 연결되고 심지어 과잉 연결된다(비현존적 현존). 김용찬에 따르면 매스미디어 시대의 연관성 위기는 나/우리, 지금, 여기의 문제가 나/우리의 문제가 아닌 것, 지금의 문제가 아닌 것, 여기의 문제가 아닌 것으로 대체되는 것이었다. 그리고 포스트매스미디어 시대는 이 문제를 해결해 줄 것으로 기대되었다. 하지만 후자는 더 심각한 '연관성 초위기'를 초래하고 있다.

이제 사람들은 '지금'이라는 시간을 과거와 미래가 함께 존재하는 역사적 흐름 속에 바라보는 능력을 상실하고, '여기'라는 공간을 외부의 관점으로 살피는 눈을 갖지 못하며 자기 앞에 놓인 지금과 여기에만 몰두한다. 배타성, 편협성, 시공간적 근시 상태에 빠져든 것이다. 매스미디어 시대의 개인은 자신의 정체성을 내려두고, 더 큰 정체성(국민, 민족, 민중 등)을 뒤집어쓴 존재였다면, 포스트매스미디어 시대의 개인은 자기

[표 1-1] 근대적 대립항 개념과 혼종화 결과 출처: 김용찬, 2023, p.451

대립항	혼종화 결과
가시성 ― 비가시성 visibility ― invisibility	비가시적 가시성 invisible visibility 가시적 비가시성 visual invisibility
공적 영역 ― 사적 영역 public sphere ― private sphere	융합적 영역 convergent sphere
진실 ― 반진실 truth ― non-truth	포스트 진실 post truth
현존 ― 비현존 presence ― absence	비현존적 현존 absent presence 현존적 비현존 present absence
현실 ― 가상 real ― virtual	현실 가상 real virtuality 가상 현실 virtual reality
글로벌 ― 로컬 global ― local	글로컬 glocal
개인 ― 집단 individual ― collective	네트워크화된 개인 networked individual 네트워크화된 자아 networked self
익숙함 ― 낯섦 familiarity ― strangeness	익숙한 낯섦 familiar strangeness 낯선 익숙함 strange familiarity
생산 ― 소비 production ― consumption	생산 소비 proconsumption
노동 ― 오락 work ― entertainment	노동 오락 worktainment
연대 ― 비연대 solidarity ― no solidarity	차별화된 연대 differentiated solidarity
참여 ― 비참여 participation ― non-participation	유연한 참여 flexible participation 비참여적 참여 non-participating participation 참여적 비참여 participating non-participation

자신에 갇혀 있는 존재다.

페이스북, 인스타그램, 틱톡, 유튜브에서 스마트폰을 손에 쥔 디지털 나르시시스트들이 넘쳐난다. 인류 역사상 이렇게 많은 자서전이 나온 적이 있었던가? 이렇게 많은 자화상이 나온 적이 있었던가?

— 김용찬, 2023, p.461

포스트매스미디어 시대로 오면서 매스미디어의 중심성이 약해지고 수평적 소통이 강화되지만, 연결에서 제외될 것 같다는 불안감이 금단 현상을 초래한다. 또한 개인은 자신과 비슷한 사람들과 연결될 뿐 이질적인 타자, 이질적인 시간과 공간이 함께 어우러지는 공동체로부터 멀어진다. 파편화된 소통만 존재할 뿐 진정한 사회적 소통이 상실된 것이다. 자신의 세계 내부의 이야기들은 너무나도 진실되고 정당한 반면, 그 세계 밖 이야기들은 너무나도 허구적이고 부당하다. 초연결이 초배제로 이어지고, 진실성에 대한 판단이 흐려지기 시작한 것이다.

김용찬(2023)이 제시하는 연관성 초위기 상황의 함의는 의미심장하다. 작은 관계에 우리를 가두는 이른바 수평적인 개인 미디어가 발전함에 따라 사람들이 파편화된 소통에 매몰되고, 그로 인해 사회와의 연결이 파괴되는 사례는 일일이 열거할 필요가 없을 정도다. 이른바 공감적, 수평적 미디어의 증대는 축복이라기보다는 재앙에 가까우며, 사람들은 이제 문제의 심각성을 깨닫기 시작했다. 그래서 우리에게는 "세상에서 어떤 일들이 발생하고 있는지 알려주는, 다른 이들은 어떤 생각을 하며 어떻게 살고 있는지 전해주는, 이를 통해 스스로의 모습·관점·판단을 반추하게 하는" 언론의 역할이 계속 필요하다.

4. 소결: 언론은 여전히 필요하다

이제 장을 마무리하고자 한다. 이상에서 서술한 내용을 요약하면, '전문적이고 규범적인'이라는 조건이 붙지만, 그리고 이 두 가지 조건을 도그마화하지 않는 조심스러운 해석이 요청되지만, 언론은 헤아릴 수 없는 사회적 가치를 지니며 미래에도 지속되어야 한다는 것이다. 일반 대중을 상대로 사회 주요 현안, 특히 권력 집단 내부에서 발생하는 일을 감시하고 그에 대한 사실과 의견을 전하는 언론의 역할은 대체 불가능한 것이다. 우리의 삶, 공동체, 아이들의 미래, 우리가 향유하는 민주주의를 지키려 한다면, 개인화된 미디어의 확산에도 불구하고, 더 나아가 인공지능이 기사를 생산하는 상황에서도 언론의 역할은 지속되어야 한다.

언론에 문제가 없다는 것이 아니다. 특히 종래의 종이 신문들이 위기를 맞고 있다는 것은 재론할 여지가 없다. 하지만 종이 신문의 약화가 언론의 필요성이 사라지고 있음을 의미하지 않는다. 변화하지 않는 것은 없으며 언론도 마찬가지다. 언론은 뉴스 생산 및 제공을 최적화하는 방식으로 새로운 기술을 적극 수용하며 지속적으로 변화해왔다.[10] 언론의 필요성을 부정하는 주장들은 면밀히 검토할 때 논리적 허점을 드러내고, 종종 과장되어 있으며, 무엇이 지켜지고 무엇이 변화되어야 하는지에 대한 구체적인 서술 없이 "지금껏 우리가 알아온 언론은 수명을 다했다"는 식의 뭉뚱그린 비관론을 확산시킨다.

언론은 여전히 필요하다. 하지만 언론을 지킬 수 있는가? 언론은 일반 대중을 중심에 둔 민주주의 체제의 존립 및 유지를 위해 필수적인 정보와 의견을 제공하면서도, 그 재정적 존립을 스스로 책임져야 하는 태생적 딜레마를 안고 있다. 미디어 환경이 급변하면서 어려움은 더욱 심화되고 있다. 뉴스는 디지털 플랫폼에 범람하는 수많은 콘텐츠와 경쟁하는 대상으로 전락했고, 비뉴스 콘텐츠 내지 유사 뉴스 콘텐츠에 비해 대중적 소구력이 부족한 뉴스는 그 형식 자체가 위태로움에 처하게 되었다(Reuters Institute for the Study of Journalism, 2024). 언론은 불신을 넘어 냉소와 회피의 대상이 되고 있다(최진호, 2022). 이러한 위기에 대한 논의가 무성함에도 우리는 여전히 그 답을 찾지 못하고 있다. 2장에서 이 주제를 다룰 것이다.

2장.   언론의 위기

1. 언론 위기의 양상

1장에서 왜 언론이 필요하며 지속되어야 하는지 논의했다. 일반 대중이 주권을 행사하는 민주사회는 그들의 눈과 귀 역할을 수행하는 언론에 기반한다. 권력의 속성이 달라지지 않는 한, 그리고 누군가 이를 감시하고 비판할 필요성이 사라지지 않는 한, 대중을 상대로 사회의 주요 현안을 소통하는 언론의 역할은 중요하게 남는다.

디지털 전환 시대, 더 나아가 인공지능 시대를 맞아 모든 측면에서 권력은 강화되고 있다. 이제 언론은 미로처럼 분화된 국정 통치 체제, 방대한 예산·인력으로 무장한 권력기관, 국경을 초월한 거대 초지능 기업들을 상대해야 한다. 디지털 전환에 따라 유사 언론, 인터넷 트롤, 뉴스로봇 등 수많은 거짓말 장치lie machines가 허위 정보를 범람시키는 상황(Howard, 2020)은 과거 어느 때보다 절실하게 사회적 소통에 있어서 게이트키핑, 데스킹, 팩트 체크, 그리고 지면 편집과 같은 언론 기능의 강화를 요청한다. 언론이 직면한 위기의 본질은 언론의 필요성이나 존재 가치가 사라진 게 아니라, 전문성과 규범성 차원에서 언론이 이 같은 요청에 부응하지 못하는 데 있다.

언론의 위기는 최근 가속화되는 양상을 보이지만 사실 오랜 기간에 걸쳐 진행된 일이다. 종이 신문과 지상파 방송으로 대표되는 한국 언론은 1987년 체제로 불리는 민주화 이후 정치적 영향력 및 산업적 성과 차원에서 짧은 전성기를 누리다가, 2천 년대로 접어들면서 디지털 전환에 따른 미디어의 양적 폭증(미디어 빅뱅)과 경쟁의 격화, 특히 인터넷 포털의 부상에 따라 위상이 계속 하락하는 양상을 보여왔다(윤석민, 2020, p.140).

위기의 양상을 구체적으로 살펴보자. 일차적으로 독자 수가 줄고 영향력이 감소하고 있다. 한국언론진흥재단이 매년 집계하는 언론 수용자 조사가 공신력이 가장 높은 통계수치를 제공한다. 동 조사에 따르면 2002년 82.1%에 이르던 종이 신문 열독률은 10년이 채 지나지 않은 2011년에 44.6%로 하락했고, 2022년[1]에는 9.7%까지 떨어졌다. 이러한 추세는 향후 더욱 심화할 것으로 예상되는데, 30대의 신문 열독률은 8.0%, 20대는 3.5%에 불과하기 때문이다. 독자 수의 추락으로 대표되는 언론의 위상 약화는 장기간에 걸쳐 진행되었고 특히 디지털 전환이 본격화된 2천 년대 이후 가속화되어, 현시점에서 이를 언급하는 것 자체가 진부한 느낌을 준다.

연구자(윤석민)의 경험에 비추어 독자 수 감소에는 몇 가지 주목할 만한 단계가 있었다. 2천 년대 이후 연구자가 언론정보학 전공 학생을 대상으로 기초 과목을 가르치며 체감한 위기 양상이다. 2천 년대 초 대학생으로 대표되는 젊은 세대의 신문 열독률이 급속히 하락하기 시작했다. "안티 조선"과 같은 반反언론 행동주의가 극에 달한 시기였다. 신문 구독률이 하향 추세를 보이고, 특히 젊은 세대들의 탈신문 현상이 본격화되었다. 수업 시간에 신문을 읽는 학생이 얼마나 되는지 물어보면 열 명 중 서너 명만 손을 들어(연구자가 대학에 다니던 1980년대에는 열 명 중 여덟아홉 명이었다) 연구자를 놀라게 했다.

다음은 2010년 전후, 신문 구독률이 현격히 추락하고 포털이 지배적인 뉴스 제공자로 부상한 시기다. 새벽 시간 아파트 계단을 걸어 내려올 때면 현관에 신문이 놓여 있는 집이 현저하게 줄고 있음을 느낄 수 있었다. 신문을 읽는 학생 비율은 열 명 중 한두 명 수준으로 감소했다. 그 시기 이후 연구자는 더 이상 이 질문을 하지 않았다. 하지만 종이 신문이 아니더라도 학생들은 뉴스 포털을 포함해 어떤 식으로든 뉴스를 접하고 있으리라 여겼다.

그리고 AI가 속수무책으로 사회를 집어삼키는 것 같았던 2024년 봄에 있었던 일이다. 매일 새벽, 현관 앞에 배달된 신문을 집어 드는 게 기적처럼 느껴지는 날들이었다. 신문 1면에 오픈 AI와 마이크로소프트가 합작해서 사상 최대 규모의 AI 데이터 센터를 구축한다는 뉴스를 보는 순간 머리가 멍해졌다. 스타게이트 프로젝트였다. 영화 〈터미네이터〉의 스카이넷이 현실화하는 것 같은 충격에 몸이 떨렸다. 그날 수업 시간에 학생들에게 이 뉴스를 어떻게 생각하는지 물었다. 그런데 학생들은 어리둥절한 표정을 지었다. 이 뉴스를 모른다는 뜻이었다. 깜짝 놀라서 뉴스를 안 보냐고 물었다. 어색한 침묵이 이어지다가 앞자리의 한 학생이 머뭇거리며 일주일에 한두 번 지난 뉴스를 몰아본다고 답했다. 딱히 뉴스를 찾아볼 필요를 느끼지 않는다는 대답들이 이어졌다. 학생들

은 뉴스를 보지 않고, 심지어 회피하고 있었다.[2]

두 번째, 언론의 평균적인 품질 저하 문제다. 레거시 언론으로부터 온라인 신문에 이르기까지, 신문·방송 할 것 없이 언론의 품질 저하는 상식이 되었다. 기자들은 기레기('기자'와 '쓰레기'의 합성어)라는 멸칭의 대상이 되고 언론 전문직주의를 언급하는 자체가 사치로 간주되는 실정이다. 학계의 연구 역시 언론의 품질이 저하되고 있음을 실증적으로 보여준다. 박재영 등(2014)은 조선일보, 중앙일보, 한겨레신문의 1992년 이후 2012년까지(민주화 이후 20년 동안) 선거 보도가 어떻게 변화했는지를 분석했다. 투명 취재원 수, 이해 당사자 수, 관점 제시 양태 등을 기준으로 기사 품질의 변화를 살폈는데, 최근에 이를수록 고품질 기사의 비중이 급락했다. 특히 복합적 관점의 기사가 현저히 줄어들고 단일 관점의 기사가 급증한 것으로 나타났다. 기사의 심층성을 분석한 결과, 발생 사건 중심의 기사 비중이 압도적으로 높게 나타났다.

박성호와 윤영민(2016)은 방송 법조 뉴스의 품질을 정확성, 심층성, 불편부당성의 차원에서 분석했다. 이를 위해 2000년부터 2014년까지 KBS, MBC, SBS 지상파 3사의 저녁 종합뉴스에 등장한 법조 뉴스 710건에 대해 내용 분석을 했다. 정확성 평가를 위해 실명 취재원 수, 익명 취재원 수, 기사 정보의 확실성을 검토했고 심층성 평가를 위해 기사의 깊이, 관점, 사운드바이트 수를 살폈다. 또한 불편부당성 평가를 위해 보도 시점, 검찰과 비검찰 취재원의 동시 출현, 기사의 톤을 검토했다. 분석 결과 방송 3사의 법조 뉴스는 측정한 모든 항목에서 기사 품질이 나빠진 것으로 나타났다. 이나연과 김창숙(2023)은 국내 14개 주요 언론사가 네이버 포털에 제공한 기사 1,317건을 분석해 '타블로이드tabloid화'의 정도를 검증했다. 타블로이드화는 기사 주제topic의 타블로이드성,

기사 내용 및 제시 방식의 선정성 그리고 취재 관행의 퇴보 등으로 측정했다. 그 결과, 기사 주제의 경우 29.9%가 타블로이드성 주제였고, 선정적인 기사 제목과 내용이 각각 61.5%, 26.0%에 이르는 것으로 나타났다. 자체 취재 기사는 37.2%에 불과하고 타 언론사의 기사를 활용하거나 소셜 미디어 등을 활용한 기사가 38.1%에 달했다. 언론의 품질 저하를 실증적으로 보여주는 연구들은 이외에도 무수하다.

언론의 품질이 저하되고 있음을 보여주는 또 다른 지표는 언론의 탐사보도 기피 및 축소 현상이다. 언론사 탐사보도부는 소수 인원으로 명맥을 유지하고 있거나 아예 없어진 경우도 많다. 탐사보도에 집중하는 일부 언론사를 제외하면 대개의 언론사에서 탐사보도부는 기피 부서가 되었다(송수진, 2024. 04).[3] 메이저 신문의 온라인 기사에서 맞춤법 오타가 장시간 수정되지 않고 방치되는 일도 허다하다.

셋째, 언론의 품질 저하는 언론에 대한 신뢰 저하로 연결된다. 언론과 언론인에 대한 신뢰도는 말 그대로 역사적 최저치 수준이다. 영국 옥스퍼드 대학교의 로이터 저널리즘 연구소에서 2016년 이후 매년 내놓고 있는 세계 주요국 언론 신뢰도 조사(Reuters Institute, Digital News Report)에서 한국 언론의 신뢰도는 2016년 22%(25/26), 2017년 23%(36/36), 2018년 25%(37/37), 2019년 22%(38/38), 2020년 21%(40/40), 2021년 32%(38/46), 2022년 30%(39/46), 2023년 28%(41/46)로 일관성 있게 바닥권 수준으로 나타났다. 이제 언론은 불신을 넘어 "존재할 가치가 있긴 한가?"라는 냉소의 대상이 되고 있다(민영·이상원, 2022). 언론에 대한 신뢰 저하와 함께 언론인들의 자긍심과 열정도 무너지고 있다. 언론인들의 위상과 노동환경은 점차 낮은 임금, 격무, 불안정한 미래 전망에 시달리는 프레카리아트precariat[4] 상황으로 내몰리고 있다. 헌신의 열정을 상실한 기자들은 동요하고 있으며, 앞서거나 뒤서거나 언론을 떠나는 엑소더스가 이어지고 있다(한국기자협회, 2021.11.02). 전형적인 내파內破의 양상이다. 여기에 언론에 대한 정치권력의 공격이 더해지고 있다. 언론은 세계적인 차원에서 이른바 "스트롱맨" 권력자들이 자신을 비판하는 언론을 약화시키거나 파괴하려 하는 포퓰리즘적 공격을 받고 있다(Sulzberger, 2022). 한국 사회도 예외가 아니다. 진보·보수 정권할 것 없이 이른바 "가짜 뉴스fake news"를 빌미로 언론을 통제하려는 시도는 그 전형적 사례다.

넷째, 이러한 위기 상황에 설상가상 디지털 전환 문제가 더해진다. 디지털 전환은 언론의 입장에서 기회라기보다는 위험 요인이 되고 있다. 언론사들이 디지털 전환에 어려움을 겪는 핵심 이유는 장기적으로 그 방향으로 가는 게 맞지만, 과도기적으로 이 같은 변화의 성과가 모호하기 때문이다. 국내의 언론사들은 앞다투어 해외 언론사의 디지털 편집 시스템(예를 들어 중앙일보 JAM,[5] 조선일보 아크[6])을 도입해 종래 뉴스 생산 과정의 디지털 전환을 시도하고 있다. 하지만 언론사들이 디지털 전환에 대한 명확한 비전이나 자신감을 갖추고 있지 못한 상황에서 이 같은 변화 시도에는 제약이 따를 수밖에 없다. 디지털 전환은 종래 아날로그 시대의 뉴스와 질적으로 전혀 다른 개념의 뉴스, 새로운 전달 방식, 그리고 이를 수행할 새로운 조직과 인력을 의미한다. 시행착오에 수반되는 비용과 위험을 언론사들 입장에서 감당하기 어렵다는 뜻이다. 국내 언론사 중 매출 규모가 가장 큰 조선일보나 중앙일보라고 해도 규모가 큰 중소기업 수준에 불과하다. 그보다 작은 규모의 언론사 사정은 훨씬 열악한 실정이다. 이러한 상황에서 언론사의 자체 역량으로 디지털 전환을 추진하는 데는 근본적인 한계가 존재한다.

디지털 전환에 따라 과도기적으로 신문사가 제공하는 서비스는 종이 신문과 포털 기반 온라인 뉴스 서비스로 이원화되고 있다. 종이 신문의 경우 발행 부수 및 영향력이 계속 감소하고 있지만, 시장 논리가 엄밀하게 적용되지 않는 신문 광고시장과 충성도가 높은 고령 독자층으로 인해 언론사가 수익을 창출하는 주요 수단은 여전히 종이 신문이다(이소은, 2024). 온라인 뉴스 서비스의 경우 네이버로 대표되는 외부 뉴스 포털에 온라인 뉴스 서비스 유통이 종속됨으로써 언론사들은 자체 포털을 안착시키는 데 실패했다. 온라인 뉴스 이용자 수가 늘어도 자체 온라인 사업의 확장 및 수익으로 환원되지 않는 구조다. 이러한 상황으로 인해 언론사들은 종이 신문을 언제까지 유지해야 할지도 불확실하고 그렇다고 온라인으로 바로 전환할 수도 없는 딜레마에 처하게 되었다. 이러한 상황에서 언론사마다 상이한 디지털 대응 전략이 나타나고 있다. 주요 레거시 언론사는 종이 신문 제작을 유지하면서 기자들에게 온라인 기사 작성을 추가로 요구하고 있는데 이는 기자들의 업무를 가중하는 요인이 되고 있다. 신문사들은 이와 별도로 온라인 기사 생산 전담팀(예를 들어 조선일보의 조선NS, 중앙일보의 EYE24)을 운영해 온라인 속보 경쟁에 대응하기도 한다.[7] 종합적으로 디지털 전환의 과도기에서 언론사들은 양질의 종이 신문을 유지하려 애쓰나 투입 자원 및 영향력 차원에서 한계에 봉착해 있고, 디지털(온라인) 서비스의 경우 온라인 독자층의 구미에 맞는 속보 기사를 양산하는 전략을 취하면서 기사 품질 저하 및 선정성 심화라는 비판에 봉착해 있는 상황이다.

여기에 AI의 충격파가 밀어닥치고 있다. 많은 언론사에서 날씨나 증권 동향, 스포츠 중계 기사의 작성이 이미 알고리즘으로 대체되었다. LLMLarge Language Model[8] 기반 생성형 AI의 급속한 발전으로 정치, 사회,

경제 뉴스 등 인간의 작업이 불가피한 것으로 여겨졌던 유형의 기사 작성도 머지않아 AI로 대체될 것으로 예상된다. 문제는 AI가 제3자에 의해 생산된 뉴스 데이터를 기반으로 뉴스를 생성한다는 것이다. AI가 기사 작성을 대체하는 추세가 진전되면 이는 오리지널한 뉴스 데이터의 생산 자체를 약화시킬 수 있다.

종합적으로 그 존립의 당위성과 무관하게 언론은 무너지고 있다. 멀리서 예를 찾을 것 없이, 한국 사회의 언론은 최근 이러한 상황으로 내몰리고 있다. 기사의 품질, 그에 대한 수용자들의 정당한 주목, 그리고 시장의 뒷받침이라는 건강한 언론의 선순환 과정을 정립하지 못하고, 시장 기반의 위축, 수용자들의 관심 저하와 영향력 감소, 신뢰의 약화, 뉴스 회피 현상 심화, 언론인들의 사기 저하, 정치권력의 언론 공격 등이 악순환적으로 맞물려 언론은 속수무책으로 무너지는 모습을 보여주고 있다. 이는 언론이라는 사회적 소통에 기반한 민주주의가 허물어지고 있음을 의미한다. 최근 인간의 통제를 벗어난 AI 기술 발전이 그 종말의 순간을 앞당기고 있는 양상이다.

2. 언론 위기에 대한 논의들

총체적 위기로 표현되는 언론의 위기 양상에 관해서는 많은 논의가 이루어져왔고 지금도 관련 논의들을 쉽게 찾아볼 수 있다. 이러한 논의들은 언론의 문제점을 지적하는 시민단체들의 모니터링 활동, 미디어 비평 전문지들의 보도, 대중을 상대로 한 정치적 팸플릿 유의 책자들, 그리고 전문적인 저널리즘 학술연구들을 망라한다.

전문적인 저널리즘 학술연구로 검토 대상을 국한하더라도 그 스펙트럼은 방대하다. 2천 년대 이전에 이루어진 언론에 대한 학술적 논의가 언론의 정치적 독립 문제에 집중했다면, 이후 이루어진 논의에서 초점은 언론의 위기로 전환되었다. 언론 위기 담론을 연구한 유용민(2021)은 그 최초의 연구 사례를 시장 경쟁의 격화로 발생한 언론(산업)의 위기에 주목한 강미선 등(2003)의 연구에서 찾는다. 이 연구가 나올 때만 해도 언론 위기는 '물음표'와 함께 제기되었지만 불과 1~2년 후 문헌부터 그 물음표가 사라진 언론 위기론이 본격 등장한다. 2010년경에 이르면 위기는 이제 '디지털'과 함께 호명되기 시작하여 디지털 혁명에 따른 저널리즘 산업의 위기론으로 진화한다(강미선 등, 2003, pp.143~144).

한국 언론학계에 중요한 화두를 던져온 중견 언론학자 강명구 (2004)는 한국 언론의 위기가 ① 한국 사회와 언론의 구조 변동 층위(국가와 시민사회, 시장의 관계 변화 속에서 언론의 위치와 역할 변화), ② 언론 산업의 층위(신문 및 방송 산업의 구조 변화, 뉴미디어 산업의 성장), ③ 언론사 조직과 기자 집단의 정체성 층위(사회적 신뢰의 상실, 언론사 영향력과 기자 집단의 정체성 변화), ④ 뉴스 담론의 층위(뉴스의 공정성, 진실성) 등 4가지 층위에서 복합적으로 발생한다고 분석했다. 그가 구분한 각 층위에 대해 다수의 후속 연구들이 이어졌지만, 이러한 연구들이 언론 위기 해결에 기여한 성과는 미지수다. 학계의 관심과 논의에도 불구하고, 위기 상황은 오히려 심해졌다.

이러한 상황을 두고 최영재(2022)는 서구 사회에서 언론의 위기가 객관과 합리의 차원에서 이해되고 논의되었다면, 한국 사회에서 언론 위기 논의는 복잡하고 혼란스러우며, 때로는 비루하고 절망스럽고, 비난과 비방, 냉소의 분위기에서 전개되기 일쑤였다(p.96)고 자조한다. 급

기야 언론과 저널리즘 현실을 '위기' 내러티브로 기술하는 것이 뉴스와 언론 그리고 저널리즘의 세계를 이해하는 적절한 방식인지 그 타당성을 논쟁할 때가 되었다(유용민, 2021)는 언론 위기 담론에 대한 회의론이 제기되기에 이른다.

분명히 강조하지만, 언론 위기는 담론이 아닌 현실에 실존하는 엄중한 문제였고 지금도 그러하다. 그리고 이를 다루어온 언론 학계의 논의는 어지럽고 비체계적이었는지 모르지만, 비생산적인 담론에 머무르지 않았다. 오히려 그와 반대로 학계는 그 어느 때보다 적극적인 방식으로 언론의 문제에 개입했다. 이는 현실의 문제에 일정한 거리를 두는 학계의 통상적 역할에 비추어 이례적인 것이었다. 문제는 이러한 개입이 문제를 해결하기보다는 악화시키는 방향으로 작용했다는 것이다. 이하에서는 그 이유를 살펴볼 것이다. 그 작업은 언뜻 유사해 보이지만 근본적인 차이를 지닌 두 가지 논의의 틀을 구분하는 데서 시작된다. 언론 위기 프레임과 언론 개혁 프레임이 그것이다.

❶ 언론 위기 프레임 vs 언론 개혁 프레임

두 프레임은 언론이 겪고 있는 위기 양상에 접근하는 방식 및 목적에 있어서 차이를 드러낸다. 지나친 단순화의 위험은 있지만, 전자가 언론의 위기에 초점을 둔다면 후자는 언론의 문제에 초점을 둔다. 전자가 언론이 당면한 위기를 해결해서 언론의 상황을 개선하는 데 방점이 있다면, 후자는 언론이 안고 있는 문제점을 개혁해서 언론이 사회에 끼치는 해악을 최소화하는 데 주된 목적이 있다.

두 프레임은 언론의 역할에 대한 인식 차이를 드러낸다. 전자는 언론이 민주주의의 지주라는 전제에서 출발한다면, 후자는 언론이, 보다 정확히는 언론의 문제가 민주주의를 위협하고 훼손하는 걸림돌이라는 인식에서 출발한다. 후자의 논의 역시 언론이 겪고 있는 심각한 위기 상황을 인식하지만, 그들이 원인으로 주목하는 것은 언론의 소유 구조, 지배 구조, 권력과의 관계, 정파성 등 언론이 안고 있는 제도적 차원의 문제다. 언론의 위기는 그로 인해 언론이 오작동하여 사회에 끼치는 해악을 의미하고, 언론 개혁은 이러한 언론의 문제를 바로잡는 실천적 행동(제도 개혁)을 지칭한다.

한국 사회 미디어 학계의 논의를 주도해온 것은 후자였다.[9] 그 대표적인 연구자 중 하나로 한국 사회 미디어 시스템에 대한 이론적 분석 작업을 꾸준히 수행해온 조항제를 들 수 있다. 그가 2020년에 발간한 『한국의 민주주의와 언론』은 지금까지 누적되어온 학계의 언론 개혁 논의들과 정치권의 언론 개혁 시도를 검토한 주목할 만한 성과물이다.

조항제 역시 논의의 출발 단계에서 한국 언론이 직면한 위기 양상에 주목한다. 언론학 교수로서 주변에서 "언론, 왜 그래요?"라며 언론을 힐난하는 소리를 듣곤 한다는 얘기로 시작해, 언론인이 '기레기'로 불리고 언론에 대한 신뢰가 세계 최저치 수준으로 떨어진 현상을 지적한다. 하지만 그에게 있어서 이 같은 위기 양상은 언론 시스템의 문제들이 투영된 것이다. 이 지점에서 그는 언론 개혁 프레임(그의 표현에 따르면 '언론 개혁'이라는 정체가 모호한 화두, p.15)으로 돌아선다. 그는 민주주의와 미디어의 관계, 특히 양자 간의 정치적 병행성, 정치 극단화와 미디어 극단화, 미디어 권력화, 정치적 후견주의에 대한 이론적 논의를 검토하고, 이를 토대로 한국 사회에서 (진보) 정치권력이 언론을 개혁하려 했던 시도들(대표적으로 김대중 정부의 언론사 세무조사와 노무현 정부의 신문법 개정)

을 비판적으로 평가한다. 하지만 그의 논의는 결국 언론 개혁 프레임에 머무르고, 결론에 해당하는 마지막 챕터의 제목은 '언론 위기의 극복을 위하여'가 아닌 '민주적 언론을 위하여'가 된다.

조항제(2020)를 포함해, 언론 개혁 논의의 근본적인 한계는 그것이 종국에는 정치권력에 의한 언론 통제를 정당화하는 논리로 귀착된다는 점이다. 언론 개혁은 최종적으로 정치권력이 주도하는 법·제도의 제·개정을 통해 추진된다. 따라서 그 주체가 명시되건 되지 않건 언론 개혁은 정치권력에 의한 직접적인 언론 통제를 함축한다.

❷ 정치 시스템 주도의 언론 개혁

1990년대 후반 이후, 특히 김대중, 노무현, 문재인 등 진보 정부가 들어선 시기에 추진된 언론 개혁 시도는 모두 실패로 귀결되었다. 이는 사실상 예측된 결과였다. 정치 시스템(권력) 주도의 언론 개혁은 정당성 및 실효성[10] 차원에서 처음부터 한계가 분명했기 때문이다. 조항제의 평가를 옮겨보자.

> 한때, 언론 개혁은 언론에 몸담은 사람이라면 누구나 동의하는 주제였다. 그만큼 언론은 구조(시장)나 행위(뉴스 관행)에서 모두 뭇사람의 집중적인 성원과 비판을 받았다. (중략) 그러나 사회 전체를 진동시키는 갈등을 겪으면서도 언론은 달라지지 않았다. 종이 신문의 가속화된 주변화 속에서도, 일반적인 품질 평가에서도, 방송 시장까지 진출하게 되어서도, 가끔 나오는 권력 유착의 스캔들에서도, 뿌리 깊은 후견주의 굴레를 떨치려는 노력 속에서도 구태는 반복되었다. 개혁의 기치 역시 정치화의 물결을 피

하지 못했고, 이제는 분명하게 내용도 없는 채 그저 하나의 클리셰처럼 돌아다닌다. 개혁을 주장하는 측도, 개혁의 대상인 측도 그저 상대의 주장을 가짜라고만 몰아붙인다. (중략) 그저 언론을 비판만 하고 공격만 한다 해서 개혁이 되었다면, 김대중 정부의 세무 조사나 노무현 정부의 신문법 제정 때 이미 개혁이 돼야 했다.

— 조항제, 2020, pp.15~16

(언론 개혁을 추진한) 노무현 정부의 가장 큰 모순은 스스로가 '정부'였다는 점이다. 정부가 자신을 '견제'하고 서로가 '균형'을 이뤄야 하는 관계인 언론의 개혁에 나선 건, 그래서 자율을 타율로 바꾼 건 그 자체로 모순이었다고 할 수밖에 없다. 그가 아무리 강령을 내세우고 책임을 내세우고 진실을 내세웠더라도 그는 특정한 의도를 가진 정치인이고 (사실상) 모든 자원을 손에 쥔 권력자였던 점은 변하지 않는다. 그의 논리는 엄연하게 정부(치)와 언론 사이에서 벌어지는 게임의 하나에 불과했던 것이다.

— 조항제, 2020, p.221

이 대목에서 다음과 같은 반론이 제기될 수 있다. "민주적으로 선출되고, 합의의 원칙에 따라 작동하는 정치 시스템이라면, 언론 개혁을 이끌 수 있는 정당성과 역량을 지닌 주체로 볼 수 있지 않은가. 대의 민주주의 체제하에서 민주적으로 선출된 정치적 대표 집단을 정치권력이라는 이유로 배제한다면 누가 이런 개혁을 추진할 수 있는가." 이러한 주장의 타당성을 결정하는 관건은 한국 사회의 정치 시스템과 그것이 선출하는 권력이(최소한 그중의 일부라도) 언론 개혁을 추진할 정당성과 역량을 지니고 있는가가 될 것이다. 이에 대한 진단은 부정적이다.

한국 사회의 정치 시스템에 대한 대표적 연구자인 최장집(2010)에 따르면, 동 시스템의 지배적 특징은 냉전 체제하에 파행적으로 형성된 후진적인 패거리 승자독식 시스템으로 요약된다. 냉전 반공주의는 협애한 이념적 대표 체제 위에 거대한 두 개의 당이 중심이 되는 정당 체제를 주조해냈다. 이후 정당의 명칭은 수없이 바뀌었지만, 양당 중심의 후진적 구조는 지속되었다(p.249). 이러한 정치 체제의 저발전은 정치사회를 시민사회로부터 분리 내지 괴리된 영역으로 만들었다. 이 층위의 행위자들은 시민 대중의 이익을 대표하고 책임성을 갖기보다 그들 스스로의 이익을 실현하는 정치 계급으로 기능한다(p.247).

최장집은 이러한 문제가 민주화 이후 더욱 심화되었다고 본다. 정당들은 일상적인 당 활동에 참여하는 일반 당원이 극히 미미한 수준에 불과한 간부 정당, 시민의 생활 세계에는 존재하지 않은 채 언론에서만 볼 수 있는 페이퍼 정당, 정책보다 선거 승리만을 목적으로 하는 선거 전문가 정당의 특징을 지닌다(p.26). 설상가상, 민주화 이후 지역 정당 체제가 지배적 정치 체제로 부상하였다. 이러한 정치 시스템은 정당 간의 정책 경쟁을 어렵게 하고, 정치를 사회적 기반과 유리된 정치 엘리트들의 과두체제 혹은 사회의 근본적 이슈와 괴리된 채 국가권력 장악에만 몰두하는 권력 투쟁으로 전락시켰다(p.40).

이 같은 한국 사회 정치 시스템에 대한 최장집의 비판적인 분석은 이 책을 쓰고 있는 현시점에도 여전히 유효하다. 이명박, 박근혜, 문재인, 그리고 윤석열로 이어지는 진보·보수 정치권력의 변동에도 불구하고 이 같은 정치 시스템에 변화가 없다는 것을 우리는 역사적으로 경험했고, 현재도 같은 일을 목도하고 있다.

최근 한국 정치 시스템의 퇴행적 양상은 말 그대로 한숨을 자아낸다. 정당의 민주적 의사결정 구조와 정책 생산 과정이 형해화하거나 왜곡되고, 정당의 주요한 의사결정 과정과 권력 자원이 당권을 장악한 소수에게 집중되는 반민주적 카르텔 정당 구조(Katz & Mair, 1995; 이가림·조원빈, 2022)는 해가 갈수록 심화되고 있다. 여야를 불문하고 극렬 당원들이 정당의 운영을 좌우하는 팬덤 정치, 죽기 아니면 살기식의 극한의 계파 정치, 당 권력자에 대한 맹목적 충성 경쟁과 같은 후진적 행태가 지배적 양상으로 자리 잡았다(강원택, 2018; 김기동·이재묵, 2021; 지병근, 2024). 거대 양당과 그 지지 세력의 적대적 양극화로 여야 간의 건강한 정책 경쟁과 협치는 사실상 꿈같은 일이 되고 있다.[11]

결론적으로 한국의 정치 시스템(권력)은 언론을 개혁할 정당성과 역량을 갖추고 있지 못하다. 권위주의 시기, 한국 언론 시스템의 형성 및 발전 과정에서 정치권력이 강력한 영향력을 행사했음은 잘 알려진 사실이다. 하지만 정치권력의 역량은 민주화 과정을 거치며 급속히 약화되어 언론 개혁을 추진할 힘(헤게모니)을 상실했다. 동시에 정치 시스템은 권력을 사유화한 제왕적 대통령이나 당 대표 등 권위주의의 유산을 탈피하지 못한 한계를 안았다. 헤게모니의 약화로 제대로 된 개혁은 추진하지 못하면서 전근대적 권위주의는 온존되고 있는 상태가 된 것이다(윤석민, 2020, p.164). 2천 년대 이후 정치권력이 자신의 권위에 도전하는 언론을 손보려는 언론 개혁을 앞다투어 추진하고(김대중 정부의 언론사 세무조사, 노무현 정부의 신문법 개정, 그리고 문재인 정부 당시 언론징벌법 도입 시도 등), 이러한 시도가 모두 실패로 끝난 것은 그 자연스러운 귀결이었다.

윤석열 정부에 들어서서 방송통신위원회 및 방송통신심의위원회로 대표되는 미디어 정책·규제 기구의 파행, 공영방송의 제도적 파괴, 가

문재인 정부의 언론중재법 도입 시도(최은철·윤석민, 2022)

2020년에 들어 여당인 더불어민주당은 언론의 악의적인 허위보도 및 허위·조작정보에 대한 대응책으로서 언론중재법 개정안과 정보통신망법 개정안을 함께 추진하였다. 언론중재법 개정안은 악의적인 보도로 인격권을 침해했을 때 최대 3배의 징벌배상을 도입하는 것을 주요 내용으로 한다. 정보통신망법 개정안은 이용자가 위반행위로 다른 이용자에게 손해를 입혔을 때, 고의 여부에 따라 최대 3배의 배상책임을 규정한다.

2021년에 들어서는 언론보도에 대한 징벌배상을 포함해 정정보도 확대, 온라인 기사 열람 차단 등이 강력히 추진되었다. 언론은 진보, 보수를 넘어 이에 맞섰다. 한국신문협회, 한국기자협회와 같은 언론단체는 징벌배상 법안이 발의·입법 예고된 후 이를 비판하는 성명서, 기자회견, 공동성명 등을 진행하였다. 갈등은 2021년 8월 언론중재법 개정 시도를 둘러싸고 정점에 달했다. 더불어민주당은 징벌배상 조항이 담긴 언론중재법 처리를 강행하였다.

2021년 8월 19일에는 소관 상임위인 문화체육관광위원회에서, 25일에는 법제사법위원회에서 징벌배상 조항이 담긴 법안을 포함하여 총 16개의 언론중재법 개정안을 병합한 대안이 더불어민주당 소속 의원들의 주도로 표결되었다. 야당과 국내 언론단체뿐만 아니라 세계신문협회, 국제언론인협회, 국경없는기자회, 아사히신문 등 해외 주요 언론 및 언론단체가 성명 또는 사설을 통해 반대 의견을 피력했다. 여야 양당은 합의점을 찾고자 양당의 국회의원 4명과 양당에서 추천한 외부 위원 4명으로 이루어진 '언론중재법 8인 협의체'를 구성하고 9월 8일부터 총 11회의 회의를 이어갔으나, 이 역시 이견을 좁히지 못하였다.

그 후 두 당은 국회에 언론·미디어제도개선 특별위원회를 구성하여 언론중재법 개정안을 포함한 언론 개혁 의제에 대한 논의를 이어갔지만 해당 특별위원회도 성과 없이 활동을 종료하면서 언론중재법 도입 시도는 막을 내렸다.

짜 뉴스 문제를 빙자한 언론에 대한 직접적 규제 시도[12] 등 정치권력에 의한 언론 통제 행태들이 되풀이되고 있다. 이에 맞선 거대 야당의 행태도 문제가 있기는 마찬가지다. 2024년 4월 총선에서 주택자금 불법 대출 및 재산 불성실 신고 건으로 언론의 집중 화살을 맞은 양문석 후보자는 당선 일성으로 "언론 개혁/언론 징벌을 추진하겠다"고 말했다. 실제

로 22대 국회가 개원하자 공영방송 거버넌스 개정을 골자로 하는 방송법 개정안과 방송통신위원회법 개정안을 야당 단독으로 해당 상임위에서 통과시켰다. 사법 리스크에 휩싸인 야당의 대표는 자신에게 비판적인 언론을 검찰의 애완견이라고 공개 비판했다.

조항제는 2천 년대 이후 언론 개혁 논의가 지닌 한계점을 가감 없이 지적한다. 이 같은 비판적 평가가 언론의 위기 상황에 대한 성찰로 이어졌다면 바람직했을 것이다. 하지만 그는 결국 언론이 문제라는 개혁 프레임의 관점으로 돌아선다.

> 민주주의가 단지 언론 때문에 실패한 것은 아니지만 분명하게 언론은 실패를 거뒀다. (중략) 정치의 '자기미디어화', 언론의 '권력화'로 부를 수도 있는 이런 현상이 미래에 더욱 나빠질 (시장화) 가능성으로 미루어 민주주의의 미래를 더욱 어둡게 만들 수도 있다.
>
> — 조항제, 2020, p.311

조항제(2020)에 대한 평가를 마무리하고자 한다. 그의 논의는 종래의 언론 개혁 프레임을 그대로 따르는 것과 거리가 있다. 조항제는 정치 권력에 의한 언론 통제를 정당화하는 종래의 언론 개혁 논의의 한계를 비판하며, 언론과 정치 시스템(민주주의)의 동시적 개혁이라는 대안을 제안한다. 하지만 이 같은 동시적 개혁론의 한계는 자명하다.

첫째, 언론 개혁을 통해 정치 개혁에 도달할 수 있다는 주장이 인과 관계의 상식에 어긋난다는 점은 길게 논박할 필요가 없다.[13] 정치 시스템의 개혁은 국민과 사회 시스템 전반의 변화와 성숙이 요구되는 궁극적이고 종합적인 난제이기 때문이다. 둘째, 정치 시스템으로 언론 개혁을 달성한다는 주장은 이런 맥락에서 처음부터 문제 해결을 위한 현실적 선택지의 범위를 벗어난다. 결국 조항제의 논의는 거기까지다. 종래의 언론 개혁 논의의 한계와 실패를 인정하면서도 구체적 대안을 제안하지 못하는 그의 결론, 특히 마지막 문단의 밑줄 친 부분(연구자가 추가)을 살펴보라.

> 뉴딜 연합(언론 개혁을 위해 정파를 넘어 연대한 정치 세력)이 성공적으로 결성되기 위해서는 아무리 여당이 거대하더라도 야당을 비롯한 보수 시민사회의 협조가 필수적이고, 무엇보다도 뜻을 같이하는 사람들의 '유대'에 못지않게 다른 사람들 사이의 '가교'가 필요하다. (중략) 민주주의는 권위주의나 파시즘과 달리 아직 언론·미디어를 효과적으로 움직일 수 있는 정책적 수단을 찾지 못했다. (중략) 그러나 '할 일'이 없지는 않다. 공영방송을 비롯해 규제 제도 전반을 잘 정비하고, 미디어의 전문직주의를 육성할 수 있는 장기적 정책을 강구하며, 무엇보다 언론·미디어의 일상적 논리에 대응해 민주 체제 스스로의 능력과 진정성을 꾸준히 보여줘야 한다. 언론·미디어가 민주주의를 중시할 수 있도록 사회 전체가 변화의 단서를 잡고 끝까지 추구해야 한다.
>
> ─ 조항제, 2020, pp.321~323

언론 개혁 프레임이 아닌 언론 위기 프레임에 접근하는 이러한 제안은 그의 결론이 아닌 출발점이었어야 했다.

❸ 정치권력에서 시민으로

조항제로 대표되는 언론 개혁론자들은 이처럼 종래 논의의 현실적 한계를 자각하면서도 그 이상을 포기하지 못하는 분열된 인식에 머물러 있다. 현실을 도외시할 수도, 이상을 포기할 수도 없는 개혁론자들의 고뇌가 드러나는 지점이다. 하지만 일각에서는 근본주의적인 언론 개혁의 이상을 계속해서 밀어붙이는 강경한 논의도 지속되고 있다.

이러한 논의가 새롭게 주목하는 개혁의 대안적 주체는 '시민'이다. 최근 출간된 한국 언론 개혁에 대한 연구서 중 태반이 이러한 맥락에서 시민이 주체가 된 언론 개혁을 주장한다. 그 대표 사례로 2022년 12월, 진보 성향의 언론학 학술단체인 한국언론정보학회가 발간한 『언론 자유의 역설과 저널리즘의 딜레마』라는 연구서를 들 수 있다. 이 책의 필자들은 한목소리로 이상적인 시민언론으로부터 동떨어진 언론의 상태를 비판한다.

> 언론이 더 많은 자유를 향유할수록 시민의 자유, 특히 약자의 권리가 침해된다(첫 번째 역설). 언론은 억압하는 권력에는 자유를 헌납하고 관용하는 주권자에게는 자유를 남용한다(두 번째 역설). 언론은 정치권력과 시민에 대해서는 자유를 달라고 하지만, 자본이나 사주가 통제하는 자유에 대해서는 말하지 않는다(세 번째 역설).
>
> — 정준희 등, 2022, p.282

언론 자유는 공론의 장을 효과적으로 구성해오기보다는 시민이 참여하는 공론의 장을 교란시키는 개념으로 사용된 경우가 많았다. 실제로 언론 자유는 공론장의 정당성을 무너뜨리고, 그 효용을 오히려 줄이는 방향으로 사용되고 있다. 또한, 언론 자유는 공론의 장에서 정당한 목소리를 가지지 못하는 소외 집단의 목소리를 억압하기 위한 수단으로 사용되거나, 시민이 자신의 정당한 권리를 돌려받기 위한 시도 자체를 언론 자유라는 이름으로 막는 데 사용되기도 한다. 언론이 공론의 장을 훼손하거나 시민의 정당한 권리를 침해한다면 당연히 사회적인 규제를 받아야 하지만, 언론 자유라는 공허한 이상은 이 모든 시도를 무력화시킨다.

— 정준희 등, 2022, p.181

사회적 소통 과정에서 특정언론과 집단 및 단체만이 표현의 효과를 독과점하고 있으며 시민들은 단절되어 있거나 고립되어 있는 상태에서 독백적으로 표현할 뿐이며, 종종 적극적으로 서로를 배제하거나 혐오한다. (중략) 이제 우리는 헌법을 개정하여 모든 시민이 기본권의 보장을 위하여 평등하게 서로의 의사를 확인하고 공유하며 공통의 의견을 형성할 소통의 권리 조항을 만들어야 한다. 소통의 자유의 원리들이 서로 상호 조응하면서 표현의 자유가 야기하고 있는 소외와 불평등 그리고 기본권 침해의 가능성을 줄여나가야 한다.

— 정준희 등, 2022, pp.274~278

언론은 민주주의의 증진이 아닌 민주주의의 오작동을 초래한다는 식으로 언론을 악으로 간주하고, 언론의 자유와 소유권, 심지어 그 토대가 되는 민주적 헌정 질서를 부정하며, 표현의 불평등을 바로잡기 위한 행동주의를 부추기는 이 같은 주장들은 한마디로 나이브하다. 하지만 이러한 주장들이 정치 팸플릿이나 길거리의 유인물을 넘어 중견 미디어 학자들의 연구서 형태로 출간되었을 때 그것은 다른 차원의 문제가 된다.

시민권력은 정치권력을 대체하는 언론 개혁의 주체가 될 수 있는 가? 이 질문에 답하기 위해 우리는 시민의 개념이 무엇인지, 그리고 현 시대 한국 사회에서 이 개념이 타당성을 갖는지 돌아볼 필요가 있다. 시 민 개념은 근대 민주주의 국가 공동체의 토대가 되는 합리적이고 능동 적인 주체에 관한 정치 철학적 모색에 그 뿌리를 둔다. 이러한 근대적 주체의 일차적 특성은 '개인성'이다. 개인성은 사회와 관습에 저항하면 서 정신 내면에서 독립적이며 자율적인 가치와 의견을 형성하고, 이렇 게 형성된 의견과 가치에 대해 자기 확신을 공고히 해나가는 한편, 이를 '말'로 표명함으로써 자신의 신념과 이익을 천명하고 관철해나가는 주 체적 특성(박승관, 2000 & 2003)이다. 동시에 요청되는 것이 '공동체 의 식'이다. 이는 타자의 개인성에 대한 인식과 존중에서 시작된다. 경쟁보 다는 협동에, 그리고 개인적 합리성보다는 집단 지성에 상위의 가치를 부여하는 의식이다(Shils, 1991). 밀접하게 관련된 개념이 사회, 공동체, 타인에 대한 믿음과 수용 정도를 나타내는 사회적 자본social capital이다 (Coleman, 1988; Hukuyama, 1994).

시민성은 이러한 개인성과 공동체 의식의 교집합이 만들어내는 이 상적인 근대성을 의미한다. 시민은 이러한 근대성을 갖추고 실천하는 주체로서 전통과 사회의 폭압으로부터 해방된 독립적 인격을 추구하는 동시에 공동체의 마당에서 다른 개인과 만나는 존재다. 근대 민주주의 사회는 전근대적 공동체의 성원이 가정과 사회 체계의 수직적 권위의 제약으로부터 자유를 획득함과 동시에 공동체 의식과 수평적 네트워크 의 확장에 대한 열정을 지닌 사회 구성원으로 발전함으로써 구현된다.

집단적 억압이나 침해에 맞서 개인의 자유를 지켜나가면서, 자발적인 연대와 협력의 장으로 기능하는 다양한 공동체를 활성화함으로써 개인들로 하여금 적극적 자유를 실천하게 만드는 '자유주의적 공동체주의'의 상태, 또는 자유로운 개인이 주인이 되어(민주) 화합하며 살아가는(공화) 민주공화국의 이상이 이에 기초한다.

한국 사회의 구성원은 이처럼 이상적인 사회 공동체 내지 국가의 토대가 되는 사회적 주체를 구현하는가? 이러한 질문에 대한 검토와 답변을 건너뛴 채 2016년 말 촛불시위 이후 한국 사회의 구성원에게는 '시민'으로서의 특별한 지위가 부여되었다(윤석민, 2020, pp.146~147). 기회가 있을 때마다 '시민', '시민사회', '시민 주도의 촛불 민주주의'에 대한 찬사가 쏟아졌다. '시민' 주도의 언론 개혁 주장은 그 연장선에 있다.

그 전형적인 주장은 다음과 같다. "언론 개혁의 궁극적 목적은 언론 소비자, 즉 시민이 유익하고 올바른 뉴스와 정보를 누리고 이를 통해 민주주의가 제대로 작동되도록 하는 것이다." "시민들이 참여하는 공론화 과정을 통해 최선의 법안·정책을 마련하고 동시에 개혁 대상인 기득권 언론의 반대와 저항을 이겨내야 한다." "22대 국회 언론 개혁, 시민들과 함께해야 성공한다."(김성재, 2024.4.20)

하지만 궁극적인 개혁의 목표이자 주체로서 시민의 역할을 강조하는 논의들 속에서, 이 '순정한 그대'가 구체적으로 누구를 말하고 구체적 역할이 무엇인지는 모호하다. "이들이 말하는 시민은 촛불 시민인가, 태극기 시민인가."(윤석민, 2023.12.15)

시민 개념이 넓은 범주의 사회 구성원 전반을 지칭한다고 해도 문제는 남는다. 한국 사회 구성원(시민사회)의 성숙성에 대한 학계의 평가는 비판적이거나 회의적인 인식이 지배적이다. 최장집(2010)은 민주화 이후 한국의 시민사회는 민주주의의 기반을 강화하기보다는 오히려 약화하는 역설적 현상을 보였다고 분석한다. 시민사회가 기득 세력의 이념적 헤게모니를 대체할 수 있는 민주주의의 가치를 발전시키지 못했기 때문이다. 이러한 맥락에서 그는 시민사회를 민주주의의 문제를 해결할 수 있는 대안적 주체로 신비화하지 말 것을 지적한다. "한 사회가 안고 있는 여러 문제들을 해결할 수 있는 대안을 조직하는 데 있어 시민사회가 어떤 동질적 이해와 가치를 대변할 수는 없다. 민주사회에서 그런 역할을 하는 것은 정치사회와 정당이다. 따라서 시민사회를 한 사회의 보편적 가치를 대표하는 어떤 비정치적 영역으로 신비화하는 것은 비현실적이며 바람직하지 않은 일이다."(p.240)

또 다른 진보 성향 정치학자인 손호철(2011)도 같은 맥락에서 시민사회 개념이 일종의 만병통치약식 '도깨비 방망이'가 되어버리는 추세(p.46)를 비판한다. 그에 따르면, 시민사회를 언급하는 많은 논의가 시민사회, 나아가 정치사회를 다양한 사회 세력과 정치 세력이 각축하는 사회적 공간으로 인식하지 않고 단일한 행위자로 상정해 한국 현대 정치를 '국가 대 시민사회'의 투쟁으로 분석하는 오류를 범한다. 이런 분석은 "시민사회를 가로지르는 사회적 균열을 은폐하고 한국 정치사를 심각하게 왜곡시킨다."(p.687) 한국의 시민사회는 전근대적인 '신민사회'와 근대적인 '시민사회'의 중간 형태를 띤 사회로 평가된다. 이런 미성숙 외에도 한국의 시민사회는 가족, 학연, 지연 등 전근대적인 연고주의의 포로가 되어 있는 측면이 강하다(p.709).

사회학자들(송호근, 2003; 정수복, 2007; 이재열, 2019)의 평가도 정치학자들과 크게 다르지 않다. 이들은 한목소리로 한국 사회의 시민사회가 지닌 한계를 지적한다. 개인 및 일차 집단 차원에서 한국 사회 구성원이 공유하는 특성은 연고주의, 가족주의, 감정 우선주의 등이고, 국가 및 사회적 차원에서 이들이 공유하는 특성은 현세적 출세주의, 낮은 도덕의식, 권위주의, 이분법적 사고, 속도 지상주의, 국가 중심주의 등으로 정리된다. 시민성의 성숙에 관한 모든 평가 지수에서 한국 사회 구성원은 세계 최하위권의 수치를 보여준다(이재열, 2019). 지난 100년간 한국 사회 구성원의 정체성이 발전해온 과정을 분석한 윤석민(2011, 3장 및 4장)에 따르면 한국 사회의 구성원은 냉전 체제, 압축 근대화로 통칭되는 급속한 산업화 과정에서 신뢰, 관용 등 시민적 덕성이 축적되지 못한 가운데, 시장의 과잉(무절제한 욕망의 발산) 및 국가의 과잉(과잉 정치화)으로 특징지어지는 존재로 자리 잡았다.

　　시민 주도 언론 개혁의 대표적인 옹호자인 정준희(2018) 역시 이 점을 지적한다. "시민 참여의 기본 단위로서 독일과 북유럽의 조합주의적 사회단체를 상정하는 것은 시기상조다. 한국의 민주주의에는 이들 식의 사회 타협을 이뤄낼 만큼 튼튼한 기둥이 부재하며, 이미 존재하는 시민단체 다수가 풀뿌리 대표성을 갖추지 못했음은 물론 북미식 이익단체 형태로도 합리화되지 못했기 때문이다. 실존하는 시민단체의 상당 부분은 불행히도 정당 정치의 외곽을 구성하는 준정치조직으로서의 면모를 지니기 때문에 정치적 후견주의의 제어자보다는 촉진자가될 위험성이 있다." "언론에 대한 시민적 관여가 '다수에 의한 무지와 악덕'만을 야기하고 시스템의 작동 불능성을 가중시킬 개연성이 매우 높다."(p.108) 같은 맥락에서 조항제(2020)는 시민언론의 문제점을 다음과 같이 서술한다.

　　가짜 뉴스는 우리가 흔히 '시민언론citizen journalism(여기서 시민은 아마추어라는 뜻도 있다)'이라고 부르는 곳에서 창궐했다. 아무런 책임도 윤리도 느끼지 않은 채, 언론이 극단적으로 도구화되면 이런 뉴스 아닌 뉴스가 만들어진다. 이 가운데는 아주 악의적인 조작까지 있다. 이런 가짜가 그래도 우리가 직업 언론이라고 생각하는 측에서는 상대적으로 적었다. 내가 이 책에서 주류 언론을 '반민주적'이라고 비판했지만, 그래도 이렇게까지 터무니없는 가짜 뉴스를 마구 퍼뜨린 경우는 아니었다.

— 조항제, 2020, pp.12~13

정리하면, 한국 사회에서 시민사회는 정치적 파행과 사회 갈등, 사회적 소통과 언론의 문제를 해결할 수 있는 주체이기에 앞서, 이러한 문제들의 원인으로 지목된다. 그 자체가 정치화되어 있는 존재이기 때문이다. 시민 주도의 언론 개혁을 주장하는 이들은 시민이 진영의 대안인 것처럼 가정하지만, 사실상 또 하나의 진영 논리를 앞세우는 한계를 드러낸다. 언론 개혁은 시민에서 출발하는 것이 아니라, 그 핵심 프로젝트의 하나로 시민사회의 성숙을 요청한다.

3. 언론의 정치적 편향성 인식

언론 개혁 논의와 관련해 한 가지 쟁점을 더 다루고 장을 마무리하고자 한다. 언론 개혁 논의의 기저에는 언론 본연의 가치를 부정하고, 언론에 대한 불신과 회피를 조장하며, 심지어 언론을 악마화하는 인식이 자리 잡고 있다. 언론은 정치적으로 편향되어 있고, 이는 필터 버블filter bubble 로 통칭되는 편향된 뉴스 노출 혹은 소비, 그리고 사회적 소통과 여론의 왜곡을 이끈다는 통념이 그것이다.

　　종래의 종이 신문을 넘어, 온라인 플랫폼 기반의 인터넷 신문, 유튜브 개인 채널로까지 확대되고 있는 정치적 편향성(정파성)은 이제 누구나 인정하는 한국 언론의 가장 심각한 문제이자, 모든 언론 윤리 규범을 무력화하는 블랙홀로 평가된다(심석태, 2023). 언론의 신뢰가 추락하고 언론의 필요성에 대한 사회적 동의가 확보되지 않는 저변에 이러한 인식이 깔려 있다(박선이, 2023). 정파성 문제가 언론이라는 제도의 정당성 legitimacy에 대한 회의를 촉발하고 나아가 존립의 토대마저 허물고 있는 양상이다(박영흠, 2024, p.166).

　　하지만 이러한 언론의 정파성 인식은 조심스럽게 재검토되어야 한다. 언론은 세계의 전체상을 그대로 전하는 것이 아니라 일정한 선택과 집중에 따라 현실의 재구성reconstruction of reality 또는 의미화signification 작업을 수행한다(Tuchman, 1978). 그 과정에서 언론은 이 같은 본연의 활동과 분리될 수 없는 자연스럽고도 불가피한 속성으로 일정한 경향성, 즉 논조를 지닌다. 논조는 뉴스 아이템의 발제, 게이트키핑, 데스킹, 편집 등 뉴스 생산의 전 과정에서 발생한다. 간단히 말해 언론은 수많은 뉴스거리 중 무엇이 중요하고 타당한지를 걸러내는 필터에 비유할 수 있다.

　　이러한 견지에서 논조의 개념 자체가 정파성을 내포하며, 정파성은 그 정도가 문제이지, 그 존재 자체가 문제라고 할 수 없다. 언론의 정파성에 관한 기존 연구도 이러한 점을 지적한다. 민영(2016, p.136)은 정파성을 이념과 가치, 정치적 관점에 따라 언론사가 일관되게 드러내는 태도와 입장, 편향성을 정치적 성향에 따라 나타나는 특정 정치 이념이나 정치 집단에 대한 언론의 치우침으로 구분한다. 치우침의 정도가 심한 정파성이 편향성이라는 것이다. 김영욱(2009)은 정파성을 인정할 수 있는 '정당한 정파성'과 사회적으로 인정받을 수 없는 '정당하지 못한 정파성'으로 구분하고, 사회적으로 인정되는 '정당한 정파성'은 전체 사회적 소통 면에서 나쁘지 않다고 주장한다. 개별 언론사가 정파적이라고 하더라도, 전체 언론의 시각에서 다양성이 보장될 수 있기 때문이다.

정리하면 논조의 차이로서의 정파성의 존재 자체를 언론의 병리적 현상인 것처럼 비판하는 것은 타당하지 않다. 특히 언론 연구자들이 특정 언론의 논조를 통념적으로 사전에 재단(이를테면 조선일보·중앙일보·동아일보의 논조는 우편향, 한겨레신문·경향신문의 논조는 좌편향, 한국일보는 중도 식으로)하는 천편일률적 관습(조항제, 2014)은 엄밀성이 부족함은 물론, 그 자체가 정치적 편향의 위험성을 지닌다. 절대 기준이 없는 상황에서 언론사들의 논조 차이가 의미하는 바는 조심스럽게 평가하고 해석해야 한다. 더 구체적으로 언론의 정파성을 타당성 있게 논의하려면 다음과 같은 점들을 고려할 필요가 있다.

논조의 방향성 논조의 방향성은 결국 언론이 지향하는 기본 가치의 문제로 귀결된다. 이러한 가치는 사회/정치 철학의 근원적인 대립 가치에서 연원한다. 시장 vs 공동체, 시장 자유주의 vs 공동체(사회)주의, 자유 vs 평등, 성장 vs 복지(배분), 실력(기회)의 평등 vs 대중 민주주의, 안정 vs 개혁 등이 그것이다. 지나친 단순화의 위험은 있지만 이중 무엇에 중점을 두는가의 차이에 따라 보수 vs 중도 vs 진보가 구분된다. 이는 정치, 경제, 정부, 정당, 기업, 노동, 교육, 복지, 안보, 외교, 통일, 환경, 에너지, 국가 개발, 사회적 약자의 권익 등의 사안을 바라보는 관점이나 우선순위를 평가하는 차이로 이어진다. 이러한 정치 철학적(이념적) 관점에 대해 차이는 제시할 수 있지만 우열을 구분할 수는 없다. 정치적 행위자들이 드러내는 극단적인 정치 철학적 관점이 위험성을 내포하듯, 논조에 있어서 문제가 되는 것은 보수/진보의 방향성이 아니라 그 극단적인 성향이다.

논조의 응집도   언론사의 논조는 방향성과 함께 응집도라는 속성을 지닌다. 응집도란 한 언론사가 내보내는 개별 기사들이 방향성 차원에서 얼마나 일치하는가(방향성 차원에서 응집/분산되어 있는 정도)를 말한다. 기사를 쓰는 기자들에 대해서도 같은 얘기를 할 수 있다. 논조의 응집도가 강하다는 것은 언론사 기자들이 한목소리를 낸다는 것이다. 또는 기자들이 매우 유사한 사고방식과 관점을 지니고 있다는 얘기도 된다. 특정 언론사가 타언론사에 비해 이 같은 성향이 두드러질 경우, 이는 언론사 조직의 경직성이 개별 언론인이 지닌 관점의 다양성을 위축시키는 상태일 수 있다.

논조의 강도   논조의 강도는 논조의 방향성과 응집도를 결합시킨 함수(벡터)로 정의된다. 논조가 강한 상태는 한 언론사가 내보내는 기사들이 분명한 방향의 보수/진보 논조를 보이면서, 논조의 응집도가 높은 상태로 정의할 수 있다.

논조의 독립성   논조의 방향성, 응집도, 강도와는 다른 차원에서 논조의 질을 평가하는 또 다른 기준은 논조의 독립성이다. 언론의 논조는 특정한 뉴스 사안의 선택 및 그에 대한 해석을 이끄는 언론사의 정치적 경향성 이외의 (외부적) 요인에 의해 영향을 받지 않는 독립성을 갖출 것이 요구된다. 언론이 취하는 입장이 정치권력의 영향을 받은 것이라면 그 언론의 논조는 독립적이지 못하고, 도구화되었거나 유착되었거나 순수하지 못한 것이다. 비록 한 언론사의 논조가 강한 편향성을 지니더라도 독립성을 지니면 그것은 존중되어야 할 언론의 관점이라고 할 것이다. 역으로 한 언론사의 논조가 중립성을 보일지라도 그것이 권력의 눈치를 살핀 결과라면 그 논조는 건강하지 못하다고 할 수 있다.

논조의 집합적 구조　사회적 차원에서 중요한 의미를 지니는 것은 개별 언론사의 논조를 넘어 전체 언론사들이 집합적으로 구성하는 논조의 구조다(Just, 2009). 이는 전체 언론사들이 구성하는 논조의 스펙트럼(논조의 폭)과 논조의 분포(각 언론사가 스펙트럼상에서 차지하는 위치)로 구성된다. 논조의 집합적 구조가 좁은 스펙트럼을 보이거나(경직화된 상태) 또는 양극단으로 쏠림 현상을 보일 때(양극화 상태), 우리는 사회적 차원에서 언론의 논조에 문제가 있다고 평가할 수 있다.

바람직한 논조의 상태　바람직한 여론의 상태는 바람직하다고 간주되는 하나의 관점(이를테면 중도적 관점)이 지배하는 상황이 아닌, 다양한 관점이 공존하는 상황이다. 같은 맥락에서 언론이 집합적으로 드러내는 바람직한 논조의 상태는 다양한 논조가 공존하는 상황이다(Doyle, 2002; Just, 2009; Loecherbach, et.al., 2020; Napoli, 2001). 이런 맥락에서 문제는 일부 언론이 드러내는 논조의 편향성이 아니라, 언론 전반의 논조가 다양성과 균형성을 잃고 한쪽으로 과도하게 치우치는 경우라 할 것이다. 사회적 차원에서 영향력이 소수 언론사에 집중되어 있으면서(강한 영향력 집중의 상태), 이들 언론사가 강한 도구적 편향성(강도 높은 정치적 편향성과 낮은 독립성)을 지니는 상황이 그것이다.[14]

정리하면 언론은 일정한 정치적 경향성 내지 관점으로서의 논조를 실천한다. 이러한 논조의 존재는 자연스러운 것이다. 문제는 논조의 방향과 응집도, 그리고 이 두 변수의 벡터로서 논조의 강도가 지나치게 강하고 정치적 독립성이 결여된 상태라는 조건이 결합할 때 발생한다. 민주적 여론 형성 과정에서 이상적인 논조의 상태는 중도적 논조가 지배하는 상태가 아닌 다양한 논조가 서로 공존하며 경쟁하는 상태다. 한 언론사가 이 같은 기준에 따라 건강하지 못한 논조의 상태를 보인다고 해서 그 자체가 바로 문제가 되는 것도 아니다. 우려되는 언론의 편향성은 집합적 차원에서 언론의 논조가 건강하지 못한 쏠림 현상을 보이는 경우다(배진아·유수정, 2021, p.226).

일반 대중을 넘어 언론을 전문적으로 연구하는 학계에서도 통념처럼 받아들여지는 언론의 편향성 인식은 이러한 조건들을 엄밀하게 고려하지 않은 인상론적 평가에 가깝다. 이 같은 언론의 편향성 통념은 언론은 건강하지 못하고, 신뢰할 수 없으며, 심지어 건강한 여론 형성과 민주주의의 실천을 저해하는 걸림돌이라는 인식으로 이어진다. 이러한 인식은 많은 경우 과장되어 있고, 검증되지 않았으며, 언론이 생산하는 논조의 본질에 대한 인식의 오류를 반영하지만, 정치권이나 정치화된 시민사회 및 학계 일각에서 언론의 문제를 공격하고 그 개혁의 당위성을 정당화하는 무소불위의 논리적 근거처럼 제시된다.

최근 들어 한국 사회 언론의 논조가 보수와 진보로 나뉘어 있는 현실은 부정하기 어렵다. 독자층이 감소하는 상황에서 개별 언론사들이 충성 독자 집단을 지키기 위해 편향적 논조에 매달리는 양상도 심화되고 있다. 하지만 전 언론 차원에서 언론이 문제가 될 만한 정치적 편향성 구조를 드러내는지, 예를 들어 중앙이 공동화되어 있고 언론사들이 양극단의 논조로 치우치는 일이 상시적으로 발생하는지는 실증적으로 검증된 바 없다.[15] 더 나아가 언론이 정치적 패권의 장악을 목표로 특정 정당이나 사회 집단과 공식적으로 연계·결착·담합하면서 이들의 입장을 대변한다는 이른바 언론의 정치병행성political parallelism 주장은 엄밀한 검증을 거친 객관적 사실로 보기 어렵다. 조항제는 이 같은 주장들의 문제점을 다음과 같이 지적한다.

> 한국 언론이 기레기가 된 이유 중에는 정파성(정치병행성)의 비중이 클 것이다. 뚜렷하게 선호하는 정당이나 이념이 있어 우리 편에 우호적이고 상대편에 적대적이다. 유리한 기사는 크게 다루고 불리한 기사는 작게 다루거나 아예 빼버린다. 팩트를 강조하지만, 관점이 때로는 앞선다. 편향의 방식도 노골적이어서 제목이나 사진만 봐도 쉽게 속내를 알 수 있다. (중략) 그러나 이런 차이가 정말 중립 지점조차 찾기 어려울 만한 극한 수준인지는 의문이다.
>
> — 조항제, 2020, pp.11~12

이 항의 논의를 마무리하고자 한다. 언론에 대한 신뢰를 잠식하고 위기를 부추기는 언론의 편향성, 정치 도구화, 진영화 인식은 신중하게 재검토되어야 한다. 일반 대중은 물론 학계에서도 쉽게 발견되는 언론의 정파성 인식은 언론이 생산하는 논조에 대한 잘못된 이해, 부풀려진 우려, 일부 사례에 대한 과도한 일반화에 기인한다. 이를 정치권력의 언론 개혁을 정당화하는 근거로 삼는 것은 타당성을 결여함은 물론, 문제의 본말을 전도하는 모순을 내포한다. 이는 진영 갈등의 주범인 정치 시스템이 자신을 비판하는 언론이 갈등의 근원인 것처럼 문제의 원인과 결과를 호도하는 것이다. 설사 언론의 정파성이 심각한 수준이라고 해도 이는 정치 시스템에서 유래한 진영화의 문제가 언론 영역에서 확대 재생산되는 양상으로 보는 것이 타당하다.

언론은 비록 형식적일지언정 사회적 인정과 신뢰를 확보하려는 노력의 일환으로 규범을 개선하고, 이를 실천하겠다는 의지를 대외적으로 천명해왔다.[16] 언론의 영향력이 과도하게 집중될 가능성은 전문화된 미디어 영향력 평가기구(여론집중도조사위원회와 미디어다양성위원회 등)에 의해 면밀히 모니터링되고 있다(윤석민, 2020, 11장). 이러한 평가기구가 지난 10여 년간 내놓은 연구보고서에 따르면 이러한 우려는 사실상 근거가 없다는 결론에 이르게 된다. 정파성 차원에서 극단적인 쏠림 내지 편향성을 드러낸 것은 언론에 앞서 정치 시스템, 시민사회, 그리고 종종 여론이었다.

4. 소결: 언론 위기의 해법은 언론 현장에서 찾아야 한다

언론은 극심한 존립의 위기를 맞고 있다. 언론 위기는 담론이 아닌 엄중한 현실의 문제다. 그 양상은 독자 수와 영향력 감소, 기사 품질 저하, 신뢰 감소, 디지털 전환에 따른 불확실성 증가, 인간 통제를 벗어나는 AI 저널리즘의 부상 등 전면적이다.

언론의 위기에 대해서는 수많은 논의가 이루어져왔다. 특히 학계는 적극적인 방식으로 언론이 겪고 있는 위기에 개입했다. 언론 개혁 논의로 통칭되는 학계의 논의가 그것이다. 문제는 이러한 논의가 정치권력 및 시민사회 주도의 외생적 언론 개혁을 정당화함으로써 위기 상황을 해결하기는커녕 악화시키는 데 일조했다는 점이다. 동시에 학계는 언론의 극단적인 정파성 및 양극화 주장을 무비판적으로 수용함으로써 이를 분석하고 검증하는 본연의 역할을 방기했다.

학계는 언론이 빈사 상태에서 마지막 호흡을 힘겹게 내쉬고 있는 현시점까지도 비판에 집중하면서 구체적이고 시급한 언론 현장의 과제를 외면하는 행태를 보이고 있다. 이상적 언론의 구현을 기치로 내건 이들의 논의는 역설적으로 언론을 악으로 간주하고 언론의 독립과 자유라는 근본 가치를 공격하는 모순을 드러낸다. 그 결과 학계는 언론 및 그것이 구현하는 사회적 소통과 민주주의의 후견자를 자임하지만, 역설적으로 언론의 현실과 괴리된 채 언론의 가치를 부정하는 최일선의 공격자가 되고 있다.

언론 위기에 대한 제대로 된 논의는 이 같은 문제들에 대한 학계의 반성에서 시작되어야 한다. 그리고 더 늦기 전에 언론의 이상이 아닌 현실에 눈을 돌려야 한다. 오랜 기간 학계의 논의를 잘못 이끌어온 언론 개혁 프레임을 벗어나 언론의 실존이 위협받는 상황 자체를 주목해야 한다. "민주주의가 단지 언론 때문에 실패한 것은 아니지만 분명하게 언론은 실패를 거듭었다. (중략) 이런 현상이 미래에 더욱 나빠질 (시장화의) 가능성으로 미루어 민주주의의 미래를 더욱 어둡게 만들 수도 있다."(조항제, 2020, p.311) 이러한 조항제의 주장은 다음과 같이 고쳐 쓰는 게 타당하다.

민주주의가 단지 언론 때문에 성공한 것은 아니지만 분명하게 언론은 성공을 거듭었다. 이런 현상이 미래에 더욱 나빠질 (언론 위기의) 가능성으로 미루어 민주주의의 미래를 더욱 어둡게 만들 수도 있다.

언론은 위기를 넘어설 수 있는 힘을 지니는가? 무너진 규범성을 복원하고 언론 본연의 역할을 수행할 수 있는 잠재력을 지니는가? 모든 것을 다 떠나 언론에 아직 희망의 불씨가 남아 있는가? 현실의 언론과 괴리된 대학 연구실과 학술 세미나는 그 답을 주지 못한다. 그 답은 결국 현장에 있다. 언론을 실천하는 현장에서 어떤 관행과 변화, 성공과 실패, 희망과 좌절이 교차하고 있는지 살펴야 한다.

3장. 현장 속으로

1. 언론 현장의 의미

언론 위기의 해법과 가치 있는 언론의 실현 방안을 현장에서 찾아야 한다고 했지만, 여전히 중요한 질문이 남아 있다. 언론 현장이란 무엇인가?

이는 현장 연구를 준비하던 연구자들이 일차적으로 당면한 문제였다. 구체적으로 언론 현장은 뉴스를 생산하는 현장인가, 생산된 뉴스를 토대로 언론사의 수익을 창출하는 비즈니스 현장인가? 생산된 뉴스를 유통하는 온라인 포털 내지 소셜 미디어 플랫폼 현장인가, 아니면 이용자들이 뉴스를 접하고 가치를 얻는 뉴스 소비 현장인가?

이 질문에 대한 답은 생각만큼 단순하지 않다. 뉴스 생산, 뉴스 비즈니스, 뉴스 유통, 뉴스 소비는 분리될 수 없는 방식으로 긴밀히 맞물려 돌아가는 고리circle를 형성한다. 이를테면 언론사가 공들여 생산한 가치 있는 뉴스가(생산), 언론사와 이용자들을 연결하는 종이 신문 배달 체계 및 온라인 뉴스 플랫폼을 통해 유통되고(유통), 이렇게 유통된 뉴스가 사회 구성원 다수의 관심과 주목을 끌고(소비), 이는 바람직한 사회적 의제와 여론 형성, 해당 언론사에 대한 평판 및 영향력 증가, 구독 및 광고 수익 증가 등의 성과로 이어지고(성과), 이러한 성과는 다시금 뉴스 생산에 필요한 자원 투입으로 이어져(투자) 양질의 뉴스가 계속 생산될 수 있도록 하는 선순환 고리가 그것이다. 그 반대 방향의 악순환 고리가 돌아갈 수도 있다. 언론 위기는 종종 이러한 악순환 고리가 작동하는 상황으로 묘사된다.[1]

이처럼 상호 긴밀하게 연결된 순환 과정에서 무엇을 가장 중요한 언론의 조건으로 볼 것인가는 종종 닭이 먼저인가, 달걀이 먼저인가라는 논쟁으로 이어진다. 하지만 연구자들에게 언론 현장의 의미는 처음부터 분명했다. 뉴스의 유통, 소비, 성과의 중요성을 간과할 수 없지만, 이 모든 활동은 뉴스의 생산에서 시작된다. 이러한 판단에 기초해 연구자들은 뉴스가 생산되는 현장, 구체적으로 일선 기자들이 취재를 수행하고 기사를 작성하는 현장, 편집국장/데스크들이 이들이 작성한 내용을 선택하고 다듬고 엮어서 종합적인 지면으로 최종 완성하는 편집국, 편집국과 분리된 의견 생산 조직인 논설위원실에 주목했다.[2]

2. 뉴스 생산에 관한 기존 연구들

뉴스의 생산은 미디어 연구 영역에서 가장 많은 주목을 받아온 주제 중 하나다. 셔드슨(Schudson, 1991)은 이에 대한 연구의 출발점을 1950년대

93

사회학 연구의 지배적 패러다임으로 자리 잡았던 기능주의functionalism 관점³의 연구들에서 찾는다.

이에 따르면 언론을 포함한 미디어 시스템은 사회 시스템의 한 하위 시스템으로 정의된다. 미디어 종사자들은 동료 및 동종 업계 경쟁자 같은 준거 집단의 가치나 기준에 따라 역할을 수행하며 수용자의 필요에 부합하는 메시지를 생산, 제공한다. 수용자들은 자신이 속한 집단의 지향성 속에서 메시지를 받아들인다. 이들이 메시지에 대해 보이는 반응은 미디어 시스템이 수행하는 역할을 반복하거나 수정하게 만드는 피드백으로 작용한다. 미디어 시스템은 이러한 방식으로 작동하면서 전체 사회 시스템의 안정적 작동과 유지에 기여한다(Riley & Riley, 1965).

이 같은 기능주의 관점은 미디어 연구가 본격화되면서 이내(사실상 지금까지도) 주류 시각으로 자리 잡았다. 우리에게 친밀한 미디어의 기능 및 효과에 대한 논의들(DeFleur 1975; McQuail, 1976; Schramm, 1973; Wright, 1959)이 이에 해당한다.

하지만 1960년대 들어 이러한 기능주의 관점에 반하는 시각들이 나타나기 시작했다. 셔드슨(Schudson, 1991)은 미디어 영역에서 나타난 이처럼 새로운 동향을 뉴스 연구에 초점을 두고 다음의 세 집단으로 구분한다.

첫째, 정치경제학 연구이다. 정치경제학 연구의 뿌리는 고전적인 마르크시즘, 더 정확히는 마르크스K. Marx가 『독일 이데올로기 German Ideology』에서 설파한바, 지배계급의 사상이 그 시대의 지배적인 사상이라는 이데올로기 이론으로 거슬러 올라간다. 이 관점의 연구들은 기능주의에 바탕을 둔 미디어의 역할 및 사회적 소통의 모형이 계급과 권력의 문제를 도외시하는 경향이 있다고 비판한다. 하지만 정치경제학 연

94

뉴스의 생산

구자들은 미디어가 지배 집단의 이념을 피지배 집단에게 전달하는 단순한 중계 수단이라는 주장 또한 거부한다.

이 계열의 연구들은 그람시A. Gramsci와 알튀세르L. Althusser 등이 주창한 신마르크스주의Neo-Marxism 이론을 기반으로 미디어를 상대적 자율성을 지닌 제도나 국가기구로 이론화하였다. 이러한 관점에 기반해, 정치경제학 연구들은 미디어가 정치적 과정 및 문화 영역의 의제를 어떻게 제약하고 재현하며 패권hegemony을 실천하는지, 자본의 사회적 지배에 어떻게 기여하는지를 탐구했다. 머독G. Murdock과 골딩P. Golding을 중심으로 한 레스터 학파, 그리고 간햄N. Ganham과 커런J. Curran이 주축이 된 웨스트민스터 학파가 영국 미디어 정치경제학의 양대 흐름을 형성하였고, 이들의 연구는 스마이드D. Smythe, 실러H. Schiller, 맥체스니R. W. McChesney 같은 북미 지역의 미디어 정치경제학자들에게 직간접적인 영향을 미쳤다.

둘째, 뉴스의 생산 과정에 관한 연구이다. 미디어 정치경제학 연구가 미디어를 제약하는 거시적 제도에 관심을 두었다면 이 연구들은 이러한 제도적 제약 안에서 이루어지는 메시지 생산 행위 및 이를 통한 의미화signification 작업에 주목한다. 언론 현장에서 이루어지는 뉴스 생산의 실질적 과정과 그 안에서 이루어지는 조직 차원의 상호작용을 참여관찰 및 인터뷰 방식으로 탐구한 연구들(Berger & Luckmann, 1966; Breed, 1955; Epstein, 1973; Fishman, 1980; Gans, 1979; Gitlin, 1980; Molotch & Lester 1974; Tuchman, 1978)이 이에 해당한다. 이 연구 집단에는 전통적인 사회 현상학social phenomenology 연구, 민속방법론 연구, 상징적 상호작용론 관점의 연구가 포함된다. 이 다양한 연구를 한데 묶는 공통 전제는 언론인, 언론사 내지 전체 언론 시스템이 집합적으로 현실의 사회적 구성을 수행한다는 것이다. 참여관찰 방식의 뉴스 생산 과정 연구는 1970년대 들어 붐을 이루었고, 영미권으로 국한해도 적어도 14권의 중요한 연구서들이 출간되었다(Ryfe, 2016, p.39).

셋째, 텍스트 기반 연구textual studies이다. 이 연구들은 뉴스가 사회적 현실을 구성하는 상징들로 가득한 내러티브라는 전제하에 뉴스 텍스트에 관한 면밀한 분석을 수행했다. 텍스트 기반 연구는 뉴스가 생산되는 과정을 직접 분석하지는 않지만, 뉴스 텍스트가 이러한 과정에 대한 증거를 내포한다고 보았다. 이는 앞서 살펴본 정치경제학 연구와 현장 연구의 보완적 연구라고 할 수 있다. 그 대표 사례로 영국 글래스고 미디어 그룹GMG: Glasgow Media Group의 뉴스 텍스트 연구를 들 수 있다.[4] GMG는 초기에 영국의 경제 및 산업 관련 TV 뉴스 텍스트를 분석했다. 이후에는 전쟁, 평화, 이스라엘·팔레스타인 분쟁, 에이즈, 아동 성 학대, 광우병, 정신 건강, 유방암, 위험 커뮤니케이션, 그리고 아프리카의 재난 보도 등으로 분석 대상을 확대했고, 방법론 역시 뉴스 텍스트 분석에서 정보원과 언론인의 관계, 뉴스 독자를 대상으로 한 뉴스 수용성 분석 reception analysis 등으로 확대되었다.

연구의 주요 결과를 요약하면, 뉴스 조직은 정부, 초국가 거대 기업, 부유 계층 등 거대하고 위계적이며 공식적인 정보원과 긴밀하게 연결되어 있어, 이들이 생산하는 뉴스 텍스트는 공공 사안에 대한 균형 잡힌 설명을 제공하는 대신 세계를 바라보는 편향된 관점을 제공한다는 것이다(Eldridge, 2000).

이처럼 크게 삼분된 뉴스 연구 집단은 정치경제학, (지식)사회학, 문화연구라는 별개의 이론적 전통에서 출발했지만 중요한 공통점 및 상호보완성을 지닌다. 공통점 차원에서 첫째, 앞서 언급한 대로 이 세 연구 집단 공히 미디어를 사회 시스템의 현상 유지에 기여하는 하위 시스템으로 간주하는 기능주의 관점을 거부한다. 미디어는 상호대립하는 권력 집단 사이에 존재하면서 스스로 하나의 권력으로 작동하고, 미디어가 생산하는 뉴스 역시 사회 구조를 영속시키는 수단인 동시에 새로운 사회적 성찰성reflexivity이 싹트는 경합의 장으로 기능한다는 갈등론 혹은 사회변동론적 시각을 출발점으로 삼았다. 두 번째 공통점은 뉴스 현상을 진보 좌파의 이념적 편향을 실천하는 수단이라든지 기존 체제의 선전 수단이라는 식으로 단순화시켜 접근하는 관점을 거부했다는 것이다. 뉴스의 본질을 더욱 깊이 이해하기 위해 이처럼 거친 이념적 접근 방식 대신 뉴스 생산의 주요 지점들(뉴스 생산의 구조적 선행 조건, 뉴스 조직 차원에서 이루어지는 뉴스 생산 과정, 구체화된 뉴스 텍스트의 속성)에 대한 분석을 수행했다.

세 연구 집단 간에 공식적인 교류나 협업이 이루어진 것은 아니었지만, 큰 틀에서 이들 간에는 긴밀한 상호보완성이 존재한다(Tuchman, 2002, p.88). 방법론 차원에서 정치경제학의 뉴스 연구는 미디어 시장에 대한 실증적인 통계 자료에 기초해서 뉴스 생산의 경제적·법적·기술적 조건을 탐구했다. 뉴스 현장 연구는 촘촘한 루틴과 관행으로 구성된 매일의 뉴스 생산 과정을 현장 관찰 및 인터뷰를 통해 탐구함으로써 뉴스 조직에 의한 사회적 현실의 의미화 과정을 밝혔다. 텍스트 연구는 담론 분석 및 양적 내용 분석을 기반으로 뉴스의 포맷을 유형화하고 그 의미와 관점을 심층적으로 해석했다. 종합적으로, 정치경제학 연구가 뉴스를 생산하는 거시적 구조 내지 제도적 틀을 탐구했다면, 뉴스 생산 현장 연구는 이러한 구조적·제도적 여건 속에서 이루어지는 언론인 집단의 현실 재구성 행위(의미화 과정)를 규명하였고, 텍스트 연구는 언론의 최종 산물인 뉴스의 유형 및 관점, 함축적 의미를 분석해 앞의 두 연구를 실증적으로 보완했다.

이들은 현재까지도 미디어 연구를 이끄는 중요한 지적 전통으로 자리 잡고 있다. 하지만 그 계승의 강도 차원에서 차이가 있다. 우선 미디어 정치경제학 연구는 미디어 시스템에 대한 비판적인 제도 연구로 이어졌고 특히 국내 미디어 학계에서 언론 개혁 논의(2장 참조)의 이론적 토대가 되었다. 뉴스 텍스트 분석은 오늘날도 활발하게 이루어지고 있고, 그 이론적·방법론적 성과는 뉴스를 넘어 다양한 미디어 텍스트와 수용성을 탐구하는 문화연구의 일환으로 통합되었다.

반면, 한때 두 연구 집단만큼 붐을 이루었던 현장 기반의 뉴스 생산 과정 연구는, 주목할 만한 후속 연구들(Anderson, 2013; Boczkowski, 2005; Robinson, 2011; Ryfe, 2009; Usher, 2013)이 이어지긴 했지만(이에 대한 자세한 소개는 박영흠·서수민, 2023, pp.12~14 참조) 이전에 비해 현저히 위축되었다. 참여관찰 방법이 뉴스 생산 연구에 적용될 수 없다는 주장이 제기되기도 했는데(Cottle, 2000), 여기에는 몇 가지 근거가 있다.

먼저, 연구 방법 차원에서 내부에 직접 들어가서 하는 관찰이 여타 연구보다 우월하다는 인식에 의문이 제기된 것을 들 수 있다. 참여관찰과 민속지학은 뉴스 생산 과정에 대한 일반론적인 주장을 제시하려는 목적으로 채택된 것이 아니라, 특수한 상황 속의 특수한 실천을 설명하기 위한 사례 수집용 방법에 가까운 것이었는데 관찰 결과의 직접성이 생생하였던 나머지 과도한 지적 권위를 부여받았다는 것이다(박진우, 2020; 임영호 2020; Zeliger, 2004/2010, p.107).

둘째는 현장에 대한 접근 자체가 어려워졌다는 것이다. 뉴스 현장 연구가 쏟아진 1970년대는 전통적 언론의 황금기였기에, 외부 연구자의 접근에 비교적 관대했다. 하지만 이후 시장 경쟁이 치열해지고 해고와 조직 감축, 비정규직화가 일상화되면서 외부인에 대한 미디어 업계의 배려를 기대하기 어렵게 되었다(Ryfe, 2016, p.41). 연구 결과를 통한 내부 노출에 대한 의구심과 경계심이 커졌고(Paterson et al., 2016, p.5), 사회적 논란이 발생할 우려가 있는 민감한 주제의 경우 특히 접근이 어려워졌다(Munnik, 2016). 대규모 생산자 연구에 필요한 장기 관찰은 더욱 힘들어졌다(Schlesinger, 2016).

연구자들 입장에서 참여관찰 연구를 시도하기 어려운 이유로 연구에 소요되는 기간이라는 현실적인 문제(Ryfe, 2016; 임영호, 2020)가 아울러 작용했다. 박사학위를 받고 정년 트랙의 교수가 되려면 논문의 양적 생산이 중요하기에 참여관찰과 같은 장기 프로젝트가 버겁게 된다.[5]

디지털 전환도 영향을 미쳤다. 디지털 시대의 뉴스룸은 이제 모두가 각자의 모니터만 들여다보고 있는 공간이다. 기자들이 반드시 사무실에서만 일하는 것도 아니다. 디지털 언론사는 뉴스룸 공간 자체가 없는 경우도 있다(박진우, 2020, p.37).

국내 미디어 학계에서도 저널리즘 연구자들을 중심으로 뉴스 생산 연구가 이어져왔다(자세한 내용은 박영흠·서수민, 2023, pp.15~20 참조). 이러한 연구들 역시 셔드슨의 구분에 따라 정치경제학 연구, 뉴스 생산 과정 연구, 뉴스 텍스트 연구로 크게 구분할 수 있다. 이 가운데 정치경제학 연구는 1980~1990년대 비판적인 미디어 연구에서 미디어 제도 연구로 명맥이 이어지고 있으며, 뉴스 텍스트 연구도 전통적인 신문과 방송을 넘어 온라인 뉴스, 유튜브 기반 뉴스, 그리고 최근의 숏폼 뉴스에 이르기까지 꾸준히 이어지고 있다.

문제는 두 번째에 해당하는 뉴스 생산 과정 연구다. 뉴스 생산 과정을 분석한다고는 하지만 실제 현장 관찰에 근거한 연구는 극소수에 불과하고,[6] 대다수 연구는 뉴스 생산 과정의 세부 주제를 심층 인터뷰, 설문조사 내지 생산 결과물(뉴스 콘텐츠)을 중심으로 간접적으로 기술하고 분석하는 수준이다(박진우, 2020; 임영호, 2020). 해외의 언론 현장 연구가 활기를 띠던 시기인 1970~1980년대에 국내 학계에서는 현장 연구가 제대로 이루어지지 못했다. 그 일차적 이유로 언론사들의 폐쇄성이 지적되기도 하지만(강준만, 1991; 박영상, 1989, pp.120~121), 더 중요한 이유는 이 시기에 국내 미디어 학계의 연구 역량이 충분치 못했고, 그나마 학계가 저널리즘보다는 사회과학적 커뮤니케이션 연구에 집중했기 때문이다. 하지만 당시에 비해 연구자 수도 훨씬 많아지고, 생산자 연구도 활발해진 현시점에도 현장 기반 연구의 기근 상황은 계속되고 있다(박진우, 2020; 이기형·황경아, 2020; 임영호, 2020).

뉴스 미디어에 관한 정치경제학 연구 및 텍스트 기반 연구의 활성화, 그와 대비되는 현장 기반 연구의 위축은 연구 대상과 방법론적 접근의 불균형 문제를 넘어, 사회적으로 중요한 함의를 지니는 학술 담론의 왜곡으로 이어졌다는 것이 연구자들의 판단이다. 우선 연구 대상 차원에서, 정치경제학의 논의는 언론에 대한 제도적 차원의 논의로 이어졌고 그 대표적인 흐름이 2장에서 살펴본 언론 개혁 프레임의 논의들이다. 텍스트 기반 연구의 주종도 주류를 이룬 언론 개혁 논의와 궤를 같이했다. 언론 개혁 프레임이 언론 위기 프레임을 압도하는 학계의 양상은, 이처럼 언론의 구조적 한계 및 뉴스 텍스트의 문제점에 주목하는 연구가 활기를 띤 반면 언론의 실천을 탐구하는 현장 연구가 위축된 데 따른 자연스러운 귀결이라고 할 것이다.

방법론 차원에서도 중요한 왜곡이 발생했다. 언론 현장에 대한 접근이 제한된 상황에서 인터뷰나 설문조사처럼 간접적인 진술에 의존하는 현장 기술과 해석은 불가피한 대안이다. 문제는 이러한 진술을 토대로 추정한 현장이 실제 현장을 충실하게 반영하는가이다(임영호, 2015). 예컨대 기자들은 자신의 문제점을 자신이나 집단 내부의 한계보다는 외부적(제도적) 요인 탓으로 돌릴 가능성이 높다. 그것이 기자의 직업상이나 정체성에 더 잘 부합한다고 보기 때문이다. 그 결과 언론 현장 연구(보다 정확히는 현장 추정 연구)는 언론의 구체적 현장성과 실존적 조건에 관한 분석을 당위성 내지 이상적 규범에 기반한 평가로 대체하면서, '언론 현장의 위기'가 아닌 '언론의 구조적 한계', 언론의 실존적 조건 속에서 이루어지는 '실천의 의의'가 아닌 당위 및 규범에서 벗어난 '실천의 문제', '보편적인 언론인 집단'이 아닌 '예외적인 언론인 사례'[7]에 갇히는 한계를 안게 되었다.

정리하면, 한국 사회에서 뉴스 생산에 관한 연구는 제도와 텍스트에 관한 연구, 그리고 현장에 대한 규범적 연구로 귀결되었다. 현실에 기반한 연구가 아닌 당위에 기반한 연구, 객관적 평정이 아닌 열정(정의감이나 분노)에서 출발한 연구, 필요한 연구가 아닌 가능한 연구를 한 결과였다. 이를 통해 학계는 한목소리로 언론의 문제를 비판하는 주장을 양산했다. 이는 외부 관찰자에게 자신의 작업 공간을 보여주는 것을 꺼려온 언론사들이 연구자에 대한 문호를 더 굳게 닫는 결과로 이어졌다. 이러한 상황이 악순환적으로 맞물려 학계의 언론 비판은 더욱 거세지고, 현장 기반 연구는 더욱 위축되었으며, 논의의 주류는 언론 개혁 담론으로 한층 기울었다.

이러한 성찰을 토대로, 연구자들은 언론 개혁이 아닌 언론 위기 극복 방안을 모색하고자 연구 대상 차원에서 두 가지 결정을 내렸다. 첫째,

거시적 제도 연구 대신에 현장 참여관찰 연구를 선택했다. 언론 위기의 실천적 대안은 제도가 아닌 뉴스 생산 현장에 있다고 판단했기 때문이다. 뉴스 생산 연구에서 기계적으로 인용되는 고전적인 뉴스 현장 연구들은 해외 언론 기반의 연구라는 한계를 차치하더라도, 종이 신문과 지상파 방송이 지배적인 뉴스 미디어였던 시절에 이루어진 연구들이다. 그 연구 성과를 디지털 전환을 넘어 인공지능 시대로 진입하고 있는 현 시점에 적용하는 데는 근본적인 한계가 존재한다. 이에 연구자들은 현장 참여관찰을 통해 뉴스 생산의 전 과정(일선 기자들의 취재 및 기사 작성, 게이트키핑, 데스킹, 지면 편집)을 촘촘하게 다시 살피고자 했다. 둘째로, 종이 신문 뉴스 생산 현장을 연구 대상으로 선택했다. 언론을 대표하는 상징성과 함께, 종이 신문이 수명을 다해가는 상황에서 이들이 수행해온 뉴스 생산 과정을 기록할 시간이 사실상 얼마 남지 않았다는 절박한 심정이 작용했다.

동시에 연구자들은 참여관찰의 방법론적 한계를 다각적으로 극복하고자 했다. 그 첫 번째가 개인이 아닌 2인 연구자 팀으로 연구를 수행한 것이다. 동시에 연구자들의 관찰을 보완하기 위해 일선 기자 동행 취재, 부서 단위 밀착 관찰, 심층 인터뷰 등을 병행했다. 현장에서 온라인 공유 문서(Google Docs)에 접속해서 지면이 구성되는 과정을 실시간으로 관찰하고, 판별 지면 데이터를 입수해 편집에 따른 전체적인 지면 텍스트의 변화를 분석할 수 있었던 것은 기대치 않은 성과였다.

하지만 이 연구와 기존 뉴스 연구의 가장 중요한 차이는 연구자들이 던진 다음과 같은 질문에 있다. "언론이 수행하는 뉴스의 생산은 존속될 가치를 지니는가?" 종래의 뉴스 연구들은 이 질문을 생략하고 뉴스 생산의 한계와 문제점을 분석하는 데 집중했다. 뉴스의 생산이 확고 부동한 전제로 간주되었기 때문이다. 예를 들어 터크먼(Tuchman, 1978)은 언론이 사실성을 구축하는 관행을 기반으로 뉴스를 생산함으로써 사회적 현실을 재구성한다는 점을 지적했다. 이로써 언론이 현실을 그대로 모사mirroring해 전한다는 객관성의 신화를 허물었다. 하지만 언론에 의한 뉴스 생산 자체가 위기에 직면한 현시점에서 더욱 중요한 질문은 "언론이 뉴스 생산을 통해 수행하는 현실 재구성이 어떤 가치를 지니는가?"이다. 일반 대중을 상대로 현실을 재구성해 전달하는 보다 나은 대안이 있는지, 언론에 대한 불신과 회피는 정당한 것인지, 언론이 실천하는 저널리즘이 가치를 지닌다면 그것이 미래에도 존속 가능한지 등과 같은 질문이다.

이에 연구자들은 언론이 뉴스거리를 찾고, 선택하고, 다듬고, 지면으로 구성하는 각 단계에서 개별 언론인, 부서, 그리고 편집국 단위로 어떤 작업이 이루어지는지, 어떤 속성의 경쟁, 협력, 지시와 통제, 순응과 반발의 상호작용이 존재하고 어떤 가치와 관행이 작동하는지, 무엇이 선택되고 부각되며 무엇이 배제되고 은폐되는지 알아보려 했다. 이러한 분석을 기반으로 현시점의 언론은 어떤 사실, 의미, 관점을 생산하는지, 어떠한 사회적 현실을 재구성하는지, 그 안에 어떤 강점과 한계가 존재하는지 확인하고자 했다. 이를 통해 궁극적으로 언론의 뉴스 생산 활동은 지켜갈 가치가 있는지, 만일 그렇다면 어떻게 그것을 지켜갈 수 있을지 살피고자 했다.

3. 현장 연구를 위한 방법론적 설계[8]

❶ 편집국 관찰과 심층 인터뷰

연구진은 2021년 9월 1일부터 현장 참여관찰을 시작하는 것을 목표로, 준비 차원에서 7월과 8월 두 달 동안 참여관찰 방법론과 종래의 언론 현장 참여관찰 문헌을 검토하고 언론 현장 출신 미디어 연구자들의 자문을 구해가며 연구 계획을 구체적으로 가다듬었다. 이 과정에서 현장 참여관찰과 함께 심층 인터뷰를 병행하는 것이 연구 목적에 부합한다는 결론을 내리고 각각에 대한 계획안을 마련했다.

코로나 팬데믹이 다시금 심화되는 양상을 보임에 따라 언론 현장 참여관찰은 2021년 10월 1일로 미루어졌고 2022년 2월 18일까지 약 5개월 동안 이어졌다. 현장 관찰은 처음에 연구진 중 윤석민 교수의 연구 학기가 끝나는 12월 중순까지로 계획했지만 시작 시점이 한 달 연기된 데다가 현장에서 새로운 연구 활동을 추가하면서(다음 절에서 상술) 2월 중순으로 늦춰졌다. 조선일보 편집국에 머물거나 조선일보 인근에서 심층 인터뷰를 하거나 노조 사무실을 방문하는 등 다양한 편집국 관찰 활동을 수행하면서 참여관찰 일지를 작성한 날은 총 68일(9월 9일 첫 방문일 포함)이다(부록 1. 참여관찰 일정 및 주요 관찰 내용 참조). 편집국장실과 사회부, 정치부, 편집부, 회의실 등이 있는 편집국 4층에서 주로 머무르며 3층 편집국과 1층 휴게 공간('조이룸'으로 불림)에서 자료를 수집하거나 편집국 안팎의 다양한 사람들과 이야기를 나누었다. 조선일보 맞은편에 있는 카페 '인잇'도 편집국 구성원과 연구 관계자를 만나 얘기를 나누고 연구자들이 의견을 조율하는 주요 장소였다.

편집국에 처음 들어갔을 때 사람들은 호기심 가득한 눈으로 편집국 한쪽 구석에 노트북을 펴고 앉아 있는 연구자들을 힐끗거렸다. 사측의 의뢰로 편집국을 염탐하는 것으로 오해하는 사람도 있었다. 그러다가 하루이틀 시간이 지나면서 사람들은 연구자들의 존재에 익숙해졌고, 나중에는 엘리베이터나 카페, 구내식당 등지에서 마주치면 서로 인사하고 가벼운 이야기를 나누는 사이가 되었다. 2~3개월이 경과했을 즈음에는 연구자들은 전혀 특별하지 않은, 각자의 일로 바쁘게 이리저리 오가는 편집국 사람들 가운데 하나가 되었다.

편집국에서는 하루 종일 여러 차례 회의가 열리는데, 연구자들은 오전 9시 50분 디지털 회의, 오전 10시 편집국 회의, 오후 2시 편집국 회의, 오후 5시 30분 51판 편집회의, 밤 9시 52판 편집회의에 참석하여 회의 내용을 관찰하고 기록했다. 편집국 생활에 익숙해지기 시작하면서 연구자들은 편집국 내부 구성원들과 점심 약속도 하고 차도 마시고 저녁도 함께 먹으면서 일선 기자부터 데스크, 논설위원, 조선NS 기자 등에 이르기까지 다양한 이들과 자연스럽게 소통했다.[9] 오전 9시에 출근해서 오전 회의에 참석하고, 점심 약속 자리에 나가고, 심층 인터뷰를 하고, 내부 자료를 검토·수집하고, 구내식당에서 저녁을 먹고, 늦은 밤 지면 편집회의에 참석하는 등 연구자들의 일상은 편집국의 다른 구성원들과 다를 바 없었다.

잘 알려진 사실이지만 뉴스 생산 과정에는 관찰에서 드러나지 않는 다양한 요인이 작용한다. 거시적인 정치경제학적 구조의 영향은 '비가시성invisibility'을 특징으로 한다(Willig, 2013). 이러한 구조적 요인이 뉴스 생산자의 관행으로 굳어지거나, 브리드(Breed, 1955)의 연구에서처럼 사회화를 거쳐 행위자에게 내면화된다면 이는 관찰로 확인하기가

까다로워진다(임영호, 2020, p.59). 이러한 점을 고려해 연구자들은 현장 관찰과 함께 뉴스 생산자들에 대한 심층 인터뷰를 계획해서 실행에 옮겼다. 애초의 목표는 주필과 논설위원, 편집국장, 부국장, 부장들을 중심으로 15명 내외의 핵심적인 뉴스 생산자를 인터뷰하는 것이었다.

연구자들이 현장에 체류하면서 직접 인터뷰를 요청했기 때문인지 대부분의 대상자가 인터뷰 요청에 선선히 응했다. 연구진은 반半구조화된 질문지를 미리 인터뷰 참여자에게 보내 답변을 작성하게 한 후 그 내용을 중심으로 인터뷰를 진행했다. 심층 인터뷰 질문지의 내용은 저널리즘의 가치와 규범, 기자로서의 삶, 개인의 가치관과 조선일보의 경향성, 사주·경영진에 대한 평가, 조선일보 지면에 대한 평가, 언론과 언론인의 미래 등을 기본 틀로 삼고 인터뷰 대상자들에게 부합하는 방향으로 질문 문항을 조금씩 다르게 구성했다(2권『뉴스 생산자』부록 2. 심층 인터뷰 질문지 참조). 질문지를 중심으로 인터뷰를 진행하되 실제 인터뷰 전개 양상에 따라 질문을 추가하면서 각자의 역할에 대한 심층적인 얘기를 끌어내고자 했다.

❷ 현장에서 부닥친 한계

편집국에 머물면서 국장이 주재하는 편집국의 공식 회의에 참석하고, 편집국 구성원의 일과를 관찰하고, 사람들과 이런저런 이야기를 나누면서 편집국의 하루가 어떻게 흘러가는지 어느 정도 이해할 수 있게 되었다. 하지만 편집국 관찰이 반복되면서 연구자들이 관찰할 수 없는 것이 무엇인지도 드러났다. 먼저, 편집국에는 국장과 부국장, 부장과 차장 등 데스크만 머물기 때문에 일선 기자들이 어디서 무슨 일을 하고 있는지 알기 어려웠다. 일선 기자가 출입처 기자실이나 카페, 편집국 3층과 4층의 자유석, 1층의 조이룸 등에 머물면서 자유롭게 업무를 본다는 사실을 파악했지만, 그들이 구체적으로 어떤 과정을 거쳐 기사 아이템을 취재하고 발제하며 기사를 작성하는지는 알 수 없었다. 둘째, 부서 단위의 활동에 대한 상세한 관찰도 어려웠다. 국장 주재로 열리는 다섯 차례의 공식 회의는 참석할 수 있었지만, 편집국에서 벌어지는 그 밖의 다른 일들은 먼 거리에서 지켜보는 것이 전부였다. 각 부서 단위에서 어떤 과정을 거쳐 기사를 선택하고 데스킹을 하고 지면을 편집하는지를 면밀하게 관찰하기 어려웠다. 마지막으로, 사전에 예상했던 일이지만 뉴스 생산 과정의 수많은 커뮤니케이션이 온라인으로 이루어지고 있었다. 출입증을 얻어 편집국 내에 머물고 있었지만 온라인 시스템에 접근할 권한은 없었기 때문에 온라인 소통을 관찰하는 것은 사실상 불가능했다.

심층 인터뷰를 진행하는 과정에서도 연구 설계의 한계가 드러났다. 인터뷰 참여자로부터 새로운 인터뷰 대상자를 추천받아 편집국의 뉴스 생산 과정에서 다양한 역할을 하는 사람들을 차례로 만나다보니 어느새 인터뷰 참여자 수는 열다섯 명을 훌쩍 넘기고 있었다. 사전 질문지를 사용하여 심층 인터뷰를 진행하는 방식에서도 문제가 드러났다. 처음에는 다양한 배경을 가진 인터뷰 참여자들에게 맞추어 질문지를 계속 수정했다. 하지만 인터뷰를 거듭하면서 저널리즘의 가치와 규범, 좋은 저널리즘의 조건, 저널리즘의 미래 등에 관한 질문이 더 이상 의미가 없음을 확인했다. 연구자들이 사전에 준비한 질문에 의존하는 대신 인터뷰 참여자들이 자발적으로 풀어내는 생생한 이야기를 담아내는 것이 현장의 실상에 접근하는 보다 타당한 방법이라는 사실을 깨닫게 되었다(2권 『뉴스 생산자』 프롤로그 참조).

4. 연구 방법의 보완

현장 연구의 시행착오는 어떤 의미에서 불가피한 비용이다. 연구자가 연구 대상으로 삼고자 하는 조직은 외부인에게는 생소함으로 가득한 곳이다. 조직 내부의 구조나 구성원의 역할, 위상, 상황을 파악하는 데 시간이 필요하다. 어디가 중요한 곳인지, 어떤 인물을 관찰해야 할지 판단을 내리는 데에도 시간과 시행착오가 필요하다. 때로는 조직 내에서 중요한 상호작용이나 차원을 빠뜨릴 수도 있고, 관찰 위치를 잘못 선정할 수도 있는데, 이를 바로잡으려면 또 시간이 걸린다(Ryfe, 2016, pp.44). 이는 연구자들에게도 그대로 적용되었다. 두 연구자는 매일매일의 상황 점검 및 협의를 거치며 애초 설계했던 현장 관찰과 심층 인터뷰 계획을 수정하고 새로운 연구 방법을 추가했다.

❶ 편집국 관찰의 보완

뉴스 생산 과정은 다수의 구성원이 동시에 참여하는 복잡하고 다층위적인 분업과 협업의 과정이다. 뉴스 생산의 전 과정을 입체적으로 촘촘하고 두텁게 관찰하고 서술하기 위해서는 편집국에 앉아서 조망할 수 있는 큰 조감도 이외에 일선 기자 및 부서 단위에서 일어나는 일을 세밀하게 들여다보는 정교한 연구 방법을 적용할 필요가 있었다. 편집국 관찰에서 놓치고 있다고 판단한 일선 기자들의 일상과 부서 단위의 일들을 관찰하기 위해 일선 기자 동행 관찰과 부서 단위의 밀착 관찰을 기획했다. 이와 함께 전체 편집국 사람들이 공유하는 온라인 시스템에 접근할 권한을 부여받아 비록 온라인으로 이루어지는 소통 활동 전체는 아니지만 그 일부에 대한 자료를 수집하고 분석했다.

① 일선 기자 동행 관찰

조선일보는 2021년 9월 편집국 공간을 새롭게 리모델링하면서 일선 기자의 개인 책상을 모두 없앴다. 기자들은 편집국 3층과 4층의 자유석, 1층 조이룸, 출입처 기자실, 카페 등에서 자유롭게 업무를 보기 때문에 편집국 참여관찰에서 일선 기자들의 일상은 제외될 수밖에 없었다. 따라서 일선 기자를 동행 관찰하는 프로젝트를 통해 편집국 관찰의 한계를 극복하고자 했다. 구체적으로 사회부 말진 기자, 정치부 차말진 기자, 정치부 팀장 등 세 명의 일선 기자를 선정하고, 이들 각각에 대해 관찰자(대학생)를 붙여 하루 종일 함께 다니면서 관찰한 모든 내용을 기록하도록 했다. 3인의 학생들은 2021년 12월 28일부터 1월 12일 사이에 기자의 일정에 맞춰 각각 6일(일요일부터 금요일까지)간 동행 관찰을 했다. 관찰자는 매일 관찰 내용을 시간대별로 기록했고(동행 관찰 일지), 기자와 인터뷰(동행 관찰 중 인터뷰)를 수행했다. 관찰이 모두 종료된 후 관찰자 3인과 연구자 2인이 참여하는 평가회의(관찰 평가회의)를 갖고 동행 관찰 프로젝트를 마무리했다.

② 부서 단위 밀착 관찰

편집국 관찰은 편집국의 일상을 전체적으로 살펴보는 조감도에 불과하고 부서 단위에서 어떤 일이 벌어지고 있는지를 구체적으로 살피는 데는 한계가 있다. 연구자들은 개별 부서의 일상에 대한 좀 더 자세한 관찰이 필요하다고 판단하여, 부서 단위의 밀착 관찰을 기획했다. 밀착 관찰은 사회부에서 6일[2021년 12월 26일(일)~12월 31일(금)], 정치부에서

3일[2022년 1월 24일(월)~1월 26일(수)]간 진행했다. 사회부의 경우 데스크석에 빈자리가 없어 데스크에서 조금 떨어진 위치에 책상을 놓고 관찰했고, 정치부는 마침 데스크석에 빈자리가 있어서 그곳에 앉아서 관찰을 진행했다. 처음에는 연구자 2인이 함께 관찰에 참여했지만, 데스크들의 일상에 방해가 된다고 판단하여 3일째부터는 연구자 1인(배진아)만 관찰에 참여하고 다른 연구자(윤석민)는 조금 떨어진 곳에 자리하면서 구글 문서를 사용해 관찰 내용을 서로 소통했다.

③ 온라인 자료 분석

편집국 관찰만으로 뉴스의 생산을 이해하는 데에는 분명 한계가 존재했다. 기자들은 전화와 메신저(카카오톡, 슬랙, 텔레그램)로 많은 소통을 하고 있었고, 'Xcoop'[10]을 써서 기사 아이템을 취합하고, '아크Arc'에서 데스킹을 보고, '일일보고' 구글 공유문서로 지면을 구성하고, '뉴스 모니터'를 보면서 지면을 편집하고 있었다. 연구자들은 그중에서 모든 편

밀착 관찰에서 발생한 에피소드

밀착 관찰의 대원칙은 연구자들이 뉴스 생산자들의 업무에 개입하지 않는 것이었다. 하지만 사회부 밀착 관찰 마지막 날에 밀착 관찰을 담당한 연구자(배진아)가 사회부 지면의 오타를 발견하는 일이 있었다. 저녁 9시가 넘은 시간 51판 마감 직전 새로운 기사가 들어왔는데, 편집기자가 취재기자에게 제목과 내용이 일치하지 않는다면서 내용을 수정할 것을 요구했다. 시간이 부족하여 취재기자가 불러주는 내용을 편집기자가 받아 적는 방식으로 급하게 수정했는데 그 과정에서 오타가 생긴 것이다. 실시간으로 뉴스 모니터 시스템을 관찰하고 있던 연구자가 이를 발견하여 편집기자에게 알렸고, 편집기자는 빠른 동작으로 편집국을 누비면서 오타를 수정했다. 정신없이 바삐 돌아가는 편집국의 일상에 연구자가 잠시 스며든 순간이었다.

#13일자 지면안

▶종1
@군; 북 극초음속 미사일 실전 배치 임파약박 ~~또 틀렸다~~
@풀아님/월성원전 감사한 유병호 국장, 연구직으로 좌천＋한수원도 기획본부장 좌천
~~@광주 화정 아이파크 아파트 외벽 붕괴 사고 속보~~@광주 건물 외벽 붕괴 사고,
"실종자들은 23층에 몰려 있는 듯"
@now/공정위, "순정부품 안쓰면 고장" 현대·기아 허위광고다…해외에서는 그런 표현 안해,
솜방망이 처벌 논란도

▶종2/북 극초음속 미사일
감사원

▶종3/광주 아파트 외벽 붕괴 북 미사일
~~@메인/사고 원인 상보. 또 인재인가~~
~~@사고 아파트 어떻게 하나~~
~~@실종자들 스토리와 실종자 가족들 애가~~

[그림 3-1] 일일보고 샘플(2021. 12. 12. 15시 16분)

집국 뉴스 생산자가 참여하는 공식적인 온라인 채널인 '일일보고' 문서와 '뉴스 모니터' 시스템에 접근할 수 있는 권한을 허락받아 온라인에서 이루어지는 게이트키핑과 편집 과정을 분석하기 위한 자료를 수집했다. 'Xcoop'에는 직접 접근하지 못했지만, 사회부와 정치부의 기사 아이템 보고 자료를 파일 형태로 받아서 살펴볼 수 있었다.

'일일보고' 문서는 구글의 문서 공유 기능(Google Docs)을 이용하여 부서별 기사 계획을 공유하고 전체 편집국 차원의 디지털 뉴스와 지면 뉴스 선택 및 배치를 조율하는 도구이다. Xcoop에서 부서 단위의 기사 취합과 선택이 이루어진다면, 여기에서는 편집국 단위에서 지면에 대한 의사결정이 이루어진다. 부서별로 기사 제목(간단한 개요가 포함되기도 함)을 올리는데, 제목 앞에 (디지털), (신문) 혹은 (디지털/신문)이라고

111

적어서 디지털로 처리할 것인지 지면으로 보낼 것인지 표시한다. 뉴스 총괄 부국장[11]이 오전에 일일보고 분석 틀('와꾸')을 생성하여 구글독스에 올리면, 각 부서에서 지면 계획을 공유하고 수정하는 과정을 반복하면서 그날의 지면을 완성한다.

　일일보고 문서에 접근하기 위해서는 누군가가 매일 아침 연구자를 문서에 초대해주는 절차가 필요했는데, 디지털팀의 한 기자가 이 번거로운 일을 담당해주었다. 심지어 휴가로 출근하지 않는 날에도 컴퓨터에 접속해 연구자를 초대해주어 온라인에서 역동적으로 이루어지는 기사 선택 및 지면 배치 과정을 순조롭게 관찰할 수 있었다. 편집국 구성원들은 온라인으로 시시각각 공유되는 일일보고 문서를 통해 디지털과 지면의 주요 뉴스가 무엇인지 파악하고 있기 때문에, 오프라인으로 이루어지는 편집회의에서 기사 아이템에 대한 상세한 대화는 생략된다. 연구자들 입장에서 일일보고에 접속할 수 없었던 관찰 초기에는 회의에서 오고 가는 암호 같은 짧은 대화가 무슨 의미인지 이해하기 힘들었지만, 일일보고 문서에 접근할 수 있게 된 후에는 회의의 맥락과 내용을 더 잘 파악할 수 있었다.

　'뉴스 모니터'는 내부 구성원(편집국장, 데스크, 기자, 편집기자 등)이 지면을 모니터링할 수 있도록 공유해주는 시스템으로, 판板이 바뀔 때마다 새롭게 편집된 지면이 공유된다. 오후 4시 30분경 지면 편집이 시작되면 뉴스 모니터에서 편집 과정을 관찰할 수 있다. 오후 5시 전후에 50판(초판), 저녁 9시 전후에 51판이 올라오며 이후 필요에 따라 52판, 53판, 54판까지 뉴스 모니터 시스템에 공유된다. 아침에 편집국에 출근해서 뉴스 모니터 시스템을 확인하면 전날 몇 판까지 지면을 발행했는지, 어떤 면에서 어떤 내용이 수정되어 새로운 판을 발행했는지 알 수 있다.

뉴스 모니터는 편집 과정의 변화를 그대로 드러내는 내부 자료이자 외부인이 개입해서는 안 되는 자료이기 때문에 철저한 접근 통제가 이루어진다. 하지만 연구진은 뉴스 모니터 자료에 대한 접근이 현장 연구 수행에 필수적이라는 판단을 내렸고, 편집국장에게 접근할 수 있는 권한을 요청했다. 그에 대한 승인은 연구의 변곡점이 되었다고 할 정도다. 이후 연구자들은 편집국에서 보내는 시간 중 상당 부분을 뉴스 모니터 자료 수집에 할애하여, 2021년 10월 1일부터 2022년 2월 18일까지 총 118일 동안 발행된 초판부터 54판까지의 모든 지면(총 11,729면)을 확보했다.

❷ 심층 인터뷰의 보완

애초에 15명 정도로 계획했던 심층 인터뷰 참여자 수는 46명까지 늘어났다. 동일인을 대상으로 인터뷰를 두 번 진행한 경우가 5회, 2인을 동시에 인터뷰한 경우가 2회 있었기 때문에 실제로 인터뷰를 진행한 횟수는 총 49회다. 논설위원과 편집국장, 주필부터 시작한 심층 인터뷰는 이후 부장, 부국장, 차장급 기자, 디지털 뉴스 책임자들, 인터넷 속보 생산을 담당하는 조선NS의 대표와 소속 기자들, 80대의 나이에도 활동을 지속하고 있는 원로 언론인 그리고 사장에까지 확장되었다. 현장에서 활동하고 있는 뉴스 생산자를 대상으로 한 인터뷰가 대부분이지만, 언론학자, 미디어 비평지 대표, 조선일보를 떠난 전직 기자들, 타 언론사 기자 등도 일부 포함되었다(표 3-1).

처음에는 사전 질문지를 미리 주고 답변을 받아 이를 토대로 인터뷰를 진행했다. 하지만 질문지에 대한 응답이 충실하지 않은 경우가 발

[표 3-1] 심층 인터뷰 참여자

순번	성별	연령대	소속(직함)	인터뷰 일시	인터뷰 장소
1	남	50대	논설위원실(논설위원A)	2021.10.1. 09:30~11:30	조선일보 본관 인근 카페
2	남	50대	여론독자부(부장)	2021.10.1. 14:00~16:00	조선일보 1층 휴게실
3	남	50대	편집국(편집국장)	2021.10.4. 18:30~20:30	조선일보 인근 식당
4	남	50대	논설위원실(논설위원B)	① 2021.10.7. 09:30~11:00 ② 2021.10.15. 14:30~16:00	조선일보 6층 회의실
5	남	60대	논설위원실(주간)	2021.10.7. 14:15~16:15	조선일보 6층 회의실
6	남	60대	논설위원실(논설위원)	2021.10.14. 09:30~11:30	조선일보 6층 회의실
7	남	50대	논설위원실(논설실장)	2021.10.15. 12:00~14:00	조선일보 1층 휴게실
8	남	60대	발행인	2021.10.21. 10:00~11:30	발행인 집무실
9	남	60대	주필	2021.10.21. 14:30~16:30	주필 집무실
10	남	50대	편집국 편집부(차장)	2021.10.25. 12:00~14:00	조선일보 1층 휴게실
11	여	50대	편집국(부국장A)	2021.10.25. 15:00~17:00	조선일보 3층 회의실
12	남	50대	편집국 기획부(부장)	2021.10.28. 09:30~11:30	조선일보 3층 회의실
13	남	40대	편집국 사회부(캡)	① 2021.11.4. 11:00~13:00 ② 2021.11.22. 11:00~12:30	조선일보 3층 회의실
14	남	50대	고려대(교수)	2021.11.5. 09:30~11:30	강남 신사역 인근 스터디카페
15	남	70대	사장	2021.11.5. 15:00~17:00	조선일보 6층 접견실
16	남	50대	편집국 정치부(부장)	2021.11.8. 11:00~13:00	조선일보 3층 회의실
17*	남	40대	전직 조선일보 기자	2021.11.9. 22:00~00:30	zoom
18	여	50대	SNU 팩트체크센터 (센터장)	2021.11.12. 12:30~14:30	조선일보 1층 휴게실
19	남	50대	편집국 사회부(부장)	2021.11.12. 15:00~16:30	조선일보 3층 회의실
20	여	40대	전직 조선일보 기자	2021.11.15. 14:00~16:00	분당 서현역 인근 스터디카페
21	남	50대	경제부(부장)	2021.11.22. 14:00~16:00	조선일보 3층 회의실
22	남	50대	편집국(디지털뉴스데스크)	2021.11.29. 16:00~17:30	조선일보 3층 회의실
23	남	50대	디지털편집팀(부장)	2021.12.9. 10:30~12:00	조선일보 3층 회의실

24	남	50대	편집부(부장)	2021.11.29. 16:00~17:30	조선일보 3층 회의실
25	여	50대	주말뉴스부(부장)	2021.12.9. 10:30~12:00	조선일보 3층 회의실
26	남	40대	미디어오늘(대표)	2021.12.14. 15:00~17:00	광화문 인근 스터디카페
27	여	50대	편집국(부국장B)	2021.12.20. 14:00~16:00	조선일보 3층 회의실
28	남	40대	사회부(법조팀장)	2021.12.21. 15:00~17:00	조선일보 3층 회의실
29	남	50대	편집국(부국장C)	2021.12.23. 14:30~16:00	조선일보 1층 휴게실
30	남	50대	편집국(부국장D)	2022.1.5. 14:30~16:00	조선일보 3층 회의실
31	남	40대	조선NS(대표)	2022.1.6. 14:30~16:00	조선일보 3층 회의실
32	여	40대	중앙일보 앤츠랩팀(팀장)	2022.1.11. 13:30~15:30	중앙일보사 회의실
33	남	50대	경영기획실(본부장)	2022.1.12. 16:00~18:00	경영기획본부장 집무실
34	남	40대	조선NS(기자)	① 2022.1.14. 14:00~16:00	조선일보 3층 회의실
35	여	30대		② 2022.2.7. 16:00~18:00	조선일보 1층 회의실
36	남	50대	문화부(차장)	① 2022.1.19. 10:00~11:45	조선일보 3층 회의실
				② 2022.2.3. 17:00~18:00	조선일보 3층 회의실
37	여	50대	논설위원실(논설위원)	① 2022.1.20. 11:00~11:45	조선일보 6층 회의실
				② 2022.2.15. 11:00~12:00	조선일보 6층 회의실
38	남	50대	문화부(전문기자)	2022.1.20. 14:00~17:30	조선일보 별관 지하서고
39	남	50대	정치부(전문기자)	2022.1.21. 14:00~16:00	용산 국방부 인근 오피스텔
40	남	40대	한국언론재단 (선임연구위원)	2022.1.16. 15:00~17:00	조선일보 1층 회의실
41	남	80대	조선일보(고문)	2022.1.17. 14:30~16:00	조선일보 별관 개인 집무실
42	남	50대	정치부(여론조사 전문기자)	2022.1.28. 12:00~13:50	조선일보 인근 식당
43	남	40대	디지털전략팀(기자)	2022.1.28. 14:00~16:00	조선일보 6층 전략팀
44	여	30대			
45	남	40대	정치부(차장)	2022.2.10. 10:30~14:00	조선일보 3층 회의실 조선일보 인근 식당
46*	여	50대	미디어인권연구소 뭉클(소장)	2022.2.26. 11:00~12:14	zoom

※ 17번과 46번의 경우만 예외적으로 연구자 1인이 인터뷰를 진행하고, 나머지 모든 심층 인터뷰에 연구자 2인이 함께 참여했음.

생했고, 인터뷰를 거듭하면서 질문지에 의존하기보다는 자유롭게 대화를 나누는 게 오히려 바람직하다고 판단하여 연구진의 협의를 거쳐 인터뷰 방식을 변경했다. 연구진은 인터뷰를 통해 관찰에서 드러나지 않는 뉴스 생산자들의 진술하고 생동감 넘치는 날것의 이야기를 담고자 노력했다. 인터뷰의 대다수는 2인의 연구진이 동시 참여했지만, 경우에 따라 1인의 연구자가 인터뷰를 수행하기도 했다.[12]

편집국 구성원과 어느 정도 친밀한 관계가 형성된 이후에는 공식적인 심층 인터뷰 이외에도 함께 식사하거나 차를 마시면서, 물을 마시거나 엘리베이터를 기다리면서, 편집국 여기저기에서 수시로 뉴스 생산자들과 비공식 대화를 나누었다. 이런 대화들은 관찰이나 공식적인 인터뷰를 보완하는 소중한 정보를 제공했다.

5. 소결: 현장 연구의 가능성, 한계, 그리고 보완

언론의 문제가 아닌 언론의 위기를 탐구하고자 연구자들은 현장에 들어갔다. 연구자들에게 언론 현장은 뉴스가 생산되는 현장으로 정의되었다. 연구자들은 참여관찰과 심층 인터뷰를 통해 현시점에서 뉴스가 어떻게 생산되고 있는지에 대한 촘촘한 기술과 해석을 시도했다. 나아가 학계 뉴스 생산 연구의 주류를 형성해온 거시적인 제도 연구와 텍스트 기반 연구가 놓쳐온 언론 현장의 실천적 가능성과 한계를 살피고자 했다.

참여관찰은 2021년 10월 1일부터 시작해 약 5개월 동안 이어졌다. 그 기간에 편집국을 중심으로 다양한 관찰과 인터뷰를 수행했다. 현장

[표 3-2] 뉴스 생산을 둘러싼 3개 층위 주체들의 소통적 상호작용

발신자 ＼ 수용자	기자 단위	부서 단위	편집국 단위
기자 단위	❶ 개별 기자들 사이에서 이루어지는 상시적 소통, 협업, 경쟁	❷ 부서(데스크)에 대한 일선 기자들의 기사 아이템 발제	❸ 일선 기자가 편집국 차원에서 수행하는 발제, 정보보고 (일일보고)
부서 단위	❹ 일선 기자에 대한 데스크의 피드백, 지시와 통제, 데스킹	❺ 데스크 상호 간의 토론 및 의사결정, 부서 간 협업·갈등·경쟁	❻ 편집국 구성원들을 대상으로 한 부서 단위의 기사 발제 및 지면 구성안 공유
편집국 단위	❼ 일선 기자에게 시달되는 편집국 차원의 지면 구성계획, 지면의 판별 변화 공유	❽ 국장과 데스크 간에 이루어지는 협의	❾ 전 편집국 구성원에게 공개된 지면 편집회의, 종합면 구성, 편집국 단위의 특별기획

에서 이루어지는 뉴스 생산 과정에 대한 관찰은 여러 측면에서 연구자들의 예상을 벗어났다. 어떤 의미에서 불가피한 시행착오였다. 연구자들은 연구를 진행하며 뉴스 생산자들의 역할과 상호작용을 더욱 정확하고 생생하게 기술하기 위해 연구의 방향과 방법론을 탄력적으로 조정했다. 그에 따라 애초에 계획에 없던 일선 기자 동행 취재, 부서 단위 밀착 관찰, 온라인 자료 수집과 분석이 추가되었다. 심층 인터뷰 대상자 수도 대대적으로 확대했고 형식도 자유롭게 변화시켰다(부록 2. 일자별로 수집한 데이터 유형 참조).

　뉴스의 생산을 주도하는 주체는 크게 3개의 층위로 구분되었다. 가장 작은 단위인 개인 단위의 뉴스 생산자, 부서 단위의 생산자, 그리고 가장 큰 층위의 주체로서 편집국 단위의 생산자가 그것이다. 뉴스는 이들 3주체 간에 이루어지는 수평적 및 상향과 하향의 복잡하고 역동적인 상호작용을 통해 생산되었다. [표 3-2]는 이러한 주체들 간의 3×3 상호작용의 전체상을 종합적으로 나타낸 것이다. 뉴스는 통상 개인, 부서, 편집국의 위계적 과정에 따라 생산되지만, 항상 그런 것은 아니었다. 현장

과 부서, 그리고 편집국 차원에서 숨 돌림 틈 없이 전개되는 수많은 소통, 크고 작은 회의, 명령과 통제, 반발, 조정, 부서 단위의 일상적 뉴스 생산, 부서를 뛰어넘는 편집국 단위의 시급한 현장 지시, 마지막 단계의 기사 수정과 지면 변화 등 뉴스 생산 과정의 역동성은 연구자들의 예상을 뛰어넘었다. 연구자들이 애초 설계한 방법론은 이 모든 상호작용, 특히 일선 기자 단위, 그리고 부서 단위의 상호작용을 기술하고 해석하는 데 불충분했기에 보완이 필요했다.

일선 기자들은 뉴스 생산의 가장 미시적인 차원에서 뉴스 재료들을 찾아내고, 부서는 일선 기자들과 편집국의 중간 지점에서 전문화된 영역별로 안정적인 뉴스 생산의 거점 기능을 수행하며, 편집국은 전체 지면 차원에서 거시적인 동시에 미세한 사실들을 놓치지 않는 뉴스의 전체상을 그려냈다. 개인 단위의 뉴스 생산자, 부서, 그리고 편집국은 이처럼 긴밀하게 얽혀 상호 간에 영향을 주고받으며 뉴스를 생산했다. 이어지는 장들에서는 편집국 관찰, 심층 인터뷰, 일선 기자 동행 관찰, 부서 단위 밀착 관찰 그리고 편집국 내부 공유 문서 및 판별 지면에 대한 분석을 기반으로 뉴스 생산자들 간에 이루어지는 상호작용의 속성을 구체적으로 서술하고자 한다.

4장. 뉴스 생산 과정

이 장은 전반적인 뉴스 생산 과정을 기술한다. 애초에 2021년 9월 1일 부터 참여관찰을 시작할 예정이었지만, 코로나 악화로 일정을 연기하여 10월 1일 조심스럽게 현장 연구를 시작했다. 구체적으로 연구자들이 자리 잡은 곳은 편집국이다. 1년 365일 잠시도 멈추지 않고 방대한 세상 사를 수집하고, 그 안에서 시의적절하고 흥미 있으며 중요한 사안들을 골라내 일반 대중들이 쉽게 받아들일 수 있는 뉴스로 가공하는 뉴스 생산의 중심 공간이다. 그 소우주 안에서 이루어지는 어지러우면서도 일사불란한 분업과 협업, 그리고 쉼 없이 이어지는 회의에서 이뤄지는 집단적 의사결정은 뉴스 생산 과정을 이해하기 위해 최우선적으로 선택한 관찰 대상이었다.

1. 뉴스 생산 공간

뉴스 생산 현장에 들어가서 연구자들이 가장 먼저 한 일은 편집국 공간을 살펴보는 것이었다. 조선일보는 마침 편집국 공간을 리모델링하여 2021년 9월부터 새로운 공간에서 뉴스를 생산하고 있었다. 편집국은 조선일보사 본관의 3, 4층을 차지하고 있고, 별관에 이와 분리된 경제 섹션 생산 공간이 존재한다(그림 4-1). 그중에서도 편집국장과 부국장을 비롯해 사회부, 정치부, 국제부, 편집부 등 종이 신문 생산의 중심이 되는 부서와 디지털팀, 조선NS와 같이 온라인 뉴스 생산의 중심이 되는 부서가 동심원적으로 배치되어 있는 4층이 중심 공간을 이룬다. 매일매일 신문을 만들어내느라 바쁘게 돌아가는 "Hot & Fast" 공간이다. 3층은 자율 좌석을 중심으로 하는 공간이며, 문화부, 스포츠부, 동영상팀, 디자인팀 등이 있다. 4층과 달리 다소 여유 있는 분위기로 창의성과 자율성이 존중되는 "Cool & Creative" 공간이다. 4층과 3층은 중앙 엘리베이터 이외에 별도의 계단으로도 연결되어 위아래 층의 원활한 이동이 가능하다. 리모델링 과정에서 적지 않은 비용을 들여 이 계단을 새로 만들었다고 한다.

　　편집국 4층의 중심에는 원형 모양의 중앙 허브 통합 데스크가 있고 (사진 4-1), 정치부, 사회부, 경제부, 사회정책부, 산업부, 국제부, 편집부, 디지털 기획팀, 조선NS[1] 등 각 부서가 이를 둘러싸고 있다. [그림 4-2]에서 편집국의 중앙에 타원형으로 표시된 부분이 통합 데스크이다. 통합 데스크는 그 위치가 주는 느낌대로 뉴스 생산의 핵심이 되는 소통 공간이다. 중앙 허브에 앉아 있는 사람들이 각 부서를 감시하는 형태의 '파놉티콘panopticon' 구조라서 신문사 내부에서는 이를 '디지털 감옥'이라

[그림 4-1] 조선일보 본관 편집국 공간

고 부르기도 한다. 편집국의 도면 안내에 따르면 통합 데스크 중앙에 국장이 위치하고, 그 양옆에 지면 생산을 담당하는 뉴스 총괄 부국장과 편집 부국장의 자리가 있다. 하지만 국장은 통합 데스크보다는 국장실에 주로 머물고, 대신 두 명의 부국장이 통합 데스크를 지킨다. 통합 데스크에는 이외에 디지털 부국장과 디지털 편집부장, 디지털 에디터, 조선NS 대표, 사진 데스크 등이 중앙에서 바깥 방향을 바라보며 앉아 있다. 지면 뉴스와 디지털 뉴스의 조율과 협력을 원활하게 하기 위한 배려다. 지면 뉴스와 디지털 뉴스 생산을 총괄하는 헤드가 모두 모여 있는 통합 데스크는 뉴스의 큰 방향과 논조를 만들어나가는 핵심적인 소통 공간으로서 하루 종일 수시로 다양한 규모의 스탠딩 회의가 열리는 공간이기도 하다.

　　사회부와 정치부의 뒤편에는 국장실이 있고, 약 20~30명이 착석

할 수 있는 회의실이 그 옆에 있다. 중앙 허브와 부서별 데스크 좌석 뒤편으로는 기자들이 자유롭게 작업할 수 있는 책상, 소규모 회의를 할 수 있는 탁자와 의자 등이 놓여 있다. 데스크만 고정 좌석을 이용하기 때문에 다른 기자들은 주변의 자율 좌석을 활용한다. 편집국은 칸막이 없이 전체가 개방된 구조이다. 국장실만 독립된 공간으로 구분되어 있는데, 그마저 유리 칸막이로 되어 있어서 누구나 안을 훤히 들여다볼 수 있고 문이 거의 항상 열려 있다. 이러한 개방 구조로 인해 중앙 허브에서 누군가 "회의합시다"라고 외치면 관계자들이 바로 모여 허브 한가운데 있는 테이블을 둘러싸고 스탠딩 회의를 한다.

편집국 리모델링이 '디지털화'를 강조하고 있다는 점은 4층 편집국의 구석구석에서 엿볼 수 있다. 먼저, 중앙 허브에 디지털 부국장, 디지털 편집부장, 조선NS 대표 등 디지털 뉴스 책임자들이 자리 잡고 있다.

4장. 뉴스 생산 과정

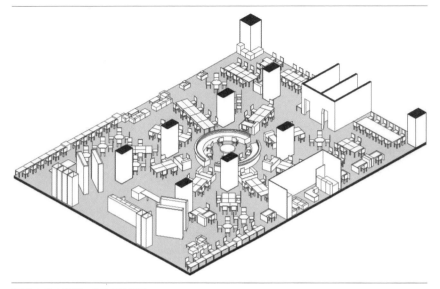

[그림 4-2] 편집국 4층의 공간 구조

[사진 4-1] 편집국 4층 중앙 허브 통합 데스크

이들은 허브에서 국장, 지면 담당 부국장, 사진 데스크 등과 수시로 소통하면서 지면 및 디지털 뉴스 생산에 대해 논의하고 조율한다. 문화부, 스포츠부, 여론독자부, 주말뉴스부 등을 3층으로 내려 보내는 대신 디지털 부서들(조선NS, 디지털 기획팀, 디지털 편집팀, 디지털 디자인팀, 서브 허브팀)을 4층에 배치한 것 또한 디지털 뉴스 생산에 더 힘을 주겠다는 의지로 풀이된다. 중앙 허브 위쪽에 있는 디지털 상황 모니터 시스템(사진 4-1)과 4층 엘리베이터 입구에 설치한 대형 미디어월(사진 4-2)도 디지털 전환을 강조하는 공간적 상징물이다.

편집국 3층의 중앙은 젊은 층이 자주 찾는 스터디카페를 연상하게 하는 공간이다(사진 4-3, 그림 4-3). 편집국을 리모델링하면서 부서별로 데스크에 4~5인의 고정석만 남겨두었으므로 기자들이 자유롭게 일할 수 있는 공간이 필요한데, 이를 위해 3층 중앙에 널찍한 공간을 할애하여 '자율업무 존'을 만들었다. 여기에는 다양한 모양의 탁자와 의자가

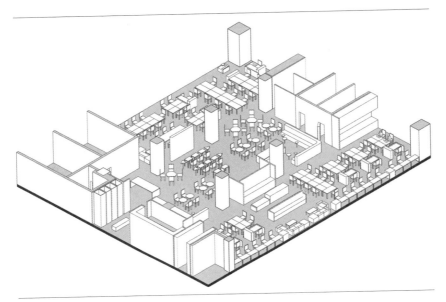

[그림 4-3] 편집국 3층 공간 구조

[사진 4-3] 자유 공간 중심의 편집국 3층

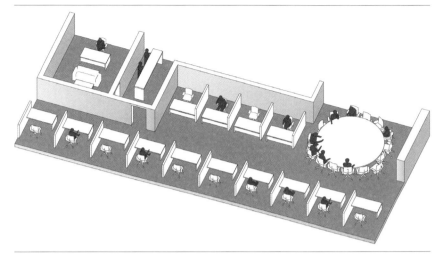

[그림 4-4] 논설위원실의 공간 구조

놓여 있고, 어떤 자리에서든 전원을 연결하여 노트북을 사용할 수 있다. 고정 좌석이 없는 기자들의 불편함을 최소화하기 위해 사물함, 옷걸이, 전화 부스 등도 따로 만들어두었으며, 휴게실(남/여)과 소규모 회의실도 있다. 3층에는 자율업무 존 외에 문화부, 스포츠부, 여론독자부, 주말뉴스부, 디자인편집팀, 디지털 콘텐츠랩, 에버그린 콘텐츠팀, 크리에이티브 에디터 등 고정석을 중심으로 하는 공간과 유튜브 동영상 제작을 위한 스튜디오 2개도 함께 있다. 자율업무 존 중앙에도 대형 미디어월을 두어 기사 조회수, 기사 이용 매체(모바일, PC 등) 정보를 실시간으로 제공하는 등 디지털화된 편집국의 이미지를 보여준다.

　　신문사에서 편집국과 함께 뉴스 생산의 또 다른 축을 이루는 곳이 논설위원실이다(그림 4-4). 조선일보 건물 6층에 있는 논설위원실 공간은 주필실을 중심으로 비서실, 논설위원실로 이루어져 있으며, 논설위원 개개인의 독립된 작업을 지원하는 칸막이 구조를 갖추고 있어 열린 공간 구조의 편집국과 대비된다. 다소 어수선하고 분주한 편집국과 달리 조용한 분위기에서 개인 작업에 열중하는 분위기다. 논설위원실 한편에는 큰 원형 탁자가 놓여 있는데, 여기에서 하루에 두 차례 회의가 열린다. 6층에는 논설위원실 이외에 사장실과 발행인실, 경영기획실, 디지털 전략실, 비서실 등이 있다. 이들은 뉴스 생산 과정에 직접 참여하지는 않지만, 경영 차원에서 편집국 및 논설위원실과 긴밀하게 상호작용하는 존재들이다.

2. 뉴스 생산 주체 간의 상호작용

앞서 공간 차원에서도 살펴보았지만, 편집국은 개인 단위의 뉴스 생산자, 전문화된 뉴스 생산 조직working unit 및 이를 지원하는 부서, 그리고 전체 편집국 단위의 복잡한 상호작용이 이루어지는 공간이다. 동시에 편집국은 사주(2권 『뉴스 생산자』 5부 13장 참조)가 이끄는 언론사 경영진, 그리고 주필이 이끄는 논설위원실(2권 『뉴스 생산자』 4부 11장 및 12장 참조)과 긴밀하게 연결되어 있다(그림 4-5). 편집국과 논설위원실, 경영진은 다양한 소통 창구를 활용해 지속적으로 교류한다.

> 부장이 볼 수 있는 게 있고, 일선 기자가 볼 수 있는 것, 사장님께서 보시는 것, 발행인이 볼 수 있는 게 따로 있지 않습니까? 이것이 잘 소통되고 조화를 이루어야 살아 있는 조직이 되는 겁니다. 발행인은 실제 현장을 잘 모를 수 있잖아요? 현장에 있는 기자는 전체적인 안목이 부족할 수 있고. 그것

■ 편집국 (■ 국장단)   ■ 논설위원실   ■ 경영진

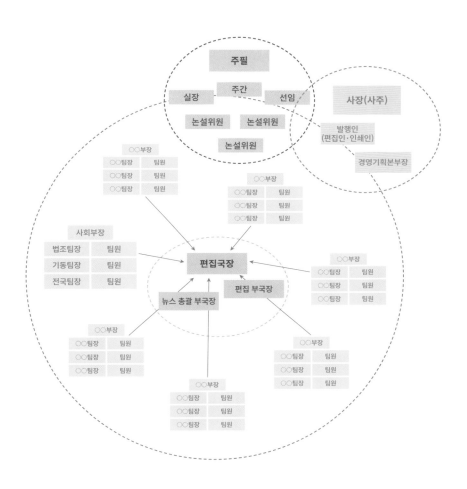

∩ ▨ : 편집국과 논설위원실의 소통(자료 교류 등)
∩ ▨ : 편집국과 경영진의 소통(사장과 편집국장 간의 업무 미팅)
▨ ∩ ▨ : 논설위원실과 경영진의 소통(사장과 논설위원의 소통 등)
∩ ▨ ∩ ▨ : 편집국·논설위원실·경영진의 소통(화요 간부회의, 사장·발행인·주필·편집국장 티타임)

[그림 4-5] 뉴스 생산 주체들의 소통 구조

이 밑에서 위로 잘 전달이 되고, 소통되고 확인하는 절차를 거치고. 신문사는 사실 매일 그것이 일어나야 돼요. 그 가운데서 정보가 나오고 뉴스를 찾아낼 수 있습니다.

— 심층 인터뷰 8

❶ 편집국

뉴스 생산의 중심인 편집국은 2021년 9월 30일 현재 편집국장 아래 편집부, 정치부, 사회부 등 총 14개 부서, 디지털의 일환인 1개 자회사(조선NS)를 둔 총원 250명 내외의 조직이다. 14개 부서에는 정치부, 경제부, 산업부, 사회부, 사회정책부, 국제부(특파원 포함), 문화부, 스포츠부, 주말뉴스부, 여론독자부, 에버그린콘텐츠부(민트팀 포함) 등 총 11개의 현장취재 담당부서, 온라인 기사 영역을 담당하는 디지털 부서(디지털 편집팀, 디지털 그래픽팀 포함), 편집을 담당하는 편집부(뉴스 편집파트와 디지털 편집파트로 구분), 편집국장 직속의 기획부가 포함된다. 이외에 4명의 부국장, 전문기자 및 선임 기자 약간 명, 데이터저널리즘팀, 수습기자들이 있다.

편집국장

편집국을 이끄는 최고책임자는 편집국장이다(2권『뉴스 생산자』3부 10장 참조). 편집국장은 편집국 내에서 가장 강력한 권한을 갖는 주체로서 뉴스 생산자들을 맨 앞에서 진두지휘하며 끌고 나가는 주역이자 일선 기자의 대표이면서 동시에 신문사 경영을 고려해야 하는 이중적 지위에 놓여 있다(이충재·김정기, 2015, p.167). 위로 올라갈수록 자리가 적어지는 신문사 조직에서 3년 임기의 편집국장은 두세 기수에 한 명이 나올까 말까 하는 자리로, 편집국 소속 기자들이 올라갈 수 있는 경력의 최고 정점이다. 조선일보의 경우 편집국장은 사장이 결정한다.[2] 하지만 이를 둘러싼 갈등이나 잡음은 사실상 존재하지 않고, 누가 차기 국장이 될 것인지는 어느 정도 예측 가능하다. 다른 신문사 사정도 크게 다르지 않으며 편집국 내에서는 암암리에 차기 편집국장이 누가 될 것이라는 분위기를 감지한다(정영주·박성순, 2023, p.76).

국장 인사는 전적으로 사장이 결정하시니까. 사장 마음속에 안 들어가봤으니까(어떤 기준으로 뽑는지 모르겠다). 그런데 그분 생각에는 조선일보가 이제 가장 오래됐고 또 최고 신문이고 그 전통을 계속 이어나가야겠다는 책임과 의무가 있으실 것 같습니다. 지면 제작을 총괄할 사람은 어떤 사람이어야 될까, 그 생각을 많이 하실 것 같아요. 제 생각에는 우선 전반적인 조직 관리 능력이 어느 정도 있어야 할 것 같고, 그다음으로 뭐랄까 정무 감각이나 균형 감각도 필요할 거 같고. 기자 정신도 있어야겠고.

— 심층 인터뷰 3

건너뛰는 경우도 있긴 하지만 전혀 예상하지 못했던 사람이 되는 경우는 없어요. 대략 누가 다음에 편집국장을 할 가능성이 있겠구나, 생각했는데 대충 그 순서대로 됐거든요. 그리고 다음에 둘 중에 하나라고 생각했는데 그 둘 중에 한 사람이 됐고. 그리고 그다음도 저 둘 중에 하나겠구나, 결국 그게 됐고. 그게 대충 그려집니다. 후배들도 대충 알걸요. 다음 편집국장 누구누구 중에 되겠구나라는 걸.

— 심층 인터뷰 5

4장. 뉴스 생산 과정

편집국장은 부국장들과 긴밀하게 상의해가면서 지면의 편집 방향을 결정한다. 각각 취재기자와 편집기자 출신인 두 명의 지면 담당 부국장은 통합 데스크 안쪽에 나란히 앉아 편집국장과 수시로 소통한다. 1면을 비롯한 종합면의 주요 기사들은 통상 편집국장과 2인의 부국장으로 구성된 국장단 회의[3]에서 결정한다(심층 인터뷰 3, 10, 11, 30). 뉴스 총괄 부국장과 편집 부국장은 주요 뉴스를 모두 파악하고 국장에게 1면과 종합면의 뉴스를 제안하는데, 국장과 대체로 의견이 일치하며 의견이 다른 경우에는 간단한 논의 과정을 거친다. 지면 담당 부국장들과 함께 통합 데스크에 앉아 있는 디지털 부국장은 디지털 뉴스와 디지털 전략을 담당하고 있다.

> 국장은 사실 보고 내용을 다 못 봅니다. 시간적인 여유가 없어서…. 저희 부국장들은 가급적 다 보려고 하고, 다 보고 나서 우선 제(뉴스 총괄 부국장)가 먼저 이제 이야기를 해요. 오늘 1면은 이런 정도가 있으면 좋겠다. (중략) (의견이) 대체로 일치하죠. 선배(편집 부국장)도 의견을 말하면 그거 말고 이런 것도 있다. 이렇게 해서 결정을 하는데 크게 달라지는 건 없습니다. 어쩌다 일주일에 한 두세 개 정도? 토론까지는 아니고 그냥 이야기를 하면 이게 좋겠다. 저게 좋겠다. 아주 간단하게. 국장님이 제목만 보면 잘 모를 수가 있으니까 우리가 부연 설명을 하는 경우도 있죠.
>
> ― 심층 인터뷰 30

부서들(데스크)

뉴스 생산을 담당하는 부서는 일선 기자들로부터 기사를 취합·선택하고, 데스킹하고, 부 단위의 지면을 구성하는 역할을 한다. 각부의 부장은 부서 단위로 전문화된 뉴스 생산 영역을 책임지는 존재다. 부장은 부서 내 소통 구조의 최상단에 위치하면서 부서 단위로 이루어지는 일들을 조율하고, 통제하고, 지시하고, 결정한다. 부장 아래에 부서를 구성하는 특화된 영역(이를테면 사회부의 경우 법원과 검찰을 담당하는 법조 영역, 지역 뉴스를 담당하는 전국 영역, 그리고 경찰을 담당하는 기동팀)을 책임지는 3~4명 정도의 데스크[4]들이 있다. 부장은 데스크들과 함께 부서 회의를 열어 그날의 지면을 구성한다. 동시에 부장은 국장이 주재하는 편집국 회의에 참석하여 다른 부서와 기사 아이템을 조율하거나 협업한다. 통합 데스크를 등진 채 부서원(데스크)을 바라보며 앉아 있는 부장은 통합 데스크에 있는 부국장과, 그리고 바로 앞에 앉은 데스크들과 필요하면 언제든 목소리만 살짝 높여서 대화를 나눈다. 옆 부서의 부장과도 크게 목소리를 높이지 않고 편하게 대화를 나눌 수 있다.

데스크는 기사 아이템을 선택하고 배정하는 게이트키핑과 더불어, 기사 원고를 검토하고 수정하는 데스킹을 수행한다. 여기에는 일선 기자들에 대한 지시와 통제, 기사 내용에 대한 사실 확인fact check, 기사의 정확성과 완성도 제고 등 뉴스의 품질 전반을 관리하고 책임지는 임무가 포함된다. 일선 기자는 데스크가 무엇을 말하고 쓰는지를 보면서 뉴스의 표준과 취재 보도의 지향을 체화하기 때문에, 데스크에게는 일관된 뉴스 가치 판단 기준을 가지고 편집국 내부 구성원들과 원활하게 소통할 수 있는 역량이 요구된다(안수찬, 2022, pp.40~44).

부장은 다른 데스크, 팀장, 일선 기자 등 부서원과 다양한 방식으로 끊임없이 소통한다. [그림 4-6]은 [그림 4-5]에서 편집국 내 부서 부분(사회부 사례)을 확대한 것이다. 그 안에서 이루어지는 소통 구조를 살펴보면, 일선 기자가 기사 아이템을 발제하고 팀장은 이를 취합하여 데스

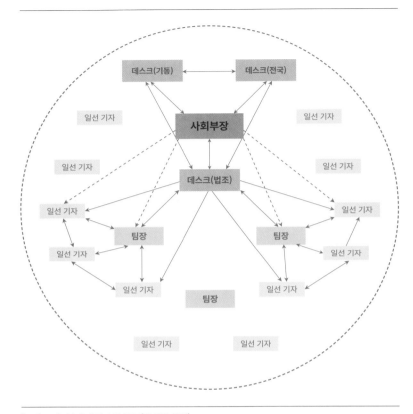

[그림 4-6] 부서 내의 소통 구조(사회부 사례)

크에 올린다. 부장을 중심으로 하는 데스크들은 발제된 기사 후보 중 기사화될 아이템을 선택하는 게이트키핑을 수행한다. 기사 아이템이 선정되고 데스크로부터 기사를 작성하라는 지시가 내려오면 일선 기자들은 본격적으로 기사를 작성하기 시작한다. 일선 기자가 작성한 기사는 일선 팀장이 1차로 데스킹을 보고(기동팀의 경우), 이후 데스크에게 넘어가서 2차 데스킹 작업이 이루어진다. 마지막으로 부장이 최종 데스킹을 보고 출고 버튼을 누르면 지면 편집 작업으로 넘어간다. 기사 아이템을 발제하고, 기사 원고를 올리고, 데스킹을 하는 등의 과정은 편집국의 공식적인 온라인 시스템을 통해 이루어지며, 그 과정에서 일어나는 추가적인 소통은 주로 메신저를 매개로 한다. 필요한 경우 전화 통화도 자주 한다. 일선 기자와 팀장, 팀장과 데스크가 통화하는 경우가 가장 많지만, 부장이 일선 기자나 팀장과 직접 통화하는 경우도 적지 않다. 편집국이나 부서 단위에서 기획한 기사를 작성하는 경우 일선 기자가 직접 편집국에 들어와서 부장의 지시를 받기도 한다.

> 조선일보는 부장이 만드는 신문이라는 말이 있어요. 바로 그게 강점이에요. 왜냐하면 현장하고 동떨어지지 않는다는 뜻이거든요. 현장에는 기자들이 있고 안에는 부장, 데스크가 있잖아요. 부서 안에서 녹아들지 않고 위에서 톱다운으로 내려가면 현장감이 현저히 뒤떨어져요. 그러면 팩트를 전달하는 데 상당한 문제가 있을 수가 있습니다.
>
> — 심층 인터뷰 27

일선 기자들

일선 기자들은 편집국의 말단에 있는 구성원이다. 현장에서 취재원을 만나고, 팩트를 수집·검증하고, 사회의 다양한 변화를 민감하게 포착하는 등 현장과 가장 맞닿은 곳에서 일하는, 말 그대로 뉴스 생산의 최일선을 지키는 존재다.

최근 이들은 언론인으로서의 소명의식 및 열정 차원에서 심리적 소진burn out 내지 내파內破로 표현되는 정체성 위기 양상을 드러내고 있는 것으로 평가된다. 이들은 데스크의 지시와 통제를 받으면서 기사 아이템을 발제하고 원고를 작성한다. 그 과정에서 자신의 목소리를 내기보다는 조직에 순응하고, 데스크의 성향과 선호에 맞추어 기사 아이템을 발제하는 모습을 보인다. 고연차 기자들이 진실을 탐사하고 시민을 계몽하는 전문직 또는 지사志士적 언론인의 정체성을 내면화하고 있다면, 저연차 기자들은 뉴스를 생산하는 노동자 또는 월급을 받고 일하는 직장인의 정체성을 더 강하게 가지고 있는 것으로 평가된다(박영흠, 2023, p.222).

현장 기자들이 이런저런 껄끄러운 의견을 많이 내줘야 되는데 피곤해서 그런지 아니면 제 생각에 동의해서 그런지 별로 도전하는 목소리들이 없는 것 같습니다. (중략) 아예 윗선 입맛에 맞는 것만 써주자 그냥 이렇게 생각하는 경우도 있는 것 같습니다.

— 심층 인터뷰 16

젊은 기자들 인터뷰해보면 아실 텐데, 다른 회사에 비해서 블라인드(직장인 익명 커뮤니티) 자체도 굉장히 소극적이에요. 회사를 비판한다거나 상급자에 관해 투서를 한다거나 하는 것도 거의 없고. (중략) 제가 듣기에 다른 언론사들의 경우 비판 같은 게 끝없이 올라오는데 우리는 아주 핵심적인 문제 제기가 있을 때만 약간 시끄러웠다가, 예를 들어서 아크 같은 시스템을 새로 도입해서 불만이 있을 때 와글와글했다가 싹 없어지고.

— 심층 인터뷰 4

뉴스를 생산하는 과정에서 일선 기자와 데스크 간에는 지속적인 소통이 요구되지만, 신문사의 위계적이고 순응적인 조직문화로 인해 양자 모두 서로에 대한 불만이나 편집국 내부의 본질적인 문제점에 대한 소통은 회피하는 경향이 있다(이석호·이오현, 2019). 고연차 기자는 후배 기자들에게 꼰대라고 낙인찍히고 싶지 않아서, 저연차 기자는 선배들에게 문제를 제기했다가 실패한 경험 때문에 소통을 회피하게 된다(박영흠, 2023, pp.218~219). 연구자들이 인터뷰한 데스크들도 같은 문제를 지적했다.

> 제가 지금 전반적으로 느낀 건 일선 기자들이 말 그대로 일에 파묻혀 있어서 '괜히 부장이랑 싸워봤자 피곤하기만 하고 내가 의견을 낸다고 뭐가 바뀌겠나' 하는 체념 같은 것도 있는 것 같습니다. 저 역시 후배 기자들이랑 더 소통하려면 피곤하거든요, 솔직히. 아무래도 더 좋은 방향을 찾기에는 여력이 없는 것 같아요. 과거에는 같이 술도 많이 마시고 그랬는데. 그때는 일이 지금처럼 많지 않았거든요.
>
> ― 심층 인터뷰 16

> 저만 해도 공개적으로 이건 왜 그러냐, 이렇게 서로 얘기하려고 시도하거나 그러지 못했거든요. 지금 이렇게 자유롭게 말씀드리고 있지만 사실 이런 얘기를 내부적으로는 동기들끼리 이야기한다든지, 타사의 친한 기자들이랑 이야기하는 경우는 있어도, 내부에서 그런 걸 얘기하는 분위기 자체가 아니고, 그렇게 해서 튀는 걸 싫어하고 부담스러워하는 성향의 사람들이 더 많다고 볼 수도 있을 것 같고요. 편집국의 묘한 분위기가 있는 것 같습니다. 사람을 주눅 들게 하는. 특히 젊은 기자들을.
>
> ― 심층 인터뷰 17

비판하고 싶을 때가 없지 않지만, 언론사 구조상 연차가 쌓이고 위로 올라갈수록 일이 많아지고 힘들다는 걸 잘 알고 있어서 이중적인 태도를 취하게 되는 것 같다. 또 서로 힘드니까.

— 기자 1 동행 관찰 중 인터뷰

일선 기자들의 이직은 언론 위기의 심각성을 보여주는 징후로 간주된다. 일선 기자들이 꼽는 이직 이유는 낮은 연봉과 과중한 업무, 기자에 대한 사회적 멸시, 신문 중심의 낡은 편집국 문화, 취재 여건의 악화 등이다. 이들은 주로 기업의 홍보·커뮤니케이션 전략 부서로 가는데, 기업에서 저연차 기자를 선호하는 경향이 있어서 이직하는 기자의 연령대는 점점 낮아지고 있다(박서연, 2022.8.24). 이러한 상황은 조선일보라고 크게 다르지 않다.

(퇴사에는) 여러 가지 이유가 있겠지만 기자 일에 무슨 비전이 보이는 것도 아니고, 매일 반복되는 고된 일정에 워라밸이 지켜지는 것도 아니고. (중략) 아예 다른 분야로 가는 경우가 많아요. 제 팀원들과 상담을 해보면 워라밸 얘기가 많이 나와요. "내가 부모가 됐을 때 아이들에게 좋은 아빠가 될 수 없겠다" 같은, 부모의 역할에 대한 얘기들을 합니다. 자기 계발 얘기도 많이 하더라고요. 여기 있으면 자기 계발을 너무 못하는 것 같다며.

— 심층 인터뷰 13

일선 기자들은 예전과는 크게 달라진 취재 환경에서 일한다. 기자-취재원의 갑-을 관계는 과거의 이야기일 뿐이며, 특히 수습기자의 경우 취재원과의 관계가 을의 위치로 역전된 상황에서 취재를 수행하기도 한다(송채은·윤석민, 2022, p.239). MZ세대에 해당하는 일선 기자들은 젠

더 이슈와 같은 정체성 정치에 민감하고 거시적이고 구조적인 문제 대신 미시적이고 생활에 밀접한 연성 뉴스 아이템에 관심을 보이는 것으로 지적된다(박영흠, 2023, p.221; 정환봉, 2022, p.28). 종합적으로 언론의 산업적 토대가 무너져가는 상황에서 총체적인 혼돈에 빠져 있는 세대, 그것이 최근 들어 일선 기자를 바라보는 언론사 안팎의 일반적 시선이라고 할 것이다. 연구자들이 편집국 데스크들로부터 접한 평가 역시 마찬가지였다.

다들 보면 유명 대학 나오고 학점도 훌륭하고 곱게 자란 친구들이거든요. 그런데 수습 과정이 거칠어요. 매일같이 경찰서 당직실에 들어가서 모르는 경찰한테 쿠사리 먹어가며 팩트 하나만 알려주세요, 해야 하고. 요즘은 전화 포비아도 많은데, 밤 12시에 누구한테 전화해서 뭘 확인해야 하는 경우도 있고요. 그런 데서 부담을 크게 느낄 거라고 생각해요. 새벽 4~5시에 일어나서 택시 타고 경찰서 마와리 돌고 하면서 자괴감 느끼고, '내가 이걸 계속할 수 있을까' 이런 생각을 많이 하는 거 같아요.

— 심층 인터뷰 13

할아버지 세대는 후진국에서 태어났고요. 저희 세대는 중진국에서 태어났고 애들은 선진국에서 태어났어요. 나라 이름이 대한민국이라 같을 뿐이지 다른 나라에서 태어난 사람들이 모여서 일을 하는 중입니다. 6층에 계신 분들은 후진국에서 태어나신 분들이고요. 부장은 중진국에서 태어나고 지금 들어온 신입 기자들은 선진국에서 태어난 거예요. 마찰이 없을 수는 없어요. (중략) 어떨 때는 후배들 나이브하다고 느낄 때도 있는데 선진국에 태어났으니까 그렇죠. 이 신문을 좋게 만드는 것보다 더 중요한 게 어디

있겠냐 싶은데 안 그런 사람들도 있는 거죠. 그 친구들이 세대가 젊기 때문이라기보다 다른 나라에서 태어난 거예요.

— 심층 인터뷰 21

MZ세대는 기존 세대하고 다릅니다. 언론의 가치, 언론 자유의 정신 이런 거 얘기하면서 "나 때는 말이야", "좀 어렵더라도 프라이드 갖고 일해" 이러면 라떼 소리로밖에 안 들습니다. (중략) 권력 비판하면 쓰레기로 만들어버리니까 가치 혼돈이 옵니다. 그러면 물질적으로라도 보상을 해줘야 되는데, 지금 신문 산업의 크기는 다른 산업의 크기에 비하면 트럭은커녕 자전거도 안 되는 형편이고. 가치 혼돈의 시기입니다. 열정적으로 일하려는 친구들에게 언론이 그런 열정을 쏟을 가치가 있나 없나, 지금 혼돈에 빠져 있어요.

— 심층 인터뷰 15

❷ 논설위원실

사설과 칼럼을 담당하는 논설위원실은 편집국과 함께 뉴스를 생산하는 양대 축을 이룬다. 논설위원실은 정치, 사회, 경제 등 영역 전문성을 지닌 논설위원들과 주필로 구성된 독립 조직이다. 2천 년대 이전까지 부장이나 국장을 마친 최종 경력 단계의 중견 언론인 혹은 외부에서 영입한 당대의 지식인들이 논설위원직을 맡았다면, 현재는 명망가보다는 전문기자 조직에 가까우며, 편집국 데스크들이 일종의 순환보직 개념으로 편집국과 논설위원실을 오가는 일도 종종 볼 수 있다. 논설위원실과 편집국은 독립적으로 운영되지만, 양자 간의 소통이 수시로 이루어진다.

논설위원실에서 사설이나 칼럼을 작성할 때 편집국 기자에게 사실을 확인하거나 정보를 요청하는 등 주로 편집국으로부터 지원을 받는 소통이 많다.

> 논설실과 편집국은 거의 분리가 되어 있기 때문에 (영향력 행사 같은 것은) 없습니다. 원칙적으로 있어서도 안 됩니다. (논설실이 편집국에 영향을 미치는 것은) 거의 없고, 오히려 반대의 케이스가 많죠. 기자가 정보력이 크기 때문에 저희가 오히려 편집국에 물어보는 경우가 많습니다.
>
> — 심층 인터뷰 4

주필

주필은 1호 기자로 통칭되는 신문사의 상징과도 같은 존재다. 주필은 논설위원실 내부의 공식적인 소통을 주도하면서 전권을 가지고 사설의 주제와 논조를 결정한다. 사설은 특정 개인의 목소리가 아니라 신문사라는 조직의 목소리라는 점에서 칼럼과 구분되며(남찬순, 2002, p.229), 사설로 표명된 견해는 그만큼 영향력이 크다. 공식적인 회의 절차를 거쳐서 사설의 주제가 결정되지만, 주필이 전체 과정을 주도하면서 최종 결정을 하고 사설에 대한 책임을 지는 것 또한 주필이다. 주필의 성향에 따라 사설의 논조가 달라지며, 사설의 논조는 일간지 전체의 논조와 밀접하게 맞닿아 있다. 따라서 주필에게는 권한 만큼이나 무거운 책임이 따른다. 특히 이전 주필의 명성을 이어가야 한다는 점에서 조선일보 주필은 남다른 부담을 안게 되는 자리다.

> 그냥 신문사 주필이 아니라 조선일보 주필은 뭐라고 할까, 부담이 굉장히

큰 자리예요. 예전 주필들, 저 복도에 사진들이 붙어 있는데 그분들 보면 다 하나같이 보통 사람들이 아니죠. 특히 안재홍 주필 같은 분은 거의 초인 같은 사람이었는데, 제가 과연 그 자격이 있는가 해서 심각하게 느꼈어요. 심각했죠. 나는 여기 기자로 들어와서 그냥 생활인으로서 사는 건데, 갑자기 주필이 되니 이게 참, 내가 이걸⋯. 그런 생각이 많이 들었습니다. (중략) 그러다가 차츰 시간이 지나니까 이제 적응이 돼서 하는데, 하여튼 그날(주필로 임명되던 날)은 정말 감당이 안됐습니다.

— 2권 『뉴스 생산자』 4부 12장 주필 인터뷰

논설위원

논설위원들은 주필의 사설 작성을 지원하고 '만물상' 등 여론 지면을 채우는 칼럼을 생산한다. 그 외에 논설위원들은 기명 칼럼, 인터뷰 기사 등을 생산하기도 한다. 일상적인 사설 작성에 참여하지 않고 환경 등 전문 분야 칼럼을 작성하거나 유튜브에서 주로 활동하는 논설위원도 있다. 논설위원실의 구조는 편집국과 달리 각자의 자리에 낮은 칸막이가 있어 독립적인 공간을 확보하고 있지만, 규모가 크지 않아서 큰 소리로 말하면 서로 소통이 가능하다.

논설위원실에서는 오전 10시 30분과 오후 2시 두 차례 회의가 열린다. 주필과 대다수 논설위원이 원형 탁자를 둘러싸고 앉아 연차가 낮은 논설위원부터 돌아가면서 사설 주제가 될 만한 아이템을 제안하고, 진지한 주장과 잡담 혹은 농담이 뒤섞인 논의 과정을 거쳐 주제와 필자를 결정한다(사진 4-4). 사설 초안이 작성되면 정치, 사회, 경제 영역을 담당하는 선임 논설위원이 검토한 후 주필의 최종 수정 과정을 거쳐서 완성된다.

[사진 4-4] 논설위원실의 원탁회의

편집국 취재부서의 부장을 역임한 이후 논설위원 자리로 옮겨가던 기존의 관행을 깨고 2천 년대 이후 현장에서 일하던 차장급·일선 기자가 논설위원으로 들어오기 시작하면서 조선일보의 논설위원실은 주필을 지원하는 실무형 조직의 성격을 갖게 되었다.[5] 현재는 편집국에서 논설위원실로, 논설위원실에서 다시 편집국으로 이동하는 인사이동이 자연스럽게 이루어지며, 논설위원의 연령대도 40대에서 60대까지 다양하게 구성된다.

강천석 고문이 논설실을 주관하시면서부터 젊은 논설위원들, 아직 편집국에 돌아갈 경력이 남아 있는 사람들을 일부러 끌어올리기 시작하셨어요. (중략) 현장에서 떨어진 사람들만 있다보니까 팩트 파인딩 이런 데에서 조금 문제가 있다, 이런 문제의식이 있었던 게 아닌가 싶어요. (중략) 오히려 정치 분야는 약간 젊은 차장급 정도에서 글 좀 쓴다는 사람이 한두 명 올라와 있는 게 현장감도 유지하고 편집국과의 연락관계에서도 좋고 그래서 그때부터 그런 게 아닌가 싶습니다.

— 심층 인터뷰 5

❸ 사주/경영진

뉴스 생산에 참여하는 또 하나의 핵심 주체로 경영진을 들 수 있다. 조선일보의 경우 경영진은 사주 가문의 사장과 부사장, 발행인, 경영기획본부장 등으로 구성된다. 경영진은 뉴스 생산에 직접 개입하지 않는 것을 원칙으로 하지만, 뉴스 비즈니스 운영 차원에서 편집국 및 논설위원실의 뉴스 생산자들과 긴밀하게 상호작용하며 뉴스 생산자의 일원으로 기능한다.

발행인[6]과 경영기획본부장[7]은 사장을 보좌해서 조선일보 및 계열사들을 관리하는 역할을 수행하며 언론인 출신이 자리를 맡고 있다. 언론인 출신을 이러한 직제의 책임자로 앉힌 데는 신문사 경영에 있어 저널리즘 가치 제고에 방점을 두겠다는 의도를 반영한 것으로 평가된다. 하지만 언론인들은 통상적인 회사의 재무/산업적 경영에 대해서는 이해가 깊지 못하기 때문에 이를 완전한 전문경영인 시스템이라고 보기에는 한계가 있다.

경영진에서 가장 중요한 존재는 두말할 나위 없이 사주 가문의 일원인 사장이다. 우리나라 주요 일간지의 사주들은 소유와 경영의 미분리 상태로 신문사 운영을 좌우하며, 여론 및 정치권력의 향배에 강력한 영향력을 행사하는 권력이라는 비판을 받아왔고, 그중에서도 조선일보 사주는 "냉전 수구반동 논조의 수괴", "밤의 대통령", "패륜적 일가" 등

악마화 수준이라고 할 만한 집중 공격의 대상이 되어왔다.

연구진은 현장에 체류하는 기간 동안 경영진이 뉴스 생산자들과 어떤 관계를 맺고 어떤 영향력을 행사하는가에 관심을 기울였다. 예상 했던 바대로 경영진은 뉴스 생산자들과 밀접하고도 다층위적인 상호작용을 수행했다. 양자 간 관계는 큰 틀에서 상호의존적 보완관계의 범위 안에 머물렀다. 경영진을 대표하는 사장은 편집권 독립이 언론 상품의 핵심적인 가치 요소임을 인식하고 있었다. 그는 편집국장 및 주필 등 핵 심인사에 대한 인사권을 행사했지만 그 결정은 조직 내의 평판과 기대를 벗어나지 않았다. 사장은 누구보다 뉴스를 자세히 살펴 뉴스 생산자들에게 다양한 경로로 피드백을 주었지만, 그 주 내용은 뉴스의 방향성이 아닌 품질에 관한 것이었다. 편집국장은 경영진에게 뉴스 생산과 관련된 주요 사안들을 알리고 경영진의 의견에 귀를 기울였지만, 이는 보고가 아닌 협의의 성격에 가까웠다. 경영진과 논설위원실 간에도 소통이 이루어지지만, 경영진의 사전 개입은 존재하지 않았다. 사설 작성 권한은 주필에게 오롯이 주어지며 그에 대한 무간섭 원칙이 지켜졌다. 종합적으로 경영진과 뉴스 생산자들은 상호 존중하며 긴밀히 협의했지만 독립성을 유지했다.

방상훈한테 전화 걸면 다 해결된다. 굳이 편집국장이나 주필한테 전화할 필요 없다. 그러면 신문은 끝입니다. (사장이) 대통령 만나는 날 아침에 대통령 비판 기사 내는 게 그런 점을 염두에 두는 거예요. 만일 사장이 대통령 얘기 듣고 와서 주필이나 국장한테 대통령이 어쩌고저쩌고 이런 얘기를 전하면 이게 말이 안 돌 것 같지만 2~3일 안으로 편집국 내 전체 직원들이 벌써 분위기를 파악합니다. 사장이 그런 역할을 하면 안 됩니다. 그러면 그 신문은 바로 삼류 신문으로 전락해버립니다. 원칙 지키는 건 간단합니다. 내가 늘 얘기하는 게 그겁니다. 신문사 사장이 할 역할은 하루 종일 노는 거밖에 없다. 가장 중요한 건 모든 권력으로부터 기자들을 자유롭게 해방시켜주는 거다. 그게 나의 역할이고, 내 언론 정신이다. 그게 언론의 자유를 지키는 길이라 생각합니다. 제일 큰 권력이 뭐냐. 그건 대통령이에요, 그다음이 종교고, 그다음이 시민단체들입니다. 한 네다섯 단계 가다보면 마지막에 내부 권력이 있어요. 예를 들어서, 같은 방씨라든지 내부 권력이 있습니다. 내부 권력이 개입하면 안에서 움직이지 못합니다. 이러한 권력들을 막아주는 게 조선일보 사장의 역할입니다.

— 2권 『뉴스 생산자』 5부 13장 사장 인터뷰

국장직을 수행하면서 독립성이 보장되고 있다고 느끼시나요? 그렇습니다. 사장은 물론이고 발행인도 주필도 지면에 대해서는 거의 말씀을 안 하세요. 사장이 경영이라는 것을 고려하지 않을 수 없으니까 완전한 진공상태는 아니지만, 지면은 편집국장이 전권을 갖고 책임지고 만든다는 전통이 지켜지고 있어요. 그 때문에 부담감이 오히려 굉장히 크죠. **그 외에 사장님과 일대일로 만나거나 통화를 나누는 경우는 없나요?** 글쎄요, 일주일에 한두 번? 편집국 인사 문제 등으로 제가 따로 보고드릴 게 있을 수 있으니까요. 그런 일 빼고 사내에서 사장님과 따로 만나거나 통화하는 일은 거의 없습니다. **한밤중에 사장으로부터 전화를 받거나 회의 중에 급한 연락을 받거나 그런 일도 없었나요?** 한 번도 없었습니다.

— 2권 『뉴스 생산자』 3부 10장 편집국장 인터뷰

밖에서는 위에서 이놈을 꺾어라 이런 지시가 내려오면 저희가 그런 기사를 찾아오는 것 같은데 실제로 취재라는 건 개개인이 하는 거기 때문에. 기자들이 갖고 와서 이거는 정말 확실하다고 하면 데스크는 정말 확실하냐고 이중삼중 체크를 합니다. 그러나 기사를 얹어보면 편집부에서는 뭔가 신문이 더 화끈하게 보여야 되기 때문에 제목 터치하는 경향이 있고 그렇게 해서 아침 신문이 나오면 경영진은 화들짝 놀라서 이게 어떻게 된 일이냐고.

— 심층 인터뷰 11

조선일보에서 사설은 완전히 성역입니다. 사장님한테서 사설에 대한 얘기를 5년 동안 단 한마디도 들어본 적 없습니다.

— 심층 인터뷰 9

저는 사장님이 우리랑 다른 것 같아요. 6층의 논객들하고도. 사장님은 신문의 지속가능성, 즉 계속 독자들에게 사랑받으면서 시대의 문화에 맞게 신문을 바꿔야 되는 분이니까 냉정하게 보실 것 같아요. 단지 그분 주변을 둘러싼 분들. 그분에게 오피니언을 전달해주는 분들이 너무 연세 많으시고 기업인들이고 이래서 문제이기는 한데, 사실 젊은 친구들이 재기발랄한 칼럼을 썼을 때 굉장히 좋아하시거든요. 너무 재미있다고.

— 심층 인터뷰 25

사장은 일선의 뉴스 생산자들과 친밀한 관계를 형성하고자 노력했다. 그의 스킨십 경영은 잘 알려져 있다. 그는 기자들의 이름을 모두 기억했다가 엘리베이터 등에서 마주치면 "○○○ 기자, 지난번 기사 잘 읽었어" 식으로 살가운 인사를 건넨다. 간단하게 '기사 잘 봤다'는 정도지만 좋은 기사를 쓴 기자들에게 직접 메시지를 보내는 것도 그의 주요 일과 중 하나다.

종합적으로 사장의 리더십은 탈권위주의를 지향했고, 이는 조직 구성원들이 그의 리더십을 수용하는 힘으로 작용했다. 그는 저널리즘 이상주의자인 동시에 꼼꼼한 저널리즘 품질 관리자였다. 그는 언론인 출신의 핵심 간부들과 상시적으로 긴밀하게 회사 운영을 상의하면서, 저널리즘을 중심에 둔 사실상의 집단지도체제(이를 두고 사장이 핵심 간부들에 둘러싸여 있다는 지적도 있었다) 방식으로 그의 언론 가업을 경영했다. 이러한 거버넌스는 명확히 제도화되지는 않았지만 정론지가 지켜가야 할 전통으로 인식되고 있었다.

> 타사 선배들이 가끔 그래요. 너네는 왜 나와서도 오너 욕을 안 하냐, 좀 무섭다. (웃음) 실제로 저는 회사를 나온 선배들로부터 사장님 욕하는 걸 들은 적이 없어요. 꾹 참고 말을 안 하는 건 아닌 것 같아요. 조직을 나온 분들도 조선일보에 밉보이고 싶지 않은 마음은 있겠지만 그래도 모두가 친정에 애틋한 마음만 있는 건 아니고 서운하게 나오신 분들도 가끔 있는데 어쨌든 아무도 욕을 안 해요. 저는 그게 사장님이 평생 쌓으신 덕이라고 생각해요.
>
> — 심층 인터뷰 20

다른 회사의 경우는 아마 사장이 부장, 차장 혹은 일선 기자의 이름을 아는 경우가 거의 없을 거예요. 저는 우리 회사에 와서 사장님이라고 하는 분이 기자한테 말을 거는 걸 처음 봤거든요. 그리고 심지어 네가 오늘 쓴 기사 재밌더라, 그 기사는 나는 봐도 모르겠더라, 이렇게 사장님이 얘기를 하시거든요.

— 심층 인터뷰 11

사장께서 사후에 어떤 기사에 대해서는 좋은 평가를 하고 어떤 기사는 지적을 하고 이런 일들이 반복되다보면 전체적인 방향에 가이드라인을 주는 셈이 될 수 있을 것 같은데요. 조선일보의 편집 방향을 사장이 원하는 방향으로 이끄는 기능을 하지는 않나요? 타당성 있는 지적이지만 가이드라인보다는 발전적인 상호작용의 측면이 더 크다고 봅니다. 이를테면 사장께서 가장 강조하는 게 "기사 틀리면 큰일나", "팩트 틀리면 큰일나"거든요.

— 심층 인터뷰 29

높은 사람들 빼고 (사장이) 어린 기자들을 직접 만나서 우리 회사의 갈 길에 대해 이야기하는 그런 모임이 정기적으로 있었던 것 같은데 지금은 그것도 없어졌어요. 좀 더 젊은 친구들 얘기를 많이 들으셨으면 좋겠는데 사장님은 늘 국장, 주필, 발행인, 본부장 이렇게만 둘러싸여 계셔서.

— 심층 인터뷰 25

사장이 바뀔 때 지금 같은 리더십이 유지될 수 있을까요? 정론지의 기본 정신은 유지될 겁니다. 우리가 가지고 있는 것이 어느 날 갑자기 생긴 것이 아니고, 오랜 세월 한솥밥을 먹으면서 축적된 것이고, 지금도 아래에서 계속 축적되고 있거든요. 그것을 허물어트리면서, 기사는 돈 버는 콘텐츠일 뿐이다, 그 길로 가자, 그런 일은 생기지 않을 겁니다.

— 심층 인터뷰 8

❹ 뉴스 생산자와 경영진의 상호작용: 화요회의와 4시 반 티타임

조선일보 내에는 뉴스 생산자와 경영진이 공식적으로 상호작용하는 공식화된 회의들이 있다. 연구진은 이 회의들에 대한 참석 가능성을 타진했지만 수용되지 않았다. 연구진은 그 대신 심층 인터뷰 및 비공식 대화를 통해 이 두 회의의 성격과 내용을 파악했다.

화요회의

참여관찰을 수행하던 당시 매주 화요일 11시에 사주, 발행인, 주필, 부장 이상의 편집국 간부가 참여하는 회의가 열렸다.[8] 회의는 40~50분 정도 부서별로 한 주 동안의 주요 이슈를 보고한 후, 10분 정도 사장이 발언하는 방식으로 진행된다. 오보를 비롯한 잘못된 기사들을 지적하고 왜 그런 일이 있었는지 설명하고, 부장들이 돌아가면서 각 분야의 주요 쟁점에 대한 정보를 보고한다. 사주는 신문을 꼼꼼히 읽고 들어와 세세한 팩트의 문제점을 지적하곤 한다.[9] 이 회의가 편집권을 침해하는가에 대한 편집국 구성원의 반응은 뉴스 품질의 제고 차원에서 기능적으로 필요한 회의라는 의견이 우세했다.

> 사장님이 기본적으로 거기서 업무 지시를 한다거나 어떤 기사를 쓰라거나 이런 게 아니라 거의 업무 태도에 관한 문제를 지적하고 누구 칼럼 엄청 잘 썼더라, 대개 그런 사후 평가를 합니다. 특히 팩트에 관한 문제 지적이 많습니다. 이게 편집이 이렇게 돼서 독자한테 오해가 될 것 같은데 왜 더 신경 안 쓰냐, 이 사진은 어떻고 같은 종류의 스몰 톡들이 많아서 신문 편집 방향에 영향을 준다거나 일체화를 한다거나 하는 과정은 별로 없는 것 같

습니다.

— 심층 인터뷰 11

외부에 이런 회의체가 알려지면 자칫 편집권 침해 얘기가 나올 수 있을 것 같은데요? 편집권 침해라는 건 기본적으로 특정 기사를 넣고 빼는 차원에서 이루어진다고 저는 생각하거든요. (중략) 그 많은 인원을 모아두고 편집권을 쥐락펴락하는 행위를 할 수 있을까요. 정말 편집권에 영향을 미치려 한다면, 이를테면 특정 기사를 넣고 빼고, 누구를 키워주고 조지고 하려면 그건 훨씬 더 긴밀하게 이루어져야 되는 거 아닌가요?

— 심층 인터뷰 11

그런 회의가 있다는 것에 대해서는 어떻게 생각하세요? 내부에 있을 때는 별로 깊게 생각하지 않았어요. 나와서 보니까 그런 회의가 기능적으로 필요하지 않을까 생각해요. 부장단 회의에 사장님이 참석하지만 이건 이렇게 하고 저건 저렇게 하라고 꼬치꼬치 지시하는 스타일은 아니고 또 조선일보가 그렇게 지시하는 대로 돌아가는 조직도 아니고.

— 심층 인터뷰 20

4시 반 티타임

편집국, 논설위원실, 경영진의 세 축을 연결하는 소통 채널로 사주, 발행인, 주필, 편집국장 등 4인이 매일 오후 4시 30분부터 30~40분 정도 티타임을 갖는다.[10] 연구진은 이 티타임이 사주와 경영진이 뉴스 생산에 영향력을 행사하는 채널일 수 있다고 보고, 심층 인터뷰 및 비공식 대화를 통해 그 미팅의 실체를 파고들었다. 그 내용을 종합하면 티타임은 편집국과 논설위원실, 경영진의 헤드가 자유로운 분위기에서 편집국 내외의 다양한 현안에 대해 격의 없이 얘기를 나누는 자리다. 처음 시작할 때는 편집국장, 주필, 발행인 3인이 참여하는 모임이었으나, 사주도 함께 공유할 내용이 있어서 곧 4인 티타임으로 자리 잡았다(심층 인터뷰 9). 가벼운 모임의 성격이고 정식 회의는 아니라고 하지만, 회사의 최고 간부들이 모두 모인 자리니만큼 신문사 안팎의 모든 주요 현안에 대한 의견이 교환된다.

(4인 티타임은) 가장 중요한 회의죠. 뭘 보고하거나 무슨 안건을 내고 어떤 의사결정을 하고 그러는 게 아니라 그냥 가볍게 담소 나누는 자리예요. 그냥 신문사를 책임지는 넷이서 만나 편하게 그날 하루 있었던 일이나 직원 얘기, 전반적인 관심사를 두루 얘기하는 자리라고 할까요. (중략) 그런데 가만히 보면 거기서 회사 일 전반이 논의되기도 합니다.

― 심층 인터뷰 3

티타임에서 이루어지는 대화의 90%는 일상 잡담과 농담들이고 지면이나 사설 주제는 언급되지 않는다(심층 인터뷰 9). 하지만 편집국 일각에서는 이 티타임이 뉴스 생산자와 경영진이 가깝게 소통하며 내밀한 합의를 만들어내는 자리라는 의혹이 제기되기도 한다.

그 회의가 끝나면 바로 5시 반에 지면 회의(가판 회의)가 있어요. 그래서 국장이 되기 전에 저는 거기서 중요한 지면 관련 결정이 이루어지나보다 하고 생각했죠. 그런데 제가 국장이 되고 나서 한 10개월 정도 지났는데 그 회의에서 1면을 이걸로 해라 뭘 해라 이런 얘기는 한 번도 나온 적이 없습니다. 지면에 관해서 사장이나 발행인, 주필이 꼭 알아야 할 정보나 뉴스가 있으면 제가 간략하게 보고를 하죠. 다음 날 아침에 참고할 만한 게 뭐가 있고 우리가 이런 걸 단독 취재했다는 등의 얘기를 두세 가지 하는 정도입니다.

— 심층 인터뷰 3

저희들은 편집국 기사 및 논설위원실 사설 쓰는 거, 일절 간섭하지 않습니다. 예를 들어서 우리 이렇게 앉아서 커피 마시고 얘기하다가, 주필이 무슨 얘기를 하면 저걸 사설로 쓰려나? 저런 생각을 하고 있나? 해요. 그런데 나중에 아침에 나온 거 보면 다른 주제예요.

— 심층 인터뷰 8

제작 전에 미리 사전 통보하는 것일 수 있어요. 지금 있는 발행인, 주필, 편집국장은 사장이 데려다 키운 사람들이에요. 나이도 훨씬 어리고. 어떻게 보면 회사에서 아마 사장만큼 언론사 조직, 인사에 대해서 아는 사람이 없어요. 사장 입장에서는 자기가 적어도 사내에서, 한국에서도, 언론에 대해서는 제일 많이 알고 경험이 많다고 생각할 거예요.

— 심층 인터뷰 14

정말로 그분들은 소통이 잘 돼요. 너무너무 지나치게. ○○국장 때는 사장님이랑 얘기하느라 (편집국) 회의를 안 내려왔어요.

— 심층 인터뷰 25

뉴스 생산의 3주체인 편집국, 논설위원실, 경영진의 수장이 매일 같은 시간에 회동해서 의견을 나누는 티타임을 한가한 차담 자리 내지 의심스러운 공모 자리로 간주하는 시각은 모두 타당하지 않다는 게 연구진의 판단이다. 가벼운 형식으로 정례화된 티타임은 뉴스 생산 차원에서 이 3주체가 맺는 관계의 본질을 잘 보여준다. 한쪽이 일방적으로 대화를 주도하고, 심지어 그것이 지시와 통제의 성격을 지닐 때 그 자리는 이내 불편해지고 지속가능성을 잃게 될 것이다. 불가근불가원이 여기서도 핵심이다. 티타임은 긴밀히 소통하며 공조하되 상호 영역을 존중하는 뉴스, 의견, 경영의 3주체가 맺는 섬세한 균형과 조절을 표상한다고 할 것이다.

❺ 기타 뉴스 생산자

편집국, 논설위원실, 사주와 경영진 이외에 뉴스 생산에 참여하는 주목할 만한 주체로 인터넷 뉴스를 생산하는 조선NSNews Service, 그리고 퇴임 후에도 사내에 자리를 지키며 활동을 이어가는 시니어 언론인들을 들 수 있다.

조선NS

조선일보는 2021년 6월 28일 기존의 속보 대응팀 '디지털 724팀'[11]을 해체하고 '조선NS'를 설립했다. 조선NS는 별도 법인의 자회사이지만 편집국 4층 통합 데스크 옆에 자리 잡고 있다. 디지털 기사 작성에 대한 편집국 기자들의 부담을 덜고 디지털 뉴스 생산을 강화하기 위한 목적으로 설립되었으며, 워싱턴포스트의 GAGeneral Assignment 팀을 벤치마킹하여 출입처 없이 다각적이고 통합적인 취재를 통해 기사를 작성하는 시스템을 추구한다.

> 노조에서 경영진에게 이 724팀이 기자로서 발전도 없고 불만이 많다는 의견을 전달했고, 그러자 하기 싫다는 사람들을 그렇게까지 끌어서 할 필요가 있느냐, 이걸 좋아하는 사람들을 모아서 하면 되지, 이런 판단을 사장께서 내리신 거예요. (중략) 저희가 NS를 만들 때 워싱턴포스트의 어떤 팀을 벤치마킹한 건데 그 팀이… GA팀. General Assignment, 그러니까 출입처 제한이 없는 전방위 영역 팀인데, 저는 이 GA팀 같은 걸 만들고 싶었죠.
>
> — 심층 인터뷰 31

조선NS는 편집국 내부 기자 2명, 공채 4명, 특별 채용 6명 등 12명의 기자로 시작했다. 출범 당시 기자 채용 기준은 '많은 트래픽을 가지고 올 수 있는 능력'과 '출입처와 상관없이 자유로운 취재를 통해 단독·특종을 만들어낼 수 있는 능력'이었다(2권 『뉴스 생산자』 2부 6장 참조). 조선NS 기자들은 사회부, 정치부 등 부서 경계 없이 자유롭게 1인당 하루 평균 7~8개의 기사를 작성한다. 12명의 기자가 생산하는 기사의 트래픽은 조선일보가 생산하는 전체 인터넷 기사의 25%에 해당한다.

> 나는 기자라는 정체성을 최대한 퇴색시키고 재미있는 걸 만드는 콘텐츠 프로바이더contents provider라는 개념을 그 친구들(조선NS 기자들)한테 주입하겠다, 그걸 위주로 뽑겠다, 그리고 그걸로 자부심을 갖게 하겠다고 보고서에 올렸는데.
>
> — 심층 인터뷰 31

조선NS팀에서 생산한 기사는 인터넷용으로만 소비되지 않고 지면에 게재되기도 한다. 인터넷 커뮤니티 게시글을 토대로 작성한 〈고인이 좋아한 음식 주문했더니…장례식장에 배달된 식당들의 온정〉 기사(2021년 10월 14일)는 1면 '나우' 코너에 실렸으며, 〈경기도청 부서 5곳 예산으로 김혜경 음식값 결제〉 기사(2022년 2월 11일 1면)는 편집국 내에서 특종상을 받기도 했다.

특별대우 집단

언급이 필요한 뉴스 생산자의 또 다른 일원으로, 정년과 무관하게 언론사에 남아서 고정 칼럼을 집필하는 등 활동을 이어가는 원로 언론인들을 들 수 있다.[12] 이들은 평생을 조선일보에 재직하며 편집국장과 주필 등을 역임하고 언론인으로서 외길을 걸었던 이들로, 사장의 경영적 판단에 따라 계속해서 뉴스 생산의 일익을 담당한다. 언론사 경영진과 언론인이 통상의 고용주-피고용 집단을 넘어선 존중의 관계를 형성하고 있음을 보여주는 사례다.

내부에서는 그런 결정(특별대우 집단을 두는 것)을 거부감 없이 받아들이고 있나요? 신문이 너무 고령화되고 또 젊은 독자층을 고려해야 한다는 차원에서 반대하는 사람들이 있는 것 같습니다. **공식적으로 반대하는 움직임 같은 것은 없나요?** 그런 적은 없습니다. 노조 같은 데서도 그런 적이 없습니다. **특별대우 케이스에 해당하는 분들이 드러내는 정치 성향이 대체로 매우 강하고, 그게 조선일보에 대한 세간의 부정적 인식에 영향을 미치지 않나 싶은데요.** 우선 우리 경우는 고령 독자층이 많고 그분들 수요가 있다고 경영 차원에서 판단하시는 것 같아요.

미국 신문이나 방송은 정년 개념이 없잖아요. 그런데 내가 예측하건대, 이런 얘기를 해본 적은 없지만, 우리 젊은 구성원들 중에는 왜 그런 분들이 우리 신문 메인 페이지를 장식하느냐는 의견을 갖고 있는 후배들도 있을 것 같습니다. 어느 선택이 옳은지는 저 역시 확신은 없지만 그렇다고 제가 나서서 몇 세 이상은 지면에 등장시키면 안 된다, 이렇게 주장할 근거도 현재로서는 약하고요. **그런 얘기들을 혹시 들으신 바는 없나요?** 몇 번 있습니다.

— 2권 『뉴스 생산자』 3부 10장 편집국장 인터뷰

3. 종합적인 뉴스 생산 과정

뉴스의 생산은 이상에서 살펴본 다양한 뉴스 생산자들이 함께 어우러져 상호작용하는 과정이다. 편집국은 이른 아침 일선 기자가 기사 아이템을 발제하여 내부 시스템에 공유하는 것을 시작으로 늦은 밤 최종 지면을 발행하기까지 17시간 이상 쉬지 않고 돌아간다. 기사 아이템을 취합하고 부서와 편집국 단위의 회의를 통해 실제 발행될 기사를 선택하고 내용을 다듬으며 지면을 구성하는 작업은 서로 유기적으로 맞물려 함께 돌아가지만,[13] 그 단계를 크게 게이트키핑과 데스킹, 지면 편집으로 나누어볼 수 있다. 게이트키핑은 많은 뉴스거리 중 지면에 올릴 기사를 선별하고 여러 기사를 각각 어떤 지면에 실을 것인지를 결정하는 뉴스의 취사선택 과정이다. 데스킹은 기사의 내용과 논리적 구조, 표현 등을 살펴서 기사가 전달하고자 하는 바를 정확하게 전달하고 독자의 이해를 돕기 위해 수정을 거쳐 기사를 완성하는 과정을 뜻한다. 지면 편집은 초판 지면이 발행된 이후 기사의 제반 요소(제목, 사진, 그래픽 이미지, 기사 본문 등)를 검토하고 기사의 배치, 디자인 등을 살피면서 전체 지면을 완성해가는 과정을 말한다.

게이트키핑, 데스킹, 지면 편집은 서로 분리되어 단계적으로 진행되지 않고 복잡하게 얽히고 맞물려 이루어진다. [표 4-1]은 이러한 과정을 시간대별로 구분해서 정리한 것이다. 먼저, 오전 7시 30분 전후 기사 아이템을 발제, 취합하기 시작하여 오후 2시 편집국 회의와 이후 부서 단위 회의를 거쳐 지면 계획을 수립하기까지를 일련의 게이트키핑 과정으로 볼 수 있다. 이후에도 뉴스 가치가 큰 사건·사고가 발생하면 기존 기사를 삭제하고 새로운 기사를 추가하거나 지면 배치를 변경하는 등의 수정이 있지만, 큰 틀의 게이트키핑은 부서 회의를 거쳐 대략 오후 2시 30분경에 일단락된다.

게이트키핑의 과정은 여덟 단계로 세분해볼 수 있다. 첫 단계는 일선 기자들이 취재 활동을 거쳐 기삿거리가 될 만한 아이템을 발제하는 것에서 시작한다(게이트키핑 ①). 이후 각 부서 내 팀 단위에서 팀장(1진 기자, 선임 기자)이 일선 기자들의 발제를 취합, 선별, 정리하여 내부 시스템(Xcoop)에 공유한다(게이트키핑 ②). 각 부서의 데스크는 이를 다시 취합, 선별, 정리하여 일일보고(Google Docs)에 공유하며(게이트키핑 ③), 이후 오전 10시 전후에 '디지털 회의'와 '오전 편집국 회의'가 열린다(게이트키핑 ④).

'디지털 회의'에는 국장과 디지털 부국장, 디지털 에디터와 팀장 등이 참석하며, 지면보다는 인터넷 서비스에 관한 내용을 주로 다룬다. 이후 진행되는 '오전 편집국 회의'에는 국장, 부국장과 부장들이 참석하며, 종합면에 들어갈 기사 아이템 후보와 부서별로 어떤 기사를 다룰 것인

[표 4-1] 일 단위의 뉴스 생산 과정

시간대	주요 참여자	활동	비고
07:30~09:30	일선 기자	정보 보고, 기사 아이템 발제	게이트키핑 ①
09:30	팀장(기동팀, 법조팀, 국회팀, 여당팀…)	[오전 보고] 일선 기자들이 발제한 기사 아이템을 취합·정리 후 내부 시스템 'Xcoop'에 공유	게이트키핑 ②
09:30~10:00	데스크(차장, 기동팀장…)	팀장이 공유한 기사 아이템을 취합·정리하여 '일일보고(Google Docs)'에 공유	게이트키핑 ③
10:00~10:05	국장, 부국장, 편집부장	국장단과 편집부장이 사전 미팅을 갖고 발제된 기사들을 토대로 지면구성안 협의	
10:05~10:10	국장, 디지털 부국장, 디지털 에디터, 디지털 팀장	[디지털 회의] 인터넷(조선닷컴) 뉴스 서비스 현황 및 디지털 전략 등에 관한 내용 공유	게이트키핑 ④
10:10~10:30	국장, 부국장, 부장	[오전 편집국 회의] 종합면에 들어갈 기사 아이템을 중심으로 부서별 기사 발제 및 지면 계획 수립	
10:30~	데스크(부장, 차장, 기동팀장…)	[오전 부서 회의] [오전 편집국 회의]에서 결정된 지면 계획을 반영하여 종합면 기사와 부서 담당 지면(정치면, 사회면 등) 기사를 분류하고 이를 '일일보고' 문서에 공유	게이트키핑 ⑤
11:00	데스크, 일선 기자	일선 기자들에게 지면안 통보 취재 및 기사 작성	
~13:30	일선 기자, 팀장	[오후 보고] 오전에 새롭게 발생한 뉴스 및 동향, 정보 등을 살펴서 보고 및 취합	게이트키핑 ⑥
14:00	국장, 부국장, 부장	[오후 편집국 회의] 오후 보고를 고려하여 종합면을 중심으로 지면 계획 수립	게이트키핑 ⑦
14:30	데스크(부장, 차장, 기동팀장…)	[오후 부서 회의] [오후 편집국 회의]에서 결정된 지면 계획을 반영하여 부서별 지면 계획 수정 — '일일보고'에 공유	게이트키핑 ⑧
~17:30	팀장, 데스크	16:30까지 기사 마감 후 데스킹	데스킹 ①
~17:30	편집기자, 데스크	기사 배치, 제목 뽑기 등 지면 편집	지면 편집 ①
17:30	PDF 파일로 초판(50판) 발행		
17:30~18:00	국장, 부국장, 데스크, 편집부장, 편집기자 등	[51판 편집회의] 51판 지면을 검토하면서 수정 사항 논의	지면 편집 ②
18:00	데스크(부장, 차장, 기동팀장…)	[51판 부서 회의] 초판 편집회의 결과를 반영하여 지면 수정	지면 편집 ③
~20:30	기자, 데스크	기사 작성·수정 및 데스킹	데스킹 ②
~21:00	편집기자, 데스크	지면 편집 수정	지면 편집 ④
21:00	51판 종이 신문 발행		
21:00~21:30	국장, 부국장, 데스크, 편집부장, 편집기자, 일부 취재기자 등	[52판 편집회의] 지면을 검토하면서 수정 사항 논의	지면 편집 ⑤
21:30~	데스크(부장, 차장, 캡)	[52판 부서 회의] 52판 편집회의 결과를 반영하여 지면 수정 (부서에 따라 부서 회의를 생략하기도 함)	지면 편집 ⑥
~23:00	취재기자, 데스크, 편집기자	기사 수정 및 지면 편집 수정	지면 편집 ⑦
23:00	52판 종이 신문 발행(필요시 53판, 54판 발행)		

지에 대해 논의한다. 이전에는 회의실에 모여 앉아 '오전 편집국 회의'를 진행했지만, 연구자들이 현장 관찰을 진행할 당시에는 지면을 효율적으로 계획하는 동시에 일선 기자들의 취재 및 기사 작성 시간을 더 많이 확보하기 위해 통합 데스크에 둘러선 채로 간단히 주요 아이템을 공유하는 스탠딩 회의로 바뀌었다.

> 전에는 아침 10시 회의를 부장들이 다 모여서 오늘 우리 부에서 뭐가 있고 저쪽 부에서는 뭐가 있고 식으로 회의를 했거든요. 그런데 너무 길어져서 10시 40~50분은 돼야 끝나고, 그러고 나서 각부로 돌아가서 또 부 단위 지면 회의를 하다보면 거의 11시 반은 돼야 끝나고. 그다음에는 일선 기자들한테 지면 구성안을 뿌리고 기사를 준비할 시간을 줘야 하는데 그게 너무 늦어지니까요. 그래서 아침 회의를 없애는 대신 각부에서 온라인으로 기사 계획을 보고하면 편집 책임을 맡은 두 부국장께서 취합을 합니다. 거기서 대략적인 아웃라인을 정하고 부장들한테 오늘 이거 중요한 건데 어느 정도 쓸 수 있냐고 묻고. 이런 과정을 거치고 나서 종합면 계획이 온라인상으로 어느 정도 정해지면 부별 회의를 합니다. 그런 식으로 아침 회의 시간을 줄이고 일선 기자들에게 지면 계획을 알리는 시간을 앞당겼죠. 일선 기자들이 준비할 시간을 더 주기 위해서.
>
> — 심층 인터뷰 19

이 회의가 끝나면 다시 바로 부장, 차장 등이 참여하는 개별 부서 단위의 '오전 부서 회의'가 이어진다(게이트키핑 ⑤).[14] 부서별로 그날 지면에 실을 기사 아이템을 선정하고 구체적인 지면 계획을 수립하는 단계다. 종합면 혹은 기획면, 특집면 등으로 보낼 기사와 부서 담당 지면

(정치면, 사회면 등)에 실을 기사를 분류하고 관련 내용을 바로 일일보고에 올려 공유한다. 이렇게 오전 게이트키핑 과정이 마무리되면, 각 부서의 데스크는 일선 기자들에게 취재 및 기사 작성을 지시하고 기자들은 현장에서 바쁘게 움직이기 시작한다.

점심시간 이후에는 오전의 게이트키핑 과정이 다시 반복된다. 먼저, 일선 기자들이 오전 보고 이후 새롭게 발생한 뉴스와 주요 동향, 정보를 보고하면 팀장은 이를 취합하여 데스크에 보고한다(게이트키핑 ⑥). 이후 오후 2시에 국장, 부국장과 각 부서의 부장이 참여하는 '오후 편집국 회의'가 개최된다(게이트키핑 ⑦). 이 회의에서는 1면과 종합면 등을 중심으로 기사 선정과 배치에 대해 논의하며, 이후 부서별로 오후 회의(오전 회의와 마찬가지로 부장, 차장, 기동팀장 등이 참여)가 바로 이어진다(게이트키핑 ⑧). 앞서 진행한 편집국 회의의 논의 내용을 반영하여 부서별 지면 계획을 수정하고, 그 내용을 일일보고에 반영하고, 일선 기자들에게 최종 기사 작성 지시를 전달함으로써 전체 지면에 대한 계획이 일단락된다.

이른 아침부터 시작된 게이트키핑 과정이 오후 2시 30분 전후에 마무리되면, 일선 현장의 기자들은 본격적으로 기사를 작성하기 시작한다. 오후 4시가 되면 시스템에 기사 원고가 올라오기 시작하는데, 편집국 내부에 머물던 데스크는 이때부터 본격적인 데스킹 작업에 들어간다(데스킹 ①). 데스크가 원고 내용을 꼼꼼히 확인하면서 담당 기자에게 추가 취재와 수정을 요구하고 기사 내용과 표현 등을 직접 수정하기도 하는 등 다양한 방식으로 데스킹이 진행된다. 이 과정에서 기사의 방향과 논조가 강화 혹은 약화되는 변화가 발생할 수도 있다.

기사 작성 및 데스킹이 마무리되어 부장이 기사 송고 버튼을 누르

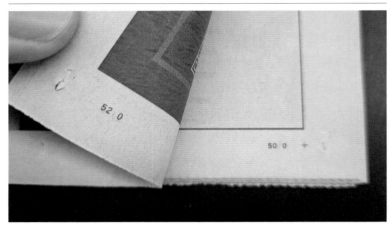

[사진 4-5] 조선일보 지면 하단의 판 표기

면 편집기자를 중심으로 지면을 편집하는 작업이 시작된다. 편집기자는 지면 안에 기사를 어떻게 배치할 것인지를 결정하고, 기사에 가장 적합한 제목을 뽑아내고, 기사 내용을 적절히 반영하는 사진과 이미지를 선정하는 등의 작업을 담당한다.

이 과정을 거쳐 초판(50판)[15]을 발행하는 시간은 오후 5시 반 전후다(지면 편집 ①). 조선일보의 경우 초판은 종이 신문으로 발행하지 않고 파일로만 발행한다. 50판이 발행된 직후 51판 지면을 만들기 위한 '51판 편집회의'가 개최되는데(지면 편집 ②), 여기에는 국장, 부국장, 데스크, 편집부장, 편집기자 등이 참석해서 지면 파일을 커다란 스크린에 띄우고 한 면 한 면 일일이 검토하면서 의견을 주고받는다.

51판 편집회의가 끝나면 바로 이어서 부서별 편집회의가 진행된다(지면 편집 ③). 부장, 차장, 기동팀장 등 데스크가 참여하는 이 회의에서는 51판 편집회의의 결과를 반영하여 기사의 추가 및 삭제, 기사 내용과 제목의 수정, 사진 교체 등에 대해 세부적으로 논의한다. 부서 회의가 끝나면 일선 기자들에게 기사 수정 지시가 전달되고, 기자들은 기사를 수정하거나 새롭게 작성하는 등의 작업을 재차 수행한다. 기사 작성이 마무리되면 새롭게 작성되었거나 수정된 기사에 대한 데스킹 작업이 또다시 진행된다(데스킹 ②).[16]

　　이러한 과정을 거쳐 최종 기사의 취합이 완료되면 편집기자들은 데스크와 함께 다시 지면을 수정하여 밤 9시 전후에 51판 신문을 발행한다(지면 편집 ④). 51판 신문이 발행된 직후 다시 국장, 부국장, 데스크, 편집부장, 편집기자, 그리고 주요 기사를 작성한 기자가 참여하는 '52판 편집회의'를 시작한다(지면 편집 ⑤). 이 회의에는 통상 가장 많은 인원이 참여하며, 51판 편집회의와 유사한 방식으로 지면을 큰 화면에 띄워놓고 다 함께 모니터링하면서 기사의 제목과 사진, 내용, 배치 등을 종합적으로 검토한다. 이때는 51판 편집회의 때와 달리 종이 신문이 발행되기 때문에 탁자 위에 신문을 펼쳐놓고 함께 살펴보면서 회의를 진행한다.

　　회의가 끝나면 다시 부서 단위의 회의를 거쳐 지면 수정에 들어간다(지면 편집 ⑥). 수정할 지면이 없거나 수정 내용이 단순한 경우에는 부서 회의가 생략되기도 한다. 이후 기사 수정 및 지면 수정 과정을 거쳐서(지면 편집 ⑦) 52판이 발행된다. 51판 신문은 밤 9시 전후에 발행한 후 인쇄를 거쳐 지역으로 배송되며, 52판은 밤 11시 전후 편집을 마치고 인쇄를 거쳐 서울 및 수도권 지역으로 배송된다. 통상 52판 발행으로 일 단위 뉴스 생산 과정이 마무리되지만, 필요에 따라 53판과 54판이 발행되기도 한다.

4. 게이트키핑과 데스킹

신문사 편집국의 게이트키핑 과정은 오전 7시 30분부터 오후 2시 30분까지 약 7시간 동안 대개 일단락된다. 오후 2시 30분은 지면 구성 계획이 어느 정도 마무리되는 시점이며, 이후에도 최종판이 발행되기 전까지 새로운 사건·사고의 발생에 따라 지면이 수없이 변경되지만, 신문제작 과정 전반을 고려할 때 이 시점까지를 대략 게이트키핑 과정이라고 볼 수 있다. [표 4-1]에서 볼 수 있는 것처럼 게이트키핑 ①에서 ③과 게이트키핑 ⑥은 일선 기자와 데스크 간의 일상적인 상호작용을 통해 진행되며, 주로 전화와 메신저, 내부 소통 시스템을 매개로 이루어지므로 관찰이 쉽지 않다. 연구진은 일선 취재기자의 아이템 발제가 취합되는 'Xcoop'의 일부 내용을 편집국 구성원으로부터 전달받아 볼 수 있었고, 발제 아이템을 취합하고 지면을 계획하는 구글 문서 '일일보고'에 대한 접근이 허용되어 내용을 관찰할 수 있었다. 하지만 문서를 통해서 확인할 수 있는 게이트키핑 과정에 대한 이해는 제한적일 수밖에 없다. 따라서 일선 기자 및 데스크와의 심층 인터뷰, 일선 기자 동행 관찰 등의 방식을 동원해 게이트키핑 과정을 더욱 자세히 들여다보고자 했다. 게이트키핑 ④~⑤와 게이트키핑 ⑦~⑧은 오전, 오후에 걸쳐 네 차례 진행되는 편집국 회의와 부서 회의를 통해 이루어진다. 연구진은 편집국 단위 회의 참여관찰, 부서 단위 밀착 관찰과 심층 인터뷰 내용을 중심으로 이 과정을 살펴보았다.

50판 기사의 원고 마감 시간인 오후 4시 반 전후가 되면, 부서 단위로 일선 기자가 보내온 기사를 살펴 수정하고 보완하는 데스킹 작업이 본격적으로 시작된다(데스킹 ①). 이후 저녁 8시 30분, 51판 편집회의 이후 새롭게 작성되었거나 대폭 수정된 기사에 대해 데스킹 작업이 다시 이루어진다(데스킹 ②). 연구진은 부서 단위 밀착 관찰, 심층 인터뷰, 그리고 판별 지면 데이터를 기반으로 이 과정을 살펴보았다.

❶ 기사 아이템의 발제와 취합

이른 아침에 시작되는 신문 생산의 첫 단계는 기사 아이템을 발제하고 취합하는 과정이다. 기사 아이템의 발제는 일선 기자를 중심으로 이루어진다. 일선 기자의 하루 일과는 오전 7시에서 8시 사이에 시작되며 오전 9시 30분까지는 팀장에게 기사 아이템을 발제하여 보고한다. 팀장은 발제 내용을 취합, 정리하여 'Xcoop'에 올린다. Xcoop은 기사 아이템을 취합하여 부서 단위에서 공유하는 시스템이다.

게이트키핑 ① 일선 기자의 기사 아이템 발제

일선 기자의 하루 일과는 주로 출입처에서 시작되는데, 코로나 방역 지침이 적용되는 동행 참여관찰 기간에는 재택근무로 하루를 시작하는 경우가 많았다. 오전 7시에서 8시 사이에 발제할 기사 아이템을 탐색하고 구상하면서 업무가 시작된다. 발제 전 아침 시간에는 주로 타 언론사의 기사를 확인하고, 출입처 등에서 배포한 보도자료를 정리하고, 주요 취재원과 전화 통화를 하고, 라디오 시사 프로그램을 청취하는 등 정보 수집 활동을 한다. 물론 당일 아침 즉흥적으로 아이템을 생각해내는 것은 아니고, 그동안 취재해왔던 아이템과 새롭게 발생한 사건을 고려하면서 기사 아이템을 발제한다.

일선 기자는 '스크랩마스터'[17]로 타 언론사의 기사를 검토하는 것으로 하루 일과를 시작한다. 우리 회사가 놓친 기사는 없는지, 타사 기사 중 주목할 만한 기사가 있는지 꼼꼼히 살펴본다. 이와 함께 출입처에서 제공한 보도자료를 살펴보면서 기사가 될 만한 아이템을 정리하고, 추가 확인이 필요한 경우 출입처 담당자나 관계자와 전화로 취재 활동을 이어간다. 말진 기자는 보고 사항, 일정 등 기본적인 정보를 중심으로 발제하고, 선임 기자들은 여러 정보를 엮어서 메인 기사가 될 만한 아이템을 제안하는 역할을 한다.[18] 일선 기자가 기사 아이템을 발굴하는 방법은 다양한데, 사회부의 경우 주로 주변 사람들과 이야기를 나누면서 아이디어를 구상하거나 출입처에서 보고 들은 내용을 기반으로 한다. 네이버 카페 등 주요 커뮤니티에서 화제가 되는 내용을 파악하고 이를 확장하는 방식으로 아이템을 찾아내기도 한다. 정치부의 경우 오전에 라디오 시사 프로그램(주로 KBS, MBC, CBS)을 청취하면서 주요 정치인의 발언을 정리하거나 주요 정치인의 SNS(페이스북)를 검색하여 기사 아이템을 발굴하기도 한다. 주로 레거시 미디어나 전화, 대면 취재에 의존하던 과거와 달리 최근에는 인터넷 커뮤니티, 라디오, SNS 등이 주요 취재원이 되고 있다.

메시지를 발신하는 수단이 옛날에는 레거시 미디어였다면 그렇게(인터넷 커뮤니티, 라디오, SNS 등을 통해 취재하는 방식) 바뀐 지도 꽤 됐습니다. 라디오, 페이스북. 통상 아침에 주요 방송사들이 라디오에 정치인들을 출연시켜서 그날의 일종의 메시지를 던지게 하고. (중략) 정치인들도 그런 쪽으로 출연을 하고, 그럼 거기서 내뱉는 말들이 일종의 그날 이슈를 끌고 가는 주요 메시지가 되니까, 아침에 기자들이 갈무리합니다.

— 심층 인터뷰 42

기사 아이템의 발제는 새롭게 발생한 팩트 등을 단순히 윗선에 보고하는 수준을 넘어, 해당 아이템이 왜 기사 가치가 있는지, 어떤 관점에서 접근해야 하는지 등 중심 주제(야마)를 검토하는 과정을 거친다.

> SNS와 라디오, (주요 정치인의) 일정 등을 살피는데, 이것을 그냥 바로 보고하는 것이 아니라 '야마'를 잡기 위한 활동을 해야 한다. 라디오나 일정에서의 (정치인의) 발언(워딩)은 '꾸미'[19] 단톡방을 통해 모두 보고가 되기 때문에 그 자체를 잘 듣고 받아 적는 것보다는 이유를 붙이는 것이 중요하다. 이를 위해서 구체적인 근거와 맥락을 정확히 파악하고자 관계자들과 전화한다. 그렇게 야마를 잡고 나서 윗선에 보고하는 것이다.
>
> — 관찰자 2 동행 관찰 일지

기사 발제에서 가장 중요하게 적용하는 기준은 새로운 팩트여야 한다는 점과 시기가 잘 맞아야 한다(시의성)는 점이다. 기사 아이템을 윗선에 보고하는 과정에서 관련 팩트를 추가로 확인하는 질문을 많이 받기 때문에 꼼꼼한 취재 과정을 거쳐서 내용을 작성한다. 일선 기자와의 인터뷰에 따르면, 처음부터 완벽한 취재를 하지는 않고 아이디어를 발전시키는 단계에서는 70% 정도의 취재만 해서 발제하고, 아이템이 채택되면 나머지 30%의 추가 취재를 진행한다고 한다.

> 일선 기자들이 기사를 발제할 때 가장 중요하게 적용하는 기준은 '이전에 보도되지 않았던 것', '새로운 팩트'입니다.
>
> — 기자 3 동행 관찰 중 인터뷰

5년 동안 기자 생활을 하면서 대략 어떤 기사가 채택되고 어떤 기사가 빠지는지 알게 되었습니다. 시의성이 최우선의 기준인 것 같습니다. 오늘 발행된 코로나로 인한 노숙인 증가 문제를 취재한 기사도, 노숙인 문제는 자주 있는 일이지만 겨울과 코로나라는 시기가 잘 맞아떨어져서 채택 확률이 높았다고 생각합니다. 반대로 그동안 취재되지 않았던 새로운 이슈여도 지금 시기와 맞지 않으면 미뤄질 가능성이 큽니다.

— 기자 1 동행 관찰 중 인터뷰

새로움과 시의성 외에도 팀장이나 데스크에서 '채택될 만한' 아이템인지를 고려한다. 아이템을 발제하는 것은 채택되기 위한 것이며 따라서 팀장과 데스크를 설득할 수 있는 내용이어야 한다. 더 나아가 독자들의 주목을 받고 흥미롭게 읽혀야 한다는 점을 고려한다면 기사 아이템 발제는 신문 독자를 설득하는 과정의 첫 단계이기도 하다.

기사를 쓴다는 게 계속 설득하는 작업이잖아요. 기자들이 내 기사를 써야 한다고 설득하는 작업이에요. 저도 항상 얘기해요. 내가 1차 관문인데 나를 설득 못 시키면 기사는 쓰기 어렵다. (중략) 팀장을 설득하고, 부장을 설득하고, 그다음은 독자를 설득하는 그런 과정이죠.

— 심층 인터뷰 13

제가 기자 교육을 할 때 자꾸 부장이나 차장을 '후킹'하는 발제를 하지 말라, 얘기해요. 이를테면 우리 부장은 틀딱이니까 이런 기사를 좋아할 거야, 라고 생각해서 기사를 올리는 거 아니냐. 제가 후킹하지 말라고 그러거든요.

— 심층 인터뷰 27

블라인드에서 '데스크가 원하는 기사 발제했는데 오늘도 까임' 이런 글을 본 적이 있어요. 이러고 있구나. 데스크가 좋아할 기사.

— 심층 인터뷰 27

게이트키핑 ②·⑥ **팀장[20]의 기사 아이템 취합**

일선 기자의 기사 아이템 발제가 끝나면 담당 기자(주로 팀장)가 이를 취합한다. 기사의 취합은 오전(게이트키핑 ②)과 오후(게이트키핑 ⑥)에 두 차례 이루어지는데, 아이템을 단순히 모으기만 하는 것이 아니며 기삿거리가 될 만한 내용인지 검토하고 취재가 제대로 되었는지 일선 기자에게 확인하는 절차를 거친다.

1차로 내용 확인이 끝나면 오전에는 9시 30분까지 오후에는 1시 30분까지 기사 아이템 목록을 내부 시스템(Xcoop)에 올린다. 팀장은 기사를 단순히 나열하지 않고, 기사의 성격과 중요도에 따라 지면을 배정하고 순서를 정해 정리한다. 일선 기자의 발제 이후 또 다른 차원의 게이트키핑이 이루어지는 것이다. 그렇다고 해서 팀장의 역할이 단순히 기사 아이템을 취합해서 정리하는 데 머물지는 않는다. 일선 기자들은 아이템 발제 외에도 카카오톡 등에 단톡방을 만들어놓고 각자의 라인(관할 구역)에서 생기는 사건들을 계속 올리는데, 팀장은 실시간으로 그걸 보면서 이건 바로 온라인 기사를 써라, 이건 지면에 쓰자, 이거는 킵이다(일단 두고 보자) 등을 판단하는 역할을 한다. 이처럼 팀장이 기사 아이템의 가치를 판단하고 취합하는 역할은 오전 9시 30분, 오후 1시 30분 두 차례에 국한되는 것이 아니라 하루 종일 지속된다.

4장. 뉴스 생산 과정

게이트키핑 ③ **데스크의 기사 아이템 취합**

데스크는 팀장이 올린 기사 아이템 목록을 검토하여 기사를 선별하고, 필요한 경우 팀장을 통해 추가 취재를 지시하거나 일선 기자에게 직접 기사 아이템에 대해 질문하기도 한다. 사회부의 사례를 살펴보면 내근 기자가 각 팀의 보고를 단순 취합해서 올리는데, 분량은 대략 원고지 260장 내외이다. 담당 데스크(법조팀, 기동취재팀, 전국팀)가 통합 버전의 보고를 살펴보면서 팀별로 내용을 추린 후 다시 취합하게 되는데, 이때 분량은 원고지 60매 정도로 줄어든다. 데스크를 중심으로 세 번째 단계의 게이트키핑이 진행되는 것이다. 오전 9시 30분에서 10시 사이의 짧은 시간에 이 모든 과정이 진행되며, 전화 통화를 하기도 하지만 주로 메신저(카카오톡, 슬랙, 텔레그램 등)를 통해 일선 기자들과 빠르게 소통한다.

> 선택은 1차로 제(기동팀장)가 합니다. 오전 10시에 팀 보고를 올릴 때 일부는 킬하자 해서 아예 빼는 것도 있고. 좀 설익은 것은 이런 부분을 더 취재해보라며 돌려보내는 것들도 있습니다.
>
> ― 심층 인터뷰 13

데스크에서 기사를 선별할 때도 역시 '새로운 것'이어야 한다는 요건이 중요하다. 새로운 시각이나 팩트가 담겨 있는 아이템인지를 중요하게 고려한다.

> 사회적으로 의미가 있는지를 먼저 따져보고, 새로운 건지, 타사들이 이미 썼거나 온라인에 나오거나 그런 게 아니고 우리만의 새로운 시각이나 팩

트가 담겨 있는지를 봅니다.

— 심층 인터뷰 13

데스크의 게이트키핑 과정은 단순히 일선 기자들이 올린 아이템 중에서 쓸 만한 것을 선별하는 작업에 머무르지 않는다. 큰 틀에서 뉴스의 흐름을 읽으면서 조각조각의 정보를 모아서 조직하고 기획하는 역할을 한다.

예를 들어, 정치판을 잘 읽어내는 데스크가 정치의 흐름을 예측하여 대여섯 개의 시나리오를 미리 만들어두고 일선 기자들에게 취재를 요구하면 기자들은 이를 바탕으로 취재하고 아이템을 발제한다.

후배들의 보고 내용은 굉장히 방대하게 올라옵니다. (중략) 후배들은 통상 보고를 잘게 쪼개는 경향이 있습니다. (중략) 저희는 지면이기 때문에 그걸 개별 기사로 다 실을 수가 없지 않습니까? 개별 기사를 싣는 건 의미도 없고. 근데 인터넷은 그걸 개별로 막 다 내거든요. 저희는 그런 보고들이 올라오면 그 데이터를 가지고 이제 엮는 거죠. 그건 안에서 저희가 해야 하는 역할이고 후배들이 쉽게 말해서 건더기를 올려주면 그걸 가지고 우리가 안에서 짜야 하는 겁니다.

— 심층 인터뷰 42

현장은 숲속이니까 한 발 떨어져 있는 데스크들이 "흐름은 이렇게 가보자" 하는 장점이 있을 수 있지만, 가장 정확한 구체적인 흐름은 여기 현장에서 아는 거죠. 저는 현장 기자들에게 미세한 단타식 보도에 얽매이지 말고 오늘을 관통하는 여당의 화두는 뭐다, 야당의 가장 큰 이슈는 뭐다, 이걸 현장에서 자꾸 판단하라고 주문합니다.

— 심층 인터뷰 42

각 부서의 담당 데스크가 일일보고에 기사 계획을 올리면 일선 기자에서 팀장을 거쳐 데스크에 이르는 게이트키핑이 일단락된다. 일선 기자가 발제한 기사 아이템을 수렴하는 게이트키핑 과정의 특징을 추려보면 다음과 같이 정리된다. 첫째, 말단 기자에서 출발한 다양한 뉴스 아이템과 정보는 다면적이고 복잡다단한 소통과 게이트키핑의 과정을 거쳐 그날의 뉴스 소재로 수렴된다. 앞에서 설명한 것처럼 일선 기자가 기사 아이템을 찾아 발제하면 팀장이 그것을 취합해서 Xcoop에 올리고, 데스크는 Xcoop에 올라온 발제 목록을 검토해서 당일 신문과 온라인에서 소화할 기사들을 취사선택해서 일일보고(Google Docs) 문서에 공유한다. 게이트키핑의 과정을 '일선 기자 – 팀장 – 데스크'의 세 단계로 단순화해서 설명했지만, 그 안에서 말진 기자, 차말진 기자, 팀장, 기동팀장, 차장, 부장, 부국장, 국장에 이르기까지 편집국 구성원이 거미줄처럼 연결되어 상호작용하는 역동적 과정이다.

모든 정보가 위로 집중되는 구조를 띠고 있고 논의를 거듭하기 때문에 비효율적으로 보일 수도 있다. 하지만 기사가 관련된 사람들에게 상상 이상으로 큰 영향을 미칠 수 있기 때문에 게이트를 여러 개 마련해두는 것은 꼭 필요한 절차라고 생각한다.

— 기자 1 동행 관찰 중 인터뷰

둘째, 편집국의 위계질서 내에서 팀장보다는 차장이, 차장보다는 부장이 더 강력한 권한을 갖고 게이트키핑을 한다. 데스크가 일방적으로 기사를 선택하거나 배제하는 것은 아니고 일선 기자나 팀장 등과 논의하는 절차를 거치지만, 최종 권한은 데스크에 있으며 그중에서도 부장이 가장 강력한 권한과 책임을 갖고 게이트키핑을 주도한다. 따라서 팀장 선에서 기자들의 발제 아이템을 정리할 때 아이템을 선별하여 삭제하기보다는 중요도에 따라 순서를 정하는 선에 머문다. 즉, 선택과 배제와 같은 본격적인 기사 선별은 주로 부장이 주재하는 부서 회의에서 결정된다.

> 팀장 선에서는 굳이 (발제 아이템을) 킬하지 않고 대부분 보고하는데 순서나 흐름만 조정한다. 기사를 채택하고 킬하는 것은 더 윗선인 사회부 회의에서 이루어진다.
>
> — 기자 3 동행 관찰 중 인터뷰

셋째, 정보가 아래에서 위로 향하고 위계 내에서 기사의 선택과 배제가 이루어지지만, 게이트키핑이 반드시 일방향인 것은 아니다. 데스크 선에서 배제했더라도 일선 기자의 건의에 따라 다시 기사화되기도 한다.[21] 또한 사건·사고 등의 후속 보도가 필요한 경우에는 데스크가 판단하여 일선 기자에게 추가 취재와 아이템 발제를 지시하기도 한다.

> 전에는 캡이 킬이라고 하면 끝이었는데, 최근에는 그런 분위기가 조금씩 바뀌고 있어요. 제가 와서 처음에 느낀 충격은 킬이라고 했을 때 후배 기자들이 "왜 킬인지 설명해달라"고 하는 순간이었어요. 저희 때는 전혀 없던 문화거든요. 조금 놀랐어요. 그리고 기자들에게 설명을 잘 해줘야겠구나,

하는 생각을 했죠. (중략) 그러니까 부장이나 캡이 쓰지 말라고 일방적으로 지시하는 게 아니라, 요즘은 서로 소통을 하는 편이에요.

— 심층 인터뷰 13

후배들도 그런 경우는 있겠죠. 이게 자기가 보기에는 기사가 되는데 왜 킬을 하지? 그러면 요즘 젊은 기자들은 또 그걸 어필을 해요. 혹시 이게 왜 킬됐는지 선배 알려주실 수 있나요? 요즘 젊은 기자들은 그럽니다. 옛날 같으면 저희는 그러지 못했는데. 그러면 설명을 하죠. 이건 좀 너무 지엽, 말단적인 문제 제기 같다. 이걸 우리가 지면에 배치해서 정론으로 다루기에는 좀 그런 것 같다. 그러면 네가 좀 더 디벨롭develop 해봐라, 뭐 케이스를 찾아보든지. 이런 식의 디스커션 과정은 있는데.

— 심층 인터뷰 42

정말 중요한 팩트를 현장 기자가 취재해왔는데 그거를 저희가 무지막지한 방식으로 쓰지 말라고 하는 건 제가 기자 생활하는 동안에 경험해본 적이 없습니다. (중략) 요즘 후배 기자들은 제가 어릴 때랑은 다릅니다. 자기 생각을 분명하게 이야기합니다. 그런데 저는 그걸 나쁘게 보지 않아요. 물론 그 친구들도 제 생각에는 조선일보 기자로서 어필하기 전에 최소한의 자기 필터링은 있을 거라고 봐요. 이 정도 가지고 선배한테 기사 안 되냐고 해도 될지 자기 스스로 짐작을 하겠죠. 그런데 자기가 아직 퀘스천이 있으면 선배들한테 이거 왜 기사 안 되냐 그러면 저희도 옛날 무지막지한 선배들같이 "야 헛소리 하지 마, 다른 거 취재해!" 이런 방식은 요즘 후배들한테는 안 통하니까.

— 심층 인터뷰 42

후킹한다는 게 뭔가요? 딱 먹잇감 주는 발제. (중략) 제가 후킹하지 말라고 그랬거든요. 그런 기사를 발제해서 그런 기사가 나가고 났을 때 너희들은 만족감이 클 것이냐. 이게 진짜 좋은 기사라고 생각할 거냐. 너네는 무슨 기사 OEM(주문자 위탁 생산, Original Equipment Manufacturer)이 아니다. 조선일보 보수신문이니까 보수적 가치에 맞는 기사를 발제하고 그래서 부장이 쓰라 그러면 거기 쓰고 나가고, 우리는 이런 조직이 아니다. 반대로 젊은 기자들도 부장들이 이게 뭐야? 이거 사실이야? 라고 물어볼 수 있는 그런 기사를 써줘야 신문이 발전을 한다. 뭐 그런 얘기를 했었는데요.

— 심층 인터뷰 11

❷ 기사 선택과 지면 배치

일선 기자의 기사 아이템 발제와 이를 취합하는 과정이 끝나면, 전체 편집국 차원에서 지면 안을 짜는 논의가 이루어진다. 오전 10시경, 편집국장과 두 부국장(국장단) 및 편집부장이 의견을 나누는 사전 미팅을 시작으로 디지털 회의, 오전 편집국 회의, 오전 부서 회의가 이어진다. 오후 2시에는 오후 편집국 회의와 바로 이어서 진행되는 오후 부서 회의가 열린다. 각 부서의 부장들은 오전 10시에서 오후 3시 사이에 이루어지는 다섯 차례의 회의에 모두 참석한다. 편집국장은 디지털 회의와 오전·오후 편집국 회의에 참석하며, 부장을 제외한 데스크들은 오전과 오후의 부서 회의에 참석한다.

게이트키핑 ④　디지털 회의와 오전 편집국 회의

오전 10시경 편집국장과 두 부국장(국장단), 그리고 편집부장이 얼굴을 맞대는 사전 미팅을 시작으로, 편집국 차원의 회의가 이어진다. 국장, 부국장, 부장, 디지털 부국장, 디지털 에디터 등이 참석하는 디지털 회의에서는 인터넷 플랫폼(포털, 조선닷컴)의 구독자 수, 페이지뷰 등을 점검하고 타사의 디지털 서비스 현황이나 디지털 뉴스 시장의 변화 등을 공유한다. 이와 함께 진행 중이거나 새롭게 도입 예정인 디지털 전략을 공유하는 등 디지털 뉴스 서비스 전반의 현황을 점검한다.

디지털 회의가 끝나면 바로 이어서 오전 편집국 회의가 열린다. 여기서 각 부장들은 부서별로 그날 오전에 인터넷에 먼저 낼 만한 기사 아이템들, 그리고 1면을 포함한 종합면과 기획면에 낼 만한 기사 아이템들을 제안한다. 오전 편집국 회의에서 결정된 지면 안은 그날 발생하는 새로운 사건 사고 등에 따라 수정되는 경우가 대부분이라서 이때 결정된 계획대로 지면이 구성되는 경우는 거의 없다. 일일보고 등 내부 시스템을 통해 각 부서의 주요 기사를 미리 공유하기 때문에 회의는 짧은 시간 안에 효율적으로 진행된다.[22]

게이트키핑 ⑤　오전 부서 회의

디지털 회의와 오전 편집국 회의가 끝난 후에는 부서별로 오전 부서 회의가 열린다. 부장을 중심으로 데스크가 참여하는 이 회의에서는 좀 더 구체적인 지면 계획을 세운다. 종합면으로 보낼 기사와 부서가 담당하는 지면(정치면, 사회면 등)으로 보낼 기사를 분류하고 이를 일일보고 문서에 반영한다. 일선 기자가 발제한 기사 아이템의 내용을 데스크들이 미리 숙지하고 있기 때문에 회의는 매우 효율적으로 진행된다.

[일일보고]

편집국에서는 구글의 문서 기능을 이용하여 '일일보고' 문서를 만들어 매일 부서별 기사 계획을 공유하고 디지털 기사와 지면 구성을 조율한다. Xcoop에서 부서 단위의 기사 취합과 선택이 이루어진다면, 일일보고에서는 편집국 단위에서 기사의 선택과 지면 배치에 대한 의사결정이 이루어진다. 부서별로 기사 제목(간단한 개요가 포함되기도 함)을 올리는데, 제목 앞에 〈디지털〉, 〈신문〉 혹은 〈디지털/신문〉이라고 적어서 디지털 기사로 처리할 것인지, 혹은 지면 기사로 보낼 것인지를 표시한다.

오전 9시 30분경 뉴스 총괄 부국장이 일일보고 문서를 생성하여 구글에 올리면 편집국 내 각 부서에서 지면 계획을 공유하기 시작한다. 오전 10시경 국장과 두 명의 부국장(국장단), 편집부장이 참여하는 사전 미팅을 시작으로 국장, 부국장, 모든 부장이 참석하는 [오전 편집국 회의]에서 종합면 계획을 논의하고, 회의가 끝나면 뉴스 총괄 부국장이 그 내용을 정리해서 일일보고에 공유한다.

오전 10시 30분에 부서별 회의가 열리고, 여기서 결정된 부서별 세부 지면 계획을 일일보고에 올리면 대략의 지면 안이 만들어진다. 오후 1시 30분에서 2시 사이에는 부서별 오후 보고(새로운 사건·사고나 기존 지면 기사 아이템의 추가 취재 상황 등)를 거쳐 오전에 올렸던 지면 계획을 수정한다. 때에 따라 오전에 지면 계획을 올리지 않고 오후에만 올리기도 한다. 오후 2시 국장과 부국장, 부장들이 참석하는 오후 편집국 회의를 통해 종합면 등에 대한 기사 계획이 확정되면 뉴스 총괄 부국장이 수정된 내용을 일일보고에 올리고, 이어서 열리는 오후 부서 회의를 통해 수정된 부서 단위 지면 계획과 수정된 기사 제목 등을 담당자가 일일보고에 공유한다. 이후 오후 4시경 디지털 에디터가 인터넷 기사를 처리한 결과를 공유하면, 생성 이후 약 6시간 반 만에 기사 아이템 선정과 지면 배치 등의 기능을 마치고 그날의 일일보고 문서는 마감된다.

이후 일선 기자들에게 지면 계획을 통보하면 기자들은 이에 맞춰 취재 및 기사 작성 활동을 이어간다. 기자들은 편집국에 있지 않고 출입처나 집, 카페 등에 흩어져 있으므로 주로 메신저(카톡, 슬랙, 텔레그램)로 소통한다. 같은 부서 안에서도 정보 공유 수준에 따라 여러 개의 단톡방이 운영된다. 부서 전체 단톡방, 팀 단위의 단톡방부터 보안이 필요하거나 민감한 문제를 공유하기 위한 팀장급 단톡방에 이르기까지 다양한

[사진 4-6] 오후 2시 편집국 회의

소통 창구를 만들어놓고 상호작용한다.

게이트키핑 ⑦ 오후 편집국 회의

오후 1시 30분에는 '오전 보고'와 비슷한 방식의 '오후 보고'가 있다. 오전에 있었던 기사 발제 및 동향 보고 이후 새롭게 취재한 내용이나 새로운 사건·사고를 바탕으로 오전에 제안한 아이템을 보완하거나 새로운 기사 아이템을 제안한다. 오후 보고가 마무리되면 오후 2시 국장과 부국장, 부장이 참석하는 오후 편집국 회의[23]가 열린다(사진 4-6). 오전에 만들었던 지면 계획을 보완하고 수정하면서, 구체적인 지면 계획을 확정하는 회의다. 이 회의는 통상 통합 데스크에 모여 선 채로 10~15분 동안 진행된다. 석간신문을 앞에 놓고, 일일보고에 올라온 내용을 토대로 종합면 지면 계획을 다시 수립하고 부서별 지면의 주요 기사를 점검한다. 이 회의를 통해서 지면 계획이 확정되었다 하더라도 새로운 기삿거리가 발생하면 계획은 언제든지 변경될 수 있다.

오전에 취재를 해봤는데 종합면에 쓸 만한 거리가 안 된다, 그냥 사회면에 쓰겠다고 하면, 그럼 대장동 면을 하나 줄이고 산업부에서 하나 더 씁시다, 이런 식으로 조정하는 거죠.

— 심층 인터뷰 13

게이트키핑 ⑧ **오후 부서 회의**
편집국 회의를 마친 후 오후 2시 30분 부장들은 각자 부서로 돌아가 데스크를 모아놓고 오후 부서 회의를 진행한다. 앞선 회의에서 결정한 종합면 중심의 지면 계획을 공유하고, 부서별 지면 구성에 대해 논의한다. 각 부서가 종합면에 써야 할 기사 아이템은 어떤 방식으로 소화할 것인지, 우리 부서의 톱, 사이드 뉴스는 어떤 아이템으로 갈 것인지 등 구체적인 지면 계획을 논의한다. 편집국 회의에서 종합면 기사로 결정된 경우라도 부서 회의에서 힘들겠다고 판단하면 지면을 조정하기도 한다. 부서 회의를 거쳐서 지면 계획이 확정되면 각 부서 단위에서 내용을 정리해서 일일보고를 통해 전체 편집국 구성원들과 공유한다.

❸ **데스킹**

초판 발행을 위한 데스킹 ①
일선 기자들이 기사 원고를 작성하여 내부 편집 시스템인 아크에 올리

정치부장	법사위에서 통신기록 조회 건으로 여야 간에 한판 붙었다고 한다.
사회부장	김문기 모친의 "어떻게 몰랐겠냐"라는 워딩이 있다(문화일보 기사를 말함). 지금 우리 기자가 빈소에 가 있는데 모친을 찾지 못하고 있다.
국장	문화일보 기자에게 한번 물어보면 어떤가?
사회부장	계속 알아보겠다.
경제부장	부동산 관련 최고가 100이고 최저가 0인 지수가 있는데, 지난 3분기에 이 지수가 100이었다. 집값 버블이 크다. 홍○○가 페이스북에 종부세 관련 내용을 구체적으로 썼다. 그리고 연말 정산할 때 앞으로는 내려받기 없이 바로 된다고 한다.
뉴스 총괄 부국장	종부세에 대한 것은 우리가 크게 쓰기로 했잖은가, 공동체 마을이라든지… 자세히 써보자.
경제부장	구체적으로 쓰겠다. 종중 보유 주택, 공동체로 가지고 있는 주택 등에 대한 내용 포함해서.
국제부장	북한에 주재하고 있던 중국 대사가 코로나 때문에 못 떠나고 있었는데 이제 떠나기로 했다고 한다. 일본도 경구 치료제 머크를 다음 주부터 20만 회분 사용하기로 했다고 한다.
뉴스 총괄 부국장	화이자인가?
국제부장	일본은 머크다.
뉴스 총괄 부국장	파리는 머크를 취소했다고 하지 않았나?
국제부장	워낙 화이자 성능이 좋으니까 5만 회분인가 취소했다고 한다.
산업정책부장	야마를 지난번 백신 쟁탈전에서 치료제 쟁탈전으로 가면 어떨까?
경제부장	5만 개는 우리가 가져오면 안 되나? 효과가 있든 없든 100명이 넘게 죽는데 먹여야야 하는 거 아닌가?
국장	외신에서 보니 위중증에는 효과가 없다는 내용이 있더라.
국제부장	맞다. CNN도 그렇고 외신에서 많이 썼다.
산업정책부장	이걸 종합면에 쓰나? 중고차 시장에 관한 거.
국장	이거는 유예한다고 하지 않았나?
산업정책부장	중기벤처부는 내년까지 결정을 미룬다고 했지만, 완성차 업계는 등록제니까 그냥 밀어붙인다고 한다.
정치부	우리가 취재한 건 중고차 업체들 때문에 일단 스톱시킨다는 내용이다.
산업정책부장	그러니까 내년 3월까지로 미룬다는 건데, 그럼에도 불구하고 완성차 업체는 강행하겠다는 입장이다.

국장	다른 건 없나? 그럼 1면은 코로나 치료약으로 가는 게 좋겠다.
국장	중고차 문제는 별도의 문제다. 1면에 쓰지 말자. 우리는 자꾸 대선용이라고는 하지만 일반 자영업자들은 인하하면 좋다. 인하하는 정부를 비판할 수는 없다.
경제부장	사실상 더 깎을 게 없는 상태인데도 깎겠다는 거다.
국장	카드랑 중고차가 1면으로 가면.
경제부장	정치부 없이 가는 거다.
국장	공시지가는 많이 써서 좀 그렇고. 정치는 뭐 할 게 없나? 여론조사 결과는 어떤가?
정치부장	갤럽에서는 윤이 앞서고, 다른 회사 조사는 이가 앞서는 건데. 어쨌든 전반적인 추세는 이의 약진, 윤의 하락이다.
국장	1면에 하나는 또 뭘로 하지? 법사위 논란은 어떤가?
정치부장	좀 기시감이 있다.
국장	1면은 그럼 공수처 하나 하고, 3면은 치료제 효과가 얼마나 있는지 쓰고, 지금 치료제 쓰고 있는 나라가 몇 개인가? 미국과 일본하고.
국제부장	영국은 승인했고, 프랑스도 들여온다고 한다.
국장	우리는 또 늦은 건가?
뉴스 총괄 부국장	아니다. 우리도 화이자에 대해서는 법 만들고, 준비하고 있다.
국장	종류는 얼마나 되나? 그거 쓰고 오미크론이 세지는 않다, 뭐 그런 것도 하나 써보자.
편집 부국장	오미크론이 영국이나 프랑스에서 급증하는데, 남아공은 급락하고 있다고 한다.
국제부장	급락 폭이 크지는 않다. 3만에서 2만으로.
편집 부국장	그래도 추세가 급격하게 꺾이고 있다.
디지털 부국장	지금 부국장 얘기한 야마가 워싱턴포스트 톱이다.
국장	신년기획 기사는 잘 준비되고 있나? 중국 관련 신년기획, 사회정책부랑 하는 거 1편은 다 되었나?
국제부장	아직 안 됐다.
국장	한번 보자.
뉴스 총괄 부국장	신년기획 여론조사 결과는 언제 나오나?
경제부장	27일 오전에 나올 예정이다.
국장	정치부도 신년 여론조사 문항 좀 살펴보도록 해라.

(특별한 마무리 발언 없이 회의가 끝나고 국장, 부국장, 부장들이 개별적으로 대화를 나누느라 통합 데스크 주변이 어수선해진다. 관련 부서끼리 지면에 대한 의견을 주고받는 대화가 2~3분 이어진 후 부장들은 각자 부서로 돌아가서 부서 회의를 시작한다.)

는 시간은 대략 4시에서 4시 30분이다. 기사가 올라오면 바로 데스킹이 시작되는데, 오후 5시 30분까지 초판(50판)을 발행해야 하므로 1시간 안에 기사 출고를 마쳐야 한다. 편집국의 하루 중 가장 숨 막히는 시간이다. 팀장이 1차로 기사 원고를 검토하면, 차장과 기동팀장 등 데스크가 2차로 검토하고 마지막으로 부장에게 넘긴다. 부장이 마지막으로 원고를 검토한 후 최종 송고 버튼을 누르면 바로 편집 단계로 넘어간다.

51판 발행을 위한 데스킹 ②

오후 6시 51판 편집회의가 끝나면 새롭게 기사를 추가하거나 기사 내용을 대폭 수정하는 경우가 발생하기 때문에, 또다시 기사 작성·수정과 데스킹 과정이 반복된다. 50판 발행 이전에 이루어지는 데스킹 ①과 유사한 과정이며, 사실 확인과 더불어 표현의 정확성이나 단어의 적절성 등을 더 꼼꼼하게 살핀다.

데스크 입장에서 데스킹 과정은 기사의 품질을 높이는 과정, 그 이상도 이하도 아닌 것으로 인식된다. 데스킹은 숙련도가 떨어지는 기사의 완성도를 높이기 위해 바이라인by-line 뒤에서 노력하는 과정이라는 것이 데스크의 설명이다. 시간에 쫓기며 처음부터 끝까지 기사를 뜯어고쳐야 하는 경우도 있다.

거의 손대는 것 없이 큰 흐름만 데스크들이 보고 균형감만 맞춰서 출고하는 기사가 돼야 하는데, 간혹 보면 숙련도가 떨어지는 기사들은 정말 기사를 다 고쳐야 하는 경우가 있거든요. 그냥 아예 새로 써야 되는 거죠, 데스크가. 그런 기사가 올라오면 이제 정말 시간에 쫓기는 겁니다.

— 심층 인터뷰 42

거칠게 들어온 기사들을 정제하는 역할. 일선 기자들은 데스크들이 기사를 다 뜯어고친다고 얘기하지만, 데스크들 입장에서는 품질이 안 되는 기사를 고쳐준다고 생각하죠.

— 심층 인터뷰 16

저는 한 명의 바이라인이 나오기 위해서 1.5명 정도가 노력해야 된다고 생각하거든요. 그러니까 기사가 이리도 어렵나 싶기도 한데 정말 그 기사 하나가 나오기 위해서 아침 발제부터 시작해서 발제 잡아주고, 그다음 뭐 체크하라고 얘기하고. 공채 시스템은 완성된 사람이 들어오는 게 아니라 기자를 데리고 와서 훈련을 시켜서 완성을 시키잖아요. 그러니까 이 시스템 속에서는 끊임없이 후방 지원 세력, 흔히 말하는 데스크들, 팀장들, 이런 사람들이 바이라인 뒤에 숨어서 일을 하고 있는 부분이 많거든요. 그것 때문에, 저희가 데스크를 세게 보기 때문에 조선일보 기사가 딴 데보다 탄탄하다, 좋다, 잘 쓴다고 하는 거죠. 데스크들끼리 이거 데스크 보지 말고 그냥 생으로 낼까? 우리 애 한번 개망신 줄까? 이런 경우도 있어요. 데스크들이 많이 있으니까 사람 수에 비해서 기사 꼭지를 보면 이게 그렇게 많이 일하는 것 같지 않은데, 라고 하지만 실제로 사회부 하나가 돌아가는 걸 보면 데스크들은 대개 중간에 잠시 나가서 담배 피우고 오는 시간 외에는 아침부터 밤까지 계속 이 일을 하고 있는 거죠.

— 심층 인터뷰 11

데스크와의 인터뷰에 따르면 데스킹의 대부분은 기사의 완성도를 높이기 위한 것이지만 예외(주로 정치부의 경우)도 존재한다. 정치적으로 예민한 사안의 경우는 처음부터 맥락을 잘 파악하고 있는 선임 기자에게 맡기는데, 애초에 데스크에 의해 기획된 기사의 경우 기자가 가이드를 제대로 이해하지 못한 상태에서 기사를 쓰면 수정해야 할 내용이 많아지기 때문이다(심층 인터뷰 42). 이러한 맥락에서 데스킹은 기사 마감 후가 아니라 데스크가 기사 작성을 지시하는 시점에 이미 시작된다고 할 수 있다. 그 단계에서 기사의 방향과 논조에 대한 지시가 함께 이루어지기 때문이다.

일선 기자의 관점에서는 데스킹 과정에서 기사의 방향과 논조가 달라지는 것을 경험하기도 한다. 현장이 급박하게 돌아가는 상황에서 일선 기자가 현장에서 사실을 확인하고 보고하면 내근하는 데스크가 기사를 작성하기도 하는데, 이 과정에서 사실을 어떻게 취사선택하고 강조하는가에 따라 현장에서 기자가 느낀 것과 기사의 방향이 달라지는 경우도 있다. 한 조선일보 전직 기자는 구체적인 사례로 2008년 6월 광우병 사태 때 시위대가 경찰을 폭행한 사건을 언급했다. 그는 자신의 의도와는 다른 논조의 기사가 본인의 이름으로 1면에 실렸다는 사실에 적지 않은 충격을 받았다고 증언한다.

> 시위대가 어떤 무장 해제된, 혹은 고립된 경찰에게 폭력을 행사한, 그런 것을 비판할 수 있는데 제 기억엔 아마 그게 1면에 들어갔던 것 같아요. 저는 그냥 되게 건조하게 썼는데 (중략) 나중에 캡이 들어와서 기사의 표현이나 톤을 바꿨거든요. 또 그게 그냥 출고가 됐어요. 그때 이게 이렇게 되나? 그런 생각을 많이 했었습니다. 그 기억이 강렬해요.
> — 심층 인터뷰 17

데스킹은 초년 기자들이 기사 작성 방법을 배우는 과정의 의미도 있다. 초년 기자들은 주로 사회부에 소속되어 취재와 기사 작성 방법을 익히는데, 사회부 기동팀장이 데스킹을 통해 이들을 교육하는 역할을 수행한다.

사회부는 경력이 1년 미만인 기자들이 많기 때문에 회사의 매뉴얼이나 표기법에 익숙지 않은 경우도 있고, 기사 전체 구조상 중요한 걸 뒤로 빼놓고 얘기 안 되는 걸 앞으로 빼놓았다든지 그런 것들을 주로 고치죠. (중략) 숙련된 기자들이 많은 정치부나 산업부 이런 데는 상대적으로 기사를 잘 써요. 그래서 데스크들도 쭉 보고 큰 수정 없이 출고할 수 있는데, 사회부는 완전히 다시 써야 하는 경우도 많거든요. 팩트도 다시 한번 확인해보라고 시켜야 되고요. 4시 반이 되면 화장실도 못 가고 전화도 못 받죠. (웃음)

— 심층 인터뷰 13

5. 지면 편집[24]

오후 5시 전후에 데스킹이 마무리되고 기사가 출고되면 편집부를 중심으로 초판 지면을 편집한다. 여러 부서에서 작성한 기사가 어떤 면(종합면, 기획면, 사회면, 정치면 등)으로 갈 것인지는 게이트키핑 단계에서 이미 결정되었고, 지면 편집 단계에서는 각 지면에 기사를 어떤 크기로, 어떤 이미지와 함께, 어떤 위치에 배치할 것인지, 그리고 기사의 제목을 어떻게 뽑을 것인지를 주로 결정한다. 편집부가 중심이 되지만 각 부서의 데스크들과 긴밀하게 협의하면서 지면 편집이 진행된다.

지면 편집 ①, ② **51판 편집회의**

오후 5시 30분 신문 초판(50판)이 발행되어 사내 '뉴스 모니터' 시스템에 업로드되면 바로 51판 편집회의가 시작된다. 뉴스 총괄 부국장이 시스템상에 신문 지면이 탑재된 것을 확인한 후 "회의합시다"라고 큰 소리로 말하면 편집국장, 부국장, 각 부서의 부장과 데스크 등이 회의실로 바로 모여 회의를 시작한다.[25] 초판은 종이 신문으로 발행하지 않으며 온라인상으로만 발행하기 때문에, 큰 화면에 지면을 띄워놓고 함께 살펴보면서 회의를 진행한다. 편집국장이 질문하거나 지적하면 부국장과 부장들이 답변하거나 의견을 제시하는 방식이다.

51판 편집회의에서는 1면부터 모든 지면을 하나하나 검토하면서 기사의 위치와 제목, 사진, 내용 등에 대해 논의한다. 40~50분의 짧은 회의이지만 전 지면에 실린 기사들을 거의 전부 한 번씩 점검하는 과정을 거친다. 논의의 많은 부분은 제목에 집중된다. 제목이 기사의 내용을 잘 전달하는지, 기사의 중요한 논점을 잘 드러내는지, 이해하기 쉬운 표현을 사용하는지, 적절한 단어를 선택했는지, 표현이 지나치지는 않은지 등을 점검한다. 제목에 집중하는 회의 과정은 단순히 알기 쉽고 정확한 표현으로 제목을 수정하는 것을 넘어, 기사의 야마[26]를 잡고 기사를 통해 무엇을 강조할 것인지를 결정하는 논조 생산 과정으로 볼 수 있다.

기사의 내용과 동떨어진 내용이거나 야마를 제대로 잡아내지 못하는 제목을 둘러싸고 편집회의에서 논쟁이 빚어지기도 한다. 그 사례로, 미국 대통령 바이든이 '하나의 중국' 원칙을 지지했다는 내용을 담은 2021년 11월 17일 1면 톱기사의 제목을 둘러싼 논쟁을 들 수 있다(기사 4-1). 초판의 제목은 〈관계개선 나선 바이든, '하나의 중국' 첫 인정〉이었다. 바이든이 시진핑의 체면을 살려준 것은 사실이지만 하나의 중국 원

관계개선 나선 바이든, '하나의 중국' 첫 인정

바이든·시진핑 화상으로 첫 회담

조 바이든 미국 대통령이 16일 시진핑 중국 국가주석과의 화상 정상회담에서 '하나의 중국' 원칙을 처음으로 언급, 미·중 관계 개선의 여지를 만들었다는 평가가 나오고 있다. 중국 측 발표에 따르면 시진핑 중국 국가주석은 이날 오전 9시 45분(한국 시각)부터 3시간 30분 동안 열린 정상회담에서 바이든 대통령에게 "대만해협에 새로운 긴장이 놓인 것은 대만 당국이 또다시 미국에 기대 독립을 추진하려고 하고, 미국의 일부 인사가 대만을 이용해 중국을 억제하려 하기 때문"이라며 "이런 추세는 매우 위험하고, 불장난하는 사람은 자신에게 불을 질를 뿐"이라고 했다. 이어 "대만 독립 분열 세력이 도전하고 레드라인을 넘을 경우 우리는 단호한 조치를 취하지 않을 수 없다"고 했다. 대만 독립이 가시화될 경우 무력 사용도 불가피하다고 했다.

이에 대해 백악관은 바이든 대통령이

바이든, 시진핑에 "하나의 중국 원칙 지지"

美中정상 첫 화상회담 공동성명 없이 끝났다

바이든, 관계개선 의지 보이며 "대만 평화 저해 행위엔 반대"

시진핑 "불장난하는 사람은 스스로 불에 타 죽게 된다" 둘다 대만 확전은 원치 않아

조 바이든 미국 대통령이 16일 워싱턴 백악관 루스벨트룸에서 시진핑 중국 국가주석과 화상 정상회담을 하고 있다. 미·중 화상 정상회담은 지난 1월 바이든 대통령 취임 이후 처음이다.

시진핑 중국 국가주석이 16일 베이징 인민대회당에서 미·중 화상 정상회담을 하는 도중 손을 뻗으며 웃고 있다.

바이든 "하나의 중국 지지… 대만은 현상 유지"

美中정상 첫 화상회담 서로 충돌은 피했다

바이든, 관계개선 의지 보이며 "대만 평화 저해 행위엔 반대"

시진핑 "불장난하는 사람은 스스로 불에 타 죽게 된다" 양국 공동성명 못 내고 끝나

조 바이든 미국 대통령이 16일 워싱턴 백악관 루스벨트룸에서 시진핑 중국 국가주석과 화상 정상회담을 하고 있다. 미·중 화상 정상회담은 지난 1월 바이든 대통령 취임 이후 처음이다.

시진핑 중국 국가주석이 16일 베이징 인민대회당에서 미·중 화상 정상회담을 하는 도중 웃고 있다. 시주석은 바이든 미 대통령에게 "오랜 친구(라오펑유·老朋友)를 보니 반갑다"고 했다.

[기사 4-1] 2021년 11월 17일, 1면 톱기사 50판·51판·52판

칙을 처음으로 인정한 것으로 보기 어려우므로 '하나의 중국 원칙 지지'로 제목을 변경하자는 이견이 제기되었고, '하나의 중국'이라는 표현을 사용한 것은 처음이며 이 점을 강조하지 않는다면 1면 톱기사로 올릴 필요가 없다는 담당 부장의 반박이 있었다. 이 제목이 중국의 논리만 일방적으로 반영하고 있는 것은 아닌지, 첫 인정이 확실한지 등에 대해 토론이 이어졌고, 밤 9시 51판에서는 〈바이든, 시진핑에 "하나의 중국 원칙 지지"〉로 제목이 변경되었다. 하지만 이 제목을 둘러싼 논쟁은 지역판 발간 후에도 지속되었고, 해당 톱기사의 제목은 결국 밤 11시 52판 발행 시간에 임박해 다시금 〈바이든 "하나의 중국 지지…대만은 현상 유지"〉로 수정되었다.[27]

위의 사례처럼 일부 민감한 현안에 대해서는 긴 시간을 할애하여 편집국 구성원들 간에 토론이 이루어지기도 하지만, 대부분의 사안은 편집국장의 간단한 지적에 담당 부장 등이 짧게 답변하는 방식으로 진행된다. 이처럼 효율적인 회의 진행은 신문 발행을 앞두고 시간이 부족해서이기도 하지만, 회의 전에 이미 수차례 협의를 거쳤고 편집국장의 짧은 몇 마디로 토론이 종결되는 편집국 내부의 위계질서 때문이다. 편집국장은 편집회의를 주도하면서 지면 전체의 방향성을 이끄는 역할을 수행한다.

지면 편집 ③ **51판 부서 회의**

편집국 단위의 51판 편집회의가 끝나면 부서 단위의 편집회의가 이어진다. 부서별로 데스크가 모여 51판 편집회의의 결과를 반영하여 지면의 수정 방향을 논의한다. 자세한 내용은 사회부와 정치부를 밀착 관찰한 내용을 다룬 이 책 6장과 7장에 서술되어 있다.

부서 회의에서 초판에 대한 수정 방향을 결정해서 데스크가 이를 일선 기자들에게 전달하면, 기자들은 수정 방향에 따라 새로 기사를 작성하거나 추가 취재를 통해 기사를 수정한다. 일선 기자들이 기사를 수정해서 제출하면 초판 발행 때와 동일한 데스킹, 지면 편집 과정을 거쳐 51판이 발행된다. 51판 발행 후에는 역시 편집국장이 주재하는 52판 편집회의가 열린다. 종이 신문으로 발행한 51판을 앞에 놓고 다시 51판 편집회의와 유사한 검토 과정을 반복한다. 참석자는 51판 편집회의와 같고, 각 부서의 야근자와 주요 기사를 작성한 기자 등이 추가로 참여한다. 52판 편집회의는 50~60분 동안 진행되는 51판 편집회의보다 10~20분 짧은 40분 정도 진행된다. 전체 지면이 아니라 수정 사항이 있는 지면을 위주로 검토하므로 회의 시간이 자연스럽게 짧아지는 것이다.

52판 편집회의에서도 51판 편집회의와 마찬가지로 제목에 대한 언급이 가장 많다. 다만, 51판 편집회의에서는 제목이 기사의 내용을 잘 반영하고 있는지, 기사의 핵심 주제를 잘 드러내는지, 적절한 방향으로 논조를 잘 설정하고 있는지에 대한 논의가 많은 반면, 52판 편집회의에서는 제목의 표현이 정확한지와 적절한 단어를 사용하는지 등을 주로 논의한다. 그 사례로 2021년 12월 28일 화요일자 코로나 백신 관련 기사를 들 수 있다. 동 기사의 51판 제목은 〈화이자 '코로나 치료제' 내년 1월 중순 도입〉이었는데, '도입'이라는 단어가 무슨 뜻인지에 대한 의문이 제기되었다. 약을 '판매'하는 것이 아니라 치료소에 있는 사람들에게 보건소가 약을 전달하는 시스템이기 때문에 '도입'이라는 단어를 사용했다는 담당 부장의 설명에 대해, 도입이라고 하니 당장 처방받아서 먹는 것으로 이해되지 않으므로 '복용'이라고 하자는 제안이 이루어졌다.

복용이라는 표현도 적절하지 않은 것 같다는 담당 부장의 반응이 있었고 회의에서 논의는 여기에서 마무리되었다. 52판을 확인한 결과 해당 기사의 제목은 〈화이자의 코로나 치료제, 내년 1월 말 투여〉로 변경되었다. '도입'에서 '복용'을 거쳐 결국 '투여'라는 단어를 선택한 것이다. 제목을 수정하면서 기사 본문 내용도 "현장에 도입되는 시기는 빨라도 다음 달 중순이 될 것으로 보인다"에서 "현장에서 환자에게 투여되는 시기는 다음 달 말이 될 것으로 보인다"로 변경해, 환자에게 치료제를 투여하는 시점을 명확히 했다. 또 다른 사례로 2021년 12월 11일 1면 기사를 들 수 있다. 대장동 개발 특혜 의혹과 관련해서 뇌물수뢰 혐의로 구속영장을 받은 유한기 씨의 죽음을 다룬 1면 톱기사의 50판 제목, 〈'대장동 밑선'의 죽음〉에 대해 '밑선'이라는 단어가 맞는지 편집국장이 질문했고, 51판에서는 〈'대장동 아랫선'의 죽음〉으로 변경되었다.

52판 편집회의는 51판 편집회의의 반복이라 할 수 있을 정도로 유사한 방식으로 유사한 내용들을 다룬다. 편집국장의 주도로 전체 기사를 처음부터 하나하나 검토하면서 빠르게 문제를 지적하면 담당 부장 등이 그에 빠르게 응답하는 방식이다. 편집국의 위계질서 속에서 간결한 언어가 오고 가기 때문에 관찰자들이 회의 내용을 이해하기 어려운 수준이다. 예컨대 편집국장이 "이건(이 기사는) 왜 여기 있지?"라고 낮은 목소리로 웅얼거리면 회의석상에서 구체적인 논의가 없었는데도 불구하고 다음 판에서는 해당 기사가 빠지고 다른 기사가 들어오는 식이다.

지면 편집 ⑥　**52판 부서 회의**

편집국 단위의 52판 편집회의가 끝나면 다시 부서 단위의 편집회의가 이어진다. 부서별로 데스크가 모여 기사의 수정 방향을 논의하고, 이를 반영하여 기자들에게 기사 수정 및 보완을 지시한다. 지면 수정이 많지 않거나 추가 회의가 불필요하다고 판단하는 경우 부서 회의를 생략하기도 한다. 52판 부서 회의는 정치부를 밀착 관찰한 내용을 다룬 7장에 상세히 서술되어 있다.

지면 편집 ⑦ **추가 지면 편집**
52판 지면의 수정 방향이 결정되면 이에 따라 다시 기사와 지면을 수정한다. 51판보다는 그 범위가 줄어들지만, 여전히 주요 지면을 중심으로 수정할 내용들이 많이 있다. 이 과정을 거쳐 52판이 발행되면 통상적으로 신문 발행은 마무리된다. 하지만 52판 발행 이후에도 수정이 필요한 내용이 있으면 53판, 54판을 발행한다. 52판 발행 이후 이루어지는 추가 지면 편집에 대해서는 9장에서 자세히 다룬다.

6. 소결: 긴밀하고 숨가쁜 협업으로서의 뉴스 생산 과정

뉴스 생산은 편집국(편집국장, 데스크, 일선 기자), 논설위원실, 경영진, 그리고 기타 뉴스 생산자들까지, 다양한 역할을 수행하는 이들이 시공간적으로 한데 어울려 긴밀히 상호작용하며 지면 기사 및 온라인 기사를 만들어내는 역동적 협업의 과정이다. 그 중심을 이루는 공간이 편집국이다. 아침 일찍부터 심야 시간까지 이어지는 편집국에서의 뉴스 생산 과정은 잠시의 쉼도 허락하지 않는 고강도 작업의 연속이다. 이 과정은 시간의 흐름에 따라 흔히 게이트키핑, 데스킹, 그리고 지면 편집 과정으로 구분된다. 하지만 이러한 과정은 위아래와 선후가 분명한 선형적linear process 과정이 아니라 개인 단위의 기자, 부서, 그리고 전체 편집국 단위의 상호작용과 의사결정이 복잡하게 뒤엉켜 돌아가는 네트워크형 상호작용의 특성을 보인다. 게이트키핑부터 기사 작성 및 데스킹, 지면 편집에 이르기까지 한번 결정한 일이 번복되고, 선택된 기사, 편집된 지면이 수정되거나 엎어지는 일은 예외적인 경우가 아니라 일상적으로 발생한다.

이처럼 역동적으로 진행되는 뉴스 생산 과정은 몇 가지 점에서 주목을 요한다. 첫째는 높은 노동강도다. 이어지는 5, 6, 7장, 그리고 2권 『뉴스 생산자』에서 보다 구체적으로 살펴보겠지만 일선 기자, 부서, 그리고 편집국 단위에서 뉴스 생산자들이 담당하는 작업량과 이들이 그 작업을 수행하는 속도는 감탄을 자아낸다. 일선 기자들을 예로 들면 타 언론사 보도 및 커뮤니티를 살피고, 출입처를 중심으로 기삿거리를 취재하고, 발제를 올리고, 기사가 확정되지 않은 상태에서 추가 취재를 진행하고, 기사 게재가 확정되면 한두 시간 내에 기사 작성을 완료한다. 아침부터 밤늦게까지 잠시의 틈도 없이 이어지는 온라인 오프라인 회의를 소화하며 게이트키핑, 부 단위 지면 구성, 데스킹, 전체 지면 편집을 수행하는 데스크, 부장, 그리고 편집국장의 역할은 말할 것도 없다.

둘째, 촌각을 다투며 진행되는 뉴스 생산 작업은 숙명처럼 오류의 가능성을 내포한다. 이러한 오류를 최소화하는 장치는 뉴스 작업 단계마다 이루어지는 반복적인 검토와 수정이다. 뉴스 생산자들 간의 촘촘한 소통망과 회의를 통해 뉴스의 세세한 사실 여부를 끊임없이 묻고 또 되묻고, 수정하고 또 수정한다. 이들은 앞서 내려진 어떤 결정에도 절대적인 권위를 부여하지 않고, 마지막 순간까지 검토와 수정을 반복한다. 앞서 생산한 뉴스는 더 새롭고 가치 있는 뉴스거리가 생기면 바로 대체된다. 형용모순처럼 들리지만, 뉴스 생산자들이 수행하는 작업의 본질은 완성도를 끌어올리기 위해 같은 공정을 쉼 없이 반복하는, 높은 효율성의 반복 노동이다. 이 힘겨운 노력은 주어진 한계 속에서 절대적이지는 않지만 상대적으로 최선의 사실성을 구축한다. 이처럼 숨 가쁘게 진행되는 뉴스의 재가공 과정이 없다면 뉴스 생산은 한층 쉬운 일이 될 것이고 기자들의 노동강도는 역시 한층 완화될 것이다. 하지만 그것이 의미하는 바는 뉴스 가치의 하락이다. 결국 뉴스의 가치는 그 생산자들이 몸을 갈아 넣는 헌신만큼 진전된다.

셋째, 뉴스는 일선 기자, 부서, 그리고 편집국 단위로 이루어지는 기사 작성, 데스킹, 그리고 지면 편집이라는 다단계 가공 과정을 거쳐 완성된다. 이러한 과정은 뉴스의 완성도 제고를 넘어 뉴스가 담아내는 관점, 해석, 현실의 재구성, 의미화·맥락화의 변화를 의미하며, 이를 둘러싼 논쟁으로 이어진다. 이를테면 일선 기자가 쓴 기사의 톤과 내용이 데스킹 과정에서 달라졌다든지, 지면 편집을 거치며 특정한 관점이 강조되고 다른 관점은 축소 내지 은폐되었다는 식의 시비가 그것이다. 그렇다고 일선 기자가 처음에 작성한 기사를 데스킹 과정 없이 그대로 내보내는 것이 타당한가. 지면 편집을 최소화하고 뉴스를 기계적으로 배열하는 것이 바람직한가. 언론의 역사만큼이나 오랜 기간 공방을 빚어온 이 문제들은 어떤 의미에서 언론의 근본적인 존립 이유가 무엇인가에 대한 질문과 맞닿아 있다.

이어지는 장에서는 일선 기자 동행 관찰, 부서 단위의 뉴스 생산 활동에 대한 밀착 관찰, 그리고 판별 지면 데이터에 대한 분석을 토대로 뉴스 생산과 관련해 지속적으로 시비를 빚어온, 이 같은 질문들에 대한 답을 모색하고자 한다.

5장. 일선 기자

일선 기자는 언론의 뿌리 내지 촉수에 해당하는 존재다. 우리가 언론인이라는 말을 들었을 때 기자 하면 머릿속에 떠올리는 전형적인 이미지가 이들에 해당한다. 뉴스의 생산은 사건·사고 현장(출입처)을 누비는 일선 기자의 취재 및 기사 아이템 발제에서 시작된다. 이들이 발제한 내용은 편집국 데스크들의 검토를 거쳐 기삿거리로 선택되고, 또 이들이 작성한 기사는 여러 단계의 가공(데스킹 및 에디팅) 과정을 통해 뉴스로 최종 완성된다. 하지만 재료의 품질이 음식 맛을 결정한다고, 이들이 애초에 어떤 시각에서 무엇을 발견하고, 누구를 만나며, 그것을 얼마나 충실하게 기사화하는가가 가치 있는 언론의 실천을 결정하는 가장 중요한 요인이라고 해도 과언이 아니다. 4장에서 서술한 바대로 이들은 자신이 수행하는 역할에 대한 인식, 일과 개인 삶에 대한 태도, 데스크와의 상호작용 차원에서 이전 세대의 언론인들과 차이를 보인다. 이들은 어떠한 언론의 가치와 꿈을 내면화하고, 어떠한 동기와 경쟁의식에 의해 추동되고 있는가. 이들의 24시간은 시공간적으로 어떻게 조직되어 돌아가는가. 그것은 사회적 책임과 창의성을 구현하는 건강한 언론의 실천인가, 하루하루 갈리고 소진되는 뉴스 노동자의 삶인가. 이들이 편집국 데스크들과 맺는 관계의 본질은 무엇인가. 일방적인 지시와 통제인가, 합리적인 상호소통과 보완의 과정인가. 엄격한 언론사의 위계와 관행 속에서 이들이 말하지 못하는 것은 무엇인가. 이들은 언론의 위기 상황 속에서 소명의식을 상실한 채 언론을 떠날 기회를 찾는 내파內破된 존재들인가, 언론이 위기 상황을 극복하고 새롭게 도약할 수 있는 희망의 싹인가. 이러한 질문들에 답하기 위해 연구진은 뉴스 생산 현장 연구의 일환으로 일선 기자 동행 관찰 프로젝트를 수행했다. 이 장은 그 결과를 정리해 제시한다.

1. 일선 기자 동행 관찰

조선일보는 데스크를 중심으로 편집국 공간을 리모델링하면서 일선 기자를 위한 개인 공간을 없애고 공용 공간에서 작업하는 시스템으로 바꾸었다. 일선 기자는 출입처나 카페, 편집국의 자유 업무 공간에서 일하거나 재택근무를 한다. 참여관찰이 이루어진 시기는 코로나 팬데믹으로 인해 재택근무를 하는 경우가 특히 많았다. 따라서 편집국에서의 참여관찰을 통해서는 일선 기자의 취재와 기사 아이템 발제, 기사 작성 등의 과정을 관찰할 수 없었다. 뉴스 생산의 출발점에 서 있는 일선 기자

[표 5-1] 일선 기자 동행 관찰 개요

동행 관찰 대상 부서	성별	연차 (입사 연도)	동행 관찰자 소속과 학년	성별	관찰 일정
사회부 기동팀 말진	여	5년(2017)	서울대 정치외교학과 3학년	여	2021.12.28~31 2022.1.9~10
정치부 여당팀 차말진	여	8년(2014)	서울대 언론정보학과 4학년	여	2022.1.4, 1.6~7, 1.9~10, 1.12
사회부 법조팀 팀장	남	14년(2008)	서울대 언론정보학과 4학년	남	2022.1.2~7

의 활동을 세밀하게 관찰하기 위해 일선 기자의 일과와 동선을 일주일 간 밀착 관찰하는 '동행 관찰' 프로젝트를 기획했다.

일선 기자 동행 관찰은 세 명의 기자에게 각각 관찰자를 붙여 하루 종일 동선을 함께하면서 관찰 내용을 모두 기록하고 일상에서 자연스럽게 인터뷰하는 방식으로 진행했다. 관찰 대상 일선 기자는 사회부와 정치부에 속한 기자로 정했다. 사회부 기동팀 말진 기자, 정치부 여당팀 차말진 기자, 사회부 법조팀 팀장 등 세 명의 일선 기자를 대학생 관찰자 세 명이 각각 동행 관찰했다. 서울대 학부생들을 상대로 온라인 공모 절차를 통해 관찰자를 선발했다. 관찰을 시작하기 전에 먼저 사전 준비 모임을 통해 관찰 지침과 유의 사항 등을 교육하는 시간을 가졌다(2021년 12월 23일, 조선일보 1층 조이룸). 그 자리에서 사전에 준비된 〈일선 기자 동행 관찰 지침〉을 관찰자들에게 교육하고 관찰 과정에서 일어날 수 있는 다양한 상황에 대처하는 방법을 토론했다.

관찰은 2021년 12월 28일부터 1월 12일 사이에 각 기자의 일정에 맞춰 각각 6일(일요일~금요일)간 진행했다. 관찰자는 매일 동행 관찰 일지를 작성하고, 일선 기자와 인터뷰를 진행했으며, 연구자(배진아)에게 1일 2회 이상 진행 상황을 중간보고했다. 관찰자들은 관찰 기간이 종료

[일선 기자 동행 관찰 지침]

- 기자의 하루 일과를 가능한 꼼꼼하게 시간대별로 기록할 것
- 다음 중 어떤 활동인지 구분해서 기록
  ① 취재 활동: 자료 조사, 현장 조사, 정보원과의 만남, 취재 인터뷰
  ② 소통: 데스크 또는 상급자와의 소통, 동료 혹은 후배 기자와의 소통
  ③ 기사 작성
  ④ 기타
  ※ 가능한 구체적으로 기록. 예를 들어 소통의 경우: 소통 상대, 소통 내용, 지속 시간, 소통 방식(대면, 전화, 문자, SNS, zoom 등)을 기록
- 직접 관찰한 경우는 "관찰", 질문을 통해 확인한 내용은 "질문"으로 표시할 것
- 아침에 기자와 만나면, 만나기 이전(전날 헤어진 이후 포함)의 시간에 어떤 활동을 했는지 질문하고, 그 내용을 기록지에 정리해서 기록할 것
- 식사: 동행 가능한지 확인하고, 동행 가능한 경우 참석해서 관찰(어디에서 누구를 만났는지)하고 내용을 기록. 동행할 수 없는 경우에는 따로 식사 후 다시 만날 것(따로 식사한 경우, 어디에서 누구와 식사했는지 기록)
- 어떤 기사 아이템을 발제하고, 어떤 기사를 작성하는지 관찰해서 기록
- 일에 지장을 주지 않는 선에서 가능한 많은 대화를 나눌 것(개인적인 대화, 질문 등을 자연스럽게): 왜 기자가 되었는지, 기자 생활은 어떤 것인지, 왜 조선일보에 입사했는지, 어떤 방식으로 기사 아이템을 발굴하고 발제하는지, 상급자와의 갈등은 없는지, 회사와 간부들에 대한 기대와 불만은 무엇인지, 기자로서 미래에 대한 불안감은 없는지, 조선일보에 가해지는 외부의 비판에 대해 어떻게 생각하는지, 기자로서 개인적인 삶의 불편한 점은 없는지 등등에 대해 질문
- 관찰 일지는 당일 밤에 작성해서 보고(단톡방)하는 것을 원칙으로 함
- 초반에는 기자와 라포르를 형성하기 위해 노력하는 시간을 충분히 가질 것
- 관찰 내용을 현장에서 그때그때 메모할 것(기억이 사라지기 전에 녹음 등 다양한 방식으로 메모)

※ 유의 사항
  - 기자의 업무와 일상에 영향을 주지 않도록 유의할 것(기자가 취재 등의 업무를 수행할 때 절대 개입하지 말 것)
  - 상식적인 수준에서 자연스럽게 행동할 것
  - 기자와의 약속 시간은 철저히 준수할 것
  - 가능한 많은 정보를 확보하기 위해 노력하지만, 기자가 민감하게 반응하거나 불편한 기색을 보일 경우 관찰 및 기록을 중단할 것
  - 녹음이 필요하다고 판단하면 반드시 기자의 허락하에 녹음할 것

시간	상세시간	활동	장소	내용	비고(특이사항)
07:00 이전	05:50~06:30	출근(질문)	대중교통	신문 스캔 어플을 통해 다른 신문사들의 법조팀 관련 기사만 빠르게 확인	
	06:30~07:00	운동(질문)	서초동 오피스텔 (조선일보 사무실)	오피스텔에 출근해서 운동	
07:00~07:30	07:00~07:30	씻고 업무 준비(질문)	서초동 오피스텔 (조선일보 사무실)		
07:30~09:00	07:30~09:00	신문 읽기(질문)	서초동 오피스텔 (조선일보 사무실)	당일 발간된 일간지들 읽기	항상 같음.
09:00~09:30	09:00~09:10	보고 준비(관찰)	서초동 오피스텔 (조선일보 사무실)	9시 오전 보고 내용을 확인 및 수정	
	09:10~09:20	팀원과의 소통(관찰)	서초동 오피스텔 (조선일보 사무실)	보고 내용에 대한 의문점 질문.	팀원이 보고한 내용이 과거에 한 번 나왔던 자료인 것 같아 전화로 특이사항을 물어봤고, 팀원이 새롭게 파악된 부분을 설명함. 또 과거에 기사화 된 부분이 어디까지인지도 파악. (유동규 관련)
	09:20~09:25	조사 지시(관찰)	서초동 오피스텔 (조선일보 사무실)	새롭게 들어온 정보에 대한 조사 지시.	패스트트랙 관련하여 구형을 앞두고 있는 것인지 대검 출입 팀원에게 조사해보도록 지시.
09:30~10:00	09:25~09:45	보고 완료(관찰)	서초동 오피스텔 (조선일보 사무실)	오전 보고내용 취합, 정리하여 데스크에 보고	다행히 오늘은 기사거리를 몇 개 건졌음. 그저께 낙종하고 어제 기사가 없어 굉장히 부담되는 상황이었는데, 다행히 오늘은 기사거리를 얻어서 만족스러워 보이심.
	09:45~09:50	상급자와의 소통(관찰)	서초동 오피스텔 (조선일보 사무실)	팀장님께 오늘 칼럼 하나 쓸 수 있는지 문의가 옴.	오늘은 칼럼 담당 부서에서 칼럼이 부족하다고 팀장님께 칼럼을 써줄 수 있는 지 부탁하여, 오전에는 '기자의 시각' 칼럼을 작성하게 될 듯. 지난 주 휴가 동안 생각해놓은 주제가 있으므로 그것으로 작성할 계획.
10:00~11:00	09:50~10:20	지인과의 소통(관찰)	서초동 오피스텔 (조선일보 사무실)	칼럼을 쓰기 위한 자문을 얻음.	중수부와 공수처에 관한 내용으로 칼럼을 쓸 계획. 이에 대해 잘 알고 있는 지인과 통화를 하여 정보를 확인하고, 문제가 있다고 느끼는 부분을 실제로 지적해도 괜찮을지 확인함.
	10:20~11:15	칼럼 작성(관찰)	서초동 오피스텔 (조선일보 사무실)	부탁받은 칼럼 작성.	16시까지 보내달라고 부탁 받았지만, 오늘 써야하는 기사도 있고 아무래도 기사가 더 중요하기 때문에 무자할 수 있는 시간이 많이 없어서 일단 최대한 바쁘게 작성하고 계심.
11:00~12:30	11:15~12:30	병원 및 미용실		치료 및 이발	평소에 새벽에 출근해서 밤에 퇴근을 하다 보니 따로 시간을 빼기가 어려워서 점심시간을 이용한다고 하심.

[그림 5-1] 일선 기자 동행 관찰 일지의 일부 캡처

된 이후 종합적인 관찰 의견서를 작성해 제출했고, 관찰자 3인과 연구자 2인이 모두 참여하는 관찰 평가 회의에 참석해 의견을 나누었다.

2. 동행 관찰 기록

Ⓐ 사회부 말진 기자

사회부 기동팀 말진 기자(여, 입사 5년차)에 대한 관찰은 2021년 12월 28일(화)~31일(금), 그리고 2022년 1월 9일(일)~10일(월)까지 6일간 이루어졌다. 6일 동안 기자는 4건의 지면 기사를 작성했으며, 온라인 당직을 담당한 날을 포함하여 다수의 온라인 기사를 작성했다. 기자의 일상은 오전 6시 집에서 스크랩마스터 애플리케이션을 통해 여러 신문사의 기사를 확인하는 것에서 시작하여 오후 6시 퇴근으로 마무리된다. 지면 기사를 작성하는 날에는 편집국에 들어가 51판이 발행되는 밤 9시 이후까지 기사를 수정하기도 한다. 이하에서는 관찰 1, 2, 3, 4일 차의 기록을 정리해서 제시한다.

❶ 관찰 1일 차 — 2021년 12월 28일 화요일

오전 6시, 자택

스크랩마스터 애플리케이션을 통해 자사와 타사의 신문 기사를 확인하면서 집에서 일을 시작한다. 오늘 기사에 쓸 만한 자료들을 살펴보고 연합뉴스에서 받은 자료를 단톡방에 올린 후 출근한다.

오전 9시, 본사 1층 조이룸

본사로 출근하여 아이디어를 구상하고 관련 자료를 조사한다. 매주 화요일 오전 11시에 기동팀장이 주관하는 사회부 '주간 회의'가 있어서 오늘은 본사로 출근했지만, 다른 날은 주로 출입처인 경찰청으로 출근한다. 주간 회의를 위한 아이디어 제출 마감이 10시 30분이므로 서둘러 자료를 찾고 아이디어를 구체화해야 한다. 연차가 낮은 기자들은 동료들끼리 서로 소통하면서 아이디어를 탐색하기도 하지만 기자는 혼자 발제 준비를 한다. 오늘은 총 3개의 발제 아이템을 결정해서 정리했다.

① 주취자 처리 관련 119와 112의 애매모호한 책임 소재

② 배달 전문 식당 등장
③ 수사권 조정 1년 차 점검

오전 11시, 본사 1층 조이룸

기동팀장, 바이스, 일선 기자가 참석하는 사회부 기동팀 주간 회의에 참석한다. 일선 기자들이 제출한 아이디어에 대해 피드백을 주고받고, 톱기삿거리나 기사 소재 고르기 등에 대해 논의한다. 사회부의 주간 회의는 기본적으로 기사 아이템을 탐색하기 위한 것이지만, 기동팀에 소속된 수습기자와 신참 기자들을 교육하기 위한 목적도 있다.

오후 12시, 본사 주변 식당

동료 기자와 점심을 먹고 경찰청으로 이동한다. 경찰청 기자실에서 문화일보와 연합뉴스 등의 기사를 확인하고 새로운 뉴스나 미처 확인하지 못한 뉴스가 있는지 점검하고 보고한다. 기자가 발제한 '청소, 빨래, 집안일 못하는 2030' 아이템이 사회면 '핫코너' 기사로 결정되었다는 연락을 받고 바로 기사를 쓰기 시작한다. 경찰청 1층 카페에 앉아 네이버 블로그에 청소업체 후기를 남긴 사람들에게 연락해서(10건 정도) 취재와 전화 인터뷰를 이어간다. 이날 경찰청 인사이동이 있었기 때문에, 관련 내용을 파악하고 신임 경비국장의 인적 사항을 조사하는 등 점심 식사 이후 취재와 자료 조사, 기사 작성으로 분주한 시간을 보낸다.

오후 2시, 경찰청

경찰청 인사이동 내용을 팀장에게 보고하고 새롭게 인사 발령을 받은 경찰청 경비국장과 가벼운 티타임을 가진다. 처음 만나는 자리이므로 간단히 서로 소개하고 공통 지인에 대해 가볍게 이야기를 나누고 경찰청 분위기와 현안 등에 대해 담소를 나눈다. 티타임을 끝내고 돌아와서는 포털 사이트를 열어 경찰청 키워드의 뉴스가 있는지 확인하고, '일일 보고'에 올라온 오후 지면 안을 확인한다. 오전에 준비했던 '청소, 빨래, 집안일 못하는 2030' 기사가 지면에 실리기로 확정되었다.

오후 3시, 경찰청 1층 카페

경찰청 1층 카페에 조용히 자리 잡고 앉아 사전에 인터뷰했던 사례를 중심으로 지면 기사 작성을 시작한다. 동시에 오전에 발제했던 아이템 중 ① 주취자 처리 관련 119와 112의 애매모호한 책임 소재와 관련한 취재도 계속한다. 다섯 군데(소방청 홍보 담당, 현장 팀장, 현장 출동대원 등)에 전화를 걸었지만, 주취자 문제와 관련하여 인터뷰에 응해주는 취재원을 찾지 못했다. 여기저기 계속 취재를 시도하면서 동시에 오늘 지면에 낼 기사를 위한 취재도 계속 이어간다.

오후 4시, 경찰청 1층 카페

작성하고 있던 기사(청소, 빨래, 집안일 못하는 2030)가 내일 지면에서 빠졌다는 사실을 확인한다.[1] 내일 지면에 나가지 않더라도 기사를 마무리하라는 데스크의 지시를 받고 기사 작성을 마무리한 후 내부 시스템에 원고를 올린다. 기사를 업로드한 이후에도 다른 청소업체와 통화하는 등 취재를 이어가면서 동시에 주취자 건에 대한 자료 조사도 계속한다. 119 및 경찰 관계자와 통화하면서 기사화 여부를 타진하는데, 친분이 있는 경찰로부터 주취자 사건을 지나치게 심각하게 생각하는 것은 아닌가 하는 조언을 듣기도 한다. 주취자 아이템이 기사로 다루기에 너무 경미한 이슈는 아닌지, 어떻게 기사로 확장해서 포장할 수 있을지 고민한다. 인터뷰 내용을 정리하고 2030 기사 작성을 최종 마무리 짓고 경찰청 기자실로 올라간다. 그곳에서 보도자료 등을 검토하고 주취자 기사의 개요를 작성한다.

저녁 6시, 경찰청 인근 식당

경찰청 주변 식당에서 경찰 취재원과 저녁 식사를 한 후 퇴근한다. 저녁 8시 집에 도착해서도 계속 포털 사이트에서 경찰청 키워드를 검색하고 커뮤니티에서 요즘 화제가 되는 이슈가 무엇인지 찾아보면서 하루를 마무리한다.

❷ 관찰 2일 차 ― 2021년 12월 29일 수요일

오전 6시, 자택

오늘도 집에서 스크랩마스터 애플리케이션을 통해 신문 기사를 확인하면서 하루를 시작한다. 경찰청 계장에게 전화해서 어제부터 취재 중인 주취자 아이템에 대해 사실관계 등을 확인하고, 기사 아이템을 팀장에게 보고한다.

오전 9시, 경찰청 1층 카페

경찰청 1층 카페로 출근하여 일을 시작한다. 코로나의 영향으로 최근에는 기자실보다 카페를 더 많이 이용한다. 경찰청에서 새로 배포한 자료를 검토하면서 기사 아이템을 검색한다. 팀장으로부터 수습기자들의 현장감을 훈련할 장소를 탐색하라는 지시를 받고 명동 등 장소를 검색한다. 수습기자 교육 아이디어를 제출하고 야근표를 작성하는 등 다양한 업무를 수행하면서, 동시에 연합뉴스와 인터넷 자료를 검색하고 기사 아이템을 탐색한다. 팀장과 통화하여 수습기자 교육에 대해 논의한 후 수습기자 교육 일정표를 만들어서 제출하기도 한다. 팀장으로부터 '코로나 이후 대안학교 보내는 학부모가 증가하고 있다'는 내용에 대해 알아보라는 지시를 받고 관련 자료를 조사한다. 교육청 통계자료를 분석해보니 팀장이 제시한 가설과 달리 2019년에 비해 대안학교 비율이 감소한 것을 확인하고 팀장에게 보고한다.

오전 11시, 경찰청 인근 식당

내부 일일보고 시스템을 통해 오전 지면 계획을 확인하니, 어제 취재하던 주취자 처리 문제가 톱뉴스(사회면)로 채택되었다. 서둘러 기사를 구상하여 방향을 잡고 취재원과 점심 식사를 위해 근처 식당으로 향한다. 친분 있는 경찰청 계장과 점심을 하면서 공수처의 민간인 통신 자료 조회 논란에 대한 경찰의 입장, 경찰의 로스쿨 진학, 수사권 조정 관련 업무 부담 증가 등 다양한 현안에 관해 이야기를 나눈다.

오후 1시, 경찰청 기자실

경찰청 기자실로 들어와 석간(문화일보)과 연합뉴스 등을 읽어보고 새로운 뉴스나 미처 챙기지 못한 뉴스가 있는지 확인한 후, 팀장에게 보고한다. 이후 주취자 건에 관한 기사를 작성하기 시작한다. 사건이 경미해서 기사화하기가 애매하다고 생각하고 있었는데 데스크에서 이 사건을 흥미롭게 보고 톱으로 채택한 것이다. 주취자가 1시간 넘게 병원에 이송되지 않았을 때 의학적으로 문제가 없는지 의사들에게 확인한 후 기사

@톱/취객 112-119 핑퐁/이○○

-경찰과 소방이 서로 핑퐁하다 감정싸움까지 벌이는 황당한 일 발생

-길가에 취객이 쓰러져 있는 경우 누가 처리하는게 정답인지

@사이드/인천경찰, 24시간 영업 외쳤던 자영업자의 프랜차이즈 카페
압수수색까지사장은 "소환하길래 간다고 했는데 황당"/고○○선배+김○○

-기동팀에서 사장 및 자영업자들 반응 받아서 토스

@세밑 어김없이 나타난 전주 얼굴 없는 천사, 22년째 기부 이어가/조○○

@서울고법 "임종헌의 윤종섭 재판부 기피 신청, 윤종섭 재판부가 하지 말고 다른
재판부가 하라"/류○○

@CJ대한통운 파업 영향 나타나기 시작/산업부

@검찰, 윤우진 수사 무마 의혹 관련 윤석열 무혐의/유○○

[그림 5-2] 일일보고에 올라온 사회면 지면 계획 캡처 (2021년 12월 29일)

작성을 마무리한다. 중간중간 수시로 팀장 등과 소통하면서 경찰청 관련 기사에 대해 사실을 확인하고 보고한다. 이날은 경찰청 조직 개편과 버닝썬 관련 기사에 대해 취재원에게 확인한 후 팀장에게 보고했다.

기자는 끊임없이 아이템 탐색을 하고 있었다. 관찰 이전에는 그때그때 발생하는 사건들을 바탕으로 신속하게 기사를 쓰는 것이 기자의 역할이라고 생각했다. 발생하는 사건도 있지만, 그것보다는 기삿거리를 끊임없이 발굴해야 한다는 점이 어려워 보였다. 기자도 그 부분에 스트레스를 받는다고 말했다. 경찰청 관계자들과 식사하면서 이러이러한 재밌는 일이 있었더라는 지나가는 말에서 착안하여 기사를 쓴 적도 있고(119 vs 112 주취자 사건), 네이버 카페와 같은 커뮤니티를 수시로 모니터링하면서 새롭게 기사를 쓸 만한 소재가 있는지 탐색한다. 조선일보는 주로 연령층이 높은

朝鮮日報 　　　　　　　　　　　　　　　　　　　　　2021년 12월 30일 목요일 A12면 사회

인사불성 취객, 112와 119 서로 "그쪽이 맡아라"

술을 마시고 식당에서 정신을 제대로 못 차린 채 누워 있는 취객의 처리를 맡을 책임은 경찰관과 119 구급대원 중 누구에게 있는 것일까? 최근 서울 양천구의 한 식당에서 이런 상황이 생겼는데 경찰과 소방에서 서로 "우리 책임 아니다"라고 미루는 일이 발생했다. 경찰관과 소방대원이 티격태격하는 동안 1시간 넘게 취객은 바닥에 그대로 누워있었다.

사건은 지난 11일 낮 1시 53분 서울 양천구 신정동 한 중국집에서 "손님이 술을 먹고 안 나가고 있다"는 112 신고에서 시작됐다. 경찰이 현장에 출동해보니 가게 바닥에 남성이 엎어진 상태로 누워 있고 구토한 흔적이 있었다고 한다. 경찰 관계자는 "술 취해 행패를 부린다거나 물건을 부수면 연행할 수 있지만 그날 정신을 못 차리고 누워 있었고, 구토한 걸로 봐서 응급 조치가 필요하다고 봤다"고 말했다. 현장에 온 경찰은 식당 직원에게 "119를 불러달라"고 요청한 뒤 자리를 떴다.

하지만 그뒤 현장에 출동한 119 구급대원은 병원으로 옮길 상황이 아니라고 봤다. 소방 관계자는 "외상이 있던 것도 아니었고 심장박동, 혈압 등을 측정한 결과 모두 정상이었다"고 했다. 구급대원은 오후 2시 3분에 경찰에 공동 대응을 요청했지만 경찰은 "출동할 수 없다"고 거절했다고 한다.

그 후 구급대원이 112에 잇따라 신고 전화를 걸기 시작하면서 양측의 다툼이 시작됐다. 구급대원은 오후 2시 30분부터 3시 32분까지 9차례나 112에 신고 전화를 걸었다. 그때까지 행인 시민은 식당 바닥에 1시간 30분가량 계속 누워 있는 상태였다. 소방 관계자는 "인적 사

중국집 바닥에 널브러져 구토
신고받고 온 경찰 "응급조치 필요"
업주에 "119 불러라" 자리 떠

현장 온 119 "심장박동 등 정상
신원확인 안돼 병원이송 못해"
경찰에 9차례 전화 "와달라"
다시 온 경찰 신원확인, 119에 넘겨

항이 없으면 병원에서 받아주지 않는 경우가 있어서 경찰에 신원 확인을 해달라고 요청한 것뿐"이라고 말했다. 실제 119 구조·구급에 관한 법률(119법) 제19조 3항에 따르면 구급대원은 신원을 확인할 수 없는 경우 경찰서에 의뢰를 할 수 있다고 돼 있다. 경찰은 "소지품을 확인했지만 지갑이나 신분증 등이 발견되지 않아 신원을 확인할 방법이 없었다는 수차례 설명했다"며 "소방에서 경찰에 사건을 떠넘긴 것"이라고 맞섰다.

구급대원의 잇따른 신고 전화에 경찰 5명이 오후 3시 반쯤 다시 현장에 나타나 "112 전화를 계속 거는 건 업무방해"라며 구급대원과 실랑이를 받이기 시작했다. 경찰들은 취객의 주머니를 다시 뒤져 신용카드 한 장을 발견했고, 카드에 적힌 이름을 확인해 구급대원에게 건넸다. 최

소한 이름은 파악했으니 병원으로 옮겨 달라는 것이었다. 이 취객은 첫 신고 약세 시간 만인 오후 4시 50분이 되어서야 급천구의 한 병원으로 이송됐다.

경찰과 소방 양쪽 모두 이 사건은 구체적인 기준을 적용하기 어려운 애매한 상황이었다고 주장한다. 경찰 측은 "범죄가 아니라 치료가 필요한 상황이었다"고 주장했다. 경찰관 직무집행법 제4조에 따르면 경찰은 응급 구호가 필요한 경우 119 등에 긴급 구호를 요청하거나 경찰서에서 보호하는 등 적절한 조치를 할 수 있다는 것이다. 또 119법에는 긴급 구호를 요청받은 보건의료기관이나 공공 구호기관은 정당한 이유 없이 구호를 거절할 수 없다는 내용도 포함돼 있다고도 했다.

반면 소방 측도 억울하다는 입장이다. 서울의 한 소방서 관계자는 "2018년 MOU를 맺고 단순히 술에 취한 사람은 처음 신고를 받은 곳에서 처리하기로 했는데 구급대에 떠넘긴 것"이라고 말했다. 또 다른 관계자는 "일반 취객은 경찰서에서 보호 조치를 하는 경우가 많았는데 최근에 구급대에 맡아달라고 요청하는 경우가 늘었다"며 "코로나로 구급대가 바쁜 상황에서 경찰과 협조가 안 돼 아쉽다"고 했다.

전문가들은 경찰과 소방이 다투는 동안 큰 사고로 번질 수도 있었던 만큼 명확한 역할 정리가 필요하다고 말했다. 기동훈 여의도성모병원 응급의학과 교수는 "혈중알코올농도가 높아 자극에도 반응이 없는 상태에서 구토를 한 경우라면 토사물이 기도를 막을 수 있어 위험하다"며 "바로 병원 이송이 필요한 상황이었던 것으로 보인다"고 말했다. ○○○ 기자

[기사 5-1] 사회부 말진 기자 관찰 2일 차, 지면에 실린 기사 (2021년 12월 30일 12면)

사람들이 읽기 때문에, 요즘 젊은 사람들의 생활 방식을 비판적으로 바라보는 쪽의 아이템들이 잘 채택되는 것 같다는 것이 기자의 설명이다(2030 세대의 청소업체 고용 기사).

— 관찰자 1 동행 관찰 일지

오후 5시, 경찰청 기자실

주취자 기사가 사회면 톱에서 내려오게 되어[2] 수정하라는 지시를 받고

기사 분량을 줄인다. 소방 쪽에서 입장을 추가해달라는 연락을 받고, 소방 입장과 팀장 요구를 반영하여 기사를 수정한다. 기사를 작성해서 넘기고 동료 기자와 함께 저녁 식사 후 퇴근한다.

밤 9시, 자택

집에서 51판을 확인하고 기사의 배치와 오타 등을 검토한다. 팀장이 응급과 소방 등의 용어를 하나로 통일하라고 지시하여 이 부분도 함께 수정한다. 기사를 넘긴 후 다시 포털 사이트에서 경찰청 키워드의 뉴스를 확인하고 커뮤니티에서 요즘 화제가 되는 이슈가 무엇인지 찾아보면서 하루를 마무리한다.

❸ 관찰 3일 차 ─ 2021년 12월 30일 목요일

오전 6시, 자택

오늘도 스크랩마스터 애플리케이션을 통해 자사와 타사의 신문 기사를 확인하면서 집에서 하루 일과를 시작한다. 경찰청 발표 자료와 기사 아이템을 정리하여 팀장에게 보고한 후 출근한다. 오전 8시 경찰청 기자실로 출근하여 다른 기동팀 기자들의 보고 사항을 취합, 정리한 후 보고한다. 기동팀 보고는 원래 1진 기자가 담당하지만, 오늘 출근을 하지 않아서 기자가 대신한다.

오전 9시, 경찰청 1층 카페

취재 활동을 하면서 팀장·데스크와 전화로 소통한다. 연합뉴스의 기사(검찰, 김기표 전 청와대비서관 투기의혹 보완 수사 요구)를 보고 이를 확장해

[기사 5-2] 사회부 말진 기자 관찰 3일 차, 지면에 실린 기사 일부 (2021년 12월 31일 10면)

서 기사를 쓸 수 있을지 조사한다. 검찰이 보완 수사를 요구한 사례와
관련 통계를 찾아보기 위해 팀장, 경찰 계장 등과 통화한다. 이후 경찰청
기자실로 이동하여 경찰 과장과 티타임을 가지면서 현 대통령 경호와
오늘 사면되는 박근혜 전 대통령 경호에 관한 이야기를 나눈다. 이후 일
일보고 시스템에서 지면 계획을 확인하고 이틀 전에 작성했던 2030 기
사가 '핫코너'에 배정된 것을 확인한다. 2030 기사는 이미 작성해두었으
므로 다른 발제 아이템을 탐색하면서 오전 시간을 보낸다.

오후 1시, 경찰청 기자실

경찰 과장, 타사 기자들과 점심을 먹은 후 경찰청 기자실로 돌아와 석간
신문과 연합뉴스 등을 확인하고 오후 보고를 한다. 오후 2시 일일보고

시스템에서 2030 기사가 지면에 실리기로 확정된 것을 확인하고 본격적으로 작업을 시작한다. 경찰 종합 대책 관련하여 경찰청 차장이 주재하는 브리핑이 기자실에서 열려 여기에도 잠시 참석한다. 오후 3시 일일보고에 들어가 지면 계획을 한 번 더 확인한 후 기사를 수정한다. 오후 4시에는 경찰청 총경 인사이동 발표가 있어서 관련 내용을 기동팀 단톡방에 공유한다. 2030 기사의 추가 취재를 위해 다른 청소업체에 연락을 취하기도 한다. 부장이 기사를 살펴본 후 5만 원이라고 적혀 있는 청소비가 구체적으로 몇 시간에 5만 원인지 확인하라고 지시해서 추가 취재를 한 후 '3시간에 5만 원'으로 수정하고, 이후에도 부장과 지속적으로 피드백을 주고받으면서 기사의 디테일을 계속 수정한다.

팀장, 부장과 함께 굉장히 세세한 부분까지 확인한다는 것을 관찰할 수 있었다. 사람들이 보통 기사를 읽을 때 신경을 크게 쓰지 않을 것 같은 부분도 끊임없이 체크하면서 소통했다. 관찰 이전에도 사실 확인이 기사의 최우선 가치라고 알고 있었는데, 팀장과 차장, 부장이 각 팀에서 나오는 모든 기사를 그렇게 꼼꼼하게 확인한다는 점은 새롭게 알게 된 부분이다. 데스크가 지나치게 개입하여 기사 방향을 결정하거나 일선 기자와 갈등을 일으키는 일이 있을 것이라 막연하게 생각했지만, 그것보다는 중요한 피드백 창구로서 역할을 하는 것처럼 보였다. 사실 확인 이외에도 팀장님이 직접 기사를 수정해서 보내주고, 기자가 이를 확인하는 절차 역시 관찰할 수 있었다. 데스크에서 일방적으로 기사를 수정하는 것으로 끝나는 것이 아니라 일선 기자들에게 일일이 확인받는다는 점이 의외였다.

— 관찰자 1 동행 관찰 일지

오후 5시, 경찰청 카페

기사 아이템을 더 찾아보다가 경찰청 1층 카페로 내려온다. 총경 인사 이동에 관해 선배 기자의 질문을 받고, 관련 내용을 계장에게 문의한다. 선배 기자에게 관련 내용을 확인해서 알려준 후 동료 기자와 저녁 식사를 한다. 오후 8시 퇴근 후 집에 돌아와서 다시 포털 사이트에서 경찰청 키워드의 뉴스를 확인하고 커뮤니티에서 요즘 화제가 되는 이슈가 무엇인지 찾아보면서 하루를 마무리한다.

❹ 관찰 4일 차 ― 2021년 12월 31일 금요일

오전 6시, 자택

오늘도 스크랩마스터 애플리케이션을 통해 신문 기사를 확인하면서 하루를 시작한다. 어제와 마찬가지로 1진 선배가 오프이기 때문에 사회부 기동팀 보고 사항을 취합하여 팀장에게 보고한 후 출근한다.

오전 8시 30분, 경찰청 기자실

경찰청 기자실로 출근하여 취재를 시작한다. 정부가 거리두기 2주 연장을 발표한 것과 관련하여 자영업자에게 전화해서 반응을 알아본다. 거리두기 연장 관련 정부 발표와 인터뷰 내용을 정리해서 팀장에게 보고한다. 오늘 기사가 잡히면 후배들과 현장 취재를 갈 예정이다. 단순히 '자영업자가 힘들다' 정도는 안 되고 '매출이 줄었다', '알바생 월급을 못 준다' 등의 구체적인 디테일이 필요하다. 오전 9시 경찰청 1층 카페로 이동해서, 어제 발견한 해상 마약 증가 건과 관련하여 해경에 전화해 통계 자료를 요청하고 현장 취재가 가능한지 문의한다. 토요일은 지면이 적기 때문에 금요일에는 조금 여유가 있다. 주로 다음 주 아이디어를 탐색하는 시간을 갖는다. 9시 25분에는 병원에서 행사 홍보 자료를 보내와서 검토한다. 홍보 자료를 받으면 기사로 쓸 만한 내용이 있는지 살펴보는데, 단순한 내용은 기사화하기 힘들고 '소아암 환자를 위한 병원 합동 행사' 등과 같이 스토리가 있어야 한다. 살펴보니 기자의 관할 지역이 아니어서 동료 기자에게 전달한다. 이어서 독자서비스센터에서 보내준 자료를 검토한다. 독자서비스센터에서는 매일 지면에 대한 독자 반응, 피드백, 제보, 문의 등을 모아서 메일로 보내준다. 내용을 살펴보면서 아이디어를 얻기도 하고 방송(TV조선) 협조 문의를 받기도 한다. 어제 나간 '119-112 주취자 떠넘기기' 기사와 관련해서 항의 메일을 많이 받았다. 소방 측에 부정적으로 읽힐 수 있는 뉘앙스다보니 소방 관련 업종에서 항의가 있었다. 이어서 어제 발굴해두었던 아이템 중 '뭐라고 할까' 서비스 관련하여 블로그 후기를 검색하고, 블로거와 서비스 개발자 등에게 인터뷰를 요청한다. 오전 11시에는 경찰청에 새로 취임한 안보국장과 티타임을 갖고 경찰 대공수사권 이첩과 근황 등에 대해 이야기를 나눈다.

기사를 쓰다보면 취재원으로부터 항의를 받는 일이 종종 있다. 며칠 전에도 기사에 실명이 언급된 협회 임원이 실명 언급이 부담스럽다는 전화를 했다. 지면은 고칠 수 없지만 온라인에 반영해서 익명으로 수정했다. 오늘 지면에 실린 119-112 기사에 대해서도 취재원의 피드백이 있었다. 제시간에 병원에 가지 못한 주취자가 위험할 수 있다는 내용의 의사 인터뷰가 실렸는데, 현장을 보지 못했는데 위험하다고 단정 짓는 건 부담스럽다는 연락을 받았다. 이런 경우 부장에게 보고해야 한다. 경위서까지는 아니어도 취재원 선정 이유, 왜 그런 멘트를 썼는지 등을 정리해서 보고한다. 기사에 인용한 사람들에게 미치는 영향이 얼마나 큰지 잘 알고 있어서 기사를 쓸 때마다 세심하게 주의를 기울이지만 쉽지 않다. 그래서 세부적인 부분에 신경 쓰면서 팩트를 체크하고 정확하게 기사를 작성하려고 노력한다.

— 기자 1 동행 관찰 중 인터뷰

오후 1시, 경찰청 기자실

경찰청 주변 식당에서 동료 기자와 점심 식사 후 경찰청 기자실로 돌아와 '뭐라고 할까' 서비스에 대한 취재 인터뷰를 이어간다. 팀장으로부터 '강남 대형 웨딩업체 대표 잠적' 연합뉴스 기사를 바탕으로 후배와 함께 취재하라는 지시가 온다. 기자가 담당하는 관할 지역이 아니지만 금요일은 출근 인원이 적기 때문에 다른 지역의 사건을 맡기도 한다. 취재 준비를 위해 강남 경찰서 관련 부서에 고소장이 접수된 상황을 파악한다.

오후 3시, 경찰청 기자실

신정 연휴를 앞두고 강판이 앞당겨져서 급하게 기사를 작성한다. 서둘러 초고 작성을 마무리한 후 추가 취재를 이어간다. 후배에게 현장에 가서 사진을 찍어올 것을 지시하고, 웨딩업체 사기 피해자 오픈 채팅방에 접속하여 피해자와 인터뷰를 시도하고, 강남경찰서 사기 담당 부서에 연락하여 고소장 접수 여부를 확인한다. 다시 '뭐라고 할까' 아이템으로 넘어가서 개발자와 통화를 시도한다. 유사한 서비스를 하는 다른 업체도 있는지, 이용자 수는 얼마나 되는지 확인한다. 한 개 업체만 인터뷰하면 홍보가 될 수 있으므로 여러 업체와 인터뷰를 시도한다. 이후 다시 웨딩업체 기사로 돌아와서 피해자와 연락을 취한다. 사기 피해 금액이 얼마인지, 스튜디오 촬영은 했는지 등 구체적인 내용을 질문한다. 온라인 기사는 커뮤니티 게시글 등을 발췌해서 쓰기도 하지만(그래서 욕을 먹기도 한다), 지면 기사는 인터뷰를 원칙으로 해서 관계자들과 일일이 통화하고 내용을 확인하는 작업이 꼭 필요하다.

오후 5시, 편집국

오늘 야근 당번이기 때문에 편집국으로 이동한다. 초판 기사를 확인한 후 기사 내용을 수정하고, 웨딩업체 사기 피해자 오픈 채팅방을 확인하면서 계속 인터뷰를 시도한다. 오후 6시 사회부 회의에 참석한 후, 주요 기사를 소개하는 2면 인덱스(chosun today)용 기사 요약문을 작성한다. 부장이 웨딩업체 기사의 리드에 '화들짝'이라는 표현을 수정하라는 지시를 해서 문장을 수정한다. 오후 6시 30분 관찰자와 함께 근처 식당에서 함께 식사하고 편집국으로 들어와서 다시 마약 관련 취재를 이어간다. 코로나 이후 해상 마약 증가 실태를 파악하기 위해 해경과 인터뷰하고 증가 이유에 대해 질문한다. 기사 소재로서 좋은 아이템이지만 구체적인 케이스가 발생해야 기사화가 가능할 것 같다. 연합뉴스 기사, 포털 사이트 단독 기사 등을 모니터링하면서 아이디어를 탐색한다. 저녁 8시 30분 동료 기자와 수습기자 교육에 대해 논의하고, 51판 지면의 사회부 기사를 살펴보고 오타와 오류 등을 점검하면서 야근 당번 근무를 이어간다.

ⓑ 정치부 여당팀 차말진 기자

정치부 여당팀 차말진 기자(여, 입사 8년 차)에 대한 관찰은 2022년 1월

4일(화), 6일(목), 7일(금), 9일(일), 10일(월), 12일(수)의 6일간 이루어졌다. 기자는 6일 동안 5건의 지면 기사를 작성했고, 인터넷 기사 당직일(관찰 기간 중 2일)에 5~6건을 포함하여 수시로 온라인 기사를 작성하였다. 대체로 오전 8시 라디오 시사 프로그램을 청취하면서 하루의 업무를 시작하며, 51판 지면을 확인하는 밤 9시 전후에 하루 업무를 마친다. 관찰 1, 2, 3, 6일 차의 기록을 정리했다.

❶ 관찰 1일 차 ─ 2022년 1월 4일 화요일

오전 8시, 자택

KBS, MBC, CBS의 라디오 시사 프로그램을 청취하면서 정치인들의 주요 발언을 정리한다. 여러 프로그램을 동시에 듣다가 더불어민주당 패널이 발언할 때만 의견을 청취하는 식으로 빠르게 정리한다. 오전 9시 이재명 후보 신년기자회, 정치인의 SNS와 라디오 발언을 정리하고 기사 아이템을 추려 여당팀 단톡방에 보고한다. 이재명 탈모 공약처럼 가벼운 주제도 공유한다. 이재명 탈모와 관련한 밈, 디시인사이드의 탈모 갤러리에서 이재명 지지를 선언했다는 내용도 포함되어 있다.

> 정치부는 다른 부서와 달리 취재 아이템을 발제한 기자가 기사를 작성하지 않고, 말진과 차말진 기자가 보고를 올리면 이를 토대로 데스크가 기사 주제를 정하고 필자를 배분한다. 팀 단위로 일하기 때문에 정치부는 팀워크가 중요하다. 기사 아이템 발제나 기사 작성 역시 개인 단위가 아니라 팀 단위에서 힘을 합쳐 동향을 파악하고 이를 배분하는 방식으로 진행한다.
>
> ─ 기자 2 동행 관찰 중 인터뷰

오전 9시 30분, 국회 인근 카페

자택에서 여의도 국회의사당역 부근 카페로 이동하면서 이재명 기자회
견 관련 상황을 공유하고 여러 가지 보고를 단톡방에 올린다. 동시에 타
사 보도를 모니터링하면서 보고를 위한 자료를 수집한다. 여당팀의 말
진이 현장에 나가 있지만, 타사 기자들과의 단톡방(꾸미)에서 전달받은
소식을 다시 여당팀 단톡방에 공유하기도 한다. 이후 오전에 있었던 일
들을 종합해서 여당팀 단톡방에 보고한다. 이재명 후보의 기아자동차에
서의 신년기자회견 소식과 최근 여론조사 결과에 관한 내용이다. 최근 여
론조사 결과 이재명 후보가 우위를 점해 여당 내 분위기가 좋은데, 자제
를 요청하는 목소리(KBS '최강시사'에서 여당 정치인 발언)가 있다는 내용
이 포함되어 있다.

> 정치부에는 꾸미 문화가 있다. '꾸미(くみ)'는 모임을 의미하는 일본어로,
> 정치부에서 마음이 맞는 타 언론사 기자와 의원 등 여러 명이 같이 모여
> 점심, 저녁을 먹으면서 취재 활동을 하는 문화를 의미한다. 단톡방에서 다
> 른 언론사 기자들과 정보를 공유하는 것도 꾸미 문화에 포함된다. 기자회
> 견 등이 있으면 정치인의 말을 정확하게 옮긴 '워딩'을 단톡방에 공유한다.
> 기자들이 현장 취재를 하지만, 정확한 발언 내용은 주로 꾸미를 통해서 얻
> 는다.
>
> ― 기자 2 동행 관찰 중 인터뷰

오후 1시 30분, 더불어민주당 당사 브리핑룸

취재원, 타사 기자들과 점심을 먹고 여당 당사로 들어온다. 점심시간에
오고 갔던 대화를 정리해서 팀장에게 보고하고, 기사화할 수 있는 내용

朝鮮日報
2022년 1월 5일 수요일 A04면 정치

추미애 "세월호처럼 윤석열 가라앉을 것"

이준석을 혼자 탈출한 선장 비유
野 "역대급 막말"··· 與서도 비판

추미애(사진) 전 법무장관이 국민의힘과 윤석열 대통령 후보를 향해 "세월호처럼 가라앉을 것"이라고 했다가 논란에 휩싸였다. 국민의힘은 "야당을 비판하기 위해 국가적 비극인 세월호를 이용했다"고 반발했다. 추 전 장관은 논란이 커지자 4일 일부 표현을 수정했다.

더불어민주당 선대위 상임고문을 맡고 있는 추 전 장관은 전날 페이스북에 "이준석 선장의 세월호는 구조를 애타게 기다리던 아이들에게 가만 있으라

[기사 5-3] 정치부 차말진 기자 관찰 1일 차, 지면에 실린 기사 일부 (2022년 1월 5일 4면)

인지 검토한다. 더불어민주당 중앙당사의 브리핑룸은 여러 언론사의 기자들이 자유롭게 각자 작업을 하는 분위기다. 모두 노트북을 켜고 카톡으로 소통하거나, 기사를 작성하거나, 다른 언론사 기사를 확인하거나, 인터넷에서 정보를 검색하고 있다. 이재명 선대위의 주요 관계자가 잠시 브리핑룸에 와서 다음 날 일정을 설명하고, 기자들은 구체적인 내용을 질문하고 확인한다. 코로나로 인한 거리두기 기간이라 특별히 더 기자들 간 소통이 많지 않고 조용하다.

오후 3시 20분 정치부 지면 안이 확정되었다. 기자에게는 추미애 전 법무부 장관의 SNS 게시글(이준석을 선장으로 칭하며 '국민의힘 세월호처럼 침몰'이라고 발언한 것)을 다루는 기사가 배정된다. 추미애 전 장관의 발언에 비판적인 입장을 지닌 민주당 의원을 찾아 전화로 취재한다. 추미애 전 장관이 직접 SNS에 올린 내용이므로 당사자에게 따로 확인 전

화를 하지는 않고, 민주당 내부에 이 발언에 대해 비판적인 목소리가 있다는 것을 취재 과정을 거쳐 확인한다. 한국일보에서 이재명 후보 측근 김용(전 민주연구원 부원장)이 유동규 압수수색 전 이재명 후보와 여러 차례 통화했다는 기사를 내서, 김용 전 부원장에게 직접 전화해 사실관계를 확인한다.

오후 5시 45분, 편집국

오늘 야근이기 때문에 택시로 조선일보 본사로 이동한다. 이동 중에도 제출한 기사를 확인하고 단톡방 등을 점검한다. 이재명의 탈모 공약 지지 선언에 대해 데스크가 레퍼런스 확인을 요청해서 관련 내용을 조사해 보고한다. 야근자로서 초판 편집회의에 참석하고, 이후 바로 이어진 정치부 회의에도 참석한다. 정치부 회의는 편집회의에서 언급된 내용을 토대로 기사와 지면의 수정 방향을 정하는 회의다. 윤석열 기사에 관한 이야기가 가장 많았고, 이재명 발언을 어떻게 다룰 것인지에 대해서도 논의한다. 김용 기사와 관련해서도 데스크가 직접 수정 의견을 제시한다. 이후 탈모 정책과 관련해 추가 취재를 하고, 이재명 후보가 TV조선 출연을 취소한 건에 대해 데스크들과 이런저런 농담을 주고받는다.

저녁 8시 30분, 편집국

저녁 식사를 마치고 편집국으로 들어와서 야근 업무를 이어간다. 51판 발행을 위해 편집된 신문 지면을 확인하고 정치부 기사의 사진 캡션을 작성한다. 편집기자, 데스크와 소통하면서 지면 편집 작업을 계속하다가 이재명 탈모 공약 주제에 흥미를 보이는 선배 기자와 잠시 통화한다. 이어서 51판 지면에 실린 기사의 오탈자 등을 검토하고, 스크랩마스터를 통해 다른 언론사의 1면을 검토하면서 놓친 기사가 없는지 살피고, 인터넷에 새로 올라온 단독 기사가 있는지 확인한다. 52판 편집회의와 정치부 회의에도 참석한다. 신문 지면, 특히 제목에 대한 의견을 나누고 단어, 조사, 표현 등을 점검하면서 야근 업무를 이어간다.

관찰 전 오랫동안 조선일보의 편향성에 대해 많은 이야기를 들었다. 그러나 동행 관찰 중에는 이러한 편향성을 느끼지 못했다. 여당 출입 기자라고 여당을 무조건 편들지도 않았고, 조선일보 기자라고 야당을 편들지도 않았다. 굳이 꼽자면, 편집회의에서 편향성을 느낄 수 있었다. 기자님의 손에서 나온 기사는 처음에 자극적이지 않았지만 수정이 거의 끝날 즈음에는 자극적으로 느껴졌다. 편집국 회의를 거쳐 기사에 보수 성향이 조금 더 드러날 수 있구나, 하는 것을 알 수 있었다.

— 관찰자 2 동행 관찰 일지

❷ **관찰 2일 차** — **2022년 1월 6일 목요일**

오전 8시, 국회 인근 카페

KBS, MBC, CBS 라디오의 시사 프로그램을 청취하면서 이재명 후보 관련 취재 내용을 정리해서 오전 보고를 한다. 이재명 후보가 한국무역협회 초청 간담회에서 언급한 내용 중 경제 규제 폐지 등 경제 대통령 이미지를 강조한 발언과 유튜브 채널 '삼프로'에 출연하여 화제가 되었던 내용, 그 밖에 민주당 의원들의 발언을 정리한다. 이후 이재명 후보의 잠재된 리스크, 특히 가족 관련 문제에 대한 내부 고민과 내부 전략 등을 정리해서 '정보 보고'를 한다. 정보 보고란 최근의 동향과 상황 등에 대해 수집한 자료들을 기사 아이템과는 별개로 윗선에 보고하는 것을 말한다.

오전 10시 여당의 오전 동향을 모니터링하고 정보를 공유한다. 민주당이 장경태 의원을 위원장으로 정치혁신위원회를 출범하면서 1차 혁신안을 발표했는데, 이에 대해 다양한 입장을 가진 민주당 의원들을 대상으로 분주하게 취재를 이어간다. 취재 내용을 정리하여 보고한 후 점심 식사 장소로 이동한다.

오후 2시 30분, 더불어민주당 당사 브리핑룸

여의도 인근 식당에서 민주당 최고위원, 여당 출입 동료 기자들과 점심 식사를 마친 후 여당 당사로 들어온다. 지면 안이 확정되기 전까지 네이버 뉴스와 단톡방을 모니터링하면서 새로운 소식이 들어오는지 확인하고, 중요한 내용을 정리해서 보고한다. 점심시간에 나누었던 이야기도 정리해서 보고한다.

오후 3시, 지면 안이 확정되어 기사를 배정받고 기사를 작성하기 시작한다. 이재명 후보가 전 국민 재난지원금 이슈를 제기했다가 결국 한 발짝 물러선 것에 관한 기사이다. 이 후보가 정확히 언제 입장을 바꾼 건지 다시 확인해서 기사를 작성하고, 동시에 이재명 후보 선대위의 브리핑 내용(후보가 5대 그룹과 만난다는 것은 사실이 아니고 아직 결정된 바 없음)을 정리해서 단톡방에 공유한다.

오후 5시, 작성한 기사의 내용을 거듭 확인하고 오탈자 검토 후 기사를 송고한다. 이재명 후보 선대위 관계자가 나와서 내일 일정을 공유하고, 기자는 관련 내용을 정리해서 단톡방에 공유한다. 오후 6시, 편집국의 51판 편집회의가 끝난 후 데스크로부터 기사 길이를 줄이고 일부

이재명 "정부 사정이 그래서…" 전국민지원금 또 후퇴

**주요공약 입장 번복
헷갈리는 유권자들**

**이재명 후보의
전 국민 재난지원금 관련 발언**

2021년 10월 "1인당 30만∼50만원의 전 국민 지원금 지급"
2021년 11월 "전 국민 재난지원금을 고집하지 않겠다"
2022년 1월 4일 "국민 1인당 최소 100만원 맞춰야"
2022년 1월 6일 "소상공인·자영업자 두터운 지원 먼저 하는 게 맞는다"

더불어민주당 이재명 대통령 후보는 6일 코로나 재난지원금과 관련해 "가장 피해가 큰 소상공인·자영업자에 대한 두터운 지원이 바람직하다"고 했다. 전날 "가급적이면 전 국민에게 기회를 주는 게 좋겠다"며 전 국민 재난지원금 지급 필요성을 언급한 지 하루 만에 태도를 바꾼 것 아니냐는 말이 나왔다. 이후 보 주장에 보조를 맞추된 민주당도 신년 추가경정예산(안)(추경) 편성 과정에서 전 국민 재난지원금 도입을 보류하기로 했다. 국민의힘은 "이 후보와 여당이 선거를 앞두고 돈을 주느냐 마느냐 문제로 오락가락하며 국민을 호도하고 있다"고 했다.

이 후보는 이날 서울 프레스센터에서 열린 '차기 정부 주요 정책 토론회' 끝나 친 뒤 기자들과 만나 "이번 추경에서 전 국민 재난지원금이 사실상 빠진 것이 아니냐는 물음에 "정부와 여당의 입장, 재원 조달 문제가 있다"고 했다. 정부가 재정 건전성 등을 이유로 전 국민 지원 방안에 난색을 보이자, 앞티 피해를 본 소상공인·자영업자를 우선 지원하겠다고 한 것이다. 민주당 원내 지도부도 신년 추경부에 전 국민 지원금 도입을 방안은 보류하는 쪽으로 선회했다. 신현영 원내 대변인은 이날 원내 대책 회의가 끝난 뒤 "당장 절실하고 시급한 부분부터 추경에 담겠다는 데 공감대가 있었다"며 "방역 체계를 유지할 수 있는 시스템에서 국민 피해 중심으로 보상이 가동되는 방안에 우선순위를 가지고 있다"고 했다.

**李 "재원부족, 자영업자부터 지원"
與, 전국민지원금 추경 편성 보류
野 "선거 앞두고 돈으로 국민 호도"**

**철회 가능성 밝힌 국토위유세는
'토지이익 배당제' 이름바꿔 추진
年25만원 기본소득도 다시 주장**

전 국민 재난지원금 지급과 관련한 이 후보의 입장은 최근 석 달 달간 계속 바뀌어왔다. 그는 지난해 10월엔 "1인당 30만∼50만원의 전 국민 지원금을 지급해야 한다"고 주장했다. 청와대와 정부 여당의 반대에도 오히려 정부 대비하며 전 국민 지급 필요성을 주장했다. 그러나 반대 여론이 60%에 이르자, 작년 11월 "전 국민 재난지원금을 고집하지 않겠다"며 주장을 철회했다.

이 후보는 올해 들어서 다시 전 국민 지급 주장을 꺼냈다. 지난 4일 신년 기자회견에서 코로나 피해 지원을 위한 추경 편성 필요성을 언급하며 "최소 국민 1인당 총액 100만원 정도는 맞춰야 한다"고 했다. "당장 하자는 건 아니다"라며 원칙적 입장이라는 점을 강조했지만, '설 전' '30조원 정도' 등 구체적 규모와 시기까지 언급했다. 비슷한 시기 민주당도 전 국민 지원금을 '소비 쿠폰'으로 이름을 바꿔 지급하는 방안을 검토했다. 하지만 결과적으로 이번에도 전 국민 지원금 지급은 무산됐다. 민주당 관계자는 "신년 추경 와에 앞으로 추경 편성이 추가로 필요한데, 전 국민 지원금을 무리하게 밀어붙이던 이렇다는 판단이 있었다"며 "후보가 말을 바꾼 것이 아니라 우선순위를 재확인한 것"이라고 했다.

당내에서도 "집권 후에도 추경을 편성하게 될 텐데 무리해서 넣지 말자" "100조원이 실제 가능하냐"는 우려가 나온 것으로 전해진다.

이 후보는 '기본소득' '국토보유세 신설' 등 공약에 대해서도 "국민이 원하지 않으면 추진하지 않겠다"며 철회 가능성을 내비친 바 있다. 그러나 이날 방송 토론에선 "내년부터 연간 25만원의 기본소득을 모든 국민에게 지급하는 것부터 시작한다고 한다"며 "이에 대한 재원 마련은 증세 없이 가능하다"고도 했다. 이 후보는 "연간 25만원, 1회 지급은 13조원 정도에 불과, 합계로 20조원 되는 건데 연간 예산 600조원의 3%에 불과해 얼마든지 할 수 있다"고 했다. 다만 "그 이상 넘어설 땐 국민 합의가 필요하다"고 했다. 국토보유세 역시 "토지이익 배당제"로 이름을 바꿔 추진하겠다고 하면서 야 당에선 "이 후보가 계속 거짓말을 한다"고 비판하고 있다. 국민의힘은 "선거를 앞두고 이 후보가 오락가락 갈지자 행보를 보인다"고 했다.

한편 이 후보는 이날 탈모약에 건강보험을 적용하겠다는 공약이 '포퓰리즘'이라는 비판에 대해서는 "지나친 정치적 공세"라고 했다.

○○○기자

의를 한다. 관심을 끌기 위해 제목을 다는 경우가 많은데, 취지와 내용이 왜곡되기도 한다. 그럴 경우 편집기자와 상의해서 제목을 수정한다. 기사 내에는 여러 개의 메시지가 있고 사람마다 중요하게 생각하는 것이 다를 수 있다. 그래서 편집 과정에서 제목이 자주 바뀌게 된다.

— 기자 2 동행 관찰 중 인터뷰

저녁 6시 30분, 국회 인근 식당

취재원 등과 저녁 식사를 한 후 퇴근한다. 오늘 이재명 후보가 MBC '100분 토론'에 출연하기 때문에, 퇴근 후 방송을 모니터링한다. 꾸미 문화가 있어 이재명 후보의 발언(워딩)이 단톡방에 올라오지만, 직접 TV를 시청하면서 추가로 확인할 내용이 있는지 검토하며 하루를 마무리한다.

취재원과의 관계를 억지로 애써서 만들어가지는 않고, 자연스러운 범주 내에서 노력한다. 친구 사귀는 것이랑 비슷하다. 조금이라도 도움을 받았거나 친한 사람들에게 생일이나 새해에 인사하며 안부를 묻고, 그 사람과 관련한 이슈가 있으면 기사 작성 전에 물어본다. 이슈가 있든 없든 꾸준히 연락하는 것도 좋다. 취재원 입장에서도 기자가 수백 명 될 텐데 얼굴을 다 익히기 어려울 것이다. 그래서 기억할 수 있도록 자주 연락한다. 취재할 때 인간적인 선을 지키는 것도 중요하다. 취재원이 자신을 믿고 편하게 대할 수 있도록 실수하지 않아야 한다. 한마디로 신뢰가 필요하다. 특히나 조선일보 기자여서 여당 쪽 인사들은 경계를 많이 한다. 그래서 조심스럽게 다가가려고 노력한다.

— 기자 2 동행 관찰 중 인터뷰

오전 8시, 자택

KBS, MBC, CBS 등 라디오의 시사 프로그램을 청취하면서 정치인들의 발언을 정리한다. 이재명 후보의 재건축 관련 순방 일정에 대해 보고하고 국민의힘 이슈와 관련한 여당의 분위기를 확인한다. 오늘은 인터넷 기사 당직이기 때문에 〈윤석열, 평택 소방관 순직에 "소방관 안전만큼은 타협 않겠다"〉라는 제목의 인터넷 기사를 작성한다. 이어서 〈이준석 "尹, '출근길 인사, 도대체 뭐라해야 하는거냐' 묻더라"〉라는 제목의 인터넷 기사도 작성해 올린다.

> 인터넷 당직을 서는 날은 5개에서 10개 정도의 인터넷 기사를 작성한다. 지면 기사와 달리 부담이 없으므로 빨리 써서 올릴 수 있다. 인터넷 기사 당직을 해도 일손이 부족하면 지면 기사도 함께 써야 한다. 자회사(조선 NS)와 인터넷 기사를 같이 올리지만 사내 메신저를 통해 어떤 기사를 올리는지 공유하기 때문에 기사가 겹칠 일은 없다. 기사 소스는 평소에 보고 올리는 것과 비슷하게 라디오나 보도자료 등을 통해 얻는다.
>
> ─ 기자 2 동행 관찰 중 인터뷰

오전 10시, 더불어민주당 당사 브리핑룸

네이버 포털을 통해 최신 뉴스를 확인하고 동료 기자들과 전화로 소통하면서 질문을 주고받는다. 더불어민주당 선대위 본부장단 회의에 관한 내용과 박용진 의원의 발언에 대한 구체적인 '워딩'을 확인하는 내용이다. 〈박용진, 野 봉합에 "단일화 쓰나미 밀려올 것…지극히 위험"〉이라는 제목의 인터넷 기사를 작성한다. 기사를 작성하면서도 카톡 창을 띄워놓고 내용을 확인하며, 사실관계 확인을 위해 잠시 외부에 나가 통화를 하고 오기도 한다. 직접 기사에 들어갈 사진을 고르고 편집한 후 시스템을 통해 기사를 송고한다. 빠르게 3개의 인터넷 기사를 작성한 기자는 잠시 국회의원, 타사 기자들과 티타임을 갖는다. 취재원과 함께 정치 현안 등에 대해 이야기를 나누는 자리다. 오늘 오후 보고는 일정이 바빠서 후배가 대신하기로 하고 점심 식사를 위해 당사를 나선다.

오후 1시 30분, 더불어민주당 당사 브리핑룸

국회 인근 식당에서 같은 대학 출신의 정치인, 기자들과 점심을 먹고 다시 당사로 들어온다. 오늘 점심은 선후배들이 편하게 식사하는 자리지만, 비하인드 스토리 등 중요한 정보가 공유되기도 한다. 당사로 들어와서 바로 〈탈모약 이어…與, 가발·모발이식 수술도 건강보험 적용 검토〉라는 제목의 인터넷 기사를 작성한다. 중간에 노트북에 오류가 생겼지만 잘 해결하고 계속해서 기사를 작성한다. 기사 제목을 〈與, 가발·모발이식 수술도 건보 검토…野 "심각한 毛퓰리즘"〉으로 변경하고, 사진을 고르고, 직접 편집 후 송고한다.

　　오후 2시 30분 일일보고 시스템에서 지면 계획을 확인해보니 기사가 배정되어 있다. 심상정 후보가 공사 현장에서 어린이 안전 관련 공약을 발표한 것에 관한 기사이다. 꾸미 단톡방에서 심상정 후보의 사진과 발언 내용을 공유받고 이를 토대로 기사를 작성하기 시작한다. 세부적인 내용을 파악하고자 취재를 시작했는데, 해당 현장에서 어린이 안전을 위한 정책을 제안한 것은 아니었으며 데스크의 판단과 달리 주요 공약이 없었다는 것을 확인한다. 취재를 바탕으로 데스크에게 주제를 바꾸자고 제안한다. 데스크와의 논의를 거쳐 사회복지사 임금에 대한 공약으로 야마를 수정하고 기사를 작성한다.

> 정치부는 특히 회사의 논조가 강하게 반영되는 부서지만, 그것 때문에 힘들거나 갈등을 빚은 적은 없다. 여당 측의 의견에 일리가 있어도 데스크에서 엄격한 잣대를 들이대는 경우가 있다. 반대로 야당에게는 좀 더 관대하다. 하지만 기사에 반영되는 것과는 별개로 데스크에 자유롭게 의견을 얘기하고 항의할 수 있는 분위기다. 최근에는 부장이 여당팀 컴플레인이 줄었다고 농담할 정도다. 합리적인 의견이라면 대부분 반영해주는 편이다.
>
> — 기자 2 동행 관찰 중 인터뷰

오후 5시 30분, 편집국
오늘은 정치부 야근 당직이기 때문에 택시를 타고 본사로 이동한다. 택시 안에서 방금 송고한 기사 내용을 다시 확인한다. 51판 편집회의의 결과를 기사 수정에 반영하기 위해 회의가 끝나기를 기다리며 대기한다. 오늘은 북한의 미사일 발사와 관련해서 북한군과 국군의 주장이 엇갈리는 부분에 대해 어떻게 보도해야 할지에 회의가 집중되었으며, 다른 기사의 수정 사항은 많지 않다.

저녁 8시 정치부의 다른 야근자와 저녁 식사를 하고 다시 편집국으로 돌아온다. 정치면에 실린 사진에 설명(캡션)을 추가하고, 데스크와 오늘 작성한 지면 기사에 대해 대화를 나눈다. 데스크는 기사 내용 중 '상향 동일 임금 체제'가 야마가 아닌지 질문하고, 기자는 그것이 공약은 아니라고 대답한다. 밤 9시 40분 52판 편집회의에 이어 열리는 정치부 회의에 참석한다. 오늘은 수정 사항이 많지 않아 비교적 가벼운 분위기로

2022년 1월 8일 토요일 A06면 종합

심상정 "모든 사회복지사 임금 올려주겠다"

심상정 정의당 대통령 후보는 7일 "전국 모든 사회복지사들이 가장 높은 임금을 받는 서울시 기준을 적용받도록 하겠다"고 말했다. 지자체마다 사회복지사 임금 체계가 다른데, 가장 높은 임금을 주는 서울시 기준으로 통일하겠다는 것이다. 심 후보는 이날 서울 영등포구 한국사회복지사협회에서 열린 복지국가실천연대 대선 후보 초청 정책간담회에서 "돌봄 인력을 확충하고 그분들의 대우를 높이는 것이 돌봄의 질을 결정한다"며 이같이 말했다. 그는 "서울시의 사회복지사 대우가 가장 좋을 것"이라며 "서울시 기준으로 (임금) 상향해 단일화하고 거기에 기초해 근로조건을 더 향상시키겠다"고 했다. 심 후보는 "앞으로 사회복지사뿐 아니라 전국적으로 동일 노동은 가장 높은 수준의 임금을 주는 '상향 동일 임금 체제'로 가야 한다"고 했다.

심 후보는 이날 서울광명 고속도로 온수터널 공사가 진행 중인 서울 구로구 항동 공사 현장도 찾았다. 이곳은 학교와 아파트 아래로 지하 고속도로를 만들게 돼 지역 주민들과 시공사 측이 현장에서 대치하고 있다. ○○○ 기자

[기사 5-5] 정치부 차말진 기자 관찰 3일 차, 지면에 실린 기사 (2022년 1월 8일 6면)

회의가 진행된다. 회의 도중 민주당 대변인과 통화해서 몇 가지 팩트를 확인하고 1월 말에 식사하기로 약속을 잡는다. 이후 발행된 52판 지면을 확인하면서 야근자로서의 업무에 집중한다. 인터넷 기사 4개, 지면 기사 1개를 작성한 후 야근 업무까지 15시간 이상 바삐 움직였던 긴 하루를 마무리한다.

신문을 챙겨 보지 않은 지 오래된 입장에서 밤늦게까지 여러 사람이 회사에 남아 토론하고 제목 하나, 팩트 하나에 많은 논의를 하는 모습은 새로우면서도 감명 깊었다. 동시에 신문을 만드는 일에 손이 참 많이 가는구나 느꼈다. 인터넷에 쏟아지는 기사와 다르게 여러 손을 거치고 수정을 거듭하는 모습을 보며 그전까지 어렴풋하게 느껴졌던 기사의 품질 차이를 실감했다. 그러나 신문 독자가 줄고 인터넷 기사가 더 접하기 쉬운 세상에 이러한 노력을 사람들이 알아줄까, 하는 생각도 들었다. 또 알아주지 않음에도 너무 과하게 노력하고 있지는 않은지, 그 노력이 빛을 보지 못하면 얼마나

지속될 수 있을지 생각해보기도 했다. 또한 주변의 친구들을 보면 신문은 커녕 인터넷으로 기사를 보는 친구들도 드문데, 신문 아니 언론이 무슨 노력을 하고 있는지 알아차릴 독자가 얼마나 있을지 우려되기도 했다.

— 관찰자 2 동행 관찰 일지

❹ 관찰 6일 차 ― 2022년 1월 12일 수요일

오전 8시, 자택

KBS, MBC, CBS 라디오의 시사 프로그램을 청취하고 정치인들의 발언을 정리하면서 하루를 시작한다. 여당의 동향을 파악하고 다른 언론사의 기사를 확인한 후 단톡방에 보고한다.

오전 9시 30분, 국회

민주당 의원실 세 곳을 돌면서 티타임을 가진다. 일명 마와리[3]를 도는 것이다. 국회 의원회관에서 국회의원과 만남을 갖고, 이때 비서관 등도 동석한다. 오전에 시간이 되면 아침 보고를 올리고 바로 마와리를 도는 편이다. 정치부 기자 나름의 취재 활동이다.

오후 2시 10분, 더불어민주당 당사

취재원과 점심 식사를 마치고 여당 당사로 들어와 식사 시간에 얻은 정보를 보고하고 이재명 후보의 오후 일정과 동향 등을 살핀다. 오후 2시 24분 이재명 후보 선대위 관계자가 나와서 추가 일정에 대해 발표한다. 오후 4시 30분에 브리핑룸에서 안보 인사 영입 관련 발표가 있을 예정이며 구체적으로 영입 인사가 누구인지는 엠바고라고 한다. '심상정 기

朝鮮日報
2022년 1월 13일 목요일 A06면 정치

"現 선거상황 심각"
심상정 일정 중단

'낮은 지지율' 선대위 개편할듯
"후보사퇴·단일화는 고려안해"

심상정〈사진〉 정의당 대통령 후보는 12일 "현 선거 상황을 심각하게 받아들인다"며 선거 일정 중단을 선언했다. 정의당 선대위는 이날 밤 "심 후보가 현 선거 상황을 심각하게 받아들이고, 이 시간 이후 모든 일정을 중단하고 숙고에 들어갔다"고 했다. 심 후보가 마지막 일정인 저녁 방송 인터뷰를 마친 지 1시간이 지나서다. 정의당은 구체적인 이유는 밝히지 않았다. 다만, 후보 사퇴나 다른 당 후보와의 단일화는 고려하지 않는다고 정의당 관계자는 전했다.

심 후보는 지지율이 2~3%대를 벗어나지 못하는 상황에서 선거 전략에 대한 근본적인 고민이 필요하다는 판단을 한 것으로 분석된다. 정의당 관계자는 통화에서 "지지율 답보 상태가 계속되면서 선대위 전면 개편 등 다양한 변화가 필요하다는 논의가 있었다"며 "외부 요인보다는 내부의 잘못된 점부터 진단하고 새롭게 출발해보려는 차원"이라고 했다. 이날 공개된 쿠키뉴스·한길리서치 여론조사에선 허경영 국가혁명당 후보(3.2%)보다 낮은 5위였다.

심 후보는 이날 진행된 한국기자협회 토론회에서 저조한 지지율에 대해 "정권 교체와 시대 변화에 대한 열망으로 민심이 움직이고 있지만, 제가 그 대안으로 국민들에게 믿음을 주지 못하고 있다고 생각하고 이와 관련해 많은 고민이 된다"고 했다. 이와 함께 더불어민주당과 국민의힘 양당이 실무 협의체를 구성해 대선 TV토론 일정과 주제 등을 정하는 것에도 불만을 표한 것으로 전해졌다.

심 후보는 이날 토론회에서 "부동산 투기를 확실하게 잡을 수 있는 사람은 저밖에 없다"고 했다. 심 후보는 "부동산 가격을 안정화시키고, 투기를 잡을 사람은 부동산 기득권과 완전히 결별해야 한다"며 "그런데 큰 양당 후보는 부동산 투기 문제에 연루돼 의혹을 받고 있다"고 했다. 그러면서 "저는 도덕성의 측면에서 깨끗하다"며 "4선(選) 의원을 했지만 큰 당에 의지한 바 없고 재벌 눈치 본 적 없다"고 했다. ○○○ 기자

[기사 5-6] 정치부 차말진 기자 관찰 6일 차, 지면에 실린 기사 (2022년 1월 13일 6면)

자협회 토론'에 관한 지면 기사가 기자에게 배정된 것을 확인하고 기사 작성을 시작한다. 그동안 심상정 후보 동향 등에 소홀했다며 데스크로부터 신경을 더 쓰라는 지시가 내려왔는데, 마침 이날 기자협회 토론이 예정되어 있어서 이를 기사 주제로 잡은 것이다. 오늘 토론회에서는 성별 갈등, 부동산에 관한 주제가 중요하게 다루어졌다.

오후 4시 30분, 이재명 후보가 직접 브리핑룸에 와서 안보 관련 인사를 발표하고 질의응답 시간을 가진다. 관찰을 시작한 이후 가장 많은 사람이 브리핑룸에 모여 있다. 평소의 다른 브리핑과 달리 30분 전부터 카메라와 마이크를 점검하고 많은 사람이 모여들었다. 오후 4시 54분, 데스크로부터 여당 내 이재명계와 이낙연계의 갈등에 대해 알아보라는 지시가 내려왔다. 기사 작성을 마무리한 후 여당 내의 갈등에 대해 알아보고자 여기저기 전화를 걸어 취재한 후, 내용을 정리해 보고한다.

밤 9시, 자택

국회 인근 식당에서 취재원(여당 당직자)과 식사를 한 후 집에 들어왔다. 기사에 추가할 내용이 있는지 살피고, 추가로 수정 지시가 내려오기를 기다리면서 하루를 마무리한다. 오늘 작성한 심상정 기사에 대해서는 특별한 추가 수정이 없다.

관찰을 기회로 정치인과 언론인의 관계에 대해 다시 생각해보게 되었다. 여의도에서 진행된 6일간의 관찰을 통해 기자와 정치인들은 생각보다 가까운 관계를 지닌다는 것을 알게 되었다. 이들은 내밀한 협업의 관계를 유지하고 있었다. 기자는 여러 대변인과 친숙하게 인사를 하고 국회의원들과 점심, 저녁을 함께 먹으며 사적인 이야기를 편하게 나눴다. 물론 그렇게 우호적으로 지낸다고 해서 같은 편은 아닌 듯하다. 항상 긴장하며 취재원에게 실수하지 않도록 대하고 동시에 가깝게 다가갈 줄도 알아야 하며, 하나의 정보라도 건져야 하는 관계이다.

— 관찰자 2 동행 관찰 일지

ⓒ 사회부 법조팀 팀장

사회부 법조팀 팀장(남, 입사 14년 차)에 대한 관찰은 2022년 1월 2일(일)부터 7일(금)까지 6일간 진행되었다. 팀장의 하루 일과는 새벽 6시 이전 눈을 뜨자마자 서초동 사무실로 향하는 대중교통 안에서 스크랩마스터 애플리케이션을 통해 신문을 살펴보는 것에서 시작한다. 팀원들에게 기사 아이디어를 제공하고, 기사 아이템 발제를 독려하며, 발제된 아이템을 취합·정리하여 데스크에 보고하고, 팀원들이 작성한 기사를 데스킹하며, 데스크가 지시한 사항을 반영해 기사를 수정하면서 하루를 보낸다. 팀장은 법조팀 팀원들과 함께 6일 동안 하루 1개 이상의 지면 기사를 만들고, 다수의 온라인 기사를 인터넷에 올렸으며 한 건의 기명 칼럼을 작성했다. 6일간 관찰 중 2, 3, 4, 5일 차의 기록을 정리해서 제시한다.

❶ 관찰 2일 차 — 2022년 1월 3일 월요일

오전 5시 50분, 대중교통으로 이동 중
스크랩마스터 애플리케이션을 통해 다른 신문사의 법조 관련 기사를 보고 놓친 것이 없는지 검토한다. 어제 조선일보에서 위성호(전 신한카드 대표이사)의 특혜 채용 관련 기사를 냈는데 중앙, 동아에는 없었다. 사건

위성호 前 신한카드 대표 '특혜채용 혐의' 기소

위성호(63·현 흥국생명 부회장) 전 신한카드 대표이사는 계열사 임원 등으로부터 청탁을 받고 신입 사원 특혜 채용에 관여한 혐의로 재판에 넘겨졌다. 서울중앙지검 형사1부(부장 이선혁)는 지난달 31일 위 전 대표와 전직 인사팀장 A씨 등 2명을 불구속 기소했다고 2일 밝혔다. 가담 정도가 약한 전직 부사장 B씨는 약식 기소했다. 약식기소는 혐의가 가벼울 때 검찰이 재판 없이 벌금형 등을 선고해달라며 법원에 청구하는 절차다.

위 전 대표 등은 2016~2017년 신한카드 신입 사원 채용 과정에서 계열사 임원 등으로부터 청탁을 받고 청탁 대상자들이 불합격권임에도 서류 전형을 통과시키고 1·2차 면접 전형 점수를 조작하는 등 회사 채용 과정을 방해한 혐의다. 검찰이 파악한 청탁 대상자는 총 8명에 달하는 것으로 한다. 위 전 대표는 "채용 과정에서 불법은 없었다"는 입장인 것으로 전해졌다.

이번 수사는 금융감독원이 2018년 5월 신한은행, 신한카드, 신한캐피탈 등의 특혜 채용 정황을 포착해 검찰에 수사 의뢰를 하면서 시작됐다. 신한은행 특혜 채용 의혹과 관련해서는 서울동부지검이 수사를 같은 해 10월 조용병(64) 신한금융지주 회장 등을 부정 채용 혐의 등으로 불구속 기소했다. 1심 법원은 조 회장에게 징역 6개월에 집행유예 2년을 선고했지만, 작년 11월 2심 법원은 이를 뒤집고 무죄를 선고했다. 검찰은 판결에 불복, 상고한 상태다.

이번에 검찰이 기소한 신한카드 특혜 채용 의혹은 관할 문제 등으로 작년 초 서울동부지검에서 서울중앙지검으로 이첩돼 수사가 진행됐다. 조 회장이 2심에서 무죄가 선고된 이후 법조계에서는 "검찰의 신한카드 사건 처리에 영향을 줄 수 있다"는 전망도 나왔다. 하지만 서울중앙지검 관계자는 "조 회장 판결과는 별개로 위 전 대표에 대해선 혐의 입증에 충분한 증거가 확보됐다"고 했다.

앞서 조 회장과 위 전 대표는 신한금융그룹 내 CEO 자리를 두고 세 차례 맞붙은 바 있다. 2015년 신한은행 은행장, 2017년과 2019년에는 각각 신한금융지주 회장 자리를 두고 경쟁을 펼쳐 세 번 모두 조 회장이 이겼다.

○○○·○○○ 기자

[기사 5-7] 위성호 전 신한카드 대표의 특혜 채용에 관한 기사 (2022년 1월 3일 10면)

자체는 큰 의미가 없어 보이지만, 조용병 회장과 엮어서 의미를 만들어 냈다(기사 5-7 참조).

오전 6시 30분, 서초동 법조팀 사무실

서초동에 있는 법조팀 사무실로 출근해서 운동하고 씻고 업무 준비를 시작한다.[4] 시간을 절약하기 위해 기상하면 바로 사무실로 출근부터 한다. 업무 준비 후 9시까지 팀원들이 발제하기를 기다리면서 일간지를 살펴보고 어떤 기사들이 있는지 확인한다. 조선일보는 처음부터 끝까지 모두 읽어보고, 중앙일보·동아일보는 전체적으로 주요 기사를 살펴보며, 한겨레신문·경향신문·한국일보·세계일보·국민일보 등은 정치·사회면 중심으로 주요 기사를 살펴본다.

오전 9시 팀원들이 발제한 내용을 취합한다. 발제 내용 중 이해가 되지 않는 부분이 있으면 전화해서 어떤 의미인지 확인하고, 추가로 확인해야 할 팩트가 있는 경우에도 전화로 소통한다. 어제 팀원들에게 취재 지시를 한 아이템이 있어서 내용을 확인하고, 팀원들의 취재에 살을 더 붙이는 작업을 한다. 타 신문사 보도와 관련해서 데스크로부터 질문이 들어와서 이를 확인하기도 한다. 대장동 이슈와 관련하여 박관천 (전 청와대 행정관)이 유동규(전 성남도시개발공사 기획본부장)와 통화했다는 타사의 보도가 있어서 이를 본 데스크가 팀장에게 확인 차 전화했고, 팀장은 관련 내용을 발제한 팀원에게 정확한 사실관계를 확인한 후 데스크에 보고한다. 이러한 과정을 거쳐 취합한 발제 아이템을 Xcoop에 공유한다. 이후에는 사회부를 포함하여 정치부, 경제부 등 다른 부서에서 올라온 보고를 모두 확인한다. 법조팀과 관련된 아이템이 있으면 공동으로 기사를 작성하여 내용을 더 풍부하게 할 수 있기 때문이다. 어제 위성호 전 신한카드 대표의 특혜 채용 관련 기사도 사회부와 경제부가 협력하여 의미 있는 기사가 될 수 있었다.

오전 10시, 오늘 보고한 내용에 관해서 사회부장으로부터 전화가 와서 질문에 대답한다. 수시로 자료를 확인하고 보완이 필요한 내용을 수정한다. 오늘 아침 발생한 유동규 핸드폰 사건에 관한 조사를 진행하던 중 핸드폰 2개의 정확한 행방이 확인되지 않아 팀원들과 계속 소통하면서 내용을 정리한다. 10시 20분에는 중앙지검 출입 팀원 3명이 출근해서 법조팀 회의를 시작한다. 법조팀의 회의 내용에 대해서는 오프더레코드를 요청받았기 때문에 기록하지 않았다.

오후 1시 30분, 서초동 법조팀 사무실

팀원들과 점심을 먹고 들어와 오후 보고를 기다리면서 석간신문을 살펴본다. 오전 보고 이후 새로운 사건은 없는지 파악하고 석간신문 기사를 점검한다. 오후 2시, 팀원의 보고 내용과 팀장이 직접 정리한 자료, 석간신문 기사 등을 종합하여 데스크에 오후 보고를 올린다. 사회부 회의가 끝나기를 기다리면서 추가로 자료 조사를 하고 동료 기자들과 전화 등으로 정보를 공유한다. 오후 2시 50분, 사회부 회의가 끝나고 오늘 사회면의 지면 계획이 결정된다. 법조팀에 배정된 3건의 기사를 살펴보고 팀원들에게 배분한다. 오후 4시 30분까지 기사를 작성하라고 지시한 후 새로운 사건이 있는지 찾아보고 동료 기자들과 전화 통화를 한다. 안부 인사를 건네면서 자연스럽게 통화하고 업무 관련 이야기도 나눈다.

오후 4시가 넘어 팀원들이 기사를 올리자 데스킹을 시작한다. 초판이 나오기 전까지 최대한 내용을 수정한다. 초판이 발행되고 편집회의가 진행되는 동안에도 기사 수정은 멈추지 않고 계속된다. 위로는 데스크, 아래로는 팀원들과 계속 전화로 소통을 이어가면서 기사를 검토한다. 편집국의 51판 편집회의가 끝나면 대략 6시 30분 전후에 수정 사항이 전달된다. 중요한 수정 사항이 있을지도 모르기 때문에 사무실에서 대기한다.

저녁 8시 30분, 서초동 법조팀 사무실

저녁 식사를 마치고 사무실로 복귀하여 TV조선 뉴스를 시청하고, 이후 51판이 발행되자 내용을 확인한다. 오늘은 특이 사항이 없어서 여기에서 업무를 끝낸다. 시간은 밤 10시, 오전 5시 50분에 시작한 하루의 일과가 16시간 만에 마무리된다.

기자는 자부심이 있어야 한다. 업무강도가 강하고 업무 특성상 돌발 상황이 많으므로 자부심 없이는 이 일을 하기 어렵다. 기자는 신문이라는 상품을 만들어내는 전문직으로서 항상 긴장하고 있어야 한다.

— 기자 3 동행 관찰 중 인터뷰

오전 6시 30분, 서초동 법조팀 사무실

여느 때와 다름없이 새벽에 눈을 뜨자마자 스크랩마스터에서 다른 신문사의 법조팀 관련 기사를 빠르게 확인하면서 출근한다. 출근해서 운동하고 씻고 업무 준비를 한다. 당일 발간된 일간지들을 살펴보면서 팀원들의 발제를 기다린다. 오전 9시 팀원들의 발제가 들어오면 발제 내용을 수정하고 모호한 부분은 전화로 정확하게 확인한다.

오전 9시 30분, 컴퓨터에 메신저를 띄워놓고 팀원과 계속 소통하면서 발제 내용을 수정하고 오전 9시 52분에 보고를 완료한다. 데스크로부터 보고 내용 관련해서 자료를 보완하라는 전화가 와서 관련 내용을 보고에 추가한다. 부장으로부터 대장동 사건과 관련해서 팩트를 확인하는 전화가 와서 현재까지 파악한 내용을 보고한 후 추가 취재에 들어간다. 오늘 아침 한국일보가 사회면 톱에 "유동규가 압수수색 직전 김용, 정진상과 통화한 기록이 있다"는 내용의 기사를 단독으로 보도했다(기사 5-8). 법조팀이 이 사실을 놓쳤다는 점에서 타격이 있는 것으로 보이며, 아침부터 데스크로부터 전화가 많이 오고 분위기도 좋지 않다.

오전 10시 30분, 오전 지면 계획이 나와서 취재 및 작성해야 할 기사를 팀원들에게 배분한다. 어제 물먹은 것을 만회하려면 더 바삐 움직여야 하는 상황이다. 팀원 수에 비해 할 일이 많아 다 소화할 수 있을지 걱정이 되지만, 팀원들에게 전화해서 조금만 더 고생해달라고 격려한다.

오후 2시, 서초동 법조팀 사무실

점심 식사 후 팀원들의 오후 보고를 취합, 수정, 정리하여 데스크에 보

유동규, 檢압수수색 前 이재명 측근 김용·정진상과 14회 통화 흔적

[기사 5-8] 2022년 1월 4일 한국일보 사회면 톱기사

고한다. 오늘은 어제 놓친 기사 때문에 하루가 정신없이 돌아가고 있다. 대장동 사건과 관련해서 많은 취재가 이루어지고 있고 전화 연락도 평소보다 많다. 법조팀 사무실에 들어와 있는 중앙지검 출입 팀원 두 명도 계속 여기저기 연락을 취하면서 취재하느라 정신없이 바쁘다. 팀장도 사회부 부서 회의가 끝나기를 기다리면서 다른 부서의 보고를 확인하고 자료를 보충한다. 어제의 낙종을 만회하기 위해 더 부지런히 취재 활동을 이어간다.

신문사들끼리의 경쟁은 치열하다. 누가 특종을 잡느냐, 어떤 정보를 누가 선점하느냐, 먼저 속보를 쓰느냐와 같이 치열한 싸움은 매일 일어나고 있다. 나도 마찬가지지만 독자들은 오늘 우리 사회에 무슨 일이 있었는지를 궁금해하지 어느 신문사에서 기사를 먼저 썼는지까지는 궁금해하지 않는다. 하지만 신문사 내부에서는 이걸 누가 먼저 썼느냐가 매우 중요하다. 1월 4일 한국일보의 특종으로 조선일보는 패배했다. 그날은 새벽부터 분주했다. 법조팀 기자 한 명은 새벽 4시에 잠에서 깼다가 우연히 한국일보

의 보도를 확인하고 잠을 설쳤다고 한다. 조선일보는 '반까이'[5]를 해야 했다. 하지만 특종을 잡는 것은 놀이터에서 500원짜리를 줍는 것과 같아서 눈앞에 떨어져 있으면 가서 주우면 끝이지만 밤을 새워 찾아도 안 나오는 건 안 나온다. 그렇게 팀원들은 며칠 동안 현장에서 '맨땅에 헤딩'을 했고 기사 몇 개를 건졌지만 특종은 아니었다.

— 관찰자 3 동행 관찰 일지

오후 3시 40분, 공수처 등으로부터 통신 기록을 조회당했다는 오세훈 서울시장의 발언에 대한 서울지검의 입장을 알아보라고 팀원에게 지시한다. 부장으로부터 취재 지시와 기사 재촉 전화가 와서, 팀원들에게 기사를 더 빨리 마감해달라고 부탁한다. 오후 4시, 기사가 들어오고 데스킹 작업을 시작한다. 정확한 표현과 명확한 전달을 위해 팀원들과 계속 소통한다. 김만배가 화천대유의 대표인지 대주주인지, 구속 날짜가 언제인지 꼼꼼히 확인한다. 데스킹을 거쳐 50판 기사를 마감하고, 다시 다른 언론사 기사들을 읽으면서 새로운 정보가 있는지 파악한다.

밤 9시 30분, 서초동 법조팀 사무실

저녁 식사를 마친 후 사무실로 들어와 전화로 추가 취재를 하면서 팀원이 작성한 이재명 후보 관련 기사 내용을 수정한다. 이재명 후보 조카의 살인사건 변호와 관련한 소장을 2주 동안 수령하지 않다가 2주 만에 수령한 사실에 대해 법적 문제는 없는지 확인한다. 밤 10시 후배 기자와 긴히 할 말이 있다고 해서 관찰자는 방해가 되지 않게 자리를 피한다. 팀장은 오늘도 어제와 마찬가지로 서초동 사무실에서 16시간이 넘는 긴 하루를 보내고도 퇴근하지 못하고 여전히 사무실에 남아 있다.

오전 6시 30분, 서초동 법조팀 사무실

오늘도 스크랩마스터를 통해 조간신문을 빠르게 확인하면서 출근한 후, 운동하고 씻고 업무 준비를 한다. 계속해서 당일 발간된 일간지들을 살펴보면서 팀원들의 발제를 기다린다. 오전 9시, 팀원들이 보고한 내용들을 확인하고 몇몇 팀원과 통화한다. 팀원의 보고에 대해, 이미 해당 아이템이 기사로 나간 적이 있는데 다시 기사로 쓸 만큼 새롭고 의미 있는지 질문한다. 또한 보고 내용 중 친문 단체가 정확히 무엇을 의미하는지 질문해서 '깨시연(깨어있는 시민연대)'이라는 답을 듣기도 한다. 이재명 후보의 모친이 사망하면서 모친의 아파트가 재산 신고 목록에서 제외되었다는 보고도 있었는데, 이에 대해서도 전화로 상세히 내용을 파악한다. 팀원과의 소통이 끝난 후 내용을 취합하여 정리한다.

오전 9시 30분, 데스크에 오전 보고를 하고, 일일보고 시스템을 통해 인터넷 기사와 타 부서의 보고 등을 확인한다. 데스크로부터 이재명 후보의 재산 신고에 대해 질문하는 전화가 와서 상세히 설명한다. 부장에게서 오늘 보고 중 기사화할 만한 아이템이 있는지 묻는 전화가 왔지만, 획기적인 발제안이 없어서 이렇다 할 답을 하지 못한다.

수많은 사건·사고 중 기사가 될 만한 아이템을 골라내는 판단 기준 가운데 하나는 주요 인물과 관련된 것이다. 문재인 대통령, 이재명 후보, 윤석열 후보, 그들의 측근 등 권력, 정치, 경제 등의 중심에 서 있는 인물에 관한 사건들은 기사로 다룰 필요가 있다고 생각한다. 경찰 사건의 경우는 송파구 세 모녀 사건처럼 사회에 경종을 울릴 수 있는 사건, 그 밖에 인명이나 재산 피해가 큰 사고가 기사화된다.

— 기자 3 동행 관찰 중 인터뷰

오전 10시 30분, 팀원 기자 1명이 사무실로 출근하여 팀장과 회의를 한다. 회의 내용은 오프더레코드라고 해서 관찰자는 잠시 자리를 비켜준다. 이어 오전 11시, 윤석열 후보의 기자회견(선거대책위원회 해산 관련)을 TV로 시청한다.

오후 1시 30분, 서초동 법조팀 사무실

점심 식사 후 사무실로 들어와 뉴스를 보거나 메신저 연락 등을 취한다. 팀원에게 전화해서 대장동 사건 관련 정보를 확인하고 취재 진행 상황을 점검한다. 어제 대장동 사건과 관련해서 물을 먹은 이후라서 더 힘을 줘서 취재하고 있다. "어제보다는 조금 진전이 있는 것 같다. 고생한 만큼 결과로 보여주자"라는 말로 팀원을 독려한다. 다른 팀원과는 백운규 공소에 관한 취재 진행 상황을 점검하는 내용의 통화를 한다. 또 다른 팀원에게 전화해서 선배 팀원들과 일하면서 어려운 점은 없는지 살피고, 조금만 더 고생해보자고 격려한다. 오늘 통화는 대장동 이슈 관련해서 수고가 많다는 것, 정보를 조금씩 건져내다보면 좋은 기사가 나올 것이라는 응원과 격려가 대부분이다.

오후 2시, 어제부터 분위기가 좋지 않은 상태에서 오늘도 특별한 기사가 없는 상황이라 법조계 지인과 동료 기자 등에게 전화를 걸어 기삿거리가 있는지 탐색한다. 가볍게 안부를 묻는 '사적인 대화'와 유동규의 변호사 선임 등에 대한 견해를 묻는 '공식적인 취재'를 넘나들면서 능숙하게 통화한다.

오후 3시, 사무실 근처 편의점

종량제 봉투와 물을 구매하기 위해 편의점에 간다. 관찰자도 동행하면서 이런저런 이야기를 나눈다. 오늘 특별한 기삿거리를 건지지 못해서 계속 탐색 중인 상황이다. 법조팀 기사는 1건이 배정되었는데 그나마 예전에 이미 다루었던 내용이라서 사실상 오늘은 새로운 기사가 없는 셈이다. 내일 새로운 아이템을 발제하기 위해 세 명의 팀원이 외곽 취재를 하고 있는데, 소득이 있기를 기다리고 있다. 일단 오늘 당장은 기사가 없어서 조금 여유롭다.

저녁 6시, 편집국

오늘 법조팀에 배정된 기사를 마감한 후 회사로 이동한다. 오늘 저녁 데스크 자리가 공석이기 때문에 데스크 업무를 대신하기 위해 편집국에 자리하고 앉는다. 국장이 주재하는 편집회의가 마무리될 때까지 대기하다가 사회부 회의에 참석한다. 회의 결과 법조팀 기사의 분량이 조금 늘어난 사실을 팀원에게 전달한다.

저녁 8시, 편집국

저녁을 먹고 들어와 내일 발제에 도움이 될 만한 기사와 자료를 탐색한다. 오늘은 법조팀 기사가 한 개밖에 없고, 그것마저 짧고 간단한 기사라서 특별히 데스킹에 시간을 들일 필요는 없다. 시간적으로는 여유가 있지만 내일 좋은 발제가 반드시 나와야 해서 심적으로 부담이 되는 상황이다. 팀원들이 열심히 취재 중이기 때문에 재촉하거나 하지 않고 일단 기다리기로 한다.

　밤 9시 50분, 52판 편집회의가 끝난 후 기사 수정 사항이 전달되어 내용을 수정한다. 이어 팀원들과 소통하면서 업무를 마무리하던 중, 오스템 횡령 직원이 체포되는 바람에 사회부 전체가 분주해진다. 〈1880억 횡령 직원, 건물 3채 증여…〉라고 되어 있던 51판의 기사 제목을 체포 이후인 52판에서는 〈1880억 횡령 직원 체포, 건물 3채 증여…〉로 변경하고 기사 내용도 수정한다. 인터넷 속보를 띄우고 기사 내용을 수정하는 등의 일은 다른 팀 소관이지만, 지면이 변화하면서 법조팀 기사도 분량 등을 일부 수정해야 한다. 서둘러 일을 마무리하고 오늘도 하루의 일과를 시작한 지 17시간 만에 퇴근한다.

> 늦은 밤에 영장 발부나 구속이 이루어지면 마감 시간에 맞춰서 기사를 쓸수 없으므로 여러 가지 시나리오의 기사를 미리 작성해놓는다. 구속되는 경우, 구속되지 않는 경우 등 여러 가지 상황을 고려해서 기사를 미리 다 작성해놓고, 결과에 따라 해당 기사를 지면에 올린다. 이러한 기사 작성 방식은 사회부의 업무강도가 높아지는 또 다른 원인이 된다.
>
> — 기자 3 동행 관찰 중 인터뷰

편집국을 지켜보며 종이 신문에 관한 생각이 완전히 달라졌다. 나는 종이 신문을 사양산업이라 생각했고 인터넷 시대에 아직도 종이로 된 신문을 읽는 건 시대에 뒤떨어진 일이라 생각했다. 하지만 신문사에서는 여전히 종이 지면이 1순위, 인터넷 기사는 그다음이었고, 편집국의 하루는 오로지 종이 지면을 어떻게 찍어낼지에 집중되어 있었다. 종이 지면을 채우는 일은 굉장히 섬세한 작업이었다. 어떤 기사를 어느 위치에 어느 정도 크기로 배치할지 결정하는 과정은 매우 전략적이었다. 어떤 기사가 그 위치에 놓이기까지 여러 번의 회의가 있고 편집국의 다분한 의도가 담겨 있다. 다음

날 아침에 그 신문의 지면만 봐도 전날 편집국이 어떤 회의를 나눴을지 예측할 수 있다.

— 관찰자 3 동행 관찰 일지

❹ 관찰 5일 차 — 2022년 1월 6일 목요일

오전 6시 30분, 서초동 법조팀 사무실

일어나자마자 신문 기사를 확인하면서 출근한 후, 운동하고 씻고 업무 준비를 한다. 당일 발간된 일간지들을 살펴보면서 팀원들의 발제를 기다린다. 오늘도 다른 날과 동일한 아침 루틴이다.

신문 기자들은 강한 업무강도를 소화해내고 있었다. 팀장은 매일 5시 50분쯤 기상해서 곧바로 사무실(서초동 오피스텔)로 출근한다. 출근을 해야 일이 시작되는 것은 아니다. 출근길에 당일 발간된 신문들을 모조리 읽는 것부터가 그날 업무의 시작이다. 팀원들도 새벽부터 일을 시작해야 한다. 그래야 9시에 오전 보고를 할 수 있기 때문이다. 그리고 또 밤늦게까지 일을 한다. 편집국에서 늦은 저녁까지 회의가 이어지고 변동 사항이 수시로 생기기 때문에 일이 정확히 언제 끝난다는 게 정해져 있지 않다. 대개 밤에 퇴근하면 다음 날 새벽부터 또다시 하루가 시작되고 그렇게 주 6일을 일한다. 내 생활을 많은 부분 포기해야 하고 항상 사건과 취재를 내 삶보다 우선시해야 한다. 기자는 사명감 없이 할 수 없는 직업이라는 생각이 든다.

— 관찰자 3 동행 관찰 일지

오전 9시, 오전 보고 내용을 확인하고 팀원과 통화한다. 팀원이 보

朝鮮日報　2022년 1월 8일 토요일 A26면 오피니언

옛 중수부만도 못한 공수처

기자의 視角

○○○
사회부

2011년 6월 3일 밤 10시 서울 서초동 법조 타운의 한 호프집에 부산저축은행 사건을 수사 중이던 대검찰청 중앙수사부 핵심 멤버들이 들어왔다. 그들은 "조사 중이던 참고인들을 모두 집에 보내고 '셔터' 내리고 왔다"고 했다. 그날 국회 소위에서 여야가 중수부 수사 기능을 폐지하는 방안에 합의하자 반발한 것이다. 한 간부는 "우리가 여야 가리지 않고 정치인 수사를 하니 '눈엣가시'를 제거하려는 것"이라고 주장했지만, 사실 중수부는 내내 '정치 수사' 논란을 겪었다. 검찰총장의 '직할 부대' 소리를 들으며 권력 의중에 따라 '선택적' 수사를 한다는 것이었다. 결국 2013년 5월 중수부는 32년 만에 현판을 내렸다.

그런 중수부도 '살아있는 권력'에 대한 수사를 했다. 1997년과 2002년 김영삼·김대중 정부 시절 현직 대통령 아들을 구속했다. 이후 2012년 '파이시티 인·허가 사건'에서 이명박 대통령의 최측근 최시중 전 방송통신위원장, 박영준 전 지식경제부 차관을 구속할 때까지 실세 여럿이 중수부 문턱을 드나들었다. 특히 정치인 수사를 할 때는 '여야를 동

[기사 5-9] 사회부 법조팀 팀장 관찰 5일 차, 팀장이 작성한 칼럼 일부 (2022년 1월 8일 26면)

고한 내용이 과거에도 다루었던 자료인 것 같아 특이 사항을 질문하고, 팀원이 추가로 새롭게 파악한 부분을 확인한다. 과거에 기사화된 부분이 어디까지인지도 함께 살펴본다. 또 다른 팀원에게는 패스트트랙에 관한 구체적인 내용을 조사하도록 지시를 내린다. 오전 보고 내용을 취합, 정리하여 데스크에 보고한다. 그제 낙종 이후 어제 기사가 없어 부담스러운 상황이었는데, 오늘은 기삿거리가 있어서 다행이다. 여론독자부 담당자로부터 '기자의 시각' 칼럼을 작성해달라는 요청을 받고 수락한다. 지난주 휴가 기간에 생각해놓은 주제가 있어서 그것으로 작성하려고 한다. 오전 10시, 중수부와 공수처에 관한 내용을 칼럼으로 작성하기

위해 해당 사안을 잘 알고 있는 지인에게 전화를 걸어 정보를 확인한다. 팀장이 제기하는 문제가 타당한지 전문가에게 확인하고 검증한다. 오후 4시까지 보내달라는 요청을 받았지만, 오늘 써야 하는 다른 기사(인터넷 기사)도 있고 팀원들 기사도 데스킹해야 하므로 투자할 시간이 많지 않아 오전에 초고를 마무리하려고 서두른다. 오전 11시, 잠시 병원과 미용실에 들른다. 새벽에 출근해서 밤늦게 퇴근하는 일상이기 때문에 점심시간을 이용해서 병원에 가거나 머리를 자르곤 한다. 서둘러 볼일을 마치고 간단히 점심을 먹은 후 다시 사무실로 향한다.

오후 1시 30분, 서초동 법조팀 사무실

사무실로 들어와 오전에 작성하던 칼럼을 다시 살펴보고 수정한다. 2시까지 팀원들이 보고한 내용을 취합, 수정, 정리해서 데스크에 보고한다. 오후 2시 50분, 사회부 회의에서 지면이 확정되어 내려오자, 팀원들에게 기사를 배정하고 지시 사항을 전달한다. 오늘은 박스 기사 2개와 판결문 기사 1개가 배정되었다. 오후 3시, 다시 칼럼 작성에 집중한다. 팀원들이 기사를 보내오면 데스크를 봐야 하므로 그전에 칼럼을 마무리할 계획이다.[6] 오후 3시 50분에는 온라인용 기사를 작성한다. 온라인 기사는 보통 팀원들이 작성하지만, 오늘은 어제에 이어 팀원이 모두 현장에 나가 있는 상황이다. 팀원들의 업무가 과중하면 현장 조사에 차질이 생길 수 있으므로 이럴 때는 본인이 직접 온라인 기사를 작성한다. 오늘은 칼럼에 온라인 기사까지 글을 쓰느라 유난히 바쁜 날이 되었다. 오후 4시 42분, 초판 발행을 위한 법조팀 기사를 보고한다. 데스크로부터 자료를 좀 더 보충하면 좋겠다는 의견을 전달받아, 팀원에게 전화하여 기사 내용을 보완할 것을 요청하고 추가 취재를 독려한다. 팀원과 함께 소통하면서 기사를 수정한다.

저녁 6시, 여의도 인근 식당
저녁 약속이 있어 여의도로 이동하여 저녁 식사를 하고 바로 집으로 퇴근한다. 밤 9시, 집에 도착해서 51판 기사를 확인한다. 특별한 수정 지시가 없어서 하루 업무를 마무리한다.

3. 일선 기자 동행 관찰이 말해주는 것들

일선 기자 동행 관찰은 뉴스가 생산되는 최일선의 현장에 대해 많은 것을 말해주었다. 연구진이 이미 알고 있는 것도 있었지만 미처 주목하지 못한 사실들도 많았다. 세 명의 관찰자들은 사전 교육을 통해 연구진이 주문한 사항들을 충실히 수행하였다. 관찰자들은 동행 관찰 기간 연구진과 지속적으로 긴밀하게 소통하며 그날그날의 관찰 내용을 보고하고, 관찰이 끝난 직후에는 종합적인 후기를 작성했다. 동행 관찰이 종료된 후 10여 일이 지난 시점(2022년 1월 22일)에는 연구진과 다시 만나 동행 관찰 전반을 점검하고 의미를 돌아보는 평가 회의를 열었다.

강한 노동강도 vs 워라밸
일선 기자들의 노동강도는 높았다. 일선 기자들은 뉴스 생산에 자신의 모든 시간과 노력을 투입하고 있었다.[7] 이들은 하루 종일 기사 생산에 몰두했다. 이른 아침부터 늦은 밤까지 많게는 17시간까지 뉴스 생산에 시간을 쏟아붓는 게 그들의 일상이다. 동행 관찰의 대상이 되었던 일선 기자 중에는 근성을 발휘해 일에 전념하는 유형도 있었고, 기자로서의 업무와 개인으로서 자신의 삶을 구분해서 쿨하게 일하는 유형도 있었다. 특히 일선 기자들을 이끄는 소대장에 해당하는 일선 팀장의 헌신적인 역할은 주목할 만한 것이었다. 그는 힘겨운 일선 취재 현장에서 솔선수범과 감성적 교감으로 휘하 기자들을 독려하고 이끄는 리더십을 보여주었다.

> 일단 일정 자체가 매일 새벽 6시 반에 출근해서 밤 11시 넘어서 퇴근하는데, 이걸 지금 10년 이상 해오고 있다는 것 자체가 말이 안 되는 것 같아요. 제 입장에서는 (중략) 이걸 그냥 단순한 돈벌이 수단이라고는 절대 볼 수가 없을 것 같습니다.
>
> — 관찰자 3 관찰 평가 회의 발언

> 기자들의 워라밸은 소문대로 안 좋았습니다. 개인적인 시간이 거의 없다고 느꼈습니다. 쉬는 날 어떨지는 보지 못해 모르겠으나 카카오톡은 휴일이라고 쉬지 않을 것이 분명합니다. 그러다보니 기자가 일에 완전히 몰두하고 그 자체에 흥미를 느껴야만 일을 오래 계속할 수 있겠구나, 느꼈습니다.
>
> — 관찰자 2 동행 관찰 일지

하지만 동행 관찰을 통해 세밀하게 들여다본 일선 기자들의 일상은 그들이 언론인의 정체성을 상실하고 심리적 탈진burn out 상태에 빠져 있다고 본 기존 연구들(김동률, 2006 & 2009; 박상영·조성제, 2014; 배정근·하은혜·이미나, 2014; 백강희, 2019; 안차수·이건혁, 2020; 오해정, 2023;

이석호·이오현, 2019; 이정훈·김균, 2006; 오혜정, 2023; 전오열, 2016; 진보래, 2021; 채윤경, 2023; 최영재, 2022; 황비웅·장환영; 2020)의 진단과 일정 부분 거리가 있었다. 말진, 차말진, 일선 팀장 간에 정도 차이가 있었지만 관찰 대상이 된 기자들은 고된 여건 속에서도 일과 개인 삶의 균형을 추구하는 모습을 보여주었다. 이들은 언론에 대해 앞 세대 언론인들처럼 강한 소명의식을 표출하지는 않았지만 자신이 수행하는 역할에 책임감과 자부심을 드러냈다.

일선 기자들은 디지털 리터러시가 높은 MZ세대답게 출입처, 카페, 편집국을 넘나들며 시공간적으로 작업을 효율화했다. 관찰자 중 한 명은, 지면 기사를 작성하지 않는 날에는 일선 기자가 나름 여유 있는 시간을 갖기도 하는 등 기자의 워라밸이 생각했던 것보다 나쁘지 않은 수준이라고 평가했다.[8]

> 기사가 채택되면 총 3번의 수정을 거치는데, 이 경우를 제외하고는 워라밸에 크게 문제가 생긴다고는 못 느꼈습니다. 물론 기사가 채택되면 밤늦게까지 팀장과 통화를 하고, 저녁 식사를 하다가도 나와서 수정해서 기사를 보내야 했습니다. 하지만 관찰 이전에 생각했던 것보다는 덜 바쁜 것 같다고 느꼈습니다.
>
> — 관찰자 1 동행 관찰 일지

집요한 사실 확인

일선 기자는 하루 종일 선임 기자와 데스크로부터 사실 확인을 요구받는다. 기사 아이템을 발제하면 정확한 취재에 근거한 것인지, 관련 내용을 직접 확인했는지, 정보의 출처는 어디인지 등과 같은 질문들이 이어진다. 기자는 이 같은 질문에 제대로 답하기 위해 정확한 정보를 찾고 다수의 취재원과 연락을 주고받는다. 기사 초안을 작성한 직후부터 본격적으로 시작되는 데스킹의 과정도 마찬가지다. 데스크는 정확한 취재와 사실 확인 절차를 거쳐서 기사를 작성했는지, 사실을 정확하게 전달하는 단어와 표현을 사용했는지 등을 신문 발행 직전까지 계속 점검한다. 일선 기자들은 데스크의 요구에 따라 추가 취재를 하면서 거듭 기사를 수정한다. 일선 기자의 관점에서 데스킹은 집요하게 사실 확인을 요구받는 과정이다.

캡이라고 불리는 분이 기사를 실시간으로 읽고 사실 확인 전화를 합니다. 기자들이 너무 당연하거나 좀 세세한 부분은 굳이 취재하지 않고 그냥 생각나는 대로 쓰는 경우가 있는데, 그걸 전화해서 '이게 맞아? 어떻게 해서 그런 말이 나왔지?' 이렇게 계속 확인을 해서, 기자들이 제대로 조사하지 못한 경우에는 그 과정에서 걸린다고 하셨어요. 그래서 들키지 않기 위해서라도 처음부터 세세하게 자료 조사를 하는 거 같아요. 취재도 한두 명한테 하는 게 아니라 10명까지도 취재하는 것 같고, 엄청 자세한 부분까지 사실을 확인하는 것 같았어요.

— 관찰자 1 관찰 평가 회의 발언

사실보다 부풀리거나, 확인되지 않은 것을 기사로 쓰는 일은 여기서 절대 일어나지 않는다. 이들이 매일 늦은 밤까지 취재를 계속하는 이유는 한 줄의 사실을 찾기 위해서다. 기사 하나를 쓰기 위해 얼마나 노력하는지 나는 일주일 동안 직접 보았다. 내가 본 것은 여당에 불리한 기사를 쓰기 위해 사실을 왜곡하고 부풀리는 것이 아니라, 한 명의 기자로서 오늘도 새로운 사실을 전달하기 위해 새벽부터 누구보다 일찍 사회의 문을 두드리는 사람들이었다.

기사 아이템 발제의 주요 가치: 새로움

일선 기자들은 기사 아이템을 발제하는 과정에서 '새로움'을 가장 중요한 가치로 간주한다. 이러한 관행은 데스크로부터 영향을 받은 것이고 나아가 편집국 전체의 문화이기도 하다. 데스크에서 아이템을 채택할 때 새로운 사실인지, 혹은 이전에 자사나 주요 일간지에서 기사화한 적이 있는지를 중요하게 고려하기 때문에 자연스럽게 일선 기자도 새로움의 가치를 중요하게 여긴다. 따라서 아이템을 결정할 때 이전에 다룬 적이 있는 주제인지를 먼저 확인하고, 유사한 주제라면 피하고자 한다.

사회부 회의를 한두 번 정도 옆에서 들을 수 있었는데요. 거기서 기사로 쓸지 말지 결정하는 가장 큰 요인은 아무래도 이게 완전히 새로운 사실인지, 이전까지 기사로 쓴 적이 있었는지고 있었다면 그걸 굳이 또 기사로 쓰지는 않으려 하는 것 같습니다. 이전에 기사를 안 썼던 완전히 새로운 사실이면, 그렇게 중요한 일이 아니더라도 일단 지면에 싣는 방향으로 얘기하는 것을 관찰했습니다.

아이템이 생겼을 때 일단 조선일보에서 비슷한 아이템이 있었는지 검색하고, 그다음 메이저 신문사에서 검색을 하고, 마이너 신문사에서 기사가 났어도 조선일보에서 다시 한번 나올 수 있으니까 그건 신경 쓰지 않는다고 합니다. 메이저에서 기사가 나왔다면 이거랑 같은 방향으로는 쓰지 말아야겠다, 하는 정도의 모니터링을 하는 것 같습니다.

새롭다는 것이 단순히 새롭게 발생한 사건·사고만을 의미하는 것은 아니며, 새로운 사건이 아니더라도 새로운 관점에서 접근하거나 새롭게 풀어낼 만한 이야깃거리가 있는지도 중요한 고려 요소이다. 새로운 트렌드나 새로운 사회 현상도 '새로움'이라는 아이템 발제 기준의 중요한 부분이다. 사건 사고뿐 아니라 삶의 패턴이 어떤 방향으로 변화하고 있는지, 특히 젊은 층의 라이프스타일과 문화의 새로운 경향에 관한 아이템을 찾기 위해 노력한다. 일선 기자들은 고연령대의 조선일보 독자들이 젊은 층의 새로운 트렌드에 관심과 흥미를 보일 것으로 보고, 새로운 아이템을 발굴하여 독자와 소통하려고 노력한다.

큰 화재가 있어도 불이 났다는 사실은 기사로 나갔기 때문에 거기서 더 새로운 사실인지, 새로운 스토리가 있는지, 아니면 또 어제 썼던 그대로 화재가 일어났다는 사실 자체에 관한 내용인지 이렇게 따져서, 완전히 새로운 스토리가 있지 않으면 아무리 큰 사건이어도 굳이 기사로 지면에 싣지는 않으려는 게 있었습니다.

시의성도 중요하긴 한데 뭔가 새로운 사회 현상을 중심으로 아이템 발제를 많이 하는 것 같아요. (중략) 신문을 읽는 구독자층이 좀 나이가 있다보니 요즘 세대가 어떻게 사는지에 관심이 많아서 그런 것 위주로 많이 찾아본다고 했습니다.

— 관찰자 1 관찰 평가 회의 발언

일선 기자와 데스크와의 관계

동행 관찰과 심층 인터뷰를 통해 발견한 일선 기자들과 데스크의 관계
는 소통의 실패와 단절(박영흠, 2022), 위계적이고 순응적인 조직문화(이
오현·이석호, 2019) 같은 종래의 단선적 평가를 넘어 상호 영향을 주고받
는 섬세한 협업 양상을 보여주었다. 편집국과 일선 기자 간에는 일선 기
자-일선 팀장-영역 담당 데스크-부장-편집국장으로 이어지는 공식적
지시·통제 위계가 존재한다. 그러나 이들 간의 상호작용은 선형적, 단
계적으로 작동하지 않고 부장이 일선 기자와 소통하거나 심지어 국장
이 일선 기자와 직접 소통하기도 하는 등 공식적 위계 라인을 수시로 넘
나든다. 편집국 데스크는 흔히 일선 기자들로 하여금 신문사의 조직문
화, 사시, 논조를 따르도록 강제하는 존재로 간주된다. 하지만 데스크들
은 통념적으로 알려진 것과는 달리 이들을 상대로 조직의 관점 내지 논
조를 벗어나 열린 사고로 취재에 임할 것을 독려한다(심층 면접 11, 16,
19, 25, 27). 양자의 관계는 조직 위계상의 차이를 넘어 거시적 차원의 시
대 차이(민주화 시대 vs 다원주의 시대), 세대 차이(산업화세대 vs MZ세대),
그리고 집단 차이(예를 들어 젠더 갈등)가 중층적으로 겹쳐진 양상을 드러
내고, 양방향적이며, 상호보완적이다.

기자들이 자기 검열을 하는 것 같아서 우려스럽죠. 의도적으로 회사의 논
조에 맞춘다기보다는 경험적으로. 예컨대 저희가 민노총에 대해 문제 제
기를 하는 기사들을 많이 쓰지 않습니까? 민노총이 지금 이 사회에서 권력

집단 같은 게 되어버렸기 때문에 우리가 비판해야 된다고 생각해서 많이 쓰거든요. 그러다보니 젊은 기자들이 그쪽 기사들을 많이 발제하는 거죠. 역으로 스스로 자기 검열을 해서 기삿감을 빼기도 하는 것 같고. 저는 가급 적이면 그러지 말라고 합니다. 그러면 지나치게 편향된 얘기들만 나갈 수 있기 때문에.

— 심층 인터뷰 19

(생각이 안 맞는 경우에는) 서로 좁혀가야죠. 일방적으로 지시하거나 그럴 수는 없어요. (중략) 저는 그래도 현장 기자들이 데스크한테 도전들을 많이 좀 해줬으면 좋겠어요. 그런데 잘 안 해요. 제가 잘해서 그러는지 안 하더라고요. (웃음) 물론 피곤하고 힘들죠. 시간도 없고. 바빠 죽겠는데 "부장, 이건 아닌 것 같아요" 하면 짜증도 나는데 그래도 그런 것들을 많이 해야 됩니다. 많이 해서 한쪽으로 휘는 걸 막아야 됩니다.

— 심층 인터뷰 16

이삼십 대 남자 기자들과 이삼십 대 여기자들의 생각이 다르고, 그걸 조율하면서 제가 자꾸 여성 쪽으로 가면 남자 기자들이 반발하는 게 느껴져요. 제가 미투 맥락에서 좌파 586 조질 때도 남자 기자들이 반발을 했었어요. 우리를 감히 성폭행 집단으로 모냐, 모욕감이 든다, 이러면서. 조선일보 기자들 중에 한때 운동권이었던 사람들이 많잖아요. 그런 저항도 있고. 이처럼 반응이 다양한데 조선일보 기자들 특징이 이처럼 논쟁적이고 논란을 불러일으키는 걸 안 하려는 성향 같은 게 있어요. 굳이 그렇게 해서 피곤해지고 싶지 않다는.

— 심층 인터뷰 25

종이 신문 기사에 대한 가치 인식

일선 기자의 대다수는 종이 신문을 보지 않고 자란 디지털 뉴스 세대다. 그럼에도 불구하고 일선 기자들은 종이 신문에 대해 높은 가치를 부여한다. 기자들은 지면 기사를 주로 작성하지만, 인터넷 당번인 날이나 일손이 부족할 때는 인터넷 기사를 작성한다. 인터넷 기사는 스트레이트 기사가 대부분이고 언제든 수정이 가능하므로 관련 정보를 나열하여 빠르게 작성할 수 있다. 그래서 인터넷 당번인 날에는 최대 10개의 인터넷 기사를 작성하기도 한다. 이와 달리 지면 기사를 쓰는 날에는 하루 종일 데스크로부터 사실 확인을 요구받으면서 수정에 수정을 거듭하여 완성도 높은 기사를 만들어낸다.

> 기자가 닷컴 뉴스의 온라인 기사를 작성하게 된 적이 있었다. 원래는 담당이 아니었으나 데스크에서 급하게 지시가 내려온 것으로 보였다. 보행자 관련하여 온라인 기사를 작성했는데, 한 시간 만에 정보를 단순히 나열하여 제출했다. 이에 비해, 지면 기사를 작성할 때는 끊임없이 피드백을 받고 정보를 가공하는 데 하루를 거의 투자한다는 점에서 차이가 있다. 온라인 기사는 신속성이 가장 중요하다보니 정교함은 비교적 부족한 것으로 보였다. 기자도 그 점에서 종이 신문이 갖는 차별성이 있으며 앞으로 종이 신문의 미래가 어둡지 않다고 보고 있었다.
>
> — 관찰자 1 동행 관찰 일지

종이 신문 기사와 온라인 기사의 차이는 크다. 종이 신문에 실리는 기사는 내용을 좀 더 신중하게 선택하고 회사의 의견(논조)이 포함되는 반면 온라인 신문은 기본적인 사실관계 중심이다. 중요도로 따지면 종이 신문 기사는 9 이상, 온라인 기사는 6 이상 정도로 볼 수 있다. 종이 신문은 어떤 기사가 톱에 실리는지, 지면에서 어느 정도의 넓이를 차지하는지가 중요한 의미를 갖지만, 온라인 기사는 그렇지 않다. 따라서 기사 배치를 통해서 의미를 담아내는 건 종이 신문에서만 가능하고, 이것은 종이 신문이 중요한 이유이기도 하다. 종이 신문은 앞으로도 중요한 매체로 남을 것이고, 더 분석적인 매체가 될 것이다.

— 기자 3 동행 관찰 중 인터뷰

취재원과의 관계 형성

기자에게 취재원이 중요한 자산임은 예나 지금이나 마찬가지다. 언론사를 대표하는 기자로서 취재원과 좋은 관계를 형성하는 것은 업무의 연장이기도 하다. 실제로 일선 기자들은 취재에 도움을 받고자 전화 통화, 점심 식사, 티타임 등 다양한 방식으로 취재원과 친밀한 관계를 유지하려 노력한다. 일선 기자들과 취재원이 형성하는 관계는 과거 술자리와 촌지문화로 대표되는 후진적이고 권위주의적인 관계를 넘어, 상식적이고 인간적인 관계 관리로 성숙하고 있었다.

식사 약속과 같은 취재원과의 관계 형성이 기자 생활에 있어서 매우 중요해 보였다. 별일이 없어도 경찰청 고위 관계자들과 티타임을 가지려고 하고, 티타임을 할 때마다 출신 지역이나 취미, 관심사를 메모해두고 계속 활용한다고 했다. 취재원과 통화를 할 때도 친근하거나 장난스러운 말투를 쓰면서 정보를 얻는 모습을 관찰할 수 있었다. 관찰을 하면서 사람을 통한 정보 수집의 중요성을 다시 생각해볼 수 있었다.

— 관찰자 1 동행 관찰 일지

기자가 취재원과 네트워킹을 하면서 친분을 쌓고 협력하는 문화를 비판적으로 바라보는 관찰자도 있었다. 특히 정치부의 경우 정치인들과 식사 자리나 술자리를 자주 만들고 인간적인 친밀감을 쌓으면서 관계를 돈독히 만들기 위한 노력이 지속되었는데, 이러한 노력이 좋은 기사를 쓰기 위한 기반이기도 하지만 권언유착의 출발일 수도 있다는 것이다. 그럼에도 불구하고, 기자와 취재원(정치인)이 만드는 이러한 문화는 이미 고착된 관행이기에 변화가 쉽지 않을 것으로 보았다.

> 정치부에서는 적을 만들지 않고 다 둥글둥글 협력하는 게 중요하겠구나, 라고 느꼈고 그래서 어떻게 보면 이런 게 권언유착이고, 국민이 기만당한다고 느낄 법한 지점도 여기서 발생하지 않나 생각했습니다. 또 반대로 생각하면 이것은 이미 고착된 구조이고 이런 식으로 뉴스가 생산되고 있으므로 이것을 뒤집기는 어렵겠다는 생각도 했던 것 같아요.
>
> — 관찰자 2 관찰 평가 회의 발언

'기자'라는 직업

일선 기자 동행 관찰은 대학생 관찰자들에게 기자라는 직업에 대해 다시 생각해보는 시간이 되었다. 원래 기자가 되기를 희망했으나 다시 생각해보게 된 경우도 있고(관찰자 1), 거꾸로 기자직의 매력을 확인하고 기자직으로의 진로를 결심한 경우도 있었다(관찰자 2). 기자직을 생각한 적은 없지만 기자에 대한 존경심을 갖게 되기도 했다(관찰자 3).

> 저는 사실 기자 쪽을 생각하고 있었는데, 이번 계기로 다시 한번 생각을 하게 되었던 것 같아요. (기사 관련해서) 지인에게 한 5년 만에 조금 뼈가 담

긴, 가시가 담긴 말투로 기사 잘 읽었다. 이런 식으로 연락이 오기도 하고. 그래서 그런 것도 좀 견디기 힘들지 않을까. (기자는) 댓글을 확인 안 한다고 하는데, 기사에 이메일 주소가 적혀 있어서 거기로 항의가 많이 온다고 하더라고요. 그런 것도 힘들 거 같고.

— 관찰자 1 관찰 평가 회의 발언

기자는 정말 열정을 다해야 하는 직업이고, 진심을 가지고 있지 않으면 그러니까 이 일을 재미있게 생각하지 않으면 스트레스를 많이 받을 거 같다고 생각했어요. 기자직이 매력적인 건 알지만 제가 이 일을 했을 때 기레기라는 말을 듣고도 자괴감을 느끼지 않을지 이런 고민들이 있었는데, 직접 일하는 거 보니까 오히려 그런 걱정이 좀 덜어졌던 것 같아요. 그 정도로 충분히 멋있는 직업이라고 생각했습니다.

— 관찰자 2 관찰 평가 회의 발언

제가 법조팀에 있어서 그런지 업무강도가 다른 데에 비해 좀 더 강한 것처럼 느껴졌고 정말 절대 어디서도 무시당할 직업은 아닌 것 같다는 생각이 들었습니다. 그래서 쉽게 좀 생각할 수 없는 직업인 것 같다, 이렇게 생각이 들었고, 그래서 존경스럽고 대단하다고 생각했습니다.

— 관찰자 3 관찰 평가 회의 발언

일선 기자들은 자신을 바라보는 사회의 부정적인 시선을 외면하려 노력하고 있었다. 온라인 댓글은 아예 보지 않는 편이었고, 메일이나 독자부서에서 전달한 메시지를 통해 의견을 받게 되더라도 되도록 스트레스를 받지 않고 가볍게 받아들이려고 애쓰고 있었다.

기레기 닷컴 이런 데 자신이 랭킹 4위까지 올라가본 적이 있다고, 그리고 본인이 젊은 여기자다보니까 성희롱적인 댓글도 진짜 많이 받아보는 것 같다고 이야기를 했어요. 스트레스를 아예 안 받는 건 아니지만, 안 받는 편이라고 얘기하시면서 비법에 대해서 회사랑 본인을 분리시켜서 생각한 다고 하더라고요. 사람들이 싫어하는 건 내가 아니다, 회사를 싫어해서 나를 욕하는 거다, 이렇게 생각한다고 말하더라고요. 네, 아예 신경을 안 쓰는 건 아닌 것 같은데, 그래도 잘 넘기려고 하는 것 같았어요.

— 관찰자 2 관찰 평가 회의 발언

4. 소결: 일선 기자들이 보여준 희망

일선 기자들은 누구인가. 몰락하는 언론의 총알받이들인가, 언론에 새로운 바람을 불러일으킬 변화의 주역인가. 이에 대한 답은 유보적이다. 소수의 일선 기자들을 대상으로 한 '좁지만 깊은' 동행 관찰은 이들이 언론을 되살릴 앙팡 테리블enfant terrible은 아니지만, 그렇다고 무기력한 프레카리아트precariat와도 거리가 있음을 보여주었다.

이들의 시선에서 기자라는 직업은 거창하거나 대단한 일이 아니다. 대다수 젊은 세대가 직업을 대하는 태도가 그러하듯 언론은 그들에게 하나의 직업이다. 이들은 이전 세대 기자들처럼 기자직에 대해 과도한 의미를 부여하지도, 헌신의 열정에 불타거나 세상을 바꾼다는 사명감에 사로잡혀 있지도[9] 않다. 열정과 사명감이 줄어든 자리에 워라밸의 가치가 들어서 있다. 이런 특성은 흔히 "라떼는"으로 지칭되는 기성 언론인 세대의 입장에서 실망감 내지 답답함을 자아낸다.

기자가 있고요, 기사 쓰는 회사원이 있는 거예요. 기사 쓰는 회사원은 노조도 해야 되는 거고요. 회사원인데 7시 되면 퇴근해야지 왜 퇴근 안 합니까. 노조원이고 회사원인데. 저는 그런 얘기 가끔 합니다. 할 일이 정해져 있는 직업이 몇 가지가 있다. 교수. 가르치는 일이랑 연구하는 일입니다. 의사. 사람을 치료하는 일이고요. 우리는 기자인 거다. 너희들은 취재를 하고 기사를 쓰고 기자가 되겠다고 들어온 사람들이다. 생각을 해봐라. 52시간이 아니라 뭐가 지나더라도 내 바이라인으로 나갈 기사에 필요한 사람을 만나기 위해서 어제 밤을 새웠다. 그렇게 내 바이라인을 지키는 거다. 그런 사람들이 모여서 제호를 지키는 거다. 그 친구들한테 아마 불쾌한 얘기일지도 모릅니다. 기사 쓰는 회사원 같이 구는 애들도 가끔 보여요. 없지 않습니다. 기사 쓰는 회사원들이 늘어나면 그 신문은 제호 못 지킬 겁니다.

— 심층 인터뷰 21

하지만 일선 기자 동행 관찰은, 이들이 이러한 과거 세대의 기준에 비추어 소명의식이 약화되었다든지, 심지어 기자정신이 죽었다고 판단하는 게 섣부른 진단일 수 있다는 걸 보여주었다. 이들은 디지털 세대답게 출입처, 카페, 편집국 등의 공간을 자유롭게 넘나들며 주어진 일들을 처리했다. 이들은 경찰서 간부실을 발로 차고 들어가는 호기를 보이거나 출입처 간부들과 밤늦게까지 통음하는 대신 이들과 호의적 관계를 유지하기 위해 섬세한 노력을 기울였다. 1진과 2진 기자들, 그리고 일선 기자들과 데스크들 간에 이루어지는 상호작용은 일방적인 지시와 통제를 넘어 존중과 격려의 관계로 나아가고 있었다.

　데스크로부터의 지시를 즉각 실행에 옮기는 것은 여전히 일선 기자들의 주된 일상이지만, 이들을 자율성과 자발적 의지가 없이 지시와 관행에 순응하는 일개미로 보는 것은 사실과 거리가 있다. 이들은 위계적 지시 체계를 존중하면서도 부당하다고 느끼는 결정이나 지시에 대해서는 분명한 의사를 표명했다. 일선 기자들로 대표되는 새로운 뉴스 생산자 세대는 선배 세대 언론인들과 인식과 행태 면에서 차이를 보이지만, 그 차이는 언론의 퇴행이 아니라, 성숙하고 다원화된 민주사회에 조응하는 언론의 진전으로 볼 수 있는 것이었다.

> 우리 사회가 선진국 모델로 들어가고 개인의 프라이버시를 존중한다든가 정보를 보호한다는 건 민주사회에서 중요한 덕목이기 때문에 언론이 과거에 누려온 특권들이 많이 사라져가는 상황입니다. 이제 이를 디폴트 환경으로 생각하고 언론이 여기에 적응해서 어떤 방식으로 취재를 할 것인지 모색할 필요가 있습니다.
>
> — 심층 인터뷰 11

종합적으로 기자사회의 최일선을 지키는 기자들의 모습에는 양면성이 공존한다. 자신이 하는 일에 대한 확신이 가득했던 이전 세대에 비해 이들은 흔들리고 있다. 일선 기자들은 시대, 세대, 집단 차이가 중첩된 불확실성 속에서 삶의 좌표를 명확히 정립하지 못한 채 부유하는 이 시대 청년세대의 모습을 공유한다. 하루하루 이어지는 과중한 업무 속에서 이들은 근성을 발휘해서 새로운 과제에 도전하기보다는 소극적으로 주어진 일을 수행하고, 의견이 다를 때 논쟁을 피하고 적당히 타협하는 모습을 내비치기도 한다(심층 인터뷰 16). 언론의 위상이 약화되면서 이들 중 상당수가 더 나은 기회를 찾아 언론을 떠나려 한다는 것은 부정할 수 없는 현실이다.

그렇지만 이들은 동시에 새로운 언론을 열어갈 가능성을 지닌 존재들이다. 이들은 언론의 소명에 동참하되 일과 개인 삶의 선을 지키고, 조직 차원의 목표를 위해 협업하면서도 그 안의 전근대적 관행을 거부하는 이들이다. 이들은 강단과 근성이 약할지는 모르지만, 이전 세대 언론인 집단에 비해서 보다 강한 공감 능력, 문화적 감수성, 상대에 대한 존중, 민주주의에 대한 신념, 디지털 리터러시, 국제화 능력, 그리고 정의감을 지닌 이들이다. 이들은 보다 분석적이고, 효율적이고, 독자 지향적이고, 공정하고, 민주적이면서, 덜 권위주의적이고, 덜 성차별적이며, 덜 권력지향적이다.

　　그들 안에는 희망이 존재했다.

6장. 밀착 관찰 I: 사회부

일선 기자들과 전체 편집국의 중간 지점에서 전문화된 영역별로 뉴스 생산 및 지면 제작을 담당하는 편집국의 실무 하위조직working unit에 해당하는 것이 부서들이다. 그중에서도 세상사 전반에 대한 가장 기초적이면서도 폭넓은 뉴스 생산을 담당하는 부서가 사회부다. 사회란 인간 세상 전체, 심지어 인간 세상에 영향을 미치는 삼라만상을 모두 포괄하는 개념이다. 따라서 사회부가 다루는 뉴스는 사회를 구성하는 개인들, 이들이 형성한 모든 유형의 집단, 기구, 시스템 안에서 발생하는 모든 일들을 망라한다. 그런 의미에서 사회부는 언론의 원형에 해당하는 조직이다. 이 부서로부터 정치, 경제, 국가정책, 국제, 문화, 스포츠 등 전문화된 언론사 부서들이 점차 독립해나갔다고 할 수 있다.

실제로 현장에서 관찰한 사회부는 다른 부서들의 맏형 부서 같은

뉴스의 생산

존재였다. 사회에서 발생하는 다양한 사건·사고 중 여타 전문 부서로 특정되지 않는 모든 뉴스거리가 사회부의 몫이었다. 따라서 사회부가 다루는 영역에는 사실상 제한이 없다고 해도 과언이 아니었다. 사회부는 어느 부서보다도 많은 자체 뉴스를 생산하면서 신입 기자들의 훈련소 역할도 담당하고, 때로 타 부서들의 현장 취재를 지원하거나 대행했다. 사회부의 세부 조직은 일선 경찰서를 기반으로 사건·사고 취재를 담당하는 기동팀, 검찰과 법원을 담당하는 법조팀, 그리고 지방을 담당하는 전국팀으로 구성된다. 각 팀을 담당하는 데스크들은 아침 일찍 현장의 기자들이 올린 기사 아이템들을 검토해 뉴스가 될 만한 것을 선별하고, 전화와 메신저로 일선 기자들의 취재 방향을 지시하고, 이들이 작성해 올린 기사 초안을 놀라운 속도로 검토한 후 다시 피드백했다. 현장과의 소통에 있어서 지체와 간극은 없었다. 그들의 몸은 편집국에 있었지만 의식은 현장에 있는 것에 진배없었다. 동시에 이들은 부장 및 데스크들 상호 간에, 그리고 전체 편집국 차원에서 지속적인 소통과 협의를 수행하면서 이견을 조정하고, 뉴스를 다듬고, 지면을 완성했다. 그 과정에서 이루어지는 내밀한 소통과 협의를 보다 면밀하게 살피기 위해 밀착 관찰을 수행했다.

1. 사회부 밀착 관찰

사회부 밀착 관찰은 2021년 12월 26일(일)부터 31일(금)까지 1주일간 진행했다. 편집국장과 사회부장의 양해를 얻어 사회부에서 조금 떨어진 위치에 책상을 하나 가져다놓고 사회부를 바라보는 방향으로 앉아 관

[그림 6-1] **사회부 데스크:** 사회부장이 통합 데스크를 등지고 있고 그 앞에 법조 데스크, 전국 데스크, 기동팀장, 내근 기자가 마주 보고 있다. 사회부장 맞은편은 행정 서무 직원의 자리다. 연구자들은 사회부장의 오른편 조금 떨어진 곳에 책상을 두고 앉아 관찰을 시작했다.

찰을 진행했다. 사회부는 통합 데스크를 등지고 있는 부장을 중심으로 오른편에 법조 담당('법조 데스크'로 표기)과 전국 담당('전국 데스크'로 표기), 왼편에 기동팀장과 내근 기자가 앉아 있다.[1] [그림 6-1]에서 보는 것처럼, 연구자들은 사회부와 편집부(그림 왼편), 사회정책부(그림 상단), 통합 데스크의 중간쯤에 자리를 잡았다. 목소리가 아주 작지 않은 이상 사회부 데스크와 편집부원의 대화를 들을 수 있고, 통합 데스크에 있는 뉴스 총괄 부국장과 편집 부국장의 목소리도 들을 수 있는 위치였다. 연구자들은 편집국 단위에서 열리는 회의와 사회부 단위에서 열리는 모든 회의에 참석해 사회부의 일상을 관찰했다. 밀착 관찰 첫날과 둘째 날은 연구자 2인이 함께 관찰 작업을 수행했지만, 데스크들의 일상에 방해가 된다고 판단하여 3일째부터는 연구자 1인(배진아)만 밀착 관찰에 참여

[표 6-1] 사회부의 일과

	1일 차 (12.26.일)	2일 차 (12.27.월)	3일 차 (12.28.화)	4일 차 (12.29.수)	5일 차 (12.30.목)	6일 차 (12.31.금)
일과 시작	11:30-	09:40-	09:30-	09:30-	09:30-	09:30-
디지털 회의		09:50-	09:55-	09:50-	09:50-	09:50-
오전 편집국 회의		10:12-	10:15-	10:18-	10:14-	10:10-
사회부 회의 1(오전)		10:25-	10:28-	10:27-	10:46-	10:41-
지면안 공유(일일보고)		11:05	11:08	11:15	10:55	11:22
점심 식사	11:30 전후					
오후 편집국 회의	13:15-	14:23-	14:00-	14:32-	14:24-	14:22
사회부 회의 2(오후)	13:35-	14:43-	14:36-	14:43-	14:34-	14:28
구글 지면 계획 수정	14:07	15:15	15:05	15:15	15:00	15:26
데스킹과 편집 1	15:30 전후					
51판 편집회의	17:32-	17:36-	17:48-	17:37-	17:34	17:34
사회부 회의 3(저녁)	17:55-	18:16-	18:22-	18:13-	18:06	17:59
저녁 식사	18:30 전후					
데스킹과 편집 2	20:00 전후					
52판 편집회의	21:00-	21:20-	21:15	21:19-	21:23-	20:26-
추가 수정 및 편집	21:33-	22:03-	21:45-	21:51-	22:02-	20:55-

했다. 다른 연구자(윤석민)는 조금 떨어진 편집국 자유석에 앉아 관찰 내용을 구글 문서에 실시간으로 공유하면서 소통했다.

사회부의 일과는 [표 6-1]과 같이 요약된다. 오전 9시 30분경에 사회부의 하루가 시작되고, 사회부장은 편집국 단위에서 이루어지는 디지털 회의와 편집국 회의에 참석한다. 바로 이어서 사회부 회의를 하고, 지면 안을 구성하여 '일일보고' 시스템에 공유한다. 점심 식사 후 오후 2시가 넘으면 다시 지면 계획 수립을 위한 편집국 회의가 열리고 이어서 바로 사회부 회의를 한다. 오전에 만들었던 지면 안에 오후에 새롭게 발생한 사건·사고 등을 추가하여 계획을 수정한 후 다시 '일일보고'에 공유한다. 일선 기자들에게 기사 작성을 지시한 후, 잠시 여유를 갖는가 싶다가 현장 기자들이 기사를 올리기 시작하는 3시 반부터 오후 5시 초판 신문이 발행되기 전까지 숨 막히는 데스킹 작업에 몰입한다. 5시 30분 편집국 단위에서 51판 편집회의가 열리고, 사회부 회의를 거쳐 기사를 수정하고 편집한다. 밤 9시에는 수정 사항 등을 반영한 51판이 발행되고 다시 52판을 만들기 위한 편집회의가 열린다. 회의 결과를 반영하여 기사를 수정하고 편집한 후 52판 지면을 발행하면, 하루 일과가 마무리된다. 때에 따라 53판과 54판 지면이 발행되기도 한다.

2. 밀착 관찰 기록

❶ **관찰 1일 차 ― 2021년 12월 26일 일요일**

일요일은 평일과 달리 편집국의 업무가 늦게 시작되기 때문에 오전 11시 30분부터 관찰을 시작했다. 사회부와 편집부 사이에 연구자 2인이 자리 잡고 앉아서 사회부에서의 첫 관찰을 시작한다.

오전 11시 30분
사회부에는 전국 데스크와 내근 기자가 이미 출근해서 자리에 앉아 있다. 부서별로 1~2명 정도 출근한 상태이고, 편집국 중앙에 있는 통합 데스크에는 기획부장, 디지털 편집부장, 사진 데스크 등 3인이 출근해 있다. 곧이어 기동팀장도 출근하고 데스크 각자 전화 통화로 분주하게 하루를 시작한다. 변호사 시험, 기초생활보장 등 기사 아이템에 관해 기자들과 통화하고 기사 작성을 지시한다. 12시가 넘어 가장 늦게 출근한 법조 데스크도 출근하자마자 전화 통화에 여념이 없다. 법조 데스크는 통화를 하다가 현장 기자가 편집국 안에 들어와 있다는 사실을 확인하고, 사회부 데스크로 불러서 이야기를 나눈다. 얼마 전에 있었던 박근혜 사면 관련 낙종을 만회하기 위해 기획 중인 심층 기사 건에 대해 논의하기 위해서다. 기동팀장은 여전히 통화를 계속하면서 화재 사건과 기사 아이템을 하나하나 챙기고 있다. 12시 50분경부터 사회부장, 경제부장, 정치부장이 차례로 출근한다. 사회부장은 출근하자마자 기동팀장과 종합면에 대해 논의한다. 이어서 전국 데스크와 법조 데스크에게도 특별한 기삿거리가 있는지 확인한다.

오후 1시 15분, 오후 편집국 회의

오후 편집국 회의는 원래 통합 데스크에서 스탠딩 회의로 하지만, 일요일인 오늘은 회의실에 자리 잡고 앉아서 진행한다. 여느 때와 같이 부서별로 종합면 후보 아이템을 제안하는데, 사회부는 '기초수급자 보훈급여 포기'와 '이재명 상대 민간사업자 소송' 건을 발제한다. 정치부, 사회부, 사회정책부, 국제부, 경제부, 산업부, 문화부, 스포츠부의 순으로 기사 아이템을 발제하고 몇 가지 질문을 거친 후 지면 계획안을 짠다. 1면에는 영유아 코로나 확진, 김건희 사과, 국방부 관련 등 세 개와 더불어 실손보험료 인상 아이템을 싣기로 하고, 2면은 부스터샷 효과, 3면은 한미 군사 현주소를 다루기로 한다. 4~6면은 정치, 8면은 경제종합에 배정하고 사회부는 10면과 12면을 배정받는다. 다른 중요한 이슈들에 밀려서 오늘 사회부는 종합면에 내는 기사가 없다.

오후 1시 35분, 사회부 회의

편집국 회의가 끝난 뒤 사회부로 돌아온 사회부장은 바로 이어서 사회부 회의를 주재한다. 사회부장은 오늘 종합면에 기사 아이템을 밀어봤지만 배정되지 않았다면서 아쉬운 마음을 먼저 전달한다. 기동팀장, 전국 데스크, 법조 데스크 순서로 다음과 같이 기사 아이템을 제안한다.

기동팀장: 신종 온라인 학폭, 메타버스, 체온 측정, 연말 MZ세대의 선물 교환

전국 데스크: 폭설, 교통 통제, 중국 은화로 은메달 제작, 드론 방해전파

법조 데스크: 이재명, 일감 특혜 의혹 판사, 아파트 내 음주 측정 거부 판결, 정경심 관련

아이템 제안을 마친 후에는 사회면 톱기사에 대해 논의한다. '신종 온라인 학폭' 관련 기사(기동팀)를 톱으로, '일감 특혜 의혹 판사' 기사(법조팀)를 사이드(지면의 오른편에 세로로 길게 배치하는 기사)로 선정하고, 이 밖에 '보신각 온라인 타종'과 '드론 방해전파' 기사를 싣기로 하고 20분 만에 회의를 마친다.

사회부 회의를 마치자마자 사회부장은 편집국에 들어와 있던 일선 기자와 대화를 나눈다. 사회부에 발령받은 지 1주일 된 10년 차 기자로, 지난 24일의 박근혜 전 대통령 사면 관련하여 다른 후배 기자와 함께 기획 기사를 준비하고 있다(기사 6-1). 이전 정부와 현 정부의 사면 특징을 비교 분석한 기사에 대해 부장과 논의 중이다. 특히 제목을 무엇으로 뽑을지가 중요하다는 점을 지적하면서 여러 안들을 논의한다.[2]

오후 3시

편집국 통합 데스크에서 부국장과 정치부장, 디지털 부국장 등이 TV 화

친노동 文정부, 경제인 사면은 '0'··· 朴정부선 노동·시위사범 '0'

최근 3개 정부 사면 분석해보니

지난 24일 발표된 문재인 정부의 정권 말 사면에 대해 박범계 법무장관은 지난 27일 "(이달) 17일 이전에 대통령으로부터 사면 관련 의지를 받았다"며 "문재인 정부 들어서 사면을 고도로 절제된 상태에서 여러 가준과 원칙에 의해 행사해오고 생각한다"고 말했다. 그러나 '고도로 절제했다'는 박 장관 발언은 사실과 거리가 있다. 대통령 고유 권한인 사면권을 견제할 장치로 '법무부 사면심사위원회'가 설치된 2008년 3월 이후 이명박·박근혜·문재인 정권의 사면 인원 숫자만 비교해도 그렇다. 법무부 사면보도자료를 분석해볼 때 5차례에 걸친 현 정권의 사면 대상 인원은 2만2114명으로, 이명박 정부(7차례·2만5447명) 때보다는 다소 적지만, 박근혜 정부(3차례·1만7429명) 때 보다는 확연히 많았다는 점을 감안해도 현 정권의 사면 숫자가 적다고 하기는 어렵다.

현 정권, 지지층 대거 사면

내용 면에서도 현 정부 사면은 지지층을 위한 보은(報恩) 사면, 빚주기 사면 성격이 강하다. 과거 사면 심사에 참여했던 인사들은 현 정부 사면에 대해 '친(親)노동·친(親)노조'라는 기본 원칙 아래 여론을 비가려놓고 '내편' 정치인들을 풀어주는 양상이 반복됐다"고 했다.

특히 현 정권 사면은 정권 초부터 불법 시위 사범에 초점이 맞춰졌다. 2017년 12월 첫 사면인 2009년 쌍용차 파업 당시 노조 가능성을 이유로 사법 처리된 철거민 25명이 포함됐다. 불법 시위 등 공안 사건 관련자를 사면 대상에 포함시킨 것은 2013년 이후 5년 만이었다.

문 정부는 이후에도 '7대 사회적 갈등 사건'을 주요 사면 검토 대상으로 정하고 이 사건 관련자들을 계속 사면·복권했다. '7대 사건'이란 ▲한일 위안부합의 반대 집회 ▲세월호 집회 ▲제주해군기지 건설 반대 집회 ▲밀양 송전탑 반대 집회 ▲사드(THAAD) 반대 집회 ▲광우병 촛불 집회 ▲쌍용차 평택공장 파업 집회

를 말한다. 5번의 사면을 통해 이들 사건 관련자를 포함해 노동·시위 사범 244명 이 사면됐다. 불법 시위를 주도한 한상균 전 민노총 위원장도 2019년 12월 사면됐다. 대부분 현 정권의 지지층으로 볼 수 있는 이들이다. 노동시위 사범의 이 명도 비해 현 정권의 사면 이명박 정부와는 큰 차이를 보였다.

 # 정권, 정치인·공직자 사면 안 해

현 정권에서도 정치인 사면에서는 '내 편'을 챙겼다. 2020년 신년 사면에 친노 시위광장 이광재 의원을 포함한 것이 단적인 예다. 2017년 사면 때만 해도 이 의원에 대해 "정치자금법 위반이라 명단에서 배제됐다"고 했으나, 입장을 바꿔 그를 사면한 것이다. 사면된 이 의원은 작년 총선 때 당선돼 10년 만에 다시 국회에 입성했다. 불법 정치자금 9억원을 받은 혐의로 징역 2년을 복역하고, 추징금 7억원을 미납했다.

文정부, 지지층 위주 5차례 사면
촛불·사드·불법시위 사범 잇달 특사
이재명 등 정치인도 여당 중심으로

朴정부, 3차례 특사 정치인 '0'
부패척결·법질서 등 강조한 영향
최태원 등 일부 기업인 사면

MB, 7차례 2만5400명 사면
노건평·서청원 등 친노·친박 포함
정몽구 등 경제인도 사면에 적극적

文 朴 李 정부 사면 비교

	문재인 정부			
사면 총횟수	사면 5차례			
대상 인수	2만2114명			
정치인, 고위 공직자		18명		
노동 시위 사범			244명	
사면 주요 인사	박근혜 전 대통령	한명숙 전 총리	한상균 전 민노총 위원장	

	박근혜 정부			
사면 총횟수	사면 3차례			
대상 인수	1만7429명			
정치인, 고위 공직자	0명			
노동 시위 사범	0명			
사면 주요 인사	최태원 SK 회장	이재현 CJ 회장		

	이명박 정부			
사면 총횟수	사면 7차례			
대상 인수	2만5447명			
정치인, 고위 공직자		149명		
노동 시위 사범			14명	
사면 주요 인사	노건평 전 대통령형	이건희 삼성 회장	정몽구 현대자동차 회장	김승연 한화 회장

이명박 정부 마지막 사면이었던 2013년 1월 설 사면도 이 전 대통령 측근인 천신일 세종나모여행 회장과 회사 측 방송위원장 외에도 친박·친노 인사들이 끝이 투표됐었다. 친박 서청원 전 의원과 노건평도, '박연차 게이트' 와 관련된 친노인사인 박정규 전 민정수석, 정상문 전 총무비서관, 서갑원 전 의원이 특별 복권됐다. 한 전직 사면심사위원은 "정치인을 일절 사면에서 배제한 박근혜 정부와 달리 이명박 정부는 대충 사면했던 이명박 정부와 비교하면 현 정부 사면은 '내 편 챙기기'에 더 노골적이었다"고 했다.

 # 정권, 경제인 사면 가장 많아

현 정부는 경제인 사면을 안 인색했다. 이재용 삼성전자 부회장 등 소수 기업인이 가석방된 정도였다. 반면 현 정부는 경제인의 중대 범죄에 대한 사면권 행사 제한' 원칙을 강조하면서도 일부 경제인을 사면했다. 2015년 광복절 사면에는 최태원 SK그룹 회장 등 경제인 14명이, 2016년 광복절 사면에는 이재현 CJ그룹 회장 등 경제인 14명이 포함됐다.

이명박 정부는 역대 정권 사면 중 복철을 맞이한 2008년 광복절 사면에서 최태원 SK그룹 회장, 김승연 한화그룹 회장 등 재벌 총수를 포함해 경제인 74명을 사면하는 등 경제인 사면에 적극적이었다. 2009년 12월에는 IOC 위원이었던 이건희 전 삼성그룹 회장을 '평창 동계올림픽 유치 활동'을 이유로 단독으로 특별 복권시켰다. 당시 사면심사위원으로 참여했던 한 인사는 "이 전 회장이 기업인 출신이 데다 본인이 IOC 위원으로 피선거권을 회복해 서울올림 대회 출범에 당선된 것도 대규모 사면에 영향을 미치지 않았나"고 했다.

역대 대통령들은 대선 공약으로 사면권 행사를 절제하겠다고 했지만, 거의 지키지 않았다. 수혜자마다 지체적으로 실천 다 되니 보은 사면의 유혹에서 벗어나지 못했다. 문 대통령의 대선 과정에서도 노일를 일절 수개 ▲매입 ▲배임 ▲횡령 등 '5대 중대 부패 범죄'의 반(反)시장 범죄를 지지른 기업인 등에 대해 사면권을 제한하겠다고 말했지만 이광재 의원, 한명숙 전 총리 등등 사면과에서 사실상 이 원칙을 깼다. 노영희 경제대 법학 석좌교수는 "사면은 군주시대에서 유래한 구시대적 제도"라며 "사면을 대폭 손질해 권한을 제한해야 한다"고 말했다.

○○○ 기자

[기사 6-1] 2021년 12월 31일 오피니언 지면(29면)에 실린 기획 기사

면으로 윤석열 후보 부인 김건희 씨의 사과 생방송 장면을 지켜보고 있다. 부장을 비롯한 사회부의 데스크는 모두 자리를 지키고 앉아 조용히 일하고 있다. "김건희가 사과 잘한 건가"라는 누군가의 질문에 정치부장이 70점 이상은 된다고 답변한다. 잠시 후 또 누군가가 김건희 사과에

대한 총평을 요청하자 정치부장이 '일단 무릎 꿇어'라는 국민의 요구에 응했다는 데 중요한 의미를 둘 수 있다고 답한다. 이런 식으로 대응하면 사람들이 그에 대고 공격하는 것에 대해 조금 지나치다는 생각을 갖게 된다는 설명이다. 사과 후 질문을 받지 않은 것에 대해서는, 질문을 받았으면 좋았겠지만 준비도 안 되어 있고 또 다른 문제가 생길 수도 있다고 대답한다.

오후 3시 30분

각 부서의 데스크들은 컴퓨터 화면을 열어놓고 데스킹을 하느라 한창 바쁘다. 사회부도 마찬가지다. 전국 데스크는 내근 기자에게 메타버스 관련 기사에 대해 질문하고 정확한 팩트를 확인한 후, 편집부 차장(파트장)과 함께 사회면의 사진에 대해 상의한다. 편집부 차장이 편집 논의를 주도하는데, 편집부 차장(33기, 1994년 입사)이 전국 데스크(38기, 2013년 경력직[3] 입사)보다 연차가 높기 때문인 것으로 짐작된다.

오후 4시 23분

사회부장이 제보 전화를 받아서 내근 기자에게 전달한다. 교도소에 있는 말기암 환자의 제보인데, 부장이 내근 기자에게 말이 되는 얘기인지 살펴보라고 지시한다. 교도소에서 자기를 죽이려 한다고 주장하는 말기암 환자의 제보로, 신빙성이 낮은 것으로 판단한다.

편집부 사회면 담당 기자가 법조 데스크에게 기사 내용에 대해 문의한다. 아파트 내 음주 측정 거부에 대한 판결에서 음주 측정 거부가 면허취소 사유는 되지 않지만 형사 처벌은 가능한지 확인하고, '형사 처벌'에 대한 내용을 부제로 넣었다고 알려준다.

사회부 옆에 있는 편집부에서는 국제부장이 담당 편집기자 옆에 함께 앉아 사진과 제목 등 지면 편집에 대해 논의한다. 국제부장이 주도하여 사진을 선택하고 기사 제목을 불러준다. 앞서 사회부 전국 데스크와 편집부 차장의 관계와 달리 연차가 높은 국제부장이 편집에 더 주도적으로 개입하고 있다.

사회부장과 기동팀장은 '신종 온라인 학폭' 기사에 대해 논의한다. 사회부장은 온라인상의 학폭 수법에 대한 설명이 앞뒤가 맞지 않다고 지적하면서 어떤 부분을 생략하고 어떻게 수정할 것인지 구체적으로 지시한다. 편집부 차장이 사회부장 자리로 찾아와 뉴스 모니터의 지면을 들여다보면서 드론 기사와 골프장 기사 중 하나를 지면에서 뺄 것을 제안한다. 사회부장은 한 면에 기사 여섯 개를 배치하는 것에 대해 편집부 차장의 의견을 확인한다.[4]

사회부장은 기동팀장에게 '신종 온라인 학폭' 기사의 내용을 확인하고, 법조 데스크는 모니터를 보면서 기사를 모니터링하고, 전국 데스크는 추가 취재를 위해 전화를 하는 등 데스크가 일제히 분주하다. 법조 데스크가 다시 편집부 차장에게 가서 '아파트 단지 내 음주 운전' 관련 기사의 제목을 확인한다. 형사 처벌이 정말 가능한 건지 편집부 차장이 재차 확인하고, 법조 데스크가 그렇다고 확인해준다.

사회부장이 전국 데스크를 불러 폭설 관련 피해 상황에 대한 보완을 지시하고, 편집부 차장에게도 피해 상황을 담은 사진을 넣을 것을 제안한다. 이어 기사를 작성 중인 일선 기자에게 가서 기사 내용에 대해서 짧게 의견을 나눈다. 전국 데스크는 폭설 관련해서 새로운 소식이 들어온 게 없는지 내근 기자에게 확인한다.

편집국 단위의 51판 편집회의가 시작되기 직전 사회부장과 법조 데스크는 편집부 자리에 가서 제목에 대해 마지막까지 상의한다. '일감 특혜 의혹 판사' 기사와 관련하여 "판사가 동생에게 조정위원을 시킨" 것인지, "동생이 조정위원으로 참여한" 것인지를 토론하다가, 법조 데스크는 동생에게 조정위원을 시킨 것이 형(판사)인지 법원인지 확실치 않아서 전자처럼 쓸 수 없다고 설명한다. 그의 설명에 따라 "동생이 조정위원으로 참여"로 제목을 수정한다.

오후 5시 32분, 51판 편집회의

50판 지면이 발행된 직후 편집국 회의실에 국장, 부국장, 부장, 편집부원 등이 모여 51판 발행을 위한 편집회의를 한다. 편집국장의 주재로 1면부터 마지막 면까지 살펴보면서 제목, 사진, 내용 등을 검토한다. 사회면 중 10면에 대해서는 강릉 폭설 사진이 멋있다는("죽인다는") 의견이 있었고, 12면에 대해서는 제목이 너무 재미가 없다(장애인 창덕궁 가이드 기사)는 의견과 청소년 방역패스는 어떻게 되는 건지에 대한 질문(사회정책부 기사), 그리고 부음 기사가 너무 적다는 지적이 있었다.

오후 5시 55분, 사회부 회의

51판 편집회의가 끝나자마자 바로 사회부 데스크들은 사회부 바로 옆 테이블에 모여 사회부 회의를 시작한다. 먼저 부고 기사가 왜 적은지 점검한다. 팩스가 잘 안 들어와서 부고 기사가 없다는 의견이 있었고, 사회부장은 연합뉴스의 부고 기사를 잘 살펴보고 병원에 직접 전화해서 챙길 것을 지시한다. 오늘 당직인 내근 기자가 바로 일어나 자리에 가서 전화로 부고 기사를 챙긴다.[5] 2면 인덱스(Chosun Today)에 소개할 기사로 '신종 온라인 학폭' 기사를 선정하고, 기획 기사 '말말말'[6]에 들어갈 내용을 점검한다. 사회부에서는 여러 후보를 놓고 논의한 끝에 LH 직원으로 추정되는 사람이 블라인드에 올린 "꼬우면 니들도 우리 회사로 취직하든가"라는 말을 포함하여 12건을 선정했다. "저는 법무부 장관이기에 앞서 기본적으로 여당 국회의원"(박범계 법무부 장관, '검찰 개혁 속도 조절론'에 관한 질문에 답하며), "이재명에게 허용된 선택지는 둘이다. '몰랐으면 박근혜, 알았으면 이명박'"(진중권 전 동양대 교수, 이재명 후보의 대장동 의혹을 비판하며) 등의 발언이 포함되어 있다.

저녁 8시

저녁 식사를 하고 돌아온 후 사회부 데스크는 다시 분주하다. 전국 데스크는 편집 담당자와 8면에 들어갈 드론 기사 사진에 대해 상의한다. 사진이 여름 배경이므로 교체하는 게 좋겠다는 의견을 전달하고 찾아보기로 한다(이후 사진 교체는 없었다). 편집부 차장이 '일감 특혜 의혹 판사' 기사의 제목을 수정했다고 자리에 앉아 큰 소리로 말한다. 부장도 자리에 앉은 채 좋은 것 같다고 큰 목소리로 반응한다. 제목은 다음과 같이 수정되었다.

'일감 특혜 의혹 판사' 제목 변경

50판: 동생에게 '일감 특혜' 의혹 부장판사/동생이 형 사건의 조정위원도 맡았다

51판: '일감 특혜' 의혹 판사가 맡은 사건/그의 동생이 조정위원으로 참여

부장이 다시 큰 소리로 '신종 온라인 학폭' 기사 제목에 대해 의견을 제시했지만, 이미 강판했다는 편집부 차장의 답변이 돌아온다. 다음 판에서 다시 살피기로 한다.

부장이 드론 기사에 대해 전국 데스크에게 드론을 방해전파로 떨어뜨린다는 건지 질문해서 확인한 후 편집부 차장에게 제목 수정을 제안한다. 역시 강판 이후이므로 52판에 반영하기로 한다. 사회부장은 다시 일선 기자를 불러서 사면 관련 기획 기사에 대해 논의하고, 전국 데스크는 내근 기자인 말단 기자에게 제목에 문제가 없는지 다시 확인하도록 지시한다.

밤 9시, 52판 편집회의

51판 지면이 발행되어 각 부서에 배달된다. 52판 지면 편집회의도 51판 지면 편집회의와 마찬가지로 지면을 화면에 띄워놓고 회의를 진행하지만, 대부분 종이 신문도 앞에 펴놓고 앉아 있다. 1면부터 차례차례 살펴보면서 제목과 사진부터 사소한 표현까지 일일이 검토한다. 오늘은 1면과 5면 이어달리기로 실린 김건희 씨의 사과 관련 기사에 대한 논의에 많은 시간을 할애한다.

사회부 지면에 관해서는 10면 '드론 방해전파' 기사의 제목이 변경될 예정이라고 사회부장이 보고하고, 12면 발달장애인 해설사 기사와 관련하여 편집국장이 '최초'가 맞는지 확인하는 것으로 간단히 넘어간다.

'드론 방해전파' 제목 변경

51판: 정부청사 드론 촬영·테러, 방해전파 쏴 떨어뜨린다

52판: 정부청사 촬영 드론, 방해전파 쏴 끌어내린다

밤 9시 33분

52판 편집회의가 끝난 후 사회부 지면의 수정 사항을 편집부 차장에게

전달한다. 전국 데스크는 편집부 차장 옆자리에 앉아서 함께 지면을 편집하고 있다.

이날 사회부 지면 중 10면은 52판까지, 12면은 53판까지 발행되었다. 다음 날 확인해보니 12면의 53판 변화는 날씨 예보가 달라지면서 발생한 날씨 기사의 변화였다.

❷ 관찰 2일 차 ─ 2021년 12월 27일 월요일

오전 9시 40분

전국 데스크, 기동팀장, 내근 기자가 자리를 지키고 앉아서 일하고 있다. 통합 데스크에서는 디지털 회의가 열린다. 국장과 디지털 부국장, 부장 등이 참석해서 디지털 뉴스를 점검 중이다. 디지털 부국장이 닷컴 경제 뉴스 개편에 힘써준 부장들에게 감사를 표하면서 좋은 콘텐츠가 관건이므로 콘텐츠 준비에 힘써줄 것을 부탁한다. 국장은 어제 김건희 씨의 사과 관련 인터넷 기사에 대해 항의가 많았고 논란이 되었다고 지적한다.[7] 여당 측의 반응을 인용해서 작성한 것은 괜찮지만 그러한 반응이 회사 의견인 것처럼 쓰면 곤란하다는 점을 지적하면서, 재미있게 쓰더라도 균형 유지에 좀 더 유의할 것을 당부한다.

오전 10시 12분, 오전 편집국 회의

국장이 잠시 자리를 비워서 디지털 편집 데스크 주재로 오전 편집국 회의를 진행한다. 부서별로 디지털 뉴스 아이템을 발제하는데, 사회부는 방역 정책에 항의하는 '자영업자의 소등시위'와 '박원순표 문화예술공간 예산' 편성에 관한 아이템을 제안한다.

오전 10시 25분, 사회부 회의

사회부 부서 회의가 시작되자마자 부장은 '자영업자 소등시위'와 '박원순표 문화예술공간 예산' 아이템을 디지털에 먼저 쓰라고 지시한다. 이후 일선 기자들이 제출한 발제 아이템을 살펴보면서 데스크들과 간단히 의견을 나누다가, 기사에 내용이 너무 부족하다는 점을 지적한다. 동아일보의 사회부 지면을 펼쳐 〈성탄절 화재로 숨진 '착한 임대인' 노부부〉 기사를 보여주면서, 현장에 직접 가서 살펴보고 취재해야 한다는 점, 직접 가서 취재하면 사회면 톱기사가 될 수 있다는 점을 강조한다(기사 6-2).

이후 바로 사회부가 채워야 할 지면에 대한 논의로 넘어간다. 오늘 사회부는 정치부와 함께 준비한 종합면(1면, 3면 이어달리기) 두 면과 사회면(10면, 12면) 두 면을 채워야 한다. 기동팀장, 전국 데스크, 법조 데스크 순서로 기사 발제를 한다.

기동팀장: 노숙인 시설과 쪽방촌 감염, 보훈급여, 깜깜이 시험, 자영업자 소등시위

전국 데스크: 서울시의회 예산, 박원순표 문화예술공간 예산, 주택 구입 의도 지수 하락, 한파, 정신지체 장애인 학대 사건

법조 데스크: 공수처, 기자 통신자료 조회, 이혼 소송 관련 아이템, 모 대학교수 폭행 사건 판결

데스크에서 발제한 기사 하나하나를 모두 언급하면서 부장이 질문을 던지고 논의를 이어간다. '노숙인 시설과 쪽방촌 감염' 기사는 이미 스케치해놓은 내용이 있으니 보완해서 기사를 작성하기로 한다. 보훈급여 건은 하루 뒤에 써도 괜찮다고 판단하고, 정답과 채점 근거를 알수 없는 '깜깜이 시험(세무사 시험, 공기업 채용 등)'에 대해서도 자세히 질

화마에… 차량에… 잇단 희생, 안타까운 세밑

성탄절 화재로 숨진 '착한 임대인' 노부부

상가 2층 살던 80대 건물주 부부
거동 불편한 상태로 불길 번진듯
"코로나 어려움에 임대료 깎아줘"
이웃 상인들 선행 떠올리며 추모

성탄절인 25일 서울 마포구의 한 상가에서 불이 나 건물 2층에 살던 80대 노부부가 숨졌다. 불이 난 건물의 주인이었던 노부부는 신종 코로나바이러스 감염증(코로나19) 사태로 건물에 입주한 상인들이 어려움을 겪자 임대료를 할인해 주는 등 선행을 베풀어온 것으로 전해졌다.

26일 서울 마포소방서 등에 따르면 25일 오후 1시 14분경 서울 마포구 서교동 홍익대 인근의 한 상가 건물에서 불이 나 2층에 살던 80대 부부가 숨졌다. 남편은 현장에서 숨진 채 발견됐고, 부인은 병원으로 이송되던 중 숨을 거뒀다. 소방 관계자는 "할아버지는 다리 한쪽이 무릎 아래로 없는 상태이고, 할머니는 거동이 약간 불편한 상태였다고 들었다"고 전했다.

소방은 불이 2층에서 시작돼 3층으로 옮겨 붙

은 것으로 추정하고 있다. 건물 내부 마감재가 나무 재질이어서 불이 빠르게 번졌고 소방대원들이 내부에 진입하기 어려웠다고 한다. 건물 1층에는 식당과 카페 등이 입점해 있었지만 영업 시작 전이었고, 3층에도 입주자가 있었지만 외출한 상태여서 추가 인명 피해는 없었다. 불은 화재 발생 약 1시간 만에 진화됐다.

동아일보 기자가 화재 현장을 둘러보니 2층 흰색 외벽이 검게 그을려 있었고, 그을음은 3층까지 이어져 있었다. 플라스틱 소재의 창틀은 녹아내려 아래쪽으로 힘없이 늘어져 있었다. 소방당국은 경찰과 합동감식을 통해 정확한 화재

원인을 조사할 계획이다.

인근 상인들은 노부부를 "붙임성 좋은 이웃"이라고 기억했다. 화재 건물 인근에서 장사를 해온 A 씨는 동아일보 기자에게 "2, 3년 전부터 거동을 불편해하셨지만 꾸준히 외출하시며 이웃들과 교류하던 분들"이라며 "어르신들 사는 곳 수도관이 고장 나는 등 어려움에 처하면 주변 상인들이 선뜻 나서서 고쳐줄 정도로 사이가 가까웠다"고 했다.

A 씨는 노부부의 선행을 떠올리며 안타까워했다. A 씨는 "카페가 있던 자리에서 장사하던 세탁소가 코로나19 이후 사정이 어려워지자 임대료를 선뜻 깎아주시던 분들"이라며 "결국 세탁소가 문을 닫게 되자 자기 일처럼 많이 안타까워하셨던 기억이 난다"고 했다.

근처에 있는 마트 직원도 "2, 3일에 한 번씩 오셔서 1.5L 생수를 6개씩 사가시곤 했다"며 "붙임성이 좋으셔서 자녀 얘기나 날씨 얘기 등을 나누곤 했다"고 말했다. 주민들에 따르면 노부부는 더 좋은 곳에 거처를 마련해 주겠다는 자녀들의 제안을 마다하고 "익숙한 동네가 좋다"며 건물에서 계속 거주했다고 한다.

○○○ 기자 blick@donga.com

[기사 6-2] 동아일보 2021년 12월 27일 사회면(12면) 기사

문하면서 수험생들이 구체적으로 어떤 문제를 제기했고 왜 분노했는지 검토한다. '자영업자 소등시위'를 스케치해보라고 지시하지만, 기동팀장은 시각적으로 크게 보여줄 만한 그림은 없을 것 같다고 답한다.

이어 전국팀 발제와 관련해서 부장이 '서울시의회 예산' 건은 기사화하기 어렵겠다는 의견을 낸다. "진통" 정도로는 기사가 되지 않는다는 것이다. 서울시가 플랫폼 창동 사업에 예산을 편법('박원순표 문화예술공간 예산')으로 사용한 건도 기삿거리로 다소 부족하지만 일단 인터넷에 쓰라고 지시한다. 한파 관련해서 동파 피해가 크다는 보고를 받은 부장이 공공시설 동파는 화정 지역뿐인지 질문하자, 전국 데스크가 그렇

다고 대답한다. '정신지체 장애인 학대' 관련 기사에 대해서는 더 알아볼 것을 지시한다.

법조팀의 기사 발제는 정치부와 공동으로 기획 취재한 '공수처 해체론' 기사에 관한 이야기가 주를 이룬다. 공수처 문제와 기자 통신자료 조회 관련해서 기사를 써보라고 부장이 지시하고, 법조 데스크가 준비하겠다고 답변한다. 이혼 소송 관련 기사도 재미있는 기사라고 지적하고, 모 대학교수 폭행 사건에 대해서는 쓰지 말라고 지시한다. 중요하지 않은 개인에 관한 내용은 기사화할 필요가 없다는 국장의 의견이 있었다고 전한다. 마지막으로 지면에 실을 기사를 선정한 후, 기동팀장이 일일보고 문서에 사회부 지면 계획을 공유한다.

오후 1시 30분

편집국장이 점심 식사를 마치고 들어오고, 사회부는 아직 아무도 들어오지 않았다. 전국 데스크를 시작으로 한두 명씩 차례로 들어오고, 사회부장은 법조 데스크와 우리들병원 불법 대출 의혹 등 여권 인사가 연루된 사건이 잇달아 무혐의 처리된 것에 대해 논의한다. 부장은 연말에 사건을 재고 처리하는 느낌이라는 점을 지적하고, 법조 데스크는 크게 쓸 내용은 아니라는 다른 부서 부장의 의견을 전달한다.

오후 2시 23분, 오후 편집국 회의

국장이 (오전 회의 이후) 추가할 만한 기사가 있는지 질문하자 각 부장이 차례대로 기삿거리를 제안한다. 사회부장은 우리들병원 고발 건이 무혐의 처리된 건을 언급하면서 연말에 묶여 있던 주요 사건을 털어버리는 분위기인데 이 내용을 기사화할 수 있을 거라는 의견을 낸다. 1면과 3면

사회 1

- 〈톱〉 쪽방촌의 코로나 겨울 두 달 새 서울 취약시설서만 200여 명 집단 감염(이○○)
  - 확진자는 생활치료센터로 옮겨야 하는데, 자리가 없어 그대로 방치. 내부는 감염 위험에 무방비로 노출돼 있고.
- 〈단독〉 선관위 '이재명 형수 욕설' 댓글 단 네티즌 선거법 위반으로 경찰에 수사의뢰 법조계 '국민 겁박하나'/법조: 회의에서 거론되지 않은 이슈이지만 사회 1면에 '단독'으로 들어가 있는 사례
- 〈서초25〉 자중지란 공수처 김진욱은 침묵, 실세인 파견 경찰 송지헌은 경찰 복귀 예정 (법조)
- 〈핫코너〉 바퀴벌레 쿠션, 어린이용 요술봉…'쓸데없는 선물' 교환하는 MZ들 '중요한 건 상대방과 추억 만들기'(한○○)
- 추운 날씨에 '삐빅, 30도입니다' 해도 출입구 무사통과 권고 속 방치되는 체온 측정기 (강○○)
  - 겨울에는 유명무실. 그래도 안 하는 것보다 낫지 않냐는 얘기도.
- 자영업자, 이틀 간 전국 곳곳서 소등시위(기동팀)
  - 현장 상황 봐서

사회 2

- 〈톱〉 메타버스 시대 아바타 꾸며주는 성형외과 의사, 코디네이터, 인테리어 업자 등 가상 세계에서 직업찾고 돈 버는 사람들(강○○)
- 서울시 "박원순 서울시가 추진한 문화예술공간 구축 사업 '플랫폼창동61', 예산 편성 절차 등 무시했다"(안○○)

은 공수처 관련 내용을 종합적으로 싣기로 하고, 사회면 톱은 '연말 수사 털기'로 가는 게 좋겠다고 국장이 정리한다. 회의가 끝난 후 국장, 사회부장, 정치부장이 1면과 3면의 공수처 기사와 관련해서 좀 더 자세한 이야기를 나눈다. 오늘 1면 톱기사인데다 '포커스' 지면에도 배정되어 다른 기사보다 더 많이 신경을 쓰고 있는 듯하다.

오후 2시 43분, 사회부 회의

편집국 회의를 마치고 사회부장이 부서로 돌아오자마자 바로 사회부 회의를 시작한다. 부장은 제일 먼저 1면 톱으로 공수처 사찰 의혹과 야당 사찰, 기자 통신 조회 등을 다루기로 했다고 알린다. 3면에 담을 내용이 아직 부족한데, 공수처 관련해서 취재한 내용을 작성해서 정치부에 넘겨줘야 하는 상황이다. 준비하고 있던 '자중지란 공수처'에 관한 내용을 3면에 함께 녹여낼 수 있으면 녹이고, 아니면 내일로 넘기는 것이 좋겠다고 부장이 정리한다.

〈연말 10대 뉴스〉지면 덕분에 사회면은 오늘 두 면만 채우면 된다. 부장이 오후에 추가할 만한 아이템이 있는지 질문한다. 기동팀장이 박근혜 전 대통령 관련 성명서가 나온다고 보고하자, 부장이 그건 그냥 두라고 대답한다. 전국 데스크가 수원 검찰의 무혐의 결정을 언급하자, 기사가 없으면 쓰겠지만 일단 홀드하기로 한다. 현대제철 불법 검거 민노총 간부 구속영장 신청 건은 오후에 구속되면 기사를 쓰기로 한다. 부장이 '노숙인 시설과 쪽방촌 감염' 기사를 오늘 써야 하는지 질문하고, 기동팀장은 쓰면 좋지만 하루 더 묵혀도 상관없다고 답한다. 일단 사이드로 쓰기로 한다. 회의 도중 편집부장이 와서 강원도의 폭설 상황을 알아봐달라고 요청한다. 오늘 사진이 안 들어오는 걸 보니 괜찮은 것 같지만, 사장이 눈 때문에 배달이 늦어진다는 문구를 1면에 넣으라고 하는데 어떻게 할지 판단이 필요하다고 설명한다. 전국 데스크가 확인하기 위해 잠시 자리로 돌아가 통화한다.

선관위 관련 기사는 일단 홀드하기로 하고, 서울시 '박원순표 문화예술공간 예산' 이슈는 써보라고 부장이 지시한다. '체온 측정'에 관한 것도 조그맣게 하나 써보자고 지시하는 부장, "더 있으면 딴 거 찾아보자!

일단 회의는 여기서 끝!"

오후 2시 56분

사회부장은 국장실에서 국장, 정치부장과 회의 중이다. 정치부와 사회부가 함께 작성 중인 1면과 3면의 '공수처 기자 사찰' 관련 기사를 논의 중인 것으로 보인다.

오후 3시 15분

기동팀장이 사회부 지면 계획을 정리해서 구글독스 일일보고에 올린다. 사회 1면의 톱과 사이드 기사가 모두 변경되어 있다. '연말 주요 사건 재고 처리'가 톱으로 추가되고, '노숙인 시설과 쪽방촌 감염'이 톱에서 사이드로 변경됐다. 사회 2면에 있던 '박원순표 문화예술공간 예산' 기사는 사회 1면으로 이동하고 '메타버스 아바타 성형' 기사는 삭제되었다. 사회 2면에는 '먹는 치료제 승인'과 '청주대 총장 인터뷰' 기사가 추가되는 등 오전 일일보고 이후 많은 변화가 있었다.

오후 4시 30분

사회부 데스크 전원 자리에 앉아 모니터에 집중하고 있다. 기자들이 올린 기사를 살펴보면서 데스킹 작업 중이다. 편집부도 지면 만드는 작업을 진행하느라 분주하다.

오후 5시 10분

편집부 주변이 갑자기 분주해지기 시작한다. 사회부장이 전국 데스크에게 "부풀리거나 하지 말고 있는 그대로 쓰라"는 정치부장의 지시를 전

사회 1

- 〈톱〉 연말에 여당 인사 사건 털기 '창고대방출'하는 검찰 (법조)
  - 중앙지검, 우리들병원 불법 대출 의혹 사건, 김의겸 등 여당 인사들 사건 무혐의 처분
  - 반면 한동훈은 정리해달라는데 안 털어주고
- 〈사이드〉 쪽방촌의 코로나 겨울 두 달 새 서울 취약시설에서만 200여 명 집단 감염 (이○○+한○○)
  - 확진자는 생활치료센터로 옮겨야 하는데, 자리가 없어 그대로 방치. 내부는 감염 위험에 무방비로 노출돼 있고
- 자영업자 100만 원 지급 혼선 논란 (산업부)
- 〈핫코너〉 바퀴벌레 쿠션, 어린이용 요술봉…'쓸데없는 선물' 교환하는 MZ들 '중요한 건 상대방과 추억 만들기' (한○○)
- 서울시 "박원순 서울시가 추진한 문화예술공간 구축 사업 '플랫폼창동61', 예산 편성 절차 등 무시했다" (안○○)
- 추운 날씨에 '삐빅, 30도입니다' 해도 출입구 무사통과 권고 속 방치되는 체온 측정기 (강○○)
  - 겨울에는 유명무실. 그래도 안 하는 것보다 낫냐는 얘기도=예비
- 당진 현대제철 불법 점거 주도한 민노총 간부 3명 구속영장 (김○○)
  - 결과 나오는 거 봐서 반영

사회 2

- 먹는 치료제 승인…"먹는 치료제 60만 4000명분 선구매 계약 내년 1월 말부터 투여 예상" (곽○○)
- 〈사이드〉 청주대 총장 인터뷰
- 대졸 이상 취업률 65%로 2년 연속 감소, 인문·사회계열 타격 커…초봉은 262만 9000원
- 내년부터 30인 미만 사업장에도 '가족돌봄 근로시간 단축제도' 시행

하면서 데스킹 상황을 살피고, 편집부로 이동해 제목 등 편집 과정을 점검한다. 국제부장도 편집부에 자리 잡고 앉아 편집기자와 함께 지면 편집에 참여한다. 기동팀장이 미접종자를 받지 않는 식당의 웹사이트가

마비된 건을 보고하고, 부장은 말이 되는지 좀 더 검토해보라고 한다.

오후 5시 36분, 51판 편집회의

"회의 시작합시다"라는 편집 부국장의 목소리와 함께 편집국 구성원들이 회의실로 모이기 시작한다. 올해는 코로나로 인해 송년회가 없으며, 31일 오후 5시에 열리는 연말 시상식을 위해 부서별로 MVP를 선정해 올리라는 공지 사항을 전한 후 바로 지면 검토에 들어간다. 신년 특집과 10대 뉴스 준비 상황을 먼저 점검하고 나서, 1면부터 차례대로 지면을 검토하기 시작한다. 1면 공수처 기사에서 "야당에서 공수처 폐지 주장이 나왔다는 것"을 제목에 추가하라고 국장이 지시한다.

'공수처 기자 사찰' 중간 제목 추가

51판: 野 "김진욱 사퇴, 공수처 해체하라"

2면 인덱스 〈Chosun Today〉에 실린 사진(쪽방촌 기사 관련 사진)의 제목에 대해 '확진돼도 치료센터서 거부'가 무슨 뜻인지 국장이 질문하고, 치료센터에서 노숙자들을 받아주지 않는다고 사회부장이 설명한다. 국장은 치료센터에서 확진 노숙자를 거부하는 게 문제가 되는 일인지 다시 질문하고, 특별한 답변 없이 바로 다음 기사 검토로 이동한다.

'노숙인 시설과 쪽방촌 감염' 제목 변경

50판: 확진돼도 치료센터서 거부…서러운 쪽방촌 사람들

51판: 한 명 걸리면 줄줄이 걸린다, 쪽방촌의 슬픈 겨울

3면 '공수처 기자 사찰(이어달리기)' 기사 관련해서 짧게 대화가 오고 간다.

국장	통신 조회를 골라서 하지는 않지 않을까?
사회부장	고른다는 표현은 적절치 않은 것 같다.
국장	제목에 해체라는 표현이 너무 여러 번 나온다. 정치부장 의견대로 '출범 몇 년 만에 해체론'과 같은 식으로 수정하는 것이 낫겠다.
부국장	상단 기사에 통신 조회 관련 내용이 너무 많아서 1면 기사와 겹친다. 공수처 태생부터 폐지론까지를 설명하는 것이 중요하다.
사회부장	형사소송법학회 회원에 대한 통신 조회 건도 중요하게 넣어줘야 한다.

사회면인 10면에 대해서는 국장이 〈검찰, 여권 인사들 사건 '연말 털어내기'〉라는 제목의 '털어내기' 표현을 수정할 것을 제안한다.

연말 여권 인사 사건 털기' 제목 변경

50판: 검찰, 여권 인사들 사건 '연말 털어내기'

51판: 연말, 與인사 연루 사건 잇달아 무혐의

저녁 6시 16분, 사회부 회의

지면 편집회의 직후 사회부장은 국장실에 들어가서 간단히 대화를 나눈 후 정치부장과도 몇 가지 사안에 대해 의논한다. 이후 바로 사회부 회의를 시작한다.

먼저, 정치부와 공동 작성하는 3면 이어달리기 기사에 대해 논의한다. 통신 조회 관련 내용은 윗단 기사에 몰아서 쓰고, 아랫단에서는 공수처 문제들을 작성하도록 부장이 기사 배열을 정리한다. 공수처 폐지 주장이 나온다는 내용이 기사에 있는지 확인하고, 추가하기로 한다. 51판 편집회의에서 언급했던 1면 제목과 사회면(10면) 제목을 수정할 것을 지시한다.

10면 하단에 있는 '박원순표 문화예술공간 예산' 건이 기삿감이 되는지 부장이 질문하고 전국 데스크가 그렇다고 대답한다. 이어 미접종자를 거부하는 식당에 대해 인터넷에서 좌표를 찍고 있는 상황에 관해 이야기를 나눈다. 해당 식당이 오전에 300여 개에서 800여 개로 증가했고 웹사이트 마비 사태가 빚어지고 있다고 보고한다. 기사화할 필요가 있는 내용인지에 대해 자세하게 논의한다.

혼밥도 못하게 하는 식당의 좌표를 찍는데, 진위 여부를 정교하게 확인할 수 있는 시스템이 아니라서 일부 식당에 피해가 있을 수 있다고 기동팀장이 의견을 낸다. 근본적으로 미접종자를 거부하는 식당이 문제인가에 대해서도 논쟁한다. '노키즈존'처럼 식당 주인이 선택할 수 있는 문제이고, 미접종자가 분개하는 것은 별개의 문제라는 설명이 이어진다. 부장은 일단 해당 기사를 써서 인터넷에 띄우고, 반응이 괜찮으면 현재 지면에 있는 'MZ세대의 쓸데없는 선물교환' 기사와 교체할 것을 지시한다.

'자영업자 소등' 기사 관련해서 적절한 사진을 찾아보라는 부장의 말에 데스크 중 한 명이 사진부에 쓸 만한 북창동 사진이 있다고 보고한다. 부장은 사회정책부에서 작성한 '소상공인 100만 원 지급' 기사의 내용이 부족하니 소등 기사와 함께 묶어서 편집하라고 지시하고, 기동팀장이 알아서 작성해서 올리겠다고 대답한다.

　　부장이 내근 기자에게 '우리들병원 의혹 무혐의' 기사가 2면 인덱스(Chosun Today)에 들어갔다고 알려주고 관련 요약문을 쓰도록 지시한다. 이어서 법조 데스크가 민주노총 3명 모두 영장이 기각되었다고 보고하면서 기각을 기사로 써야 하는지 질문한다. 부장은 쓰지 말자는 의견을 내고 닷컴(온라인)에만 기사를 내기로 결정한다. '박원순표 문화예술공간 예산' 지원 관련하여 '200억 예산 불법 편성'이라는 제목을 써도 되는 건지 확인 필요하다고 부장이 의견을 내고, 전국 데스크는 확인해 보겠다고 답한다.

'박원순표 문화예술공간 예산' 제목 변경

50판: "박원순표 '문화예술 공간' 200억 예산 불법 편성"

51판: "박원순표 '문화예술 공간' 200억 예산 편법 사용"

　　부장은 데스크에게 계속 기사 수정을 지시하면서, 사면 관련 기획 기사를 취재하고 있는 내근 기자와 기사가 잘 준비되고 있는지를 점검한다. 사면을 절제했다는 정부의 발표와 달리, 내용을 봐도 숫자를 봐도 절제로 보기는 어렵다는 점을 강조한다.

저녁 6시 42분

부장이 자리에 앉은 채로, 3면 '공수처 기자 사찰(이어달리기)' 기사에 '공수처가 존폐론에 몰려 있다'는 내용을 포함하라고 법조 데스크에게 지시한다.

저녁 8시 32분

사회부 지면에 쓰려고 했던 '자영업자 소등시위' 사진을 1면으로 이동하기로 결정한다. 편집부, 사회부, 정치부를 비롯해 편집국이 전반적으로 분주해지기 시작한다. 편집부 차장은 믹스 커피를 마시면서 조판 작업에 몰두하고 있고, 정치부장은 5면에 실린 윤석열 후보의 사진을 보면서 "처음으로 정치인다운 제스처와 표정이 나왔다"고 평가한다.

사회부장은 편집부와 사회부를 왕래하면서 제목 등 지면 편집을 조율한다. 편집부에는 조판을 재촉하는 전화가 계속 걸려 오고, 정신없이 바빠진다. 사회부장은 3면 하단에 있는 박범계 발언에 관한 기사의 제목을 바꿔야 하는지 고민한다. 정치부장은 사회부장에게 "박범계도 실망했다"는 내용이 기사에 들어 있는지 묻고, 사회부장은 들어가지 않았다고 답변한다. 이후 박범계의 실망 발언이 기사에 있다는 것을 확인하고, 〈박범계, 공수처 사찰 논란에도 "격려 필요한 신생팀"〉(50판)에서 〈공수처 주도한 박범계 "실망…그래도 격려 필요한 신생팀"〉(51판)으로 제목을 수정한다. 정치부장이 "실망"보다는 "기대에 못 미쳐"라는 의미로 가야 한다는 의견을 내지만 판이 마감되어 51판에 반영하지 못한다.

밤 9시 20분, 52판 편집회의

국장이 아직 편집국에 들어오지 않아 뉴스 총괄 부국장 주재로 회의를 시작한다. 밤 9시 20분, 51판 편집회의 때보다 참석자가 늘어 30명 가까운 사람들이 회의실을 중심으로 여기저기 앉거나 서 있다. 부국장, 부장, 데스크와 편집기자뿐 아니라 주요 기사를 작성한 기자들도 일부 회의에 참석한다. 국장이 아직 참석하지 않았기 때문에 오피니언 면(39면)에서부터 거꾸로 검토해나가기 시작한다. 국장이 주재할 때와 마찬가지로

[사진 6-1] 편집국의 52판 편집회의 장면

제목과 사진, 기사 내용 등을 하나하나 검토한다. 32면까지 왔을 때 국장이 도착하고, 다시 1면으로 돌아가서 검토를 시작한다.

　1면 내용 중 사회부가 작성한 '자영업자 소등시위'와 '공수처 기자 사찰' 기사에 관해서 국장을 중심으로 논의를 진행한다.

국장　　　 자영업자 소등시위는 소등하고 영업도 안 한 건가?

사회부장　 영업은 하고 소등만 한 거다.

국장　　　 (공수처 기사 관련) 영장 발부받고 통신 조회한 건 밝혀진 건지?

사회부장　 확인하지 않았지만 발부받지 않으면 그렇게 할 수 없다.

정치부장　 이렇게 단정적으로 하다가 '되치기' 당하면 어떻게 하나?

법조 데스크 공수처에 문의했는데 부인하지 않았다.

정치부장　 만에 하나 영장을 발부받지 않았을 가능성은?

경제부장　 안 받았다면 위법이다.

'빅 브러더' 공수처

(사회 감시·통제 권력)

고위공직자범죄수사처(공수처)가 최소 3명의 현직 기자에 대해 법원으로부터 통신영장을 발부받아 통화 내역을 뽑아본 것으로 27일 전해졌다. 휴대전화 사용자의 이름, 주소, 주민등록번호 등을 넘겨받는 '통신 자료 조회'를 한 것을 넘어 공수처가 법원을 통해 수사 대상이 아닌 언론인의 통화 및 메시지 착·발신 내역까지 통째로 턴 것이다. 이 경우, 해당 기자의 취재원·제보자 신원 등 취재 정보와 활동이 드러나게 된다.

공수처가 기자와 야당 의원을 대상으로 통신 자료를 들여다본 사실도 이날

국민의힘 의원 39명 통신조회… 野 "김진욱 사퇴, 공수처 해체하라"

기자 3명은 통신영장 발부받아 메시지 착·발신까지 뒤져

추가로 확인됐다. 공수처는 또 한국형사소송법학회 회원 20여 명에 대해서도 통신 자료를 조회한 것으로 나타났다. 국민의힘은 "불법 사찰을 주도한 김진욱 공수처장은 즉각 사퇴하고, 국민적 신뢰를 잃은 공수처는 해체돼야 한다"고 했다. 여권이 이른바 '검찰 개혁' 명분으로 설립을 강행한 공수처가 비판 언론과 야당, 학계 수사에 집중하면서 '빅 브러

더'가 됐다는 비판이 나온다. 조지 오웰의 소설 '1984'에 나오는 '빅 브러더'는 사회의 모든 요소를 감시·통제하는 권력을 뜻한다.

공수처의 통신영장 청구 대상이 된 언론인은 TV조선 기자 2명과 중앙일보 기자 1명이다. TV조선 기자 2명은 공수처의 '이성윤 서울중앙지검장(현 서울고검장) 황제 조사' 등을 보도했던 기자들이

다. 두 기자는 내사 단계에서 통신영장 청구 대상이 된 것으로 전해졌다. 중앙일보 기자는 공수처가 정식 입건한 '이성윤 공소장 유출' 의혹과 관련해 통신영장이 발부된 것으로 전해졌다.

이와 별개로 공수처가 통신 자료를 조회한 사실이 추가 확인된 본지 기자는 정치부 기자 8명이다. 이 가운데 6명은 야당, 나머지 2명은 여당 담당이다. 이로써 공수처 등으로부터 통신 자료 조회를 당한 본지 기자는 이날까지 22명으로 늘었다.

○○○·○○○·○○○ 기자 **A3면에 계속**

[기사 6-3] 2021년 12월 28일 1면 기사: '빅 브러더'에 대한 설명이 추가된 52판 기사

법조 데스크	TV조선에서 처음 썼을 때 공수처에서 아무 반응이 없었다.
국장	'빅 브러더'(제목에 있는 단어)에 대해 설명해줘야 하지 않을까? 기사 안에 빅 브러더라는 단어가 있나?
사회부장	없다.
국장	그러면 설명을 써줘야지.[8]
부국장	(중간 제목 관련) 기자 3명의 통신 조회를 하면 안 된다는 건지, 왜 문제인지가 기사에 언급되어 있지 않다. 기자는 민간인이기 때문에 문제가 된다는 내용이 있어야 한다.
정치부장	민간인이어도 피의자와 연결되어 있거나 관련 피의자라면 영장 발부가 가능할 수 있다.
국장	기자에 대해 영장 발부한 것 자체는 충분히 비판의 여지가 있다.
사회부장	피의자성이 약한 사람에게까지 과하게 했다고는 쓸 수 있다.
부국장	기자 통신 조회를 한 것이 왜 문제인지는 어디든 넣어주어야 한다.

3면의 '공수처 기자 사찰(이어달리기)' 기사에 대한 논의를 시작한다.

6장. 밀착 관찰 I: 사회부

국장	(〈박범계 "실망…그래도 격려 필요한 신생팀"〉이라는 기사 제목을 보고) 이런 얘기는 어디서 한 건가?
사회부장	방송에서 했다.
정치부장	정확히 얘기하면 실망했다는 게 아니라 기대에 못 미쳤다고 한 거다.
국장	그럼 그렇게 쓰자.

'공수처 기자 사찰' 제목 변경

50판: 박범계, 공수처 사찰 논란에도 "격려 필요한 신생팀"

51판: 공수처 주도한 박범계 "실망…그래도 격려 필요한 신생팀"

52판: 공수처 주도한 박범계 "기대 못 미쳐도 격려 필요한 신생팀"

사회면(10면, 12면)에 대해서는 별다른 논의 없이 회의가 끝난다.

밤 10시 3분

지면 편집회의가 끝난 후 급하게 기사 내용을 고치고 그래픽을 수정하느라 분주하다. 회의 직후 바로 52판 수정을 시작해서 수정 내용이 반영되는 것을 확인한다. 이날 52판에서 수정이 이루어진 지면은 39개 지면 중 19개였으며, 사회부가 작성에 참여한 1면, 3면, 10면, 12면은 모두 52판이 발행되었다.

❸ 관찰 3일 차 ― 2021년 12월 28일 화요일

오늘부터 연구자 중 한 사람만 사회부와 편집부 사이에 앉아서 관찰하기로 한다. 사회부의 불편함을 최소화하고 관찰의 효율성을 높이기 위한 것이다. 연구자 1인은 사회부 옆에 앉아 밀착 관찰을 하고, 다른 1인은 편집국 한편의 자유석에 앉아 있다. 연구자들끼리는 구글 문서를 통해 원격으로 실시간 소통을 한다.

오전 9시 30분

사회부에는 기동팀장과 전국 데스크, 내근 기자가 자리에 앉아 있다. 오전 9시 53분, 국장이 직접 나와서 정치부장을 호출하여 국장실에서 이야기를 나눈다. 이어서 바로 통합 데스크에서 디지털 회의가 열린다. 디지털 회의가 열리는 동안 사회부장과 법조 데스크가 출근하고, 바로 편집국 회의가 열린다. "회의 합시다"라는 부국장의 외침과 함께 부장들이 통합 데스크로 모여들고, 바로 부서별로 아이템을 발제한다. 사회부가 발제한 아이템은 다음과 같다.

- 오세훈, 재건축 인허가 앞당겨서 선정하는 지역(10시 반 엠바고)
- 삼청교육대 피해 보상하라는 국가 대상 손배소
- 내년부터 5년 차 이상 민방위 훈련 폐지
- 행안부 정보공개 평가 결과 검찰청 꼴찌, 여가부 1위

오전 10시 28분, 사회부 회의

다른 날처럼 기동팀, 전국팀, 법조팀의 순서로 기사를 발제한다. Xcoop에 올라온 팀별 발제 내용을 살펴보면서 일사천리로 결정을 내린다.

이어서 기사 아이템을 선정하는 회의를 한다. 세무사 시험 아이템('깜깜이 시험')에 대해 부장이 '젊은이들이 느끼는 공정의 문제'라고 평

- **기동팀 발제**
  - 택배 노조 파업
  - 코로나 시대 중산층에 개인레슨 문화 확산, 취약계층은 갈 곳 없음: 개인레슨 얘기인지, 양극화 얘기인지 야마가 흩어진다. 나눠서 쓰는 게 좋겠다
  - 세무사 주관식 시험 공정성: 기사화된 적이 있으니 새로운 부분이 있는지 검토 필요하다
  - 메타버스와 MZ세대: 연말에 기사 없을 때 써야 하니 쟁여두자
  - 가락시장 소비자 직거래 증가

- **전국팀 발제**
  - 검찰청 정보공개 중앙행정기관 중 꼴찌: 인터넷으로만 쓰자
  - 단원고 관련: 인터넷으로만 써도 될 것 같다
  - AI 의심 사례: 더 알아보자
  - 총기사고: 단순 조작 실수다

- **법조팀 발제**
  - 대장동 수사 부실, 공소장 복붙

가하면서 채택한다. 이 밖에 '대장동 수사 부실', '오세훈식 빠른 재개발', '체온 측정의 문제점' 등을 지면 후보로 정한 후, 오후에 더 보완하기로 하고 회의를 마무리한다.

오전 11시 5분
사회부장과 정치부장이 1면에 들어갈 박범계 장관의 수사 가이드라인 기사에 대해 몇 마디 주고받는다.

정치부장   검찰이 실제로 수사를 편향되게 하고 있는 게 사실이다.

사회부장   사실을 있는 그대로 쓴다고 해도 기사가 편향적일 수 있다.

관찰 3일차 [일일보고]에 공유된 사회부 지면 계획 (2021년 12월 28일 오전)

- -

사회 1

- 〈톱〉주관식 한 과목에서 일반인 시험 응시자 80%(3200명)가 과락, 세무공무원 출신
은 역대급 합격자 MZ세대 "모범답안·채점 기준 공개하라"(한○○)
  - 이유 모른 채 점수만 받아들여야 하는 '깜깜이 시험'에 잇따른 MZ세대의 '공정' 문제
제기
- 오세훈표 재개발 '신속통합기획' 최종 선정지역 21곳 발표…창신동·숭의동 등 도시재
생지역 4곳 포함/10시 30분/공유(김○○)
- 추운 날씨에 '삐빅, 30도입니다' 해도 출입구 무사통과 권고 속 방치되는 체온 측정기
(강○○)
- 〈핫코너〉신문/청소, 빨래 집안일 못하는 2030…원룸 청소에 가사도우미 부르고 백화
점 문화센터에 정리수납 강의 들으러 다닌다(이○○)

사회 2

- 〈톱 후보〉아너소사이어티/유명 1타 강사 3인방의 훈훈한 기부
- 〈톱 후보〉종 1 이어달리기/+그래픽
- 신분당선 광교~호매실 연장 확정+'동남권 4개 철도' 28일 개통
- 외국인 근로자 5만 9000명에 문 연다…체류 기간도 1년 연장

사회 3 / 위국헌신상

정치부와 사회부가 공동으로 작성하고 있는 공수처 통신 조회 기
사와 관련하여 1면은 정치부, 3면은 사회부 중심으로 작성하기로 하고
내용을 어떻게 차별화할 것인지 구체적으로 논의한다.

사회부장   대장동 봐주기 수사와 김건희 수사를 함께 묶어서 박범계를 강하
게 비판(세게 조지는 걸로)하자.

정치부장   1면과 3면의 야마가 똑같은 것 같다. 차별화 방법을 찾아보자.

6장. 밀착 관찰 I: 사회부

기동팀장이 사회부 회의 내용을 토대로 일일보고 문서에 사회부 지면 계획을 공유하면서 사회부 데스크의 오전 업무가 일단락된다.

오후 1시 30분

내근 기자와 행정 서무만 자리를 지키고 앉아 있는 사회부. 사회부장이 들어와서 문화일보 등 석간을 검토하고 국장도 통합 데스크에서 부국장 등과 이야기를 나눈다. 이후 국장이 정치부로 가서 기사 작성을 조율한다. 국장은 박범계 장관 발언에 대한 1면 기사와 관련해서, 장관은 주요 인물이니 조심스럽게 기사를 작성해야 한다는 점을 당부한다.

사회부 데스크 모두 자리에 앉아 있고, 부장과 법조 데스크가 기사에 대해 이야기 나눈다. 3면에는 '대장동 수사 부진'에 관한 기사만 작성하고 '김건희 수사'와 비교하지는 않기로 한다. '김건희 수사'는 선거 개입 논란과 연결되는 것이므로 1면 '박범계 발언' 기사와 합쳐서 쓰는 것이 낫다는 판단이다. '대장동 수사 부진'은 전반적으로 비판적으로 가고, '김건희 수사'에 관한 내용은 이어달리기로 3면에 작성하기로 한다. 마침 통합 데스크로 온 국장과 1면, 3면 기사에 대해 상의한다. 정치부장, 사회부장, 정치부 데스크, 사회부 법조 데스크 등이 함께 기사 작성에 대해 구체적인 이야기를 나눈다. 사회부는 3면 '대장동 수사 부진' 기사와 1면에서 이어달리기로 3면에 계속되는 '김건희 수사' 기사, '공수처 통신 조회' 기사 등 3건을 쓰기로 한다. 법조 데스크는 자리로 돌아와 기자들에게 전화를 걸어 기사 작성에 대해 구체적으로 지시한다. 사회부장은 고故 김문기 동생이 이재명에게 한 발언을 정치부에서 다루는지 확인한다.

오후 2시, 오후 편집국 회의

국장과 정치부장은 다른 일정으로 편집국을 떠나고 뉴스 총괄 부국장 주재로 회의를 진행한다. 사회부의 '세무사 주관식 시험 공정성' 아이템에 관해 조선NS 기자가 올린 유튜브 콘텐츠가 있으니 참고하라고 디지털 부국장이 조언한다. 뉴스 총괄 부국장은 굳이 MZ세대 이야기를 쓰지 않아도 세무 공무원 특혜 맥락에서 쓸 수 있다고 조언한다. '우리들병원 불법 대출' 관련 내용은 사회면에서 소화하기로 한다.

오후 2시 36분, 사회부 회의

편집국 회의에 이어 바로 사회부 회의를 시작한다. 고 김문기 유족의 이재명 발언에 관한 기사는 인터넷에 먼저 쓰고 4면(정치면)에 기사를 내기로 한다. 부장은 세무사 시험 관련해서 편집국 회의에서 나왔던 의견을 전달한다. 기동팀장이 내용을 잘 만들어보겠다고 대답하고, 바로 팀별 오후 보고를 시작한다. 보고에 이어 기사를 결정하기 위한 논의를 시작한다.

부장 톱기사는 세무사 시험 공정성 그대로 간다.

부장 서울시 재개발 기간 단축 관련한 기사는 지도를 넣어서 잘 해설해보는 게 좋겠다. 문화일보를 참고하도록.

기동팀장 재개발 후보지가 어디인지를 넘어서 시장의 영향과 반응도 써야 한다.

부장 사회정책부에 협조 요청했는데 곤란하다고 하나? 우리가 그냥 쓰기로 하고 부동산팀에 요청해두었으니 물어보도록.

부장 홍합탕 기사는 〈길〉 코너로 보내자.

관찰 3일차 [일일보고]에 공유된 사회부 지면 계획 (2021년 12월 28일 오후)

- -

사회 1
- 〈톱〉주관식 한 과목에서 일반인 시험 응시자 80%(3200명)가 과락, 세무공무원 출신
  은 역대급 합격자 MZ세대 "모범답안·채점 기준 공개하라"(한○○)
  - 세무공무원 특혜 의혹, '깜깜이 시험'에 MZ세대 '공정' 문제 제기
- 톱 옆에/올해 서울대 도서 대출 1위 '공정하다는 착각'(강○○)
- 오세훈표 재개발 '신속통합기획' 최종 선정지역 21곳 발표…창신동·숭의동 등 도시재
  생지역 4곳 포함/공유(김○○)
  - 시장에 어떤 영향 미치는지. 그래픽 포함
- 〈길〉2000달러로 돌아온 50년 전 겨울 신촌시장 홍합 한 그릇(김○○)
- "사고차량 도우려다가"…빙판길 2차 사고 외국인 노동자 3명 사망·2명 부상(김○○)
- MRI 찍다 산소통에 눌려 환자 사망…경찰 "의사·방사선사 과실"(김○○)

사회 2
- 〈톱 후보〉아너소사이어티/유명 1타 강사 3인방의 훈훈한 기부
- 〈톱 후보〉종 1 이어달리기/+그래픽
- 신분당선 광교~호매실 연장 확정+'동남권 4개 철도' 28일 개통
- 외국인 근로자 5만 9000명에 문 연다…체류 기간도 1년 연장

사회 3 / 위국헌신상

부장	아산 외국인 근로자 참변은?

전국 데스크　1차 사고 후 도우려다 2차 사고로 참변당한 건이다.

부장　　스토리는 특별할 것이 없지만, 안타깝다. 한번 쓰면 어떨까?

부장　　병원 과실 MRI 촬영 환자 사망 건은 흥미로운 내용이다. 한번 써
보자.

부장　　체온 측정 관련 기사는 빼자.

2000달러 넣은 편지로 돌아온 50년 전 홍합탕 한 그릇

길

지난달 12일 오전 11시 30분쯤 한 70대 남성이 노란색 작은 봉투 하나를 들고 서울 서대문경찰서 신촌지구대로 들어왔다. 그는 "미국에 사는 친구가 이 편지를 파출소장에게 전달해달라고 했다"면서 근무 중이던 경찰에게 봉투를 건네고 떠났다. 이름과 나이도 밝히지 않았다. 봉투 안에는 미국의 한 은행이 발행한 1000달러 수표 두 장(약 237만원)과 볼펜으로 눌러쓴 A4용지 한 장짜

리 편지가 들어있었다. '존경하는 신촌 파출소 소장님께'로 시작되는 편지에는 50년 전 가난한 20대 고학생(苦學生)이던 자신의 사연이 담겨 있었다. 그 역시 편지에 "저는 미국 뉴욕에 사는 장〇〇(가명)입니다"라고 했을 뿐 자신의 이름은 밝히지 않은 채 2000달러를 보낸 사연만 적었다.

1970년대 장씨는 강원도 농촌 마을에서 서울 신촌으로 올라와 살던 가난한 학생이었다고 한다. 아르바이트를 마치고 집으로 돌아가던 어느 추운 겨울날이었다. 지금은 한 백화점이 들어서선 신

촌시장 뒷골목을 지나던 중 리어카에서 홍합을 팔던 아주머니들을 마주쳤다고 했다. 춥고 배가 고팠던 장씨는 자기도 모르게 "홍합 한 그릇만 먹을 수 있느냐, 돈은 내일 가져다 드리겠다"고 했다.

그러자 한 아주머니가 자신의 리어카에서 따뜻한 홍합을 퍼 장씨에게 줬다고 한다. 경제적으로 쪼들렸던 장씨는 그 뒤로 홍합값을 내지 못했다.

군 복무를 마치고 그는 미국으로 이민을 갔다. 하지만 모국을 떠나 타지에서 생활을 하면서도 어려웠던 그 시기 홍합값을 내지 못한 기억이 늘 마음에 걸렸다고 한다. 그는 편지에서 "그 친절했던 아주머니에게 거짓말쟁이로 살아왔다"며 "늦게나마 그 아주머니의 선행에 보답해드려야겠다는 생각이 들었다"며 "부끄러움을 무릅쓰고

속죄의 심정으로 편지를 보내게 됐다"며 "지역에 가장 어려운 분들에게 식사 한 끼라도 제공해달라"는 말도 덧붙였다.

경찰은 장씨의 뜻에 따라 지난 23일 장씨가 건낸 돈을 신촌동 지역사회보장협의체에 기부했다. 협의체는 지역 내 기초생활수급자, 노인, 장애인 등 취약계층에 식품·생필품을 전달하는 단체다. 황영식 신촌지구대장은 "추운 연말, 기부자의 선행 덕에 어려운 분들에게 따뜻한 음식을 대접해 드릴 수 있어 기쁘다"고 했다.

〇〇〇 기자

[기사 6-4] 2021년 12월 29일 10면 기사

오후 3시

전국 데스크는 편집기자와 함께 '오세훈식 빠른 재개발' 기사의 그래픽 작업을 하느라 바쁘다. 법조 데스크는 코로나 부스터샷을 접종하러 가서 자리에 없다. 사회부장은 편집부 담당 기자와 함께 사회부 지면에 실을 기사에 대해 이야기를 나눈다. '세무사 주관식 시험 공정성'과 '서울대 대출 1위 도서' 등 기사에 대해 구체적으로 설명한다. 오늘 기사가 여섯 건인데 넘치면 조정 가능하다는 점도 알린다. 편집기자가 사진이 있는지 묻고, '홍합탕 미담' 기사의 경우 삽화를 추가할 수 있다고 부장이 답변한다. 사회부장은 이어서 기동팀장에게 '홍합탕 미담'의 내용을 전달해서 삽화를 그릴 수 있도록 하라고 지시한다(기사 6-4). 기동팀장은 바로 담당 부서에 삽화를 요청한다. '오세훈식 빠른 재개발' 기사의 지도가 커서 기사 하나를 빼야 하는 상황이다. 편집기자와 상의해서 'MRI 촬영 환자 사망' 기사를 빼자는 의견이 나오지만 어떤 기사를 뺄 것인지 결론을 내지 못한다.

기동팀장은 오후 3시 12분 사회면 지면 계획을 수정해서 올린다. '체온 측정 문제'와 '집안일 못하는 2030' 기사가 빠지고 '서울대 대출 1

위 도서', '홍합탕 미담', '사고 도우려다 외국인 사망', 'MRI 촬영 환자 사망' 등의 기사가 사회 1면 지면 계획에 올라왔다. 사회 2면과 3면(위국 헌신상 특집면)은 변화 없다.

오후 4시 13분

국제부장은 편집부에 자리 잡고 앉아서 지면 편집을 시작하고, 사회부장도 편집부 담당 차장에게 가서 지면에 대해 논의한다. 사회부장은 사회면에 사진이 너무 많아서 줄이는 게 좋겠다는 의견을 낸다.

오후 5시 48분, 51판 편집회의

먼저 1면과 3면에 대해 논의한다. 통신 조회에 대한 비판의 강도가 적절한지, 박범계 장관의 김건희 수사 가이드라인 발언 기사가 톱기사로 적절한지에 대한 논의가 이어진다. 국장은 기사 안에 너무 많은 걸 다루려 하지 말고 몇몇 야마에 집중해서 작성할 것을 당부한다.

사회 1면(10면)에는 일일보고에서 톱기사로 올렸던 '세무사 주관식 시험 공정성'에 관한 기사가 빠지고 '메타버스와 MZ세대' 기사가 톱으로 올라와 있다. 왜 '세무사 주관식 시험 공정성' 기사를 뺐는지 부국장이 질문하자, 사회정책부에서 얼마 전에 비슷한 내용의 기사를 썼기 때문이라고 사회부장이 답변한다. 이어서 국장은 '오세훈식 빠른 재개발' 기사의 제목이 이상하다고 지적한다.

'오세훈식 빠른 재개발' 제목 변경

50판: 오세훈식 '빠른 재개발' 후보지 21곳 선정⋯구역지정 5년을 2년으로

51판: 오세훈식 '빠른 재개발' 후보지 21곳 선정⋯주민 동의 절차 등 간소화

사회 2면(12면)과 관련해서는 특별한 수정 지시 없이 '아너 소사이어티' 가입 조건, 탈원전파 한수원의 놀라운 변신에 대한 가벼운 잡담이 오고 간다. 사회부의 '오세훈식 빠른 재개발' 기사가 2면 인덱스에 채택된다.

저녁 6시 22분, 사회부 회의

사회부장은 회의가 끝나자마자 정치부장과 톱기사에 대해 몇 마디 주고받는다. '공수처 통신 조회' 건이 톱으로 가야 하는 거 아닌지 간단히 대화를 나눈 후 부서로 돌아와 사회부 회의를 시작한다. 법조 데스크가 '공수처 통신 조회' 기사를 왜 사회부로 넘기는지 모르겠다고 투덜대고 부장은 우리가 쓸 수 있는 이야기가 많아 보인다고 답한다. 기동팀장은 피살 공무원 아들이 박범계와 사진을 찍었다는 내용이 들어와 있다고 보고하고, 부장은 닷컴에 처리하라고 지시한다. 전국 데스크는 이재명이 기본소득 관련 내년 3월부터 15만 원씩 줄 예정이라고 보고하고, 부장이 지면에는 안 써도 되겠다고 말한다.

이어서 종합면(3면)에 관한 논의를 시작한다.

부장   ('대장동 수사 부진' 기사 관련) 너무 많은 내용이 있다. 집중해서 가기로 하자. 제목에 너무 많은 얘기가 있으니, 끊어 가보도록 하자. 부제도 바꾸자. 윗선 수사가 빠졌다는 내용으로 하면 되겠다.

'대장동 수사 부진' 부제목 변경

50판: 황무성이 제출한 사퇴압박 문자/검찰, 44일 전 받고도 수사 미적

51판: 검찰, 사퇴압박 녹취록 제출받고도/한 달 넘도록 윗선개입 수사 미적

이어서 사회 1면(10면)에 대한 논의를 시작한다.

부장 톱기사 변경된다. '이규원 검사 기소' 건으로 여러 사람이 얽혀 있는 사건이다.

법조 데스크 사건이 얽혀 있고 오래되어서 사람들이 잘 모를 거다.

부장 기사에 일지를 하나 만들어 정리하자. 일지는 누가 정리하나?

법조 데스크 편집국에 들어와 있는 ○○ 기자가 하면 된다.

부장 과거에 이것과 관련해서 문재인 대통령의 수사 지시가 있었나?

법조 데스크 법무부 과거사위원회가 돌아가는 와중에 있었다. 부풀린 면담 보고서 발표 → 문대통령 지시 → 연장 → 기소의 과정이 있었다.

부장 과정을 정리하자. 메타버스 기사는 일단 홀드하고 톱을 변경하는 걸로 가자.

편집부 차장이 잠시 와서 사회면 톱기사에 대해 논의한다. 분량은 7~8장으로, 과정을 정리한 그래픽을 넣기로 하고 자리로 돌아간다. 회의 중간에도 데스크들은 각자 전화하느라 바쁘다. 데스크 2인이 동시에 각자 다른 사람과 통화하는 등 어수선하지만 전혀 개의치 않고 부서 회의가 진행된다.

저녁 6시 44분

다른 부서는 모두 회의를 마무리하고 저녁 식사하러 간 시간, 사회부만 가장 늦게까지 회의 중이다. 법조 데스크와 편집국에 들어와 있던 일선 기자가 사회면 톱기사에 넣을 그래픽의 내용을 정리하고 있다. 2019년 면담 → 3월 보고 → 보도 → 대통령 엄중조사 지시 → 과거사위 연장 → 보고 → 수사 권고의 타임라인을 정리한다.

저녁 8시 10분

저녁 식사 후 사회부 기동팀장을 제외하고 모두 자리에 앉아서 열심히 데스킹 작업 중이다. 기동팀장은 오늘 저녁 기동팀 일선 기자들을 독려하는 회식이 있어 일찍 퇴근했다. 뉴스 모니터를 들여다보니 1면과 3면, 6면, 8면 등 주요 지면은 아직 편집 중이다. 사회부장은 편집국에 있는 사회부 기자를 불러서 사회면 톱기사의 그래픽을 점검한다.

저녁 8시 54분

사회부장과 법조 데스크, 편집부 차장이 모여서 3면 '대장동 수사 부진' 기사의 제목을 수정하고 있다. 부국장이 사회부장에게 〈복붙 공소장 "토씨 하나까지 똑같다"〉라고 써도 되는 건지 다시 검토해보라고 요청한다. 법조 데스크가 기자와 통화해서 확인해보니 그렇게 쓰는 건 맞지 않고 '대부분 비슷한 정도'라고 한다. "유동규씨 공소장 내용을 거의 그대로 복사해 붙이는 식으로 정민용씨 공소장을 작성했다"라는 기사 내용을 수정하고, 제목도 수정한다.

　　그사이 편집국에 있던 사회부 일선 기자가 사회부장에게 와서 기사 내용에 대해 상의한다. 경제부장도 사회부장에게 와서 월계동 신한은행 지점 폐쇄를 주민 힘으로 막은 건에 대해 상의한다. 사회부장은 관련 기사를 52판에 써달라고 경제부장에게 부탁한다. 내근 기자는 여기저기 바쁘게 뛰어다니고 사회부장은 다시 법조 데스크와 톱기사 제목에 대해 상의한다. 현재는 〈"청와대 기획사정 의혹, 윤중천 면담 보고서는 허위"〉이다. 이에 대해 사람들이 잘 모를 거라고 하면서 '청, 김학의

301

기획사정'이라고 해야 하지 않을까 논의한다.⁹ 사회부장은 저녁 식사 후 잠시도 자리에 앉지 못하고 계속 누군가와 대화를 나누거나 지시하느라 정신없이 바쁘다.

밤 9시 15분, 52판 편집회의

여느 때와 같이 "회의 합시다"라는 부국장의 말과 함께 편집국 구성원들이 회의실로 모여들고 회의가 시작된다. 국장을 중심으로 1면부터 하나하나 검토해나간다. 1면 톱기사에 대한 논의부터 시작한다. 박범계 장관의 '김건희 수사' 발언에 관한 기사이다.

국장	도이치모터스 사건 관련 검찰이 무혐의로 하려는 건 맞나?
사회부장	정확하게 김건희를 엮기는 어렵다는 말이 많이 나오고 있다.
국장	작은 제목에 있는 "검찰이 합당한 결론 내야"라는 워딩(박범계 법무장관 발언을 인용한 부분)은 실제와 다르다. "국민적 의혹에 합당한"이 맞다.
국장	이 기사는 도이치모터스와 코바나, 두 가지 사건에 관한 이야기로 복잡하다. 검찰수사 사건들에 대해 박범계가 개입하는 발언을 해서 논란이 된다. 도이치 사건 워딩을 몰아서 쓰고, 그다음에 코바나를 쓰는 게 좋을 것 같다. 이게 무슨 가이드라인인가 오해할 수도 있다.
국장	탁현민 발언도 함께 넣는 건 어떤지?
정치부장	확인이 안 된다.
국장	박범계는 뭐라는지?
사회부장	특별한 반응이 없는 것 같지만 확인하겠다.

국장   야당도 공격하고 했으니 입장이 있을 거다. 확인해보라.

3면 '대장동 수사 부진' 기사에 대해서는 국장이 "대장동 부실수사"라는 단어는 이미 여러 번 썼으니 제목을 변경할 것을 지시한다.

'대장동 수사 부진' 제목 변경

50판: 개발공 前사장 쫓아낸 증거 뭉개고…정민용 공소장은 '유동규 복사본'

51판: 대장동 부실수사…황무성 쫓아낸 증거 뭉개고 정진상은 조사 안해

52판: 황무성 쫓아낸 증거 뭉개고 정진상은 조사 안해…석달째 부실수사

사회면(10면)에서는 톱기사와 사이드 기사에 대해 언급한다.

국장   톱기사(이규원 검사 기소 관련) 제목이 무슨 말인지 모르겠다. 이규원 검사가 윤중천 만나고 나서 보고서를 허위로 만들었다는 거 아닌가?

사회부장   그렇다.

국장   그럼 그렇게 써라.

사회부장   그러면 너무 일면적이다. 사람들이 이규원 검사를 모를 거다.

부국장   청와대 기획사정 의혹이 진행되었다는 걸 뒤에 쓰면 안 될까?

사회부장   이규원 검사의 보고서는 허위, 라고 하면 이규원을 아는 사람이 얼마나 될까? 1단짜리 스트레이트 기사가 되는 느낌이다.

국장   이 기사가 갑자기 왜 나왔나?

사회부장   오후에 이규원 검사를 기소했다. 기자들도 얽혀 있는데, 기자들이 다 진술해버렸다. 검찰은 기소를 하지 않을 수 없는 상황이다.

국장	제목이 어렵다.
사회부장	다시 생각해보겠다.
경제부장	신한은행 월계동 지점 문 안 닫기로 했다고 한다.
사회부장	지난번에 1면에 썼던 거니까 후속 기사로 쓰겠다. 외국인 교통사고 기사 내리고 이걸 쓰겠다.
국장	('서울대 대출 1위 도서' 기사 보면서) 굳이 서울대생 얘기 쓸 필요 있나?
사회부장	이걸 내리고 월계동 건 쓰겠다.[10]

사회 2면(12면)에서는 원자로 사진에 대해 국장이 간단히 질문하고, 사회 3면(15면)은 완전히 새롭게 편집했는데 지면 수정이 잘 되었다고 칭찬한다.

밤 9시 40분

지면 편집회의를 끝낸 후 자리에 돌아와서 사회부장, 정치부장, 법조 데스크가 함께 제목에 대해 상의한다. "김학의 재수사 부른 이규원 검사의 윤중천 면담 보고서는 허위"를 후보로 놓고, 괜찮지만 사람 이름이 세 개나 있다고 지적한다. 편집부 차장에게 가서 제목에 대해 다시 상의하면서 사람 이름이 세 개나 들어가서 어렵지 않은지 질문한다. 사회부장이 면담 보고서가 완벽한 허위는 아니라는 점을 들어 제목에 대해 문제를 제기하기도 한다. 담배 피우면서 좀 더 생각해보기로 하고 일단 한숨을 돌린다.

메타버스판 성형의사·공인중개사… 신종 돈벌이

"靑 '김학의 기획사정' 의혹, 윤중천 면담 보고서는 허위"

오세훈식 '빠른 재개발' 후보지 21곳 선정… 구역지정 5년을 2년으로

오세훈식 '빠른 재개발' 후보지 21곳 선정… 주민 동의 절차 등 간소화

2000달러 넣은 편지도 돌아온 50년 전 흉물탕 한 그릇

"김학의 재수사 부른 윤중천 면담 보고서는 허위"

오세훈식 '빠른 재개발' 후보지 21곳 선정… 주민 동의 절차 등 간소화

2000달러 넣은 편지도 돌아온 50년 전 흉물탕 한 그릇

오늘은 51판에서 톱기사가 변경되고, 52판에서 사이드 기사가 변경되는 등 사회 1면(10면)의 수정이 많아 다른 날보다 정신없는 하루였다. 오후에 이규원 검사가 기소되면서 톱기사가 수정되었고, 경제부에서 신한은행 월계동 지점 유지 건의 뉴스 가치가 높으니 사회면에 다루어달라고 요청해서 사이드 기사가 수정되었다. 이 과정에서 '메타버스와 MZ세대' 기사가 톱기사에서 삭제되었고, 서울대생이 많이 빌려본 책에 대한 기사는 사이드 기사에서 지면 아랫단으로 내려왔으며, 사고 차량을 돕다가 외국인 근로자가 사망한 사건에 대한 기사는 지면에서 삭제되었다(지면 6-1).

❹ **관찰 5일 차** ─ **2021년 12월 30일 목요일**

오전 9시 30분

어제와 마찬가지로 기동팀장, 전국 데스크, 내근 기자가 사회부에 자리하고 있다. 국장은 9시 40분쯤 출근한다. 이어 9시 50분 디지털 회의가 열린 후 바로 10시 14분 오전 편집국 회의가 이어진다. 부서별로 인터넷 기사 아이템을 제안한다. 사회부에서 제안한 아이템은 다음과 같다.

- 조국 동생 판결

- 4억짜리 김일 동상 금산에

- 인덕션에 고양이 올라가서 발생한 화재 100건 이상

- -

오전 10시 23분

회의 후 정치부장과 법조 데스크가 공수처 통화기록 조회에 대해 몇 마디 나눈다. 사기 사건 등에서도 통화기록 조회가 많다는 발언을 민주당 측에서 했는데, 이것과 공수처 건이 어떻게 다른 건지 기사로 써줄 필요가 있다는 정치부장의 설명에 법조 데스크가 한번 써보겠다고 답한다.

오전 10시 46분, 사회부 회의

사회부장이 자리를 비워 법조 데스크가 사회부 회의를 주재한다. 윤석열 때는 280만 건의 통신 조회를 했다는 한겨레신문 보도와 관련해서 공수처 건과 어떤 점이 다른지 종합면 5매 분량으로 써보라고 지시한다. 연말이라 기사가 없다고 걱정하면서 팀별로 기사 아이템 보고를 시작한다.

부장이 돌아와서 부장 주재로 사회 지면 구성에 대해 논의한다. 일단 '조권(조국 동생) 판결'과 '피의자 신문조서 증거능력 제한' 건을 후보로 잡아두고, 『굿바이, 이재명』 출판사 대표' 건은 종합면으로 보내기로 한다. 핫코너에는 '청소 못하는 2030'을 넣고, '서울시 예산'은 통과가 되든 안 되든 일단 기사를 작성하기로 한다.

오전 10시 55분

기동팀장이 일일보고에 사회면 지면 계획을 올린다. 오늘은 사회 1면과

- **기동팀 발제**
  - 계약학과 못 만드는 서울대(고루한 서울대): 사회 1면
  - 보훈대상자 기초수급 위해 등급 낮추기
  - 메타버스(기사 작성 완료, 아무 때나 내도 됨)
  - 핫코너: 청소할 줄 모르는 2030
  - 코로나로 소규모 레슨 붐
  - 추운 날 체온 측정 의미 없음
  - 『굿바이, 이재명』 출판사 대표 관련: 종합면에 잡아두고 안 되면 사회면으로 가기로
  - 경찰 현장 대응력 강화

- **전국팀 발제**
  - 서울시 예산안(TBS 김어준 관련 내용 포함)
  - 해맞이 인천, 포항도 취소
  - 박치기왕 김일 동상
  - 골프장 지방세 회피하는 얌체 제주

- **법조팀 발제**
  - 조권(조국 동생) 판결
  - 피의자 신문조서 증거능력 제한
  - 박근혜 석방(예고 기사)
  - 이재명 욕설

2면을 구분하지 않고 아이템 리스트를 한꺼번에 올린다. 톱기사 후보 3건을 비롯해서 모두 11건의 기사 아이템이 올라와 있다.

오후 2시 24분, 오후 편집국 회의

기사 아이템에 대해 간단히 의견 나눈 후 공지 사항 몇 개를 전달하고 회의가 끝난다. '내일 오후 5시에 연말 시상식이 간단히 열리는데, 코로나 상황이므로 수상자가 반드시 참여하지 않아도 된다. 독자권익위원회

뉴스의 생산

사회 1

- 〈**톱 후보**〉 소득으로 산정되는 보훈급여, 기초생활수급 끊길까 급여 안 받겠다 보훈 자격 포기하는 보훈대상자들(강○○)
- 〈**톱 후보**〉 메타버스 시대 아바타 꾸며주는 성형외과 의사, 코디네이터, 인테리어업자 등 가상 세계에서 직업 찾고 돈 버는 사람들(강○○)
- 〈**톱 후보**〉 대학가의 계약학과 '붐'…추진 못하는 서울대 공대의 속앓이(강○○)
- 선관위 '이재명 형수 욕설' 댓글 단 네티즌 선거법 위반으로 경찰에 수사의뢰 법조계 "국민 겁박하나"(법조)
- 서울시-시의회 예산안 협상 타결 분위기, 본회의 통과 기대감 높아지지만, 타결 불발 땐 준예산·부동의 처리 가능성도 배제할 수 없어/시청팀-오늘 예결위 통과 여부 상황 봐서
- '웅동학원 비리' 조국 동생 오늘 대법원 선고 2심 징역 3년(법조)
- '수사기밀 누설 무죄' 이태종 전 법원장 오늘 대법원 선고(법조)
  - 1·2심 다 무죄
- 1월 1일부터 법정에서 피의자 신문조서 증거능력 제한, 검찰 "법원 재판 질질 끌릴 것"(법조)
- '박치기왕' 김일 4억 동상 고흥 금산에 세워…고향엔 김일 체육관도(조○○)
- 부뚜막 대신 인덕션 올라가는 고양이 조심하세요 서울서 최근 3년간 화재 100건 넘어 (장○○)
- 〈**핫코너**〉 청소, 빨래 집안일 못하는 2030…업체·도우미 부르고 강의 들으러 다녀 (이○○)

위원장 후보 있으면 추천 바란다. 열독률 조사 결과는 오늘 2면 하단에 쓰기로 한다. 1월 1일자 특집은 면을 늘려서 작성해봐라' 등등의 공지 및 지시 사항이다.

오후 2시 34분, 사회부 회의

부장이 독자권익위원회 위원장 후보 추천에 대해 공지한 후 바로 팀별

보고를 시작한다. 기동팀장이 박근혜 사면 집회와 강남구 폭발물 신고 건을 보고하고, 인터넷에 쓰기로 한다. 전국 데스크가 서울시 예산안 결과가 내일 나올 예정이며 TBS와 시민단체 지원은 결국 타협하는 것 같다고 보고하자, 부장이 정해지면 쓰자고 대답한다. 법조 데스크는 김정태(하나금융 회장) 소환 건 등을 보고하고 『굿바이, 이재명』을 출간한 출판사 대표 건에 대해 이야기를 나눈다. 편집부 차장이 잠시 사회부로 와서 사진에 대해 상의한다. 부산 마트에서 일어난 차량 추락 사고의 사진을 보여주면서 오늘 사회면 사진으로 채택할 것을 제안한다.

부장은 오늘 사회면 톱기사가 없다고 걱정하면서 '피의자 신문조서 증거능력 제한' 건을 톱으로 제안한다. 법조 데스크는 사이드 정도에 가능하다고 답변하고, 부장은 톱으로 쓰자고 다시 제안한다. 법조 데스크는 어제도 톱기사가 내려왔다는 점을 강조하지만, 부장은 피해자들이 큰 손해를 볼 수 있는 중요한 이슈라는 점을 강조하면서 톱으로 보낼 것을 재차 강조한다. 기동팀장이 부산 마트 차량 추락 동영상을 보여준다. 부장이 사진을 캡처해서 쓰면 되겠다고 반응한다. 편집부 차장이 사진과 함께 지면 계획을 보여준다.

피의자 신문조서 증거능력 제한(톱), 마트 차량 추락(사진), 조국 동생 판결(사이드), 음주운전 부담금, 4억짜리 김일 동상, 고양이 인덕션 화재(핫코너) 등 기사를 결정하고, 시의회 예산 건 관련해서 몇 마디 나누고 회의를 마무리한다. 시의회 예산 건을 오늘 지면에 실을 수 있을지는 전국 데스크가 계속 살펴보고 보고하기로 한다.

오후 3시
구글 일일보고 문서의 종합 3면과 4면에 사회부 기사가 잡혀 있고, 사회

종 3 / 공수처

- 검찰과 공수처의 통신자료 조회 뭐가 다른가/6장(사회부)

종 4 / 정치

- 민주당, 『굿바이, 이재명』 판매 금지 가처분 냈다가 책 광고만 해줘/5장/(조○○, 사회부)
  - 책 내용 핵심 소개해주고 민주당 반론도
  - 출판사 대표 "난 민주당 권리당원" 사회부 인터뷰

사회 1

- 〈톱〉 내년부터 피고인이 법정서 부인하면 검찰서 자백한 조서도 휴지조각…재판 길어지고 피해자들 힘들어질 듯(법조)
  - 검찰도 대응 지침 만드는 등 비상
- 부산 홈플러스에서 차 5층에서 추락 8명만 부상, 왜?(전국팀)
  - 왜 추락? 5층에서 추락해서 차량이 바닥에 굴렀는데 어떻게 살았는지? 등등
- 스트/음주운전 사고 시 보험사에 내야 하는 사고부담금 현행 1500만 원에서 1억 7000만 원으로 대폭 인상/경제부/3매(손○○)
- '웅동학원 비리' 조국 동생 오늘 대법원 선고 2심 징역 3년(류○○)
- '박치기왕' 김일 4억 동상 고흥 금산에 세워…고향엔 김일 체육관도(조○○)
- 〈핫코너〉 청소, 빨래 집안일 못하는 2030…업체·도우미 부르고 강의 들으러 다녀(예비)(이○○)
- 서울시-시의회 예산안 협상 타결 분위기 본회의 통과 기대감 높아지지만, 타결 불발 땐 준예산·부동의 처리 가능성도 배제할 수 없어(시청팀)
  - 오늘 예결위 통과 여부 상황 봐서

사회 2

- 〈톱〉 원전은 빼고 LNG를 넣은 희한한 K택소노미
- 〈사이드〉 '영어'에 꽂혀 그것만 팠다…아스퍼거 증후군 홍승민 씨/사진
- 노인 기초연금 180만 원 이하면 받는다
- 날씨

1면과 2면의 지면 구성도 따로 정리되어 있다. 사회 1면에는 앞서 사회부 회의에서 결정한 대로 기사가 올라와 있고, 오전에 있던 '기초수급자 보훈급여 포기', '메타버스 MZ문화', '서울대 계약학과' 등의 기사는 제외되었다.

사회부장은 편집부 차장에게 가서 톱기사(피의자 신문조서 증거능력 제한)의 내용을 설명한다. 이후 편집국 안에 들어와 있는 사회부 일선 기자와 그래픽 작업과 기사 분량 등을 상의한다. 오늘 오피니언 면(29면)에 들어갈 사면 관련 기획 기사(관찰 1일 차 때부터 준비했던 기사)를 점검하는 것이다.

오후 4시 10분

사회부 회의가 끝나고 잠시 자리를 비웠던 데스크들이 돌아와 모니터를 보면서 데스킹을 시작한다. 정치부 기자 한 명이 법조 데스크 자리로 와서 공수처 통신 조회 기사에 대해 상의한다. 법조 데스크가 일반적인 검찰의 통신 조회는 피의자 1인당 1건이 채 안 되지만 공수처 통신 조회 건수는 지나치게 많다는 점을 기자에게 설명한다.

부장이 사면 관련 기획 기사를 작성 중인 기자를 불러서 기사 내용에 대해 다시 상의한다. 박근혜 전 대통령 사면 낙종 후 기획한 기사이기 때문에 부장이 직접 챙기면서 각별하게 신경을 쓰고 있는 것으로 보인다.

오후 5시

전국 데스크는 기자와 통화하면서 데스킹 중이고, 국제부장은 편집부에 자리 잡고 앉아 편집기자와 함께 지면 편집 중이다. 뉴스 모니터를 통해 살펴보니 지면이 하나둘 완성되어가고 있다. 부장이 법조 데스크에게 카톡으로 보낸 내용을 확인해보라고 지시하고, 편집 부국장은 사회부에 와서 '마트 차량 추락'과 관련해서 건물 자체가 부실했는지 확인이 필요하다고 요청한다. 부장은 그 자리에서 바로 전국 데스크에게 관련 내용을 확인할 것을 지시한다. 이어 부장은 음주 사고 부담금 인상 기사와 관련하여 구체적인 숫자를 다시 확인한다. 정치부장도 사회부에 와서 법조 데스크에게 통신 조회 횟수를 구체적으로 확인한다. 야당은 상반기 한 건당 1.2회, 공수처는 상반기 135회라고 했는데, 우리는 1년을 분석했고 통신 조회한 사람 수와 조회 횟수는 다르다는 내용을 법조 데스크가 정치부장에게 자세히 설명한다. 사회부장은 전국 데스크에게 '마트 차량 추락' 기사에서 '20m 지상 도로로 추락했다'라는 표현을 '20m 아래로 추락했다'로 수정할 것을 지시한다.

오후 5시 34분, 51판 편집회의

바쁘게 데스킹을 하는 사이 통합 데스크에서 부국장이 "회의합시다"라고 외치는 소리가 들리고 바로 51판 편집회의를 시작한다. 국장 주재로 1면부터 기사를 하나하나 검토한다. 사회면의 톱기사(피의자 신문조서 증거능력 제한)와 사진 기사(마트 차량 추락)에 대해 국장이 질문하고 사회부장이 기사의 의미를 구체적으로 설명한다. 국장이 '4억짜리 김일 동상' 기사가 너무 크다고 지적하고, 사회부장은 '서울시 예산' 기사가 들어올 예정이니 기사 크기를 줄이겠다고 답한다.

저녁 6시 5분, 사회부 회의

사회부장은 법조 데스크와 함께 종합 3면의 인쇄본을 펼쳐놓고 '공수처 통화기록 조회' 기사를 검토한다. 피의자 숫자와 통신 조회 건수를 계산하는 방식이 제대로 된 건지 확인한다. 이어 종합 2면의 '바로잡습니다'와 '인덱스'를 점검한 후 사회 1면 톱기사에 대한 논의로 넘어간다.

부장	법안(형사소송법)에 피의자 신문조서가 재판 증거에서 배제된다는 내용이 어떻게 들어갔는지 확인해보자. 검찰 개혁 차원에서 한 건지.
법조 데스크	100여 개 법안에 쓸려 통과된 듯하다.
부장	그러면 코미디 같은 일이다. 판사들도 머리 아프지 않겠나. 힘이 강해진다고 볼 수도 있겠지만….
법조 데스크	판사들도 머리 아프다.
부장	김일 동상 기사 크기 줄이고 서울시 의회 기사 쓰자.
전국 데스크	무리해서라도 쓰려고 했지만, 시의회에서 내부 합의가 안 됐고 합의 내용 자체가 명확하게 나오지 않아서 곤란하다. 나오더라도 유동적이라 쓰기 어렵다.

'4억짜리 김일 동상' 기사를 줄이면서 쓸 기사가 없어서 고민한다. 제주도에 출생신고를 하지 않은 세 자매 이야기, 대만 학생 사망 교통사고 관련 대법원의 판결 등을 후보에 올리지만 기사 가치가 크지 않다고 판단한다. 부장이 강제징용 피해자 배상 판결 기사가 어떤지 제안하고, 일단 쓰기로 한다. 편집 부국장이 잠시 사회부에 와서 마트 차량 추락 사고에 대해 좀 더 구체적으로 취재할 것을 권한다. 궁금한 게 너무 많은 사건이라면서 적극적으로 취재해서 기사를 작성하라는 제안이지만, 부산 기자가 휴가 중이라 취재가 쉽지 않은 상황이다.

저녁 8시 47분

51판 강판이 얼마 안 남았지만, 사회면은 아직 기사 2개가 비어 있다. 사회부장이 '강제징용 배상 판결' 기사의 데스킹을 마치고 시스템에 올리면서 큰 소리로 편집부 차장에게 알린다. 편집부 차장은 바로 기사를 지면에 앉힌다. 나머지 기사(사회면 톱기사)도 바로 지면에 자리 잡아 사회면 지면이 얼추 완성된 듯했지만, 8시 57분 '마트 차량 추락' 기사가 지면에서 내려오고 내용을 다시 작성하기 시작한다. 부장이 운전자(택시기사)의 나이 등을 추가하고 기사 내용을 보완할 것을 지시하고, 전국 데스크는 편집부 차장에게 기사 수정에 대해 알린다.

전국 데스크   교통사고 기사 다시 씁니다.
편집부 차장   (큰 소리로) 알았다고!
전국 데스크   알겠습니다!

전국 데스크는 다시 사회부 자리로 돌아와 기사를 수정한다. 51판 마감을 앞두고 모두가 다소 예민해져 있다. 사회정책부에도 아직 출고되지 않은 기사가 있어 편집부에서 재촉한다.

밤 9시 4분

사회부장이 편집부에 가서 기사 분량이 넘치는 문제에 대해 상의한다. 편집부 차장은 괜찮다고 답하고 차분하게 지면을 만든다.

밤 9시 23분, 52판 편집회의

다른 날과 마찬가지로 국장을 중심으로 1면부터 차례차례 검토를 시작

[기사 6-5] 2021년 12월 31일 2면 '바로잡습니다'

한다. 국장이 '바로잡습니다'에 오류가 세 건이나 있으며 특히 제목에서 오류가 발견되는 건 문제가 크다고 지적하면서 조심할 것을 당부한다 (기사 6-5). '바로잡습니다'에 올라온 내용은 정치부, 사회부, 사회정책부의 기사이며, 이중 사회정책부 기사는 제목의 수치에 오류가 있었다.

사회부가 작성한 3면 '공수처 통화기록 조회' 기사에 대해 국장이 질문한다.

국장   무차별 조회를 했나?

사회부장   살인, 강력 범죄, 보이스피싱, 다단계 등에 대해서 제한적으로 조회를 한다. 공수처같이 무차별적으로 하지는 않는다.

국장   하루에 여덟 명을 하기도 했나?

사회부장   특정일을 말하는 거다. 그날 하루에 많이 조회했다는 얘기다.

국장   오늘 박근혜 나오나?

[기사 6-6] 2021년 12월 31일 5면 박근혜 전 대통령 석방 기사

사회부장   석방된다. 정치면에 조그맣게 하나 써야 할 것 같다. 1단으로 하면
           된다.

국장   크라켄(댓글 조작 방지 프로그램) 기사 줄이고 박근혜 석방 기사
           써라.

다른 사회면에 대해서는 별다른 지적 없이 지나간다. 이후 52판
5면에 박근혜 전 대통령 석방 기사가 추가된다(기사 6-6).

밤 10시 2분
52판 편집회의를 끝내고 돌아와서 사회부장과 법조 데스크가 이야기를

나눈다. 3면에 실린 검찰 통신 조회와 공수처 통신 조회를 비교한 기사에 대한 논의이다. 제목이 기사 내용을 잘 담고 있지 못하고, 잘 이해되지 않는다는 사회부장의 지적이다.

이때 편집부 쪽이 갑자기 시끄러워진다. 편집부장이 큰 소리로 화를 내고, 사회정책부에서도 누군가가 맞받아서 화를 낸다. 부국장이 "사회정책부가 놀다가 이렇게 한 거겠냐"고 다독이면서 사태를 진정시킨다. 오늘 '바로잡습니다'에 실린 제목 오류와 관련해서 편집부와 사회정책부가 서로 책임을 묻는 과정에서 감정이 격해지면서 큰 소리가 난 것이다. 관찰 기간 내내 조용하게 흘러가던 편집국에서 처음이자 마지막으로 목격했던 짧은 소란이었다.

사회부는 편집국 내에서 일어나는 소란에도 아무 일 없다는 듯 기사 수정에 몰두한다. 사회부도 오늘 '바로잡습니다'에 기사 오류가 실렸던 만큼 사회부장은 내근 기자와 편집국 내부에 있는 기자에게 오탈자를 꼼꼼히 검토할 것을 다시 당부한다. 사회부장과 법조 데스크는 제목에 대해 계속 이야기를 나누고, 편집부 데스크와도 상의한다.

'공수처 통화기록 조회' 제목 변경

51판: "검찰은 강력범죄에 한해 실시…공수처 무차별 조회와 달라"

52판: "검찰은 강력·특수사건에 제한적 실시…공수처와 달라"

잠시 소란이 있었지만, 여느 날과 다름없이 이미 강판이 끝난 지면을 들여다보고 또 들여다보면서 끝난 듯 끝나지 않은 사회부의 하루가 마무리된다.

3. 사회부 밀착 관찰이 말해주는 것들

사회부 밀착 관찰을 위한 부서 진입은 순조롭게 진행되었다. 처음에 두 연구자 모두 사회부 근처에 자리 잡았지만 이틀 후 연구 계획을 수정해서 한 사람은 사회부 옆에, 또 한 사람은 조금 떨어진 자유석에 자리를 잡고 온라인으로 서로 소통했다. 사회부 데스크들은 자신들의 내밀한 작업 영역에 들어온 연구진을 어색해하는 것도 잠시, 이내 평소와 다름없이 자신들의 일에 전념했다. 밀착 관찰이 시작되기 한참 전부터 연구진이 편집국에 머무르며 이들과 라포르를 쌓기도 했거니와, 잠시의 여유도 없이 돌아가는 뉴스 생산 작업 앞에 관찰자의 존재는 이내 이들을 에워싼 편집국의 생활 소음 중 하나로 묻혔다. 그렇게 다가선 연구진의 눈과 귀에 그들의 생생한 말과 행동이 흘러 들어왔다.

촘촘하고 다면적인 소통

편집국은 외부인의 눈에 처음엔 조용해 보이지만, 늘 소통 중이다. 편집국의 열린 공간은 소통을 지향하는 문화를 상징하며, 가능한 모든 방식을 동원하여 하루 종일 쉬지 않고 소통한다. 사회부의 일상도 마찬가지다. 옹기종기 마주 보고 앉아 있는 부장과 3명의 데스크, 내근 기자는 시도 때도 없이 대화를 나눈다. 추가 취재나 사실 확인, 기사 수정을 논의하는 것부터 건강이나 자녀 이야기 같은 사담, 지친 일상을 달래는 시시껄렁한 유머에 이르기까지 하루 종일 대화가 오고 간다. 다른 부서에 방해되지 않으면서 사회부 안에서는 충분히 소통이 가능한 크기의 목소리로 하루 종일 대화한다.

부서 단위에서 이루어지는 사회부의 공식적인 회의는 하루 세 번이다. 오전 편집국 회의 직후의 아이템을 제안하는 회의, 오후 편집국 회의 직후의 부서 단위 지면 구성을 계획하는 회의, 저녁 51판 편집회의 직후에 열리는 지면 수정을 위한 회의가 그것이다. 회의는 사회부 바로 옆에 있는 테이블로 자리를 옮겨서 10~20분 정도로 짧고 효율적으로 진행된다. 부장이 회의를 주도하고 다른 세 명의 데스크와 내근 기자는 주로 부장의 질문에 답한다.

사회부에서 이루어지는 소통의 많은 부분은 온라인 공간에서 일어난다. 부서 단위에서 기사 아이템을 공유하는 Xcoop, 모바일용 SmartX, 편집국 단위에서 지면 계획을 공유하는 일일보고(구글독스), 기사를 데스킹하고 출고하는 아크Arc 시스템을 포함하여 다양한 규모의 단톡방(카카오톡, 슬랙, 텔레그램)이 온라인 소통의 수단이다.

편집국의 사회부 데스크에는 부장을 포함해 5명 정도의 인원이 머물지만 30명에 달하는 사회부 소속 기자들은 모두 온라인으로 연결되어 있다. 기동, 전국, 법조 팀별로 일선 기자가 아이템을 공유하면 데스크가 바로바로 인터넷 기사로 쓸 것인지 지면용으로 남겨둘 것인지 지시한다. 사회부 전체가 공유하는 단톡방, 팀별로 공유하는 단톡방, 팀장급이 공유하는 단톡방, 데스크들이 공유하는 단톡방 등 다양한 규모와 기능의 단톡방이 동시에 운영되며 기사 아이템과 주요 정보, 취재 상황 등이 공유되기 때문에 별도의 보고 과정이 없어도 데스크는 현장의 상황을 이해하고 있다. 그래서 데스크들은 짧은 몇 마디만으로도 충분히 소통이 가능하다. 사회부 회의가 짧은 시간 안에 마무리되는 것은 이 때문이다.

(편집국이) 덜 시끄러운 이유 중 하나로 이런 것도 있을 겁니다. 이렇게 텔레그램 방이 있어요. (휴대폰을 보여주면서) 이건 법조팀 방이고, 이건 데스크 방이고. 저는 원래 이런 걸 잘 안 하는데, 저도 들어오라고 하도 그래서 들어갔는데, 여기에 이렇게 계속 메시지를 올립니다. 오늘 무슨무슨 일이 있었고, 그러면 데스크가 이거 좀 더 알아봐라, 저거 알아봐라, 지금 인터넷에 뭐 올렸다, 이거 제목 이렇게 바꾸지, 지금 어디서 이런 일이 있는데 좀 더 알아봐야 될 것 같다, 그런 식으로 계속 메시지를 올립니다. (중략) 예전처럼 전화 붙잡고 얘기하는 거라면 아마 시끄러웠을 겁니다. 요즘에는 후배들이 이런 게 익숙한 모양이에요.

— 심층 인터뷰 19

제 경우는 방을 여러 개 만들어놓습니다. 정보의 공유 수준에 따라 아주 소수만 공유하는 방, 팀원이 다 들어와 있는 방, 그 안에서 상황을 지시하고, 이런 걸 좀 알아보라고 하고. 예민한 사안이라 취재 보안이 필요할 때는 반장급만 공유하는 방을 만들고….

— 심층 인터뷰 28

전화도 빼놓을 수 없는 사회부의 소통 수단이다. 사회부 데스크들은 필요할 때마다 주저 없이 전화를 건다. 사실 확인이 필요하면 담당 기자에게 전화하고, 일선 기자의 취재가 부족하다고 판단하면 취재원에게 직접 전화하고, 부장이 "그거 좀 확인해봐"라고 한마디 하면 주저 없이 전화기를 든다. 부서 회의를 하는 도중에도 확인이 필요하면 언제든 바로 전화기를 든다. 다섯 명이 사회부 회의에 참석하는데, 세 명의 데스크가 동시에 각자 전화를 거는 경우도 흔히 볼 수 있다. 즉각적인 소통으로 기사를 조율하고 뉴스를 만들어가는 사회부의 특징을 잘 보여주는 장면이다.

> 일선 기자들하고 직접 통화할 때도 많지요. 제가 직접 뭘 물어봐야 되겠거나 아니면 확인하고 싶을 때 전화를 많이 하는 편입니다.
>
> — 심층 인터뷰 19

소통의 위계

사회부 소속 부서원들의 다양하고 세밀한 소통은 큰 흐름에서 위계적이다. 일선 기자가 생산한 정보와 아이디어는 팀장과 데스크를 거쳐 사회부장으로 수렴되어 국장이 주재하는 편집국 회의에 올라간다. 편집국 회의에서 기사 아이템이 걸러지고 뉴스 생산의 방향이 결정되면, 다시 부장과 데스크, 팀장을 거쳐 일선 기자에게 그 내용이 전달된다. 부서 단위 회의는 편집국 차원에서 결정된 사항들을 기사와 지면에 반영하는 과정이다. 국장 주재의 편집국 회의에 바로 이어서 사회부 부서 회의가 열리는 장면은 이러한 위계적 소통 구조를 잘 보여준다.

> 젊은 친구들(일선 기자들)이 올린 걸 제가 보고 이건 이렇게 쓰는 게 맞겠다며 군더더기 같은 얘기들을 컷하고, 아니면 데스크들하고 상의해서 일선 기자는 이게 중요하다고 보는 것 같지만 내가 보기에는 이 부분이 훨씬 중요한 것 같다는 식으로 구체적으로 지시를 하죠. 일선 기자들은 대개 그 지시에 수긍해서 별다른 갈등은 없습니다. 하지만 때로 생각의 차이가 있을 수 있죠. 요즘 젊은 기자들하고 얘기를 해보면 생각의 차이는 분명히 있

습니다.

— 심층 인터뷰 19

사회부장은 말단 기자로부터 올라온 기사 아이템을 편집국에 제안하고, 편집국 상부로부터 내려온 취재 및 기사 작성 지시를 사회부 말단 기자에게 데스크를 통해 전달한다. 편집국의 지휘부와 사회부 말단의 기자들을 연결하는 소통의 중심에 사회부장이 놓여 있다. 사회부장은 사회부를 책임지는 수장이면서 동시에 국장 중심의 의사결정을 따르고 수행해야 하는 편집국 구성원 중 하나다. 소통의 위계 사슬의 중간 단계로서 뉴스 생산 과정에 가장 큰 책임과 권한을 동시에 행사하는 존재가 사회부장이다.

조선일보처럼 부장의 권력이 센 신문사가 없는 걸로 알고 있어요. 국장이나 부국장이 지시를 해도 부장이 못하겠다고 하면 설득해야 돼요. 조선일보는 부장이 만드는 신문이라는 말이 있을 정도로. 그게 강점이에요. 왜냐하면 현장하고 동떨어지지 않는다는 뜻이거든요. 현장에는 기자들이 있고, 안에는 부장이 있고 데스크가 있어요. 더 위에서 톱다운으로 내려오면 현장하고 동떨어져요. 그럼 팩트를 전달하는 데 상당한 문제가 있을 수 있습니다. 조선일보는 인사권도 부장한테 집중돼 있고, 부장 중심의 신문사예요.

— 심층 인터뷰 12

분업과 경쟁과 협력

사회부의 뉴스 생산은 팀 단위로 이루어진다. 기동팀, 법조팀, 전국팀 등 팀별로 분업화된 구조 안에서 기사를 발제하고 취재하고 작성한다. 팀 간에 협조해야 할 일이 생기면 이를 조율하는 것도 기자 단위가 아니라 데스크 선이다. 일종의 칸막이silo 현상으로, 바쁜 업무를 효율적으로 수행하면서 사회부 내의 지휘 체계와 질서를 유지하기 위한 방식이다. Xcoop, 구글독스 '일일보고' 문서와 부서 회의 등은 분업 시스템 속에서 혼선이 빚어지지 않도록 소통하고 조정하기 위한 장치로 작동한다.

오전의 사회부 회의는 팀 단위에서 기사 아이템을 발제하고 그중에서 종합면 혹은 사회면에 실릴 만한 아이템을 선정하는 방식으로 진행된다. 이때 데스크는 팀원이 공들여 취재한 아이템의 뉴스 가치를 적극적으로 어필한다. 지면을 두고 팀 단위에서 미묘한 경쟁이 이루어지는 것이다. 지면을 확보하기 위한 경쟁은 사회부 내부의 팀 단위에서뿐 아니라 부서 간에도 이루어진다. 부장은 편집국 단위의 회의에 참석하여 부서에서 취재하고 준비한 기사 아이템이 종합면에 배치될 수 있도록 어필한다. 관찰 첫날, 종합면에 기사 아이템을 밀어봤으나 배정되지 않았다면서 사회부장이 데스크에게 아쉬움을 표현했던 것은 이러한 맥락에서 이해할 수 있다. 사회부를 둘러싸고 부서 내 팀 단위에서, 그리고 부서 간에, 이중의 지면 확보 경쟁이 이루어지는 것이다.

팀장(데스크)들이 부장에게 발제를 하면 부장은 대체로 비판적인 시각으로 바라본다. 이게 왜 기삿거리인지, 저번에 쓴 내용이랑 무슨 차이가 있는 건지 등. 그러면 팀장들이 기사로 쓸 만한 포인트를 제시하며 부장을 설득한다. 일종의 영업사원과 같은 느낌이다. 팀들 간에 지면 경쟁도 약간 있는 것처럼 보였다. 오늘 사회면 톱기사로는 법조팀에서 발제한 법무부 민변 관련 내용이 선택되었는데, 처음에는 부장이 '민변 전성시대'는 이전에도 많이 썼던 기사라며 비판했지만, 팀장님이 이번엔 조금 다르게 '마지막까지 민변'을 포인트로 잡으면 된다고 설득하여 선택되었다.

— 관찰자 3 동행 관찰 일지

(편집국 회의에서) 이건 톱이 아닌 것 같은데 하는 얘기들이 그때도 나오죠. 부장들이 거기서 방어를 하기도 하고, 받아들여서 그럼 수정하겠습니다, 빼겠습니다 하기도 하고.

— 심층 인터뷰 13

분업과 경쟁 속에서도 사회부를 구성하는 세 팀은 서로 협력한다. 사회부에서 다루는 각종 사건·사고들을 칸막이로 정확하게 구획할 수는 없으므로 자연스럽게 서로 돕는다. 팩트 확인이 필요하면 팀과 관계없이 친분이 있는 취재원에게 즉각 전화해서 알아보고, 중요한 사건이 발생하면 팀별로 기자를 재배분하여 뉴스를 생산한다. 부서 간에도 협력은 늘 이루어진다. 경제부 기사에 대해 국제부에서 외교적 관점의 조언을 하거나, 정치부와 국제부가 공동으로 기사를 작성하는 등의 협력은 일상적인 일이다. 사회부를 밀착 관찰하는 중에도 부동산 관련 기사 작성에 사회정책부의 도움을 받았고, 경제부에서 사회면 기사를 작성하기도 했다.

이를테면 상당히 의미 있는 어떤 사안에 대해 정치부 쪽에서 의미를 부각하지 못하고 쓰는 경우가 있을 수 있거든요. 그러면 지적을 합니다. 예컨대 산업적인 측면에서 봤을 때 이건 상당히 중요한 건데 너무 정치적인 의미로만 해석해서 낮게 평가했다, 이 측면을 키워야 될 것 같다, 그런 얘기를 할 때가 있습니다.

— 심층 인터뷰 19

뉴스 선택의 기준: '재미'와 '새로움'

사회부 회의에서 기사 아이템을 선정할 때 부장이 가장 많이 던지는 질문은 '재미있는가?'이다. 사회부 관찰 일지에서 '재미'라는 단어가 자주 발견되는데, 이때 재미는 단순히 흥미를 유발하는 것을 의미하지는 않는다. 독자들이 관심을 가질 만한 흥미로운 소재인지, 사람들의 마음을 움직이는 감동적인 이야기인지, 사회의 변화와 흐름을 읽어낼 수 있는 아이템인지, 새롭고 독특한 시각에서 사회 현상에 가치를 부여하는지 등의 의미를 복합적으로 담고 있다. 부장이 질문하면 데스크는 다양한 이유를 들어서 재미있는지, 혹은 재미없는지 답한다. 부장은 이에 대해 재미있으니 채택하자, 재미없으니 '킬'하자, 라고 답하면서 지면을 채울 아이템을 좁혀나간다.

또 다른 뉴스 선택의 기준은 새로움이다. 일선 기자 동행 관찰을 통해서도 확인한 것처럼, 이미 다룬 적이 있는 아이템은 가장 먼저 제외된다. 다만 이미 기사화되었더라도 새로운 관점과 의미를 부여한다면 뉴스 가치를 인정한다. 관찰 3일 차에 '세무사 시험의 공정성'에 관한 기사가 지면에서 빠진 것도 이미 다룬 적이 있는 기사라는 점이 중요한 이유였다.

기자들이 너무 다양한 걸 올리는데 사회적으로 의미가 있는지를 먼저 따져보고, 새로운 건지, 타사들이 이미 다 썼거나 온라인에 나오거나 그런 게 아니고 우리만의 새로운 시각이나 팩트가 담겨 있는지를 봅니다.

— 심층 인터뷰 13

특종 vs 사실 확인

사회부는 특히 특종에 대한 압력이 큰 부서이다. 사회부 관찰이 시작되기 직전인 2021년 12월 24일 박근혜 전 대통령 사면 관련 낙종이 있었고, 사회부는 이를 만회하기 위해 기획 기사를 준비했다. 1주일 정도의 준비 기간을 거쳐 12월 31일 〈친노동 文정부, 경제인 사면은 '0'⋯朴정부선 노동·시위사범 '0'〉이라는 제목의 분석 기사를 지면에 실었다. 온라인 뉴스 이용이 많아지면서 지면 특종에 대한 부담이 다소 줄어든 것처럼 보이기도 하지만, 사회부는 특종이 여전히 중요하고 늘 낙종에 대한 심리적 부담이 있다.

> 사회부 법조팀은 기자들이 안 오려고 하죠. 일 자체가 낙종에 대한 심리적 압박감이 워낙 심해서.

— 심층 인터뷰 28

특종에 대한 압박이 있지만, '사실 확인'은 사회부의 가장 우선적인 뉴스 가치다. 박근혜 전 대통령 사면 낙종 때에도 편집국은 사면을 70~80% 확신했지만, 공식 발표 이전이고 정확한 사실 확인을 하지 못했기 때문에 '사면 검토'라는 수준의 기사를 내기로 결정했다. 정확한 사실 확인을 하지 않는 경우 개인의 명예를 훼손할 우려도 있고, 소송을 당할 수도 있다. 사회부는 특히 개인의 비리나 범죄 등을 다루는 경우가 많아서 집요하게 사실 확인을 거듭한다.

사회부장은 사실 확인과 더불어 '현장 확인'의 중요성을 강조하면서, 일선 기자들에게 현장에 나가서 직접 취재·확인하고 기사를 작성할 것을 요구한다. 밀착 관찰 2일째 되는 날 사회부장은 현장으로부터 의미를 찾아낼 때 사회면 톱뉴스가 될 수 있다는 점을 지적하면서, 동아일보의 〈성탄절 화재로 숨진 '착한 임대인' 노부부〉 기사를 사례로 보여주기도 했다.

> 조선일보의 (뉴스 가치) 판단은 신속에서 점점 정확으로 바뀌어가는 추세라고 봅니다. (중략) 일례로 최근 노태우 전 대통령 별세 속보가 떴거든요. 그래서 우리도 빨리 속보를 내야 하는 상황인데 계속 홀드하고 있었어요. 사실관계를 정확히 확인하고 내야 된다는 입장에서.
>
> — 심층 인터뷰 13

> 사회부 같은 경우는 특히 사람에 대한 기사들이 많습니다. 좋은 소식보다는 안 좋은 소식을 전해야 될 때가 많고요. 그럴 때는 사실이 확인되지 않은 기사를 쓰면 요즘 같으면 거의 100프로 수sue(소송)를 당하기 때문에 저는 쓰지 말라고 얘기합니다. (중략) 그게 사실이 아닐 경우 그 사람한테는 엄청난 명예 훼손이 되는 거고, 또 범죄 사실을 우리가 뒷받침하지 못할 때 그건 상당한 부담이 되는 거거든요. 그런 기사들이 특히 사회부에서 많이 생기기 때문에 저는 최대한 사실관계 확인을 강조하고 있고 그게 자신 없을 때는 가급적 쓰지 말라고 합니다.
>
> — 심층 인터뷰 19

편집 부서와의 협업

사회부와 가장 많이 협력하는 부서는 편집부이고, 다음이 정치부이다. 사회부장의 오른편에 편집부가, 왼편에 정치부가 위치한 것은 이러한 이유 때문일 것이다. 정치부와는 주로 기획과 취재, 기사 작성을 위해 협업하는 반면, 편집부와는 지면 구성을 위해 일상적으로 협업한다. 편집부는 제목을 뽑고, 기사를 배치하고, 그래픽을 만드는 등 사회부 지면을 만드는 과정에서 중요한 역할을 한다.

과거에는 지면 편집에서 편집부의 영향력이 절대적이었지만, 편집 과정이 디지털화되고 편집기자의 수가 줄어들면서 최근에는 위상이 약해졌다. 이로 인해 취재기자와 편집기자 간에 갈등이 생기기도 하지만, 밀착 관찰을 하는 동안 사회부는 편집부와 원활하게 소통하면서 지면을 만들었다. 사회부를 담당하는 28년 경력의 편집기자는 사회부장보다 기수가 높은 데다 기사 제목을 뽑는 것은 물론 기사의 방향까지 제안하는 등 노련하게 편집기자의 업무를 수행했기 때문에, 갈등 없이 원활하게 협업했던 것으로 보인다.

데스크의 노동강도와 워라밸

사회부 데스크는 주 6일 하루 14시간 이상 근무한다. 일선 기자 못지않은 높은 강도의 노동환경 속에서 일하고 있다. 관찰자는 사회부 밀착 관찰을 위해 오전 9시에 출근하고 밤 10시 이후에 퇴근했는데, 사회부 전국 데스크는 늘 같은 자리에 같은 조끼를 입고 앉아 있었다. 밤에 퇴근은 하는 건지 의심스러울 정도여서 아침마다 댁에는 다녀오셨냐는 인

편집부의 역할

편집부는 하루에 세 번 회의를 연다. 첫 번째는 오후 3시 30분에 지면 편집의 큰 방향을 잡는 회의, 두 번째는 오후 5시 51판 편집회의가 끝난 후 회의 내용을 편집에 어떻게 반영할 것인가를 논의하는 회의, 세 번째는 저녁 9시 52판 편집회의가 끝난 후의 마지막 편집회의이다. 과거에는 편집부에서 취재부서와 별도의 논의 없이 제목을 선정하고 톱기사를 결정하는 등 막강한 권한을 행사했다. 지면을 편집하는 과정이 또 하나의 중요한 게이트키핑 과정이었다. 최근 들어 편집의 디지털화와 편집 인력의 감축으로 다소 위상이 약해졌지만, 편집부는 여전히 지면 편집에서 중요한 권한을 행사한다(2권『뉴스 생산자』3부 9장 참조).

사회부 관찰 4일 차(2021년 12월 29일) 저녁 51판 지면 편집회의가 끝난 후 잠시 자투리 시간을 이용해서 사회면을 담당하는 편집부 차장과 이야기를 나누었다. 그는 28년 경력의 편집기자로 종합면을 담당하다가 사회면 편집을 담당한 지는 8개월이 되었다. 그에 따르면 편집자가 어떤 생각을 갖고 편집하는가에 따라 지면은 완전히 달라질 수 있다. 편집국 차원에서 지면 회의를 하면서 큰 틀에서 지면을 어떻게 만들 것인지 결정하지만 그 디테일은 이들 손에 달려 있다. 같은 재료를 가지고도 만드는 사람에 따라 음식 맛이 달라지듯이 편집기자는 지면의 완성에 있어서 화룡점정과 같은 역할을 한다.

편집기자는 오후 1시에 출근한다. 출근하자마자 Xcoop의 기사 아이템과 일일보고의 지면 계획을 살펴본 후 다른 일간지를 검토한다. 이후 웹사이트에서 뉴스 제목을 검토하고, 그날 벌어진 사건들을 염두에 두고 사진 검색을 한다. 사진 검색만 해도 그날의 주요 뉴스에 대한 그림이 머릿속에 들어온다. 오후 4시가 되면 뉴스 모니터로 종합면에서 어떤 사진을 쓰는지 살펴보고, 종합면 담당 편집기자와 소통하면서 사진이 겹치지 않도록 조율한다. 사회면 지면 계획이 뜨면 내용을 읽어보고, 자세한 내용이 알고 싶으면 사회부 보고(Xcoop)에 들어가서 확인한다. 삽화가 필요하다고 판단하면 사내 화백에게 삽화를 의뢰하기도 한다.

이어서 기사 제목을 뽑고, 지면 레이아웃을 구상하고, 이미지를 삽입하는 등 지면 편집을 시작한다. 가끔은 기사 내용에 대한 제안도 한다. '전주 얼굴 없는 천사' 기사에 '구리폐지 줍는 노인' 이야기를 얹어서 작성하자는 아이디어도 직접 제안한 것이다(2021년 12월 30일 12면 기사). 사진 검색 등을 통해 관련 내용을 많이 알고 있어서 내용 차원의 제언이 가능하다.

사회면 기사의 제목은 좀 더 강하게(독하게) 가는 편이고, 중간 제목에서는 빠트린 내용은 없는지, 세련되게 설명하는 방법은 없는지를 계속 고민하면서 편집한다. 52판에서 끝내는 것이 회사 방침이지만 53판까지 가는 날도 많다. 종쇄 때까지 편집기자 중 당번이 남아서 지면 편집을 담당하는데, 대부분 1시에는 업무가 모두 끝난다.

사를 나누곤 했다.

데스크의 하루는 정신없이 바쁜 시간(오전 보고, 오후 보고, 오후 데스킹, 초판 수정, 51판 수정 등)과 잠시 여유를 가질 수 있는 시간(기사 원고를 기다리는 오후 3~4시)의 강약 리듬이 있지만, 대체로 편집국의 책상을 지켜야 하는 상황이다. 식사 시간과 잠시 담배를 피우러 밖에 나가는 시간을 제외하고는 하루 종일 자리를 지키면서 회의를 하거나, 온라인 메신저로 연락을 주고받거나, 전화 통화를 하거나, 컴퓨터 작업을 한다. 워라밸을 포기한 채 하루하루 뉴스 생산에 모든 시간과 열정을 쏟아붓는 데스크들의 모습은 젊은 일선 기자들의 눈에 암울한 자신의 미래로 비추어지기도 한다.

조선일보의 데스크가 되면 대개 저와 비슷한 생활을 합니다. 아침에 출근해서 밤에 11시까지는 아니어도 최소 10시까지는…. 9시 회의 하는 거 보고 퇴근하는 경우가 많아요. 부장은 거의 다 11시까지 남고. 일선 기자들이 이런 생활을 다 지켜보고 있죠. 이 회사에서 잘하면 데스크가 될 수 있는데, 데스크가 되면 매일 밤 10시까지 남고, 자기 계발 시간 없고 가족들과 함께할 시간도 없다, 난 별로 승진하고 싶지 않다, 그런 생각을 하는 기자들도 꽤 있는 것 같아요. 회사 시스템이 젊은 기자들에게 끼치는 영향이 크죠. 최근에 기자들의 이직 러시가 기자협회보에도 소개되었던데요, "나는 선배처럼, 부장처럼 되고 싶지 않다"는 젊은 기자들이 많은 거예요.

— 심층 인터뷰 13

4. 소결: 시시포스적 헌신

사회부는 예상대로 언론의 원형을 보여주는 부서였다. 분업의 원리에 따라 담당 부서가 나누어지기는 했지만 사회부의 취재 범위에 포함되지 않는 뉴스는 없었다. 사회적 이목을 집중시키는 대형 사건·사고 소식부터 소소한 생활 정보에 이르기까지 모든 세상사가 사회부로 흘러들었다.

> 사실 정치 기사로 우리나라가 뒤집어진 적은 없어요. 다 사회부 기사 때문에. 4·19 때 총 맞았다. 탁하니 억하더라. 이처럼 우리나라를 바꾼 대부분의 기사는 90%가 사회부 기사입니다. 사회부에서 기사를 제대로 쓰지 않으면 나라의 문제들이 바로 안 잡힌다고 생각합니다.
>
> — 심층 인터뷰 11

뉴스가 되는 것과 뉴스가 되지 못하는 것을 걸러내는 게이트키핑 과정은 일선 기자-일선 팀장-영역별 데스크-부장을 거쳐 순차적으로 이루어졌지만, 이는 일사불란한 선형적 과정이라기보다는 거미줄처럼 얽히고설킨 집단적 의사결정 과정이다. 사회부는 데스크만 편집국에 상주하고 나머지 팀장과 일선 기자들은 편집국 외부에 머물지만, 온라인을 통해 한 몸처럼 촘촘하게 연결되어 있다. 부장을 포함한 4명의 사회부 데스크는 서로 마주 보고 앉아 하루 종일 소통하면서 지면을 만들고, 동시에 회사 차원의 공식적인 온라인 커뮤니케이션 시스템, 단톡방, 전화 등으로 각자의 팀원들과 수시로 소통한다. 이러한 다면적 소통은 자유롭고 상시적이지만 큰 틀에서 보았을 때 분명한 위계가 존재한다. 일선 기자가 생산한 뉴스 아이템은 데스크를 거쳐 부장에게로 수렴되고, 다시 국장 중심의 편집국 회의를 거쳐 지면을 배정받는다. 전체 편집국의 뉴스 생산이 부서 간에 서로 경쟁하고 협력하는 과정인 것과 마찬가지로 사회부의 뉴스 생산은 팀 간에 서로 경쟁하고 협력하는 과정이다. 편집국 및 부서 단위에서 이루어지는 이러한 다층위적 소통 및 경쟁 구조 안에서 사회부장은 편집국과 부서 간의 연결고리hub로 기능하는 동시에 부서 내 경쟁의 조율자 역할을 수행한다.

사회부 내에서 뉴스 아이템을 선택하는 최우선의 기준은 '재미'와 '새로움'이지만, 특종보다는 사실 확인을 더 중요한 뉴스 가치로 삼는다. 하지만 언론에 있어서 사실 확인은 점점 힘겨운 일이 되고 있다.

> 이전에 한 시간을 투자해서 얻을 수 있었던 정보의 양에 비해 지금 한 시간을 투자했을 때 얻을 수 있는 정보의 양이 굉장히 많이 줄어들었거든요. 시간이 됐건 인력이 됐건 팩트에 접근하는 거 자체가 굉장히 고비용 구조가 되었고 또 프라이버시도 굉장히 중요해지고. (중략) 오염된 팩트 같은 것이 인터넷에 한 번 나오면 많은 사람이 봤다는 이유로 확인 없이 정설이 돼서 돌아다니고.
>
> — 심층 인터뷰 11

사실 확인에 있어서 반복적으로 기사 내용을 검토하는 것 말고 다른 비법은 없다. 촌각을 다투며 이루어지는 이 지독한 반복 작업은 옆에서 지켜보며 기록하는 것조차 힘들 정도다.[11] 뉴스 내용은 마지막까지 검토되고 고쳐지고 또 검토된다. 지면은 구성되었다가 흐트러지고 다시 구성된다. 하루를 이렇게 보냈다고 해서 여유를 갖고 며칠 쉴 수 있는 것도 아니다. 계속 바위를 밀어 올려야 하는 시시포스의 운명처럼 동일한 강도의 뉴스 노동이 다음 날도 이들을 기다린다. 개인 삶의 많은 부분을 포기한 이 지독한 헌신을 통해, 이들은 이상적 규범주의자들이 비판하듯 완벽하지도 편향으로부터 자유롭지도 않지만, 주어진 조건 속에서 최선이라 할 수 있는 '사회적 현실의 재구성'(Tuchman, 1978) 작업을 수행한다.

7장. 밀착 관찰 II : 정치부

사회부가 언론의 원형에 해당하는 부서라면, 정치부는 언론의 심장에 비유되는 부서다. 우리를 둘러싼 환경에서 발생하는 일들을 다루었던 초기의 언론은 이내 가장 중요한 환경의 요소로서 정치 엘리트 집단과 그들이 중심이 된 정치 시스템에 주목하였다. 정치권력의 감시와 비판은, 근대 민주주의 사회에서 언론이 제도적으로 안착한 이래 언론의 가장 중요한 역할로 자리 잡았고 지금도 그러하다. 편집국 내에서 대통령과 대통령실, 국회, 여야 정당과 그 리더들, 제도권 밖의 정치적 유력자 등을 주축으로 한 정치 시스템 및 권력 집단을 감시하고 그에 대한 뉴스를 생산하는 첨병 혹은 파수꾼에 해당하는 부서가 정치부다. 정치권력 감시와 정치 뉴스 생산을 위해 언론은 이른바 '가깝지도 멀지도 않게 不可近不可遠'라는 격언으로 알려진 섬세한 상호작용을 수행한다. 하지만 역동적이고 예측 불가인 정치적 상호작용의 한복판에서 교과서에 나오는 불가근불가원은 모호한 원칙일 수밖에 없다. 같은 극끼리 서로 밀어내는 자석의 양극처럼 언론과 권력이 맞설 때 양자의 관계는 독립적일지 모르지만, 정치 시스템의 심부에서 발생하는 일들에 대한 접근과 보도는 어려워질 것이다. 권력과 언론이 서로 당기는 자석의 음극과 양극처럼 선의와 이해의 관계로 만날 때 양자는 서로 밀접하게 다가설 수 있겠지만, 언론의 역할은 자칫 중립적 관찰자에서 정치적 거간꾼, 조력자, 심지어 기획자의 역할로 변질되고, 언론은 존립의 정당성을 상실하게 될 것이다. 역사적으로 권력과 언론의 상호작용은 적대적 대립과 도구적 유착을 양극으로 한 스펙트럼 속에서 요동쳤다. 권력 감시의 선두에서 정치부는 이처럼 섬세함이 요구되는 상호작용을 어떻게 수행하며 정치 기사를 생산하는가. 선을 넘지 않는 권력과의 지혜로운 밀당과 균형의 선은 무엇이고 그것을 어떻게 이어가는가. 현장의 기자들과 편집국의 데스크들은 어떤 관계 속에 이 역할을 수행하는가.

1. 정치부 밀착 관찰

2022년 1월 24일(월)부터 26일(수)까지 3일간 정치부에 머물면서 밀착 관찰을 수행했다. 주 관찰자(배진아)와 관찰 지원자(윤석민)의 위치 및 역할 분담은 사회부 밀착 관찰 중후반 때와 같았다. 정치부 데스크는 정치부장과 국회 담당('국회 데스크'로 표기), 여당 담당, 야당 담당('야당 데스크'로 표기), 외교안보 담당('외교 데스크'로 표기) 등 5인의 데스크로 이루어져 있다. 이 가운데 여당 담당 데스크는 주로 현장에서 일을 해서 편집

[그림 7-1] 정치부 데스크: 정치부장이 통합 데스크를 등지고 있고 그 앞에 국회 데스크, 야당 데스크, 외교 데스크가 마주 보고 있다. 연구자(배진아)는 오른편 끝에 앉아 있다.

국에 나오지 않았다.[1] 주 관찰자(배진아)는 그 데스크 자리에 앉아서 관찰을 진행할 수 있었다. [그림 7-1]에서 보는 것처럼 정치부장은 통합 데스크를 등지고 있고, 부장의 오른편에 외교 데스크와 야당 데스크가, 왼편에는 국회 데스크와 연구자가 앉아 있다.

2. 밀착 관찰 기록

❶ 관찰 1일 차 ― 2022년 1월 24일 월요일

3일로 예정한 정치부 밀착 관찰 첫날이다. 일주일간 사회부 밀착 관찰을 수행한 경험이 있고, 정치부 데스크들과는 이미 상당한 라포르를 쌓

[표 7-1] 정치부의 일과

	1일 차(1.24.월)	2일 차(1.25.화)	3일 차(1.26.수)
관찰 시작	09:20~	09:30~	09:30~
오전 편집국 회의	09:47~	10:13~	10:15~
정치부 회의 1(오전)	10:25~	10:21~	10:22~
지면안 공유(일일보고)	10:58	10:45	10:50
정치부 회의 2(오후)	14:01~	13:49~	14:29~
오후 편집국 회의(지면)	14:23~	14:20~	14:24~
구글 지면 계획 수정	14:53	14:45	15:00
데스킹과 편집 1	15:30 전후		
51판 편집회의	17:35~	17:36~	17:35~
정치부 회의 3(저녁)	18:09~	18:20~	18:10~
데스킹과 편집 2	20:00 전후		
52판 편집회의	21:18~	21:19~	21:20~
정치부 회의 4(야간)	22:00~	21:53~	22:01~

은 상태이기 때문에 연구진은 한층 편안한 마음으로 밀착 관찰을 시작한다.

오전 9시 20분

아침에 편집국 정치부로 출근해보니 누군가가 데스크 자리 중 하나를 깨끗하게 정리해두었다. 감사한 마음으로 자리에 앉아서 관찰을 시작한다. 정치부장은 이미 출근해서 정치부 옆 탁자에 앉아 신문을 보고 있다. 국회 데스크도 다른 부서에 가서 담소를 나누고 있고, 야당 데스크와 외교 데스크는 아직 출근 전이다. 국회 데스크가 정치부장에게 중앙일보가 안철수 후보의 부인인 김미경 교수(서울대 의대)를 인터뷰한다고 보고한다. 데스크들은 일선 기자들이 올린 보고 내용을 검토하다가 중요한 내용이 있으면 앉은 자리에서 바로 부장에게 보고하고 대화를 나눈다.

오전 10시 25분, 정치부 회의

야당 데스크는 어제 야근 후 오늘 오후 출근 예정이라서 부장과 국회 데스크, 외교 데스크만 회의에 참석한다. 부장이 먼저 설 연휴를 대비해 아이템을 준비해달라고 한다. 연휴 기간이니 뉴스 가치가 좀 덜하더라도 재미있는 것으로 준비하라고 당부하고 본격적인 기사 아이템 탐색을 시작한다. 부장이 '국가 어젠다 사라지고 시·구의원 선거 되어가는 대통령 선거' 아이템이 괜찮은 것 같다고 제안하고, 외교 데스크가 동네 어젠다를 던지는 게 왜 나쁜 건지 의문을 제기한다. 국회 데스크가 놀이터 신설 같은 건 구청장이 하면 된다고 답변하고, 부장이 일단 1면에 잡아두자고 한다. 여당 면(4면)에는 이재명 후보 소식을 다루는데 '읍소 모드로 돌아선 이재명'과 경기도를 다 돌며 선거유세를 하면서 대장동만 뺐다는 것, GTX 등 공약이 윤석열 후보와 똑같다는 것, 그리고 586용퇴론을 비판적으로 다루어보기로 한다. 야당 면(5면)은 윤석열 후보의 외교안보 공약 아이템이 올라와 있는데 부장이 재미없을 것 같다고 지적하고, 국회 데스크도 이재명 후보와 비교했을 때 균형이 잘 맞지 않는다는 점을 지적한다. 안철수 후보와 관련해서는 딸의 인터뷰를 시도해보기로 하고, 안 되면 딸의 한국 일정 등에 대해 다루기로 한다. 정치면(6면)은 1면에서 이어달리기로 이어지는 '동네 공약 선거' 기사를 하나 잡고, '임기 말 청와대 인사'에 대한 이야기를 쓰기로 한다. 부장은 임기를 3개월 남겨놓고 비서관 달아주기 인사가 있다고 설명하면서 이를 비판하는 기사가 필요하다고 지적한다. 외교안보팀에서 탈북자 내분에 대한 아이

종 4 / 정치
- 읍소 모드로 돌아선 이재명, 홈그라운드 경기 순회
- 與 "586용퇴론" 띄우지만…
- 초심으로 돌아가겠다는 심상정, 노동운동 출발한 구로 찾아

종 5 / 야
- 윤석열 '자유·평화·번영의 혁신적 글로벌 중추국가' 외교안보 공약 발표
- 안철수 딸, 보름 정도 머물며 화상으로 코로나 강연·가족 대화 공개할 듯
- 설 앞두고 야권 단일화 기싸움 치열

종 6 / 정치
- 국가 어젠다 사라지고, 시·구의원 선거 되어가는 대통령 선거/이어달리기
- 임기 말 청와대·정부 엑소더스 이뤄지나+알박기 하려다 인사 좌초
- 권영세 "중립 내각 구성하라"
- IAEA 전 사무차장 "북, 폭파한 풍계리 핵실험장 점검·유지 중"

템을 언급하지만, 인터넷에만 쓰기로 한다. 외교 데스크가 풍계리 기사도 하나 쓸 것을 제안하고, 그것도 일단 잡아두기로 한다.

오전 10시 40분

부장이 국회 데스크와 잠시 이야기를 나눈다. 청와대 인사(비서관 승진)는 자기 식구들끼리의 승진이라고 부장이 말하자, 나중에 선거 때 보면 청와대에서 나온 사람은 다 비서관이라고 국회 데스크가 답한다. 잠시 후 일일보고에 정치부 지면 계획이 정리되어 올라오고, 이후 정치부 데스크들은 조용한 분위기에서 온라인과 전화로 기사 작성을 지시하거나 자료를 검색한다.

오후 2시 1분, 정치부 회의

오후 편집국 회의에 앞서 정치부 회의가 열린다. 여당 면(4면)에는 이재명 후보가 읍소했다는 분위기를 담아서 동향을 정리하기로 하고, 인적 쇄신, 심상정 기사를 담기로 한다. 야당 면(5면)에는 한미 훈련, 사드 정상화, 북한 인권법에 관한 윤석열 후보의 입장을 다루고, 안철수 관련 기사는 딸에 관한 이야기와 함께 에너지 주권과 탈원전 문제를 다루기로 한다. 이와 함께 무속 논란과 김건희 씨 관련 논란도 기사화하기로 한다. 정치면(6면)은 1면에서 이어지는 이어달리기 기사와 함께 문대통령이 신년 회견을 취소하고 재택근무를 한다는 아이템을 배정하고 회의를 마친다. 회의를 끝내고 정치부 데스크는 모두 자리에 돌아와 컴퓨터 앞에 앉아 작업에 열중한다. 회의에서 정해진 내용에 따라 기자들에게 온라인으로 취재와 기사 작성을 지시한다.

오후 2시 23분, 오후 편집국 회의

편집국 회의가 끝난 후 부서 회의를 하는 사회부와 달리 정치부는 부서 회의를 먼저 한 후 부장이 편집국 회의에 참석한다. 편집국 회의는 먼저 부서별로 오전 중에 일어난 주요 뉴스를 정리해서 보고하는 것으로 시작한다. 정치부장은 총리의 대국민 담화와 문대통령이 홍보수석에게 오미크론 신속 대응 체계 마련을 지시했다는 내용을 보고한다. 국장이 1면 기삿거리가 없는지 질문하자 정치부장은 '동네 공약으로 대선이 시·구의원 선거가 되어가고 있다'는 기사 아이템을 제안한다. 이 밖에 '오미크론 확산', '우크라이나 파견'이 1면 기사로 선정되고, '수사기관의 건강정보 조회' 건도 더 알아본 후 기사 가치가 있으면 1면에 기사화하기로 한다.

오후 2시 35분

편집국 회의가 끝난 후 정치부장은 국장실에서 국장과 따로 면담한다. 면담 후 정치부로 돌아온 정치부장은 '풍계리' 기사(풍계리 핵실험장이 여전히 유지되고 있다는 IAEA 전 사무차장 발언)를 국제부에 넘기지 말고 우리 부서에서 쓰자고 제안한다. 어떤 지면이 좋을지 검토해보라고 한 후, 1면에 '건강정보 조회' 기사를 넣을 것을 지시한다. 야당 데스크는 전화로 윤석열 후보 기사에 관한 이야기를 나누고 있다. 부인 김건희 씨가 처음에는 인기가 있었지만, 거품이 빠지고 부정적인 여론이 많다, 그래서 뭔가 종합적으로 사과하거나 정리하는 대응이 필요하다는 내용이다.

오후 2시 53분

일일보고 문서에 오후 지면 구성안이 올라와 있다. 1면(종합면) 계획이 추가된 것 이외에 다른 지면에서 특별히 변경된 내용은 없다.

오후 2시 55분

편집기자가 정치부에 와서 그래픽을 어떻게 구성할지에 대해 상의한다. 1면 기사(국가 어젠다 실종 대통령 선거) 관련해서 야당 데스크가 일선 기자와 통화한다. 해당 기사에 여당 사례밖에 없다는 점을 지적한다. 윤석열 후보 측은 아직 공약을 준비 중인 단계라서 마이크로 공약으로 적절한 사례가 없다.

오후 4시 55분

부장과 야당 데스크가 기사에 대해 짧게 대화를 교환한다. 사드 정상화에 대한 안철수 후보의 발언을 다룬 5면 기사에 대한 것이다.

관찰 1일 차 [일일보고]에 공유된 정치부 지면 계획 (2022년 1월 24일 오후)

- -

종 1
- 신문/국가 어젠다 사라지고, 시·구의원 선거 되어가는 대통령 선거
- 신문/오미크론 국내 유입 54일 만에 주간 점유율 50% 돌파, 우세종 됐다/종3 이어달리기
- '실업률 착시' 부르는 구직단념자, 작년 62.8만명, 역대 최다 6개월 장기 실업자 절반은 2030
- (NOW)일본인들, 2015년 조사 이후 처음으로 한국 이미지 긍정 평가
- 미국, 우크라이나에 5000명 파병 검토(최○○)
- 문 정권, 건강보험 정보 211만 건 뒤졌다

종 4 / 정치
- 읍소 모드로 돌아선 이재명, 홈그라운드 경기 순회
- 與, 친명 7인회 사퇴, "586용퇴론" 띄우지만…
- 초심으로 돌아가겠다는 심상정, 노동운동 출발한 구로 찾아

종 5 / 야
- 윤석열 "자유·평화·번영의 혁신적 글로벌 중추국가" 외교안보 공약 발표
- 안철수 딸, 보름 정도 머물며 화상으로 코로나 강연·가족 대화 공개할 듯
- 설 앞두고 야권 단일화 기싸움 치열

종 6 / 정치
- 국가 어젠다 사라지고, 시·구의원 선거 되어가는 대통령 선거/이어달리기
- 임기 말 청와대·정부 엑소더스 이뤄지나+알박기 하려다 인사 좌초
- 권영세 "중립 내각 구성하라"
- IAEA 전 사무차장 "북, 폭파한 풍계리 핵실험장 점검·유지 중"

정치부장   외교안보 사드 관련해서 2017년 이재명이 사드 철회할 거라고 인터뷰한 내용이 있으니 한 줄 넣어줘라.

야당 데스크   이재명이 깨알같이도 알고 지적했다고 하겠다.

더불어민주당 이재명 후보는 성남시장 시절인 2017년 3월 중국 관영 CCTV 인터뷰에서 "대통령이 되면 사드 배치를 철회하겠다"고 했었다.

51판 편집회의 시간이 얼마 남지 않았지만, 굵직한 기사들이 아직 안 들어와서 데스킹을 하지 못하고 기다리는 상황이다. 야당 데스크는 1면의 개인 의료정보 조회 기사와 관련해서 담당 기자와 통화를 한다. 왜 문제가 되는 건지 정확하게 한 번 더 확인하고, 관련 내용에 대한 허은아 의원의 발언(워딩)을 추가할 것을 지시한다. 부장이 야당 데스크에게 단일화 관련 토론회 개최에 대해 알아볼 것을 지시한다. 목요일에 행사가 열린다고 하는데, 이에 대해 미리 쓰자고 제안한다. 단일화 협상을 위한 자리는 아니지만 단일화가 큰 관심사인 가운데 양당 대표가 참석해서 연합정치에 관해 대화를 나누는 자리이기에 이야깃거리가 될 수 있다는 설명이다. 야당 데스크는 바로 일선 기자에게 전화해서 5매 정도 분량의 단일화 토론회에 관한 기사 작성을 지시한다.

오후 5시 35분, 51판 편집회의

국장을 중심으로 1면부터 차례로 기사 하나하나에 대한 검토를 시작한다. 정치부의 기사에 대해서는 다음과 같은 대화가 오고 간다.

[1면] 국가 어젠다 실종 대통령 선거

국장　　　놀이터 신설 공약은 전국에 신설한다는 건가?

정치부장　아니다. 특정 단지에 신설하는 거다.

[1면] 개인 건강정보 조회

국장 의료정보 제공이 다른 해보다 많은 것인지 확인해서 정확하게 작성
해야 한다. 이번 정부 들어와서 더 많이 조회한 이유는 무엇인가?

정치부장 통신도 그렇고 이것도 그렇고 수사기관이 이런 정보를 더 많이 요
구하는 흐름이 있는 것 같다.

[5면] 안철수 딸 귀국

국장 사진에 나온 사람이 딸인가?

정치부장 아니다.

[5면] 단일화 토론회

국장이 기사를 살펴보다가 단일화 토론회 기사가 없다는 사실을 발견
하고 질문한다.

국장 단일화 토론회 기사는 없다. 어디에 쓰나?

정치부장 취재해보니 윤 측과 안 측에서 토론자의 급이 맞지 않는다고 신경
전 중이다. 취재를 더 해보겠지만 토론회가 어그러지면 못 쓸 수도
있다.

[6면] 청와대 인사

부국장 청와대 승진 인사 내용은 어디 있나?

정치부장 거기 기사 안에 있다.

부국장 제목에도 넣어야 하는 거 아닌가?

[6면] 풍계리 핵실험장

국제부장   풍계리 기사는 국제면에 쓰기로 했는데 여기 있다.

정치부장   옮기겠다.

– '풍계리 핵실험장' 50판 6면에서 51판 15면으로 이동

    A27면까지 검토를 모두 마친 후 국장이 "그만합시다"라고 말하고 회의가 끝나려는 순간 사회정책부장이 한국판 미네르바 대학인 태재대학에 관해 설명한다. 교육부가 이번 주 안에 태재대학 설립 인가를 낼 것으로 보이는데 독특한 인재 양성 방식인 데다 10년 만의 4년제 대학 인가라서 1면 기사가 될 수 있다는 제안이다. 국장은 1면 말고 다른 면에 써도 될 것 같다고 답하고, 사회정책부장은 내용이 흥미롭다며 1면에 낼 것을 다시 강조한다. 부국장이 '개인 건강정보 조회' 기사를 내리고 태재대학 기사를 올릴 것을 제안하고, 국장이 그러자고 동의하면서 회의가 끝난다.

저녁 6시 9분, 정치부 회의

태재대학 설립 인가 기사로 인해 1면에서 정치부 기사(개인 건강정보 조회)가 빠지게 돼서 부장의 기분이 좋지 않다. 데스크들에게 기사 위치 변경을 알린 후 "미안하다, 미안해" 한마디 하고 바로 지면 조정 작업에

들어간다. 단일화 토론회 기사는 6면 톱으로 올리고, 1면에서 이어지는 '국가 어젠다 실종 대통령 선거' 기사는 아래로 내리기로 한다. 토론회가 무산되지는 않을지, 발표자와 토론자가 확정되었는지 구체적인 사실을 확인한 후 〈윤·안 캠프 인사 참여하는 단일화 토론회 내일 열린다〉라는 제목으로 기사를 넣기로 한다. 5면 윤석열 후보 동향 기사의 제목에 대해 부장이 한마디 한다. 편집부에서 제목을 제대로 뽑지 못한 것에 대해 불평을 하면서 '평화 프로세스' 같이 하나마나한 말 말고 구체적인 내용을 써보라고 제안한다.

'윤석열 외교안보 비전' 제목 변경

50판: 윤석열 "與 평화프로세스는 완전실패…나는 쇼 안한다"

51판: 윤석열 "한미훈련·사드 정상화…나는 對北쇼 안해"

　　부장이 6면 단일화 토론회 기사 내용을 인덱스에 넣을 것을 지시하고 회의를 끝내려는데, 단일화 토론회가 26일 수요일이 아니라 27일 목요일이라고 야당 데스크가 정정한다.

저녁 6시 22분

편집부 회의를 끝내고 정치부 지면 담당 편집기자가 정치부 자리에 와서 지면 편집에 대해 논의한다. 국회 데스크가 변경된 지면 구성에 대해 알려주고, 부장과도 상의한다. 국회 데스크와 외교 데스크, 부장이 저녁 식사하러 가면서 야당 데스크에게도 함께 가자고 제안하지만, 야당 데스크는 일을 마저 하겠다고 대답하고는 남는다. 야당 데스크는 혼자 남아서 단일화 토론회에 관해 직접 취재에 들어간다. 참석자 범위를 구체적으로 확인하고 토론자로 참석하는 사람의 명단을 확인해서 바로 기사에 반영한다. 부장으로부터 빨리 올 것을 재촉하는 전화가 오지만, 야당 데스크는 몇 군데 더 직접 전화해서 취재하고 일선 기자들에게도 전화로 기사 작성을 지시하느라 바쁘다.

저녁 8시 20분

정치부는 국회 데스크가 자리를 지키고 있고, 정치부 일선 기자 3명이 편집국에 들어와 있다. 오늘 기사를 작성한 기자들이다. 국회 데스크는 그중 한 명과 상의하면서 직접 기사를 수정하고, 다른 기자를 불러서 기사 내용이 정확한지 팩트를 확인한다.

밤 9시

부장과 야당 데스크, 일선 기자 등이 함께 들어온다. 부장이 4면의 〈이재명 "욕한건 잘못, 인덕 부족했다" 연설중 눈물〉이라는 제목의 기사를 보면서 오늘 이재명 후보가 오열했는지 질문한다. 야당 데스크가 꺼이꺼이 울었다고 대답하자 부장은 "뭘 그렇게까지"라고 응수한다.

부장이 문재인 대통령의 신년 회견 취소 이유에 관해 취재기자와 통화한다. 오미크론 확산 때문이기도 하지만 수행원 중 확진자가 나온 것도 회견 취소의 중요한 이유라는 사실을 확인한다. 사설을 살펴보던 부장은 "더 이상 비겁할 수 없다"는 논평이 적절한지 의문을 제기하고, 논설위원실과 통화한 사람이 있는지 데스크에 질문한다. 아무도 논설위원실과 연락한 사람이 없다는 사실을 확인한 부장은 바로 주필에게 전화해서 대통령의 신년 회견 취소 경위에 대해 구체적으로 설명한다. 경호팀에서 확진자가 나와서 자가격리 들어가고 문대통령도 3일 자가격리 해야 하는 상황이기 때문에 신년 회견이 취소된 것이므로, 오미크론 때문에 신년 회견을 하지 않는다는 현재의 사설 제목은 톤다운이 필요하다고 설명한다. "그런 백그라운드를 알고 계시라고 말씀드리는 것이다"라고 공손하게 얘기하고 전화를 끊는다.

밤 9시 18분, 52판 편집회의

[1면] 국가 어젠다 실종 대통령 선거
국장의 주도하에 1면부터 차례차례 검토에 들어간다. 정치부가 작성한 1면 '국가 어젠다 실종 대통령 선거' 기사에서는 〈메가톤급 국가 어젠다 실종〉이라는 중간 제목의 '메가톤급'이라는 표현이 적절치 않다고 지적하고 '중요 어젠다' 정도로 수정하기로 한다.

[4면] 개인 건강정보 조회
국장이 개인 건강정보 조회 기사와 관련해서 의료정보를 많이 조회한 게 정말 맞는지 확인한다. 정치부장은 박근혜 정부 때 2015년이 가장 많았는데 그때보다 많다고 대답한다.

[4면] 이재명 연설 중 눈물
국장이 KBS에서는 이재명의 눈물을 '오열'로 표현했다고 언급하면서 우리도 그렇게 쓰면 어떻겠는지 농담한다. 부국장은 울지 말고 형수한테 가서 사죄부터 해야 하는 것 아니냐고 맞받는다.

[5면] 윤석열 외교안보 비전

기사에 실린 사진에 윤석열 후보의 입술이 유난히 빨갛다는 사실을 발견한 국장이 입술을 일부러 빨갛게 칠한 건지 묻는다. 부국장이 화장을 좀 한 것 같다고 대답한다.[2]

[6면] 단일화 토론회 기사

6면에 실려 있는 단일화 토론회 기사를 확인한 보도 국장이 해당 기사를 안 쓴다고 하더니 어떻게 된 일인지 질문한다. 정치부장은 양측에 물어보고 27일에 토론회를 열기로 했다는 사실을 확인했다고 답하면서, 양측의 입장을 들어보니 의미 있는 토론회가 될 것 같다는 의견을 덧붙인다.

[6면] 문대통령 신년 회견 취소

국장   신년 회견 취소 이유가 오미크론 맞나?

정치부장   사실은 이번에 중동 순방 다녀온 다음에 경호팀에서 확진자가 발생했다. 대통령은 3일 자가격리, 다른 수행원이나 기자들은 7일 자가격리라서 물리적으로 할 수가 없다. 이건 오프다. 할 마음이 있으면 다음 주라도 할 텐데 취소했다.

국장   오프로 할 이유가 뭐가 있나?

정치부장   경호팀에서 확진이 나온 건 오프로 할 만한 이유가 있어 보인다.

국장   확진이야 어디서든 다 나오는 건데 그게 왜 이유가 되나?

　　이후 나머지 면을 차례대로 살펴나가다가 27면에 실린 사설을 보고 국장이 정치부장에게 한마디 한다.

국장	사설 한번 봐라.
정치부장	주필에게 이미 의견 드렸다.

밤 10시, 정치부 회의

51판 지면 편집회의가 끝나자 바로 부장 주도로 정치부 회의를 시작한다. 데스크들의 손에는 51판 신문이 들려 있고, 회의에서 지적되었던 내용들을 빠르게 확인하고 검토한다.

부장이 1면의 '국가 어젠다 실종 대통령 선거' 기사 제목의 '메가톤급'이라는 단어를 지적한다. 기사 본문에 그 단어가 없다는 것을 확인하고, '미래 국가 어젠다' 정도로 갈 것을 제안한다. 바로 옆에 있는 '태재대학 승인 인가' 기사를 살펴보고는 태재대학 만들어지면 애들이 갈까라고 한마디 하면서 4면으로 넘어간다.

- -

'국가 어젠다 실종 대통령 선거' 중간 제목 변경

51판: 메가톤급 국가 어젠다 실종/놀이터·지하주차장 등 약속

52판: 국가 어젠다 제시는 사라지고/동네 지하주차장 건설 등 약속

- -

4면에 실린 '이재명 연설 중 눈물' 기사를 언급하면서 부장이 눈물을 오열로 바꾸는 게 어떨지 질문하고는 답을 들을 새도 없이 그냥 눈물로 가자고 정리한다. 4면 하단에 있는 '李측근 7인회 기자회견' 기사에 대해서도 제목을 '인적쇄신론 나와' 정도로 가자고 제안한다.

- -

'李측근 7인회 기자회견' 중간 제목 변경

51판: '86그룹 용퇴' 등 인적쇄신 기대

52판: '86그룹 용퇴' 당내 쇄신론 나와

부장이 1면에서 6면으로 이어진 '국가 어젠다 실종 대통령 선거' 기사의 그래픽을 검토하지 못했다면서, 데스크들에게 자세히 살펴볼 것을 당부한다. '청와대 인사' 기사에 대해서는 제도개혁 비서관 이름을 중간 제목에 넣을 것을 지시한다. 제목이 길어서 한 명을 빼야 하면 유은혜를 빼면 된다고 구체적으로 지시한다.

'청와대 인사' 중간 제목 변경

51판: 박수현·박경미, 黨서 출마 요구/유은혜 장관 경기지사 출마설도/靑공직기강비서관에 이병군

52판: 박수현·박경미, 黨서 차출 요구/靑공직기강비서관에 이병군/제도개혁비서관에 송창욱

지면 검토를 마친 후 부장이 밤에 더 넣을 기사가 없는지 질문하고, 외교 데스크가 밤 10시 25분에 이재명이 YTN에 출연한다고 대답한다. 부장이 "또 울어?" 한마디 하고 다 함께 웃으면서 회의를 마무리한다.

밤 10시 20분

사회정책부장, 사회정책부 데스크, 국장이 국장실에서 1면과 3면 오미크론 방역 기사의 제목을 수정하기 위해 회의 중이다. 정치부를 비롯한 다른 부서는 일을 마감하고 정리하거나 퇴근하는 분위기다. 오늘 정치부에서 작성한 기사가 게재된 지면은 1면(기사 1건)과 정치면(4면, 5면, 6면), 국제면(15면)이다. 다섯 개 지면 모두 52판까지 발행되어 분주했지만, 이 정도면 다른 날과 크게 다르지 않은 평범한 하루다.

오전 9시 30분

정치부에는 부장과 야당 데스크와 외교 데스크가 출근해서 일하고 있다. 어제처럼 아침 신문을 읽고 기사 아이템과 정치 이슈에 관한 이야기를 나누면서 하루를 시작한다.

오전 10시 21분, 정치부 회의

정치부 회의를 시작하자마자 제일 먼저 종합면 기사 아이템 후보인 '송영길 인적쇄신안'에 대해 이야기를 나눈다.

부장	송영길 다음 총선 불출마하겠다, 586용퇴론, 인적쇄신안 들고나온 송영길, 이렇게 써보자. 크게 보면 본인 총선 불출마, 종로·안성·상당 무공천, 윤미향·이상직·박덕흠 등 제명, 청년 공천, 그리고 동일 지역 3연임 금지? 4연임 금지? 무슨 뜻인지 잘 들여다봐야 한다.
야당 데스크	동일 지역 3선 초과 금지. 4선부터 안 되는 거다.
부장	불출마 송은 대선 직행. 무공천하는 종로·안성·청주·상당은 다 자기들이 원인을 제공한 곳이기 때문에 당원 당규에 따르면 원래 공천이 안 되는 곳이다. 얘들 주장을 있는 그대로 다 써줘라. 그리고 그 밑에 586 당사자와 윤미향 등의 반응도 써주고.
국회 데스크	문재인 때도 공천 제외했다가 서울시장 나가고 그랬다. 나중에 다 지켜진다는 보장도 없다.
부장	인적쇄신 관련해서 당내 반응 반발 있으면 그것도 써라. 잔인하게

쓰려면 586에 해당하는 사람이 누가 있는지 죽 써주면 되지. 인적 쇄신 당사자, 예를 들면 우상호, 윤호중, 김태년 등등 구체적인 사례들을 써줘라. 당사자들 아마 기겁할 거다.

'송영길 인적쇄신안'에 대해 비교적 길게 이야기를 나눈 후 '이재명 예비군 보상비 공약' 아이템으로 넘어간다. 부장이 예비군 보상비가 무엇인지 질문하고, 국회 데스크가 이대남을 겨냥한 공약이라고 답변한다. 전날 밤 이재명 후보가 YTN에 출연하여 "선거에 지면 감옥 갈 것 같다"는 발언이 본인의 얘기가 아니었다고 말한 것과 친여 인사들이 이재명 눈물을 공유하며 응원한다는 보고 내용을 살펴보면서 부장이 재미있으니 한번 써보자고 제안한다. 이어서 야당 면(5면)은 무엇으로 채워야 할지, 윤석열 관련 기사 아이템이 없는지 질문하고, 야당 데스크로부터 "없다"는 답변이 돌아온다. 부장이 오늘 윤석열 후보와 안철수 후보가 올림픽 선수 결단식에서 만나는지 물어보자, 야당 데스크는 만나기는 하지만 특별한 얘기가 나올지 모르겠다고 답한다. 부장은 "단일화 토론회 얘기 나오자마자 경기驚氣하는 양측"을 야당 면의 톱으로 써볼 것을 제안한다. 올림픽 선수 결단식에서 만났지만 잡담만 나눴다는 식의 내용을 쓰면 된다고 기사의 방향도 함께 제시한다. 야당 면에 '윤·안 단일화 토론회' 이외에 안철수 기자회견 아이템을 넣고 윤석열 동타[3]를 하나 잡아두기로 한다.

기사 아이템이 모자라서 부장이 다른 아이템이 더 있는지 물어보고, 야당 데스크가 오늘 정부 업무 평가가 있다고 답한다. 부장은 야당도 여당처럼 인적쇄신 관련해서 기삿거리가 있는지 찾아보라고 지시한다. 정부 업무 평가는 기사 가치가 낮지만 그래도 검토할 게 있는지 살펴보자고 하고, 외교안보 쪽에도 기사 아이템을 더 찾아볼 것을 당부한다.

오전 정치부회의를 마치고 '송영길 인적쇄신안'의 3연임 금지에 대해 부장과 야당 데스크가 가볍게 의견을 주고받는다.

부장   정청래도 그러네. 세 번 했지?

야당 데스크   3선 의원들 반응은 재미있을 거다.

부장   당사자들 반발하면 그걸 톱으로 올려. 좀 그렇다. 당사자들이랑 협의도 안 하고.

야당 데스크   정치적으로 옳지 않다. 대표가 마음대로 할 권한은 없다.

부장은 자리로 돌아와 단일화 토론회 취재를 위해 관계자와 통화한다. 행사장 예약까지 했는데 취소될 수도 있다고 한다. 토론자 섭외에 난항을 겪고 있는 듯하다.

오전 11시

사장 주재 간부회의가 있는 화요일이라 그런지 정치부 데스크에 아무도 없다. 잠시 후 야당 데스크가 들어와서 조용히 통화를 한다.

오후 1시 30분

점심 식사를 마치고 데스크들은 모두 편집국에 들어와 있다. 부장과 국회 데스크는 정치부 옆 탁자에서 석간신문을 보면서 대화 중이다. 나머지 데스크들은 일선 기자들의 보고 자료 등을 검토하면서 오후 회의를 준비 중이다. 각자 자리에 앉은 채 간단한 대화를 주고받는다.

국회 데스크	송영길 무공천은 꼼수다.
야당 데스크	종로 이낙연, 자리 비워주는 것 아닌가?
부장	이재명 '감옥 간다 발언 내가 얘기한 것 아니다' 이거 지면에 잡혀 있나?
야당 데스크	잡혀 있다.
국회 데스크	유시민은 재판 하고 있나?
부장	기소되었을 거다.
야당 데스크	한동훈 관련 말인가? 명예 훼손으로 기소됐다.

오후 1시 49분, 정치부 회의

종합면에 실릴 예정인 '송영길 인적쇄신안'에 대한 이야기로 회의를 시작한다. 부장이 불출마, 무공천, 제명 등의 문제를 분야별로 의미를 부여해서 써줄 것과 무공천에 해당하는 사람들의 이름을 구체적으로 적시할 것을 지시한다. 무공천 대상이 그냥 '3선'인지 '세 번 연임'인지, '이상'인지, '초과'인지 오전에 했던 논란이 다시 시작된다. 국회 데스크가 회의 도중 일선 기자에게 전화해서 '3연임 초과'라는 사실을 확인한다. 국회의원을 세 번 초과(네 번 이상) 연임한 사람을 찾기가 쉽지 않다.

정치면(4면, 여당 면)의 이재명 공약 기사로 넘어와서 부장이 기사 내용을 지시한다.

부장	여기 농촌기본소득 100만 원 이런 것도 써줘라.
국회 데스크	이재명 농지 전수조사한다는 내용이 어디 들어 있다.
야당 데스크	경자유전을 실현하겠다는 건가?
국회 데스크	농어촌기본소득 한다는 거다.

부장이 야당 면(5면) 톱으로 단일화 기사를 쓰는 게 어떨지 데스크들에게 의견을 묻는다. 단일화는 이제 꽝난 거 아닌가 질문하자, 그래도 불은 계속 때야 하지 않겠냐고 국회 데스크가 대답한다. 부장이 윤석열 공약 기사에 어떤 내용을 쓰면 좋을지 질문하자, 야당 데스크가 농업직불금 5조 공약이 있다고 대답한다. 부장이 다시 안철수 신년 회견의 야마가 무엇인지 묻자, 야당 데스크가 내용을 설명한다. 부장은 그 내용으로 안철수 후보 기사를 작성할 것과, 심상정 후보와 관련한 내용도 하나 다룰 것을 지시한다. 5면에 대한 논의를 짧게 마치고 바로 6면으로 넘어간다.

부장	미사일 쏜 건 톱으로 해야 할까?
외교 데스크	안 써도 되지 않을까?
부장	베이징올림픽 외교단 건(정부 대표는 황희 장관, 개막식 참석은 박병석 의장)은 하나 톱으로 쓰자.
외교 데스크	머리를 쓴 것 같다. 단장을 장관급으로 하고 국회의장이 참석하고.
부장	시진핑 오찬에는 장관급이 간다는 거지? 미의 외교 보이콧에 대응해서… 신의 한 수다.

대화 끝에 부장이 6면의 지면 구성을 정리한다. '북한 미사일 도발' 기사를 톱으로 하고, '박병석 가고 대표단장은 황희, 이건 신의 한 수다'라는 야마로 '베이징올림픽 외교단' 기사를 쓰고, 안철수 신년 회견 아이템도 포함하기로 한다. 회의를 마무리하고 데스크 자리로 돌아가면서 석간신문에 나온 기사에 대해 몇 마디 주고받는다(기사 7-1).

김기현 "대기업 특혜의혹 특검"… 李, 중대 계약위반에 무대응

<이재명>

두산건설 특혜의혹 일파만파

2015년 당시 李후보·두산측 "서면합의 없이 지분못해"함의 두산, 2년만에 부지·사옥 매각 수천억 차익에도 조치 안해
전문가 "고의로 눈감아준 정황"

○○○○○ 기자

■ 국민의힘 김기현 원내대표는 25일 "이재명 더불어민주당 대선 후보가 2015년 성남시장 재직 당시 두산건설에 특혜를 줬다는 의혹이 있다"며 "특검을 도입해야 한다"고 주장했다. 성남시와 두산 측이 체결한 '장기동 두산 사옥 신축·이전을 위한 협약' 주요 내용을 두산건설이 위반하고 사옥 지분 일부를 매각했는데도 이 후보는 시장 재직당시 특별한 조치를 취하지 않은 것으로 나타났다. 전문가들은 "이 후보가 고의로 두산건설의 협약 위반을 눈감아준 정황이 짙다"고 말했다. (문화일보 24일 자6면 참조)
김 원내대표는 이날 국회에서 열린 원내대책회의에서 "이 후보가 분명 10가지 안에 두산건설 사옥의 용도변경을 허가했는데 대상을 개발사업 당시 최고이익 환수 조항에 7시간 만에 삭제된 경과
음이 나 납득이 되지 않는다"고 말했다.

이 후보는 당시 두산건설 측의 중대한 협약 위반을 눈감아줬다는 의혹도 받고 있다. 문화일보가 입수한 '장자동 두산 계열사 사옥 신축·이전을 위한 성남시·두산건설 협약서' (사진)에따르면 이후 보는 애매 이시 두산건설 대표이사 임과 지난 2015년 7월 성남시청 상황실에서 "각 당사자는 서면 협의 없이 협약서상의 지위, 권리 또는 의무를 제3자에게 양도하는 등 일체의 처분행위를 할 수 없다"고 합의했다. 이 부지에 세운 그룹 신사옥에 두산건설·두산엔진·두산DST·오리콤·메가진 등을 옮기게 했다. 성남시는 그간 "두산건설 요청"이 라며 이 문건을 공개하지 않았다.
두산건설은 그러나 협약 2년 만에 사옥

지·사옥 매각에 나서 수천억 원의 차이를 양했다. 그룹 차원에서 세운 특수목적 회사(SPC) 'D비씨'에 세일 앤드 리스백(Sale and Lease back)·매각 후 재임대 방식으로 2017년 5월 공시가 기준 약 1700억 원의 사옥 소유권을 넘겼다. 또 두산건설은 D비씨와 사옥 공 계약도 맺어 2500억 원을 댔다. 완공 사옥은 지난해 2월 6200억 원에 부동산신탁관리회사에 매각했다. 두산건설은 이에 앞서 협약에서 규정한 '사면 서면 동의' 도 구하지 않은 것으로 알려졌다. 개정는에 시공년과 두산그룹은 두산건설·두산엔진·두산DST 등 계열사의 매각에 '5개 개월 이상의 임시 매각해 두산건설의 사옥길이" 약속도 지키지 않았다.

이 후보는 당시 언론 인터뷰에서 "두산이 시세 차익만 챙기다며 건축에가 취소는 물론이고 지은 건물도 철거하는 등 특단의 조치를 할 것"이라고 공언했지만 실제로는 공문 방송 이외에 다른 조치를 하지 않은 것으로 확인됐다. 성남시 관계자는 "D비씨가 두산그룹의 계열사이기 때문에 두산건설과 동일하다고 보고 조치를 취하지 않았다"고 해명했다. 김경율 회계사는 "당시 두산그룹 재무상태표 보면 자금조달이 힘들었을 텐데 세일 앤드 리스 백으로 심장적 차입 효과를 누렸다"며 "여러 가지 혜택"이라고 말했다.

[기사 7-1] 2022년 1월 25일 문화일보 5면 기사

부장	오늘 석간에 나온 두산 합의 없이 매각 금지 조항 건은 얘기가 되는가?
야당 데스크	얘기 된다. 윤석열 측에서 미는 거다.
부장	소스가 어딘가?
야당 데스크	그건 공개적으로 돌아다니는 건 아니다. 블랙(공개되지 않은 정보원)이다. 알 수 없다.
부장	사회부에다 쓰라고 하면 되지 않나? 저쪽에서(사회부) 못 쓰겠다고 뻗대면 우리가 쓰자.
야당 데스크	소스가 어딘지 알 것 같기는 한데, 블랙이기 때문에.

오후 2시 20분, 오후 편집국 회의

부서별로 주요 기삿거리를 보고한 후 10분 만에 회의가 끝난다. 회의 후

국장과 정치부장, 사회부 법조팀 데스크가 국장실에 모여서 논의한다. 회의를 끝내고 나온 정치부장은 야당 데스크와 외교 데스크를 따로 불러서 지시한다. '북한 미사일 도발'을 (6면) 톱으로 쓰고, '캠코더(문캠프·코드·더불어민주당 출신) 수장 업무평가 낙제' 기사를 위로 올리고 '심상정 공약' 기사를 아래로 내리는 등 국장실에서 조정된 지면 구성을 설명하는 것으로 보인다. 야당 데스크는 자리로 돌아와 바로 통화를 시작한다. 5면에 이재명 후보 두산 특혜 기사를 작성할 것, 안철수 기사는 단신으로 처리할 것, 윤석열 후보 기사는 '농업직불금 5조'를 제목에 넣고 기사를 작성할 것 등 구체적인 기사 작성 방향을 지시하는 내용이다.

데스크들은 자리에 앉은 채로 이런저런 잡담을 나눈다.

부장　　3선 연임 금지 가지고 소란이 있다는 건 무슨 소린가?

야당 데스크　아, 소급 논란이다. 야당이랑 합의해서 법을 만들자는 것이다.

부장　　그게 말이 돼?

야당 데스크　그러니까 미친놈들이다.

부장　　자기네나 그렇게 하는 거지 어떻게 해. 그러면 같이 죽자는 얘기 잖아.

야당 데스크　이렇게 야당이 못하게 해서 못하게 됐다, 가 되는 거다.

부장　　그런 내용을 1면에 쓰자. 이게 자율로 하는 게 아니라 법을 만들자 고 하는 거라는 얘기를 써줘라. 말도 안 된다. 100퍼센트 위헌이다.

잠시 후 일일보고에 정치부의 지면 안이 올라온다.

관찰 2일차 [일일보고]에 공유된 정치부 지면 계획 (2022년 1월 25일 오후)

종 1

- 〈스트레이트〉 미국 신설 배터리 공장 14곳 중 11개 한국 참여, 한국 배터리 투자 빨아들이는 미국
- 오미크론 대응, 신속항원검사에 달렸다
- 송영길 "총선 불출마, 종로-청주 상당-안성 무공천, 윤미향·이상직·박덕흠 제명안 처리"
- 北, 순항미사일 발사…새해 들어 다섯 번째 도발

종 4 / 정치

- 송영길, 586용퇴론에 인적쇄신 카드 꺼내…당내선 와글와글(김○○+주○○)
- 이재명 "군 경력 호봉 인정, 예비군 보상비 20만 원"(김○○)
- 이재명 "감옥 간다 발언, 내가 얘기한 거 아니다", 친여 인사들은 오열 李에 "토닥토닥"(양○○)

종 5 / 야

- 윤석열·안철수 만났지만…단일화 토론회 소식에 경기 일으킨 윤·안측/9장/스케치 잘 해주면서(김○○)
- 윤석열 "농지 직불금 5조로 확대"/6장(김○○)
- 野 "이재명·두산 '재벌 특혜, 특검해야"/5장(주○○)

종 6 / 정치

- 북, 순항미사일 발사(원○○)
- 박병석 베이징올림픽 개막식 참석…정부 대표는 황희
- 심상정, 동타/6장(김○○)
- 캠코더가 맡은 부처, 업무평가 꼴찌

오후 4시 38분

부장은 취재원과 통화 중이다. 올림픽에 정부 대표로 참석하는 게 황희 장관이 맞는지 확인하는 내용이다. 전화 통화 후 '알려졌다'라고 쓰라고

지시한다. 정확하게 확인된 내용은 아닌 것으로 보인다. 데스크는 모두 컴퓨터를 들여다보면서 기자들이 보낸 기사를 데스킹하느라 바쁘다. 온라인 시스템에 윤석열 후보 장모의 기사가 올라온 것을 보고 부장이 내용을 확인한다. 장모가 불구속 상태였는지 질문하자, 야당 데스크가 보석으로 나와 있었고 징역 3년 구형했는데 오늘 무죄 받았다고 설명한다. 부장이 설 시작 전 비선인사 검토에 관한 기사를 하나 쓸 것을 지시하고, 야당 데스크가 51판에 써보겠다고 답한다.

오후 5시 30분

부장이 '뉴스 모니터' 시스템에서 지면을 확인하다가 5면의 '윤·안 단일화 토론회' 기사 제목에 대해 야당 데스크에게 의견을 구한다. '소동'이라는 표현은 적절하지 않다는 야당 데스크의 의견을 듣고, 부장이 직접 편집부로 가서 내용을 설명한다. 소동이라는 단어를 삭제하고 50판에 바로 수정된 제목이 반영된다.

'윤·안 단일화 토론회' 제목 변경

50판 이전 편집 과정: 尹·安측 '단일화 토론회' 소동…"후보와는 전혀 무관"

50판: '단일화 토론회' 화들짝 놀란 尹·安측…"후보와 무관"

오후 5시 36분, 51판 편집회의

국장을 중심으로 1면부터 지면 검토를 시작한다.

[1면] 송영길 인적쇄신안

국장	당내 반발이 많은가?
정치부장	우리가 취재를 한 내용이다. 공개적으로 떠드는 놈들은 없다.
국장	해당 지역이 별로 없다면서?
정치부장	3선 연임 이상으로 적용하면 20군데 있고. 이게 법을 만들어서 야당이랑 같이하자는 거다. 여러 가지 함정들이 많다.

[5면] 성남시 대가성 후원금

국장	이재명 발언은 언제 한 건가?
정치부장	한겨레신문 찾아보니 성남시장 때 한 거다.
산업부장	근데 두산건설이 당시 부도 직전 구조조정 위기였다는 점도 써줘야 한다. 이재명을 편들려는 게 아니라 그게 사실이다.
정치부장	그런 사정을 감안하더라도 이재명이 두산에게 페이버를 준 건 맞다.
산업부장	하여간 그 부분이 들어가야 한다.[4]

6면으로 넘어와서 국장이 '심상정 공약' 기사의 제목이 너무 많이 나왔던 내용이니 수정할 것과, '베이징올림픽 외교단' 기사에서는 황희 장관이 대표단을 이끌고 간다는 내용을 중간 제목으로 써줄 것을 지시한다.

- -

'심상정 공약' 제목 변경

50판: 심상정 "양자TV토론은 다수의 횡포"

51판: 심상정 "적법한 이주노동자에겐 영주권 주자"

'베이징올림픽 외교단' 중간 제목 변경

저녁 6시 20분, 정치부 회의

1면에 새로운 기사가 들어오면서 '북한 미사일 도발' 기사는 3면으로 보내고, '송영길 인적쇄신안' 기사도 4면으로 보내 기존의 이어달리기 기사와 합치기로 한다. '송영길 인적쇄신안' 기사는 〈종로 등 세 곳 무공천, 윤미향·이상직은 뒤늦게 제명〉을 제목으로 하고, 의원들 반응을 소제목으로 하라고 부장이 지시한다. 1면에서 이어달리기로 작성한 기사가 모두 뒤쪽 지면으로 이동해 통합되면서 정치부는 오늘 1면에 기사가 하나도 없다. 51판에서 1면에 새롭게 들어온 기사는 이재명 성남 FC 후원금 의혹을 수사하던 검사가 사표를 낸 건과 법원의 코드 인사 논란에 대한 건으로 모두 사회부 담당이다. 그중에서 '검사 사표' 관련 기사는 정치부와 함께 협업해야 하는 부분이 있어서 부장이 특별히 기사 작성을 도울 것을 지시한다.

　이후 정치부가 담당한 3면부터 6면까지 훑어나가면서 더 재미있는 사진은 없는지, 더 재미있는 제목은 없는지 질문한다. 6면에 있던 심상정 공약에 관한 기사를 5면으로 옮길 것을 지시하면서 부장이 한마디 덧붙인다.

부장　　기자가 기본적으로 심상정에게 관심이 없다. 관심을 가지고 쓰라고 해라. 심상정에게 직접 전화해서 취재해서 쓰라고 지시해라.

6면의 '베이징올림픽 외교단' 기사와 '북한 미사일 도발' 기사에 대해서도 제목 변경을 지시한다. '베이징올림픽 외교단' 기사는 제목 길이를 줄이고, '북한 미사일 도발' 기사는 1면 기사가 6면으로 합쳐짐에 따라 1면 제목을 가져오기로 한다.

'베이징올림픽 외교단' 제목 변경

50판: 美 보이콧했는데…대한민국 서열 2위 박병석 의장, 올림픽 기간 訪中

51판: 박병석 의장, 베이징올림픽 기간 중 訪中

'북한 미사일 도발' 기사 제목 변경

50판: 올림픽 코앞인데…北, 상관없다는 듯 도발

51판: 北, 핵실험 협박 닷새 만에 또 미사일 도발

지면 검토를 모두 마치고 난 후 밤에 더 추가해야 할 기사가 있는지, 오늘 당직은 누구인지 등을 확인한 후 정치부 회의를 마친다.

밤 9시 19분, 52판 편집회의

다른 날과 다름없이 국장을 중심으로 1면부터 기사 하나하나를 검토한다. 오늘 정치부가 작성한 기사에 대해서는 긴 논의 없이 대체로 짧은 지시가 이어진다. 3면의 '성남시 대가성 후원금' 기사에 대해서는 팩트가 틀리지 않도록 잘 확인하라고 지시하면서 사회부에서도 함께 검토할 것을 당부한다. '윤·안 단일화 토론회' 기사를 살펴보던 국장이 안철수가 단일화 가능성이 0.0%라고 했는지 질문하고, 정치부장이 그렇다고 확인한다. 국장은 그걸 제목에 쓰는 것이 좋겠다고 제안한다. 5면 '심상정 공약' 기사와 관련해서는 기사 내용이 표에 도움이 안 될 거라고 국장이 한마디 한다. 지난번 잠적 이후 심상정 후보가 표보다는 정체성 공약을 추구하고 있다고 정치부장이 설명한다.

밤 9시 53분, 정치부 회의

오늘 밤 정치부 회의에는 4명의 데스크 외에 주요 기사를 담당한 기자도 참석해 있다. 성남FC 후원금 기사를 놓고 제법 길게 토론한다. 두산건설, 네이버, 농협 등 성남FC에 후원금을 낸 기업이 용도 변경, 건축 허가, 계약 연장 등의 특혜를 받았다는 부장의 지적에 담당 기자가 '기업활동을 지원한 것'이라고 정정한다. 성남시가 기업의 요구를 들어준 것이지 특혜라는 표현이 적절하지 않다는 설명이다. 부장이 '성남시가 기업 민원 해결해주고, 두산건설, 네이버, 농협은 후원금을 낸 거'라고 볼수 있는지 묻자, 기자가 그렇게 볼 수 있다고 답한다. 성남은 기업이 좋은 인력을 채용할 수 있는 남방한계선이라서 오고 싶어 하는 회사가 많으므로, '특혜'는 아니지만 '민원 해결'로 볼 수 있다는 의견이다. 담당 기자의 논리적인 설명을 경청하던 부장이 "공부 열심히 했다"고 칭찬한다. 논의 끝에 '민원 해결'이라는 표현을 제목에 넣기로 하고, 여당의 입장도 '특혜 아니야'에서 '기업 유치 성과'로 수정하기로 한다. 부장이 그 자리에서 바로 편집부에 수정 내용을 전달한다.

'성남시 대가성 후원금' 제목 변경

51판: 두산건설 42억, 네이버 39억, 농협 36억…성남FC, 6개 기업 돈 받아

52판: 기업들, 성남FC에 수십억씩 후원…성남시의 민원 해결 대가였나

중간 제목 변경

51판: 野 "특검 수사해야"/與 "특혜준 것 아냐"

52판: 野 "李, 재벌에 특혜"/與 "기업 유치 성과"

52판 편집회의에서 국장이 지적했던 부분들을 하나하나 다시 점검한 후 정치부 회의를 마친다. 회의를 끝내고 부장은 바로 편집부에 가서 제목 수정 등을 논의하고 데스크들도 자리로 돌아가 수정 작업을 시작한다. 오늘 정치부는 지면 4개(종합면 1개, 정치면 3개)에 기사를 작성했으며 모든 지면이 52판까지 발행되었다(지면 7-1, 7-2, 7-3, 7-4).

❸ 관찰 3일 차 ― 2022년 1월 26일 수요일

오전 9시 30분

정치부에는 야당 데스크와 국회 데스크가 출근해서 일하고 있다. 야당 데스크는 어제 관찰자가 퇴근할 때 봤던 뒷모습과 동일한 모습으로 똑같은 경량 패딩 조끼를 입고 앉아 있다. 어젯밤에 퇴근을 하긴 한 건지 농담을 건네면서 연구자도 자리에 앉아 관찰을 시작한다. 10시쯤 부장과 데스크들이 모두 출근하고 잡담을 나눈다.

부장   오늘 야당에서는 성남FC 관해서 안 떠드나?

야당 데스크   오늘 법사위가 있으니 거기서 떠들 거다.

오전 10시 15분, 오전 편집국 회의

부서별로 온라인에 올릴 아이템을 보고한 후, 국장이 설 특집 아이템을

367

7장. 밀착 관찰 II: 정치부

기업들, 성남FC에 수십억씩 후원… 성남시의 민원 해결 대가였나

기업 후원금 몰리쩨고 당시 무슨 일 있었나

더불어민주당 이재명 대통령 후보가 성남시장 재직 시절 기업 현안을 해결해 주는 대가로 했다는 의혹을 사고있는 '성남FC 후원 의혹'을 집중적으로 다뤘다. 조선일보는 기업이 성남FC에 후원금을 낸 2015~2017년 당시 상황을 상세히 보도했다.

더불어민주당 이재명(위 왼쪽) 후보가 25일 기행경기장(광주)에서 열린 거리연설에서 '이재명 대통령이 된 이야기'라고 적힌 피켓을 든 아이의 사진을 찍고 있다. /뉴시스

**野 "李, 재벌에 특혜"
與 "기업유치 성과"**

더불어민주당에서는 이재명 성남 시장 시절인 2015년 두산그룹에 의해 둘 돌려다는 의혹과 관련해 국민의힘 김기현 원내대표는 25일 "명백한 재벌 특혜"라며 "특검을 도입해야 한다"고 주장했다. 그러나 민주당은 "이 후보 외 기업 유치 성과를 통해 의혹으로 볼 아니고 있다"며 "국민검찰이야말로 반드시 밝혀야 할 아이라"라고 했다.

박은정 성남지청장, 법무부 감찰담당관땐 윤석열 징계 주도

사표 쓴 박하영 성남지청 차장 "더 넣고 싶었지만 방법 없었다" 성남지청 "수사 먼저 막았다"

[지면 7-1] 관찰 2일 차 정치부 생산 지면(3면)

송영길 "종로 등 3곳 무공천"… 윤미향·이상직 뒷북 제명

(경기 안양·청주 상임)

李 "선거에 지면 감옥 내 얘기한 것 아니다"

與의원들 李눈물영상 공유하며
"가슴 찡해, 퇴임하는 자들 면제라"

여당의 인적쇄신 카드
안팎서 진정성 의구심

■ 4050 위원회 발대식 더불어민주당 송영길 대표가 25일 국회 의원회관에서 열린 민주당 대전환 선대위 '4050 위원회' 발대식에 참석해 인사말을 하고 있다. 오른쪽은 이날 자신의 다중 총선 불출마를 선언하며, 대선과 함께 치러지는 국회의원 보궐선거 3곳에 민주당 후보를 내지 않겠다고 밝힌 것이다.

李, 이대남 겨냥 "軍경력 호봉인정 의무화, 예비군훈련비 하루 20만원"

"농어촌 주민에 年 100만원"
기본소득 공약 대상 또 확대

[지면 7-2] 관찰 2일 차 정치부 생산 지면(4면)

'단일화 토론회' 화들짝 놀란 尹·安측… "후보와 무관"

국민의힘·국민의당
서울시 선긋기 나서

국민의힘 윤석열 후보(오른쪽)와 국민의당 안철수 후보(왼쪽)가 25일 서울 올림픽공원에서 열린 2022년 베이징 동계 올림픽 대회 대한민국 선수단 결단식에서 만나 악수를 하고 있다.

尹 "농업직불금 두배늘려 5조로"

환경·농업관련 공약 발표
"탈원전 백지화, 석탄발전 줄여"

심상정 "적법한 이주노동자에겐 영주권 주자"

이주민센터 찾아 '사회적약자 대변'

정의당 심상정 후보가 25일 서울 영등포구 '이주민센터 친구'에서 열린 정책 간담회에서 참석자들과 대화하고 있다.

[지면 7-3] 관찰 2일 차 정치부 생산 지면(5면)

北, 핵실험 협박 닷새만에 또 미사일 도발

북한판 토마호크 2발 쏴 올들어서만 5번째 위협

북한이 25일 오전 장거리 순항미사일로 추정되는 발사체 2발을 발사했다. 올들어 5번째 미사일 도발이자 지난 20일 당 정치국 회의에서 '대미 신뢰조치 전면 재고'를 천명하면서 핵실험 및 대륙간탄도미사일(ICBM) 발사 유예(모라토리엄) 철회 가능성을 시사한 이후 첫 무력시위다.

중국 베이징 동계올림픽 등 외부 요인과 상관없이 자기들 계획표에 따라 핵·미사일 능력을 향상시키겠다는 의지를 천명한 것으로 풀이된다.

군(軍)은 이날 언론 보도 전까지 북한의 순항미사일 발사를 공식 발표하지 않았다. 이날 오전 국민의힘 강대식 의원과 정부 소식통을 인용한 국내 보도가 나오고, 미 블룸버그 등 외신이 잇따라 타전한 뒤에야 합동참모본부는 서울 용산구 국방부 청사에서 브리핑을 열었다. 미사일 발사 6시간 가까이가 지난 시점이었다.

군은 '안보리 결의 위반인 탄도미사일 발사 관련 내용만 공개하는 게 관례'라고 하지만, 최근 북한이 핵실험과 ICBM 발사 재개까지 시사해 이목이 집중돼 있는 상황이라면 북의 도발 움직임을 더 적극적으로 공개해야 한다는 지적이 나온다.

합참은 이날 "정확한 발사 지점과 사거리, 방향은 공개가 어렵다"고 했다. 한미 감시 자산 보안 때문이라는 취지였지만 군 안팎에선 '정확하게 탐지하지 못한 탓에 구체적 정보를 공개할 수 없는 것 아니냐'는 관측도 나왔다. 전문가들은

순항미사일 추정 무기 둘러보는 김정은 북한이 25일 오전 장거리 순항미사일로 추정되는 발사체 2발을 발사했다. 올 들어 5번째 미사일 도발이다. 사진은 북한 김정은이 지난해 10월 노동당 창건 76주년을 맞아 열린 국방발전전람회에서 순항미사일로 추정되는 전시 무기를 둘러보고 있는 모습.

북한의 새해 잇단 미사일 도발

5일 오전 8시 10분	11일 오전 7시 27분	14일 오후 2시 41분, 52분	17일 오전 8시 50분, 54분	25일 오전 8시 30분쯤
-자강도에서 동해상으로 1발 발사 -극초음속 미사일(※우리 군은 일반 탄도미사일 추정) -속도: 마하 6	-자강도에서 동해상으로 1발 발사 -극초음속 미사일 -속도: 마하 10 이상	-평안북도 의주서 동해상으로 2발 발사 -단거리 탄도미사일 -속도: 마하 5~6	-평양 순안비행장에서 동해상으로 2발 발사 -단거리 탄도미사일 -속도: 마하 5 안팎	-내륙에서 2발 발사 -장거리(추정) 순항미사일 -내륙에서 선회 추정

순항미사일까지 전력화 임박 관측
軍, 6시간 지나 北 발사사실 발표
"정확한 발사지점 등 공개 어려워"

이인영, 이 와중에도 北 규탄않고
"대화·협력만이 유일한 해결책"

북한이 이날 발사한 미사일은 지난해 9월 시험 발사에 성공했다고 주장한 '북한판 토마호크' 장거리 순항미사일 또는 개량형일 가능성이 높다고 보고 있다. 당시 북한은 장거리 순항미사일이 7580초(2시간 6분)를 비행해 1500㎞ 떨어진 표적을 명중했다고 주장했다. 북 순항미사일은 동해상에서 S자형으로 장시간 비행했다.

이번에 내륙에서 장시간 비행에 성공했다면 지형을 따라 낮게 비행할 수 있는 능력을 보여줘 미국 토마호크나 우리 '현무-3' 순항미사일처럼 성능이 향상됐을 수 있다는 평가가 나온다. 특히 김정은이 지난해 1월 제8차 당대회에서 개발을 공언한 신형 장거리 순항미사일 전력화가 임박했다는 것이다.

순항미사일은 탄도미사일보다 속도는 느리지만 보통 수십m 상공을 낮게 날아 레이더에 잡히지 않고 정확도가 높다. 정부 소식통은 "북한이 저고도로 순항미사일을 발사한다면 탐지에 어려움이 있을 수밖에 없다"며 이날 우리 자산으로는 포착하지 못했을 가능성을 시사했다. 지난해 북 장거리 순항미사일 시험발사도 미국 정보자산에 의해 탐지됐던 것으로 알려져 있다.

이런 가운데 이인영 통일부 장관은 이날 서울 종로구 남북회담본부에서 열린 34국 주한 대사와 8곳 국제기구 관계자 모임에서 "대화와 협력만이 유일한 해결책"이라며 "종전 선언과 인도주의 협력 등 평화의 토대를 만들겠다"고 했다.

○○○ 군사전문기자, ○○○ 기자

이인영의 통일부·박범계의 법무부 'C'
'캠코더 낙하산' 업무평가는 낙제점

(文캠프·코드·더불어민주당 출신)

한상혁의 방통위도 최하 C등급

2021년도 정부 업무 평가에서 통일부·법무부·방통위·방사청·원안위 등 정부 부처 8곳이 C등급을 받았다. C등급을 받은 기관의 기관장들 대부분은 문재인 대통령이 국회 합의 절차를 무시하고 임명을 강행한 이른바 '캠코더'(대선캠프·코드·더불어민주당 출신) 인사들이다.

국무조정실은 25일 국무회의에서 45개 중앙 부처를 대상으로 실시한 '2021년도 정부 업무 평가 결과'를 발표했다. 최하위 C등급을 받은 장관급 기관은 △통일부 △법무부 △방송통신위원회 △금융위원회 등 4곳이다. 차관급 기관은 △방위사업청 △행정중심복합도시건설청 △새만금개발청 △원자력안전위원회 등 4곳이다.

통일부는 2019년부터 3년 연속 최하위 점수를 받고 있다. 통일부는 북한의 대남 협박과 미사일 발사, 개성연락사무소 폭파 등 반복되는 도발에 저자세를 취하거나 무기력하게 대응한다는 비판을 받고 있다. 법무부는 2018년에 이어 4년 연속 최하 등급을 받고 있다. 법무부는 한명숙 전 총리, 대장동 의혹 등 각종 수사에서 정치적 논란과 임기 말 친정권 인사 챙기기 시도 등으로 물의를 빚었다. 방통위는 정부 혁신, 정책 소통, 적극 행정 부문에서 C등급을 받았다. 월성 1호기 해체 등의 논란을 빚은 원안위도 C등급을 받았다.

이번 평가에서 최하점을 받은 기관장 대다수는 캠코더 출신 인사들이다. 이인영 통일부 장관과 박범계 법무부 장관의 경우 더불어민주당 출신으로 민주당이 인사청문 심사경과 보고서를 단독 처리한 후 문 대통령이 임명을 강행했다. 친여 성향 언론단체인 민주언론시민연합 공동대표 출신인 한상혁 방통위원장 역시 인사청문 심사경과 보고서가 채택되지 못했음에도 문 대통령이 임명을 강행한 사례다. 국조실은 "주요 정책 성과에 대한 국민 체감이 저조하거나 규제 개혁, 정부 혁신 등 부문별 관리가 미흡했던 기관들은 상대적으로 낮은 평가를 받았다"고 했다.

이 밖에 질병청과 함께 이번에 처음으로 정부 업무 평가 대상에 포함된 개인정보보호위원회는 종합 평가에서 B등급 그룹에 포함됐다. 코로나 방역 주무 부처인 보건복지부·질병관리청은 A등급을 받았다.

○○○ 기자

정부, 우크라이나 교민 50여명 우선 철수키로

800여명중 노약자·학생 등 귀국
국경인근 거주자는 전원 대피령

러시아의 우크라이나 침공 위협이 높아짐에 따라 우리 정부가 현지 교민 일부를 이번 주부터 한국으로 소개(疏開)하기로 했다. 자국 국민의 철수를 시작한 것은 미국과 영국에 이어 우리나라가 세 번째다.

우크라이나 거주 교민들에 따르면 주우크라이나 대사관은 24일(현지 시각) 키예프에서 '긴급 안전 간담회'를 열고, 우크라이나 거주 중인 800여 교민 중 현지 체류 필요성이 높지 않은 어린이와 학생, 노약자 등 50여 명을 먼저 귀국시키기로 했다. 한 현지 주재원은 "귀국이 정해진 사람들은 바로 떠날 준비를 시작했다"며 "다음 주까지 순차적으로 한국행 비행기를 탈 예정"이라고 밝혔다.

정부는 또 무력 분쟁 발생 시 우크라이나군과 러시아군의 교전 지역이 될 가능성이 높은 국경 인근 10주(州)에서 한국인을 모두 철수시키기로 했다. 현재 이들 지역에는 선교사를 비롯, 총 15가구가 살고 있는 것으로 알려졌다. 이들은 일단 우크라이나 수도인 키예프의 임시 숙소로 옮겨갈 계획이다.

상황이 급격히 악화할 경우, 한국에서 항공기를 급파해 교민을 모두 탈출시키는 방안도 정해졌다. 긴급 안전 간담회에 참석한 또 다른 교민은 "지난해 8월 아프가니스탄에서와 마찬가지로 정부가 항공기를 이용해 교민들의 안전한 탈출을 돕기로 했다"고 말했다. 이를 위해 대사관 측은 전화와 모바일 메신저를 이용한 긴급 연락망을 상시 가동하고, 현지 체류 중인 모든 한국인의 연락처를 확보 중이다.

현재 우크라이나에는 교민 800여 명 외에도 외교관과 대사관 직원 10여 명, 확인되지 않은 수의 단기 체류자(관광객)들이 있다. 한편 외교부는 25일 우크라이나 남동북부 12주(州)에 대한 여행경보를 3단계(출국 권고)로 상향 조정했다.

파리=○○○ 특파원

박병석 의장, 베이징올림픽 기간중 訪中

내달 3~6일… 개막식 참석 주목
황희 장관이 정부대표단 이끌지만
朴의장이 사실상 단장 역할할듯

박병석 국회의장이 다음 달 3~6일 중국의 의회 격인 전국인민대표대회(전인대)의 리잔수(栗戰書) 상무위원장 초청으로 중국을 방문한다. 국회는 25일 보도자료를 통해 이 소식을 전하며 "박 의장은 리잔수 상무위원장과 회담을 갖고 수교 30주년을 맞는 두 나라 의회 간 교류 확대 방안을 협의할 예정"이라고 했다. 이번 방중이 양국 의회의 교류 차원임을 강조한 것이다.

하지만 외교가에선 이보다 박 의장의 베이징 동계올림픽 개막식(4일) 참석 일정에 주목하고 있다. 바이든 행정부가 중국 압박을 위해 베이징올림픽에 선수단만 파견하고 정부 대표는 보내지 않는 '외교적 보이콧'을 우방국들에 독려하는 상황에서 대한민국 의전 서열 2위인 국회의장이 사실상 베이징올림픽 축하 사절단장 역할을 맡게 됐기 때문이다.

이 같은 시각을 의식한 듯 최영삼 외교부 대변인은 이날 정례 브리핑에서 "국회의장은 중국 전인대 상무위원장과의 회담 등을 위해서 방중하는 것"이라며 "수교 30주년을 맞는 한·중 양국 의회 간 교류라는 데 의미가 있다"고 했다. 박 의장의 방중 자체는 정부 대표단의 올림픽 개막식 참석과는 별개라는 얘기다. 정부 공식 대표단은 황희 문화체육관광부 장관이 이끌게 된다. 전직 고위 외교관은 "한국 정부가 미국의 보이콧 동참 요구와 중국의 압박 사이에서 고민한 흔적이 엿보인다"고 했다. 미국의 시선을 의식해 공식 대표단장의 격은 장관급으로 낮추되 중국을 배려해 의전 서열 2위의 고위 인사를 별도 파견하는 절충안을 택했다는 것이다. 2018년 평창 동계올림픽 때 중국은 한정(韓正) 부총리를 보냈다.

박 의장은 이번 방중 기간 시진핑(習近平) 중국 국가주석이 주최하는 오찬에 참석한다. 이는 중국 측이 미국 주도의 '반중(反中) 전선'을 우회해 박 의장을 파견하는 청와대의 노력에 화답한 결과로 해석된다. 하지만 미국 등 민주주의 진영에서 청와대의 구상을 긍정 평가할지는 미지수다. 공식 대표단의 활동과는 별개지만 준(準)정상급 인사가 올림픽 개막식에 참석하는 것 자체가 중국의 인권 탄압 등에 항의하기 위한 '보이콧 정신'을 훼손하기 때문이다.

○○○ 기자

[지면 7-4] 관찰 2일 차 정치부 생산 지면(6면)

준비하라는 공지를 한다. 오늘은 모다모다 샴푸 사용 금지 뉴스에 머리 숱이 부족한 부장들을 중심으로 회의가 잠시 술렁거린다.

오전 10시 22분, 정치부 회의

안철수 후보의 음원 공개에 대해 어떤 내용인지, 어떤 의미인지 질문한 후 부장이 재미있는 내용이니 인터넷에 기사를 쓰라고 지시한다. 1면은 유동적이므로 일단 두고 정치면에 대한 논의를 시작한다. 여당 면(6면)의 이재명 후보 기사는 '네거티브 중단'을 야마로 잡기로 하고, 여당의 586용퇴론에 대한 무플(관심이 없는) 상황을 기사화하기로 한다.

부장	내가 어제도 얘기했지만, 아무도 될 거라고 생각하는 사람이 없는 거다. 이게 악플이라도 붙어야 하는데 무플 아닌가.
국회 데스크	사람들이 무게감 있게 받아들이지 않는 듯하다.
부장	용퇴론 무플 상황. 송영길 나혼자 불출마 선언. 이렇게 가자. 반발이 크면 더 크게 써보자.

야당 면(8면)은 양자 TV토론에 대한 법원 판결이 나오면 그걸 기사화하고, 윤석열 기사는 '내부 단속'으로 야마를 잡기로 한다. 국민의힘과 화학적 결합을 못한 윤석열이 내부 사람들을 다독이며 가고 있다는 얘기를 다루라고 지시한다. 이 밖에 여론조사로 추세를 보여줄 수 있으면 관련 기사를 하나 쓰고, 문재인 대통령 자가격리 3일, 윤석열 만난 탈북자, 국회 법사위 등의 아이템을 살펴보기로 하고 회의가 끝난다.

부서 회의가 끝난 후 데스크들은 여기저기 취재 전화를 하느라 바쁘다. 데스크가 직접 취재하지 않고 일선 기자에게 취재 지시를 내리는 사회부와 달리, 정치부는 데스크가 일선 기자들보다 취재원들과 폭넓고 깊이 있는 관계를 유지하고 있는 경우가 많아서 직접 통화하고 취재하기도 한다.

오후 1시 30분

야당 데스크와 국회 데스크가 자리를 지키고 일하고 있다. 부장이 양자 TV토론에 대한 법원의 방송 금지 결정이 인용됐는지 질문하자, 야당 데스크가 인용됐다고 답한다. 부장이 "인용됐다 이거지", 한마디 하면서 컴퓨터를 들여다본다.

오후 2시 24분, 오후 편집국 회의

오늘은 정치부 회의에 앞서 편집국 회의가 먼저 열린다. 부장들이 모두 통합 데스크에 모여 오후 편집국 회의를 시작한다. 먼저 부서별로 주요 뉴스를 보고한 후, 편집국장이 '성남FC 조사 지시' 기사와 '김원웅 횡령 의혹' 기사를 정치면에 쓸 것을 지시한다. 정치부장은 정치면에 두 기사를 모두 다루려면 지면이 더 필요하다고 대답한다. 오늘 정치면은 4개 면(4, 5, 6, 8면)으로 늘어난다. 회의 후 정치부장이 '여당 586 용퇴론' 관련해서 여권 내에서 싸우고 난리라고 국장에게 보고하자, 국장이 한번 써보라고 대답한다.

오후 2시 29분, 정치부 회의

정치부 회의가 시작되자마자 부장은 오늘 정치면이 네 개 면으로 늘어났다는 사실을 알린다. 먼저, 정치 2면에 '김원웅 횡령 의혹'에 대한 보훈처의 감사 착수에 관한 기사를 작성할 것을 지시한다. 담당 기자가 혼자서 쓰기 어려운 내용이니 취재를 도울 수 있는 다른 기자를 붙여줄 것을 당부한다.

회의 도중 사회부 법조 데스크가 잠시 와서 정치부와 사회부의 역할 분담에 대해 함께 논의한다. 1면은 '성남FC 후원금 수사 무마'에 관한 내용으로 사회부가 쓰고, 4면은 박범계 장관의 국회 법사위 발언을 중심으로 정치부가 쓰기로 정리한다. 정치부장이 법조 데스크에게 비판적인 논조로 기사를 작성할 것을 당부한다. 법조 데스크는 사회부로 돌아가고 다시 회의를 이어간다.

법사위에서 나온 성남FC 발언 등을 1면에서 이어달리기로 쓰고, 그 밖의 법사위 발언들은 "여당 펀드는 박범계"를 야마로 4면 톱으로 쓰기로 한다. 이어서 부장은 선관위원장의 선관위 사태 유감 표명 건이 기삿거리가 되는지 검토한다.

부장 선관위원장이 입장낸 거 애매하던데.

야당 데스크 원론적이다. 문재인 대통령이 기존에 임명한 사람 말고 새 사람으로 하라는 거다.

부장 '노정희(중앙선거관리위원장)도 선관위 사태 유감 표명하면서 정상화 요구'라고 쓰면 어떤가?

국회 데스크 그걸 제목으로 가져가면 되겠다.

5면에는 '김원웅 횡령 의혹'의 전말에 대한 기사와 함께, 1면 '대북 저승사자 美대사' 기사의 이어달리기 기사, '문재인 대통령 자가격리' 기사를 담기로 한다. 6면(여당면)에는 이재명 후보가 네거티브 중단을 선언한 지 1시간 만에 "리더가 술만 마시고 자기 측근만 챙긴다"고 윤석열 후보를 비판한 것과 법사위에서 김건희 등의 녹취 파일을 공개한 것을 비판하는 '이재명 네거티브 중단' 기사를 쓰기로 한다. 6면 하단에는 '집안싸움으로 번진 586용퇴론'을 야마로 하는 기사를 배치한다. 부장은 "젊은 애들은 586 나가라 하고, 김종민 의원 한마디에 선대위 대변인이 공격하고, 막상 용퇴론 대상인 586은 반응이 없는" 이 상황이 문화 혁명 같다고 비유한다. 8면에는 '양자 TV토론에 대한 법원 판결과 반응'을 다루는 기사를 톱으로 하고, '유의동을 정책위의장으로 내정하여 유승민계를 껴안는 국민의힘'을 야마로 하는 기사를 올리기로 한다. 마지막으로 '김원웅 횡령 의혹' 기사를 누가 작성할 것인지에 대해 간단히 논의하고 담당 기자를 정한 후 정치부 회의가 끝난다. 복잡한 내용이기 때문에 메인 기자를 지원할 기자들도 함께 고려해서 일선 기자들에게 기사를 배분한다.

오후 2시 53분

부장이 국장실에 들어가서 지면에 대해 논의한다. 구글 지면 계획도 정리되어 올라와 있다.

오후 5시 17분

편집기자가 정치부에 와서 4면 "노골적으로 여당 편드는 박범계"라는 제목에 대해 논의한다. 정치부장은 박범계의 발언을 하나하나 거론하면서 "여당 선거운동원"이라고 세게 써주라는 의견을 낸다.

오후 5시 35분, 51판 편집회의

다른 날과 다름없이 국장 주재로 1면부터 기사 검토를 시작한다.

관찰 3일차 [일일보고]에 공유된 정치부 지면 계획 (2022년 1월 26일 오후)

종 1
- 코로나 확진자, 1주일새 2배/종2 이어달리기
- 보훈처, 김원웅 횡령 혐의 조사
- 김오수, 성남FC 수사 무마 조사 지시
- 주한 미 대사 지명

종 4 / 정치
- 노골적으로 여당 편드는 박범계/8장/
- FC 이어달리기/6장/사회부
- 우리법 출신 선관위원장도 최근 사태 "유감, 정상화 시켜라"/6장(노○○)

종 5 / 정치
- 김원웅 사태 전말/8장(이○○)
- 김원웅 부모 독립운동 여부도 논란/4장(원○○)
- 문통의 의문의 자가격리 3일/5장(김○○)
- 주한대사 이어달리기/5장/국제부

종 6 / 정치
- 이재명, 네거티브 중단 선언 1시간 만에 윤 겨냥 "술 먹고 측근 챙기면 나라 망해"(양○○)
- 집안싸움 번진 586용퇴론(김○○)
- 이재명 아들 논란/5장(주○○)

종 8 / 정치
- TV토론 가처분 인용 스트+전망/8장(김○○+주○○)
- 윤석열 동타/6장(김○○)
- 유승민계 껴안은 윤/3장(김○○)
- 최진석 "尹 지지자 생각 없어" 이준석 "崔 사퇴하라"/3장(김○○)

[4면] 지면 구성

국장이 사회부에서 중요한 내용을 취재했으니 '성남FC 후원금 수사 무마(1면에서 이어달리기)' 기사를 톱으로 내주고, '여당 편드는 박범계' 기사를 아래로 내리라고 지시한다. 이어서 '선관위원장 유감 표명' 기사의 제목에 물음표를 넣지 말라고 하자, 정치부장이 선관위 의견이 존중되어야 한다는 내용으로 바꾸겠다고 답한다.

'선관위원장 유감 표명' 제목 변경

50판: '인권법' 출신 선관위원장도 청에 반기?…"관례대로 해야 한다" 꼼수인사 비판

51판: 인권법 출신 선관위원장 조해주 사태에 유감 표현 "독립성·중립성 지킬 것"

[5면] 김원웅 횡령 의혹·문재인 대통령 자가격리

국장이 '김원웅 횡령 의혹' 기사에서 부모에 관한 내용을 뺄 것을 지시하고, '문재인 대통령 자가격리' 기사의 엠바고 문제가 걸리지 않는지 질문한다. 정치부장이 엠바고 깨지 않는 방식으로 기사를 잘 썼다고 대답하고, 국장은 이런 이슈에 엠바고 걸 필요가 있는지 묻는다. 부국장도 말도 안 되는 엠바고인 것 같다고 한마디 거든다.

[6면] 이재명 장남 입원 특혜

'이재명 장남 입원 특혜' 기사를 살펴보면서 국장이 "서류가 없다"는 점을 써줘야 한다고 강조하고, 기사 위치를 아래로 내리라고 지시한다. 정치부장이 오늘 4면에서 6면까지 지면에 이재명 후보에 관한 부정적 기사가 많다고 지적하자, 국장이 있는 그대로 기사를 쓰다보니 그렇게 된 거라 어쩔 수 없다고 답하면서 기사 하나의 수위를 조금 낮출 것을 제안한다. 부장이 〈이재명 "네거티브 중단" 1시간 후 "리더가 술만 먹고…"〉

라는 기사 제목을 〈경기도 일정 중단하고 호남 내려간다〉 정도로 바꿔볼 수 있을 거라고 제안하지만, 부국장이 오늘은 이 내용을 써줘야 한다면서 반대한다. 부국장은 '이재명 장남 입원 특혜' 기사에 대해서도 〈野 "진주부대서 성남에 입원"〉이라는 중간 제목이 헷갈리니 수정하자고 제안한다.

'이재명 장남 입원 특혜' 제목 변경

50판: 野 "진주부대서 성남에 입원"

51판: 野 "인사명령 없는 입원은 탈영"

[8면] 윤석열 후보 동타

8면에는 '양자 TV토론 법원 판결'과 '윤석열 후보 동타' 기사, '국민의힘 유승민계 포용' 기사가 잡혀 있다. 국장이 설날에는 4자 토론회 열 수 있을지 질문하자, 정치부장이 협의하는 걸 지켜봐야 알 수 있겠다고 답한다. 국장이 '윤석열 후보 동타' 기사의 〈윤, "마음 못 정한 국민 많아, 더 낮은 자세로"〉라는 제목에 대해 다른 제목은 없는지 묻고, 정치부장은 내부 기강 잡기 야마로 수정해보겠다고 답한다.

28면까지 모든 기사를 빠르게 검토하고 오늘의 관심사인 탈모 완화 샴푸 '모다모다' 판매 금지에 대해 웅성웅성 이야기를 나누면서 회의가 끝난다.

저녁 6시 10분, 정치부 회의

오늘 저녁 정치부 회의에는 탈북인 출신 기자가 내근 기자로 참석했는데, 최근 기자에게 쏟아진 악플에 대해 데스크들이 한마디씩 농담을 던진다. 얼간이 기자, 썩은 동태, 수전노 등의 단어가 보이는 걸로 보아 북의 공작이 의심된다, 아이디의 약자로 보아 외교 데스크의 소행인 걸로 보인다는 등 농담을 주고받으며 크게 웃는다. 부장이 회의에 참석한 연구자를 보면서 놀리는 게 아니고 상처받은 기자의 마음을 힐링해주는 중이라고 설명한다. 유난히 떠들썩한 웃음과 함께 회의를 시작한다.

4면 톱 '여당 펀드는 박범계'는 사회부에서 하기로 했으니 바로 5면 '김원웅 횡령 의혹' 기사에 대한 논의로 들어간다.

부장	새로운 내용 있나? 큰 내용은 장학금 횡령으로 가고, 부친 모친 얘기를 빼라고 하니 빼도록 하자. 안마, 옷, 이런 게 재미있다. 대머리이고 가발인 것 같은데 이발소 가나?
야당 데스크	옆머리 다듬어야 한다.
부장	그런 얘기를 써주자.
국회 데스크	확실하지 않은 거 아닌가?
부장	가발 확실하다.
내근 기자	내일 또 쓰레기 기자라고 악플 달린다.
부장	(제목에) 옷보다는 이발, 안마로 가자.

이어서 6면으로 넘어가 '집안싸움으로 번진 586 용퇴론' 기사부터 차례로 점검한다. 부장은 박덕흠과 윤미향·이상직 사례에 차이가 있다는 점을 명확히 할 것을 주문한다. 박덕흠은 기소도 안 한 상황이고, 윤미향은 재판 중인 상황이라는 점을 고려할 때 세 명이 다른 사안인데 똑같이 취급하는 건 문제라는 지적이다. '이재명 네거티브'는 2면 인덱스

(Chosun Today)에 요약 기사를 쓰고, '이재명 장남 입원 특혜' 기사는 아래로 내리고 '집안싸움으로 번진 586용퇴론' 기사를 그 자리에 넣으라고 지시한다.

8면으로 이동해서 바로 '윤석열 후보 동타' 기사에 대한 논의를 시작한다. 국장이 지적한 제목에 대해 다른 데스크들의 의견을 묻는다. 국회 데스크가 "방심 말고 더 낮은 자세로"를 제안하자 부장이 "방심 말라"는 내용이 기사 본문에 있는지 질문한다. 야당 데스크가 없다고 대답하고, 부장은 다른 좋은 제목이 없는지 다시 물어본다.

부장　　뭐 좋은 제목 없나?

야당 데스크　지금 제목 좋은데 "마음 못 정한 국민 많아, 더 낮은 자세로"

부장　　그건 (국장에게) 빠꾸먹었다. 더 좋은 제목 없나?

데스크들이 이런저런 제목을 제안해보지만 선뜻 선택하지 못하고 논의가 계속 이어진다. 편집기자까지 합류해서 제목을 고민한다. 당원들 단속? 다잡기? 독려? 당부? 등등 편집기자와 데스크들이 기사 내용을 설명할 수 있는 이런저런 단어들을 던져본다. 국회 데스크가 정확히 말하면 '당원들'이 아니라 '당 간부들'이라는 점을 지적하고, 부장이 "당 간부들 앞에서 낮은 자세로" 하자고 정리한다.

'윤석열 후보 동타' 제목 변경

50판: 윤 "마음 못 정한 국민 많아, 더 낮은 자세로"

51판: 윤석열 "더 낮은 자세로" 당 간부들에 당부

이번에는 다른 편집기자가 와서 5면 '김원웅 횡령 의혹' 기사의 제목에 대해 상의한다. 편집기자는 광복회관 안에서 가족회사 만들어 영업했다는 것이 무슨 의미인지 정확히 확인하고 좀 더 좋은 사진을 구해달라고 부탁한다. 부장은 편집기자에게 제목을 이발소, 안마로 해달라고 말한다.

'김원웅 횡령 의혹' 제목 변경

50판: "김원웅, 카페 수익금 4500만 원 안마받고 옷 사"

51판: "김원웅, 카페 수익금 4500만 원 안마받고 이발소 가"

같은 편집기자가 6면도 담당하기 때문에 6면에 실린 이재명 후보 장남 입원 특혜 기사의 제목에 대해서도 이어서 논의한다. 정치부 회의가 모두 끝난 후 또 다른 편집기자가 와서 4면 기사에 대해서 논의한다. 오늘 정치면 4개 면을 담당하는 편집기자는 모두 3명이다.

저녁 8시

저녁 식사를 하고 돌아오니 외교 데스크와 기자 1인이 정치부 데스크에서 일하고 있다.

저녁 8시 50분

부장이 정치부 야근 기자에게 와서 5면 '김원웅 횡령 의혹' 기사에 대한 수정을 지시한다. 김원웅이 독립운동가 집안이라는 기사 뒷부분의 내용을 삭제하고 김원웅 측에서 낸 반론을 실어주라는 내용이다.

밤 9시 20분, 52판 편집회의

여느 날과 마찬가지로 "회의합시다"라는 음성과 함께 편집국 안에 있던 사람들이 회의실로 모여든다. 오늘 국장이 자리를 비워 대신 뉴스 총괄 부국장이 회의를 주재한다. 1면에 실린 '김원웅 횡령 의혹' 기사에 대해 오늘 나온 김원웅 측 반론을 반영했는지 부국장이 다시 확인한다. 4면의 '선관위원장 유감 표명' 기사에 대해서도 부국장이 구체적으로 어떤 내용을 다루고 있는지 질문하고, 그러한 내용이 제목에 잘 드러나 있는지 확인한다. 1면에서 5면으로 이어진 '김원웅 횡령 의혹' 기사에 대해서는 김원웅의 반론 중 개인 비리 말고 다른 내용도 있는지 질문하고, 정치부장이 반박 자료를 자세히 살펴보겠다고 답한다. 중간 제목도 좀 더 구체적으로 작성할 것을 지시한다.

'김원웅 횡령 의혹' 중간 제목 변경

51판: 前기획부장이 폭로…이발소·한복업체 송금 내역 찍힌 통장 제시

金회장 광복회관에 몰래 가족회사, 사장 직인 찍어 영업 의혹도

野 "공금을 가발 관리에도 썼나"…광복회 "前간부의 개인 비리"

52판: 前기획부장이 폭로…이발소·한복업체 송금내역 찍힌 통장 제시

"金회장, 광복회관에 며느리·처조카 임원이 가족회사 몰래 차려"

野 "사실땐 친일파보다 더 심해"…광복회 "前간부의 과잉충성"

52판에서 기사 본문에 반론 문장 추가: "A씨가 김 회장에게 잘 보이려고 김 회장의 양복비, 이발비, 추가치료비 일부를 지급하는 등 과잉충성을 해왔다"며 "뒤늦게 이를 안 김 회장은 이를 모두 지불했다"고 했다.

6면에 대해서는 별다른 논의가 없고, 8면으로 넘어간다. '양자 TV

토론 법원 판결' 기사와 관련해서 부국장이 심상정의 TV토론 방송 금지 가처분 신청도 받아들여졌는지 질문하고, 정치부장이 그렇다고 대답한다. 부국장이 이어서 허경영의 경우를 질문하자 정치부장이 법적으로 대상이 아니라고 답한다. 이어서 중간 제목에서 "윤측" 내용이 다른 후보들하고 균형이 맞지 않고 이상하다는 점을 지적하고, 정치부장이 다시 써보겠다고 한다.

31면까지 모두 검토하고 회의를 끝내려고 할 때 국제부장이 긴급 기사가 들어왔다고 보고한다. 북한이 디도스 공격을 받아 여섯 시간 동안 인터넷이 다운되었다는 로이터 통신의 보도에 관한 것이다. 처음 있는 일이니 이걸 기사로 써야겠다고 제안한다. 간단한 논의를 거쳐 1면에 있던 '오바마 저승사자 美대사' 기사를 다른 면으로 보내고 '북한 디도스 공격' 기사를 국제부에서 쓰기로 한다.

밤 10시 1분, 정치부 회의

정치부 회의를 위해 데스크들이 회의 탁자로 모여들고 부장은 지면을 한참 들여다보다가 한마디 한다.

부장   저렇게까지 장사를 하나, 북한이 공격받은 것 그 자체로 기사는 된다. 그런데 1면에 쓸 정도는 아니지. 딱 견적을 보니 골드버그(5면에 있는 '오바마 저승사자 美대사' 기사의 이어달리기)를 빼고 쓰면 될 것 같다.

부장이 바로 일어나서 부국장에게 가서 의논한 후 '북한 디도스 공격' 기사의 위치를 5면으로 수정한다. 부국장이 국제부장에게 큰 소리로 지면 이동을 지시하고, 국제부장이 내용을 확인하기 위해 통합 데스크로 온다. 통합 데스크 주변이 조금 소란스러워졌지만, 정치부장은 개의치 않고 다시 정치부 회의에 집중한다.

부장은 편집회의에서 언급되었던 4면 '선관위원장 유감 표명' 기사의 제목에서 불필요한 내용은 빼도록 지시한다. "독립성, 중립성 지킬 것"이라는 얘기가 기사에는 나오지 않으니 빼고, "인사에서 청와대로부터 독립성이 존중되어야 한다는 의미"라는 내용을 적으라고 구체적으로 설명한다.

'선관위원장 유감 표명' 중간 제목 변경

51판: 인권법 출신 선관위원장

　　　조해주 사태에 유감 표명

　　　"독립성·중립성 지킬 것"

52판: 인권법 출신 선관위원장

　　　'조해주 사태' 유감 표명

　　　"인사 독립성 존중돼야"

그리고 5면 '김원웅 횡령 의혹' 기사에서 가발에 대한 언급을 빼기로 한다.

부장　　　가발에 관한 기사는 찾아보니 10여 년 전에 한겨레신문이 쓴 게 있다. 가발 얘기는 빼자.

국회 데스크　　가발은 중요한 게 아니다.

야당 데스크　　어쨌든 돈이 잘못 쓰인 건 인정했는데, 사과 한마디 없다.

부장　　　개인 비리로 몰아가다니 황당하다. 다른 사람에게 뒤집어씌우는
　　　　　　거 아닌가.

'김원웅 횡령 의혹' 중간 제목 변경

51판: 野 "공금을 가발 관리에도 썼나"…광복회 "前간부의 개인 비리"

52판: 野 "사실 땐 친일파보다 더 심해"…광복회 "前간부의 과잉충성"

　　　5면 오른편 사이드에 들어갈 '북한 디도스 공격' 기사에 대한 이야기도 잠시 나눈다. 2013년에도 디도스 공격이 있었는지 다시 확인하자, 데스크 중 한 명이 어나니머스라는 국제 해킹 그룹이 1주일에 한 번씩 디도스 공격을 했던 사례를 설명한다. 부장은 긴급 소식이라고까지 할 내용은 아니라는 의견을 말한다.

　　　8면 '양자 TV토론 법원 판결' 기사로 넘어가서 부국장이 지적한 제목에 관해 이야기한다. 4인의 발언을 인용한 중간 제목을 살펴보던 부장이, 윤석열 제목이 이상하다는 부국장 지적이 맞다고 수긍하면서 "정책 구상 바뀔 것"이라는 내용으로 수정하자고 제안한다.

'양자 TV토론 법원 판결' 중간 제목 변경

51판: 李측 "세 후보와 공약 차별화"

　　　　尹측 "안철수의 공격에도 대비"

　　　　安측 "미래 얘기하는 후보로 각인"

　　　　沈측 "약자들의 1분을 지키겠다"

52판: 李측 "공평한 기회 주는 다자토론"

　　　　尹측 "어떤 형식이든 상관없다"

안측 "4자 TV토론 즉시 추진하자"

沈측 "가급적 설 연휴인 31일에"

편집부와 제목 변경 등에 대해 논의하고 52판 수정 내용을 확인하면서 정치부의 하루가 마무리된다. 오늘 정치부는 1면에 기사를 하나 실었고, 4개의 정치부 담당 지면을 만들었다. 정치부가 만든 1, 4, 5, 6, 8면은 모두 52판까지 발행되었다.

3. 정치부 밀착 관찰이 말해주는 것들

정치부는 현장 연구를 계획하며 연구진이 가장 궁금해하던 부서다. 뉴스 생산 현장에 도착한 그 순간부터 편집국의 중심에서 이 언론의 심장이 쿵쿵 뛰는 소리가 들려왔다. 연구진은 조심스럽게 그 블랙박스에 다가갔고, 현장 연구 착수 후 넉 달이 경과한 시점에 그곳에 청진기를 댈 수 있었다. 길지 않지만 의미심장한 3일이었다. 사전 훈련 같은 사회부 밀착 관찰 및 평가 작업을 마친 뒤였고, 정치부 데스크들과의 유대 형성이 상당 수준 진전된 상태였기 때문에 자연스럽게 그들이 일하는 자리에 합류해 관찰을 진행할 수 있었다.

사회부와 마찬가지로 정치부 데스크들도 조용히 일에 몰두하는 시간이 많아서, 그들이 일하는 위치에 합류하는 자체만으로 많은 정보를 얻기는 어려웠다. 일선 기자들과의 소통도 전화보다는 내부 온라인 시스템이나 SNS(슬랙, 카톡, 텔레그램 등)를 통해 주로 이루어지기 때문에 정치부 내에서 이루어지는 모든 소통을 포괄적으로 관찰하기가 힘들었다. 하지만 부장을 포함해 데스크들이 일을 하며 툭툭 주고받는 한마디, 시시각각 일일보고에 업데이트되는 온라인 정치부 지면 계획, 편집국과 부서 단위의 회의, 그리고 정치부장 및 야당 데스크와의 심층 인터뷰를 통해 이들이 하는 일의 전모를 비교적 상세히 추정하는 것이 가능했다. 특히 사회부 밀착 관찰로부터 얻어진 부서 단위의 뉴스 생산 활동에 대한 관찰 경험은 정치부의 활동을 파악하는 데 큰 도움이 되었다.

정치 평론 엘리트로서의 정치 데스크들

다양한 방식의 촘촘한 소통이 이루어진다는 점에서 정치부 데스크의 소통은 사회부와 크게 다르지 않다. 부장을 포함한 4명의 데스크는 옹기종기 마주 앉아 하루 종일 소통한다. 오전에는 주로 내부 온라인 시스템과 단톡방에 공유된 '판떼기'를 면밀히 살펴보고 정치판의 흐름을 읽으면서 오늘은 어떤 내용으로 지면을 채울지 의견을 나눈다. 오후에는 유동성이 강한 정치판의 변화 동향을 일선 기자들의 보고를 통해 시시각각 추적, 해석하며 전체 편집국 차원의 의견 수렴 절차를 거쳐 주요 정치 기사들의 방향(야마)과 지면 구성을 계속 다듬어간다. 국회, 야당, 외교 등으로 담당 분야가 나뉘어 있지만, 데스크들은 서로의 영역을 넘나들면서 신문사와 정치판의 전문용어가 뒤섞인 질문, 조언, 비평을 교환한다. 정치판을 꿰뚫어보는 분석과 예측, 정치권에 대한 농담, 취재 대상이 된 정치인들에 대한 비판과 조롱이 뒤섞인 정치 고수들의 소통이다. 부장의 툭툭 내뱉는 질문에 대한 야당 데스크의 준비된 듯한 답변은 그 전형을 보여주었다.

정치부 데스크들에 대한 정의는 다음과 같이 내려질 수 있다. "정치판의 모든 이슈를 손바닥 위에 놓고 어떠한 돌발 이슈라도 설명을 내놓을 수 있는 노련한 정치 평론 엘리트." 전체적으로 차분한 편집국 분위기가 그렇듯, 정치부 데스크들은 끊임없이 소통하면서도 시끄럽지 않다. 열린 편집국 공간 안에서 정치부 데스크 좌석에서만 들릴 만한 소리로 조곤조곤 이야기를 나누며, 그나마 선문답처럼 가끔 한마디씩 툭 던지고 답하는 식이다. 하지만 이러한 정중동靜中動의 소통은 정치 영역의 핵심 이슈들을 되씹고 소화하는 과정이며, 그 은근함으로 인해 소란스런 방송이나 유튜브 정치 담론에서 찾기 어려운 아우라를 발한다. 이러한 방식으로 이들은 오늘 하루 인구에 회자될 정치 담론을 생산한다.

데스크가 주도하는 기사 아이템 선정

사회부는 매일 새롭게 벌어지는 사건·사고를 다룬다면, 정치부는 연속성과 상호작용성이 강한 정치권의 행태를 대상으로 한다는 점에서 차이가 있다. 단순히 오늘 어떤 정치적 사건이 발생했는가가 아니라, 그 일이 어떤 일의 연장선 내지 맥락에서 발생한 것이며 앞으로 정치판에 어떤 파장을 불러일으킬지 보여주는 것이 중요하다. 이를 위해서는 정치권의 작동 방식과 그 주요 행위자들의 행태를 읽어내는 식견과 감각이 요구된다.

정치부에서 이루어지는 게이트키핑은, 일선 기자들이 발제한 아이템 중에서 데스크가 기삿거리를 선택하고 해당 아이템을 발제한 기자가 기사를 작성하는 통상의 방식을 벗어난다. 정치부 일선 기자의 역할은 기사 아이템을 직접 발제하는 것이 아니라, 정치인들의 동향을 보고하는 일에 집중되어 있다. 일선 기자가 소위 '판떼기'라 불리는 정치 행위자들의 주요 일정과 동향 정보를 데스크에 보고하면, 데스크는 이를 토대로 일종의 서사(내러티브)를 엮어내듯 당일 정치부에서 다룰 큰 기사 주제(야마)를 뽑아낸 후, 그에 대한 취재 및 기사 작성을 팀 단위로 배분한다. 이런 의미에서 정치부의 기사 아이템 선정은 일선 기자가 아닌 데스크에 의해 주도된다고 할 수 있다.

> 정치부는 다른 부서와 달리 취재 아이템을 발제한 기자가 기사를 작성하는 형식이 아니라, 말진과 차말진이 보고를 올리고 이를 토대로 데스크가 기사 주제를 정하고 필자를 배분한다. 이렇게 팀으로 돌아가기 때문에 정치부는 팀워크를 중시하는 경향이 있다. 이에 기사 작성 역시 따로 아이템을 발제하러 다니는 것이 아닌, 힘을 합쳐 동향을 파악하고 이를 배분하는 식으로 진행한다. 대부분의 큰 일정, 큰 사건들은 팀 내에서 배분하여 작성한다.
>
> — 관찰자 2 동행 관찰 일지

> 정치부 기자는 팩트를 쫓아 사실을 규명하는 사회부 기자와는 달리 불확실한 말과 사실을 전체의 흐름 속에서 판단하여 기사를 만들어내죠.
>
> — 공희정, 1999, p.112, 윤승모 당시 동아일보 정치부 기자의 발언

> 메인 기사는 일종의 메인에 맞는 기사 밸류가 있어야 되고, 소위 저희가 말하는 야마라든지, 그 정도 비중이 되는지 등을 종합적으로 고려를 해야 되니까 후배들이 올리는 보고 자체가 그대로 지면화되는 경우는 사실 흔치 않습니다. (중략) 다만 현장은 숲속이니까 한 발 떨어져 있는 데스크들이 흐름은 이렇게 가보자 하는 장점이 있을 수도 있지만, 가장 정확한 구체적

인 흐름은 현장에서 아니까 현장 기자들에게 너무 미세하게 단타식 보도에 얽매이지 말고 오늘을 관통하는 야당의 가장 큰 화두는 뭐다, 여당의 오늘 가장 큰 이슈는 뭐다, 이걸 현장에서 판단하라, 이렇게 주문합니다.

— 심층 인터뷰 42

적극적인 데스킹

데스킹은 기본적으로 기사의 정확성과 품질을 높이는 과정이다. 하지만 정치부 데스크들은 기사 아이템 선정의 경우와 마찬가지로 통상의 데스킹을 뛰어넘어, 기사 작성 과정에 더 깊숙이 관여하면서 최종적인 기사 생산을 주도하는 데스킹 활동을 수행한다. 이는 흔히 발로 뛰는 일로 표현되는 자료 수집, 분석, 및 초고 정리 작업은 과제 책임자의 지시에 따라 연구원들이 수행하고, 논문 완성 작업은 과제 책임자가 최종 담당하는 학술연구의 분업 체계와 유사하다. 정치 기사가 그만큼 고도의 정무적 판단과 식견을 요구하기 때문이다.

구체적인 사례로 밀착 관찰 첫날의 대선후보 단일화 토론회에 관한 기사는 애초에 부장이 제안한 아이템이었고, 데스크 회의에서 기사의 방향과 주요 내용에 대한 세부적인 논의가 이루어졌다. 논의가 끝난 후에는 야당 데스크가 바로 일선 기자에게 전화해서 기사 분량(5매)을 포함해서 어떤 내용을 담아야 할지 구체적으로 지시했다. 기자가 작성한 초고의 문장을 다듬는 수준이 아니라 기사에 담아야 할 내용과 야마를 데스크가 직접 제안하는 방식이다.

정치부는 데스킹의 '사실 확인' 과정에서도 좀 더 적극적이고 섬세하다. 일선 기자에게 사실 확인을 지시하는 다른 부서와 달리 정치부는 중요한 팩트를 데스크가 직접 확인하는 경우가 많다. 정치적으로 민감하고 중요한 사안들의 사실 여부를 확인해줄 수 있는 취재원들을 데스크들이 많이 알고 있기도 하고 또 사실 확인을 정확히 해야 하기 때문에, 데스크가 직접 팩트 체크를 하는 편이다. 둘째 날 관찰에서 올림픽에 참석하는 정부 대표가 확정되었는지 부장이 직접 전화로 확인하고 일선 기자에게 연락해서 '확정됐다' 대신 '알려졌다'로 쓰라고 지시한 것이 그 사례. 데스크는 데스킹을 보다가 확인해야 할 일이 생기면 조금의 주저함도 없이 바로 전화기를 집어 든다. "그거 확인해봐야 하지 않나"라는 정치부장의 말이 떨어지자마자 고민할 새도 없이 자동 반사적으로 전화를 건다. 이런 과정을 고려하면 기사의 바이라인은 일선 기자들로 나가지만 정치 기사의 생산에 책임을 지는 주체는 사실상 데스크라고 해도 무방하다.

> 차장급들이 하는 역할의 주요 부분입니다. 거칠게 들어온 기사들을 정제하는 역할. 일선 기자들은 데스크들이 기사를 다 뜯어고친다고 얘기하지만, 데스크들 입장에서는 품질이 안 되는 기사를 고쳐준다고 생각하죠.
>
> — 심층 인터뷰 16

기사는 세 장짜리든 열 장짜리든 그 글 하나에서 완결성이 있어야 되니까, 저희는 끊임없이 리드부터 시작해서 마지막 문장까지 독자가 읽었을 때 별도의 참고 자료나 추가 정보 없이, 적어도 이 주제에 대해서는 이해할 수 있는 글을 만들어낸다는 게 제품 제작의 불문율 같은 방침입니다. 제품 완성도 때문에 데스크를 보는 경우가 거의 대부분이고, 예민한 기사가 있을 수 있습니다만 그런 기사는 후배들 안 시키죠. 난도가 있는 기사는 자칫하

면 오해를 사거나 정치적 반발을 부를 수도 있고. 이건 답이 없으니까 저희
는 그냥 하이브라우highbrow하게(고차원적으로) 쓰라고 그러는데.

— 심층 인터뷰 42

편집국장의 직접적인 관여

정치부 밀착 관찰을 통해 확인된 또 하나의 사실은 편집국장의 상시적
이고도 직접적인 관여다. 편집국장은 전체 지면 생산을 총괄적으로 책
임지는 지위지만 정치부에 관해서는 그 내부 부서원 수준에 상응(정치부
장 위의 정치국장이라고 할 만큼)하는 적극적 상호작용을 수행한다. 종합면
중 정치부 담당 지면과 정치면은 편집국장과 정치부장이 처음부터 함
께 만드는 지면이라고 해도 과언이 아니다.

편집국장은 전체 편집국 차원의 회의와는 별도로 정치부장과 상시
로 미팅을 갖는다. 편집국장과 부장의 소통은 사회부에도(주로 종합면 제
작을 둘러싸고) 존재했지만, 정치부는 그 정도가 달랐다. 오후 부장 회의
가 끝나면 정치부장은 국장실에 들어가서 따로 이야기를 나눈다.[5] 국장
이 정치 지면에 다른 지면보다 각별히 신경을 쓰고 있고 많은 영향을 미
치고 있다는 점을 알 수 있다.[6] 국장실 회의가 끝나면 부장은 정치부로
돌아와서 데스크들에게 지면 구성이나 기사의 강조점, 제목 등에 대해
언급한다. 국장이 부장을 경유하지 않고 정치부 자리에 와서 데스크들
과 직접 대화를 나누는 경우도 종종 볼 수 있다.

정치면 같은 경우는 국장이랑 긴밀히 상의해야 됩니다. 왜냐하면 정치 기
사가 종합면으로 많이 가고 저희 얼굴이고 또 선거 시기이기 때문에 국장

이랑 제가 하루에도 상당 부분을 머리를 맞대고 상의합니다. 정치부장이 랑 편집국장은 계속 얼굴을 맞대고 있어야 합니다. 위치상으로 붙어 있는 것도 그 때문입니다. 포멀한 회의는 그냥 가서 앉아 있는 거고요. 이건 예 전부터 그래 왔던 것 같습니다.

— 심층 인터뷰 16

저희 부장이 국장 방에 자주 들어가서 지면 회의를 하는 건 왜냐하면 전체 37면 중 36면을 국장이 결국은 다 통제해 만들기 때문이죠. 밤 회의 때 보시면 1면부터 사설 면까지 쭉 보시잖아요. 사설만 빼면 나머지는 다 국장 관할이거든요. 국장이 칼럼까지도 혹시라도 그게 사회적으로 문제가 되지 않을까를 다 검토하는데 특히 선거철에 정치 기사는 굉장히 예민하지 않습니까. 그게 국장이 부장하고 주로 하는 일이죠. 저희는 농담으로 빨간 펜이라고 하지만, 엄밀하게 보면 그게 정상적인 논의 과정일 수 있거든요. 그러니까 부장은 힘들겠죠. 매일 가서 국장하고 상의해야 하고, 같이 협의해서 지면 조정을 해야 하니까. 옛날에도 특히 대통령 선거 때는 국장이 굉장히 촉각을 곤두세우곤 했습니다. 심지어 예전에는 기사 크기를 자로 잰 적도 있습니다. 그러니까 이명박 박근혜 경선할 때는, 예를 들어서 이명박 기사가 박근혜 기사보다 몇십 자 더 많다 그러면 그 캠프에서 바로 다음 날항의가 들어옵니다. 그러면 차장들은 편집회의할 때 자를 들고 이렇게 어림잡아서 대봅니다. 그런데 기사는 비슷해도 사진 크기가 더 크다 작다, 아니면 한 사람은 완전히 비루하게 사과하는 듯한 포즈고 다른 사람은 당당한 포즈고. 아무튼 저희 기사 하나가 굉장히 정치적 오해를 또 부를 수도 있으니까. (중략) (현장 기자들은) 이 사람을 호되게 비판하고 싶은데, 차장, 부장, 국장으로 가면서 "이거는 너무 일방적이다, 너무 감정이 묻어 있

다" 하면서 차장이 깎아내고, 부장의 기준치가 더 높으면 더 깎아내고, 국
장은 더 엄격한 균형추 입장에서 이 기사는 사적 보복, 또는 감정이 담긴
기사로 비춰질 수 있다며 쳐내는 거니까.

— 심층 인터뷰 42

정치부와 논설위원실의 소통

정치부는 논설위원실에서 정치적 이슈에 관한 팩트들을 정확하게 파악
하고 사설을 쓸 수 있도록 지원한다. 관찰 1일 차에 문재인 대통령의 신
년 회견 취소에 대한 사설이 나왔는데, 논설위원실에서는 회견 취소 이
유가 경호팀 확진자 때문이라는 것을 정확히 모르고 있었다. 해당 내용
에 대해 청와대가 오프더레코드를 요구했기 때문이다. 사설에 이러한
내용이 반영되지 않은 것을 확인한 정치부장은 바로 주필에게 전화해
서 관련 내용을 설명했다. 이후 열린 편집회의에서도 국장이 주필에게
관련 내용을 보고했는지 정치부장에게 재차 확인했다. 이처럼 정치부는
논설위원실에서 정보를 요청하거나, 혹은 굳이 요청이 없어도 사설을
살펴보고 팩트를 확인해주는 역할을 한다.

　반대 방향으로 정보가 전달되기도 한다. 논설위원실에 있는 주필과
논설위원들은 접근이 어려운 고위 취재원들을 만날 기회가 많으며 이
를 통해 얻은 정보 중 정치부의 뉴스 생산에 참고할 만한 정보와 소식을
전달한다. 이 같은 양 부서의 정보 교류는 뉴스와 사설 생산의 방향과
논조가 비공식적으로 동조되는 과정으로 볼 수 있다.

　급하게 전달할 만한 얘기라기보다는 크게 어떤 방향과 관련된 얘기 같은

걸 주로 (편집국에) 전달하죠. 예를 들면 남북정상회담 한다고 떠들썩하다 그러면 내가 그 방면 고위 관계자를 만나봤더니 그 사람 얘기가 "우리는 하고 싶은데 김정은이가 코로나 때문에 밖으로 나오지를 못한다. 지금 코로나 들여왔다고 사람 총살시키는 판인데", 그런 얘기를 들었다는 식으로. 그러면 그게 거짓말일 수도 있고 상황을 오도하려고 하는 말일 수도 있지만 그 자체가 일리가 있다, 이런 얘기라면 우리 논설위원들이나 정치부장한테 누가 이런 얘기를 하던데 이건 참고해야 할 것 같다고 전하는 거죠.

— 심층 인터뷰 9

정치부 데스크의 노동강도와 워라밸

새삼스러울 것 없이, 정치부 데스크도 사회부 데스크와 마찬가지로 주 6일 하루 14시간 이상 근무한다. 이른 아침에 운동으로 체력을 단련하지 않으면 버텨내기 힘든 노동강도이고, 가족들에게 항상 미안한 마음을 가질 수밖에 없는 시간 투자다. 하루 종일 편집국에 앉아 컴퓨터를 들여다보고, 전화를 걸고, 회의에 참석한다. 일선 기자들에게 기사 작성 지침을 전달하고 기사가 올라오기를 기다리는 오후 2시 반에서 3시 반 사이 자리에 앉아 잠시 꾸벅꾸벅 조는 것이 유일한 휴식이다. 그 직후부터 가판회의 전까지 누구도 방해할 수 없는 피 말리는 데스킹 시간이 시작된다. 무슨 일이 있어도 신문은 매일 발행되어야 하고, 정치부는 특히 많은 지면을 담당해야 해서 잠시도 숨을 돌리기가 어렵다. 이 때문에 신문사 내 최상위 책임자로 가는 경로로 간주되어온 정치부 데스크 자리는 워라밸을 중시하는 젊은 기자들 사이에서 더 이상 선망의 대상이 아니다.

전에는 젊은 기자들이 정치부나 사회부 같은 부서를 가고 싶어 했던 반면에 요즘에는 문화부 이런 데를 선호하는 친구들도 많거든요. 워라밸도 중시하고. 그런 트렌드가 확실히 있기 때문에 그런 친구들을 교육하고, 의견도 취합하고, 적절히 일하게 해주고, 쉴 수 있을 때 쉬게 해주, 이런 식으로 관리해나가는 수밖에 없을 것 같습니다.

— 심층 인터뷰 19

4. 소결: 데스크들이 주도하는 정치 뉴스 생산

정치부는 편집국의 심장이고 뉴스 생산의 중심이다. 정치부 밀착 관찰은 그 중심의 중심에 데스크들이 있다는 사실을 보여주었다. 정치부 데스크는 정치부에서 오래 일한 경력을 가진 선임 기자로서 부국장, 국장, 논설위원, 주필로 이어지는 신문사 상단 지휘부로 가는 위계 사슬의 가운데 위치한 사람들이다. 정치판에서 발생하는 일련의 일들이 무엇을 의미하는지, 현재의 정치가 내일 어디로 갈지, 그리고 조선일보의 정치적 논조는 어느 방향을 지향하는지 속속들이 알고 있다.

이들은 편집국 내의 여느 데스크들처럼 오랜 시간 자신의 작업에 몸을 갈아 넣는다. 이들이 주도하는 정치 기사의 생산에 있어서도 팩트의 중요성이 무엇보다 강조되고 심지어 데스크가 직접 나서서 확인한다. 하지만 이들의 역할에는 다른 데스크들에게서 찾아볼 수 없는 중요한 차이가 있다. 이들의 작업은 팩트 전달을 넘어서는 정치 현상의 해석과 판단을 지향한다. 이는 앞서 서술한 데스크 주도의 적극적인 게이트키핑과 데스킹으로 이어진다. 정치부 데스크들은 기사 아이템 선정 단

뉴스의 생산

계부터 적극적으로 관여하기 시작해서 공격적이고 세심한 방식으로 정치 기사 생산을 주도한다. 다른 어떤 부서보다 데스크의 역할이 중요하고 최종 뉴스 생산에 큰 영향력을 행사한다.

이러한 데스크 주도의 뉴스 생산은 '정치의 영역에 사실이 존재할 수 있는가'라는 근원적 질문(윤석민, 2020, p.688; Uscinski & Butler, 2013)과 관련된다. 정치는 어제까지의 사실과 정의가 오늘은 거짓과 위선으로 판명될 수 있는 역동적인 해석과 판단의 영역이다. 이 영역에서 팩트는 절대적 팩트와 거리가 먼, 정치권력 구조 및 그 안에서 빚어지는 상호작용의 양상에 따라 해석 내지 판단이 흔들리는 '정치적 팩트'의 속성을 띤다. 이러한 맥락에서 정치 뉴스는 단순히 팩트를 전달한다는 것에 머무를 수 없게 된다. 그 팩트는 자칫 특정한 정치적 행위자의 주관적 팩트에 불과할 수 있기 때문이다.

그래서 정치 뉴스는 팩트를 넘어서는 해석과 판단을 지향한다. 하지만 정치적 사실에 대한 해석과 판단은 복잡하고 모호하며 엄밀히 검증되거나 합의되기 어렵다. 그 결과 정치 뉴스는 종종 서로를 편향적 해석이라고 비난하는 대안적 해석들이 경합하는 양상을 띤다. 그것이 정치 뉴스를 둘러싼 숙명 같은 편향성 시비의 본질이라고 할 것이다(서상현·이연경·김경모, 2015, p.265).[7] 그 게임에서의 승패는 편향성의 존재 그 자체가 아니라, 편향성의 정교함과 설득력에 의해 판가름 난다. 편집국장을 필두로 언론인으로서 경력의 정점에 있는 데스크들이 일선 기자 대신 정치 기사 생산을 주도하는 이유를 여기서 찾을 수 있다.

연구진이 현장에서 관찰한 정치 뉴스의 생산 과정이 정확히 그러했다. 사회 일각에서 조선일보에 대해 제기하는 비판의 중심에 정치 기사가 있고, 정치 기사 생산의 중심에 데스크들이 있다는 사실은, 우리를 자연스레 "문제의 핵심은 데스크들이다"라는 결론으로 이끈다. 연구진이 관찰한 바도 다르지 않았다. 실제로 조선일보의 논조를 내면화한 데스크의 성향과 보수 정치권의 가치가 조우하면서 데스크에 의해 주도되는 정치 뉴스는 자연스럽게 보수의 가치를 담게 된다. 하지만 동시에 조선일보 정치 뉴스의 경향성은 '조선일보'만큼이나 '정치 뉴스의 해석적 본질'에 기인한다고 할 것이다.

데스크 주도의 정치 기사 생산은 파편적 팩트가 아닌 맥락을 짚는 게 생명인 정치 뉴스의 품질을 극대화하는 생산 방식이다. 정치부 데스크들은 진보 정당을 출입하던 부장과 보수 정당을 출입하던 야당 데스크 식으로 정치 공학적 구성 차원에서 균형을 이루었다. 그들은 정치권의 어느 한쪽을 편들기보다는 정치판 전체를 거시적으로 조망하는 존재들이었다. 이들은 해석과 판단의 영역에 속한 정치 뉴스를 생산함에 있어서 기사의 편향을 방지하고 균형을 맞추려 애썼다.

정치 기사의 경우, 선거 때는 철저하게 반대편의 입장에서 생각해보거든요. 예를 들어 저희 독자 중에 윤석열 후보 쪽을 좋아하는 사람들이 많더라도 만약에 윤석열 후보는 두 면을 펼쳐 쓰고 이재명 후보는 한 면만 쓰면 문제가 생깁니다. 한국 신문에서는 특히 그렇습니다. 독자들이 문제 제기한다기보다는 정치권에서 트집거리가 되고 논쟁거리가 되면 안 되거든요. 그러니까 저희가 다음에 이재명 후보를 인터뷰할 때도 오늘 쓴 분량과 똑같이 쓸 겁니다. 앞으로도 기사 양이나 그런 것들은 양쪽 똑같이. 그게 아주 재미없고 독자들 입장에서 보면 불만일 수도 있겠지만.

— 심층 인터뷰 16

밖에서는 우리가 어느 한쪽으로 몰아간다 하는데, 저희는 기사 안에 논리적으로 완결성을 줘서 저쪽에 공격의 빌미를 주지 않으려 합니다. 예를 들면 팩트가 뒷받침이 안 되는데 그냥 주의 주장만 갖고 세게 조진 허접한 기사의 경우 상대가 뭐라고 어필을 해도 저희도 할 말이 없죠. 차장이 낸 걸 부장이 보다가 "최 차장, 이거 논리적인 비약 아냐?" 그러면서 부장이 깎아 내기도 하고, 어떤 경우 부장이 너무 과하게 간다고 저희가 느끼면 저희도 얘기합니다. "부장, 이건 조금 톤다운 하는 게 맞는 것 같은데." 그럼 부장도 의견을 들어보고 "그래 보이냐?" 합니다. 그게 저희 선에서만 끝나는 게 아니라 국장도 예민한 기사는 또 읽고. 심지어 발행인, 사장님도 퇴근하시기 전까지 기사를 읽으십니다. PDF로.

— 심층 인터뷰 42

결론적으로 정치부 밀착 관찰은 정치 뉴스 생산의 핵심에 데스크들이 존재한다는 사실을 보여주었다. 이들은 언론사 내외부에서 공히 정치 기사가 내포하는 편향의 주범으로 지목되곤 한다. 하지만 연구자들이 현장에서 목도한 정치부 데스크들의 역할은 한마디로 재단할 수 없는 것이었다. 이들은 정치적 사실들에 맥락과 해석적 의미를 부여하는 존재들이었다. 하지만 이러한 작업이 지향하는 것은 편향의 생산보다는 정교화에 가까웠다. 정치부 데스크들과 함께한 3일은 이들이 정치 뉴스가 피상적인 팩트로 겉돌지 않게 하면서, 동시에 난장 같은 정치판에서 언론이 "함께 칼춤을 추지 않도록 중심을 잡는"(정치부장과의 대화 중에서) 존재임을 보여주었다.

8장. 뉴스의 편집

일선 기자들의 취재 및 발제에서 시작해 부서 및 편집국 단위의 게이트키핑과 데스킹을 거쳐 생산된 기사들은 전체 지면 편집을 거쳐 언론으로 완성된다. 언론은 그날의 세계를 정리하고, 그 의미를 해석하며, 이를 통해 수용자들은 자신들 앞에 펼쳐진 세계를 온전한 전체상으로 경험한다. 언론의 논조 혹은 편향을 완성하는 것도 편집이다. 그러기에 언론에 대한 비판은 취재 및 게이트키핑, 데스킹 등에 대한 비판에 앞서 주로 편집에 대한 비판이었다. 하지만 편집국 단위의 집합적 의사결정이라 할 최종 편집 과정(판별 변화 과정 및 그 의사결정 과정)은 블랙박스처럼 감춰져왔다. 종래의 연구들은 기자들을 대상으로 한 설문조사나 심층인터뷰로 그 과정을 간접적으로 추정하거나, 수용자에게 전달된 지면이나 기사 텍스트에 대한 내용 분석을 통해 전체 지면 편집의 작은 편린들

뉴스의 생산

을 분석하는 데 머물렀다.

연구자들은 현장 연구를 진행하는 과정에서, 전 지면에 걸쳐 최초의 가판(50판)이 51판(지방판), 52판(서울판), 53판, 54판(추가 수정판)을 거치며 어떻게 수정되는지를 알 수 있는 온전한 데이터에 접근할 수 있었다. 연구자들 입장에서 숨이 멎는 것 같았던 순간이다. 수정 내용은 기사의 추가 및 삭제, 기사 크기 및 위치의 조정, 제목(주제목 및 소제목)의 변경, 기사 내용(사실 관계 및 정보원)의 보완, 기사 문장 및 표현의 수정, 사진의 변경, 캡션의 수정, 그래픽의 수정 등 다차원적이었다. 이 수정 과정은 뉴스 생산자들이 자신들이 실천하는 저널리즘을 섬세하게 조율해 최종적으로 생산하는 과정이었다. 판별 변화 데이터에 대한 종합적 분석은 지금까지 이루어진 그 어떤 내용 분석 작업보다 방대하고 섬세하며 복잡한 분석 틀을 요구했다. 그 틀에 따라 수행된 코딩 작업 역시 지금까지 이루어진 어떤 유사한 코딩보다 고난도의 작업이었다. 코더들은 언론에 대한 이해도가 높은 언론정보학 전공 대학원생들로 구성되었다. 이들이 수행하는 코딩의 일치도를 높이기 위해 코딩 항목에 대한 조작적 정의를 정교화하고, 그 내용을 코더들에게 학습시킨 후, 수차례에 걸쳐 사전 예비 코딩을 수행하고 그 결과를 연구진과 코더들이 함께 검토하는 작업이 수차례 반복되었다. 실제 코딩에 들어가서도 코딩의 모호함이나 의문점이 발생하는 경우 이를 연구자들과 코더들이 온라인으로 상호 공유하고 그에 대한 합의된 답을 만들어감으로써 코딩의 일치도를 극대화하고자 했다. 이를 통해 생성한 방대한 결과 데이터를 분석하는 작업도 쉽지 않았다. 하지만 분석을 통해 밝혀진 사실들은 '언론은 편집을 통해 무엇을 실천하는가'에 관한 실증적 근거를 제공한다. 그 결과를 이 장과 9장에 걸쳐 기술한다.[1]

1. 신문의 편집

신문의 편집은 신문사 편집국 차원에서 진행되는 신문 제작의 모든 과정을 의미하기도 하고, 편집국 내 편집부 중심의 지면 편집 과정을 의미하기도 한다. 이배영 등(2001)은 전자를 '큰 편집', 후자를 '작은 편집'으로 구분한다. 그에 따르면 큰 편집은 기사의 취사선택과 해설·분석 기사의 논조 등 신문의 전체적인 방향을 결정하는 것이 주된 일인 반면, 작은 편집은 큰 편집에 따라 결정된 제작 방향에 맞춰 신문을 만드는 편집의 마지막 단계다(pp.31~32). 큰 편집과 작은 편집은 분업화된 상태에서 협조하는 방식을 취하며, 서로의 업무에 대해 잘 알고 도움을 받으면서 분업과 협조가 이루어질 때 좋은 신문을 발행할 수 있다(p.33).

김창숙(2020)은 뉴스 생산 과정의 관점에서 취재기자가 작성한 기사를 에디터가 받은 이후부터 인쇄 전까지의 업무 과정을 편집(에디팅)으로 본다. 이때 에디터의 역할은 취재기자가 작성한 기사를 검토하는 일이며, 검토는 기사 내용 면에서 전체적인 논리에 이상이 없는지, 일반적으로 신뢰할 수 있고 설득력이 있는지, 기사의 관점은 어떠한지, 기사 맥락이 필요한 사실들이 모두 수집 확인되었는지, 의심스러운 부분은 없는지, 사실들이 적절히 배치되었는지 등 작성된 기사를 바탕으로 확인하는 것이다(p.17). 이 연구에서 에디팅 과정은 데스킹 과정을 포함하는 개념으로 사용되고 있다.

임영호(2019)에 따르면 편집은 신문 내용을 손질해서 읽기 쉽고, 보기 편하며, 흥미롭게 지면에 배열하는 작업으로 정의된다(p.221). 김은정·이견실(2010) 역시 비슷한 맥락에서 편집을 적합한 형태와 크기의 제목, 기사와 사진 및 그래픽을 내용적인 위계에 따라 배치하여 사건과 현상에 대한 뉴스, 사건의 배경, 전망 등에 대한 해설이 독자에게 정확하게 전달될 수 있도록 하는 것이라고 규정한다(p.109). 편집의 스토리텔링 기능에 관심을 둔 다른 연구에서는 신문 편집을 기사(내러티브)의 사실을 훼손하지 않는 범위에서 여러 가지 편집 요소(기사, 헤드라인, 이미지)를 동원해 완결된 형식을 만들고 수용자를 유혹하는 기술로 정의하기도 한다(윤여광, 2013, p.22).

정리하면 편집은 편집국에서 벌어지는 신문 제작 과정 전체를 지칭하기도 하고 데스킹이나 지면 배치 등 일부 과정을 지칭하기도 한다. 게이트키핑, 데스킹, 최종 지면 편집 등의 뉴스 제작 과정은 단계별로 이루어지지만, 각 단계가 완전히 독립되어 있지 않고 유기적으로 얽히면서 끊임없이 반복되기 때문일 것이다. 이 장에서는 편집을 기사 작성과 데스킹이 마무리되는 시점에 시작되는 지면 편집 작업으로 정의한다. 지면 편집 작업은 편집 부서를 중심으로 이루어지는 것처럼 보이지만 실제로는 편집국 전체가 유기적으로 협력하는 방식으로 그 과정에 참여한다.

지면 편집 작업은 일회성으로 끝나지 않고 초저녁부터 밤늦은 시간까지 수차례 반복된다. 부서별로 완성된 기사가 편집국 내부 시스템에 올라오면 편집기자는 각 부서의 데스크와 함께 기사의 배열, 제목 뽑기, 사진 선정 등의 편집을 시작하며, 오후 5시 30분경 신문 초판(50판)을 발행한다. 그 직후 편집국장, 부국장 및 부장들을 중심으로 초판의 지면을 대형 화면에 띄워놓고 기사의 추가·삭제, 지면 배치와 제목, 기사의 방향 등을 상세히 검토하는 51판 편집회의가 열린다. 51판 편집회의가 끝나면 부서(정치부, 사회부, 경제부, 국제부 등)별로 부장을 중심으로 데스크 회의를 열고, 회의에서 논의된 내용을 토대로 기사의 수정 방향을 정하고 이를 일선 기자들에게 전달한다.

이러한 과정을 거처 최종 기사의 취합이 완료되면 편집기자들은 다시 데스크와 함께 지면을 수정하여 저녁 9시 전후에 51판을 발행하고,[2] 그 직후 이를 대상으로 한 편집회의(52판 편집회의)를 다시 개최한다. 이 회의에는 51판 편집회의에 참여했던 데스크와 더불어 주요 지면(1면과 정치면 등)의 기사를 작성한 기자들도 일부 참석한다. 이는 편집국에서 하루 종일 이어지는 회의 중에서 가장 많은 인원이 참여하는 회의로서, 51판 편집회의와 같은 방식으로 함께 지면을 모니터링하면서 기사의 제목과 내용, 사진, 지면 배치 등 세부적인 부분에 대한 논의가 이루어진다. 이후 부서 단위의 회의를 거처 52판 편집회의에서 논의한 사항들을 기사 및 지면 수정 작업에 반영한 후 11시 전후에 52판을 발행한다.[3] 52판 발행 이후에도 필요에 따라 53판과 54판이 발행되기도 한다.

2. 판별 지면 데이터 수집과 코딩

❶ 지면 데이터 수집

신문 초판 발행 이후 최종판 발행까지의 지면 변화를 알아보기 위해 편집국 내부의 '뉴스 모니터' 시스템을 통해 판별로 발행되는 지면을 확보했다. '뉴스 모니터'는 편집국 내부 구성원들이 각 판별로 발행된 지면을 온라인으로 공유하여 편집 과정을 원활하게 하기 위한 장치이다. 연구진은 편집회의를 관찰하면서 '뉴스 모니터' 시스템의 존재를 알게 되었고, 편집국장에게 요청하여 시스템에 접근할 수 있는 아이디와 비밀번호를 부여받았다. 지면을 수집해서 분석하고자 편집국장에게 파일 다운로드가 가능한지 다시 문의했고, 수집해도 좋다는 답변을 얻었다. 편집국 외부에서는 '뉴스 모니터'에 접근할 수 없고[4] 2개월이 지나면 지면이 자동 삭제되기 때문에 편집국에 머무는 동안 많은 시간을 지면 수집 작업에 할애했다.

　오후 5시가 넘으면 초판(50판) 지면이 '뉴스 모니터' 시스템에 올라오기 시작한다. 초판에서는 A면에서 D면까지 모두 발행되는데, A면은 30~40면, B면은 8~10면, C면과 D면은 4~8면 내외의 분량이다. A면은 종합, 정치, 사회, 문화, 스포츠, 오피니언 등으로 구성된 일반적인 종이 신문 지면이고, B면은 경제종합면 및 주말판(아무튼 주말), C면과 D면은 특별기획 지면이다. C면과 D면은 메디컬 리포트, 헬스 온 더 테이블, 분양 리포트, 메가시티충청, 신택리지 경북(지자체 소개), 머니 & 트렌드, 대학 입시 설명회, 명품 브랜드 아파트, 위클리 부동산, 테크 엔드 퓨처, 바이오 엔드 퓨처, 콜센터 품질지수, ESG 경영, 소비자, 핫 플레이스, 레저, 공익 세션 등 그때그때 임의로 제목을 붙여 구성되는 광고·홍보성 특별기획 지면이다. 이 두 지면은 완성된 상태로 초판에 올라오기 때문에 초판 이후 다시 발행되는 경우가 사실상 없고 편집회의에서도 검토되지 않는다. 초판 이후의 지면 변화는 주로 A면과 B면에서 관찰할 수 있으며 그중에서도 A면에 집중되어 있다. 지면 자료 수집을 결정한 시점에 수집 가능했던 2021년 10월 1일부터 관찰 마지막 날인 2022년 2월 18일까지 '뉴스 모니터'에 올라온 지면 자료를 전수 수집했다. 총 118일 동안 초판부터 최종판까지 수집한 지면은 모두 11,729면이었다.

　[표 8-1]은 월별 지면 자료 수집 일수를 정리한 것이다. 신문이 발

행되지 않는 일요일, 설 연휴를 제외하고 월별로 신문이 발행된 일수는 25~27일이며, 2022년 2월만 예외적으로 18일까지 현장 연구를 진행했기에 지면 수집 일수가 15일이다. 50판부터 52판까지는 지면 수집 일수가 동일한데, 이것은 지면 자료 수집 기간 동안 매일 52판까지 발행했다는 것을 의미한다. 즉 초판 발행 이후 지방 배송용(51판) 및 수도권 배송용(52판) 지면 발행은 하루도 빠짐없이 수행되는 일상적인 일이라고 볼 수 있다. 한편 53판이 발행된 날은 전체 118일 중 89일(75.4%)로, 53판의 발행이 제법 자주 일어나는 일임을 알 수 있다. 이와 달리 54판의 발행은 전체 118일 중 3일(2.5%)에 머물러 예외적인 경우라 할 수 있다.

　　50판을 발행한 이후 다음 판으로 가면서 발행하는 지면의 수는 자연스럽게 줄어든다. 판이 바뀔 때 수정할 내용이 없으면 추가 발행을 멈추고, 수정한 지면만 다음 판에서 다시 발행하기 때문이다(표 8-2). 50판에서 발행한 지면은 모두 6,437면이며, 이 중에서 절반(47.5%)에 가까운 3,060면이 51판에서 수정 발행되었다. 통상 A면 36개 지면 중 14~16개의 지면이 전면 광고라는 점, B면은 A면에 비해 수정이 적다는 점, C면부터는 사전에 제작 완료되어 사실상 수정이 없다는 점을 고려할 때 A면의 수정 비율은 이 수치를 훨씬 넘을 것(사실상 80% 이상)으로 추측된다. 또한 52판에서는 2,030면이 새롭게 수정 발행되었는데, 이는 초판 지면의 31.5%를 다시 수정한 것을 의미한다.[5] 이 비율은 53판과 54판에서는 각각 3.1%, 0.1%로 낮아졌다. 이러한 수치를 통해서 지면 수정이 적극적으로 이루어지는 편집 과정은 51판과 52판이며, 지면 편집 작업은 52판에서 사실상 종료된다는 것을 알 수 있다.

　　[표 8-3]은 [표 8-2]에 제시한 판별 수집 지면의 수를 1일 평균값

[표 8-1] 월별 지면 수집 일수

단위: 일

기간	50판	51판	52판	53판	54판
2021년 10월	25	25	25	18	0
2021년 11월	26	26	26	22	1
2021년 12월	27	27	27	19	2
2022년 1월	25	25	25	18	0
2022년 2월(~18일)	15	15	15	12	0
계	118	118	118	89	3

[표 8-2] 판별 수집 지면 수

단위: 면(수정 비율은 50판 대비 비율)

기간	50판	51판	52판	53판	54판	계
2021년 10월	1,386	637	420	44	0	2,488
2021년 11월	1,446	638	440	51	1	2,576
2021년 12월	1,580	698	463	37	2	2,780
2022년 1월	1,305	663	428	28	0	2,424
2022년 2월	720	424	279	38	0	1,461
계(수정 비율)	6,437	3,060(47.5)	2,030(31.5)	198(3.1)	3(0.1)	11,729

[표 8-3] 1일 평균 판별 수집 지면 수

단위: 면

기간(신문 발행 일수)	50판	51판	52판	53판	54판
2021년 10월(25)	55.4	25.5	16.8	1.8	0.0
2021년 11월(26)	55.6	24.5	16.9	2.0	0.1
2021년 12월(27)	58.5	25.9	17.1	1.4	0.1
2022년 1월(25)	52.2	26.5	17.1	1.1	0.0
2022년 2월(15)	48.0	28.3	18.6	2.5	0.0
전체(118)	54.6	25.9	17.2	1.7	0.0

으로 환산해 정리한 것이다. 50판에서는 모든 면이 발행되기 때문에 50판의 1일 평균 지면 수는 곧 1일 평균 신문 발행 면수를 의미한다. [표 8-3]에서 볼 수 있는 것처럼, 월별 편차가 존재하지만 일일 평균 발행 면

수는 약 54면이고, 2021년 12월에 가장 많았으며(58.5면), 2022년 2월에 가장 적었다(48면).

❷ 분석 대상의 표집과 지면 코딩

20주의 수집 기간 가운데 9주(54일)를 표집한 후 중심 지면(종합면, 기획 특집면, 정치면, 사회면 등으로 주로 A12면까지)을 대상으로 기사의 변화를 코딩했다. 팔면봉(시사 이슈에 대한 한 줄 평가), 조선 투데이(기사 인덱스), 베이징 목차(올림픽 관련 기사 목차), 부음 기사, 바로잡습니다(지난 기사의 오타, 수치 오류 등에 대한 정정) 등의 기사는 분석에서 제외했다. 50판을 기준으로 분석 대상이 된 지면은 659면(1일 평균 12.2면)이며 기사 수는 1,807건(1일 평균 33.5건)이다. 표집된 분석 대상 일자는 [표 8-4]에 정리되어 있다.

표집을 마친 후 내용 분석을 위한 코딩을 진행했다. 언론학을 전공한 대학원생(석사·박사과정)과 석사 졸업생 등 5명이 코더로 참여했다. 판 변화에 따른 기사의 유형과 속성, 기사의 추가·삭제·수정, 수정 항목, 기사 내용의 변화, 제목의 변화, 사진과 그래픽 요소의 추가·삭제·수정, 인용원의 변화 등을 유목화하여 코딩했다. 5,000건에 달하는 방대한 분량의 기사를 일일이 읽어보고 이전 판의 기사와 비교하면서 변화 항목과 변화의 속성을 기록하는 작업이었기 때문에 언론학을 전공하는 대학원생이 아니면 수행하기 힘든 전문적 코딩 작업이었다.

코딩북coding book을 만들고 실제로 코딩을 완료하기까지 10개월 이상이 소요되었다(표 8-5). 2022년 2월 18일 연구 현장을 떠나 3월 한 달 동안 내용 분석을 위한 기본 틀coding scheme을 만들고 이를 토대로 코딩

[표 8-4] 표집된 분석 대상 일자

연월	주	일자
2021년 10월	셋째 주	2021.10.16.(토) ~ 10.22.(금) [6일]
2021년 11월	첫째 주	2021.11.1.(월) ~ 11.6.(토) [6일]
	셋째 주	2021.11.15.(월) ~ 11.20.(토) [6일]
2021년 12월	첫째 주	2021.12.1.(수) ~ 12.7.(화) [6일]
	셋째 주	2021.12.15.(수) ~ 12.21.(화) [6일]
2022년 1월	첫째 주	2022.1.1.(토) ~ 1.7.(금) [6일]
	셋째 주	2022.1.15.(토) ~ 1.21.(금) [6일]
2022년 2월	둘째 주	2022.2.7.(월) ~ 2.12.(토) [6일]
	셋째 주	2022.2.14.(월) ~ 2.19.(토) [6일]

[표 8-5] 지면 코딩 일정

일정	내용	참여자
2022년 2월 18일	현장 연구 및 지면 수집 완료	연구진
2022년 3월	코딩북 초안 작성	연구진
2022년 4월~6월	코딩북 검토 회의(9회)	연구진, 코더
2022년 6월	코딩북 완성	연구진, 코더
2022년 7월	예비 코딩 및 코딩북 보완	연구진, 코더
2022년 8월~11월	코딩 실시	코더(연구진과 소통)
2022년 12월	코딩 데이터 검토 및 보완	연구진, 코더

북 초안을 작성한 후, 4월 12일 연구진과 코더들이 첫 회의를 가졌다. 코딩 틀을 개발하고 정교화하는 단계부터 코더가 참여하도록 함으로써 코딩의 정확성과 일치도를 높이고자 했다. 1주일에 한 번씩 코더들과 회의를 진행한 끝에 코딩북 초안을 만들기까지 두 달이 걸렸다. 신문 지면의 판별 변화 내용을 분석한 기존 연구 사례가 없었기 때문에, 연구진과 코더들이 판별로 기사 위치, 크기, 주 제목, 중간 제목, 기사 유형, 본

문 내용, 인용원, 사진, 사진 캡션, 기타 이미지(그래픽/일러스트레이션) 등의 변화 사례를 일일이 검토해가면서 분석 유목을 개발했다. 판별로 같은 기사에 동일 ID를 부여하고 변화를 추적하면서 코딩하는 방식인 데다가 기사의 수정 내용이 사례마다 모두 달랐기 때문에, 모든 사례에 일반화하여 적용할 수 있는 분석 유목을 유형화하는 데 많은 시간이 걸렸다. 이후 7월 한 달간 예비 코딩 과정을 거쳐 분석에 실제 적용할 코딩북을 완성했다(부록 3, 부록 4 참조). 이후 2022년 8월부터 11월까지 4개월에 걸쳐 코딩을 진행했는데, 이 기간에도 단톡방을 유지하면서 코더들과 연구자가 지속적으로 소통했다. 명확하게 분류하기 모호한 사례나 정성적·주관적 판단이 요구되는 사례에 대한 논의를 통해 코더 간에 합의점을 계속 찾아나가는 방식으로 코딩 작업을 진행했다. 코딩을 마친 후에는 데이터 검토 과정data cleaning을 거쳐, 오류가 발견된 기사를 다시 확인해서 수정하도록 했다. 이렇듯 길고 힘든 과정을 거쳐 코딩을 모두 완료하고 최종 분석을 위한 데이터 파일을 만든 것은 2022년 12월 26일이었다.

3. 판별 기사의 변화

판이 바뀌면서 나타나는 지면의 변화를 우선 기사의 변화 차원에서 살펴보았다. 판별 기사의 변화는 크게 4가지 경우로 정리할 수 있다. ① 직전 판의 내용과 편집 상태를 그대로 유지하는 경우(무수정), ② 기사는 유지되지만 내용(제목, 사진, 캡션, 기사 본문 등)이 일부 수정되는 경우(수정), ③ 새롭게 기사가 추가되는 경우(추가), ④ 기존의 기사를 삭제하는

[표 8-6] 판별 기사 변화

단위: 건(%)

기사 변화	50판	51판	52판	53판	54판
전체 기사수	1,807	1,832	1,829	1,830	1,830
무수정		282(15.4)	845(46.2)	1,764(96.4)	1,827(99.8)
수정		1,525(83.2)	987(54.0)	65(3.6)	3(0.2)
추가		141(7.7)	56(3.1)	3(0.2)	1(0.1)
삭제		116(6.3)	59(3.2)	2(0.1)	1(0.1)

경우(삭제)가 그것이다. [표 8-6]은 초판 발행 후 54판에 이르기까지 기사의 변화를 이러한 4가지 유형별로 정리한 것이다.

　51판을 보면, 초판에서 발행되었던 1,807개의 기사 중 282건(51판 기사 중 15.4%)이 그대로 유지되었고, 1,525건의 기사(51판 기사 중 83.2%)가 수정되었다. 그리고 141건(51판 기사 중 7.7%)의 기사가 추가되고, 116건(51판 기사 중 6.3%)의 기사가 삭제되었다. 52판으로 가면서 기사의 변화는 조금 줄어드는데, 845건(52판 기사 중 46.2%)이 수정 없이 유지되었고, 987건(52판 기사 중 54.0%)은 기사가 유지된 채 수정되었으며, 56건(3.1%)이 추가되고, 59건(3.2%)이 삭제되었다. 이처럼 52판까지 절반 이상의 기사가 수정되는 등 적극적인 편집이 이루어지고 있는 것과 달리, 52판이 발행된 이후 53판과 54판에서는 수정이 크게 줄어든다. 53판에서는 전체 1,830개의 기사 중 1,764건(96.4%)이 그대로 유지되었고, 65건(3.6%)의 기사만이 수정되었으며, 추가 및 삭제 기사가 각각 3건과 2건이었다. 54판에서는 3건(0.2%)의 기사만이 수정되었으며, 추가 및 삭제 기사는 각 1건씩으로 극히 드물었다. 종합적으로 초판(50판)에서 지방판(51판)과 서울판(52판)까지는 많은 기사를 적극적으로 수정하는 반면, 53판과 54판에서는 일부 기사에 대해 예외적으로 수정이 이루어졌다.

❶ 지면 제목

신문 상단 중앙에는 종합, 정치, 사회를 비롯하여 투데이, 포커스 등 지면의 제목이 표시된다. 먼저 '종합' 지면은 분야와 상관없이 주요 뉴스를 다루는 지면으로, 1면이 여기에 해당하고 이 밖에 8면, 16면 등에 종합면이 한두 면 정도 추가된다.[6] 정치부가 담당하는 '정치' 지면은 4, 5, 6면에, 사회부가 담당하는 '사회' 지면은 10면과 12면 등에 주로 배치된다. 2면은 통상 '투데이'라는 지면 제목하에 그날의 주요 기사를 요약한 인덱스(Chosun Today) 및 다양한 분야의 새로운 트렌드를 알려주는 기획 기사가 실리며, 3면은 '포커스'라는 지면 제목하에 2면과 마찬가지로 기획 기사가 주로 실린다. 관찰 기간 동안 코로나 팬데믹, 코로나 대유행, 오미크론 비상 등 다양한 제목의 '코로나 관련' 지면, 대장동 관련 기사를 담은 '대장동 게이트' 지면, 2022년 1월에 주로 편성된 '2022 신년특집' 지면 등이 편집되었다. 그 외에도 '대선 관련' 지면과 '경제 관련' 지면, '기획' 지면이 있었다. 특별히 구분하기 어려운 제목의 지면은 '기타'로 분류했다.[7]

　　[표 8-7]은 지면 제목별로 판별 기사 수정 빈도와 수정 비율을 정리한 것이다. 51판에서 '코로나 관련'과 '경제 관련' 지면은 100% 변화했으며 '기획'과 '외교안보', '대선 관련', '종합' 지면의 기사는 90% 이상 수정되었다. 특히 '코로나 관련' 지면의 경우 51판에서 50판 기사의 100%, 52판에서는 51판 기사의 81.7%가 수정되는 등 다른 기사에 비해 수정 비율이 크게 높았다. 코로나 관련 이슈는 백신 접종률, 확진율

지면 제목	50판 기사 수	51판 수정 기사 수	51판 기사 수	52판 수정 기사 수	52판 기사 수	53판 수정 기사 수	54판 수정 기사 수
종합	329	300(90.9)	339	192(56.6)	341	20(5.9)	2
정치	389	329(84.6)	391	192(49.1)	391	5(1.3)	0
사회	579	456(78.8)	588	294(50.0)	587	13(2.2)	1
코로나 관련	103	103 (100.0)	104	85(81.7)	104	6(5.8)	0
투데이	95	81(85.3)	92	45(48.9)	92	11(12.0)	0
포커스	56	43(76.8)	59	28(47.5)	58	3(5.2)	0
대장동 게이트	61	52(85.2)	62	42(67.7)	63	1(1.6)	0
외교안보	24	23(95.8)	27	14(51.9)	27	0(0.0)	0
2022 신년특집	27	17(63.0)	21	8(38.1)	21	0(0.0)	0
대선 관련	26	24(92.3)	20	19(95.0)	20	3(15.0)	0
경제 관련	24	24(100.0)	18	17(94.4)	18	1(5.6)	0
기획	30	29(96.7)	34	24(70.6)	34	0(0.0)	0
기타	63	44(69.8)	77	27(35.1)	73	2(2.7)	0
전체	1,807	1,525 (84.4)	1,832	987(54.9)	1,829	65(3.6)	3

수치를 포함하여 시시각각 변화하는 성격이 큰데, 이러한 변화를 지면에 정확하게 담아내려다보니 자연스럽게 수정이 많아진 것으로 해석된다. 수정 비율이 상대적으로 낮은 지면 제목은 '기타'와 '2022 신년특집' 지면이었다. '2022 신년특집' 지면은 몇 주 전부터 미리 기획하여 작성한 것이기 때문에 다른 지면에 비해 상대적으로 수정이 적었던 것으로 보인다. 52판에서는 '대선 관련', '경제', '코로나 관련' 지면의 수정 비율이 80% 이상으로 52판 평균(54.9%)보다 크게 높았다. 반면 '기타'와 '2022 신년특집' 지면은 52판에서도 여전히 수정 비율이 낮았다. 53판

[표 8-8] 지면 제목별 삭제 기사 수

지면 제목	50판 기사 수	51판 삭제	52판 삭제	53판 삭제	54판 삭제	판별 삭제 기사의 합
종합	329 (18.2)	14 (12.1)	12 (20.3)	0	0	26 (14.6)
정치	389 (21.5)	22 (19.0)	10 (16.9)	0	0	32 (18.0)
사회	579 (32.0)	51 (44.0)	21 (35.6)	1	1	74 (41.6)
코로나 관련	103 (5.7)	1 (0.9)	1 (1.7)	0	0	2 (1.1)
투데이	95 (5.3)	9 (7.8)	10 (16.9)	1	0	20 (11.2)
포커스	56 (3.1)	3 (2.6)	2 (3.4)	0	0	5 (2.8)
대장동게이트	61 (3.4)	5 (4.3)	2 (3.4)	0	0	7 (3.9)
외교안보	24 (1.3)	2 (1.7)	0	0	0	2 (1.1)
2022 신년특집	27 (1.5)	6 (5.2)	0	0	0	6 (3.4)
대선 관련	26 (1.4)	2 (1.7)	1 (1.7)	0	0	3 (1.7)
경제 관련	24 (1.3)	0	0	0	0	0
기획	30 (1.7)	0	0	0	0	0
기타	63 (3.5)	1 (0.9)	0	0	0	1 (0.6)
전체	1,807 (100.0)	116 (100.0)	59 (100.0)	2	1	178 (100.0)

에서는 지면이 수정되는 비율이 전반적으로 낮았는데, '대선 관련'과 '투데이' 지면의 수정 비율이 10% 이상으로 다른 지면(평균 3.6%)보다 상대적으로 높았다. 54판에서 수정이 있었던 3개 지면의 제목은 '종합' 2개, '사회' 1개였다.

[표 8-8]은 판이 변할 때마다 지면 제목별로 기사가 어느 정도 삭제되는지 보여준다. 지면 제목에 따라 발행한 기사 수가 다르므로 정확한 비교를 위해 50판의 기사 수와 비율을 표에 함께 포함하였다. 주목할 만한 결과로, '사회' 지면에서 기사 삭제가 가장 활발히 일어났고, 51판에서 특히 삭제가 많았다(51건, 51판 삭제 기사의 44.0%). '정치' 지면은 다른 면에 비해 기사 삭제 비율이 낮았는데, 51판(22건, 51판 삭제 기사의

[표 8-9] 지면 제목별 추가 기사 수

단위: 건(%)

지면 제목	50판 기사 수	51판 추가	52판 추가	53판 추가	54판 추가	판별 추가 기사의 합
종합	329 (18.2)	22 (15.6)	14 (25.0)	1	0	37 (18.4)
정치	389 (21.5)	19 (13.5)	7 (12.5)	0	0	26 (12.9)
사회	579 (32.0)	65 (46.1)	18 (32.1)	1	1	85 (42.3)
코로나 관련	103 (5.7)	2 (1.4)	1 (1.8)	0	0	3 (1.5)
투데이	95 (5.3)	10 (7.1)	10 (17.9)	1	0	21 (10.4)
포커스	56 (3.1)	7 (5.0)	1 (1.8)	0	0	8 (4.0)
대장동게이트	61 (3.4)	6 (4.3)	1 (1.8)	0	0	7 (3.5)
외교안보	24 (1.3)	3 (2.1)	0	0	0	3 (1.5)
2022 신년특집	27 (1.5)	0	0	0	0	0
대선 관련	26 (1.4)	1 (0.7)	3 (5.4)	0	0	4 (2.0)
경제 관련	24 (1.3)	0	0	0	0	0
기획	30 (1.7)	4 (2.8)	0 (0.0)	0	0	4 (2.0)
기타	63 (3.5)	2 (1.4)	1 (1.8)	0	0	3 (1.5)
전체	1,807 (100.0)	141 (100.0)	56 (100.0)	3	1	201 (100.0)

19.0%)보다 52판(10건, 52판 삭제 기사의 16.9%)에서 더 적었다. '코로나 관련' 지면의 경우 51판과 52판에서 각 1건 삭제되어 기사 삭제가 거의 발생하지 않는 것으로 나타났다.

지면 제목별 추가 기사 비율도 삭제 기사와 비슷한 양상을 보였다 (표 8-9). 51판에서 가장 눈에 띄는 지면은 65건의 기사가 추가된 '사회' 지면이다. 51판의 추가 기사 비율이 46.1%의 수치를 보여 다른 지면보 다 더 적극적으로 기사를 추가했다는 것을 알 수 있다. 이와 달리 '정치' 지면은 51판 추가 기사 비율이 13.5%로 다른 지면에 비해 추가 기사가 적었다. '사회' 지면은 그날 새롭게 발생한 사건·사고를 주로 다루므로 자연스럽게 기사의 삭제와 추가가 많은 반면, '정치' 지면의 경우 새롭게 발생한 사건보다는 정치판의 흐름을 살피면서 미리 기사를 계획하는 경우가 많으므로(7장 밀착 관찰 II: 정치부 참조) 다른 면에 비해 상대적으로 삭제·추가 기사가 많지 않은 것으로 해석된다. '코로나 관련' 지면은 기사 삭제와 마찬가지로 기사 추가도 거의 없는 것으로 나타났다(51판 2건, 52판 1건).

❷ 기사의 주제·유형·구성 요소

[표 8-10]은 기사들이 어떤 주제를 주로 다루었는지 확인하기 위해 신문 발행 부수가 가장 많은 52판을 기준으로 중심 주제별 기사 수를 산출하여 내림차순으로 정리한 것이다. 표에서 확인할 수 있듯이 참여관찰 기간 동안 '대통령 선거 관련' 기사가 가장 많았으며(419건, 22.9%), '코로나'(255건, 13.9%), '사건·사고/재난·재해'(150건, 8.2%), '국회/정당/정치단체/정치인과 그의 가족'(145건, 7.9%), '사회 기타'(120건, 6.6%), '대장동'(114건, 6.2%), '국가 차원의 재정/금융/산업 정책'(105건, 5.7%)이 그 뒤를 이었다.

　빈도가 높은 상위 7개 주제 기사의 판별 수정 비율을 전체 수정 기사 비율과 비교했을 때 눈에 띌 만한 큰 차이는 보이지 않았다. 즉, 전체 평균과 비슷한 수준에서 상위 7개 주제 기사의 수정이 이루어지고 있었다. 다만, '코로나' 주제의 경우 51판 수정 비율이 91.7%, 52판 수정 비율이 68.5%로 전체 수정 기사의 비율(51판 84.8%, 52판 54.1%)보다 높았다. 또한 '대장동' 주제 기사의 수정 비율이 51판에서 87.2%, 52판에서 64.5%로 다른 기사보다 상대적으로 높았다. '코로나' 주제는 시시각각 변화가 있는 이슈이므로 자연스럽게 수정이 많았고, '대장동' 주제는 당

[표 8-10] 중심 주제별 수정 기사 수

단위: 건(%)

중심 주제	50판 기사 수	51판 수정 기사 수	51판 기사 수	52판 수정 기사 수	52판 기사 수	53판 수정 기사 수	54판 수정 기사 수
대통령 선거 관련	415	354 (85.3)	420	217 (51.7)	419 [22.9]	12 (2.9)	0
코로나	242	222 (91.7)	251	172 (68.5)	255 [13.9]	11 (4.3)	0
사건·사고/재난·재해	148	111 (75.0)	149	83 (55.7)	150 [8.2]	6 (4.0)	0
국회/정당/정치단체/정치인과 그의 가족	150	123 (82.0)	147	73 (49.7)	145 [7.9]	3 (2.1)	0
사회 기타	126	95 (75.4)	122	55 (45.1)	120 [6.6]	1 (0.8)	0
대장동	109	95 (87.2)	110	71 (64.5)	114 [6.2]	2 (1.8)	2
국가 차원의 재정/금융/산업 정책	105	98 (93.3)	107	62 (57.9)	105 [5.7]	4 (3.8)	0
북한/통일 관련	85	75 (88.2)	86	45 (52.3)	87 [4.8]	2 (2.3)	0
외교/안보	89	67 (75.3)	83	39 (47.0)	84 [4.6]	3 (3.6)	0
노동/취업	77	70 (90.9)	82	42 (51.2)	81 [4.4]	1 (1.2)	0
교육	69	57 (82.6)	72	41 (56.9)	71 [3.9]	3 (4.2)	0
기업	64	55 (85.9)	63	39 (61.9)	63 [3.4]	2 (3.2)	0
가계 경제/자영업	55	47 (85.5)	56	29 (51.8)	57 [3.1]	1 (1.8)	0
국무총리 등 주요 헌법기관	50	41 (82.0)	51	29 (56.9)	52 [2.8]	2 (3.8)	0
국제 경제/산업	51	45 (88.2)	48	31 (64.6)	48 [2.6]	1 (2.1)	0
환경	45	42 (93.3)	48	27 (56.3)	46 [2.5]	2 (4.3)	1
수도권(서울·경기도)	45	41 (91.1)	47	21 (44.7)	45 [2.5]	1 (2.2)	0
경제 동향	46	40 (87.0)	44	19 (43.2)	43 [2.4]	2 (4.7)	0
대통령/대통령가족/청와대	36	27 (75.0)	39	23 (59.0)	41 [2.2]	3 (7.3)	0
국제 정치/분쟁	41	35 (85.4)	42	20 (47.6)	41 [2.2]	5 (12.2)	0
스포츠	29	26 (89.7)	33	18 (54.5)	37 [2.0]	13 (35.1)	0
지역 문제	26	24 (92.3)	26	15 (57.7)	25 [1.4]	0	0
해외 주요 사건/사고/동향	22	18 (85.7)	22	13 (59.1)	22 [1.2]	3 (13.6)	0

경제 기타	19	16 (84.2)	21	10 (47.6)	21 [1.1]	0	0
해외 코로나	21	18 (85.7)	20	12 (60.0)	20 [1.1]	1 (5.0)	0
정치 기타	19	19 (100.0)	20	9 (45.0)	19 [1.0]	1 (5.3)	0
보건 복지	20	15 (75.0)	20	9 (45.0)	19 [1.0]	0	0
날씨	20	16 (80.0)	20	4 (20.0)	18 [1.0]	0	0
AI/IT 관련	21	13 (61.9)	18	7 (38.9)	17 [0.9]	0	0
문화	18	13 (72.2)	16	7 (43.8)	15 [0.8]	0	0
과학 기타	10	9 (90.0)	10	4 (40.0)	10 [0.5]	0	0
세계 기타	10	7 (70.0)	8	3 (37.5)	9 [0.5]	0	0
의학 생명과학	7	7 (100.0)	8	5 (62.5)	8 [0.4]	0	0
여성 관련	7	5 (71.4)	8	3 (37.5)	7 [0.4]	0	0
미디어 정책	4	3 (75.0)	5	4 (80.0)	6 [0.3]	0	1
문화 기타	4	2 (50.0)	4	1 (25.0)	4 [0.2]	0	0
시민운동	0	0	2	1 (50.0)	2 [0.1]	0	0
전체	1,807	1,525 (84.8)	1,832	987 (54.1)	1,829	65 (3.6)	4

※ ( ) 안 수정 비율은 이전 판 기사 수 대비 기사 수정 비율이며, [ ] 안 비율은 판별 전체 기사 수 대비 해당 중심 주제의 기사 비율임.

시 사회적으로 논란이 많은 이슈였기 때문에 다른 주제보다 섬세한 수정 과정을 거친 것으로 보인다.

기사의 유형은 심층성과 형식을 중심으로 스트레이트, 스트레이트+분석, 심층 분석, 기획, 사진(이미지), 인터뷰 기사 등으로 분류된다.[8] 52판을 기준으로 각 유형별로 얼마나 많은 기사가 분포되어 있는지 살펴보면, 스트레이트+분석 기사가 가장 많았고(858건, 46.9%), 기획 기사(490건, 26.8%), 스트레이트 기사(338건, 18.5%), 사진(이미지) 기사(97건, 5.3%)가 그 뒤를 이었다(표 8-11). 단순히 사실을 전달하는 것을 넘어서 전문가 등의 해석과 의견을 추가하여 사안을 다루는 '스트레이트+분석' 유형이 절반 가까운 비율을 차지한다는 점은 주목할 만하다. 또한

[표 8-11] 기사 유형별 수정 기사 수

단위: 건(%)

기사 유형	50판 기사 수	51판 수정 기사 수	51판 기사 수	52판 수정 기사 수	52판 기사 수	53판 수정 기사 수	54판 수정 빈도
스트레이트 기사	322	268 (83.2)	346	142 (41.0)	338 [18.5]	6 (1.8)	0
스트레이트 +분석 기사	774	713 (92.1)	845	473 (56.0)	858 [46.9]	42 (4.9)	2
심층 분석 기사	25	22 (88.0)	26	17 (65.4)	26 [1.4]	0	0
기획 기사	479	436 (91.0)	493	312 (63.3)	490 [26.8]	11 (2.2)	0
사진(이미지) 기사	96	66 (68.8)	99	32 (32.3)	97 [5.3]	3 (3.1)	1
인터뷰 기사	15	14 (93.3)	15	9 (60.0)	15 [0.8]	3 (20.0)	0
미완성 기사	88	—					
기타	8	6 (75.0)	8	2 (25.0)	5 [0.3]	0	0
전체	1,807	1,525 (84.8)	1,832	987 (54.1)	1,829	65 (3.6)	3

※ ( ) 안 수정 비율은 이전 판 기사 수 대비 기사 수정 비율이며, [ ] 안 비율은 판별 전체 기사 수 대비 해당 기사 유형의 기사 수 비율임.

'기획 기사'가 26.8%(490건)에 달한 것에 비추어, 매일 발생하는 사건·사고에 대한 속보성 뉴스를 넘어서 사회적으로 중요한 의제를 발굴해 기사화하고자 노력하고 있음을 엿볼 수 있다. 한편 기사 유형별로 판의 변화에 따라 수정 기사의 수가 눈에 띄게 다른 양상을 보이지는 않았다.

기사는 본문과 제목, 사진, 기타 이미지 등 다양한 요소로 구성되어 있다. 기사의 구성 요소들이 판이 변화하면서 얼마나 많이 수정되는지 살펴보았다(표 8-12).[9] 50판이 아직 완성된 지면이 아니라는 점을 고려하면, 51판에서 기사의 여러 구성 요소에 대해 많은 수정이 이루어지는 것은 자연스러운 일이다. 특히 기사 본문(68.9%)과 기사 제목 전체(66.1%), 주 제목(50.1%)에 대한 수정이 많았으며, 사진(17.1%)과 사진의 캡션(21.3%)에 대한 수정은 상대적으로 적었다. 52판에서 수정 비율이 줄어들지만 여전히 많은 수정이 있었는데, 기사 제목 전체(37.6%)에

[표 8-12] 기사의 구성 요소별 수정 빈도

단위: 건(%), 중복 코딩

기사의 구성 요소	51판	52판	53판	54판
기사 본문	1,263 (68.9)	600 (32.8)	39 (2.1)	3 (0.2)
기사 제목 전체	1,211 (66.1)	688 (37.6)	42 (2.3)	2 (0.1)
주 제목	918 (50.1)	419 (22.9)	25 (1.4)	2 (0.1)
사진	313 (17.1)	82 (4.5)	5 (0.3)	0 (0.0)
사진 캡션	391 (21.3)	117 (6.4)	7 (0.4)	1 (0.1)
기타 이미지	166 (9.1)	96 (5.2)	5 (0.3)	0 (0.0)
전체 기사 수	1,832	1,829	1,830	1,830

대한 수정이 많았으며 본문 수정이 이루어진 기사도 52판 기사 전체의 3분의 1(32.8%)에 달한다. 사진(4.5%)이나 사진 캡션(6.4%), 기타 이미지(5.2%) 등을 수정한 경우는 상대적으로 적었지만, 모든 기사에 사진과 이미지가 있지 않다는 점을 고려하면 적지 않은 수치이다.

판이 변화하면서 기사의 본문이 수정되는 방식은 정보 추가, 정보 삭제, 가독성(독이성) 제고, 기자의 해석·의견 추가, 기자의 해석·의견 삭제, 기사 완성으로 요약된다.[10] 51판에서 발행된 1,832건의 기사 중 1,263건의 기사 본문이 수정되었는데, 정보를 추가하거나(687건 54.4%), 삭제하거나(606건, 48.0%) 가독성을 높이는 경우(550건, 43.5%)가 많았다. 반면 기사의 해석·의견 추가나(65건, 5.1%) 삭제의 경우(44건, 3.5%)는 상대적으로 미미했다. 이러한 경향은 52판과 53판에서도 크게 다르지 않았다. 53판에서는 특히 가독성 제고(25건, 64.1%)와 정보 삭제(24건, 61.5%)의 비율이 높았다(표 8-13). 이러한 결과는, 지면 편집을 통한 기사 본문의 수정이 기사에 포함된 정보의 뉴스 가치를 지속적으로 재평가하면서 뉴스 가치가 더 높다고 생각하는 정보를 추가하고 상대적으로 덜 중요한 정보를 삭제하는 과정이고, 기사 본문의 문장을

[표 8-13] **기사 본문 수정의 속성별 수정 빈도**

단위: 건(%), 중복 코딩

기사 본문 수정의 속성	51판	52판	53판	54판
정보 추가	687 (54.4)	334 (55.7)	21 (53.8)	3
정보 삭제	606 (48.0)	331 (55.2)	24 (61.5)	3
가독성 제고	550 (43.5)	351 (58.5)	25 (64.1)	2
기자의 해석·의견 추가	65 (5.1)	28 (4.7)	5 (12.8)	0
기자의 해석·의견 삭제	44 (3.5)	20 (3.3)	1 (2.6)	0
기사 완성	668 (52.9)	17 (2.8)	0	0
기타	16 (1.3)	14 (2.3)	4	0
본문 수정 기사 수	1,263 (100.0)	600 (100.0)	39 (100.0)	3
전체 기사 수	1,832	1,829	1,830	1,830

계속 다듬고 수정하여 오류를 최소화하고 독자가 이해하기 쉬운 기사를 만들어가는 과정이며, 기자의 해석과 의견을 강화하기보다는 팩트를 강화하는 과정이라는 것을 보여준다.

❸ 인용원

인용원은 기사에서 언급한 취재원을 뜻하는데, 사람, 기관, 연구 논문, 온라인 자료 등 다양한 출처가 인용된다. 양질의 인용원을 다수 인용하는 것은 흔히 기사의 품질을 나타내는 지표로 간주된다. 이러한 맥락에서 판별로 인용의 양상이 어떻게 달라지는가를 살펴보았다. [표 8-14]는 인용원이 포함된 기사의 수와 인용원의 수, 인용의 횟수가 판에 따라 어떻게 변화하는지 보여준다. 50판에서 51판으로 이어지는 수정은 지면을 완성해가는 단계이므로 인용원이 있는 기사 비율이 72.9%에서 90.1%로 증가했다. 52판에서도 인용원이 포함된 기사의 수는 92.3%로 소폭

[표 8-14] 판별 인용원 변화

항목	50판	51판	52판
인용원이 있는 기사 수	1,317건	1,651건	1,687건
인용원이 있는 기사의 비율	72.9%	90.1%	92.3%
인용원 수	4,640건	5,920건	6,047건
기사당 인용원 수 평균	3.52건	3.59건	3.58건
인용 횟수	8,126회	10,237회	10,460회
기사당 인용 횟수 평균	6.17회	6.20회	6.20회
전체 기사 수	1,807건	1,832건	1,829건

증가했다. 사진 기사(전체 기사의 5.3%, 표 8-11 참조)처럼 본문이 없는 기사를 제외하면, 기사 대부분에 인용원이 포함되어 있다고 볼 수 있다.

기사당 인용원 수는 평균 3.5건, 기사당 인용 횟수는 평균 6.2회로, 판별로 변화가 거의 없었다.[11] 이는 국내 신문 1면의 평균 인용원(취재원) 수가 2.93명(이나연, 2018), 평균 인용 횟수가 3.03회(이건호·정완규, 2008)라는 기존의 연구 결과에 비하면 높은 수치이다. 하지만 인용원 수가 6~12명에 달하는 해외 유수 언론에 비하면 여전히 매우 낮은 수준이다(박재영·이완수, 2007).

사회부 기사 같은 경우 리드 케이스에 최소한 한두 명이 등장하고 보통 서브 케이스를 붙이는데 거기에도 한두 명이 등장합니다. 중간에 대략적인 내용을 설명해주고, 거기서 입장이 갈리면 각각 반론할 수 있는 사람들이 있어야 하고, 마지막에 제언을 해주는 사람이 있어야 한다고 보면 최소한 5명은 있어야 하지 않나. 보통 팀원들 기사를 봐도 그 정도는 등장해요.

— 심층 인터뷰 13

[표 8-15] 인용 유형별 인용 횟수

단위: 회(%)

인용 유형	50판	51판	52판
실명	5,789 (71.2)	7,302 (71.3)	7,470 (71.4)
실명 (소속과 직함 명기)	78 (1.0)	128 (1.3)	135 (1.3)
익명 (소속 명기)	943 (11.6)	1,172 (11.4)	1,198 (11.5)
익명 (분야·지역 정보)	938 (11.5)	1,170 (11.4)	1,189 (11.4)
익명	378 (4.7)	465 (4.5)	468 (4.5)
전체	8,126 (100.0)	10,237 (100.0)	10,460 (100.0)

기사에 취재원을 인용할 때 실명으로 하는 것이 일반적이지만 취재원 보호 등을 이유로 익명으로 하는 사례도 적지 않다. 연구자들은 인용의 유형을 실명, 실명(소속과 직함 명기), 익명(소속 명기), 익명(분야·지역 정보 제공), 익명으로 구분하여 판별로 인용 횟수가 어떻게 달라지는지 확인해보았다(표 8-15).[12] 표에서 보는 것처럼 판이 변화하면서 각 인용 유형별로 인용원 수와 인용 횟수가 증가하지만, 인용 유형별 비율이 거의 동일한 수치로 유지되고 있다. 52판을 기준으로 보았을 때 '실명 인용'이 71.4%로 가장 많은 부분을 차지하며, '소속을 명기한 익명'과 '분야·지역 정보를 명기한 익명' 인용이 각각 11.5%, 11.4%이다. 또한 '순수한 익명' 인용은 4.5%, '소속과 직함을 명기하여 당사자를 특정할 수 있으나 이름을 명기하지 않은 실명' 인용은 1.3%였다. 실명과 익명으로 크게 구분해서 다시 계산해보면 실명 인용이 72.7%, 익명 인용이 27.4%이다. 기사는 실명 보도를 원칙으로 하지만, 익명 보도가 불가피하게 필요하기도 하므로 익명 보도 비율이 높다는 것을 무조건 부정적으로 평가할 수는 없다. 다만 취재원 보호를 위해 익명으로 보도해야 하는 경우 그 배경과 이유를 함께 설명하고 사실이 아닌 의견에 대한 익

명 보도를 자제하는 등의 원칙 적용이 필요하다(박재영·이완수, 2007).[13]

다양한 분야의 사건과 사고가 기사화되는 만큼 기사에 등장하는 인용원의 소속은 매우 다양하다. 인용원 소속을 정부와 정당, 대학·학술단체, 일반인, 시민단체, 교육기관, 언론, 유명인·연예인 등 33개 유목으로 세분화하여 판 변화에 따라 어떻게 달라지는지 살펴보았다(표 8-16). 앞에서 확인한 것처럼 판이 변화하면서 인용원 수가 증가하지만, 인용원 소속별 비율은 크게 달라지지 않았다. 즉, 편집 과정에서 특정 분야의 인용원이 더 많이 인용되거나 배제되는 등의 변화는 없다고 볼 수 있다. 전반적으로 인용이 가장 많은 인용원은 '문재인 정부 및 국가기관'으로 52판 기준 전체 인용원의 21.1%를 차지한다. 그 뒤를 '국민의힘'(13.1%), '민주당'(11.3%), '대학/학술단체'(5.6%), '민간기업/민간단체'(4.9%), '주요국 정부'(4.6%) 인용원이 잇고 있다. 이들 여섯 개 유형에 소속된 인용원의 비율은 전체 인용원 수의 60.6%를 차지하며, 익명 취재원을 배제할 경우 77.7%가 된다. 반면 '국민의당' 소속은 1.4%, '정의당' 소속은 1.0%, '노조/근로자'와 '시민단체' 소속은 각각 0.6%로 인용 비율이 매우 낮다. 뉴스 생산자들이 정부나 주요 정당, 대기업 소속 취재원에게 주로 의존하는 반면, 근로자와 시민, 소수 정당 등을 상대적으로 소홀히 취재하고 있음을 확인할 수 있다.

[표 8-17]은 인용원 소속별로 인용 유형(실명/익명 여부)이 어떤 분포를 보이는지 52판을 중심으로 살펴보았다. 인용 유형 중에서 '익명(분야·지역 정보)'과 순수한 '익명'은 소속을 확인할 수 없으므로 분석에서 제외했다. 인용 수가 많았던 인용원 소속을 중심으로 살펴보면, '문재인 정부 및 국가기관'(26.7%), '국민의힘'(25.1%), '민주당'(23.5%) 등 정부와 주요 정당은 익명 비율이 높고, '대학/학술단체'는 익명 비율이

[표 8-16] 인용원 소속별 인용 횟수

단위: 회(%)

인용원 소속	50판	51판	52판
문재인 정부 및 국가기관	952 (20.5)	1,250 (21.1)	1,277 (21.1)
국민의힘	612 (13.2)	765 (12.9)	790 (13.1)
민주당	578 (12.5)	702 (11.9)	686 (11.3)
대학/학술단체	248 (5.3)	342 (5.9)	340 (5.6)
민간기업/민간 단체	247 (5.3)	295 (5.0)	294 (4.9)
주요국 정부	205 (4.4)	268 (4.5)	281 (4.6)
일반인	126 (2.7)	150 (2.5)	154 (2.5)
공공기관	77 (1.7)	114 (1.9)	120 (2.0)
국민의당	73 (1.6)	79 (1.3)	86 (1.4)
의료기관	54 (1.2)	79 (1.3)	83 (1.4)
유명인/연예인	43 (0.9)	65 (1.1)	79 (1.3)
전문가	42 (0.9)	64 (1.1)	67 (1.1)
정의당	46 (1.0)	59 (1.0)	60 (1.0)
국내 기타	39 (0.8)	53 (0.9)	60 (1.0)
노조/근로자	31 (0.7)	38 (0.6)	39 (0.6)
시민단체	29 (0.6)	34 (0.6)	35 (0.6)
비주요국 정부	24 (0.5)	34 (0.6)	34 (0.6)
주요국 기업/민간단체	28 (0.6)	30 (0.5)	30 (0.5)
교육기관	30 (0.6)	27 (0.5)	29 (0.5)
언론	20 (0.4)	29 (0.5)	29 (0.5)
국제기구	23 (0.5)	29 (0.5)	29 (0.5)
주요국 대학/학회/연구기관	15 (0.3)	25 (0.4)	25 (0.4)
주요국 유명인/연예인	18 (0.4)	23 (0.4)	24 (0.4)
북한 정부 및 국가기관	15 (0.3)	18 (0.3)	17 (0.3)
이명박 이전 정부 및 국가기관	8 (0.2)	10 (0.2)	12 (0.2)
정당 및 정당 산하 기관 (나머지)	9 (0.2)	10 (0.2)	11 (0.2)
주요국 일반인	10 (0.2)	10 (0.2)	11 (0.2)
박근혜 정부 및 국가기관	4 (0.1)	6 (0.1)	8 (0.1)
북한 언론/민간단체	3 (0.1)	3 (0.1)	3 (0.0)
주요국 의료기관	1 (0.0)	3 (0.1)	3 (0.0)
비주요국 유명인/연예인	1 (0.0)	2 (0.0)	2 (0.0)
비주요국 대학/학회/연구기관	—	2 (0.0)	2 (0.0)
해외 기타	2 (0.0)	1 (0.0)	1 (0.0)
익명 (분야·지역 정보)	761 (16.4)	960 (16.2)	976 (16.1)
익명	266 (5.7)	341 (5.8)	350 (5.8)
전체	4,640 (100.0)	5,920 (100.0)	6,047 (100.0)

[표 8-17] 인용원 소속과 인용 유형에 따른 인용 횟수(52판 기준) 단위: 회(%)

인용 유형 \ 인용원 소속	실명	실명 (소속 기관과 직함 정보)	익명 (소속 명기)	합계
문재인 정부 및 국가기관	897 (72.0)	16 (1.3)	333 (26.7)	1,246 (100.0)
국민의힘	573 (74.8)	1 (0.1)	192 (25.1)	766 (100.0)
민주당	517 (76.0)	3 (0.4)	160 (23.5)	680 (100.0)
대학/학술단체	327 (96.5)	0	12 (3.5)	339 (100.0)
민간 기업/민간 단체	233 (79.3)	4 (1.4)	57 (19.4)	294 (100.0)
주요국 정부	256 (95.5)	3 (1.1)	9 (3.4)	268 (100.0)
일반인	118 (77.6)	14 (9.2)	20 (13.2)	152 (100.0)
공공기관	87 (74.4)	0	30 (25.6)	117 (100.0)
국민의당	57 (70.4)	0	24 (29.6)	81 (100.0)
의료기관	74 (91.4)	0	7 (8.6)	81 (100.0)
전문가	52 (77.6)	8 (11.9)	7 (10.4)	67 (100.0)
유명인/연예인	64 (97.0)	0	2 (3.0)	66 (100.0)
정의당	55 (94.8)	0	3 (5.2)	58 (100.0)
국내 기타	41 (73.2)	6 (10.7)	9 (16.1)	56 (100.0)
노조/근로자	25 (65.8)	1 (2.6)	12 (31.6)	38 (100.0)
시민단체	28 (82.4)	0	6 (17.6)	34 (100.0)
비주요국 정부	32 (97.0)	1 (3.0)	0	33 (100.0)
주요국 기업/민간단체	30 (100.0)	0	0	30 (100.0)
국제기구	28 (96.6)	1 (3.4)	0	29 (100.0)
언론	24 (88.9)	2 (7.4)	1 (3.7)	27 (100.0)
교육기관	21 (80.8)	2 (7.7)	3 (11.5)	26 (100.0)
주요국 대학/학회/연구기관	25 (100.0)	0	0	25 (100.0)
주요국 유명인/연예인	23 (100.0)	0	0	23 (100.0)
북한 정부 및 국가기관	16 (94.1)	0	1 (5.9)	17 (100.0)
이명박 이전 정부 및 국가기관	10 (90.0)	0	1 (9.1)	11 (100.0)
기타 나머지 정당	11 (100.0)	0	0	11 (100.0)
주요국 일반인	8 (72.7)	0	3 (27.3)	11 (100.0)
박근혜 정부 및 국가기관	8 (100.0)	0	0	8 (100.0)
북한 언론/민간단체	3 (100.0)	0	0	3 (100.0)
주요국 의료기관	3 (100.0)	0	0	3 (100.0)
비주요국 유명인/연예인	2 (100,0)	0	0	2 (100,0)
비주요국 대학/학회/연구기관	2 (100.0)	0	0	2 (100.0)
해외 기타	0	0	1 (100.0)	1 (100.0)
전체	3,650 (79.3)	62 (1.3)	893 (19.4)	4,605 (100.0)

3.5%로 매우 낮다. 인용 횟수가 적은 인용원 소속 중에서는 '노조/근로자'(31.6%)와 '국민의당'(29.6%), '공공기관'(25.6%)에서 익명으로 처리된 비율이 높았으며, '유명인/연예인'(97.0%)과 '의료기관'(91.4%)은 실명 인용이 90% 이상으로 높았다. 한편 '일반인'과 '전문가'는 익명 비율이 높지 않았지만(13.2%, 10.4%), '소속 기관과 직함 정보를 밝힌 실명'의 비율(9.2%, 11.9%)이 다른 인용원에 비해 높았다. 정리하면, 정부와 공공기관, 정당, 노조 등 갈등 요소가 상대적으로 많은 취재원을 인용할 때 익명이 많고 유명인이나 대학·병원 등 전문기관에 소속된 취재원의 경우 실명이 더 많은 경향이 있다. 또한 일반인과 전문가를 인용할 때 소속 기관과 직함 정보만 밝히는 '준실명' 방식을 통해 취재원을 보호한다는 것을 알 수 있다.

4. 판별 기사 제목의 변화

신문 기사에서 본문 이상으로 중요한 압축적 의미 전달 수단이 기사 제목이다. 앞서 제시한 바 있는 [표 8-12]에서 '기사 제목 전체' 및 '주 제목'이 판별로 얼마나 변화하는지 수정 빈도와 비율을 제시한 바 있다. 기사에는 주 제목, 중간 제목, 어깨 제목 등 다양한 유형의 제목이 달리는데, '기사 제목 전체'가 수정되었다는 것은 이 중 하나라도 수정이 있었던 것을 뜻한다. 앞의 표에서 볼 수 있는 것처럼 51판에서는 전체 1,832건의 기사 중 1,211건(66.1%), 52판에서는 전체 1,829건의 기사 중 688건(37.6%), 53판과 54판에서는 전체 1,830건 가운데 각각 42건(2.3%)과 2건(0.1%)의 기사에서 제목이 수정되었다. '주 제목'에 대한 수정은

51판 918건(50.1%), 52판 419건(22.9%), 53판 25건(1.4%), 54판 2건(0.1%)이었다. 기사 본문과 마찬가지로 51판과 52판에서 기사 제목에 대한 수정이 적극적으로 이루어진다는 것을 알 수 있다.

❶ 주 제목의 표현과 서술 유형

연구자들이 가장 먼저 주목한 것은 주 제목에 부정적인 표현[14]이 얼마나 사용되고 있는가였다(표 8-18). 분석 결과 '비속어·욕설·저속한 표현', '혐오·차별·비하 표현', '성적 표현', '폭력적 표현' 등 부정적 표현이 사용된 주 제목의 비율은 1% 이하로 매우 드물었다. '신조어·유행어·은어'와 '과장된 표현'이 사용되는 경우는 각각 2.4%로 다른 부정적 표현보다는 높았으나 여전히 낮은 비율을 보였는데, 이들 표현은 기사 내용을 좀 더 생생하고 정확하게 전달할 수 있다는 점에서 사례에 따라 긍정적으로 평가할 수 있는 측면도 있다. 한편 판이 거듭되는 과정에서 부정적 표현을 사용한 주 제목의 수는 거의 변화하지 않아, 편집 과정에서 부정적 표현을 정밀하게 걸러내고 있지는 않은 것으로 보인다.

주 제목의 서술 유형은 사실형, 판단형, 직접 인용형, 화행형으로 나누어볼 수 있다(표 8-19). '사실형'은 확인 가능한 팩트를 중심으로 제목을 서술한 경우, '판단형'은 편집자가 주관적인 판단을 추가하여 이를 중심으로 제목을 서술한 경우, '직접 인용형'은 취재원의 발언 등을 발췌하여 큰따옴표로 인용하여 제목을 서술한 경우, '화행형'은 화자가 존재하는 명령형과 촉구형 혹은 의문형의 제목이다.[15] 52판을 기준으로 주 제목의 서술 유형을 살펴보면, 사실형(62.6%)이 가장 많고, 다음은 직접 인용형(40.5%), 판단형(20.8%), 화행형(4%)의 순이다. 이를 통해 주 제

[표 8-18] 부정적 표현이 포함된 주 제목의 수   단위: 건(%)

부정적 표현	51판	52판	53판	54판
외국어·약자·전문용어	156 (9.1)	150 (8.5)	145 (8.2)	149 (8.4)
위아래 첨자 설명	115 (6.7)	156 (8.8)	175 (9.8)	173 (9.7)
비속어·욕설·저속한 표현	19 (1.1)	14 (0.8)	15 (0.8)	15 (0.8)
혐오·차별·비하 표현	7 (0.4)	7 (0.4)	7 (0.4)	7 (0.4)
성적 표현	1 (0.1)	1 (0.1)	1 (0.1)	1 (0.1)
폭력적 표현	4 (0.2)	7 (0.4)	7 (0.4)	7 (0.4)
신조어·유행어·은어	41 (2.4)	47 (2.7)	42 (2.4)	41 (2.3)
과장된 표현	37 (2.2)	46 (2.6)	42 (2.4)	42 (2.4)
주 제목이 있는 기사 수	1,707	1,772	1,779	1,780

※ 비율은 주 제목이 있는 기사 수를 분모로 하여 계산함. 중복 코딩.

[표 8-19] 서술 유형별 주 제목 빈도   단위: 건(%)

서술 유형	50판	51판	52판	53판
사실형	1,052 (61.6)	1,107 (62.5)	1,114 (62.6)	1,115 (62.6)
판단형	372 (21.8)	362 (20.4)	370 (20.8)	372 (20.9)
직접 인용형	689 (40.4)	721 (40.7)	721 (40.5)	722 (40.6)
화행형	80 (4.7)	73 (4.1)	71 (4.0)	67 (3.8)
주 제목이 있는 기사 수	1,707	1,772	1,779	1,780

※ 비율은 주 제목이 있는 기사 수를 분모로 하여 계산함. 중복 코딩.

목이 판단보다는 사실을 기반으로 작성된다는 것을 알 수 있다. 하지만 직접 인용형 제목이 40%나 된다는 점은 문제로 지적할 수 있다.[16]

❷ 직접 인용

주 제목의 직접 인용이 어떤 방식으로 이루어졌는지를 확인하기 위해 인용의 속성을 유형화했다(표 8-20). ① 기사 본문에서 취재원이 언급한

[표 8-20] 주 제목에 활용된 직접 인용의 속성

직접 인용의 속성	50판	51판	52판	53판
기사 본문에서 취재원이 언급한 내용을 그대로 인용	29 (4.2)	22 (3.1)	24 (3.3)	25 (3.5)
기사 본문에서 취재원이 언급한 내용을 부분적으로 변경해서 인용	360 (52.4)	420 (58.3)	439 (60.9)	438 (60.7)
기사 본문에서 취재원이 언급한 내용을 대폭 변경해서 인용	104 (15.1)	104 (14.4)	101 (14.0)	100 (13.9)
기사 본문에 없는 내용을 임의로 인용	122 (17.7)	147 (20.4)	139 (19.3)	141 (19.5)
기타	73 (10.6)	28 (3.9)	18 (2.5)	18 (2.5)
합계	689 (100.0)	721 (100.0)	721 (100.0)	722 (100.0)

※ 본문이 아직 완성되지 않은 경우와 인용의 속성을 판단하기 어려운 경우는 기타로 분류함.

내용을 그대로 인용, ② 기사 본문에서 취재원이 언급한 내용을 부분적으로 변경해서 인용, ③ 기사 본문에서 취재원이 언급한 내용을 대폭 변경해서 인용, ④ 기사에 없는 내용을 임의로 인용 등이 그것이다.

기사 제목에서 직접 인용 사용은 신중해야 하며, 기사에 언급한 내용을 있는 그대로 인용하는 방식은 그나마 가장 나은 경우라고 할 수 있다. 하지만 '기사 본문에서 취재원이 언급한 내용을 그대로 인용'한 경우는 3.3%에 불과했다(52판 기준). '기사 본문에서 취재원이 언급한 내용을 부분적으로 변경해서 인용'하는 경우가 가장 많았는데(60.9%), 기사에서 언급된 인용원의 발언을 요약하거나 발췌하는 과정에서 일부 단어나 문구의 변경이 발생한 것으로 보인다. 취재원의 발언을 대폭 변경하거나 기사에 언급하지 않은 발언을 따옴표로 직접 인용하여 주 제목을 다는 것은 기사의 내용을 왜곡할 우려가 있는데, 분석 결과 이에 해당하는 사례가 각각 14.0%, 19.3%에 달했다. 지면 편집회의에서 주 제목에서 인용한 발언이 기사 본문에 포함되어 있는지 계속 확인하는데

朝鮮日報

청년들 비명에도… 소주성委 "최저임금 인상, 고용에 긍정적 효과"

(대통령 직속)

최저임금 정책평가 토론회

"문재인 정부의 최저임금 정책은 저임금 노동자 보호, 임금 불평등 축소에 있어 큰 역할을 해왔다." 대통령 직속의 소득주도성장특별위가 18일 사회적 대화 속에 함께 서울 중구 은행회관에서 가진 '최저임금 정책 평가토론회' 토론회에서 김유선 소득주도성장특별위원장이 밝힌 말이다. 현 정부 최저임금 정책에 대한 평가와 향후 개선 방안을 모색한다는 취지였는데, 최저임금 급속한 인상의 부작용은 축소·부각하는 비판이 나왔다.

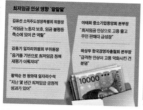

최저임금 인상 영향 '말말말'

김유선 소득주도성장특별위원장 "저임금 노동자 보호, 임금 불평등 축소에 있어 큰 역할"

김동진 일자리위원회 부위원장 "증거를 기반으로 최저임금 정책 재점검이 이뤄져야"

황덕순 前 청와대 일자리수석 "지난 몇 년간 최저임금의 긍정적 성과가 있어"

야권계 중소기업정책포럼 본부장 "최저임금 인상으로 고용 줄고 판매 단가도 급상승"

해상주 한국경영자총협회 본부장 "급격한 인상이 고용 악화시킨 견 분명"

[기사 8-1] 기사 본문에서 취재원이 언급한 내용을 대폭 변경해서 주 제목에 인용한 사례(2021년 11월 19일 8면)

朝鮮日報

2030 영끌족 "금리는 계속 오르는데… 잠이 안옵니다"

"月이자 수십만원 더 나와 퇴근후 알바라도 해야할 판"

지난달 서울 동대문구의 한 아파트를 9억5000만원 주고 산 A씨(42)는 "집값이 끝없이 오르는 게 불안해 대출을 3억원 넘게 얻어 집을 샀는데 요즘 마음이 답답하다"고 말했다. 10년 전세살이에 지쳐 직전 최고가보다 1억원 비싸게 주고 집을 샀는데, 이후 거래가 뚝 끊기고 호가가 제자리걸음하고 있다는 것이다. 그는 "부동산 시장을 부정적으로 전망하는 기사나 인터넷 글들을 보면 '아파트 괜히 샀나' 하는 생각을 지울 수 없다"고 말했다.

집값 상승세가 주춤하고 대출 금리까지 오르면서 이른바 '영끌'(영혼까지 끌어모으다)로 내 집 마련에 나섰던 이들의 불안감이 커지고 있다. 대출 이자 부담이 느는 것도 부담스러운데, 집값까지 떨어지면 그 충격을 버티기 어렵기 때문이다. 온라인 부동산 커뮤니티에는 "서울 집값은 감당이 안 돼 늦게 경기도 외곽 아파트를 샀는데 꼭지에 물린 것 같다"는 글들이 잇달아 올라오고 있다. 이런 불안감은 상대적으로 수입이 적은 20·30대가 더 크다. 작년 말 서울 마포구의 오래된 아파트를 매수한 직장인 B(39)씨는 매달 생활비를 제한 거의 모든 돈을 원리금 상환에 쓰고 있다. B씨가 산 아파트는 그나마 호가가 2억원 가까이 오르긴 했지만, 대출 이율이 1%포인트 넘게 올라 매달 이자로만 30만원 늘었다. B씨는 "퇴근 후 배달 아르바이트라도 해야 하나 고민 중"이라고 말했다.

은행권 주택담보대출 금리는 지난 8월 한국은행이 기준금리를 0.25%포인트 인상한 후 계속 오르고 있다. 금융 당국의 압박에 은행들이 우대 금리를 깎거나 가산 금리를 인상하고 있어 실수요자들이 체감하는 금리 인상 폭은 더 크다. KB국민·신한·하나·우리은행이 지난 18일부터 적용한 주택담보대출 변동 금리는 연 3.031~4.67% 수준으로, 8월 말(2.62~4.19%)과 비교해 한 달 보름 사이 최대 0.48%포인트 높아졌다. 같은 기간 주택담보대출 혼합형(고정형) 금리도 2.92~4.42%에서 3.14~4.95%로 올랐다. 11월 중 기준금리 추가 인상 가능성이 높아 연내 대출금리는 5%를 돌파할 것으로 보인다.

○○○ 기자

[기사 8-2] 기사 본문에 없는 발언 내용을 임의로 주 제목에 인용한 사례(2021년 10월 20일 3면)

도 불구하고, 전체 주 제목의 3분의 1 정도에서 이러한 문제점이 발견된 것이다(표 8-20).

기사 본문에서 취재원이 언급한 내용을 대폭 변경해서 기사 내용과 거리가 있는 내용의 직접 인용구를 주 제목에 삽입한 사례로 [기사 8-1]을 들 수 있다. 소주성위(대통령 직속 소득주도성장특별위원회) 토론회의 발언 중 "최저임금 인상, 고용에 긍정적 효과"라는 대목을 주 제목으로 뽑았는데, 기사 본문에 언급한 소주성위 위원장의 발언은 "문재인 정부의 최저임금 정책은 저임금 노동자 보호, 임금 불평등 축소에 있어 큰 역할을 했다"라는 것이다. 최저임금 인상에 대한 소주성위의 긍정적인 발언들을 '고용에 긍정적 효과'라는 문구로 축약함으로써, 소주성위 위원장의 발언과는 크게 다른 내용이 제목에 직접 인용으로 포함된 사례이다.

[기사 8-2]는 기사에 없는 내용을 임의로 주 제목에 인용한 사례다. 집값 상승으로 대출을 끌어모아 집을 산 2030 영끌족의 부담이 커지고 있다는 기사에 "금리는 계속 오르는데…잠이 안옵니다"라는 직접 인용이 포함된 제목이 달려 있다. 하지만 기사 내용에는 해당 발언이 담긴 인터뷰 인용이 없다. 제목에 직접 인용한 내용이 실제 2030 영끌족의 발언인지, 그들의 마음을 기자가 헤아려서 표현한 것인지 불분명하다.

❸ 주 제목

주 제목이 수정되는 방식은 개별 사례마다 다양하지만, 그 속성은 대략 표현의 정확성 제고,[17] 팩트 강화,[18] 가독성 개선,[19] 부정적 표현의 약화,[20] 해석·의견의 강화[21]로 구분된다. [표 8-21]에 제시된 것처럼 표현의 정확성을 높이기 위해 주 제목을 수정한 경우가 가장 많았으며 (38.6%), 팩트를 강화하기 위한 수정과 가독성 개선을 위한 수정도 각각 30.6%와 24 .0%에 달했다. 부정적 표현을 수정하는 경우와 해석·의

[표 8-21] 주 제목 수정 빈도

단위: 건(%)

수정 속성	51판	52판	53판	54판	합계
표현의 정확성 제고	353 (38.5)	163 (38.9)	10 (40.0)	—	526 (38.6)
팩트 강화	292 (31.8)	119 (28.4)	4 (16.0)	2	417 (30.6)
가독성 개선	233 (25.4)	92 (22.0)	2 (8.0)	—	327 (24.0)
부정적 표현의 약화	41 (4.5)	14 (3.3)	—	—	55 (4.0)
해석·의견의 강화	88 (9.6)	32 (7.6)	6 (24.0)	—	126 (9.2)
주 제목이 수정된 기사 수	918	419	25	2	1,364

※ 주 제목이 수정된 기사 수를 분모로 비율을 계산. 중복 코딩.

견을 강화하는 경우는 상대적으로 비율이 낮았다. 지면 편집 과정 중 주 제목 수정은 주로 정확성, 사실성, 가독성을 개선하는 방향으로 진행된 다는 것을 알 수 있다.

신문의 판이 바뀌면서 주 제목이 어떻게 바뀌는지 좀 더 구체적으로 살펴보기 위해서 1면 톱기사(좌측 상단 첫 번째 기사)의 제목 변화를 분석했다. 최종판이 발행되기까지 1면 톱기사의 주 제목이 1회 수정된 경우가 24건, 2회 이상 수정된 경우가 17건, 수정이 한 번도 없는 경우가 13건이었다. 분석 결과, 수정이 없는 경우가 오히려 예외적임을 알 수 있다. 1회 수정된 24건 중 19건은 51판에서, 4건은 52판에서 수정이 이루어졌다.

[표 8-22]는 1면 톱기사 주 제목의 변화를 좀 더 자세히 살펴보기 위해 2회 이상 수정이 이루어진 사례를 정리한 것이다. 표에서 볼 수 있는 것처럼 각 사례의 수정 내용은 유형화하기 힘들 정도로 다양하다. 가장 많이 발견되는 사례는 수치를 추가하거나 수정하여 정보의 정확성을 높이는 경우다(10월 22일, 11월 15일, 12월 1일, 12월 2일, 1월 18일, 2월 9일, 2월 16일). 12월 2일 사례를 보면 오미크론 의심 환자가 7명이었는데

[표 8-22] 1면 톱기사 주 제목의 수정: 2회 이상 수정 사례

날짜	50판	51판	52판	53판
2021년 10월 22일	마침내 우리 힘으로, 우주에 첫발을 올리다	우주로 간 누리호 '미완의 첫발'	우주로 간 누리호…46초 〈3단로켓 연소시간〉 모자랐다	우주로 간 누리호…46초 〈3단로켓 연소시간〉 모자랐다
11월 15일	韓·美·日 반도체 동맹, 마지막 퍼즐 맞춘다	이재용 美 20조 투자 결정 임박… 반도체 동맹 강화	이재용 美 20조 투자 결정할 듯… 반도체 동맹 강화	
11월 17일	관계개선 나선 바이든, '하나의 중국' 첫 인정	바이든, 시진핑에 "하나의 중국 원칙 지지"	바이든 "하나의 중국 지지… 대만은 현상 유지"	
11월 19일	제목 없음	성남시장 재선〈2014년〉, 대장동 로비용으로 43억 줬다	대장동 분양업자 "남욱·김만배 측에 43억 줬다"	
12월 1일	옆집 일본도 오미크론에 뚫렸다	일본 뚫리고… 한국도 의심 환자	국내 오미크론 의심 환자 4명 발생	
12월 2일	오미크론 의심 환자 7명으로 늘었다	우리도 뚫렸다, 오미크론 2명 확진	결국 뚫렸다, 오미크론 5명 확진	결국 뚫렸다, 오미크론 5명 확진
12월 15일	요양원의 비극… 병원도 못 가보고 떠난다	1년만에 재발된 '요양시설 비극'	1년만에 재발된 '요양원 비극'	
2022년 1월 4일	대선 두달앞, 野 선대위 일괄 사의	윤석열 '김종인의 선대위' 고민	尹 "선거문제 제 탓, 곧 결론낼 것"	尹 "선거문제 제 탓, 곧 결론낼 것"
1월 5일	학원·스터디카페 방역패스 효력정지	"학원·독서실 방역패스 강요 안된다"	'학원·독서실 방역패스' 제동 걸렸다	'학원·독서실 방역패스' 제동 걸렸다
1월 6일	"다시 초심으로" 민심 돌아올까	초심으로 다시… 민심 돌아올까	"초심으로 다시" 민심 돌아올까	
1월 15일	돈줄 조여 물가 잡겠다/ 돈 풀어 선거 잡겠다	물가 올라 돈줄 죄겠다 [대한민국은 지금] 대선 앞두고 돈 풀겠다	물가 올라 돈줄 죄겠다 [엇갈린 정책] 대선 앞두고 돈 풀겠다	
1월 18일	눈뜨면 미사일 쏘는 北, 눈뜨고 당하는 南	北 올들어 4번째 미사일 …우린 또 침묵했다	北 4번째 쏴도… 우린 강 건너 미사일 구경	
2월 9일	중국 '심판찬스' 전세계가 항의	'불공정 올림픽' 세계가 들러리	중국 올림픽 편파판정에 6국 항의	
2월 10일	셀프 방역시대… 1인가구·저소득층 더 서럽다	셀프 방역시대… 저소득층·1인가구 더 서럽다	셀프 방역시대… 저소득층·1인가구 더 서럽다	오늘부터 셀프 방역… 저소득층 더 서럽다
2월 12일	TV토론(제목 없음)	이재명, 공무원 집사 논란에 "제 불찰, 사과드린다"	K방역에… 이재명 "성공적" 윤석열 "주먹구구식"	K방역에… 이재명 "성공적" 윤석열 "주먹구구식"
2월 14일	安 "여론조사 단일화" 尹 "긍정적이지만…"	野 단일화 물꼬 텄지만 가시밭길	野 단일화 물꼬 텄지만… 갈 길 멀다	
2월 16일	사망자 61명 〈14일〉… 오미크론 치명률 심상찮다	신규 확진 8만명 육박, 사망자도 61명	신규 확진 9만명 육박, 사망자도 급증	신규 확진 9만명 육박, 사망자도 급증

(50판), 2명 확진으로 변경되고(51판), 이후 5명 확진으로 수정되는(52판) 식으로 상황 변화에 따라 제목을 수정했다. 이 밖에 설명을 강화하기 위해 아래첨자를 추가하기도 하고(10월 22일, 11월 19일), 공정성을 높이기 위한 수정(11월 17일, 2월 12일)이 이루어지기도 한다. 2월 12일 사례는 선거 관련 TV토론회를 다룬 기사인데, 51판에서는 이재명 후보의 입장만 인용했으나 52판에서 이재명 후보와 윤석열 후보의 입장을 모두 인용하는 제목으로 수정했다.

미세한 표현 수정을 통해 기사 내용을 다른 느낌으로 전달하는 경우도 있는데, '결정 임박'을 '결정할 듯'으로(11월 15일), '우린 또 침묵했다'를 '우린 강 건너 미사일 구경'으로(1월 18일), '가시밭길'을 '갈 길 멀다'로(2월 14일) 수정한 사례를 들 수 있다. 이 밖에도 주 제목의 표현은 아주 미세하게 수정되는데, 1월 6일의 사례가 대표적이다. 이날 톱기사의 주 제목은 〈"다시 초심으로" 민심 돌아올까〉(50판)에서 〈초심으로 다시…민심 돌아올까〉(51판)로, 그리고 마지막에는 〈"초심으로 다시" 민심 돌아올까〉(52판)로 수정되었다(사진 8-1).[22]

5. 판별 사진의 변화

백문이 불여일견이라는 말처럼, 신문 기사에서 본문, 제목과 함께 메시지 전달 차원에서 핵심적인 역할을 하는 것이 사진이다. 신문 기사에 사진이 게재될 때는 일반적으로 사진 캡션이 함께 달리게 되는데, 캡션은 사진 하단 등에 추가된 사진의 배경과 내용 등에 대한 압축적 설명을 가리킨다. [표 8-23]은 판이 변화하면서 사진과 사진 캡션이 수정되는 정

[사진 8-1] 1면 톱기사의 제목 변화 사례(2022년 1월 6일). 위에서부터 50판·51판·52판

[표 8-23] 사진 수정 개요

단위: 건(%)

기사 수	51판	52판	53판	54판
사진을 수정한 기사 수	313 (56.5)	82 (14.7)	5	0
사진 캡션을 수정한 기사 수	391 (70.6)	117 (21.0)	7	1
사진이 있는 기사 수	554 (100.0)	556 (100.0)	556	556

도를 살펴본 것이다. 52판을 기준으로 살펴보면 전체 기사(1,829건)의 30.4%(556건)에 사진이 들어갔으며, 사진을 수정한 기사 수는 51판의 경우 313건(사진이 있는 기사의 56.5%), 52판에서는 82건(14.7%)으로 나타났다. 사진 캡션 수정은 더 많았는데, 51판에서는 391건(사진이 있는 기사의 70.6%), 52판에서는 117건(21.0%)이 수정되었다. 51판과 52판에서 기사 본문 수정만큼이나 사진 수정이 적극적으로 이루어지고 있음을 알 수 있다.

❶ 출처·캡션·기사 관련성

[표 8-24]는 사진의 변화를 좀 더 자세히 들여다보기 위해 대표 사진[23]을 대상으로 사진의 출처를 분석한 결과를 보여준다. 사진 출처는(52판 기준) '국내 통신사·언론사'(196건, 35.3%)와 '조선일보 소속 기자'(168건, 30.2%)가 가장 많았다. '외국 통신사·언론사'(44건, 7.9%), '기자단'(41건, 7.4%), '취재원 제공·공개'(37건, 6.7%)의 경우는 각각 10% 미만 수준이었다. 출처를 명확하게 밝히지 않은 경우는 50판 374건(68.8%)에서 52판에 69건(12.3%)으로 감소했다.

　기자가 현장 취재를 통해 직접 촬영한 사진을 싣는 것이 가장 이상적이지만, 사진 기자를 충분히 고용하기 어려운 현실 때문에 소속 기자

[표 8-24] 사진의 출처   단위: 건(%)

사진 출처	50판	51판	52판
조선일보 소속 기자	53 (9.7)	163 (29.4)	168 (30.2)
국내 통신사·언론사	76 (14.0)	205 (37.0)	196 (35.3)
외국 통신사·언론사	24 (4.4)	44 (7.9)	44 (7.9)
기자단	3 (0.6)	44 (7.9)	41 (7.4)
취재원 제공·공개	13 (2.4)	34 (6.1)	37 (6.7)
시민 제보(독자 제공)	4 (0.7)	5 (0.9)	5 (0.9)
자료 캡처	7 (1.3)	12 (2.2)	15 (2.7)
내부 데이터베이스	1 (0.2)	2 (0.4)	3 (0.5)
외부 데이터베이스	1 (0.2)	3 (0.5)	3 0.5)
출처 없음(알 수 없음)	374 (68.8)	68 (12.3)	69 (12.3)
사진 포함 기사 수	544 (100.0)	554 (100.0)	556 (100.0)

※ 소속 기자에 객원기자 포함. 중복 코딩.

출처의 사진이 30%에 그치는 것으로 추정된다. 최근 진위가 불투명한 사진 내지 조작된 사진deep fake 문제가 심각하다는 점을 고려할 때, 출처가 없거나 불명확한 사진이 12.3%에 달하는 것은 역시 문제로 지적된다.

　사진 캡션은 사진에 대한 추가 설명을 통해 사진의 맥락과 의미를 보다 분명하게 규정하려는 노력으로 볼 수 있다. [표 8-25]는 사진 캡션의 유형을 '설명만 있는 경우'와 '제목과 설명이 함께 있는 경우', '제목만 있는 경우', '캡션이 없는 경우'로 구분해 판별 변화 추이를 분석한 것이다. 기사가 아직 완성되기 전 50판의 경우 캡션이 없는 경우가 절반 이상(278건, 51.1%)이었지만 51판으로 가면서 대다수 사진(93.7%)에 캡션이 추가되었다. '제목과 설명이 함께 있는 경우'가 사진이 있는 기사의 절반 이상(294건, 52.9%)을 차지하며, '설명만 있는 경우'는 39.4%(219

[표 8-25] 사진 캡션의 구성

단위: 건(%)

캡션의 구성	50판	51판	52판
제목과 설명	68 (12.5)	285 (51.4)	294 (52.9)
설명	98 (18.0)	228 (41.2)	219 (39.4)
제목	97 (17.8)	6 (1.1)	6 (1.1)
캡션 없음	278 (51.1)	35 (6.3)	37 (6.7)
기타	3 (0.6)	—	—
사진 포함 기사 수	544 (100.0)	554 (100.0)	556 (100.0)

건), '제목만 있는 경우'는 1.1%(6건)에 불과했다. 캡션이 없는 경우는 37
건으로 6.7%를 차지했다(52판 기준).

　이처럼 전체 사진의 절반 이상은 제목과 설명으로 구성된 캡션
을 달고 있는데, [사진 8-2]는 그 전형적인 사례를 보여준다. 〈재택환
자 85%, 건강 모니터링 중단…의료물품도 직접 챙겨야〉라는 제목의 기
사에 포함되어 있는 사진으로, 사진 캡션은 '진단키트 품절인데 셀프방
역?'이라는 제목을 사용함으로써 정부의 셀프방역 정책 전환이 성급하
다는 비판 메시지를 보다 분명히 전달하고 있다.

　[사진 8-3]은 〈문대통령 "집값 상당히 안정…다음 정부 어렵게 안
할 것"〉이라는 제목의 기사에 포함된 사진과 캡션이다. 국민과의 대화
중계방송 화면을 사진으로 보여주면서 관점을 드러내는 별도의 제목
없이 사진이 어떤 장면인지만을 설명하고 있다.

　[사진 8-4]는 기사 제목을 통해 사진의 맥락이나 의미를 규정하고,
사진 캡션에서는 간단한 인물정보만 붙인 사례다. [사진 8-5]는 기사에
서 언급된 영화 〈라라랜드〉의 한 장면을 사진으로 삽입하면서 사진에
대한 별도의 캡션을 달지 않은 사례다.

朝鮮日報

진단키트 품절인데 셀프방역? 7일 서울 한 편의점 판매대에 코로나 자가진단키트가 품절됐다는 안내문이 붙어 있다. 정부는 지난 3일부터 고령자나 확진자의 밀접접촉자 등 고위험군만 선별진료소에서 PCR(유전자증폭) 검사를 하고, 그 외의 사람들은 자가검사키트 검사를 하는 것으로 진단 검사 체계를 바꿨다.

[사진 8-2] 제목과 설명으로 구성된 사진 캡션(2022년 2월 8일 3면)

문재인 대통령이 21일 여의도 KBS에서 생방송으로 진행된 '국민과의 대화─일상으로'에 출연해 온라인으로 참여한 한 시민의 질문을 듣고 있다.

[사진 8-3] 설명만 있는 사진 캡션(2021년 11월 22일 6면)

　　[표 8-26]은 사진과 기사의 관련성을 알아보기 위해 사진이 기사 내용과 '직접 관련이 있는 경우'와 '간접적으로 관련이 있는 경우', '관련

朝鮮日報

2022년 1월 12일 수요일 A12면 사회

황희, 코리안심포니 대표에 성악가 임명 논란

과거 지역구 행사서 공연하기도
"정권말 측근 챙기기 인사" 비판

최정숙(왼쪽) 신임 대표이사와 황희 장관.

뉴시스

황희 문화체육관광부 장관이 3년여 전 자신의 지역구 행사에서 노래한 성악가를 산하 단체장에 임명해서 '측근 챙기기' 인사 논란이 일고 있다. 황 장관은 11일 산하기관인 코리안 심포니 오케스트라의 대표 이사로 최정숙(53) 전 숙명여대 겸임교수를 임명했다. 임기는 3년이다.

최 신임 대표는 숙명여대 성악과를 졸업하고 프랑스에서 유학한 메조소프라노다. 2018년 12월 황 장관의 국회의원 지역구인 서울 양천구에서 열린 '송년 평화 콘서트'에 출연한 경력이 있다. 당시 황 장관은 직접 사회를 맡았다.

기악 전공자들의 연주 단체인 오케스트라의 대표에 성악가를 임명한 것 자체가 극히 이례적이다. 최 신임 대표는 지난해 지역문화진흥원 이사(비상임)로

임명됐을 뿐 오케스트라 관련 경력은 없다. 이 때문에 음악계에서는 "전형적인 정권 말기의 측근 챙기기 인사"라는 비판이 나온다.

하지만 황 장관은 "신임 대표는 다양한 경험과 전문성을 바탕으로 발레·오페라 등 국립예술단체와의 협력을 활성화하고 예술감독과의 소통으로 단체의 국제적 위상을 높이는 데 기여할 것으로 기대한다"고 밝혔다. 문체부는 "해외에서 음악을 전공한 경력과 전문성, 국제적 소통 감각 등을 반영했으며 장관과의 개인적인 친분 등은 고려 대상이 아니었다"고 반론했다.

○○○ 기자

[사진 8-4] 제목만 있는 사진 캡션(2022년 1월 12일 12면)

朝鮮日報

2021년 11월 20일 토요일 A19면 경제종합

CJ ENM, 영화 '라라랜드' 만든 할리우드 제작사 인수

9250억원 들여 '엔데버 콘텐트' 지분 80% 사들이기로

CJ그룹의 종합 엔터테인먼트 계열사인 CJ ENM이 영화 '라라랜드(사진)'를 제작했던 미국 할리우드의 콘텐츠 제작사 '엔데버 콘텐트' 지분 80%를 7억 7500만달러(약 9250억원)에 인수한다고 19일 밝혔다. 2019년 미 식품기업 슈완스컴퍼니(2조원), 2011년 대한통운(1조7500억원) 인수에 이어 CJ그룹이 사상 세 번째이자, 엔터테인먼트 사업 기준 CJ그룹의 역대 최대 투자다. 이번 인수는 이날 오 이재현 CJ 회장이 11년 만에 임직원 앞에 나서서 "2023년까지 10조원 이상을 투자하겠다"고 선언한 지 2주 만에 나온 결정이다. 당시 이 회장이 '

그룹의 4대 성장 엔진 중 핵심으로 꼽은 문화 사업의 글로벌 확장을 위한 첫 움직임으로 풀이된다.

엔데버 콘텐트는 아카데미 수상작인 영화 '라라랜드' '쿵 미 바이 유어 네임'과 영국 BBC 인기 TV 드라마 '필립 이모' '더 나이트 매니저' 등의 투자·제작·배급에 참여했다. CJ가 인수하지 않은 20% 지분은 기존 대주주인 미 엔데버그룹이 담스가 보유한다.

CJ ENM의 이번 인수는 글로벌 콘텐츠 제작 역량을 확보하고, 한국의 영화·드라마를 외국에도 리메이크해 세계 시장에 도전하기 위해서다. 새롭게 제작한

이재현 '10조 투자선언' 2주만에
그룹 엔터사업 최대 규모 투자
한국 영화·드라마 리메이크해
전세계에 공급하겠다는 구상

콘텐츠를 HBO·BBC 같은 해외 방송 채널이나 넷플릭스·아마존 프라임과 같은 글로벌 온라인 동영상 서비스(OTT)를 통해 전 세계에 유통하겠다는 것이 CJ ENM의 구상이다. 회사 관계자는 "엔데버 콘텐트는이 제공받는 콘텐츠를 공급해 온 경험이 풍부하다"며 "이번 인수로 K콘텐츠를 해외에 확산시키는 역할을하게 될 것"이라고 말했다. CJ ENM은 엔데버 콘텐트의 주요 경영진과 핵심 인력은 그대로 유지하기로 했다.

CJ ENM은 이번 인수를 계기로 콘텐츠 제작 역량을 획기적으로 끌어올린다는 방침이다. 엔데버 콘텐트는 드라마·영화를 기획하고 제작·유통까지 할 수 있는 자체 프로덕션 시스템을

갖추고 있으며, 현재 제작을 추진 중인 프로젝트만 300여 건이라다. CJ ENM은 엔데버 콘텐트가 보유한 다양한 지식재산권(IP)을 적극 활용할 방침이다. 영화 '라라랜드'처럼 엔데버 콘텐트가 확보한 IP를 적극 활용해, 글로벌 온라인 동영상 서비스 시장 진출을 앞두고 있는 '티빙'의 경쟁력도 강화하겠다는 것이다.

CJ ENM 관계자는 "엔데버 콘텐트의 모회사 엔데버그룹은 톰 크루즈·드웨인 존슨과 스포츠 스타 7000여 명을 보유한 에이전시 회사로 두고 있다"며 "이러한 인수를 활용해 다양한 장르의 콘텐츠를 제작할 수 있는 스튜디오를 세우고 세계적인 스타를 내세운 작품도 제작할 것"이라고 말했다.

○○○ 기자

[사진 8-5] 캡션이 없는 사진 (2021년 11월 20일 19면)

이 없는 경우'를 분석한 것이다.[24] 기사의 내용과 사진이 직접 관련 있는 경우가 80.4%, 간접적으로 관련 있는 경우는 16.0%, 관련이 없는 경우는 2.3%인 것으로 나타났다(52판 기준).

[표 8-26] 사진과 기사 내용의 관련성   단위: 건(%)

사진과 기사의 관련성	50판	51판	52판
직접 관련	321 (69.8)	370 (79.6)	378 (80.4)
간접 관련	68 (14.8)	77 (16.6)	75 (16.0)
관련 없음	13 (2.8)	12 (2.6)	11 (2.3)
확인 불가(본문 없는 경우 포함)	58 (12.6)	6 (1.3)	6 (1.3)
합계	460 (100.0)	465 (100.0)	470 (100.0)

　　[기사 8-3]은 기사와 사진이 간접적으로 관련 있는 사례를 예시한 것이다. 기사는 코로나 환자를 돌보느라 일반 환자를 치료하지 못하는 의료 현실을 지적하는 내용이다. 사진은 구급차에 실려온 코로나 환자를 의료진이 옮기는 장면이고, 캡션에 중증 환자 규모가 900명을 넘어섰다는 설명이 있다. 하지만 사진은 의료진이 코로나 환자에 매달리고 있는 정황을 간접적으로 전달할 뿐 기사의 내용과 직접적인 관련성을 지니고 있지 않다. 코로나 확산이 심각하다는 캡션의 설명 역시 사진과 직접적으로 관련된 내용이라고 볼 수 없다.

　　[기사 8-4]는 기사와 사진이 관련이 없는 사례를 보여준다. 기사의 내용은 방미 중인 외교부 차관의 발언과 이에 대한 미국 행정부 전직 관리의 반응을 다룬 것이다. 기사 본문에 북한이나 김정은 위원장에 대한 언급이 전혀 없음에도 불구하고 그의 사진을 기사에 삽입했으며, 캡션에는 김정은이 35일 만에 공개 석상에 모습을 드러냈다는 설명이 있는데, 이 역시 기사 내용과 무관하다.

朝鮮日報

"1% 코로나 환자 보느라, 99% 일반환자 제대로 치료못해"

이형민 응급의사회장
"상황 더 악화될 것"

"(지난달 1일) '단계적 일상 회복'을 시작한 뒤 확진자가 폭증하면서 '응급실 붕괴 위기'라고 느꼈습니다. 현재 응급실 상황은 흔히 그 자체입니다."

코로나 치료 현장 최일선인 응급실의 요건으로 구성된 대한응급의학의사회 이형민 회장(경희대병원 응급의학과 교수)은 14일 본지 인터뷰에서 "이미 단계적 일상 회복 이전부터 한계가 오고 있었다"며 이같이 말했다. 그는 "시간이 지날수록 특수 상황은 더 안 좋아지고 있고 앞으로도 계속 악화될 것이라고 했다.

이 회장은 응급의학의사회 소속 회원 등에게 전해 듣거나 직접 경험한 응급실 상황이 상상을 초월할 정도다. 코로나 진료에 의료 자원이 집중되고 있다 보니, 정작 재택 치료 중인 코로나 환자들은 증상이 악화해도 입원할 병상조차 찾기 어려운 상황이 이어지고 있다. 이 회장은 "주변 소형 병원에 요양병원 등에서 환자를 받아달라는 요청이 매일 20~30건씩 오지만 그중 1건도 못 받는 날들이 생깁니다"라고 했다. 코로나 이전엔 30건이 들어오면 20건 정도, 단계적 일상 회복 이전까지만 해도 30건 중 10~12건 정도는 전원 요청을 받아들일 수 있었는데 지금은 그럴 여

력조차 소진돼다는 것이다.

그는 코로나 양성이지만 증상이 경미해 격리치료를 받는 코로나 환자가 제대로 치료받지 못하는 사례가 속출하고 있다고 했다.

역조차 소진해다는 것이다.

그는 코로나 양성이지만 증상이 경미해 격리치료를 받는 코로나 환자가 제대로 치료받지 못하는 사례가 속출하고 있다고 했다. 그는 코로나 양성이지만 증상이 경미해 격리치료를 받는 코로나 환자가 제대로 치료받지 못하는 사례가 속출하고 있다고 했다.

"환자 수용요청 매일 20~30건
한명 받는 것조차 버거운 상황"

확진판정받은 급성 맹장염 환자
제때 수술못해 큰일날 뻔하기도

대부분의 응급실은 혹시 모를 상황을 방지하려 코로나 환자뿐만 아니라 발열·호흡기·의식저하 증상을 보이는 코로나 의심 환자들을 모두 격리 시설에서 진료하기에 이 환자들이 오랜동안 머물러 시설에 머물며 병상 배정만 기다리는 사례도 속출하고 있다. 최근 경희대병원 응급실에선 120시간이 지나서야 병상 배정을 받은 환자도 있었다. 이 회장은 "코로나

환자 1~2명이 격리 병상에 누워 있으면 응급실 의사 2~3명 간호사 3~4명은 D레벨 방호복을 입은 채로 이 환자들의 상태를 확인하고 밥 주고, 약 주고, 화장실 수발까지 들어야 한다"고 했다.

절박한 상황에 처한 건 코로나 환자뿐만 아니다. 중환자 치료 체계 전반에 과부하가 걸리면서 코로나가 아닌 다른 질환의 응급 치료에도 차질이 생기는

것이다. 애초에 응급실을 폐쇄하고 코로나 환자만 전담하는 병원이 늘어질 뿐만 아니라, 대부분의 응급실이 입원, 수술, 처치, 전원 등 모든 과정에 2~3시간 추가 대기가 발생하고 있다는 것이다. 이 회장은 "부석 치료를 받아야 한다는 연락을 받아도 병상이 없어, 심폐소생술이 필요한 상황이 발생해야 가장 가까운 병원으로 가야 하는 응급실이 될 것"이라며

"1% 코로나 환자가 응급 의료 자원의 절반 이상을 쓰고 있으니 당연히 99%의 일반 환자에 대해선 진료의 질이 떨어질 수밖에 없다"고 우려했다.

그는 응급 의료 체계의 보완을 강조했다. "응급실에서 무슨 문제가 발생했고 있는지 (정부가) 조사부터 해야 합니다. 현장과 소통해서 해결책을 마련해야 합니다."

○○○기자

14일 오후 서울 중랑구 서울의료원에서 의료진이 구급차에 실려온 코로나 중환자를 옮기고 있다. 전날 코로나 사망자는 94명으로 100명대를 눈앞에 뒀으며 병원에서 치료 중인 중증 환자가 900명을 넘어섰다.

[기사 8-3] 기사와 사진이 간접적으로 관련된 사례 (2021년 12월 15일 3면)

朝鮮日報

美 前차관보 "한국, 오커스 신설때의 프랑스처럼 되고싶나"
〈美·英·濠 안보동맹〉

최종건 차관이 '中중시' 발언하자
면전서 "한국이 표류하면 위험"

방미 중인 최종건 외교부 1차관이 15일 (현지 시각) "중국은 (한국의) 전략적 파트너이며 현실적으로 베이징과의 파트너십이 필요하다"고 말했다. 그러자 오바마·트럼프 행정부의 전직 외교·안보 관리들은 최 차관 면전에서 "한국이 표류하고 있다"고 우려했다. 최 차관은 이날 미 전략국제문제연구소(CSIS)와 한국국제교류재단(KF)이 워싱턴DC에서 공동 주최한 한미전략포럼에서 "그들(중국)은 전략적 파트너"라며 "한국

김정은 35일만의 모습 김정은 북한 국무위원장이 '삼지연시 꾸리기 3단계' 공사를 현지시찰했다고 노동신문이 16일 보도했다. 김 위원장이 공개 석상에 모습을 드러낸 것은 35일 만이다.

조선중앙TV

의 중국과의 교역 규모는 미국과 일본을 합친 것보다 크다"고 했다. 그러면서 북한 문제와 관련해 "현실적으로 베이징과의 파트너십이 필요하다"고 했다.

그러자 트럼프 행정부 시절 국방부에

서 한반도 업무를 총괄했던 랜들 슈라이버 전 국방부 아태 차관보는 "한쪽이 심각하고 주요한 도전으로 보는데 다른 한쪽은 이를 받아들이지 않는 동맹 관계는 없다"며 "한국이 그런 식으로 표류한다면 위험하다"고 했다. 그러면서 "한국은 (미국·영국·호주의 안보 협력체인) 오커스(AUKUS) 신설 과정에서 프랑스처럼 되고 싶지는 않을 것"이라고 했다. 미국은 지난 9월 오커스를 전격 결성해 중국 견제를 위해 호주에 핵잠수함 기술을 넘기기로 했다. 이로 인해 프랑스가 호주와 맺은 560억 유로 규모의 디젤잠수함 공급 계약이 백지화돼 프랑스는 크게 반발했다. ○○○기자, 워싱턴=○○○특파원

[기사 8-4] 기사와 사진이 관련 없는 사례 (2021년 11월 17일 6면)

8장. 뉴스의 편집

❷ 수정의 속성

기사의 본문이나 제목과 마찬가지로 사진 역시 판이 변화하면서 계속 수정된다. 수정의 속성을 살펴보면 사진의 출처 등 정보를 변경하거나, 동일한 사진의 구도나 색감이나 크기를 변경하고, 지면 전체의 균형을 위해 사진을 수정한다. 또한 사진 수정을 통해 뉴스의 사안을 바라보는 관점을 바꾸기도 하고, 기사와의 관련성을 강화하거나 감성적 요소를 강화하기도 한다.[25] [표 8-27]에서 사진 수정이 집중적으로 이루어지는 51판을 기준으로 살펴보면, 출처 등 정보가 변경된 경우(127건, 40.6%) 가 가장 많았고, 편집상의 조화 개선(35건, 11.2%), 동일 사진의 구도·색감·크기 변경(32건, 10.2%) 등이 그 뒤를 이었다. 뉴스 사안을 바라보는 관점이 변화한 경우와 기사와의 관련성을 강화한 경우는 각각 25건 (8%)이었으며 감성적 요소를 강화한 경우는 19건(6.1%)에 머물렀다. 52판에서는 동일 사진의 구도·색감·크기가 변화한 경우가 22.0%(18건)로 가장 많았고 그다음은 편집상의 조화 개선(15건, 18.3%), 감성적 요소 강화(12건, 14.6%)의 순이었다. 사진 수정을 통해 좀 더 정확하고 맥락에 부합하는 메시지를 전달하려는 노력이 이루어지고 있음을 엿볼 수 있다.

사진 수정을 통해 뉴스 사안을 바라보는 관점이 변화된 사례를 [사진 8-6]을 통해 확인할 수 있다. 백신 의무화에 반대하는 트럭 시위로 캐나다 수도가 비상사태라는 내용의 기사인데, 50판에서는 시위 현장을 순찰하는 경찰 사진을 보여주고 있지만 51판에서는 시위 장면을 보여주는 사진으로 변경했다. '시위' 및 '비상사태'라는 주제를 강조하는 방향으로 사진의 관점이 변화한 경우다.

[표 8-27] 사진 수정의 속성

단위: 건(%)

사진 수정의 속성	51판	52판	53판	합계
출처 등 정보 변경	127 (40.6)	4 (4.9)	0	131 (32.6)
동일 사진의 구도·색감·크기 변경	32 (10.2)	18 (22.0)	2	52 (12.9)
편집상의 조화 개선	35 (11.2)	15 (18.3)	1	51 (12.7)
뉴스 사안을 바라보는 관점의 변화	25 (8.0)	7 (8.5)	1	33 (8.2)
기사와의 관련성 강화	25 (8.0)	7 (8.5)	0	32 (8.0)
감성적 요소 강화	19 (6.1)	12 (14.6)	2	33 (8.2)
사진을 수정한 기사 수	313	82	5	402

※ 사진을 수정한 기사 수를 분모로 비율을 계산함. 중복 코딩.

[사진 8-7]은 기사와의 관련성이 더 높은 사진으로 교체한 사례이다. 해상 풍력발전에 반대하는 여수 어선의 시위를 다룬 기사인데, 51판에서는 원거리에서 시위 어선의 모습을 보여주는 사진으로 시위 장면이 드러나지 않았으나, 52판에서 시위용 플래카드가 보이는 사진으로 교체해서 기사와의 관련성을 강화했다. 사진 캡션에서도 "어민의 하나된 힘으로 여수 앞바다를 사수하자", "절대 반대!" 등의 플래카드 내용을 설명함으로써 기사를 보완하고 있다.

마지막으로 [사진 8-8]은 사진 변경을 통해 감성적 요소를 강화한 사례다. 기사는 평택 물류센터 화재로 3명의 소방관이 순직한 사건에 관한 것이다. 50판에서는 화재 현장을 원거리에서 보여주는 사진을 사용했는데, 51판에서 화재를 진압하다가 지쳐서 고개 숙인 채 서 있는 소방관 사진으로 교체했다. 〈여자친구 소방관 임용 하루 전날, 하늘로 떠난 막내 소방관〉이라는 기사 제목과도 결을 맞추어 독자의 감성에 소구하는 방향으로 수정한 사례다.

미완성 상태의 기사를 완성하는 51판 편집과 달리 52판 편집은 완

"백신 의무화 반대" 트랙터 시위…캐나다 수도 비상사태 6일(현지 시각) 캐나다 수도 오타와에서 경찰들이 코로나 백신 접종 의무화 반대 시위를 벌이는 트랙터 주위를 순찰하고 있다. '자유 호송대'라 불리는 이들 시위대는 트럭과 트랙터를 몰고 와 지난달 29일부터 열흘째 의회 앞 광장 등 시내 주요 도로를 점거하며 정부의 방역 조치를 규탄하고 있다. 짐 왓슨 오타와 시장은 이날 "계속되는 시위로 주민의 안전이 위협받고 있다"며 비상사태를 선포했다. 〈로이터 연합뉴스〉 사진

"백신 의무화 반대" 트럭 시위…캐나다 수도 비상사태 지난 5일(현지 시각) 캐나다 토론토에서 코로나 백신 접종 의무화에 반대하는 트럭 시위대가 도로를 점거한 채 캐나다 국기를 흔들고 있다. 수도 오토와에서는 시위가 열흘째 이어지면서 도시 기능이 마비돼 6일 비상사태가 선포됐다. 오타와에서 시작된 시위가 토론토 등 주요 도시에서 정부의 방역 조치에 항의하는 대규모 시위로 확산하고 있다. 〈AFP 연합뉴스〉 사진

[사진 8-6] 사진 교체를 통한 관점의 변화 사례 (2022년 2월 8일 15면, 50판·51판)

여수 어선 600척 시위 "해상 풍력발전 반대" 8일 오전 전남 여수시 극동항 인근 해상에서 어선 600여척이 해상풍력 발전기 건설을 반대하는 시위를 펼치고 있다. 여수시 연·근해에는 4.7GW 규모로 해상풍력 발전 단지가 들어설 예정이다. 신재생에너지 확대 과정에 농어민들이 일터를 빼앗길 처지에 놓이면서 반발도 커지고 있다. (여수=○○○ 기자)

8일 오전 전남 여수시 극동항에서 열린 '여수해역 해상풍력발전사업 반대' 총궐기 대회에 참가한 어민들이 어선에 '어민의 하나된 힘으로 여수 앞바다를 사수하자' '절대 반대!' 등의 플래카드를 달고 해상 시위를 벌이고 있다. 이날 여수 앞바다 해상 시위에는 지역 어선 600여 척이 참여했다. (여수=○○○ 기자)

[사진 8-7] 사진 교체를 통한 기사와의 관련성 강화 사례 (2022년 2월 9일 8면, 51판·52판)

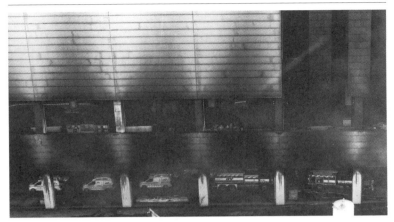

6일 화재 진압 중 소방관 3명이 순직한 경기 평택시 청북읍 물류창고 화재 현장이 검게 그을려 있다. 이 날 화재는 1층에서 바닥 타설 및 미장 작업을 하다 발생한 것으로 알려졌다. 소방 당국은 "건물 내부에 산소 용접 작업 등을 위한 산소통 및 LPG통, 가연성 물질인 보온재가 다량으로 있었다"고 했다. 〈연합뉴스〉 사진

6일 경기 평택시 청북읍 물류창고 신축 공사 화재 현장에서 한 소방관이 화재 진압을 하는 도중 고개를 숙인 채 서 있다. 이날 인명 수색과 진압을 위해 물류창고 안에 들어갔던 소방관 3명이 순직했다. 경기 도 소방재난본부 관계자는 "순직한 소방관들은 갑자기 불길이 번지고 구조물이 붕괴되면서 고립된 것 으로 추정된다"고 했다. 〈연합뉴스〉 사진

[사진 8-8] 사진 교체를 통한 감성적 요소 강화 사례 (2022년 1월 7일 10면, 50판·51판)

성된 기사를 섬세하게 보완하는 과정이다. 다음에서는 52판에서 사진이 교체되는 사례를 좀 더 구체적으로 살펴보고자 한다. 52판에서 사진이 수정된 사례는 모두 82건인데, 이 중 사진 교체에 해당하는 경우는 30건이다. 사진 교체 사례의 내용을 구체적으로 살펴보면, ① 기사에서 강조하는 관점을 바꾸거나 기사의 내용을 더 잘 보여주는 사진으로 교체한 경우가 8건, ② 주제를 더 뚜렷하게 부각하거나 인물의 얼굴 등이 좀 더 선명하게 보이는 사진으로 교체한 경우가 6건, ③ 지면 전체의 레이아웃을 수정하는 과정에서 사진을 교체한 경우가 3건, ④ 좀 더 생동감 있는 사진으로 교체한 경우가 2건, ⑤ 다른 사진과 균형을 맞추기 위해 사진을 교체한 경우가 2건, ⑥ 기사 내용이 변경됨에 따라 사진을 교체한 경우가 2건이다. 그리고 나머지 7건은 사진 변경의 이유가 명확히 드러나지 않는 경우였다.

[사진 8-9]는 52판에서 사진을 교체하거나 수정한 대표 사례를 정리한 것이다. 첫 번째 사례는 11월 20일 4면의 선거 후보자 동향을 보여주는 사진 기사다. 51판에서 이재명 후보가 프로게이머와 대결하는 사진을 실었는데, 52판에서 어린이들과 기념 촬영을 하는 사진으로 변경했다. 기사에서 강조하고자 하는 관점이 바뀐 사례라 할 수 있다(①). 또한 51판은 이재명 후보 단독 샷의 구도인 반면 52판은 이재명 후보와 어린이들이 함께 포즈를 취하는 장면인데, 같은 날 5면에 실린 윤석열 후보의 선거 동향 사진이 펫 박람회에 참여한 참석자들과 함께 하는 장면이라는 점을 감안해 후보자 간 균형을 맞추기 위한 수정이기도 하다.

사례 ②는 기사의 주제를 좀 더 뚜렷하게 보여주는 사진으로 교체한 사례다. 51판의 인물 중심의 집회 사진이 52판에서 '수요 시위 30'이라는 글자가 포함된 롱 샷 구도의 사진으로 교체되었다. 전체 디자인을 수정하면서 사진을 교체한 사례(③)로 2022년 2월 10일 1면, 김혜경 씨(이재명 후보 부인)의 사과 기자회견 관련 기사 사진을 들 수 있다. 51판에 실린 김혜경 씨의 사과 인사 사진은 52판에서 썸네일 크기의 인물 사진으로 교체되었다.[26]

좀 더 생동감 있는 사진으로 교체한 사례(④)로, 2021년 11월 1일 핼러윈 풍경을 다룬 기사의 사진을 들 수 있다. 51판에서는 핼러윈 행사 전경을 보여주는 사진이 사용되었지만 52판에서는 핼러윈 풍경을 좀 더 생동감 있게 보여주는 인물 중심의 사진을 선택했다. 생동감 있는 사진으로 교체한 또 다른 사례를 2월 14일 1면에서도 확인할 수 있다. 쇼트트랙 여자계주 은메달 소식을 전하면서 51판에서 사용한 태극기를 들고 있는 한국 선수들 사진(출처: 연합뉴스)을 52판에서는 다른 수상자들과 함께 셀카를 찍는 사진(출처: 조선일보 기자)으로 교체했다(⑤).

균형을 맞추기 위해 사진을 교체한 사례(⑥)로 대선 후보자 부인의 비공개 행보를 다룬 2월 16일 6면 기사 사진을 들 수 있다. 51판에서 작은 썸네일 크기였던 김혜경 씨(이재명 후보 부인) 사진이 1단 크기의 확대된 사진으로 교체된 반면, 김건희 씨(윤석열 후보 부인)의 사진은 2단에서 1단으로 크기가 축소되었다.

11월 1일 8면 일본 총선 관련 기사는 기사 내용이 변경되면서 사진이 함께 수정된 사례이다(⑦). 총선 결과가 불투명하던 50판에서 사용한 유권자들이 투표하는 사진이 선거 결과의 윤곽이 드러나기 시작한 52판에서 기시다 총리가 현황판에 꽃을 부착하는 사진으로 교체되었다.

11월 5일 6면의 〈문, 체코와 정상회담 한국원전 우수성 강조〉 기사의 사진은 비즈니스 포럼에 참석한 문재인 대통령이 최태원 회장, 헝가리 총리와 함께 박수를 치는 모습(51판)에서 체코 및 헝가리 총리와 공

[사진 8-9] 52판에서 사진을 교체·수정한 사례

프로게이머와 대결한 이재명 더불어민주당 이재명 대선 후보가 19일 대전 서구 대전엑스포시민광장에서 열린 제6차 게임체험전' 에 참석했다. 프로게이머와 게임 '카트라이더'를 타고 두 팔을 들어올리는 이 후보.

2억3000만 충부 맞춘 이재명 더불어민주당 이재명 대선 후보가 19일 대전 서구 갤러리아백화점 타임월드 앞에서 어린이들과 기념촬영을 하고 있다. 이 후보는 "국민을 지배하는 힘이 아닌 국민을 위해서 대선 정치는 정권이 요즘이다"고 했다.

① 2021년 11월 20일 4면 51판·52판

수요집회 30주년 9일 오후 서울 종로구 연합뉴스 사옥 앞에서 정의기억연대(정의연)가 연 집회에서 참가자들이 '할머니들에게 명예와 인권을!' 등 문구가 쓰인 종이를 들어 보이고 있다. 해당 단체가 매주 수요일 개최한 '수요집회' 는 이날 제1525차로 30주년을 맞았다.

수요집회 30주년 9일 서울 종로구 연합뉴스 사옥 앞에서 정의기억연대(정의연)가 일본군 성노예제 문제 해결을 위한 제1525차 정기 수요집회를 열고 있다. 1992년 1월 8일 시작된 '수요집회' 는 이날 30주년을 맞았다. 2020년 정의연 이사장을 지낸 윤미향의 원의 후원금 유용 의혹이 불거진 후 보수단체가 '평화의 소녀상' 앞에 집회 신고를 대리 하면서 이날 4반째로서 평화의 소녀상 인근에서 진행됐다.

② 2022년 1월 6일 10면 51판·52판

③ 2022년 2월 10일 1면 51판·52판

④ 2021년 11월 1일 12면 51판·52판

⑤ 2022년 2월 14일 1면 51판·52판

⑥ 2022년 2월 16일 6면 51판·52판

⑦ 2021년 11월 1일 8면 50판·52판

⑧ 2021년 11월 5일 6면 51판·52판

건물 흔들려 뛰쳐나왔다… 제주 역대 최대규모 4.9 지진 발생

제주 서귀포 앞바다에서 규모 4.9의 지진이 일어난 14일 오후 제주도교육청 직원들이 건물 밖으로 대피해 걱정스러운 표정으로 이야기를 나누고 있다. 이번 지진은 1978년 공식 관측 이후 제주도 인근 해역에서 일어난 지진으로는 가장 크고, 한반도를 통틀어서는 공동 119위에 해당하는 규모다. 제주도에 사는 건물과 가구가 흔들린다는 주민 신고가 잇따랐고, 전남·광주·경남 등지에서도 흔들림이 감지됐다.
기사 A2면

⑨ 2021년 12월 15일 1면 51판·52판

한폭의 수묵화처럼… 수도권에도 오늘 함박눈
17일 오후 전남 담양군 대로 관방제천에서 한 시민이 눈이 내리는 모습을 사진에 담고 있다. 이날 오전 8시 전남 경남·담양에는 대설주의보가 내려졌고, 주말에는 서울 등 수도권에도 함박눈이 쏟아질 전망이다. 눈과 함께 강추위도 찾아오겠다.
기사 A3면

⑩ 2021년 12월 18일 1면 51판·52판

국회사진기자단
안철수 (왼쪽) 국민의당 대통령 후보가 4일 서울 대한노인회를 방문해 김호일 대한노인회장과 '손가락 하트' 를 만들며 기념 촬영을 하고 있다.

안철수 (왼쪽 둘째) 국민의당 대통령 후보가 4일 서울 대한노인회를 방문해 김호일 (안 후보 오른쪽) 대한노인회장과 '손가락 하트' 를 만들며 기념 촬영을 하고 있다.

⑪ 2022년 1월 5일 6면 51판·52판

동으로 정상회담 결과를 발표하는 모습(52판)으로 수정되었다. 51판 이후 정상회담 소식이 들어오면서 제목과 기사 내용, 사진이 모두 교체된 경우다(⑧).

사진 교체 이외에 52판에서 이루어진 사진 수정 사례는 작은 크기의 인물 사진을 추가한 경우가 9건, 사진 추가 8건, 사진 삭제 1건, 사진 이동 2건, 사진의 상하좌우를 잘라서 크기나 형태 등을 변형한 경우가 9건, 사진을 확대한 경우가 3건, 색상이나 색감을 보정한 경우가 14건, 이 밖에 디자인을 변경하거나 출처를 수정한 경우가 각각 4건, 2건이었다. 사례를 살펴보면 12월 15일 1면 제주 지진 관련 기사는 52판에서 지면 전체의 레이아웃이 변경되면서 정사각형 사진의 상하를 자르고 좌우를 넓혀서 가로로 긴 사진으로 수정했다(⑨). 수도권 함박눈 소식을 전한 12월 18일 1면 기사 사진 역시 같은 유형의 수정인데, 디자인을 전체적으로 수정하면서 51판 사진의 양쪽을 조금씩 잘라내고 세로로 긴 형태로 수정했다(⑩). 안철수 후보의 동향을 다룬 1월 5일 6면의 사진은 51판 사진의 좌우를 확대한 사례로서(⑪), 이를 통해 이전 판에 없었던 인물을 사진에 더 담아냈다.

❸ **캡션의 수정**

기사를 수정하는 과정에서 사진 자체를 수정하는 경우보다 사진의 캡션을 수정하는 사례가 더 빈번하다. [표 8-28]은 사진 캡션의 수정이 어떤 방식으로 이루어지는지 정리한 것이다. 51판에서는 캡션을 추가한 경우가 81.1%(317건)로 대부분을 차지했다. 팩트와 설명을 추가한 경우는 9.5%(37건), 표현의 정확성을 개선한 경우가 6.4%(25건)였다. 52

[표 8-28] 사진 캡션 수정의 속성

단위: 건(%)

캡션 수정의 속성	51판	52판	53판	합계
캡션 추가	317 (81.1)	19 (16.2)	1	337 (65.4)
표현의 정확성 개선	25 (6.4)	34 (29.1)	1	60 (11.7)
팩트·설명 추가	37 (9.5)	29 (24.8)	1	67 (13.0)
가독성 개선	10 (2.6)	13 (11.1)	1	24 (4.7)
해석/의견의 강화	4 (1.0)	5 (4.3)	0	9 (1.7)
캡션을 수정한 기사 수	391	117	7	515

판에서는 표현의 정확성을 개선(34건, 29.1%)하거나 팩트·설명을 추가한 경우(29건, 24.8%)가 많았고, 가독성을 개선한 사례도 13건(11.1%)이었다. 51판에서는 캡션을 추가해 기사를 완성하는 데 주력하고, 52판에서는 캡션의 정확성과 팩트, 가독성을 섬세하게 높여가고 있음을 알 수 있다.

[사진 8-10]부터 [사진 8-13]까지는 사진 캡션을 수정한 사례를 수정의 속성별로 살펴본 것이다. 먼저 [사진 8-10]은 '표현의 정확성 개선' 사례를 보여준다. 코로나 확산으로 인한 조기 방학에 관한 기사인데, 50판에서는 캡션 제목이 "조기 방학"이었으나 51판에서 "경남 지역 초중고 조기 방학"으로 수정하여 내용을 정확하게 전달할 수 있도록 했다. [사진 8-11]은 '팩트·설명을 추가'한 사례다. 50판에서는 "서울대가 대면 수업을 재개했다"고 단순하게 설명한 반면, 51판에서는 "서울대는 일부 실험·실습에 한해 진행하던 대면 수업을 전면 확대했다"고 서술하여 구체적인 팩트와 설명을 추가했다. [사진 8-12]는 가독성을 개선한 사례다. 51판에서는 캡션 제목이 없었지만, 52판에 "오늘부터 3주간 사적모임 6인까지"라는 캡션 제목을 추가하여 내용을 빨리 손쉽게 이해하

조기 방학 17일 오전 경남 양산시 한 초등학교에서 코로나 확산으로 조기 방학식을 치른 학생들이 친구와 인사를 나누고 있다. 경남교육청은 최근 코로나가 확산하자 전날 경남 지역 초중고에 조기 방학을 적극 시행할 것을 권고했다.

경남 초중고 조기 방학 17일 오전 경남 양산시 한 초등학교에서 코로나 확산으로 조기 방학식을 치른 학생들이 친구와 인사를 나누고 있다. 경남교육청은 최근 코로나가 확산하자 전날 경남 지역 초·중·고에 조기 방학을 적극 시행할 것을 권고했다.

[사진 8-10] 사진 캡션 수정 사례: 표현의 정확성 개선 (2021년 12월 18일 10면, 50판·51판)

서울대, 1년반만에 대면수업 재개 18일 서울대 컴퓨터공학부에서 컴퓨터그래픽스 대면 수업이 진행되고 있다. 서울대는 이날부터 대면 수업을 재개했다. 코로나 유행으로 비대면 수업으로 전환한 지 1년 6개월 만이다.

서울대, 1년만에 전면 대면수업 18일 서울대 컴퓨터공학부에서 컴퓨터그래픽스 대면 수업을 하고 있다. 서울대는 그동안 일부 실험·실습에 한해 진행하던 대면 수업을 이날부터 전면 확대했다. 코로나 유행으로 지난해 1학기 비대면 원칙으로 전환한 지 1년 6개월 만이다.

[사진 8-11] 캡션 수정 사례: 팩트·설명의 추가 (2021년 10월 19일 12면, 50판·51판)

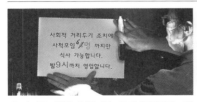 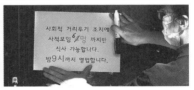

정부가 기존 사회적 거리두기를 3주 더 연장하면서 16일 오후 서울 동작구 한 식당에 안내문이 붙어 있다. 17일부터 식당·카페 등에서 영업시간 제한은 밤 9시로 유지되지만, 모임 인원 제한은 4인에서 6인으로 다소 완화된다.

오늘부터 3주간 사적모임 6인까지 정부가 기존 사회적 거리두기를 3주 더 연장하면서 16일 오후 서울 동작구 한 식당에 안내문이 붙어 있다. 17일부터 식당·카페 등에서 영업시간 제한은 밤 9시로 유지되지만, 모임 인원 제한은 4인에서 6인으로 다소 완화된다.

[사진 8-12] 캡션 수정 사례: 가독성 개선 (2022년 1월 17일 12면, 51판·52판)

베이징 올림픽 남자 스피드스케이팅 1500m에서 역주하는 김민석. 4년 전 평창에서 아시아 최초로 1500m 메달의 주인공이 된 그는 2회 연속 이 종목 동메달을 따냈다.

2022 베이징 동계올림픽 한국 선수단 첫 메달이 대회 4일 차에 나왔다. 김민석이 8일 오후 중국 베이징 내셔널 스피드스케이팅 오벌에서 열린 남자 1500m에서 동메달을 확정한 뒤 빙판 위에서 태극기를 들고 기뻐하고 있다. 한국은 전통적 메달밭인 쇼트트랙에서 석연치 않은 심판 판정 탓에 아직 메달을 따지 못하고 있다. 하지만 김민석이 '스피드 코리아'의 자존심을 살렸다.

[사진 8-13] 캡션 수정 사례: 해석·의견의 추가 (2022년 2월 9일 2면, 51판·52판)

도록 했다. 마지막으로 [사진 8-13]은 해석과 의견이 추가된 사례다. 베이징 올림픽의 첫 메달 소식을 알리는 기사로, 52판에서 사진을 교체하면서 "태극기를 들고 기뻐하고 있다"라는 해석과 "'스피드코리아'의 자존심을 살렸다"는 의견이 캡션에 추가되었다.

6. 판별 기타 이미지의 변화

신문 지면을 구성하는 중요한 비언어적 요소로 사진과 함께 그래픽과 일러스트레이션 등 기타 이미지가 있다. 그래픽은 복잡한 기사의 내용을 체계적으로 정리하고 요약해서 이해하기 쉽게 하려는 목적으로 주로 사용되며(기사 8-5), 일러스트레이션은 기사 내용을 감성적·해학적으로 묘사하는 기능을 담당한다(기사 8-6). 지면의 가독성을 끌어올리면서 자칫 단조로워질 수 있는 지면 편집에 맛과 멋을 더하는 화룡점정 같은 요소이다.

[표 8-29]는 기타 이미지가 지면 편집에 활용되는 정도를 보여준다. 기타 이미지가 포함된 기사는 52판 기준 265건으로 전체 기사 1,829건의 14.5%를 차지한다. 그래픽(249건, 94.0%)이 대부분이며, 일러스트

[표 8-29] 기타 이미지의 유형 단위: 건(%)

기타 이미지의 유형	50판	51판	52판	53판
그래픽	218 (93.6)	255 (93.1)	249 (94.0)	247 (93.9)
일러스트레이션	15 (6.4)	19 (6.9)	16 (6.0)	16 (6.1)
계	233 (100.0)	274 (100.0)	265 (100.0)	263 (100.0)

[표 8-30] 기타 이미지의 수정 단위: 건(%)

기타 이미지의 수정 속성	51판	52판	합계
정보의 정확성 강화	14 (8.4)	10 (10.4)	24 (9.0)
설명력 제고	6 (3.6)	3 (3.1)	9 (3.4)
정보와 그래픽 요소의 일치	11 (6.6)	5 (5.2)	16 (6.0)
디자인상의 변화	53 (31.9)	40 (41.7)	93 (34.8)
수정한 이미지 개수	166	96	262

朝鮮日報
2021년 10월 25일 월요일 A03면 종합

국민이 백신과학 신뢰… 3개월새 접종률 75계단 점프, 美·英 제쳐

(전세계 104위→29위)

주요국 백신 접종 완료율

전세계 기준 104위→29위 2021년 10월

56.55 64.98 65.53 67.5 66.89 68.97 70.1 70.62 73.24 73.42 74.97 75.73 75.75 79.58 81.04 86.82%

접종 시작 3개월만에… 집단방역 첫 관문인 70% 넘어

23일 국내 백신 접종 완료율이 70%를 넘어선 것은 첫 접종이 시작된 지난 2월 26일 이후 약 8개월, 첫째로 23일(금)이 OECD(경제협력개발기구) 소속 국가 등 주요 완료율이 70%를 넘긴 것은 24일 기준 포르투갈(86.8%)·스페인(79.6%)·아랍(73.4%)·이탈리아(70.6%) 등 9개 국 뿐.

전문가들 "한국의 초고속 접종 백신 거부감 적었기에 가능했다"

서울·경부·버스 오늘부터 정상화 지방공항 국제선도 내달 재운항

국내 접종완료율 70% 도달까지

2월 26일	국내 첫 백신 접종 시작
6월 28일	완료율 10% 돌파
7월 1일	완료율 20% 돌파
8월 15일	30% 돌파
9월 17일	40% 돌파
9월 22일	50% 돌파
9월 30일	55% 돌파
10월 9일	60% 돌파
10월 23일	70% 돌파

○○○·○○○ 기자

[기사 8-5] 그래픽 사례 (2021년 10월 25일 3면)

朝鮮日報
2021년 11월 16일 화요일 A10면 사회

민폐로 여겨졌던 집들이, 최신 유행으로 부활

핫 코너

사생활이 중시되면서 민폐 문화로 꼽혔던 집들이가 젊은 세대 사이에서 최신 유행으로 자리 잡고 있다. 집들이의 화려한 복귀 뒤에는 코로나 장기화가 있다. 식당의 운영 시간·인원수 등 제한이 이어지면서 집에서 모임을 하는 데 익숙해졌고, 집들이의 장점에 공감하는 이가 는 것이다.

인스타그램에는 검색 주제어로 '집들이'를 단 게시물이 최근까지 107만건, '집들이선물' 게시물이 200만건 올라왔다. 직장인 고민지(31)씨는 "코로나로 집이 가장 안전한 공간이라는 인식이 강해져, 위드 코로나가 된 요즘도 약속 장소를 집으로 잡고 있다"며 "집에서 게

**코로나로 '집에서 모임' 선호
이사와 상관없이 지인들 초대
배달음식 덕에 부담도 작아
'집들이' 관련 글 수백만건**

임이나 홈 노래방을 하기도 하고, 키우는 고양이 자랑도 할 수 있다"고 했다. 요즘 20~30대에게 집들이는 꼭 새 집에 이사해서 지인을 초대하는 개념이

아니다. 집에 처음으로 초대를 받으면 이사온 게 언제든 집들이로 인식하는 식이다. 배달 음식이 일상화하면서 집들이를 민폐로 만든 집주인의 고생도 확 줄었다.

서울 광화문에서 일하는 직장인 이모(29)씨는 "집에서는 여러 식당에서 피자와 탕수육, 김치찜 등 내키는 대로 시켜 먹을 수 있다"며 "다른 손님 눈치 안 보고 즐길 수 있는 게 집들이의 장점"이라고 했다. 지난 9일 한국건강증진개발원이 대학생 2695명을 대상으로 설문 조사한 결과 59.5%가 '코로나 이후 음주 장소에 변화가 있다'고 답했고, 이들 중 47.6%가 '자신의 집', 32%가 '지인의 집'에서 술을 마시게 됐다고 답했다.

○○○ 기자

[기사 8-6] 일러스트레이션 사례 (2021년 11월 16일 10면)

레이션(16건)은 기타 이미지의 6.0% 정도이다.

판이 달라지면서 기타 이미지도 예외없이 수정하는데, [표 8-30]은 기타 이미지의 수정 속성별로 판별 변화 양상을 정리한 것이다. 수정의 속성은 정보의 정확성 강화, 설명력 제고, 정보와 그래픽 요소의 일치, 디자인상의 변화로 구분된다. '정보의 정확성 강화'는 정보를 추가하거나 구체적으로 명확하게 제시하는 것, '설명력 제고'는 복잡한 기사 내용을 이해하기 쉬운 방향으로 수정하는 것, '정보와 그래픽 요소의 일치'는 그래픽에 사용한 기호와 상징 등을 정보 내용과 일치하는 방향으로 수정하는 것, '디자인상의 변화'는 심미성을 높이거나 균형을 맞추기 위해 디자인을 바꾸는 것을 의미한다. 51판에서는 디자인상의 변화가 53건(31.9%)으로 가장 많았고, 정보의 정확성을 강화한 경우가 14건(8.4%), 정보와 그래픽 요소의 일치도를 높인 경우가 11건(6.6%)이었으며, 설명력을 제고한 경우는 6건(3.6%)이었다. 52판에서 이루어진 기타 이미지의 수정 역시 이와 크게 다르지 않다.

[그림 8-1]과 [그림 8-2], [그림 8-3]은 기타 이미지 수정의 사례를 구체적으로 보여준다. [그림 8-1]은 학교 방역과 학사 운영 방안에 관한 기사에서 그래픽 정보의 정확성을 강화한 사례이다. 50판(상단)의 그래픽에서는 초등과 중고교, 대학의 구분이 모호했지만 51판(하단)에서는 학령별로 방역 및 학사 운영 방안을 체계적으로 제시하여 정보를 정확하게 전달할 수 있는 방향으로 수정했다. [그림 8-2]는 그래픽의 설명력을 제고한 사례를 보여준다. 수소 경제의 더딘 확산 속도에 관한 기사 내용을 다루면서 51판(상단)에서는 시기별 목표치를 단순히 표로 나열했으나, 52판(하단)에서는 목표 시기까지의 물리적 시간을 시각적으로 표현하고, 수소 가격에 맞춰 원의 크기를 달리함으로써 내용을 더 알기

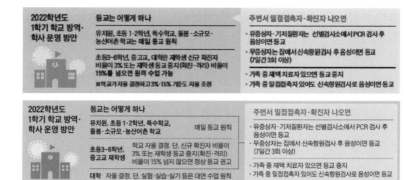

[그림 8-1] 그래픽 수정 사례: 정보의 정확성 강화 (2022년 2월 8일 4면, 50판·51판)

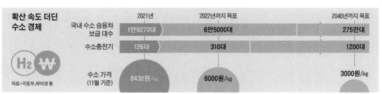

[그림 8-2] 그래픽 수정 사례: 설명력 제고·디자인상의 변화 (2022년 2월 11일 8면, 51판·52판)

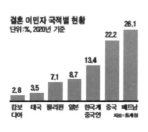

[그림 8-3] 그래픽 수정 사례: 정보와 그래픽 요소의 일치 (2021년 11월 1일 2면, 51판·52판)

쉽게 보완했다. 설명력을 제고하는 방향으로 그래픽을 수정하는 과정에서 디자인상의 변화도 함께 수반된 사례다. 마지막으로 [그림 8-3]은 결혼 이민자의 국적별 현황을 다루고 있는 자료에 결혼하는 부부의 이미지를 추가하여, 그래픽이 담고 있는 정보가 무엇인지 시각적으로 보여주었다. 정보와 관련 이미지를 추가하여 기사 내용과 그래픽 요소가 일치하도록 수정한 사례다.

7. 소결: 편집, 모든 것을 다시 훑는 작업

연구진이 현장에 들어가기 전에 예상했던 편집 과정의 본질은 뉴스 생산의 '마무리 작업'이었다. 하지만 현장에서 목도한 편집은 '수정 작업'의 연장에 가까웠다. 뉴스 생산자들은 각 부서들을 중심으로 생산된 영역별 뉴스 기사 및 지면들을 최종 편집 과정을 통해 전체 지면 차원에서 섬세하게 맞추어갔다. 하지만 그 작업은 이미 완성된 부품들의 단순한 조립 작업을 넘어 전체 지면 차원에서 개개 기사들을 재검토하고 수정하며, 그렇게 수정된 개개 기사들을 토대로 전체 지면 구성을 재조정하며 최적의 조합을 만들어내는 과정이었다. 이 지독한 재검토와 수정 작업을 통해, 뉴스 생산자들은 개별 기사들의 사실성, 심층성, 가독성을 다시금 한 단계 더 끌어올리고, 그 합이 만들어내는 시너지를 극대화했다. 이 작업은 한 번으로 끝나지 않고 밤늦은 시간까지 반복되었다.

　뉴스 모니터의 판별 신문 지면 데이터는 이 같은 작업이 지면에 남긴 변화의 양상을 추적할 수 있게 해주었다. 분석 결과가 보여주는 변화는 전면적이었다. 가판(50판), 51판(지방판), 52판(서울판), 53판, 54판(추가 수정판) 같은 판형 변화는 전체 지면 구성의 변화, 기사의 지속적인 추가 및 삭제, 기사 중요성 판단 조정에 따른 지면·기사 크기·지면 내 위치의 변화, 기사 내용(사실관계 및 인용원)의 보완, 제목(주 제목 및 중간 제목)의 수정, 기사 문장 및 표현의 수정, 사진의 교체와 수정, 사진에 달린 캡션 내용의 수정, 기타 이미지(그래픽 및 일러스트레이션)의 수정을 망라했다. 편집은 전체 지면 구성의 틀로부터 개개 기사의 사소한 디테일에 이르기까지 또다시 모든 것을 샅샅이 훑고 바꾸는 역동적 변화를 수반했다.

특히 중요한 것은 51판과 52판 편집을 통해 이루어지는 변화였다. 지면 단위로 보면 초판에서 발행한 지면 중 절반(47.5%) 정도가 51판에서 수정되었고, 52판에서는 초판 대비 3분의 1(31.5%)에 해당하는 지면이 다시 수정되었다. 기사 단위로 보면, 51판에서 70%에 육박하는 기사의 본문(68.9%)과 제목(66.1%)이 수정되었고, 52판에서도 전체 기사 중 3분의 1에 달하는 기사의 본문(32.8%)과 제목(37.6%)이 수정되었다. 더나아가, 판별 지면 데이터는 이러한 수정 작업의 주 목적이 "사실성" 강화에 있음을 드러냈다. 본문 수정에서 정보를 추가하거나(54.4%), 삭제하거나(48.0%) 가독성을 높이는 경우(43.5%)가 절반 수준에 달했다. 반면에, 기사에 해석·의견을 추가하거나(5.1%) 삭제하는 경우(3.5%)는 소소한 수준에 머물렀다. 이는 기사 본문 수정의 주된 방향이 사실관계를 재확인해서 오류를 최소화하고 표현을 다듬어서 독자가 더 정확하고 쉽게 이해할 수 있는 신문을 만드는 과정임을 보여준다. 제목 수정의 경우에도, 표현의 정확성, 팩트 강화, 가독성 개선을 위한 제목 수정이 각각 20~40%에 달하는 반면, 해석이나 의견을 강화하는 수정은 10% 미만인 것으로 나타났다. 실제로 연구자들은 뉴스 생산자들이 밤늦은 편집회의에서 지면 전체의 기사 배치뿐 아니라 개개 기사의 핵심 주제(야마)와 이를 뒷받침하는 취재 내용들, 크고 작은 제목 표현들, 심지어 사진에 붙어 있는 캡션 내용에 이르기까지 기사들의 모든 미세한 요소들을 재차 훑는 걸 보면서 "어이없다"는 느낌을 받은 바 있다(4장 참조). 판별 지면 변화 데이터는 이 어이없는 막판 작업을 통해 사실들이 더욱 정확해지고 표현과 문 장이 보다 명료해지고 있음을 확인시켜주었다.

판별 지면 데이터는 동시에 뉴스 생산 과정의 한계점도 보여주었다. 뉴스의 중심 주제 및 인용원 구성 차원에서 조선일보는 보수적 경향성을 드러냈다. 구체적으로 공식적인 권력기관 소속 취재원에 대한 의존 비율이 높은 반면 근로자와 시민, 소수 정당 등은 주변적으로 취재되었다. 감성과 해석이 사실을 앞서간 제목들, 본문 내용과 논리적 연계성이 약한 사진들, 독자들에게 잘못된 인식을 줄 수 있는 그래픽 오류들도 확인되었다.

하지만 현장 관찰과 판별 지면 변화 데이터 분석을 종합할 때, 최종 지면 편집은 사실들이 보다 정밀해지고, 표현이 명확해지며, 설명이 강화되는 과정이었다. 게이트키핑과 데스킹 과정에서와 마찬가지로, 최종 편집 단계에서 기사의 품질을 끌어올리기 위한 노력은 또다시 최대치로 반복되었다. 뉴스 생산자들은 이렇듯 막판까지 반복되는 사실 확인과 수정 작업으로 자신들의 하루를 마무리했다. 이를 통해 구성되는 사회적 현실은 경향성과, 내용상의 결함을 드러냈다. 하지만 언론이 생산하는 것이 현실이 아닌 현실에 관한 그림이라고 할 때, 그것은 주어진 여건 속에서 최선이라고 평가할 수 있는 '공들인 그림'이었다.

9장. 추가 편집[1]

개인 단위의 판단이건, 조직 단위의 의사결정이건, 최종 단계에서 이루어지는 판단과 결정의 변화는 특별히 주목할 가치가 있다. 그 변화는 앞서 이루어진 판단과 결정의 흐름을 단번에 바꾸는 위험한 도박 혹은 막판 뒤집기일 수 있다. 그 정도는 아니더라도, 이러한 막판의 변화는 겉으로 표출되지 않는 의사결정 과정에서의 고심과 진통, 치열함을 보여주는 징후가 될 수 있다.

뉴스의 생산에서도 마찬가지다. 편집 과정 자체가 뉴스 생산의 최종 단계이다. 그 편집 작업에서 통상적 판 마감 시간을 넘겨, 신문의 통상적 인쇄 및 배달 시간을 거스르며 행해지는 변화는 더욱 특별한 의미를 지니게 된다. 그것은 숱한 확인과 검토를 거쳤음에도 여전히 남아 있는 오류를 수정하는 일일 수 있다. 그것은 지면이 사회에 노출된 이후 전개된 물밑 교섭을 통한 기사의 변경일 가능성도 있다. 하지만 동시에 그것은 비상한 상황에서 언론 본연의 권력 감시와 비판을 실천하는 긴박한 행위일 수도 있다.

　　마지막의 경우는 흔히 윤전기를 세우는 상황으로 묘사되곤 한다. 한밤에 대형 사고가 돌발하면 신문사는 윤전기를 세우고 신문을 다시 만든다. 언론을 소재로 한 영화들은 극적 효과를 노려 윤전기를 세우는 장면을 등장시키곤 한다. 영화 〈모비딕〉에선 현장 기자가 두 번이나 윤전기를 멈춰 세운다. 영화 〈페이퍼〉에도 살인 사건의 진실을 전해들은 기자가 말리는 선배와 난투 끝에 빨간 버튼을 누르는 장면이 나온다(이동훈, 2019.8.24). 하지만 국내외 언론을 통틀어, 1973년 9월 7일 새벽 유신 권력에 맞서 조선일보 주필 선우휘가 신문 사설을 바꾸기 위해서 윤전기를 세운 것만큼 극적인 장면은 없을 것이다. 이를 통해 그는 한 달 전에 발생한 김대중 전 대통령(당시 야당 지도자) 납치 사건과 관련된 의혹을 제기했다. 중앙정보부가 납치했다는 소문이 무성했지만, 언론은 사건을 거론조차 할 수 없는 분위기였다. 날이 밝자 세상은 발칵 뒤집혔다. 중앙정보부가 총동원돼 신문을 회수했지만, 읽을 사람들은 다 읽은 뒤였다(유석재, 2020.7.21).

　　현시대 언론에 있어서, 이처럼 막판에 윤전기를 세우는 이유는 무엇인가? 사실 확인의 시스템적 한계를 보여주는 사례인가, 권력과의 복잡한 밀당을 보여주는 사례인가, 아니면 언론이 본연의 환경 감시 및 권력 비판의 역할을 수행하고 있음을 보여주는 사례인가? 이 질문에 대한 답을 찾기 위해 연구자들은 52판 강판 이후 이루어진 편집의 변화가 무엇인지에 주목했다.

1. 53판의 변화

밤 9시 편집회의를 거쳐 수도권 배송용 52판을 발행한 이후에도 추가로 수정이나 보완이 필요하면 편집국 내부 당직자들의 논의를 거쳐 53판을 발행한다. 51판과 52판에서 이루어지는 숙의를 거친 편집과 달리 긴급하거나 중요한 사안 혹은 중대한 오류에 대한 즉각적 대응 또는 응급조치의 성격을 지닌다.

분석 대상 기간(54일) 중 53판이 발행된 날은 29일(53.7%)로 절반이 넘는다. 이틀에 한 번 발행되는 셈으로 발행 비율 자체는 의외로 높다. 하지만 기사 단위로 살펴보면 삭제된 기사가 2건, 추가된 기사가 3건, 수정된 기사가 65건으로, 51판(삭제 116건, 추가 141건, 수정 1,525건)이나 52판(삭제 59건, 추가 56건, 수정 987건)과 비교할 때 실제 수정된 기사의 양은 매우 적다. 53판에서 일어나는 지면 변화의 내용이 무엇인지 기사의 삭제·추가, 기사의 수정, 주 제목의 변화, 사진 수정, 기타 이미지 수정으로 나누어 구체적으로 살펴보았다.

❶ 기사의 삭제와 추가

53판에서 기사의 삭제·추가는 주로 52판 발행 이후 주요 사건이 발생했을 때 기존 기사를 삭제하고 새로운 기사를 추가하는 방식으로 이루어진다. 9주 동안 3개의 기사가 추가되었으므로 53판에서 새로운 기사가 추가된 사례는 3주당 1건에 해당한다. 추가 기사 3건은 종합면, 사회면, 정치면에서 각 1건으로 모두 뉴스 가치가 높은 사건이 발생하여 기존 기사(혹은 사진)를 삭제하고 새로운 기사를 추가한 경우다.

[표 9-1] 53판에서 삭제 및 추가된 기사

날짜(지면)	삭제 기사	추가 기사
2021년 11월 3일 10면(종합)	❶ 기존 기사(인도 "2070년 탄소중립"…한국보다 20년 더 늦췄다)의 사진 삭제	❷ 기시다 총리, 바이든 대통령과의 첫 만남…日 언론 "단시간 정상회담" (사진 기사)
2021년 12월 17일 10면(사회)	❸ 만취운전 19초 만에 꽝 여친 숨지게 한 30대 살인 혐의는 무죄	❹ 아동성범죄자 조두순 집에서 괴한에 피습
2022년 2월 15일 2면(투데이)	❺ 발리예바 구사일생… 도핑에도 오늘 피겨 싱글 출전	❻ 일본에 '항복' 받아낸 여자 컬링

　　[표 9-1]은 53판에서 삭제 및 추가된 기사를 정리한 것이다. 첫 번째 사례인 11월 3일 10면(종합)에서는 기존 기사의 사진을 삭제하고, 기시다 총리와 바이든 대통령의 단시간 정상회담을 다룬 사진 기사를 추가했다. 사진이 삭제된 기존 기사는 기후변화 정상회담 관련 기사이고, 추가된 기사는 〈기시다 총리, 바이든 대통령과 첫 만남…日언론 "단시간 정상회담"〉이라는 제목의 사진 기사이다. 바이든 미국 대통령과 기시다 일본 총리가 행사장에서 함께 걸어가는 사진과 함께 두 사람이 단시간 비공식 약식 정상회담을 가졌다는 짧은 캡션 설명이 있다. 52판 발행 이후 기사 가치가 큰 주요 사건이 발생하여 속보 성격으로 기사를 추가한 사례다.

　　12월 17일 10면(사회)에서는 만취 운전 살인에 관한 판결 기사를 삭제하고, 범죄자 조두순 피습 사건을 추가했다. 조두순이 피습된 시간은 12월 16일 오후 8시 47분으로 52판을 발행할 당시에는 해당 내용을 기사로 담지 못했으나, 17일자 지면에 실을 만한 가치가 있다고 판단하여 기사를 추가한 것이다.

　　2월 15일 2면(투데이)에서는 발리예바(동계올림픽 러시아 피겨 선수)의 도핑 관련 소식 대신 국내 여자 컬링의 승리 소식으로 교체했다. 국

기시다 총리, 바이든 대통령과 첫 만남… 日언론 "단시간 정상회담"
조 바이든(가운데 검은 마스크 쓴 사람) 미국 대통령과 기시다 후미오(바이든 옆 흰 마스크 쓴 사람) 일본 총리가 2일 제26차 유엔기후변화협약당사국총회(COP26)가 열리고 있는 영국 글래스고의 한 행사장에서 함께 걸고 있다. NHK와 교도통신 등 일본 언론들은 이날 두 정상이 '단시간 회담'을 했다고 보도했다. 기시다 총리가 지난달 4일 취임한 뒤 바이든 대통령과 대면으로 만난 것은 이번이 처음이다. '단시간 회담'이 어떤 방식으로 이뤄졌는지 구체적으로 알려지지 않았지만, 비공식 약식회담으로 진행된 것으로 보인다고 일본 언론들은 전했다. NHK는 "두 정상은 양국의 동맹, 기후변화 대응, 자유롭고 열린 인도·태평양 정책 등의 현안에서 굳은 공조를 다짐했다"고 전했다.

조 바이든 미국 대통령이 영국 글래스고에서 열린 제26차 유엔기후변화협약 당사국총회(COP26) 행사인 '산림 및 토지 이용에 관한 행동'에 참가해 앉아 있다. 이날 바이든 대통령은 "말이 아닌 행동으로 전 세계의 기후변화 대응에 모범을 보이겠다"며 "개도국 탄소 감축 지원에 선제적으로 30억달러(약 3조5300억원)를 내놓겠다"고 말했다.

❶ 2021년 11월 3일 10면 삭제 사진

❷ 2021년 11월 3일 10면 추가 사진 기사

만취운전 19초만에 쾅
여친 숨지게 한 30대
살인 혐의는 무죄

제주에서 음주 상태로 과속 운전을 하다 옆자리에 탄 여자 친구를 숨지게 한 30대 남성에 대해 법원이 징역 1년에 집행유예 2년을 선고했다. 이른바 '제주 오픈카 사고'로 알려진 이번 사건에서 제주지법 형사2부(재판장 장찬수)는 16일 살인과 음주 운전 혐의로 기소된 A(34)씨에 대해 이같이 선고했다. 살인 혐의는 무죄로 판단하고 음주 운전 혐의만 인정한 결과다.

A씨는 2019년 11월 10일 오전 1시쯤 제주시에서 포드 머스탱 컨버터블 렌터카 차량을 몰다 도로 오른쪽 돌담과 경운기를 잇달아 들이받는 사고를 냈다. 이 사고로 안전벨트를 매지 않고 조수석에 타고 있던 A씨 여자 친구 B씨가 차량 밖

❸ 2021년 12월 17일 10면 삭제 기사의 일부

아동성범죄자 조두순
집에서 괴한에 피습

망치로 맞았지만 크게 안다쳐
20대, 지난 2월에도 침입 시도

지난해 12월 출소해 경기도 안산시에서 지내고 있는 아동 성범죄자 조두순(69)이 자신의 집에서 괴한에게 피습당했다. 큰 부상은 입지 않은 것으로 알려졌다.

경기 안산단원경찰서에 따르면, 16일 오후 8시 47분쯤 안산시 단원구 조두순의 집에 20대 남성 A씨가 찾아가 집안에 있던 망치로 조씨 머리를 가격했다. 당시 집안에 있던 조씨 부부는 A씨가 "경찰입니다"라며 문을 두드리자 현관문을 열어줬고, A씨는 집안으로 침입한 뒤 망치를 여러 차례 휘두른 것으로 전해졌다. 조씨 아내가 집 근처 치안센터로 달려가

❹ 2021년 12월 17일 10면 추가 기사의 일부

발리예바 구사일생… 도핑에도 오늘 피겨 싱글 출전

도핑 파문을 일으켰던 러시아 피겨 스타 카밀라 발리예바(사진)가 15일 시작하는 베이징 올림픽 여자 싱글 경기에 나설 수 있게 됐다. 스포츠중재재판소(CAS)는 14일 베이징 메인미디어센터에서 기자회견을 열고 IOC(국제올림픽위원회), ISU(국제빙상경기연맹), WADA(세계도핑방지기구) 등이 제기한 제소를 기각한다고 밝혔다. IOC 등은 "러시아 측이 금지 약물 양성반응을 보인 발리예바의 선수 자격을 잠정 중지했으나 해제한 것은 부당하다"며 지난 주말 CAS에 긴급 청문회를 요청했었다.

뉴시스

출전후 뒤늦게 양성 통보 나왔고
16세 안된 미성년자인 점도 고려
메달 박탈 여부는 올림픽 후 결정

CAS 재판관 3명은 13일 밤부터 14일 새벽까지 베이징에서 6시간 넘는 화상 청문회를 연 끝에 러시아의 손을 들어줬다. 물론 CAS가 발리예바에게 100% '면죄부'를 준 것은 아니다. 도핑 위반 문제는 논의하지 않고, 발리예바가 계속 올림픽 경기에 출전할 수 있는가만 따졌다. 발리예바가 2006년 4월 25일 태어나 아직 만 16세가 되지 않은 미성년자가 반드시 법적으로 보호를 받아야 한다는 점도 고려했다.

CAS는 또 약물 검사를 시행한 국제검사기구가 발리예바 측에 양성 통보를 늦게 하

는 바람에 선수가 법적인 방어를 할 시간이 부족했다고 봤다. 검사 결과가 늦게 나온 것이 선수 잘못은 아니라는 설명이다. 금지 약물인 트리메타지딘이 검출된 발리예바의 소변 샘플은 지난해 12월 25일 자국 선수권 우승 후 도핑 테스트를 통해 채취된 것이다. 보통 7~10일이면 결과가 나오는데 지난 7일 올림픽 피겨 단체전에 발리예바가 출전한 뒤에야 ROC(러시아올림픽위원회)에 뒤늦게 통보됐다.

발리예바는 논란 속에서 15일 여자 싱글 첫 경기인 쇼트프로그램에 출전한다.

○○○기자

⑤ 2022년 2월 15일 2면 삭제 기사

朝鮮日報

일본에 '항복' 받아낸 여자 컬링

예선 6차전 3승 3패
4강행 불씨 되살려

日, 5점차 뒤지자 막판 경기 포기

한국 여자 컬링 팀 킴(스킵 김은정)이 한일전에서 완승을 거두며 4강행 불씨를 이어갔다.

대표팀은 14일 중국 베이징 국립 아쿠아틱 센터에서 열린 2022 베이징 동계올림픽 예선 6차전에서 일본 후지사와(스킵)에 10대5로 승리했다. 전날 미국에 5대6, 오전 미국에 6대8로 지며 2연패를 당했으나, 일본을 제압하면서 3승 3패로 5할 승률을 맞춰 4강행 불씨를 되살렸다. 여자 컬링은 10개국 풀리그 형식으로 9경기 예선전을 치르고, 성적이 좋은 네 팀이 4강 토너먼트를 치른다.

일본에 패하면 사실상 4강 꿈을 접을 수 있었던 경기에서 팀 킴은 초반부터 주도권을 잡았다. 1·2로 끌려가면 3엔드에서 일본의 스톤을 전부 하우스에서 몰아내며 3득점을 뽑아내는 '빅엔드'를 만들어 냈다. 이 4엔드에서도 수비에 치중해 나갔다. 5, 6엔드에서 팀 후지사와와 2점씩을 주고받은 팀 킴은 7엔드에서 한 번

더 '스틸'을 성공하며 1점을 더 얻어내 8-4로 점수를 벌렸다. 팀 킴은 8엔드에서 1점을 내줬지만, 9엔드에서 2점을 추가해 5점 차 리드를 잡아냈다. 결국 마지막 10엔드를 치르기 전 팀 후지사와가 경기 포기 의사를 나타내면서 10대5로 그대로 승부가 끝났다.

팀 킴과 일본의 팀 후지사와는 2018 평창올림픽 준결승에서 연장 명승부를 연출하며 라이벌 구도를 형성했다. 당시 한국은 일본을 상대로 예선에서 5대7로 졌지만, 준결승에서 연장 승부 끝에 8대7로 이겨 결승에 올랐고, 스웨덴에 아깝게 지면서 은메달을 목에 걸었다. 팀 후지사와는 동메달을 목에 걸었다.

팀 킴은 그 이후 베이징올림픽 전까지 팀 후지사와와 3차례 대결을 벌여 모두 졌다. 2019년 컬러스 코너 오텀 골드 컬링클래식 예선에서 패했고, 지난해 12월 열린 올림픽 자격 대회(OQE) 예선과 2·3위 결정전에서는 연이어 패배했다. 그러나 이날 승리로 최근 패배를 설욕하면서 이번 대회 2연패 사슬도 끊었다. 팀 킴은 3승 3패, 일본은 4승 2패가 됐다. 14일 한국과 일본 경기 종료 패까지 스위스 5승으로 단독 1위, 미국과 일본이 4승 2패로 공동 2위다. 한국은 3승3패로 4위 경쟁을 이어가는 중이다. 팀 킴은 15일 하루 휴식을 취한 뒤 16일 오전 스위스, 오후 덴마

'팀 킴'의 스킵 김은정(가운데)이 14일 중국 베이징 국립 아쿠아틱 센터에서 일본의 '팀 후지사와'와의 경기에서 승리한 뒤 베이징올림픽 컬링 예선 6차전 경기 도움 팀원들과 함께 기뻐하고 있다. 한국이 9엔드까지 10-5로 앞서자 일본은 마지막 10엔드를 넘겨주고 경기를 포기했다.

크와 연달아 맞붙는다. 풀리그 마지막 날인 17일 스웨덴전까지 남은 세 경기에서 2승 이상을 해야 4강을 바라볼 수 있다.

베이징=○○○기자

⑥ 2022년 2월 15일 2면 추가 기사

내 여자 컬링팀이 일본에 승리한 소식을 다루기 위해 뉴스 가치가 상대적으로 낮다고 판단한 기사를 삭제한 것이다. 2면에서 삭제된 발리예바 도핑 관련 기사는 스포츠면(26면)으로 이동했다.

❷ 기사의 수정

53판에서 수정된 기사는 전체 1,830개 기사 중 3.6%에 해당하는 65건이다. 항목별로는 기사 본문 39건, 기사 제목 전체 42건, 주 제목 25건, 사진 5건, 사진의 캡션 7건, 기타 이미지 5건이 수정되었다.

본문의 수정 내용을 구체적으로 살펴보면 가독성 제고가 25건(64.1%)으로 가장 많고, 다음은 정보의 삭제(24건, 61.5%)와 추가(21건, 53.8%) 순이다. 기자의 해석·의견이 추가된 경우는 5건(7.7%)이며, 기자의 해석·의견이 삭제된 경우가 1건(1.5%), 기타가 4건이다. 기타 사례는 '글감이 완전히 바뀐 경우', '사안의 변화(선거 결과)로 내용 수정', '정확성을 높이기 위한 표현 수정(수일→사흘)', '오류 문구 삭제(문장 중간에 "사진 더보기"라는 불필요한 문구 포함)' 등이었다. 53판에서도 51판, 52판과 마찬가지로 가독성 제고와 정보의 추가, 삭제를 위한 수정이 많이 이루어지고 있음을 확인할 수 있다.

[표 9-2]는 기사의 본문에서 기자의 해석·의견이 추가 혹은 삭제된 사례들을 보여준다. 11월 1일 3면 사례는 시진핑과 푸틴이 G20 정상회의에 불참하면서 탄소 감축 합의가 실패할 우려가 있다는 내용의 기사이다. 53판에서 문장이 하나 추가되었는데, G20 정상회의에 남겨진 과제에 대한 기자의 해석이 담겨 있다. 두 번째 사례는 11월 1일 8면의 일본 총선 관련 기사이다. 이 기사는 52판이 발행된 이후 선거 결과(예상 의석수)가 확정되면서 제목, 사진, 본문 내용 등이 전반적으로 수정되었다. 중간 제목은 "기시다 총리 입지 불안해질 수도"에서 "기시다 총리, 일단 한숨 돌렸지만"으로 변경되었으며, 사진 역시 기시다 후보가 긴장한 표정을 짓고 있는 모습에서 미소 짓고 인터뷰하는 모습으로 교체되

[표 9-2] 53판의 기사 본문에서 기자의 해석·의견을 추가·삭제한 사례

	날짜·지면·기사 제목	이전 판	53판
추가 사례	2021년 11월 1일 3면 시진핑·푸틴 불참… '탄소감축 합의' 실패 우려	—	산업혁명 이후 온실가스 배출 책임이 있는 선진국과 기후변화로 인한 자연재해 피해가 집중되는 개도국 간의 갈등도 풀어야 할 과제다.
	2021년 11월 1일 8면 日 5개 야당 단일화 효과… '1강 체제' 견제할 발판 마련 (53판)	—	하지만 기시다 총리의 정권 기반이 안정됐다고 보기는 어렵다. 지난달 자민당 총재 선거, 신종 코로나 바이러스 감염자 급감 등 자민당에 유리한 요소가 많았음에도 과반 확보를 걱정해야 할 정도로 고전했기 때문이다.
	2022년 2월 8일 2면 중국과 스치지도 않았는데… 황대헌·이준서 황당 실격	중국의 홈 어드밴티지는 결승전에도 이어졌다.	중국의 **노골적인** 홈 어드밴티지는 결승전에도 이어졌다.
	2022년 2월 10일 1면 오늘부터 셀프방역… 저소득층 더 서럽다	—	다행히 음성이 나왔지만 이틀치 식비를 날린 셈이다.
	2022년 2월 11일 6면 자가검사키트 충분하다더니… 정부, 온라인 판매 금지	—	2년 전 벌어졌던 '마스크 대란' 당시를 연상시키는 조치다.
		'먹는 치료제 처방 대상자로서 지자체 집중관리가 필요한 자'로 다시 변경했다.	'먹는 치료제 처방 대상자로서 지자체 집중관리가 필요한 자'로 다시 변경하면서 **혼선을 빚었다.**
삭제 사례	2021년 11월 1일 8면 日 '5개 야당 단일화' 통했다… 대도시서 세력결집 성공(3판)	기시다 총리로도 40석 이상을 잃는다면, 자민당 내에선 내년 참의원 선거 전 다시 '총재 교체' 움직임이 일어날 수 있다.	삭제

었다. 여기에 더해 "기시다 총리의 정권 기반이 안정됐다고 보기는 어렵다"와 같은 기자의 해석과 판단이 추가되었다(기사 9-1, 기사 9-2).

세 번째 사례(2월 8일 2면)는 베이징 올림픽 쇼트트랙 경기에서 우

日 '5개 야당 단일화' 통했다… 대도시서 세력결집 성공

일본 중의원 총선

AI면에서 계속

자민당은 2012년 정권 탈환에 성공한 후 치러진 세 차례 총선에서 모두 단독 과반을 크게 웃도는 의석을 확보해 왔다. 하지만 이번 선거에서는 입헌민주당을 비롯한 5개 야당이 단일화에 성공하면서 자민당에 큰 타격을 입혔다. 제1야당 입헌민주당과 공산당 등 5개 야당이 전체 지역구 289곳 중 75%에 해당하는 217곳에서 단일 후보를 공천했다. 140곳에서 자민당 의석이 야당 연합 구도를 만들었다. 자민당, 일본유신회, 야당 단일 후보 3자 대결 구도의 선거구도 69곳이었다. 그러자 자민당이 소선거구에서 40~50%의 득표를 하고도 야당 분열로 장기 집권하는 이른바 '40대20의 법칙'이 무너졌다. 그. 경합 지역으로 분류되는 도쿄 등 대도시와 각 지방 등의 지역을 중심으로 세력 결집 효과를 내는 데 성공했다.

때문에 자민당에선 장관을 역임한 거물 의원들의 고전 소식이 줄을 이었다. 아마리 아키라 간사장의 출구조사에서 패배했다는 것이 나오자 지지율은 자민당 간부를 긴장케 했다. '현직 간사장의 선거구 패배는 1955년 이후 전례 없는 일'이라고 보도했다. 아마리 간사장 역시 굳은 표정으로 '선거구 패배시 (나의) 인사 처분은 기시다 총리에게 맡기겠다'고 했다. 지난 9월부터 디지털청장이던 히라이 다쿠야(平井卓也) 전 의원과 올림픽 담당 장관이던 사쿠라다 요시타카(櫻田義孝) 등도 야당 단일 후보에 밀려 패배했다. 자민당 간사장 출신인 이시이 하라 노부테루(石原伸晃)도 도쿄8구에서 야당 단일

긴장한 표정의 기시다

후보인 정치 신인에게 밀려 11선 실패가 확정됐다.

입헌민주당은 출구조사상 99~141석을 얻을 것으로 집계돼 NHK는 '의석수 증가가 예상된다'고 했다. 공산당은 8~14석을 얻을 것으로 보인다고 했다. 후쿠야마 데쓰로(福山哲郞) 입헌민주당 간사장은 '야당 단일화는 일본 국민 들에게 어느 정도 호응을 얻었다고 생각한다'고 했다. 시이 가즈오 공산당 위원장도 '이번엔 정권 교체에 이르지 못했지만 내년 참의원 선거 등에 계속 도전하겠다'고 했다. 한편 오사카 지역을 중심으로 인기를 모은 극우 정당 일본유신회는 34~47석을 얻을 것으로 전망돼 기존(104석)보다 3배 넘는 의석을 확보할 것으로 보인다.

**野, 지역구 75%서 단일화 이뤄
日언론 "입헌민주당 최대 141석"
인기 극우정당인 일본유신회는
기존의 3배 넘는 의석 확보할 듯
기시다 총리 입지 불안해질수도**

자민당 고전 이유로 기시다 총리가 아베 신조, 스가 요시히데 등 기존 정권과 차별화되는 국가 비전과 정책을 보여주지 못했다는 점을 지목했다. '포스트 모리' 시대를 어떻게 운영할 것인지에 대해서도 국민의 기대에 부응하지 못했던. 때문에 아베 전 내각에서 정치자금 문제로 낙마했던 아마리를 자민당 2인자인 간사장으로 임명한 국민 반감을

의 노선을 그대로 계승하며 대형 평기 등의 개편, 적 기지 공격 능력 보유 등을 담 공약으로 내세웠다. 기시다 총리는 취임 직후에는 '새로운 자본주의'를 추구하겠다며 '분배 없이 성장 없다' '분배의 성장의 선순환' 등의 구호를 앞세웠다. 자민당 이 같은 분배 중심 노선이 야당의 정책과 섞이면서 비판이 담 안에서나 야당 지지, 연설에서 분배 키워드까지 꺼지 자 틀을 강행했다. 일본 마이니치신문은 최근

기시다의 가두 연설을 분석한 결과 '중 앙선 선거가 시작된 이후 기시다 총리의 분배·성장 언급 횟수의 균형이 붕괴됐다'고 했다.

내년 7월 참의원 선거를 앞둔 기시다 총리의 입지가 더 불안해질 전망이다. 자민당 총재 선거를 통해 '선거의 얼굴'을 교체한 효과가 기대보다 미미지 못한 것이 확인됐기 때문이다. 자민당은 요시 하데(義穗) 직전 총리 내각 지지율이 올림픽 폐막 직후인 지난 8월 29%(NHK 조사)로 급락하자, 스가 총리를 사실 상 끌어내려 교체했다. '중의원 총선서 최소 약 70석을 얻을 수 있다'는 비판론이 확산하며 담내 의원들이 동요하자, 스가 전 총리가 자리 유지 형식으로 물러 난 것이다. 기시다 총리로선도 40석 이상을 잃는다면, 자민당 내부서 내년 참의원 선거 전 다시 '총리 교체' 움직임이 일어날 수 있다.

[기사 9-1] 2021년 11월 1일 8면 52판 기사

日 5개 야당 단일화 효과… '1강 체제' 견제할 발판 마련

일본 중의원 총선

AI면에서 계속

단독 과반 확보에 성공한 기시다 총리 는 첫 관문을 통과하며 한숨을 돌렸다는 평가다. 하지만 기시다 총리의 정권 기반 이 안정됐다고 보기는 어렵다. 지난 달 자민당 총재 선거, 신종 코로나 바이러스 감염자 급감 등 자민당에 유리한 요소가 많았음에도 과반 확보를 해야 할 정도로 고전했기 때문이다. 이 때문에 기시다 총리는 이날 저녁 긴장한 표정으로 '국민의 귀중한 신임을 받았다'고 생각한다'고 입장을 밝혔다.

이번 선거에서는 제1야당 입헌민주당과 공산당 등 5개 야당이 전체 지역구 289곳 중 75%에 달하는 217곳에 단일 후보를 출천, 자민당 견제에 나섰다. 140 곳에서 자민당 의원과 야야 대결 구도를 도출했다. 자민당, 일본유신회, 야당 단일 후보 3자 대결 구도의 선거구도 69곳이었다. 그러자 자민당이 소선거구에서 40~50%의 득표를 하고도 야당 분열로 당선되는 이른바 '40대 60 법칙'에 균열이 생기는 지역구가 생겼다. 경합 지역으로 분류되는 도쿄 등 대도시와 각지방 등 지역을 중심으로 어느 정도 세력 결집 효과를 냈다.

때문에 자민당에선 장관을 역임한 거물 의원들의 고전 소식이 줄을 이었다. 아마리 아키라 간사장의 출구조사에서 패배했다는 것이 나오자 지지율은 자민당 간부를 긴장케 했다. '현직 간사장의 선거구 패배는 1955년 자민당 창당 이후 전례 없는 일'이라고 보도했다. 아마리 간사장 역시 굳은 표정으로 '선거구 패배시 (나의)인사 처분은 기시다 총리에게 말

일본 중의원 정당별 예상 의석수

31일 오후 11시30분 기준

중의원 의석수
소선거구 289석 + 비례대표 176석 = **465석**

연립 여당 (과반 의석 233석)

- 자민당 242석
- 입헌민주당
- 공산당 10
- 국민민주당 10
- 레이와 5
- 기타 18
- 합계 465석

겠다'고 했다. 지난 9월부터 디지털청장 장이던던 히라이 다쿠야(平井卓也) 전 의원과 올림픽담당 장관을 역임한 요시타카 (櫻田義孝) 등도 야당 단일 후보에 밀려 패배했다. 자민당 간사장 출신인 이시 하라 노부테루(石原伸晃)도 도쿄8구에서 야당 단일 후보인 정치 신인에 밀려 11선 실패가 확정됐다.

입헌민주당은 출구조사 상 99~141석을 얻을 것으로 집계돼 NHK 등이 '의석 수의 소폭 증가가 예상된다'고 했다. 공산 당은 8~14석을 얻을 것으로 보인다. 후쿠야마 데쓰로(福山哲郞) 입헌민 주당 간사장은 '야당 단일화는 일본 국 민들에게 어느 정도 호응을 얻었다고 생 각한다'고 했다. 시이 가즈오 공산당 위 원장도 '이번엔 정권 교체에 이르지 못 했지만 내년 참의원 선거 등에 계속 도전 하겠다'고 했다. 한편 오사카 지역을 중 심으로 인기를 모은 극우 정당 일본유신 회는 기존(11석) 3배 넘는 34~47석을 얻 을 것으로 전망돼 공명당을 제치고 제3 당으로 부상했다.

입헌민주당은 출구조사 상 99~141석 을 얻을 것으로 집계돼 NHK 등이 '의석 수의 소폭 증가가 예상된다'고 했다. 공산 당은 8~14석을 얻을 것으로 보인다. 후쿠야마 데쓰로(福山哲郞) 입헌민 주당 간사장은 '야당 단일화는 일본 국 민들에게 어느 정도 호응을 얻었다고 그 래하고 있는가'고 말했다. 하지만 자민

기시다 '국민 신임 얻었다' 기시다 후미오 일본 총리가 중의원 선거가 실시된 31일 오후 도쿄 자민당사에서 미소를 지으며 방송 인터뷰를 하고 있다.

**野, 지역구 75%서 단일화 이뤄
인기 극우정당인 일본유신회는
기존 3배 늘어 제3당으로 부상
기시다 총리, 일단 한숨 돌렸지만
'당 2인자' 아마리 간사장 총리직
인사 한달밖에 당선부 교체 가능성**

당 고전 이유로 기시다 총리는 당 재편 성 노선에 대해서도 국민의 기대에 부응 하지 못했던 점도 지적됐다. 외교·안보 정책은 아베 ·스가 전 내각의 노선을 그대로 계승, 자위대 명기 등의 개헌, 적 기지 공격 능력 보유 등을 담 공약으로 내세웠다.

내년 7월 참의원 선거를 앞둔 기시다 총리의 정치생명도 더 복잡해질 전망이 다. 당장 아마리 간사장의 거취나 문제라 될 것으로 보인다. 기시다 총리는 1인 간사장 문제란 되지 않을 것이라는 입장 산 것도 부메랑으로 돌아왔다.

기시다 총리로서는 내년 7월 참의원 선거까 지 최대한 지지율을 끌어올려야 단명 총리 라는 것을 피하겠다는 전략이다. 만약 기시다 총리의 지지율이 하락한다면 자 민당 내에선 내년 참의원 선거 전 다시 '총재 교체' 움직임이 일어날 수 있다. 자 민당은 이미 스가 요시히데(菅義偉) 직 전 총리 내각 지지율이 올림픽 폐막 직후 인 지난 8월 29%(NHK조사)로 급락하자, 스가 전 총리를 사실상 끌어내려 교체한 바 있다. '중의원 총선서 최소 약 70 석을 잃을 수 있다'는 비판론이 확산하며 당내 의원들이 동요하자, 스가 전 총리가 자리 사퇴 형식으로 물러난 것이다.

[기사 9-2] 2021년 11월 1일 8면 53판 기사

리 선수(황대헌, 이준서)가 실격한 내용을 다룬 기사인데, 그래픽 추가, 팩트 추가, 기사의 해석·의견 추가, 레이아웃 변경 등 기사 전반에 변화가 있었다. 특히 기사 본문에 '노골적인'이라는 형용사를 추가해 기자의 비판적 시각을 부각했다. 네 번째 사례(2월 10일 1면)는 코로나 방역 체제가 변경되면서 저소득층 등이 겪는 어려움을 다룬 기사이다. 53판에서 "다행히 음성이 나왔지만 이틀치 식비를 날린 셈이다"라는 기자의 해석을 담은 문장을 추가해 저소득층이 겪는 어려움을 강조했다. 마지막 사례(2월 11일 6면)도 코로나 방역 관련 사례였는데, 자가검사키트의 온라인 판매 금지 등을 다룬 기사이다. 52판에서는 기사의 전반적 초점이 새로운 코로나 환자 대상의 재택 치료 체제 가동에 맞춰 있었으나, 53판에서는 신속항원 자가검사키트의 온라인 판매 금지 관련 내용을 첫 문장으로 이동하고 이를 강조하는 방식으로 기사가 재구성되었다. 이에 따라 어깨 제목과 중간 제목을 수정했으며, 해석·의견이 추가되었다. 구체적으로 '2년 전 벌어졌던 마스크 대란 당시를 연상시키는 사례'라는 기자의 의견을 추가했으며, 또 다른 문장에서는 '…혼선을 빚었다'라는 기자의 판단을 더해 비판적 시각을 더욱 확실히 드러냈다.

기자의 해석·의견이 삭제된 사례는 1건이었다. 이 사례는 앞서 언급한 11월 1일 8면의 기자의 해석·의견 추가 사례와 관련이 있다. 일본 총선을 다룬 이 기사는, 밤늦게 선거 결과의 윤곽이 나오면서 제목과 사진, 그래픽, 본문 내용 등에 전반적인 수정이 있었다. 그 과정에서 기자의 판단이 언급된 문장이 하나 삭제되고 새로운 의견을 담은 다른 문장이 추가되었는데, 특정한 의견을 강조하기 위한 것이라기보다는 상황 변화에 따른 의견 삭제로 볼 수 있다.

❸ 주 제목의 수정

53판에서 주 제목이 수정된 사례는 모두 25건이었다. 이 가운데 기사의 내용이 변경됨에 따라 주 제목을 함께 수정한 경우가 7건이며, 지면 레이아웃이 변경되면서 주 제목의 길이를 수정한 경우가 3건, 제목의 초점을 변경한 경우가 5건, 나머지 10건은 정확성을 높이기 위한 수정이었다. [표 9-3]은 각각에 해당하는 사례들을 종합적으로 제시한 것이다.

기사 내용에 따라 주 제목이 변경된 사례(7건)를 살펴보면, 먼저 11월 1일 1면과 8면의 기사는 52판 발행 이후에 일본 총선 결과의 윤곽이 드러남에 따라 기사 내용과 제목이 모두 수정된 경우다. 이전 판에서는 자민당의 단독 과반 확보가 아슬아슬하다는 내용이었으나 53판에서는 단독 과반을 확보했다는 내용(1면), 그리고 5개 야당 단일화 효과로 1강 체제를 견제할 발판을 마련했다는 내용(8면)으로 수정되었다. 11월 2일 8면의 기사는 시진핑의 노태우 조전에 관한 것인데, 52판 기사에는 "27일 받은 조전을 1일 뒤늦게 공개했다"로 서술됐던 내용이, 53판 기사에는 '정부가 지난달 29일 … 조전을 받고도 공개하지 않다가 사흘 만인 1일 뒤늦게 이를 공개했다'로 보다 상세히 서술되었다. 정부가 조전을 받은 시점이 52판 발행 이후에 확인되면서 기사 내용과 주 제목을 모두 수정한 것이다. 12월 2일 10면은 52판 발행 이후 곽상도 전 의원의 구속영장 기각이 확인됨에 따라 기사 내용과 주 제목을 함께 수정한 사례이고, 12월 3일 5면은 당시 윤석열 후보가 당 원로들과 오찬을 가졌다는 내용의 기사를 홍준표 의원과의 만찬에 관한 내용으로 변경하면서 주 제목이 수정된 사례다. 2월 10일 2면에서는 늦은 밤에 들어온 베이징 동계 올림픽 경기 소식을 전하기 위해 53판에서 기사 내용 전반을 수정했고,

2월 16일 1면은 기사 본문에 푸틴 대통령의 기자회견 발언이 추가되면서 주 제목도 해당 발언을 직접 인용하는 방식으로 변경된 사례다.

지면 레이아웃이 변하면서 주 제목의 길이가 조정된 사례는 3건으로, 모두 같은 날 같은 면에서 발견되었다. 2월 10일 1면의 지면 레이아웃이 전반적으로 수정되면서 불가피하게 여러 기사의 주 제목 글자 수가 변경된 사례다. [지면 9-1]에서 해당 지면의 전체적인 레이아웃 변화를 확인할 수 있다.

제목의 초점을 변경한 사례 5건 중 3건은 코로나 방역과 관련한 기사로, 주 제목과 중간 제목을 맞바꾸는 방식으로 강조점을 변화시킨 경우다. 예를 들면, "재택환자 85%, 건강 모니터링 중단…검사·투약 스스로 챙겨야"(52판)에서 "재택환자 85%, 건강 모니터링 중단…의료물품도 직접 챙겨야"(53판)로 수정하여 의료물품 제공을 중단하는 것을 강조하는 방향으로 기사를 수정했다(2월 8일 3면). 11월 4일 6면은 문재인 대통령과 헝가리 대통령이 정상회담 직후 발표한 공동성명 논란과 관련해, 헝가리 대통령의 발언과 청와대 측의 해명을 각각 인용했던 제목(52판)을 헝가리 대통령의 발언만 인용하는 제목(53판)으로 변경했다.

주 제목에서 정확성을 높이기 위한 수정(10건)은 크게 세 가지 유형으로 나타난다. 단어(팩트)를 추가하여 정확성을 높이는 경우(4건), 단어(혹은 수치)를 교체하여 정확한 정보를 제공하는 경우(4건), 표현을 수정하여 적절한 느낌을 살리거나 강조하는 경우(2건)가 그것이다. 12월 18일 12면의 단어 추가 사례를 보면, "2500억 시공사업"에서 "2500억 태양광 시공사업"으로 수정하여 어떤 내용의 시공사업인지를 구체적으로 제시했다. 단어를 변경한 사례 중 2월 10일 2면을 살펴보면, "최민정의 막판 질주"를 "최민정의 막판 스퍼트"로 수정하여 상황을 더 정확하

[표 9-3] 53판에서 주 제목을 수정한 사례

변경 속성	날짜/지면	이전 판	53판
기사 내용 변경 (7건)	2022년 11월 1일 1면	"日 자민당 총선서 단독 과반 아슬아슬"	"日 자민당, 총선서 단독 과반 확보"
	2021년 11월 1일 8면	(51) 日 '5개 야당 단일화' 먹혔다… 대도시서 세력결집 성공 (52) 日 '5개 야당 단일화' 통했다… 대도시서 세력결집 성공	日 5개 야당 단일화 효과 '1강 체제' 견제할 발판 마련
	2021년 11월 2일 8면	시진핑의 '노태우 조전' 5일간 공개 안한 정부	시진핑의 '노태우 조전' 장례식 끝난 후에야 뒤늦게 공개한 정부
	2021년 12월 2일 10면	검찰, 대장동 사업 직전 황무성〈前 성남 도시개발공사 사장〉 사퇴 압박한 유한기 소환조사	'50억 클럽' 곽상도 구속영장 기각
	2021년 12월 3일 5면	尹 만난 黨 원로들 "김종인·이준석을 포용하고 가야 한다"	윤석열·홍준표 경선 후 첫만남
	2022년 2월 10일 2면	황대헌 '분노의 질주'… 선두로 치고 나가자 누구도 추월 못했다	9바퀴 남기고 '분노의 질주' 편파판정이 끼어들 틈이 없었다
	2022년 2월 16일 1면	'D데이' 하루 앞두고…러시아 일부 철군	'D데이' 하루 앞두고… 푸틴 "병력 일부 철수"
지면 레이아웃 변화에 따른 길이 조정 (3건)	2022년 2월 10일 1면	(50) 셀프 방역시대… 1인가구·저소득층 더 서럽다 (51~52) 셀프 방역시대… 저소득층·1인가구 더 서럽다	오늘부터 셀프 방역… 저소득층 더 서럽다
	2022년 2월 10일 1면	황대헌 첫 金… 실력으로 편파판정 잠재웠다	실격 악몽, 실력으로 잠재웠다
	2022년 2월 10일 1면	장하성〈당시 靑 정책실장〉, 동생 펀드에 60억 투자… 김상조〈당시 공정거래위원장〉도 4억 넣어	장하성〈당시 靑 정책실장〉, 동생 펀드에 60억 투자
제목의 초점 변경 (5건)	2021년 11월 4일 6면	(50) 문, 기시다 못 만나고 바이든과는 '3분' 만남 (51) 헝가리 "원전 없이 탄소중립 불가, 한국과 공동의향" (52) 헝가리 "탄소중립에 원전 필요, 양국 공감"…靑 "그간 한 말"	헝가리 대통령 "원전 없인 탄소중립불가, 한국과 공감"
	2021년 12월 7일 4면	(50) 나홀로 사장님 "요리하다 방역패스 확인하러 나가야 돼" (51) 스터디카페 사장 "식당 혼밥은 되고 혼공은 왜 안 되나" (52) "식당 혼밥〈혼자 식사〉은 되고 독서실 혼공〈혼자 공부〉은 왜 안 되나"	어르신 "방역패스가 뭔가요" 식당 "나가시라 해야 하나"
	2022년 2월 8일 2면	황대헌과 같은 기술 쓰고… 실력 없이 우승한 女 쇼트나	"깜빡이 켜고 들어가야 되나" "눈뜨고 코 베이징"

		2022년 2월 8일 3면	(50) 재택치료중 증상 악화땐 비대면 진료 가능…동거가족은 (51) 재택환자 한밤 증상 악화 땐… 정부 "지자체상담센터에 전화하라" (52) 재택환자 85%, 건강 모니터링 중단… 검사·투약 스스로 챙겨야	재택환자 85%, 건강 모니터링 중단… 의료물품도 직접 챙겨야
		2022년 2월 11일 6면	ⓐ "재택중 호흡 가빠졌는데… 상담센터는 계속 통화중"	자가검사키트 충분하다더니… 정부, 온라인 판매 금지
정확성 제고 (10건)	단어 추가 (4건)	2021년 12월 2일 3면	ⓑ 정부, 오미크론 확인에 7일… 일본은 이틀 만에 진단	정부, 오미크론 확인에 최장 7일… 일본은 이틀 만에 진단
		2021년 12월 3일 5면	ⓒ 이준석 "인선·전략 큰 변화 없다면 선대위 참석 않겠다"	이준석 "인선·전략 큰 변화 없다면 선대위 출범식 불참"
		2021년 12월 4일 8면	ⓓ 주차장 짓고, 도로 깔고… 여야 의원들, 지역구 예산 4000억 밀어넣기	주차장 짓고, 도로 깔고… 의원들 '밀어넣기'에 SOC예산 4000억 늘어
		2021년 12월 18일 12면	ⓔ 특혜의혹 불거진 '2500억 시공사업'은 감사 안했다	특혜 의혹 '2500억 태양광 시공사업'은 감사 안했다
	단어 변경 (4건)	2021년 10월 22일 12면	ⓕ 층간소음 기준, 현실에 맞게 강화한다	층간소음 기준, 현실에 맞게 낮춘다
		2022년 1월 20일 14면	ⓖ 11배 올랐던 신라젠 상장폐지 가닥 소액주주 "왜 상장 땐 못 걸러냈나"	12배 올랐던 신라젠 상장폐지 가닥 소액주주 "왜 상장 땐 못 걸러냈나"
		2022년 2월 10일 2면	ⓗ 최민정의 막판 질주 女 3000m 계주 결승행	최민정의 막판 스퍼트 女 3000m 계주 결승행
		2022년 2월 11일 6면	ⓘ 노바백스, 14일부터 '독거노인 ·요양시설 미접종자'부터 맞는다	노바백스, 14일부터 '독거노인·요양시설 미접종자'가 맞는다
	표현 변경 (2건)	2022년 2월 12일 1면	ⓙ 그대여 걱정하지 말아요… 최민정 女 쇼트트랙 100m 은메달	그대 눈물을 거둬요…최민정 女 쇼트트랙 100m 값진 은메달
		2022년 2월 17일 2면	ⓚ 8바퀴부터 선두로…500m·1000m 〈이탈리아 폰타나·네덜란드 스휠팅〉 우승자들 다 제쳤다	8바퀴부터 선두로…500m·1000m 〈이탈리아 폰타나·네덜란드 스휠팅〉 우승자들 압도했다

게 묘사했다.[2] 쇼트트랙 최민정 선수 은메달 소식을 담은 2월 12일 1면 기사는 은메달에 어울리지 않는 '걱정'이라는 단어를 '눈물'로 변경하고, 눈물을 흘리는 최민정 선수의 사진을 함께 실어 기사 내용과 사진이 일치하도록 맞춘 사례다.

❹ 사진 수정

54일의 분석 기간 중 53판에서 사진을 수정한 기사는 4건이었다. 사진을 교체한 사례가 2건, 사진의 일부를 자른 경우가 2건이다(지면 9-1). 사진을 교체한 기사는 11월 1일 8면과 2월 15일 2면으로, 52판 발행 이후 사건(상황)이 변화하여 기사 내용과 함께 사진이 수정된 사례다. 11월 1일 8면은 일본 중의원 총선 결과를 다룬 기사로, 52판 발행 이후 자민당의 단독 과반 확보가 결정되면서 기사 내용 전반을 수정하고 사진도 함께 교체했다. 기시다 총리가 개표 상황을 점검하는 모습(52판)에서 미소 지으며 인터뷰하는 모습(53판)으로 변경했다. 2월 15일 2면은 흑인 여성 스피드스케이팅 선수의 첫 금메달에 관한 기사인데, 밤늦게 들어온 한국 여자 컬링팀의 승리 기사를 추가하기 위해 해당 기사의 크기를 축소한 경우다. 기사 크기를 줄이면서 선수의 전신 사진을 상반신 사진으로 변경했다.

　1월 4일 3면의 사례는 윤석열 대통령 후보 관련 기사인데, 53판에서 사진의 좌측과 하단을 일부 잘라냈다. 같은 면의 사이드 기사에서 이준석 당시 국민의힘 당대표 사진이 삭제되고 하단 기사에서 김종인 당시 선대위원장의 사진이 추가되면서, 해당 사진의 크기가 미세하게 축소되었다. 2월 10일 1면의 쇼트트랙 금메달 소식을 다룬 기사는, 선수가 두 팔을 벌려 환호하는 모습을 보다 잘 담아내게끔 사진을 가로 방향으로 확대하고 주 제목을 사진 안에 넣는 방식으로 디자인을 수정함으로써 올림픽 우승 소식을 더욱 극적으로 전달하는 효과를 주고 있다. 해당 사진의 수정에 따라 다른 기사의 내용과 위치, 레이아웃이 함께 바뀌는 변화가 수반되었다.

2021년 11월 1일 8면 52판·53판

2022년 2월 15일 2면 52판·53판

전면 쇄신안 일방 발표에 한때 화내… "국민에 사과, 심기일전할 것"

김종인 "尹, 조금 섭섭하다 했지만… 올바른 결단 내릴 것으로 기대"

2022년 1월 4일 3면 52판·53판

황대헌 첫 숲… 실력으로 편파판정 잠재웠다

2022년 2월 10일 1면 52판·53판

53판에서 사진을 수정하는 것은 예외적인 일로, 분석 대상이 되었던 556개의 사진이 포함된 기사(52판 기준) 중 수정된 사례는 4건에 불과하다. 4건 중 2건은 52판 발행 후 늦은 시간에 새로운 사건이 발생함에 따라 사진을 교체했고(일본 총선 결과, 여자 컬링팀 승리), 나머지 2건은 지면의 레이아웃을 바꾸면서 사진을 수정했다. 전자는 속보성 뉴스를 추가한 사례로서 기사 내용이 변화하면서 자연스럽게 사진도 함께 교체한 경우다. 후자는 기사 내용에 거의 변화가 없음에도 불구하고 사진을 수정해서 지면을 새롭게 구성한 경우로, 52판 발행 이후의 추가 편집 과정에서 내용적인 측면뿐 아니라 디자인적인 요소도 고려한다는 점을 보여준다.

❺ 기타 이미지 수정

53판에서 기타 이미지가 수정된 사례는 5건으로 모두 그래픽 이미지였다(그림 9-1). 기타 이미지가 있는 기사 263건 가운데 1.9%가 수정된 셈이다. 수정 내용을 살펴보면 새로운 이미지를 추가한 경우가 2건, 내용 변화 없이 색상과 선명도만 수정한 경우가 1건, 내용을 수정한 경우가 2건이다. 새로운 이미지를 추가한 경우는 11월 1일 8면에서 확인할 수 있는데, 52판 발행 이후 일본 총선 결과의 윤곽이 드러나기 시작하면서 기사의 내용을 수정하고 관련 수치들을 시각화한 그래프를 추가했다. 2월 8일 2면은 베이징 올림픽 쇼트트랙 경기에서 황대헌, 이준서 선수가 실격한 내용을 다룬 기사로 이들이 실격 판정을 받게 된 상황을 그래픽으로 상세하게 설명하는 이미지를 추가했다.

12월 2일 3면 사례는 오미크론에 확진된 목사 부부에 관한 기사이

[그림 9-1] 53판에서 기타 이미지를 수정한 사례

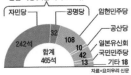

일본 중의원 정당별 예상 의석수
31일 오후 11시30분 기준

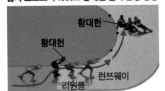

남자 쇼트트랙 1000m 황대헌 실격 판정 상황

2021년 11월 1일 8면 53판 추가 이미지

2022년 2월 8일 2면 53판 추가 이미지

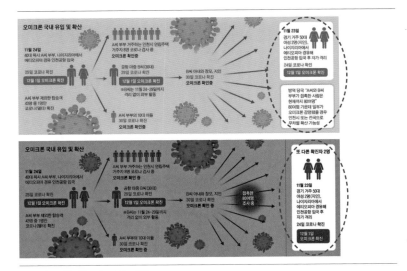

2021년 12월 2일 3면 52판·53판

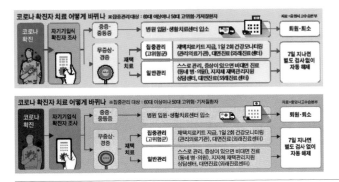

2022년 2월 8일 3면 52판·53판

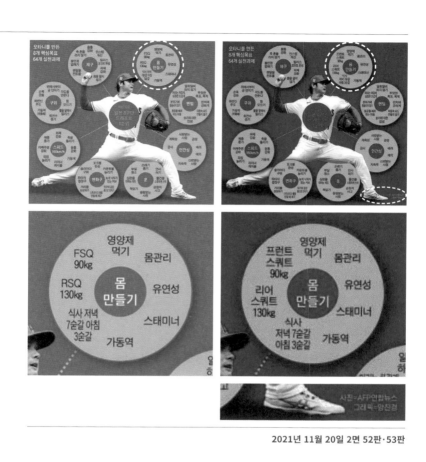

2021년 11월 20일 2면 52판·53판

다. 오미크론 최초 확진자인 목사 부부가 접촉한 사람을 중심으로 오미크론 확산 경로와 전파 가능성을 보여주는 그래픽을 기사와 함께 제시했는데, 53판에서 부부가 접촉한 80여 명을 조사 중이라는 설명을 붉은 원으로 강조해서 표기하는 방식으로 수정했다. 2월 8일 3면은 코로나 정책 변화에 관한 기사로, 내용 변화 없이 색상을 변경하고 선명도를 높인 경우이다. 마지막으로 11월 20일 2면의 수정 이미지는 미국 프로

야구 선수 오타니의 인생 계획표를 시각화한 그래픽이다. 그래픽 디자인에는 변화가 없지만, 53판에서 사진 출처(AFP 연합뉴스)와 그래픽 디자이너 이름을 추가하고 일부 영어 약자를 한글로 풀어썼다. 구체적으로 오른편 상단의 '몸만들기' 설명에 있는 'FSQ'를 '프런트 스쿼트'로, 'RSQ'를 '리어 스쿼트'로 수정했다.

2. 54판의 변화

지면 자료를 수집한 118일 가운데 54판에서 지면이 수정된 경우는 3건에 불과했다. 3일 중 하루(12월 3일 10면)는 2개의 기사에서 변화가 있었기 때문에, 54판에서 변화가 있었던 기사는 모두 4건이다. 54판에서 나타난 기사의 변화를 구체적으로 살펴보면 다음과 같다.

첫 번째 사례는 2021년 11월 4일 1면에 실린 대장동 관련 기사로, 새로운 사건이 발생함에 따라 새로운 판을 발행한 사례다(지면 9-2). 이전 판까지는 김만배, 남욱, 정민용에 대해 사전구속영장을 발부한 상태였으나, 11월 4일 새벽 김만배와 남욱을 구속하고 정민용에 대한 구속영장이 기각되었다. 이에 따라 〈대장동 수사는 어디로…〉라는 사진 기사의 제목을 〈김만배·남욱 배임혐의로 구속…정민용은 기각〉으로 바꾸는 등 내용 전반을 수정했다. 주요 이슈에 대해 새로운 사안이 발생함에 따라 기존 기사의 내용을 수정하여 속보성을 강화한 사례다.

두 번째 사례는 정부 비판의 논조를 강화하는 문장이 추가된 경우다(2021년 12월 2일 8면 종합면, 지면 9-3). 정부 광고 집행에 관한 문체부의 발표 내용을 다룬 기사인데, 제목과 그래픽 등은 이전 판과 동일하지만,

朝鮮日報

천식, 정장인치료

이재명 "전국민 지원금"… 김부겸 "여력 없다"

"대장동 배임 보고서가 개인 의견? 저급하다"

朝鮮日報

천식, 정장인치료

이재명 "전국민 지원금"… 김부겸 "여력 없다"

"대장동 배임 보고서가 개인 의견? 저급하다"

[지면 9-2] 2021년 11월 4일 1면: 이전 판(왼쪽)과 54판(오른쪽)

시장 대신 정부 기준으로… 年 1조 광고, 친여언론에 몰아주기 가능

중소기업인들 만난 윤석열 "상속세 부담 낮출 것"

김병준 "조동연은 전부부에 달린 예쁜 브로치" 輐 "여성 비하"

시장 대신 정부 기준으로… 年 1조 광고, 친여언론에 몰아주기 가능

중소기업인들 만난 윤석열 "상속세 부담 낮출 것"

김병준 "조동연은 전부부에 달린 예쁜 브로치" 輐 "여성 비하"

[지면 9-3] 2021년 12월 2일 8면: 이전 판(왼쪽)과 54판(오른쪽)

독성 침출수, 7개월간 새만금호로 흘러들어간 셈

태양광 공사현장서 독성물질 검출   A1면에서 계속

김수환 추기경이 즐긴 메뉴
'행복한 바보 도시락'

지자체들, 밀키트 출시 봄

학교 비정규직 파업… 일부 학교 급식못해 빵으로

2일 국내 한국학교비정규직노동조합원 등 3000여 명이…

신혼여행·해외출장 줄취소 사태

2주간 모든 입국자 열흘 격리

"위약금은 누가 내주나" 아우성 입국 앞둔 사람들도 "핸 날벼락"

내 반려동물 진료기록부
공개하라는 靑청원 느는데…

수의계 "의료계보다 표준화 안돼
진료부 공개엔 약간 오남용"

오토바이 뺑소니 현장에 헬멧
당근마켓 뒤져 범인 잡았다

독성 침출수, 8개월간 새만금호로 흘러들어간 셈

태양광 공사현장서 독성물질 검출　A1면에서 계속

새만금개발청 "계강슬래그는 친환경" 오염 가능성 부인해와
감독 손놓던 환경부, 어떻게 처리하든 막대한 후유증과 비용

이날 합동점검에는 전북환경청, 국립환경과학원, 군산시, 새만금개발청 등 정부 기관과 태양광 사업자, 폐기물 업체, 시민단체 관계자 등 20여 명이 참여했다. 지난 25일 열린 첫 합동점검에서 환경부는 고철·샤류껍질 같은 수치를 가지고 '정상 수치'로 발표했는다, 함께 현장에 있던 시민단체 대표가 주민과의 의견 리뷰브뉴스 시험값을 단기 취득을 오류를 발라내는 길도 있었다.

두 차례 조사가 이뤄진 이날 전북환경청 등은 별도의 측정기 1대를 준비해오기도 했다. 한 시료에서 pH 12.857가 나오자 시민단체는 "당장 폐기물을 걷어내야 한다"고 소리쳤기도 했다.

환경오염 사실을 정부도 고민에 휩싸였다. 환경부 관계자는 "계강슬래그를 걷어내지 않고 조치를 취하는 법, 계강슬래그를 걷어내서 관리하는 법 등이 있을 텐데, 어떻게 처리하든 관계부처와 협의를 통해 결정해야할 것 같다"고 했다.

새만금 육상태양광은 전체로 만든 3.6 넘 넘지 부지에 태양광 300여 만개가 설치되는 사업으로, 건설 예정 내 토로 350cm가 전부 슬래그로 만들어졌다. 육상태양광 부지로뿐 아니라 새만금 일대의

전부 확인할 수 없다"고 했다. 그런데 이번 정부 조사를 통해서 이 같은 환경오염 우려만가 사실로 확인된 것이다.

슬래그는 도로를 만들 때 부재료로 쓰는 부자료이지만 비·눈과 지하수가 닿으면 유해 물질을 뿜어내기 시작하면서 침출수가 나오고 있도록 되어야한다. 시멘트가 없으므로 비타싱이 잘 되는데 이럴 수 없으니, 침출수가 가다가 멈춰 나오면서 완전히 완정하기 쉽게한다.

그동안 숱한 환경오염 우려에도 슬래그 태양광 부지에 대한 관리 감독은 허술할 수밖에 없었다. 환경부는 "슬래그에 대해선 관리할 게 없어서 시민단체 주장에 따라 조사를 했다"고 했다. 새만금개발청은 "슬래그는 순물질이며 유해물질이 나올 수 없다"고 했다. 국립환경과학원 관계자는 "환경오염을 앞으로 현장에서 슬래그가 가 끄러 내용의 노출이 적었어야" 문제 없다고 한다.

환경부는 "일부 시점에서 고농도의 유전물질이 물었나 나다보고 자세히 조사해야겠다"고 했다.

학교 비정규직 파업… 일부 학교 급식대체 빵으로

2일 전국학교비정규직노조원들의 조합원 등 3만여명이 하루 총파업에 참여해 일부 학교에 급식 운영에 차질을 빚었다. 대전의 한 초등학교 학생들이 교내 식당에서 빵과 음료수 등을 먹고 있다(오른쪽 사진). 학부모들은 "아이들을 빵으로 끼니를 때운다"며 불만을 터뜨렸다.

故 김수환 추기경이 즐긴 메뉴
'행복한 바보 도시락'

지자체들, 밀키트 출시 붐

전국 각지의 고유한 문화와 음식을 결합해 브랜드 상품으로 만든 도시락과 밀키트(간편 조리세트)가 쏟아지고 있다. 코로나 확산세로 간편식 수요가 늘어난는 가운데 지자체들의 지역 특성을 살린 제품들을 앞다퉈 선보이는 것이다.

신혼여행·해외출장 줄취소 사태

2주간 모든 입국자 열흘 격리

"위약금은 누가 내주나" 아우성
입국 앞둔 사람들도 "헬 날벼락"

서울 영등포구에 사는 직장인 전모(29)씨는 결혼을 앞둔 12일간 하와이로 신혼여행을 떠날 예정이었다. 하지만 결혼을 앞둔 몰리던 2일 전에 신혼여행 표를 취소했다.

손준성 영장 또 기각

범조계 "고발사주 의혹 관련 공수처 수사 동력 상실할 듯"

이른바 '윤석열 대선 여권인사 고발 사주' 의혹을 수사 중인 공수처의 기각된 후손 검사들 두 차례에 걸쳐 무산됐다.

오토바이 뺑소니 현장에 헬멧 당근마켓 뒤져 범인 잡았다

오토바이 뺑소니 사고를 당한 피해자 가족이 현장에 남은 증거물을 토대로 범인을 잡았다. 피해자 누나는 가해자의 흔적이 고, 거래 사이트 거래 내역을 추적, 경찰이 미처 찾지 못한 범인을 찾아냈다.

○○○○ 기자

기사 본문에 다음과 같은 문장을 2개 추가했다. "정부·공공기관·공기업 등에서 집행하는 연간 1조 893억원(2020년 기준) 규모의 정부 광고를 집행 기관 입맛대로 주무를 수 있게 된 것이다", "정부든 기업이든 홍보 효과를 높이기 위해선 최대한 많은 사람이 보는 매체에 광고하는 것이 상식인데, 정부는 이와 무관한 광고지표를 내놓았다." 이 사례는 새로운 사건이 발생했거나 기사에 오류가 있는 것이 아닌데도 불구하고 54판에서 수정이 이루어졌다는 점이 눈길을 끈다.[3]

세 번째 사례는 기사 본문과 중간 제목을 수정하여 기자의 의견과 판단을 추가한 경우다(2021년 12월 3일 10면 사회면, 지면 9-4). 새만금 태양광 공사 현장에서 독성 물질이 검출되었다는 내용의 특종 기사인데, 〈관리감독 손놓고 있던 환경부 "어떤 조치 취할지 논의해볼 것"〉에서 〈감독 손놓던 환경부, 어떻게 처리하든 막대한 후유증과 비용〉으로 중간 제목을 변경했다. 같은 맥락에서 본문도 수정되었는데 "이 문제를 어떻게 처리할지 전북환경청, 군산시 등과 논의해보겠다"라는 환경부 인용 부분을 삭제하고 "어느 쪽이 되든 큰 후유증과 막대한 공사비가 들어갈 것으로 보인다"라는 문장을 추가했다. 정부 입장을 인용한 내용을 삭제하고 기자의 비판적 판단을 추가하는 방식으로 중간 제목과 본문을 수정한 것이다. 새만금 태양광 사업에 대해 언론사가 일관되게 취해온 부정적인 논조를 반영하는 방향으로 기사를 수정한 것으로 볼 수 있다.

네 번째 사례는 앞의 세 번째 사례와 동일한 일자의 지면에서 기사의 추가와 삭제가 이루어진 경우다(지면 9-4). 53판 발행 이후 손준성 대구고검 인권보호관에 대해 재청구한 구속영장이 기각됨에 따라 〈손준성 영장 또 기각〉이라는 제목의 기사를 추가하고, 이전 판에 있던 〈내 반려동물 진료기록부 공개하라는 靑청원 느는데…〉라는 제목의 기사를 삭제했다. 강판 이후 중요한 사건이 발생함에 따라 기존 기사를 삭제하고 새로운 기사를 추가하여 신문 지면의 속보성을 확보한 사례다.

3. 소결: 추가 편집, 집요한 사실 확인 과정

53판과 54판의 발행은 일상적인 편집을 넘어선 추가적이고 예외적인 일이기 때문에, 수정 지면이 많지 않았다. 하지만 그에 대한 분석은 뉴스 생산자가 이처럼 예외적으로 수행하는 수정 작업에 대해 흥미로운 사실들을 보여주었다.

우선, 53판 이후 새로운 뉴스가 발생해서 기존의 기사를 빼고 새로운 기사를 넣느라 추가 편집이 이루어지는 경우는 많지 않았다. 추가 편집은 대부분 기존 기사의 내용을 업데이트하거나 보완하는 것이었다. 수정·보완된 항목은 기사 본문, 제목, 사진, 사진의 캡션, 기타 이미지 등을 망라했다. 기사 본문을 수정하는 주된 이유는 정보를 추가하거나 설명을 보완하는 것이었다. 기자의 해석·의견이 더해지는 경우는 51·52판과 마찬가지로 드물었다. 즉, 51·52판과 마찬가지로 53판 추가 편집의 주된 키워드 역시 '사실'과 '가독성' 제고였다. 정말 예외적인 추가 편집에 해당하는 54판의 경우 심야시간대의 새로운 사건 발생(변화)으로 인해 지면을 수정한 사례와 기자의 해석을 추가한 사례를 모두 포함했다.

결론적으로 분석에 포함된 기간 동안, 이른바 윤전기를 멈추고 권력의 비리를 고발하는 것과 같은 극적인 추가 편집 사례는 확인되지 않았다. 이러한 일은 수많은 미디어가 실시간으로 권력의 일거수일투족을 감시하는 현시점의 한국 사회에서 더 이상 기대하기 어렵다고 할 것이다.[4] 하지만 추가 편집은, 그것이 비록 극적인 것과 거리가 있을지라도, 사실관계를 보완하고 가독성을 높이기 위한 뉴스 생산자들의 노력이 늦은 밤, 심지어 새벽 시간까지 집요하게 이어지고 있음을 보여주었다.

이러한 노력은 차고 넘치는 게 미디어인 최근 상황에서 과도한 일로 비추어질 수 있다. 실제로 연구진은 심층 인터뷰를 통해 뉴스 생산자들 내부에 심야판 발행 관행이 바뀌어야 한다는 의견이 존재한다는 것을 확인했다.

> 타사도 다 그렇게 하기 때문에 다 함께 바뀌지 않는 한 지속할 수밖에 없습니다. 바뀌려면 다 같이 바뀌어야 돼요. 예를 들어서 이번에 광주 무슨 아파트 무너졌는데, 우리는 10명 매몰됨이라고 7시 기준으로 썼어요. 근데 타사는 저녁 11시까지 업데이트를 해서 사실 20명이다, 라고 써서 다음 날 아침에 헤드라인이 다르게 나오면 용납이 안 되기 때문에.
>
> — 심층 인터뷰 41

하지만 연구진은 언론을 가치 있게 만드는 핵심적인 역할이 이처럼 지나치다고 할 만큼 집요하게 환경을 감시하는 것이라고 판단한다. 모두가 잠든 시간에 설사 아무일도 없을지언정 우리가 믿을 수 있는 누군가는 눈을 뜨고 세상을 지켜보아야 한다. 추가 편집 분석은 언론이 이 역할을 지켜가고 있음을 보여주었다.

10장. 현장으로부터의 성찰

언론이란 무엇인가라는 질문에서 시작해서 뉴스 생산의 마지막 단계인 추가 편집 작업에 이르기까지, 이 책의 논의를 마무리할 때가 되었다. 각 장의 서술이 예상했던 것보다 방대해져서 논의를 마무리한다는 게 아득한 느낌으로 다가온다. 연구를 처음 계획한 2021년 여름 이후 앞만 보고 달려왔다고 해도 과언이 아니다. 연구자들 스스로 이 연구의 출발점은 무엇이었고 도달점은 무엇인지 돌아보는 마음으로 책의 마지막 장을 정리한다.

1. 연구의 출발점: 언론의 가치, 언론의 위기, 학계의 역할

이 책은 현시대에 그리고 미래에 왜 언론이 계속 필요한지에 대한 논리적 설명, 그리고 그에 대한 실증적 증거를 제시하려는 작업의 결과물이다. 이 책의 이론 부분에 해당하는 1장, 2장, 3장의 전반부, 그리고 2권 『뉴스 생산자』 프롤로그에서 연구자들은 언론의 존재 가치를 논리적으로 정립하고자 시도했다. 그 주장은 다음과 같이 요약된다. "언론이 필요한 이유는 그것이 고결하고 궁극적인 존재여서가 아니다. 그와 반대로 언론은 우리 주변의 번잡하며 하찮은 흥밋거리를 수집하고 정리해서 전하는 속칭 B급 소통 활동이다. 하지만 건강한 경제의 작동을 위해 시장의 역할이 필수적이듯, 건강한 민주주의를 구현하기 위해 이러한 소통 활동의 역할이 필수적이다."

'전문적이고 규범적인'이라는 조건이 붙지만, 그리고 이 두 가지 조건을 도그마화하지 않는 조심스러운 해석이 요청되지만, 언론은 우리의 삶과 사회의 존속 및 발전을 위해 필수적인 환경 감시 및 여론 형성자의 역할을 수행한다. 미래에 우리를 둘러싼 환경, 특히 권력의 속성이 달라지지 않는 한, 그리고 누군가 그 안에서 발생하는 일들을 감시하고 알릴 필요성이 사라지지 않는 한, 언론의 역할은 중요하게 남는다.

디지털 전환 시대, 더 나아가 AI 시대를 맞아 정부, 거대 기업, 그리고 종교, 교육, 문화, 건강 등 각 전문화된 영역별 유력 집단의 영향력은 더욱 강화되고 있다. 미디어 빅뱅으로 통칭되는 수많은 소통의 수단들이 진위가 모호한 정보와 의견을 범람시키는 상황은 게이트키핑, 데스킹, 사실 확인, 에디팅 같은 언론의 기능을 더욱 중요하게 만든다. 언론이 직면한 위기의 본질은 언론의 필요성이 사라진 게 아니라, 이러한 요청에 언론이 제대로 부응하지 못하는 데 있다.

언론은 지켜질 수 있는가? 언론 위기는 담론이 아닌 현실에 실존하는 엄중한 문제다. 특히 언론을 대표해온 종이 신문들이 위기를 맞고 있다. 그 양상은 독자 수와 영향력 감소, 정치 진영화 및 양극화, 기사 품질의 저하, 언론과 언론인 집단에 대한 신뢰 추락, 뉴스 회피 등 전면적이다. 디지털 전환에 따른 불확실성의 증가, 유튜브에 기반한 유사 저널리즘의 부상, 그리고 최근 고삐 풀린 말처럼 폭주하는 인공지능 기술 발전은 이러한 위기를 가속화하고 있다. 양질의 뉴스, 그에 대한 정당한 주목, 시장의 보상이라는 뉴스 생산의 선순환 대신 역방향의 악순환이 심화되는 상황이다. 이러한 위기는 국가권력의 언론 통제를 정당화하는 상황으로까지 이어지고 있다.

언론 위기에 대해서는 그간 많은 논의가 이루어졌다. 특히 한국의 미디어 학계는 적극적인 방식으로 언론이 겪고 있는 위기에 개입했다. 문제는 학계의 논의가 언론의 시스템적 문제에 대한 비판에 집중함으로써, 정치권력 및 시민사회 권력이 주도하는 외생적 언론 개혁을 정당화하고, 정작 언론이 겪고 있는 어려움을 극복하기 위한 과제들을 외면해왔다는 것이다. 이상적 언론의 구현을 기치로 내건 이들의 논의는 언론의 독립과 자유라는 근본 가치를 공격하는 모순을 드러낸다. 학계는 언론 및 언론이 구현하는 민주주의의 후견자를 자임하지만, 역설적으로 언론의 가치를 부정하는 최일선의 공격자가 되고 있다.

학계가 이 같은 모습을 보이는 데는 1960년대 이후 국내외 미디어 연구를 이끌어온 지적 전통이 중요하게 작용했다. 거시적인 미디어 시장 데이터에 기반해 언론의 경제적, 법적, 기술적 조건들을 탐구한 정치경제학 연구, 뉴스 생산의 관행과 실천에 주목한 현장 참여관찰 연구, 그리고 양적 내용 분석 혹은 질적 담론 분석을 통해 뉴스에 담긴 의미와 관점들을 밝혀온 텍스트 연구가 그것이다. 정치경제학 연구가 뉴스 생산 제도를 형성하고 유지·작동시키는 거시적 구조에 대한 탐색에 그쳤다면, 뉴스 생산 과정 연구는 이러한 제도적 한계 속에서 언론인 집단이 실천하는 현실 재구성(의미화) 과정을 규명하였고, 텍스트 연구들은 이 같은 구조와 실천의 최종 산물인 뉴스 콘텐츠 분석을 통해 두 연구 집단의 주장들을 검증했다.

미디어 정치경제학 연구는 미디어 시스템에 대한 제도 연구로 이어졌고 특히 한국 미디어 학계에서 언론 개혁 논의를 주도하는 토대가 되었다. 뉴스 텍스트 분석은 지금도 활발하게 이루어지고 있고, 그 이론적·방법론적 성과는 우리 일상의 다양한 문화적 수행performance과 수용성receptivity을 탐구하는 문화연구의 중요한 한 영역을 구성한다. 반면, 한때 두 연구 전통만큼 붐을 이루었던 현장 기반의 뉴스 생산 과정 연구는 2000년대 이후 현저히 위축되었다. 특히 한국의 미디어 학계에서 언론 현장에 기반한 연구는 사실상 제대로 이루어진 바 없으며, 현재까지도 연구의 사각지대로 남아 있다.

상대적 풍요를 누려온 미디어 정치경제학 연구 및 뉴스 텍스트 연구와 대비되는 뉴스 생산 현장 연구의 기근은 연구 대상과 방법론의 불균형 문제를 넘어, 심각한 학술 담론의 왜곡으로 이어졌다. 언론의 구조적 한계와 그 산물의 문제점을 파헤치는 비판적 연구는 활발하게 이루어져온 반면에 그 구조적 한계 내에서 수행되는 언론과 언론인들의 실천적 노력을 탐구하는 연구가 위축된 것이다. 실제 현장 관찰이 아닌 언론인 인터뷰처럼 현장에 대한 간접 진술에 의존하는 유사 현장 연구들은 언론의 구체적 상황이나 실존적 조건, 그리고 그 안에서 형성된 관행,

변화의 시도, 성공과 실패, 희망과 좌절에 관한 기술 및 해석을 당위성 내지 물신화된 언론 규범에 바탕을 둔 평가로 대체하는 문제를 드러냈다. 그 결과는 이른바 언론 현장 연구들이 '언론 현장의 위기'가 아닌 '당위·규범에서 벗어난 언론의 문제', 그리고 '평균적인 언론인'이 아닌 '예외적인 지사적 언론인'에 갇히는 결과로 이어졌다.

이는 정도의 차이는 있지만 국내외를 막론하고 언론과 언론인에 관한 연구에서 흔히 발견되는 문제다. 언론이 추구해야 하는 가치, 바람직한 언론, 좋은 언론인의 잣대를 교과서적 문헌들을 중심으로 사전에 설정하고, 그 이상적 상태가 언론인에게 어떻게 내면화되고 실천되는지를 평가하는 형식화된 규범적 언론 연구들이 이에 해당한다.

언론은 위기를 넘어설 수 있는 힘을 지니는가? 무너진 규범성을 복원하고 언론 본연의 역할을 수행할 잠재력을 지니는가? 그 답은 결국 현장에 있고, 현장에 기반한 연구를 통해서만 찾아질 수 있다.

2. 언론 현장과 뉴스 생산 과정

이러한 판단을 토대로 연구진은 언론 현장에 들어갔다. 뉴스 생산 활동에 대한 촘촘한 기술과 해석을 통해, 학계의 주류를 형성해온 거시적인 제도 연구와 텍스트 연구들이 놓친 언론 현장의 실천적 가능성과 한계를 살피고자 했다. 참여관찰은 2021년 10월 1일부터 약 5개월간 이어졌다. 연구진은 편집국에 근거를 두고 뉴스 생산자들에 대한 관찰과 인터뷰를 수행했다. 이와 함께 애초에 계획에 없던 일선 기자 동행 관찰, 사회부와 정치부에 대한 밀착 관찰, 지면 구성을 위한 온라인 공유 문서와 판별 지면에 대한 분석을 수행했다.

그 내용은 4장부터 9장에 걸쳐 상세히 서술되어 있다. 이미 알려진 사실들도 있지만 새로 발견한 사실들이 더 많았다. 그 핵심은 다음과 같이 요약된다.

— 네트워크적 상호작용 〉 선형적인 지시와 통제

— 촘촘하고 다면적인 소통 〉 일방적 소통

— 일반 독자 지향 〉 충성 독자 지향

— 대중적 코드 〉 엘리트 코드

— 합의 〉 독선

— 특종 〈 사실성

— 정파성 〈 논조

네트워크적 상호작용 〉 선형적인 지시와 통제

이른 아침부터 심야 시간까지 이어지는 뉴스 생산 과정은 잠시의 쉼도 허락하지 않는 고강도 노동이다. 이 과정은 흔히 오전의 게이트키핑, 오후의 데스킹, 그리고 저녁 시간대의 지면 편집 과정으로 구분된다. 하지만 이러한 과정은 위아래와 선후가 분명한 선형적·위계적 과정보다는 선후를 수시로 뛰어넘는 뉴스 생산 주체들 간의 입체적·역동적 상호작용에 가깝다.

뉴스의 생산을 주도하는 주체는 크게 3개의 층위로 구분된다. 가장 아래 층위에 위치한 (주로 일선 기자들로 구성된) 개인 단위의 뉴스 생산자, 중간 층위에 위치한 (데스크로 통칭되는) 부서 단위의 뉴스 생산자, 그

[표 10-1] 1일 단위(평일)의 뉴스 생산 과정

시간대	일선 기자	부서	편집국·경영진
09:00 이전	**06:00**경 기상. 스크랩마스터 애플리케이션으로 자사 및 타사 지면 기사 확인 발제를 위한 아이디어 구상, 관련 자료 조사. 중요하다고 판단하는 기사 아이템 취사선택 **08:30**까지 팀장에게 기사 아이템 발제	(부장, 데스크) 자사 및 타사 지면 비교 검토, 낙종 여부 확인	(사장, 국장) 자사 및 타사 지면 비교 검토 (사장) 좋은 기사를 작성한 기자에게 격려 메시지 전송 (사장) 하루 종일 수시로 온라인 기사(조선닷컴) 모니터링
09:00~ 10:00	**09:30**까지 각 부서의 출입처 단위 1진 기자(팀장, 선임, 바이스로 호칭)는 일선 기자들이 올린 발제를 취합, 시의성·중요도 등을 검토해 정리한 후 내부 시스템(Xcoop)에 공유	(부장, 데스크) Xcoop에 팀장이 올린 발제 내용 검토 데스크 상호 간 및 일선 기자들과 온-오프라인으로 기사 내용에 대해 의견 교환 **09:50**까지 각 데스크는 발제 취합 후 '일일보고(Google Docs)'에 공유 **9:50~10:00** (부장) 데스크가 취합해서 올린 발제 내용 검토	(국장, 부국장, 편집부장) '일일보고'에 올라온 부서 단위의 발제 내용을 토대로 지면 구성 방안에 대한 사전 의견 교환
10:00~ 11:30	팀장 또는 데스크 지시에 따라 취재 및 연락 업무 수행 출입처를 중심으로 다양한 정보 검색 및 정보원 접촉 오전 지면 계획 통보 및 추가 취재 지시에 따라 본격적인 추가 취재 및 기사 작성 개시	**10:30** 오전 부서 단위 편집회의: 오전 편집국 회의에서 결정된 종합면 지면 계획을 반영하여 부서 단위로 종합면 기사와 부서 담당 지면 기사를 분류하고, 이를 일일보고 문서에 공유 **11:00** (데스크) 일선 기자에게 지면 구성안 통보 및 취재 방향 지시	**10:05** 국장 주재 디지털 회의: 디지털 서비스 운영 점검 및 디지털 전략 회의 **10:10** 국장, 부국장, 부장단 오전 편집국 회의: 인터넷 기사 아이템 공유 및 종합면 구성안 논의 **10:30** 논설위원실: 자유토론 방식으로 당일 다룰 사설 및 만물상 아이템 검토 **매주 화요일 오전 11시** 사장 주재 간부회의(월 1회는 같은 시간대에 디지털 간부회의) 진행
11:30~ 13:30	점심(취재원, 동료 기자)	점심(취재원, 동료 기자)	사회 각계 리더들, 언론사 구성원 등과 점심(뉴스 가치가 있는 대화 내용은 편집국 관계자에게 전달)
13:30~ 15:00	**13:30** 석간신문, 연합뉴스 등의 기사 검토, 출입처 담당과 티타임, 출입처 보도자료 검토, 출입처를 키워드로 한 뉴스 검색 등을 통해 새로운 기삿거리 확인 후 팀장에게 보고	**13:50** (데스크) 새로운 뉴스거리, 석간신문 등을 정리해서 **14:00** 편집회의 전까지 부장에게 보고 **14:30** 오후 부서 단위 편집회의: 오후 편집국 회의에서 재조정된 지면 계획을 반영해 부서 단위의 지면 계획 수정 **15:00**까지 지면 계획 변화 내용 및 지시 사항을 현장 일선 기자에게 전달	**14:00** 국장, 부국장, 부장단 오후 편집국 회의: 직전까지의 상황 변화를 반영해 종합면을 중심으로 지면 계획 재조정 **14:00** 논설위원실 아이템 확정 회의: 사설 및 칼럼을 담당한 논설위원은 원고 작성. 나머지는 자유롭게 개인 칼럼 작성 등을 위한 자료 조사 및 취재 활동 (국장) 정치부, 사회부, 사회정책부, 편집부장, 기획부장 등과 수시로 개별 미팅 진행 틈이 날 때마다 온라인 기사 모니터링
15:00~ 16:00	부서 회의에서 결정된 지면 계획 변동에 따라 추가 취재 및 기사 작성	(데스크) 일선 기자들의 기사 송고를 기다리며 휴식 및 대기	

16:00~ 17:30	**16:00~16:30** 기사 작성 완료 및 송고 데스크의 지시에 따른 추가 취재 진행 및 기사 재수정	데스킹 시작: 일선 기자가 송고한 기사 데스킹 작업 시작. 추가 취재와 수정을 지시하거나 기사 내용 직접 수정 통상 데스크와 부장의 검토를 거쳐 출고되지만 시간이 촉박하면 데스크 선에서 바로 출고	**16:30** 사장, 발행인, 주필, 국장 4인 티타임
17:30	50판(초판) 발행		
17:30~ 18:00	51판 편집회의 결과를 기다리면서 대기 주요 기사를 작성한 일선 기자는 때에 따라 직접 편집회의 참여	편집회의에 참여하거나 기사를 재검토하며 대기	51판 편집회의. 대형 화면에 지면을 띄우고 각 지면 및 기사들을 하나하나 살피면서 수정 사항 검토
18:00~ 18:30	51판 편집회의, 부서 회의 결과에 따라 추가 취재 및 기사 수정 저녁 식사(취재원, 동료 기자)	서울신문, 한경, 매경 등 배달된 가판 확인 부서 회의: 51판 편집회의 결과를 반영하여 지면 수정 논의	(사장) '뉴스 모니터'에서 50판 기사 읽기 시작. 사설과 칼럼은 아크로 읽음. 특별한 일정이 없으면 통상 저녁 7시까지 읽다가 퇴근
18:30~ 20:00		저녁 식사(취재원, 동료)	사장, 발행인, 주필, 국장: 사회 주요 인사 등과 저녁 식사. 뉴스 가치가 있는 대화 내용은 편집국 관계자에게 전달(일종의 취재 활동)
20:00~ 21:00	출입처 키워드 검색, 커뮤니티 화제 이슈 검색 등을 통해 새로운 뉴스거리 탐색	51판 편집회의 결과를 지면에 반영하고, 새롭게 작성되었거나 수정된 기사 데스킹 지면 재편집(with 편집기자)	
21:00	51판(지방판) 발행		
21:00~ 21:30	편집국으로 들어와 52판 편집회의에 참가하거나 외부에서 51판 지면 확인	52판 편집회의 참여 또는 자리에서 대기	52판 편집회의: 국장, 부국장, 데스크, 편집기자, 일부 취재기자 등 가장 많은 인원이 참여하는 편집회의 51판 편집회의 때와 마찬가지로 대형 화면에 지면을 띄우고 지면 및 기사들을 하나하나 살피면서 수정 사항 검토 인쇄된 51판 신문을 펼쳐놓고 함께 검토
21:30~ 23:00	52판 편집회의 및 부서 회의 결과에 따라 추가 취재 및 기사 수정	부서 단위 회의: 52판 편집회의 결과를 반영하여 부서 단위의 지면 수정 사항 결정 수정된 기사에 대한 데스킹과 지면 재편집	편집국장은 필요에 따라 정치부장, 사회부장 등과 별도의 후속 미팅 진행 (사장) 밤 10시 이후 인쇄된 신문(51판)이 자택에 배달되면 다시 읽음
23:00	52판(서울·수도권 판) 발행 필요에 따라 53판, 54판 추가 발행		

리고 가장 높은 층위의 주체로서 편집국 단위의 뉴스 생산자가 그것이다. 일선 기자는 언론의 뿌리 내지 촉수에 해당하는 존재다. 뉴스의 생산은 사건·사고 현장(출입처)을 누비는 일선 기자의 취재 및 기사 아이템 발제에서 시작된다. 일선 기자의 취재는 온·오프라인 공간을 포괄하는 집요한 뉴스거리 추적 및 사실 확인의 과정이다. 이들이 발제한 내용은 일선 선임 기자 및 편집국 게이트키퍼들의 검토를 거쳐 선택되고 수차례의 데스킹 및 에디팅 과정을 통해 뉴스로 최종 완성된다. 이들이 애초에 어떤 시각에서 무엇을 찾아내고, 누구를 만나며, 그것을 얼마나 충실하게 기사화하는가는 자율성이 작동하는 영역이다. 이들은 데스크의 지시와 통제에 따르는 수동적 일개미라기보다는 그들과의 지속적인 소통을 통해 절충점을 찾아가는 존재다.

일선 기자들과 전체 편집국의 중간 지점에서 전문화된 영역별로 뉴스 생산 및 지면 제작을 책임지는 부서들이 존재한다. 그 실무조직을 이끄는 이들이 흔히 데스크로 표현되는 부장과 고참 차장들이다. 아침 일찍 현장의 기자들이 올린 기사 아이템을 검토해 뉴스 아이템을 선별하고, 취재 방향을 세세히 지시하며, 기사 초안을 놀라운 속도와 집중력으로 검토한 후 다시 피드백한다. 이러한 데스크의 역할은 정치부에서 더 적극적인 형태로 발현된다. 이들은 상호 간에, 그리고 전체 편집국 차원에서 지속적인 소통과 협의를 수행하면서 종합면 및 부 단위의 지면을 완성한다.

전체 편집국 단위에서 뉴스 생산자 역할을 수행하는 주체는 편집국장이다. 그는 사실상 자신의 모든 것을 뉴스 생산에 갈아 넣으며 뉴스 생산 과정의 중심을 잡는 존재다. 동시에 뉴스 생산 집단의 책임자로 경영진과 수시로 회동한다. 편집국장은 전체 지면 생산을 총책임지는 지위이지만 그는 개별 기사(특히 정치 기사)에 대해서도 적극적인 역할을 수행한다. 편집국장은 하루에도 여러 차례 열리는 전체 편집국 차원의 회의를 주재하며 이와는 별도로 데스크들과 상시로 개별 미팅을 갖는다.

뉴스는 이들 3주체 간에 이루어지는 수평·수직의 전방위적인 상호작용을 통해 생산된다. [표 10-1]은 1일 단위(평일)의 뉴스 생산 과정에서 일선 기자, 부서, 편집국·언론사 차원의 주체들이 수행하는 역할을 정리한 것이다. 큰 틀에서 보았을 때 이들 간에 이루어지는 소통과 의사결정은 명확히 위계적이다. 일선 기자가 올린 뉴스 아이템은 데스크를 거쳐 부장에게로 수렴되고, 전체 편집국 회의를 거쳐 지면을 배정받는다. 하지만 이 같은 위계적 의사결정의 수면 아래에서 작동하는 것은 현장과 부서, 편집국 간에 숨 돌림 틈 없이 전개되는 지속적인 소통, 크고 작은 회의, 반발과 조정, 부서 단위의 경쟁, 부서를 뛰어넘는 편집국 단위의 시급한 현장 지시, 마지막 편집 단계의 기사 수정 및 지면 구성 변화 등 다층위적이고 역동적인 상호작용이다. 게이트키핑, 기사 작성과 데스킹, 지면 편집에 이르기까지 한 번 결정한 일이 번복되고, 기사와 지면이 수정되거나 엎어지는 일은 예외가 아니라 일상이다. 그런 의미에서 뉴스 생산 과정을 지배하는 것은 선형적인 지시와 통제가 아닌 네트워크적 상호작용이라고 할 수 있다.

촘촘하고 다면적인 소통 〉일방적 소통

위에서 서술한 내용과 밀접하게 관련된 것이 뉴스 생산자들 사이의 소통 방식이다. 편집국의 뉴스 생산자들은 외부인의 눈에 처음엔 조용해 보이지만 늘 소통 중이다. 밀집된 공간에 옹기종기 마주 보고 앉아 시도 때도 없이 대화를 나눈다. 추가 취재나 사실 확인, 기사 수정을 논의하는 것부터 건강이나 자녀 이야기 같은 사담, 지친 일상을 달래는 시시껄렁한 유머에 이르기까지 하루 종일 대화한다.

사회부를 예로 들면 공식적인 회의는 하루 세 번이다. 오전 편집국 회의 직후의 아이템을 제안하는 회의, 오후 편집국 회의 직후의 부서 단위 지면 구성 회의, 저녁 51판 편집회의 직후 열리는 회의가 그것이다. 하지만 사회부를 둘러싼 소통의 많은 부분은 온라인 공간에서 일어난다. 부서 단위에서 기사 아이템을 공유하는 Xcoop, 편집국 단위에서 지면 계획을 공유하는 일일보고, 기사를 데스킹하고 출고하는 아크Arc 시스템을 포함하여 다양한 메신저가 온라인 소통의 수단이다. 편집국의 사회부 데스크에는 4~5명 정도의 인원이 상주하지만 30명에 달하는 사회부 소속 기자들이 온라인으로 연결되어 있다. 사회부 전체가 공유하는 단톡방, 팀별로 공유하는 단톡방, 팀장급이 공유하는 단톡방, 데스크들이 공유하는 단톡방 등 다양한 규모와 기능의 단톡방이 동시에 운영된다. 전화도 빼놓을 수 없는 사회부의 소통 수단이다. 온라인 소통으로 부족하다고 판단하면 바로 일선 기자나 취재원과 전화 통화를 한다.

정치부도 데스크와 일선 기자, 그리고 데스크 상호 간에 촘촘하고 지속적인 소통이 이루어진다. 오전에는 주로 내부 온라인 시스템과 단톡방에 공유된 정치판의 주요 동향('판떼기')을 면밀히 살펴보고 오늘은 어떤 내용으로 지면을 채울지 일선 기자들 및 데스크 상호 간에 의견을 나눈다. 오후에는 유동성이 강한 정치판의 변화 동향을 일선 기자들의 보고와 데스크 상호 간의 소통을 통해 시시각각 추적, 해석하며 기사들의 방향과 지면 구성을 계속 다듬어간다. 데스크들의 담당 분야가 나뉘어 있지만, 서로 영역을 넘나들면서 다양한 정치 현안에 관한 질문, 분석과 예측, 정치인들에 대한 비판과 조롱을 주고받는다.

일반 독자 지향 〉충성 독자 지향

뉴스 생산은 일선 기자들이 뉴스가 될 만한 사안을 찾아 발제하고, 데스크들이 그중 실제 다루어질 뉴스 아이템을 가려내고 우선순위를 정하는 일에서 시작된다. 이러한 선택과 우선순위의 기준, 이른바 뉴스 가치를 단순화시키면 일반 독자의 눈높이에서 바라보는 재미와 새로움이다.

기사 아이템을 선정할 때 데스크들이 가장 많이 던지는 질문은 '재미있는가?'다. 이때 재미는 일반 독자들이 관심을 가질 만한 소재인지, 사람들의 마음을 움직이는 이야기인지, 사회의 변화와 흐름을 읽어낼수 있는 아이템인지, 새롭고 독특한 시각에서 사회 현상에 가치를 부여하는지 등의 복합적 의미를 담고 있다. 언론은 사회에서 발생하는 사건·사고, 정치 시스템 및 정치적 유력자 집단의 동향, 경제·산업 동향, 학술·과학 영역의 성과, 종교·문화 영역의 성취에 주목하지만, 그중 무엇을 뉴스로 선택하고 가공하고 전달하는가의 기준은 결국 일반 독자 관점에서 이러한 일들이 지니는 '재미'와 '새로움'이다.

이처럼 뉴스 생산 과정에서 언론의 중심을 잡는 일반 독자가 누구인지는 명확히 정의되지는 않지만 통상 다음 두 가지 차원의 의미로 사용된다. 첫째, 진보-보수의 정치 성향을 넘어선 가장 큰 범주의 정치공동체 집단이다. 이른바 경향성이 가장 강한 정치 뉴스를 예로 들더라도, 뉴스 생산자들은 자신의 취재 대상인 정치권, 정치 계급 내지 정치적 행동주의 집단과 일정한 거리를 유지하면서, 일반 유권자들의 잣대를 기준 삼아 지나친 쏠림을 방지하고자 노력한다. 이들은 자신의 존립 기반인 충성 독자(이른바 집토끼) 집단의 존재를 의식하고 그들이 선호하는 시니어 칼럼 필진을 유지하는 등 신경을 쓰지만, 자신이 하는 일의 목표와 해석적 기반으로 반복해서 소환하는 대상은 더 넓은 범주의 보편적 사회 구성원이라고 할 것이다.

둘째, 일반 독자는 통상적인 정치 및 경제 엘리트는 물론, 지식 공중, 교양 시민, 민주 시민 등으로 불리는 사회문화적 상위 계층에 국한되지 않는 범계층적 사람들이다. 여기서 종이 신문과 온라인 신문은 일종의 분업 체계를 형성한다. 전자는 엘리트 지향의 정론지를 지향하는 반면, 후자는 흥미 위주의 대중지를 지향하는 것이 그것이다.

> (종이 신문은) 사회 내에서 의견을 형성하고 정책의 방향을 결정하고 여론을 이끌어가는 이들에게 생각해볼 거리를 던져줍니다. 그런 독자들이 진짜 독자라고 할 수 있죠.
>
> — 심층 인터뷰 8

> (의미 있는 기사는) 우리 신문 기자님들이 다 쓰실 거고. (온라인) 기사에 의미까지 있으면 더 좋고, 재미만 있어도 된다는 거죠. 의미는 있지만 재미가 없다면 저는 안 씁니다.
>
> — 심층 인터뷰 31

이 같은 관점들을 양극으로 해서 언론은 개인, 사회, 국가 차원의 최대 다수의 독자를 아우르며, 건강, 재테크, 자녀 교육 및 입시, 웰빙 생활 등 개인 삶의 이슈로부터 공동체의 가치를 고양하고 결속을 강화하는 (또는 이를 거스르는) 시민사회의 미덕(악덕), 그리고 국가적 및 국제사회 차원의 주요 이슈 및 동향들에 대한 뉴스를 생산한다.

독자층 차원에서 연구자들이 관찰한 뉴스 생산자들의 한계점은 오히려 다른 곳에 존재한다. 판별 지면 데이터 분석에 따르면 뉴스 생산자들은 사회적 약자나 소수자 집단을 배제하지 않지만, 그렇다고 적극적인 관심을 보이지도 않는다. 그들이 주목하는 것은 다수가 공유하는 열망, 합리성, 믿음, 목표, 삶의 방식이다. 이런 견지에서 뉴스 생산자들의 준거가 되는 일반 독자의 개념은 사회적 소수를 끌어안는 다원주의로까지 나아가지 않고, 일반 대중을 엘리트 위에 두는 다수주의의 경계 안에 머무른다. 그것이 그들이 추구하는 '상식'의 의미, 보다 정확히는 한계라고 할 것이다.

여성, 아동 인권. 조선일보가 이런 이슈에 별로 관심이 없어요. 옛날부터 어린이 이런 소재 나오는 거 되게 싫어하고. 정인이 사건도 가장 늦게 다뤘어요. 그리고 N번방도 늦게 나왔어요. 그게 우리 신문의 한계에서 굉장히 큰 거죠. 애들이 발제를 했는데 킬인 거예요. 어린이랑 여성에 대한 폭력이며 살해 문제 같은 것에 대해 굉장히 너그럽고 관대하다고 할까? 그럴 수 있지, 이런 식. 남자한테 맞을 짓을 했겠지, 이런 식의 옛날 사고방식. 보통의 보수적인 남자들처럼 그런 게 있습니다.

— 심층 인터뷰 25

대중적 코드 〉엘리트 코드

뉴스 생산 과정에 대한 관찰 및 판별 지면 분석은, 뉴스 메시지를 텍스트화하는 코드 차원에서 언론이 일반 대중을 지향하고 있음을 명확하게 보여준다. 뉴스거리 자체가 일반 대중의 눈높이에서 선택되며, 이렇게 결정된 뉴스거리를 뉴스 메시지로 가공하는 일 역시 같은 눈높이에서 이루어진다.

뉴스 생산자들이 어렵거나 전문적인 단어와 표현을 일반 대중의 눈높이에 맞게 풀어쓰는 것은 이미 잘 알려진 상식이다. 이들은 또한 기회가 될 때마다 정보원이 사용하는 어렵고 추상적인 상징 어휘들을 일반 대중에게 쉽게 다가가는 도상icon적 내지 지표index적 부호code로 대체한다. 이를테면 정부 보도자료나 회담 내용을 일상용어로 쉽게 풀어쓰거나 인용부호에 넣어 생생한 발언을 그대로 전달한다. 필요시 손쉽게 의미를 전달하는 비언어적 부호(사진, 그래픽, 일러스트레이션)가 폭넓게 사용된다. 기사에는 사진이 폭넓게 활용되는데 이는 사진이 직관적으로 쉽게 이해되는 도상적 내지 지표적 부호에 해당하기 때문이다. 기사 제목에서 대중에게 생소한 인물이나 전문용어를 언급할 때는 그 위아래에 작은 첨자로 설명을 추가하기도 한다.

하지만 언론이 대중적 코드를 선호한다는 것은 코드의 정교함이 제한적임을 의미하지 않는다. 뉴스 생산 과정을 관찰하며 연구진이 놀랐던 사실은 뉴스 생산자들이 뉴스 텍스트의 사실성과 정확성을 극대화하기 위해 많은 수고를 거치며 정교한 표현을 찾는다는 사실이었다.[1] 언론이 사용하는 코드는 이런 맥락에서 통상적인 대중적 코드(제한된 부호)와 엘리트 코드(정교한 부호)의 구분(Basil Bernstein, 1964, 윤석민, 2007, pp.236~237에서 재인용)에 부합하지 않는다. 언론이 단순히 가독성을 극대화하고자 한다는 말도 엄밀히 말해 정확한 서술이라고 할 수 없다. 언론은 상황에 따라 대중적 코드와 엘리트 코드의 경계를 넘나들며 소통의 효과 내지 임팩트의 극대화를 추구한다. 쉽게 이해되면서도 정교하고, 사실에 근거하면서도 마음을 날카롭게 파고드는 표현. 그것이 언론이 추구하는 코드의 본질이라고 할 수 있다.[2]

기사 작성, 데스킹, 지면 편집 과정에서 뉴스 생산자들은 이 같은 코드를 찾아내기 위해 거의 강박 수준의 노력을 기울인다. 뉴스가 다루는 사안의 전모와 핵심을 대중에게 쉽고도 날카롭게 전달하기 위해 일선 기자와 데스크, 데스크 상호 간, 그리고 편집국 차원에서 제목에 들어가는 단어 하나, 표현 하나를 두고 설전이 빚어지는 일은 다반사다. 직관적으로 이해되지 않는 모호한 사항들, 덤덤하고 밋밋한 표현을 그냥 넘기는 법은 없다. 그 과정을 거쳐 사실을 충실하게 전달하고, 일반 대중의 눈높이와 정서에서 쉽게 이해되면서, 동시에 감각을 강하게 자극하고 감정 이입을 불러일으키는 뉴스 텍스트가 완성된다.

합의 〉 독선

연구자들의 눈에 뉴스 생산 과정을 이끄는 것은 독선이 아닌 합의였다. 편집국 현장 관찰 및 사회부와 정치부 밀착 관찰에서 드러난 것처럼 뉴스 생산자들은 게이트키핑, 데스킹, 지면 편집의 전 과정에서 끊임없이 의견을 나누면서 교감과 연대를 강화한다. 데스크는 서로 마주 보고 앉아 하루 종일 소통하면서 신문을 만들고, 동시에 회사 내부의 공식 시스템, 단톡방, 전화 등을 통해 각자의 팀원들과 계속 소통한다. 일선 기자들이 생산하는 기사는 이 같은 상호토론과 절충, 합의의 산물이다. 이렇게 생산된 기사와 지면은 또다시 편집국 전체 구성원들 앞에 투명하게 공개되고 토론을 거쳐 다듬어진다.

뉴스 생산자들이 이처럼 상시적으로 소통하며 합의를 만들어가는 것은 이들이 특별히 불편부당하고 공정한 존재라서가 아니라, 특정한 정치 철학적 목표나 이념을 추종하고 실천하는 이념적 존재ideologue와 거리가 먼 현실적인 존재이기 때문이다. 뉴스 생산자 입장에서 정치 이념은 많은 경우 구태의연하고 현실과 동떨어진 신념이나 독선과 동일시된다. 이념과 권력의지에 사로잡힌 정치 집단, 혹은 유사 정치 집단(이를테면 정치권 주변의 교수들)을 시니컬하게 비웃는 태도는 뉴스 생산자들 사이에서 쉽게 찾아볼 수 있다. 이들은 또한 언론인 집단 내에서 정파성을 과하게 드러내고 이를 통해 정치에 진출한 이들을 비판적으로 바라보는 조직문화를 공유한다.

뉴스 생산자들의 관심을 지배하는 것은 현재 진행형의 구체적 사태들이며 그에 대한 호불호 내지 옳고 그름의 판단은 이념이 아닌 사회 구성원들의 보편적 인식, 즉 상식에 기반한다. 이러한 상식에 도달하는 수단은 뉴스 생산자들 사이의 소통이다. 지속적인 대화를 수반하며 진행되는 뉴스 생산 과정은 세대와 개인차를 넘어선 공감대를 형성한다. 또한 이는 개인 단위, 부서 단위, 편집국 단위에서 정치적 고려를 포함한 특정한 이해관계가 개입할 여지, 더 나아가 편향과 독선이 개입할 여지를 최소화하는 장치로 작용한다.

이처럼 사고를 공유하는 과정을 통해 뉴스 생산자들은 자신들의 힘을 극대화한다. 뉴스 생산자들은 권력 집단의 힘을 잘 아는 동시에 그것을 감시하고 비판하는 일에 능숙한 집단이다. 뉴스 생산자들은 권력의 입장에서 종종 늑대나 하이에나처럼 권력 주변을 맴돌다가 기회가 오면 그 허점을 끝까지 물고 늘어지는 무리 사냥꾼pack hunter에 비유된다. 권력에 집요하게 맞서는 이 같은 언론의 힘은 결국 사고의 공유를 통한 내부적 연대에 기초한다고 할 것이다.

특종 〈 사실성

뉴스 생산 과정에서 특종(속보성)과 사실성은 어느 한쪽도 포기할 수 없는 중요한 가치이지만, 자주 상충한다. 특종을 강조하다보면 사실 확인이 약해지고, 거꾸로 사실 확인을 강조하면 특종을 놓치는 경우가 왕왕 발생한다. 연구진의 관찰은 언론이 추구하는 핵심 가치가 속보성보다 사실성에 있음을 보여주었다. 물론 특종의 중요성이 완전히 약해진 것은 아니다. 정확히 말하자면, 뉴스 생산자들은 여전히 특종의 압박에 시달리지만, 속보성과 사실성의 가치가 충돌할 때 망설임 없이 후자를 선택한다.

게이트키핑부터 지면 편집에 이르는 뉴스 생산 과정에서 사실은 반복적으로 확인된다. 일선 기자는 하루 종일 선임 기자와 데스크로부터 사실 확인을 요구받는다. 기사 아이템을 발제하면 출처가 어디인지, 관련 사실을 현장에 나가 직접 확인했는지, 이해 당사자들의 주장을 들어봤는지 같은 질문을 계속해서 받는다. 데스킹의 과정도 마찬가지다. 데스크는 정확한 취재와 사실 확인 절차를 거쳐서 기사를 작성했는지, 적절한 어휘와 표현을 사용했는지 등을 출고 직전까지 점검한다. 일선 기자들에게 맡기지 않고 데스크들이 직접 나서서 전화를 돌려가며 사실을 확인하는 경우도 많다. 이러한 노력은 전체 지면을 펼쳐놓고 이루어지는 편집회의에서 또다시 최대치로 반복된다. 현장 관찰과 판별 지면 변화 분석은, 편집이 사실과 그에 대한 표현을 더욱 명확하게 만드는 과정임을 보여준다. 이는 심층 인터뷰를 통해서도 확인된다. 일선 기자부터 국장, 주필에 이르기까지 모든 뉴스 생산자는 약속이라도 한 듯 한목소리로 사실의 중요성을 강조했다. 사실 확인은 '누가 언제 어디서 무엇을 어떻게' 등과 관련한 일차원적 하드 팩트를 넘어 '왜'와 관련한 해석적 사실의 검토를 포함한다.

사실 확인에 있어서 기사에 나오는 사실들과 그에 대한 해석들을 반복해서 재검토하는 것 말고 다른 방법은 없다. 이 지독한 반복 작업은 어이가 없을 정도다. 뉴스에 담긴 사실들은 마지막까지 검토되고 수정되고 또 검토된다. 뉴스 생산자들은 이 작업을 마지막 강판 시간까지 반복한다. 계속해서 바위를 밀어 올려야 하는 시시포스의 운명처럼 매일 동일한 작업이 이들을 기다린다. 이들은 완벽하지도 않고 편향으로부터 자유롭지도 않지만, 이 같은 헌신을 통해 주어진 조건 속에서 최선이라 할 수 있는 현실의 재구성 작업을 수행한다.

정파성 〈 논조

언론이 전달하는 현실은 모든 사실을 포함하는 객관적 현실이 아니라 선택된 사실들로 재구성된 현실의 그림이다. 이 맥락에서 언론이 생산하는 모든 사실과 그것에 기반한 해석은 경향성을 지닌다. 이러한 경향성이 논조인가 편향인가는 결국 가부의 문제가 아니라 정도의 문제가된다. 그 명확한 경계선을 긋는 것은 어려운 일이다. 특히 단순한 사실 전달을 넘어 정치 현상의 해석과 판단을 지향하는 정치 뉴스의 경우 이러한 시도가 더욱 어려울 수밖에 없다.

연구자들이 관찰한 조선일보의 경우 정파적 언론의 대표 사례로, 시민사회 및 학계 내에서 안티조선운동으로 통칭되는 집중적인 비판과 공격의 대상이 되었다(윤춘호, 2024, pp.81~86). 이러한 비판은 현재보다는 과거에 집중하고 전체를 살피기보다는 부분을 문제 삼는다는 점에서, 일화적 내지 인상론적 비평에 가깝고 정치적 의도로부터도 자유롭지 않다. 하지만 언론이 드러내는 경향성이 용인될 수 있는 논조인지 과도한 정파성인지 구분하기 어렵다는 속성으로 인해, 이러한 비판은 일단 제기되면 부정하기 쉽지 않은 주홍 글씨의 속성을 지닌다.[3] 실제로 뉴스 생산자들은 집요한 정치 진영의 공격에 지쳐 있었다.

조선일보의 정파성 검증[4]은 이 연구의 목적이 아니지만, 연구진이 수행한 뉴스 생산 과정 관찰, 심층 인터뷰, 그리고 판별 지면 분석은 그에 대한 판단 자료를 제공한다. 분석 결과를 종합할 때 개별적인 뉴스 생산자 및 집합적인 뉴스 생산 집단 차원에서 조선일보는 분명한 경향성을 드러내지만, 이를 논조의 범위를 벗어난 정치적 유착(정치병행성) 내지 도구성으로서의 정파성으로 간주하는 것이 타당한지 의문을 갖게 한다. 현장 관찰과 심층 인터뷰를 종합할 때, 조선일보 내 뉴스 생산자들의 다수는 특정한 정치 이념이나 진영과 거리가 있는 상식론자의 범주에 포함되는 사람들이다. 뉴스 생산자들은 게이트키핑부터 지면 편집에 이르는 뉴스 생산의 전 과정에서 팩트를 철저히 확인하고 형식적일지언정 균형을 맞추려 노력한다. 이들 상호 간의 지속적인 소통과 의견 교환, 투명한 의사결정은 특수한 이해관계나 독선이 뉴스 생산 과정에 개입할 가능성을 줄이는 기제로 작용한다,

정치 뉴스의 경우 데스크들이 뉴스 생산을 주도한다. 하지만 정치부 밀착 관찰은 이들이 편향의 생산자라기보다는, 정치판을 읽는 해석 능력에 기반해 정치 기사의 불균형을 견제하는 존재임을 보여준다 (7장). 판별 지면 분석 결과(8장 및 9장) 역시, 뉴스 생산은 이념과 가치를 사실에 앞세우는 정파성 생산 과정이 아니라, 사실들을 기반으로 논조를 정립하는 과정임을 확인시켜준다.

3. 현장으로부터의 성찰

이제 연구자들이 뉴스 생산 현장에서 발견한 것을 기반으로, 우리가 언론이라고 통칭하는 사회적 소통 혹은 미디어 양식의 존속 가치에 대해 답을 할 차례다. 언론이 생산하는 뉴스, 의견과 해설, 논조는 지켜갈 필요가 있는 사회적 가치재인가, 불신과 냉소가 당연한 열등재인가? 언론은 시대를 초월하는 민주주의의 본질적 요소인가, 역사의 뒤안길로 사라지는 게 자연스럽고 심지어 바람직한 민주주의의 걸림돌인가? 이러한 질문들은 결국 다음과 같은 하나의 질문으로 요약된다. 언론 현장은 가치 있는 언론을 실천하고 있는가?

뉴스 생산은 편집국과 논설위원실로 대표되는 직접적인 뉴스 콘텐츠 생산 기능 이외에도 경영 및 관리, 영업, 기술 지원, 인쇄, 보급 등이 톱니바퀴처럼 맞물려 이루어지는 작업이다. 연구자들은 그 모든 현장을 관찰하지 못했다. 연구자들이 주로 시간을 보낸 편집국만 하더라도 정·경·사(정치부·경제부·사회부)로 통칭되는 핵심 취재부서 이외에, 국제, 산업, 문화, 스포츠, 여론, 주말, 기타 특집 등을 담당하는 취재부서, 편집 담당 부서, 사진 및 그래픽 담당 부서 등이 나뉘어 있다. 연구자들은 이 모든 편집국의 부서들과 그 사람들을 당연한 얘기지만 깊게 들여다보지 못했다. 그런 의미에서 연구자들이 보고 들은 것은 극히 제한된 언론 현장의 한 측면이었다. 그 제한된 관찰 내용이나마, 책을 쓰는 과정에서 연구자들은 상당 부분을 덜어내야 했다. 연구자들이 연구 대상으로 삼은 조선일보 외의 언론사들은 또 얼마나 많은가.

그렇기에 "언론 현장은 가치 있는 언론을 실천하고 있는가?"라는 질문은 현장 연구를 마친 시점에서 연구자들에게 한층 어렵게 다가온다. 그 모든 한계에도 불구하고, 연구자들이 관찰한 내용들을 종합할 때, 그에 대한 답은 조심스럽지만 "그렇다"는 것이다. 뉴스 생산자들은 불확실한 미래 전망 속에서 상대적으로 낮은 보수에 중노동을 감수하며, 일반 대중을 상대로 사회에서 발생하는 주요 현안을 기록해 전하는 활동을 충실히 수행했다. 뉴스 생산자들이 구성하는 사회적 현실은 경향성과 내용상의 결함을 드러냈다. 하지만 언론이 생산하는 것이 현실 자체가 아닌 현실에 관한 그림이라고 할 때, 이들은 주어진 여건 속에서 최선을 다해 그 그림을 그렸다. 의례와 절차의 비효율을 극소화하고 분업과 협업의 효율성을 극대화한 업무 체계, 그리고 뉴스 생산자들의 헌신이 결합해 만들어지는 성과였다. 이들은 사실, 상식, 소통에 기반한 뉴스 생산을 통해 어떤 조직보다도 강하고 집요하게 권력에 맞설 수 있는 잠재력을 드러냈다.

특히 연구진을 놀라게 한 것은 뉴스 생산자들의 헌신이었다. 일선 기자들은 요즘의 젊은 세대가 중요하게 여기는 워라밸 추구는 접어두고 이른 아침부터 밤늦은 시간까지 기사 생산에 몰두했다. 이들이 수행하는 작업의 양과 속도는 감탄을 자아낸다. 이들은 아침 일찍부터 타 언론사 보도와 온라인 커뮤니티의 게시글을 살피고, 출입처를 중심으로 기삿거리를 취재하고, 발제를 올리고, 기사가 확정되지 않은 상태에서 추가 취재를 진행하고, 기사 게재가 확정되면 한두 시간 내에 기사 작성을 완료한다. 이들은 지면 기사와 함께 그 몇 배에 달하는 온라인 기사를 생산해야 한다.

데스크들의 노동강도 역시 마찬가지다. 아침부터 밤늦게까지 계속 이어지는 온라인 및 오프라인의 소통과 회의를 소화하며 게이트키핑, 부 단위 지면 구성, 데스킹, 전체 지면 편집에 관련된 논의와 의사결정, 그에 따른 기사 수정과 지면 재구성 작업을 수행한다. 데스크들은 주 6일(일요일~금요일), 주중에 하루 14시간 이상을 근무한다. 식사 시간과 잠시 담배를 피우러 밖에 나가는 시간을 제외하고는 하루 종일 편집국에서 자리를 지키면서 회의하거나, 메신저로 연락을 주고받거나, 전화로 지시하거나, 컴퓨터 작업을 한다. 일선 기자들에게 기사 작성 지침을 전달한 후 기사가 올라오기를 기다리는 오후 두 시 반에서 세 시 반 사이가 유일한 휴식 시간이다. 그 직후 숨 막히는 데스킹 작업이 이들을 기다린다. 하루 종일 편집국 안팎을 오가며 수많은 회의를 소화하고 개별 기사의 생산부터 전체 지면의 구성까지를 통솔하는 편집국장의 역할은 두말할 나위가 없다.

이들이 이렇듯 믿을 수 없을 만큼 헌신적으로 일하는 이유는 단순히 말해 신문이 당일 제작되어야 하고, 그 촉박한 일정에 주어진 일을 마치면서 완성도를 끌어올리는 방법은 그것밖에 없기 때문이다. 촌각을 다투며 진행되는 뉴스 생산 작업은 숙명처럼 오류의 가능성을 내포한다. 이러한 오류를 최소화하는 장치는 반복적인 검토와 수정이다. 뉴스 생산자들은 아침부터 밤늦게까지 촘촘한 소통과 회의를 거치며 기사 및 지면에 대한 검토와 수정을 반복한다. 뉴스 생산자들이 수행하는 작업의 본질 자체가 형용모순처럼 느껴지는 높은 효율성의 반복 노동이라고 할 정도다. 게이트키핑, 데스킹, 지면 편집의 모든 단계에서 어떤 결정도 절대적이지 않고, 합의된 결정도 끊임없이 번복된다. 앞의 뉴스는 더 새롭고 가치 있는 뉴스거리가 생기면 망설임 없이 교체되고 지면은 새롭게 구성된다. 이 지독한 반복 작업을 통해, 뉴스 생산자들은 개개 뉴스의 사실성, 심층성, 가독성을 최고 수준까지 끌어올리고, 그 합이 만들어내는 시너지를 극대화한다. 이 작업은 단발로 끝나지 않고 밤늦은 시간까지 반복되며, 하루로 끝나지 않고 매일같이 이어진다.

그것이 언론이었다. 그것이 뉴스 생산 작업의 본질이었다. 정도의 차이는 있지만, 이는 조선일보라는 한 보수 성향 일간지를 넘어, 우리가 언론이라고 불러온 소통자들이 자신의 역할을 수행하는 보편적 방식이라고 해도 무방할 것이다. 이러한 언론의 뉴스 생산 방식이 우리를 둘러싼 환경을 감시하고 사회적 소통을 매개하며, 여론 형성을 이끄는 최선의 수단이라고 단언할 수는 없지만, 그리고 그것이 지금처럼 존속 가능할지도 판단할 수 없지만, 연구자들에게 그것을 대체할 보다 나은 대안은 떠오르지 않았다.[5]

그렇기에 언론은 가치를 지닌다. 그렇기에 우리는 언론을 지켜야 한다. 언론 위기는 언론의 책임만큼이나 후진적인 정치 시스템, 분열된 시민사회, 무능하고 무책임한 행정권력, 취약한 미디어 시장 등이 종합적으로 맞물린 사태다(윤석민, 2020, p.92). 이 위기를 극복하는 일은 양질의 뉴스 생산, 합리적인 뉴스 유통 시장, 성숙한 뉴스 수용자를 만들어내기 위한 전방위적인 노력이 요구되는 과업이다. 이를 통해 가치 있는 언론이 정당한 주목을 받고, 그에 상응하는 사업 성과를 거두는 선순환을 만들어내야 한다. 연구자들이 관찰한 뉴스 생산 현장은 신음을 토하고 있었다. 뉴스 생산자들은 언론인이 아닌 뉴스 영역의 프레카리아트precariat로 내몰리고 있었다. 그럼에도 불구하고 언론은 본연의 역할에 충실함으로써 언론 위기 극복의 첫걸음이 현장에서 시작될 수 있다는 가능성을 보여주었다.

논의를 마무리하면서, 연구자들이 이 책을 시작하며 제시했던 관점을 다시 환기하고자 한다. 이 연구가 현장에서 이루어지는 뉴스 생산 활동을 평가하기 위해 채택한 "B급 소통으로서 언론의 개념" 그리고 가치 있는 언론을 구성하는 "(대중적 소통 능력으로서의) 전문성과 (언론을 선행하는 것이 아닌 그 실천의 산물로서의) 규범성"에 관한 해석이 그것이다. 이는 미디어 학계에서 지금까지 언론의 상태를 평가하기 위해 채택한 기준 내지 관점과 사뭇 다르다. 그것이 언론 현장에 대한 연구자들의 평가가 지금까지 미디어 학계의 연구자들이 내린 평가와 차이를 보이는 주된 이유라고 할 것이다.

현장 기반 연구의 결핍에도 불구하고, 한국 사회의 미디어 학계는 지속적으로 언론의 상태에 대한 진단을 내놓았다. 이러한 진단은 언론이 "전문직주의"[6]를 얼마나 잘 실천하는가를 중심으로 이루어져왔다(강명구, 1992, 2004, 2006; 김경모·신의경, 2013; 박승관, 2017, 2023; 박재영, 2005; 박진우·송현주, 2012; 윤영철, 2003; 이재경, 2006, 2008; 이정훈·김균, 2006; 정태철, 2005; 허만섭·박재영, 2019). 1장부터 3장에 걸쳐 논의한 바 있지만, 그 논의의 주종은 현장의 언론이 실천하는 규범성에 대해 부정적이었고, 회복 가능성에 대해서도 회의적이었다.

문제는 이러한 연구들이 채택한 전문직주의가 언론의 상태를 평가하는 타당한 기준인가 하는 점이다. 언론에 대해 전문직주의 개념을 적용하는 것 자체가 지속적으로 논란이 되어왔다(강명구, 2004; 윤영철, 2003; Folkerts, et.al., 2013). 최근에는 언론 전문직주의의 실현 가능성을 넘어 그것이 바람직한지 자체가 논쟁의 대상이 되고 있다(조항제, 2018; Waisbord, 2013).[7] 일각에서 전문직주의가 한국 언론에서 오랫동안 유지되어온 신화라는 주장이 제기되기도 한다(박진우, 2015). 한국 언론의 빈약한 전문직주의를 비판하기에 앞서, 그 평가의 기준이 되어온 전문직주의라는 틀 자체를 돌아볼 필요가 있다는 것이다.

저널리스트가 전문직인가 아닌가를 둘러싼 오랜 논쟁은 사실 종지부를 찍을 수 없는 성격의 것이다. 게다가 언론과 정치권력의 관계에서 오랫동안 지적된 한국 사회의 고질적인 '권언유착', 혹은 '정치와 언론의 병행관계(parallelism)'를 해소할 수 있는 새로운 원동력을 전문직주의의 강화에서 찾을 수 있을지는 불분명하다. 혹시 한국 언론 전문직주의의 역사 그 자체가 정치와 언론의 유착관계의 산물이 아닌지, 따라서 전문직주의 스스로가 해체 혹은 극복의 대상인지도 이제는 함께 물어보아야 할 시점이다.

— 박진우, 2015, p.178

언론을 전문직으로 간주하는 시각은 언론 및 언론 연구자들 입장에서 일견 고무적이다. 하지만 이는 자칫 언론에 대한 논의를 언론 본연의 역할과 배치되는 형식화된 규범적 논의로 이끌 위험을 내포한다.[8] 1장에서 논의한 바대로, 전문가 중심의 학술 세미나처럼 폐쇄적이고 심층적인 소통과는 처음부터 목표를 달리하는 소란스럽고 불완전하며 정제되지 않은 대중적 소통에 대해 전자의 평가 기준을 적용한 셈이었다. 이러한 의미에서 언론에 대한 학계의 질타는 정의롭고 통렬했지만 타당성을 결여한 것이었다.

저희가 사실은 정권마다 불화를 했거든요. 실제로 모든 정권과 다 불화를 했었어요. 그런데 반대쪽에서 보기에는 조선일보는 박근혜, 이명박 정부 때는 너무 좋아하고 있다가 노무현 대통령 시대 혹은 문재인 대통령 시대만 공격적으로 저러는구나. 그래서 저는 이걸 진짜 정량화해서 혹은 패턴화해서 증명처럼 보일 수 있는 방법이 있나. 그런데 이거는 저희 스스로 해봐야 의미는 없는 거고. 결국은 연구를 하시는 분들이 해주셔야 되는 거 아닐까 그런 생각이 들더라고요. 밖에서 볼 때는 그냥 한 몸이 돼서 돌아가는 것처럼 돼버리고. 이런 선동적 주장을 바로잡는 사람이 아무도 없어요. (중략) 심판이 되어야 할, 이를테면 공영방송에서 매체 비평을 한다고 하면 최소한 정량적으로 혹은 정성적으로 정확하게 하고 있다는 사회적 용인이 돼야 되는데 그게 지금 안 되고 있는 거잖아요. 그럼 이 역할을 누가 해줄 거냐. 그 역할을 저희가 사보 같은 곳에서 저희는 이렇게 박근혜 정부를 조졌습니다, 할 수는 없는 거 아닙니까. 그건 너무 코미디잖아요. 한겨레신문 같은 경우도 민주당 찌라시다 보수에서 그렇게 얘기를 하지만 실제로 한겨레신문을 뜯어서 보면 그렇지 않거든요.

— 심층 인터뷰 11

연구자들이 1장에서 정리한 가치 있는 언론의 기준을 적용했을 때, 언론은 단점 및 한계만큼이나 장점과 가능성을 드러낸다.

뉴스 생산자들의 한계는 자명했다. 그들 중 다수는 미디어 환경 변화에 적응하지 못한 채 허덕이고 있었다. 그들의 상식과 논조는 미세한 균열로 나아가는 다원화 사회와 사회적 소수자들을 충분히 끌어안지 못했다. 고된 일을 견디게 했던 소명의식은 흔들리고 있었다. 무엇보다도 그들에게는 해야 하는 일에 비해 시간이 부족했다.

그럼에도 불구하고 그들이 수행하는 역할은 주어진 한계 내에서 최선이라고 평가할 만한 것이었다. 동시에 그들은 작지만 의미심장한 변화를 통해 언론 위기 극복의 첫걸음이 현장에서 시작될 수 있는 가능성을 보여주었다. 일선 기자들은 시대에 조응하며 성숙한 뉴스 생산자로 거듭나고 있었다. 이들은 취재원들과 탈권위적인 관계를 형성했고 일과 개인 삶을 균형 있게 병행하는 모습을 보여주었다. 일선 기자들과 데스크들 간에 이루어지는 상호작용은 일방적인 지시와 통제가 아닌 합리적인 협업으로 대체되고 있었다.

　　뉴스 생산자들은 촘촘하고 다면적인 소통을 통하여 독선에 치우칠 가능성을 최소화하고 전 조직 차원의 공감과 합의에 기반하여 지면을 구성했다. 뉴스 생산자들은 충성 독자들의 관점에 주목했지만 그들의 경계 안에 안주하지 않았다. 이들은 대중적이되 정밀한 언어를 사용해서 쉽고 정확하며 생생하게 소통했다. 그들은 속보성을 중시했고, 그 감각이 뛰어난 이들로 전담팀을 구성하여 운영했다. 하지만 속보성과 사실성이 충돌할 때 이들이 앞세우는 것은 후자의 가치였으며, 이를 기반으로 이념과 주의를 사실에 앞세우는 정파성을 넘어 사실에 근거한 논조를 생산했다.

　　연구자들이 현장에서 발견한 으뜸가는, 어떤 의미에서 확고부동한 규범적 가치는 "사실성"이었다. 사실성을 추구하는 방법론은 조금이라도 불확실하거나 미심쩍은 일들에 관해 묻고 또 묻는 것이었다. 뉴스 생산의 모든 단계에서 뉴스 생산자들은 "이거 사실 맞아? 확실하게 확인됐어?"라는 질문을 되풀이했다. 돌아볼 때 사실성은 놀라운 가치였다. 이 가치는 시대정신, 민주주의, 정의, 공정성, 시민, 사회적 약자 등 그 어떤 추상적 가치보다 우선시되었고, 의미가 분명했으며 정치적 해석에 흔들리지 않았다. 이를 통해 언론 현장은 수많은 의견, 제보, 루머가 쏟아지는 상황에서 양질의 정보와 그렇지 않은 정보를 가려냈다. 이념에 기반한 정파적 관점을 벗어나 사실에 기반한 해석과 논조로 나아갔다. 언론은 이로써 완벽한 현실은 아니더라도 그것에 가장 근접한 그림을 그려냈다. 이를 통해 언론은 조직 차원의 공감과 합의를 촉진했고, 스스로의 특권적 지위와 이익에 봉사하는 일을 최소화하면서 권력을 감시하고 비판하는 자신의 힘을 고양하였다.

　뉴욕타임스 발행인인 설즈버거A. G. Sulzberger는 현시대 언론이 처한 위기 상황을 극복하기 위해 뉴스 생산자들이 지녀야 할 믿음을 다음과 같이 적었다.

수년 동안 우리는 미얀마의 무슬림 소수 민족인 로힝야족에 대한 잔인한 박해를 보도했습니다. 우리 기자가 난민 수용소에 있는 네 명의 어린 자매들을 인터뷰했고 그들은 군인들이 어떻게 집을 불태우고, 어머니를 죽이고, 아버지를 납치했는지 이야기했습니다. 그러나 며칠간의 추가 취재를 통해 그들이 한 말 중 대부분이 사실이 아닌 게 밝혀졌습니다. 소녀들은 구호 단체의 관심을 얻기 위해 가슴 아픈 이야기를 지어냈습니다. 1년 후 지구 반대편에서, 베네수엘라로 향하던 미국 구호품 호송대가 베네수엘라 군에 의해 국경에서 봉쇄된 후 화염에 휩싸였습니다. 이는 니콜라스 마두로 대통령의 잔인한 권위주의 통치에 걸맞은 짓처럼 보였고, 여러 저명한 세계 지도자들이 그를 비난했습니다. 그러나 취재 결과, 화재는 마두로의 짓이 아닌 것으로 밝혀졌습니다. 사실은 이처럼 직관에 반하는 원칙입니다. 고통받는 난민 아동이 진실을 말하지 않았을 수도, 수백만 명을 박해하는 폭군이 잔혹한 범죄를 저지르지 않았을 수도 있다는 생각에 열려 있어야 합니다. 두 보도 모두, 이 같은 보도가 누구에게 도움이 되는 것인가라는 비판을 불러일으켰습니다. 하지만 이를 통해, 독자들은 마두로의 범죄 또는 로힝야족이 겪는 공포에 대한 우리의 보도가 사실임을 신뢰할 수 있습니다. 저널리즘은 사실을 토대로 우리가 더 나은 결정을 내릴 수 있고, 민주주의가 더 공고해질 수 있다는 믿음에 근거하는 것입니다.

— A. G. Sulzberger, 2023, 「독립성이 실제로 작동하는 방식」 발췌 정리

연구자들이 한국 사회의 한 보수 언론사 뉴스 생산자들에게서 발견한 것이 사실성의 가치에 관한 이 같은 믿음이었다. 그것이 현장이 보여준 희망이었다.

1장. 언론은 여전히 필요한가

1. 언론이라는 용어에 부합하는 대표적인 영어 단어는 저널리즘(journalism)이지만 그 외에도 프레스(the press), 뉴스(news), 뉴스 미디어(news media), 뉴스 사업(news business), 뉴스 산업(news industry) 같은 용어가 혼용된다. 하지만 엄밀히 구분하면 프레스는 종이 신문으로 대표되는 전통적인 인쇄 매체, 뉴스는 신문 기사나 방송 뉴스 리포트처럼 언론이 제공하는 콘텐츠, 뉴스 미디어는 공중을 대상으로 뉴스를 배급(전송)하는 역할에 특화된 미디어, 뉴스 사업은 뉴스 생산 및 배급을 통해 수익을 창출하는 행위, 뉴스 산업은 뉴스 생산 및 배급을 수행하는 일군의 사업자라는 의미를 강조하기 위해 사용된다. 이 책에서는 언론과 저널리즘이라는 용어를 원칙적으로 구분하지 않고 같은 의미로 혼용하고, 그 외의 용어들은 맥락에 따라 적절히 사용한다.

2. 언론에 관한 연구 분야를 망라하는 길잡이 책자로, 왈-요르겐센(K. Wahl-Jorgensen)과 하니취(T. Hanitzsch)가 편집하고 전 세계 40여 명의 언론 연구자들이 참여한 『저널리즘 핸드북』(초판 2009, 개정판 2020)을 들 수 있다.

3. 언론이 엘리트를 위해 존재하고 기능한다는 관점도 존재한다. 이를테면 젤리저 등(Zelizer, Boczkowski, & Anderson, 2022)은 언론이 엘리트적 활동으로서 엘리트에 의해, 엘리트를 위해 이루어지며 일반 시민의 생각과 이해관계를 충분히 반영하지 못한다고 주장한다(p.62). 하지만 이는 언론의 본질이 엘리트적 소통이라는 주장이 아니라, 언론이 일반 대중을 중심에 둔 소통이라는 본연의 역할을 제대로 수행하지 못함을 비판하는 주장이다.

4. 고문정(2024)의 연구는 한국 사회의 70개 신문사들을 대상으로 가치 있는 언론의 품질, 주목, 경제적 성과의 선순환 조건을 실증적으로 탐구해 이 난제의 답을 찾으려 했다는 점에서 주목할 만하다. 연구 결론을 요약하면, 신문사

의 경영(경영진)과 편집(편집국으로 대표되는 뉴스 생산 집단)이 저널리즘 품질 개선을 통한 이용자 확보 및 경영 성과 개선이라는 동일한 목표를 추구할 때 저널리즘적 가치를 지키는 지속가능한 구조가 만들어질 수 있다는 것이다.

5. 이를테면 한국 언론사들의 전문직주의를 탐구한 연구자들(김경모·신의경, 2013; 김세은, 2006 & 2012; 김영욱·이지상·이재현, 2023; 남재일, 2008; 남재일·이강형, 2017; 박진우, 2015; 유선영, 1995; 윤석민, 2020; 이나연, 2018; 이재경, 2005; 이정훈·김균, 2006)은 한국의 언론사들에 있어서 규범이 유명무실하게 형식화되었다는 비판을 제기한다. 이와는 상반된 관점에서 젤리저 등(Zelizer, Boczkowski, & Anderson, 2022)은 엘리트 지향의 언론 규범이 언론을 현실과 동떨어지게 만들었다고 비판한다.

6. 이러한 변화는 종합편성방송에서 패널을 활용한 토론식 정치 시사 프로그램이 대거 편성되고 정파성 강한 김어준의 〈나는 꼼수다〉 등 팟캐스트 미디어가 확산한 시기와 맞물린다.

7. 셔드슨(Schudson, 2020)의 저서에서 7장 언론의 네 가지 비혁명(journalism's four non-revolution) 참고.

8. 이 연구에 따르면 언론사가 운영하는 유튜브 채널에서 가장 많이 시청하는 콘텐츠 유형은 뉴스/시사 정보(18.7%)로 나타났다. 경제/재테크(17.5%), 음악/댄스(14.6%), TV 드라마/예능(9.6%), 게임(8.7%), 스포츠(5.7%) 등이 그 뒤를 이었다.

9. 하지만 현재 대다수 유튜브 개인 뉴스 채널들은 진영화된 정치인들을 출연시켜 구독자와 수익을 늘리고 정치인들은 이들을 활용해 편향된 여론을 형성하는 방식으로 공생(유용민, 2019)하는 반(反)언론의 길로 나아가고 있다.

10. 예를 들어 언론은 인공지능의 발전을 그 어떤 영역보다도 적극적으로 수용하고 있다. 로이터 저널리즘 연구소(2024.1)에 따르면 2023년과 비교해서 2024년에 언론사들이 인공지능 기술을 대하는 방식에 큰 차이가 있다. 2023년에는 언론사들이 인공지능 기술을 기사 추천에 활용할 수 있다고 본 반면, 2024년에는 뉴스 생산 과정 전반에 활용 가능하다고 보았다. 구체적으로 인공지능 기술은 교정/교열, 전사/필기, 번역, 기사 요약, 헤드라인 작성, 일러

스트레이션 생성, 음성 뉴스 제공에 활용될 수 있다. 언론사들은 이와 같은 인공지능 기술 도입 및 관리를 책임질 전문가를 앞다투어 채용하고 있다.

2장. 언론의 위기

1. 특히 2022년 언론 수용자 조사는 그전까지 5,000여 명 샘플 규모가 전국 3만 138가구 및 만 19세 이상 가구원 5만 8,936명을 대상으로 열두 배가량 확대되어 이루어졌기에 주목할 만하다. 이러한 샘플 규모 확대를 두고 정치적 시비가 제기되어 연구 실무 책임자가 문책되고, 2023년부터 조사가 다시 이전 규모로 축소되었다. 이는 어처구니없는 일이다. 최근 10% 수준에도 못 미치는 신문 구독 가구 규모를 생각하면, 샘플을 5만 명으로 늘려야 5,000명의 신문 구독자를 확보할 수 있다. 이는 신문 제호, 집단, 지역별로 신문 독자 세부 분석을 수행하기 위한 최소한의 규모다.

2. 뉴스를 읽지도, 보지도 않으려는 적극적인 행동을 의미한다.

3. 한국 언론의 탐사보도 위축을 보여주는 최근의 사례로 2024년 1월 한국의 고급 산후조리원 문화를 다룬 뉴욕타임스의 탐사보도(「For New Moms in Seoul, 3 Weeks of Pampering and Sleep at a Joriwon」)를 들 수 있다. 외신이 수행한 이 탐사보도를 한국 언론이 받아썼다.

4. 여가와 직업 안정성 없이 저숙련, 저임금 노동에 시달리는 불안정한 노동자들을 가리키는 신조어이다. 이 말은 이탈리아어로 '불안정한'이라는 의미의 프레카리오(이탈리아어: precàrio)와 무산 계급을 뜻하는 프롤레타리아트(독일어: proletariat)의 합성어이다.

5. JAM(Joongang Asset Management)은 다양한 형식의 기사 콘텐츠 작성 및 관리를 돕는 중앙일보의 디지털 콘텐츠 관리 시스템(CMS)으로, 신문 기사는 물론 디지털 콘텐츠도 손쉽게 편집·제작할 수 있으며, 독자들의 PC와 모바일 기기에 어떤 형태로 기사가 공급되는지 확인할 수 있다.

6. '아크(Arc)'는 워싱턴포스트(Washington Post)가 개발한 콘텐츠 제작관리시스템(CMS)으로, 기자가 기사, 사진, 영상을 편집해 다양한 플랫폼으로 송출하는 것을 돕는 도구다. 인공지능을 통해 기사의 클릭률을 높이거나 콘텐츠

유통 최적화를 실험할 수 있도록 설계되어 있고, 구독과 유료화를 위한 결제 시스템도 내장되어 있다. 참여관찰 당시 조선일보는 결제 시스템을 수정하고 디지털 데이터를 분석해 마케팅에 활용하는 등 아크를 정교화하는 작업을 진행했다. 2022년 1월 8일에는 사장 신년사를 통해 "디지털 DNA를 조직에 심기 위한 다양한 시도를 이어갈 것"이며, 아크 시스템의 안정적인 정착단계를 넘어서 그 기능을 최대화하는 노력을 하고 있다고 밝혔다(조선일보 사보, 2022.1.8).

7. 이는 외부적으로 어뷰징 기사 생산 논란, 그리고 내부적으로 출입처 기반 뉴스 생산 부서들과의 갈등을 초래하고 있다.

8. LLM(대규모 언어 모델)은 텍스트를 인식하고 생성하는 작업을 수행할 수 있는 인공지능(AI) 프로그램이다. 방대한 데이터 세트를 학습하므로 '대규모'라는 수식이 붙었다.

9. 언론 개혁 논의의 뿌리는 1980년대 언론·미디어 연구의 흐름을 주도했던 미디어 정치경제학으로 거슬러 올라간다. 미디어의 자율성을 제약하는 구조적 메커니즘 분석에 주력한 정치경제학은, 2천 년대 이후 언론 및 공영방송 제도에 대한 거시적 제도 개혁 논의로 이어졌다. 언론·미디어 연구의 계보에 대한 보다 상세한 논의는 3장의 2절 참조.

10. 정당성 차원의 문제가 정치권력이 언론을 개혁한다는 인식 자체의 불편함이라면 실효성 차원의 문제는 정치권력이 이러한 과업을 제대로 수행할 수 있는가에 대한 의문이다.

11. 이 책의 교정 작업을 진행하던 2024년 12월 3일, 윤석열 대통령은 갑작스레 비상계엄령을 선포했다. 자신의 배우자에 대한 특검 수사 등 거대 야당이 주도하는 정국을 군대를 동원해 무력으로 뒤엎으려는 시도였다. 그 무모한 시도가 실패로 돌아간 후, 한국의 정치는 한 치 앞을 알 수 없는 혼돈과 갈등상태에 빠져들었고, 국가의 정상적 운영과 발전을 가로막는 최대 장애물이 정치임을 재확인시켜주었다.

12. 2023년 9월 21일, 윤석열 대통령은 '뉴욕 디지털 비전 포럼'에서 "인공지능과 디지털 오남용이 만들어내는 가짜 뉴스 확산을 방지하지 못한다면 자유민주주의가 위협받고, 시장경제가 위협받게 되며, 미래와 미래 세대의 삶 또

한 위협받게 된다. 적정 조치가 이루어지는 규제 시스템이 만들어지고 유지돼야 한다"고 연설했다. 방송통신심의위원회는 같은 날, 인터넷 언론사의 콘텐츠를 대상으로 가짜 뉴스 전담신고센터를 두고 심의 신청부터 실제 긴급 심의까지 한 번에 진행되는 '원스톱 신고처리 시스템'을 구축하겠다는 가짜 뉴스 대응 방안을 발표했다. 대다수 언론사들이 인터넷으로도 뉴스 서비스를 제공하고 있는 상황에서 이는 언론을 대상으로 국가가 직접적인 내용 검열을 실시하겠다는 주장과 다를 바 없다.

13. 조항제의 주장은 언론과 정치를 대등하게 보는 미디어화(meditization) 이론(Mazzoleni & Schulz, 1999) 내지 정치와 미디어·언론의 상호침투를 통해 형성되는 정치-미디어 복합체(political-media complex) 이론(Swanson, 1992, 1997)에 근거한다. 이는 박승관·장경섭(2000)의 언론권력론의 연장선에 있다고 할 것이다. 이러한 주장은 종이 신문으로 대표되는 레거시 언론의 위상과 영향력이 2천 년대 초반에 비해 현저하게 낮아진 현 상황에서 정치 영역의 역량은 지나치게 낮게 평가하고, 언론(특히 보수 언론)의 역량은 지나치게 부풀리는 비대칭적 인식 오류를 드러낸다. 해석은 다르지만, 송현주(2021) 역시 같은 점을 지적한다.

14. 2009년 한국 사회는 이 문제로 격렬한 논쟁에 휩싸였다. 주요 보수 일간지가 주축이 된 종합편성채널 도입을 허용하는 법(미디어법) 개정을 둘러싸고 빚어진 논쟁이 그것이다. 당시 윤석민(2009)이 수행한 연구에 따르면 여론 지배력 차원에서 우려를 자아내는 것은 보수 언론사들이 아닌, 방송 뉴스 시장을 과점하고 있던 지상파 방송사들이었다.

15. 이현우(2012)는 미디어법 개정 논란(2019~2010) 당시, 이를 둘러싼 정치권, 전문가 집단, 시민단체 등의 논의가 중앙이 공동화된 양극화 네트워크 구조를 보였음을 실증적으로 입증했다. 하지만 이 연구가 밝힌 것은 미디어법 개정을 둘러싼 사회적 논의의 중심 공동화 현상으로서, 이를 상시적인 언론의 양극화 양상과 동일시하는 것은 과도한 해석이다.

16. 국내 언론의 사례로 조선일보는 2017년, 한겨레신문은 2020년에 취재보도 원칙을 대대적으로 보완해서 대외적으로 공표했다.

1. 언론사가 생산하는 저품질 뉴스(이를테면 제목 및 내용 차원에서 선정적이고, 정치적으로 진영화된 뉴스)가 트래픽 증대를 최우선 목표로 삼는 온라인 뉴스 포털을 통해 유통되고, 실제로 그것이 선정적이고 정치적으로 편향된 뉴스에 길들여진 뉴스 소비자들의 눈길을 끌고, 그 결과 사회적 의제 설정의 왜곡, 여론 형성의 파행, 사회 분열의 심화가 초래되고, 저품질의 뉴스가 구독 및 광고 수익 증가 등 시장 성과를 거두고, 그 결과 언론사가 생산하는 뉴스의 선정성 및 정치적 편향성이 더욱 심화되는 악순환 상황이 그것이다.

2. 연구자들의 최초 관심은 언론사가 논조를 생산하는 과정에 있었다. 언론 위기의 근원이 정치적으로 편향된 논조의 생산에 있다고 보았기 때문이다. 그래서 연구 계획을 세우는 단계에서 주 연구 대상으로 사설과 칼럼 생산 기능이 집중된 논설위원실을 고려한 적도 있다. 하지만 당연한 얘기지만 논조는 의견 기사를 넘어 모든 뉴스 차원에서 생산된다. 이에 연구자들은 '의견 기사'가 아닌 '뉴스'의 생산 과정을 연구 대상으로 최종 결정했다.

3. 파슨스(T. Parsons), 머튼(R. K. Merton) 등에 의해 정립된바, 사회를 개인 혹은 조직들이 수행하는 다양한 기능들이 조화를 이루며 작동하는 현상 유지적인 체계(system)로 바라보는 관점이다.

4. 특히 GMG가 연속으로 출간한 『나쁜 뉴스』 연작물(*Bad News*, 1976; *More Bad News*, 1980; *Really Bad News*, 1982)은 전 세계 미디어 연구자들의 주목을 끌고 사회적으로도 베스트셀러의 반열에 올랐다.

5. 터크먼이나 갠스 등은 10년 가까운 시간을 뉴스룸에서 보낸 이후 자신들의 연구를 출간했다. 그에 비하면 라이프(Ryfe, 2009) 약 5년, 보츠카우스키(Boczkowski, 2005) 18개월, 앤더슨(Anderson, 2013) 7개월, 어셔(Usher, 2014) 5개월 등 상대적으로 단기간에 수행되었다.

6. 이기형·황경아(2020)는 언론 영역의 생산자 연구 사례로 이오현의 연구(2005, 2007), 임영호 등의 연구(임영호 등, 2008; 임영호 등, 2009), 김세은이 수행한 해직 언론인 연구(2010; 2012), 김상균과 한희정의 KBS 추적60분 '천안함 사건' 연구(2014)를 제시한다. 하지만 이오현의 연구는 TV다큐

및 코미디 프로그램 제작 과정, 임영호의 연구는 에로비디오 제작자에 대한 연구로 저널리즘 영역과 무관하다. 나머지 두 연구는 저널리즘 연구에 해당하지만 방법론으로 현장 관찰이 아닌 심층 인터뷰를 사용했다. 현장 기반의 저널리즘 연구 사례로는 윤영철·홍성구(1996)의 지역 언론(강원도민일보) 참여관찰 연구, 허진아·이오현(2009)의 지역 신문(광주드림) 뉴스 생산 과정 연구, 육서영·윤석민(2012)의 탐사보도 프로그램(그것이 알고 싶다) 제작 과정 연구, 최문호·박승관(2018)의 뉴스타파 탐사보도물 생산 연구를 들 수 있다. 하지만 육서영·윤석민(2012)의 경우 PD저널리즘에 대한 연구이고, 최문호·박승관(2018)은 주 연구자(최문호)가 내부자(기자)였다는 점에서 외부 연구자에 의한 객관적 현장 연구로 보기 어렵다. 이처럼 엄밀한 잣대를 적용할 때 현장 기반의 뉴스 생산자 연구는 국내 미디어 학계에서 거의 이루어진 바 없다고 해도 과언이 아니다.

7. 이러한 당위 내지 이상적 규범에서 출발하는 연구들은 연구 대상 차원에서 지사적 언론인에 집중하곤 한다. 최근 사례로 동아투위 해직 언론인의 생애사, YTN, MBC 해직 언론인의 사례를 분석한 김세은의 연구(2010, 2012, 2017b, 2017c)를 들 수 있다. 이 같은 연구들은 언론 시스템의 구조적 모순과 그에 맞선 희생적 저항을 드러내는 가치 있는 사례연구들이지만, 보편적인 언론과 언론인 집단이 언론 시스템의 한계 내에서 수행하는 실천적 노력의 의의를 경시하는 한계를 지니기도 한다.

8. 현장 연구 과정은 『신문과 방송』 2024년 5월호(배진아·윤석민 2024b)에 일부 소개되었다.

9. 연구진이 대화를 나누었던 편집국 구성원들 중 가장 인상에 남는 이는 삽화(일러스트레이션)를 그리는 김도원 화백(당시 나이 86세)이다. 그는 사실상 청력을 상실해서 연구자들과 필담을 나누었다.

10. 'Xcoop'은 조선일보가 1997년 도입한 기사 아이템 취합 시스템이다. 간단한 텍스트 기반 프로그램으로 부서별로 일선 기자가 발제한 기사를 취합해서 편집국 차원에서 공유하는 데 활용된다.

11. 조선일보에는 직급 차원에서 다수의 부국장들이 있지만 지면 신문 제작에는 두 명의 부국장이 핵심적으로 참여한다. 첫째는 편집국장을 도와 지면 뉴스

생산을 총괄하는 역할을 수행하는 부국장이고, 둘째는 편집부 출신으로 지면 편집을 총괄하는 부국장이다. 전자는 편집국장 부재 시 그 역할을 대행해 편집국 회의를 주재하고, 일단위 지면 구성의 기본 틀인 '일일보고' 작성을 총괄하는 사실상의 수석 부국장이라고 할 수 있다. 이 두 부국장을 구분하는 정식 명칭은 존재하지 않지만, 이 연구에서는 전자를 지면 뉴스 총괄 부국장 (뉴스 총괄 부국장), 후자를 지면 편집 부국장(편집 부국장)으로 편의상 구분한다.

12. 전직 조선일보 기자, 언론시민단체 소장을 대상으로 한 인터뷰는 연구진의 협의를 거쳐 배진아 교수 단독으로 인터뷰를 진행했다.

4장. 뉴스 생산 과정

1. 엄밀히 말하면 조선NS(대표 장상진)는 부서가 아니라 온라인 속보 기사 생산을 담당하는 조선일보 자회사다. 2021년 6월 종래의 속보 대응팀인 '디지털 724팀'을 해체하고 별도 법인으로 설립했다. 어뷰징(속보성 베껴 쓰기 기사) 조직이라는 비판을 받기도 하지만, 설립 직후부터 온라인 클릭수(PV)를 선도하는 성과를 보였다. 조선NS에 대한 보다 자세한 내용은 2권 『뉴스 생산자』 2부 6장 및 7장 참조.

2. 조선일보와 달리 경향신문, 한겨레신문, 한국일보 등 일부 신문사(편집국장)와 SBS, YTN, MBN 등 일부 방송사(보도국장)는 내부 구성원들(노조)에 의한 임명동의제를 도입하고 있다.

3. 연구자들은 편집국장, 뉴스 총괄 부국장, 편집 부국장 등 3인(여기에 편집부장이 참여하는 경우도 종종 있다)으로 구성된 이 회의체를 '국장단 회의'라고 지칭했지만, 편집국 내의 다른 회의와 마찬가지로 이에 대한 공식적인 회의 명칭은 없다. 시간을 정해놓고 국장단 회의를 하는 것은 아니며, 국장이 수시로 통합 데스크로 이동하여 다양한 사안들에 대해 논의한다.

4. 언론사 데스크란 편집국에 내근하며 각 부서 단위로 일선 기자들을 지휘·통솔하고, 이들이 취재한 정보와 기사에 대한 뉴스 가치 판단, 보완 지시, 최종 기사 가공 및 출고, 부서 단위 지면 구성 등 지휘부(콘트롤 타워) 역할을 수행

하는 고참 기자들을 가리킨다. 부서의 장에 해당하는 부장과 특화된 세부 영역들을 담당하는 고참 차장들을 함께 통칭하는 용어다. 부장은 부서 전체를 통솔하는 한편 나머지 데스크들이 일선 기자와 직접 소통하면서 일선을 지휘하기 때문에, 때에 따라 부장을 제외한 이들을 데스크로 지칭하기도 한다. 이 책에서는 두 가지 의미를 맥락에 맞게 적절히 혼용한다. 조선일보의 경우 부장들은 통상 입사 25~30년 차, 나머지 데스크들은 통상 입사 15~25년 차의 중견 기자들로 구성된다. 데스크가 수행하는 역할에 대한 더욱 자세한 내용은 2권 『뉴스 생산자』 1부 2장 및 4장 참조.

5. 이러한 변화는 조선일보에 젊은 생각을 불어넣으려는 시도, 정치 중심의 사설을 넘어 생활에 밀접한 주제의 사설을 확대하겠다는 것, 그리고 극우 보수를 탈피하고 중도 보수를 지향하겠다는 의지를 반영한 것으로 해석되기도 한다(이영태, 2002.4.18).

6. 신문 등의 진흥에 관한 법률(약칭 '신문법') 2조는 신문과 관련한 주요 직무별 책임자를 발행인, 편집인, 인쇄인으로 구분한다. 발행인은 신문을 발행하거나 인터넷신문을 전자적으로 발행하는 대표자(총괄 책임자), 편집인은 신문의 편집 또는 인터넷신문의 공표에 관하여 책임을 지는 자(편집 책임자), 인쇄인은 신문의 인쇄에 관하여 책임을 지는 자(인쇄 책임자)를 가리킨다. 조선일보의 경우 2천 년대 초까지는 사장이 발행인을 겸하다가 2002년 9월 김대중 정부 당시 세무조사로 사장이 실형 선고를 받은 이후 사장과 발행인 직을 분리해서 지금에 이르고 있다(2권 『뉴스 생산자』 5부 13장 참조). 또한 경영진에 편집기자 출신으로 신문 제작 업무 및 문화 사업을 관장하는 편집인 직제와 인쇄 관련 사무를 담당하는 인쇄인 직제를 따로 두었는데, 현재는 발행인 직과 통합해 운영하고 있다.

7. 경영기획본부는 계열사(TV조선, 조선 비즈 등) 관리 및 디지털 전환 등 새로운 미래 사업 전략을 담당하기 위해 종래 사장 비서실 기능을 담당했던 경영기획실을 확대 개편한 조직이다(심층 인터뷰 33).

8. 공식적인 회의 명칭이 정해져 있지 않고 '화요회의'라고 불린다. 한 달에 한 번은 디지털 서비스 책임자들이 참석하는 디지털 회의로 운영한다.

9. 예를 들면, "문화면에 실린 맛집 전화번호, 내가 걸어보니 없더라" 같은 사소

한 내용까지 포함된다(심층 인터뷰 9).

10. 이 시간대는 가판 데드라인을 앞두고 데스크들이 일선 기자들이 올린 기사들을 데스킹하는 시간이다. 데스크들은 전화도 못 받고 화장실 갈 틈도 없이 데스킹 작업에 집중한다. 반면에 편집국장 입장에서 이는 하루 중 가장 자유로운 시간이다. 그 시간을 이용해 신문사를 이끄는 최고 간부들이 한자리에 모이는 것이다.

11. 디지털 724팀은 속보 대응을 비롯한 디지털 뉴스를 생산하던 편집국 산하 조직으로, 일주일에 7일 24시간 계속된다는 의미에서 붙인 이름이다.

12. 연구진이 현장 연구를 수행할 당시 김대중 고문과 강석천 논설고문이 이러한 특별대우 집단으로 독립적 공간과 비서진을 제공받고 정기적으로 신문에 칼럼을 집필했다. 편집국 일러스트레이션 팀에서 현역으로 활동하는 고령의 김도원 화백(3장 주 9 참조)도 같은 케이스로 볼 수 있다.

13. 이를테면 오전에 현장 기자들로부터 올라오는 기사 발제안 중에서 온라인이나 지면으로 나갈 기사들을 선택하는 게이트키핑 과정은 종합면 및 부서 단위의 지면 구성(편집) 논의와 동시에 진행된다. 하지만 여기서는 이를 게이트키핑 과정으로 분류한다.

14. 부서 단위의 회의에 참여하는 데스크는 사회부의 경우 기동팀장, 법조부와 전국부 데스크, 부장이며, 정치부의 경우 여당, 야당, 국회, 외교안보 데스크와 부장이다. 이들은 편집국 4층 지정된 자리에서 내근을 하는, 말 그대로 '데스크' 지킴이고, 다른 기자들은 지정된 책상 없이 취재처와 편집국 3층, 4층, 그리고 1층 휴게 공간 등을 공유한다.

15. 조선일보는 초판을 50판이라고 하고, 51판, 52판, 53판으로(드물게 54판) 이어지며 52판에서 강판(판을 마감)하는 것을 원칙으로 한다. 이러한 판형은 지면 하단 모퉁이에 눈에 잘 띄지 않는 작은 글씨로 표시된다(사진 4-5 참조). 동아일보는 5판에서 시작해서 40판, 45판, 50판을 발행하는데 45판에서 강판하는 것이 일반적이다. 과거에는 가판(조선일보 50판, 동아일보 5판)을 발행하면 기업과 정부 기관 등에서 내용을 검토하고 신문사에 수정 요청을 하곤 했으나, 최근 신문사들이 종이 신문 가판을 발행하지 않으면서 이러한 관행이 사라졌다. 인터넷이 대중화되기 이전에는 새벽 3시에 최종판(조선일

보 53판, 동아일보 50판; 돌판 혹은 광화문판이라고도 함)이 발행되기도 했다. 이처럼 시간이 정해진 판갈이 외에 같은 판 안에서 오타 등의 이유로 면을 교체하는 경우도 발생하는데 이를 재강판이라고 한다. [사진 4-5]가 보여주는 숫자 50 0, 52 0에서 뒤의 숫자 0이 이를 나타낸다. 재강판의 경우 컬러 1개 면당 25만 원, 흑백면의 경우 7만 원의 추가 비용이 발생한다. 비용도 비용이지만 시간 지연이 더 문제가 된다.

16. 데스킹과 지면 편집은 양자 모두 기사 내용의 변화를 수반한다는 점에서 경계가 모호하다. 연구진은 기사를 지면에 올리기 이전에 기사의 내용(텍스트)을 검토하고 수정하는 것은 데스킹, 기사가 지면에 올라간 이후 제목과 이미지, 편집 등을 종합적으로 살피면서 수정하는 것은 지면 편집으로 구분한다.

17. '스크랩마스터'는 미디어를 모니터링하는 통합 플랫폼으로, 주요 신문사의 지면 기사 검색 서비스를 제공하는 애플리케이션이다.

18. 말진 기자가 기본적인 정보를 수집해서 보고하는 것을 '판뗴기를 깐다'고 표현한다. 말진 기자가 판뗴기를 깔면 거기에 선임 기자가 아이템을 추가하면서 그날 신문을 발행하기 위한 재료들을 수집한다.

19. '꾸미(くみ)'란 모임을 의미하는 일본어로서, 정치부에서 마음이 맞는 언론사 기자들과 의원·정치인 등이 같이 점심이나 저녁을 먹는 문화를 의미한다. 식사 자리를 통해 사교 및 취재 활동이 이루어진다. 최근의 미디어 환경에서 '꾸미'는 단톡방을 통해 정치인의 발언 등 정보를 복수의 언론사 기자들이 공유하는 것을 지칭하기도 한다.

20. 기자의 위계는 말진 기자 – 차말진 기자 – 팀장(바이스, 1진 기자)–차장급(차장, 기동팀장)–부장 – 부국장 – 편집국장으로 구성된다.

21. 인터뷰에 따르면 대략 10건 중 1~2건 정도에 해당한다.

22. 2022년 1월부터는 부서별로 디지털 기사 아이템을 제안하고 공유하는 데 중점을 두는 것으로 오전 편집국 회의의 성격이 바뀌었다.

23. 편집국에서는 하루 종일 수많은 회의가 열리는데, 회의를 지칭하는 명칭이 따로 없는 경우가 많다. 오후 2시에 열리는 편집국 회의는 '2시 회의'라고 불리기도 한다.

24. 지면 편집에 관한 내용 중 일부는 「신문의 지면 편집은 무엇을 지향하는가」

라는 제목의 논문으로『한국언론학보』68권 1호에 게재되었다(배진아·윤석민, 2024a).

25. 부국장의 말 한마디로 회의를 시작할 수 있는 이유는 편집국이 완전히 열린 공간이기 때문이다. 편집국은 중앙의 부국장 데스크를 중심으로 전체가 하나의 공간이며, 회의실 역시 편집 공간의 연장으로 별도의 룸이 아닌 열린 공간으로 이루어져 있다.

26. 기자들의 은어로 '기사의 주제나 핵심'을 의미한다.

27. 52판 편집회의에서 관련 외신 기사의 영어 표현("break through")이 함축하는 의미를 둘러싸고 논쟁이 이어졌고, 아울러 미국과 중국의 입장을 균형 있게 반영해야 한다는 지적이 제기되었다. 중국 특파원을 역임한 뉴스 총괄 부국장과 국제부장은 한 치도 물러나지 않고 팽팽히 맞섰고 여기에 다른 부장들까지 가세하며 논쟁은 52판 편집회의가 끝나고 연구자들이 마지막 차편을 놓치지 않기 위해 편집국을 떠날 때까지도 결론이 나지 않았다. 연구자들은 다음 날 새벽 집으로 배달된 신문을 보고 이 논쟁이 어떻게 최종 정리되었는지를 확인했다. 현장 연구를 수행하던 연구자들을 감동시킨 장면 중 하나였다. 보다 자세한 내용은 윤석민(2023. 1. 13) 참조.

5장. 일선 기자

1. 동 기사 대신 지면 계획에 없었던 다음의 기사 2개가 사회면에 실렸다: 〈김학의 재수사 부른 윤중천 면담 보고서는 허위〉, 〈신한은행 월계동 지점 주민들이 폐쇄 막았다〉.

2. 다음 날 지면을 확인해보니 〈정부지침에 항의 영업한 죄? 경찰, 카페 압수수색〉이라는 제목의 기사가 사회면 톱으로 편집되었다.

3. 일본어 마와리(まわり: 차례로 방문함)에서 유래한 기자들의 은어. 사건을 취재하기 위해 관할 경찰서 등 취재원을 돌아가며 방문하는 일을 의미한다.

4. 조선일보는 사회부 법조팀의 취재 활동을 지원하기 위해 따로 오피스텔을 마련해두고 있다. 2000년대 초 늦은 밤 취재를 위해 이동하던 기자가 교통사고로 사망한 후 기자들이 편집국까지 이동하지 않고도 업무를 이어갈 수 있

도록 서초동에 별도의 사무실을 갖춘 것이다. 또한 법조팀은 다른 부서에 비해 저녁 약속이 많고 출입처 기자실에서 단독·특종 기사를 작성하기 불편할 수 있기 때문이기도 하다.

5. '반까이'는 일본어 'ばんかい'에서 유래한 은어로, 손실을 만회하는 것을 의미한다. 낙종했을 때 이를 만회하기 위해 새로운 팩트를 더하여 주목할 만한 후속 보도를 이어가거나 다른 관점의 새로운 보도로 기사의 흐름을 전환하는 것을 '반까이'라고 표현한다.

6. 이날 작성한 칼럼은 하루 뒤 1월 8일 지면에 게재되었다.

7. 사회부 말진 기자는 6일 동안 4건의 지면 기사, 정치부 차말진 기자는 6일 동안 5건의 지면 기사를 작성했다. 사회부 법조팀 팀장은 직접 기사를 쓰진 않았지만 6일 내내 하루도 빠짐없이 팀 단위로 여러 건의 지면 기사를 생산했다. 이외에도 이들은 다수의 온라인 기사와 칼럼을 작성했고 수습기자 교육과 관련한 사무를 처리했다.

8. 이 연구의 일선 기자 동행 취재 결과가 종래의 연구들과 차이를 보이는 이유로, 조선일보가 다른 언론사에 비해 근무조건(급여 및 복지, 양질의 상급자, 1등 신문이라는 사회적 인정 등)이 좋다는 점과 상대적으로 유능하고 기자 생활을 잘하고 있는 이들이 관찰 대상으로 추천되었을 개연성을 들 수 있다. 하지만 보다 중요한 이유는 방법론의 차이에 기인한다고 연구자들은 판단한다. 심층 인터뷰를 통한 현장 추정 연구는 당위론적 가치 내지 이상적 규범주의에 기반해 이야기를 나누게 되므로 문제를 개인보다는 구조적 요인 탓으로 돌리며 통상 문제의 심각성을 부풀리는 경향이 있다(3장 2절 참조).

9. 다음과 같은 인식이 그 전형을 보여준다. "기자는 겉만 화려하거나 우아한 직업이 아닙니다. 편하게 사회생활을 하려면 다른 일을 찾아야죠. 힘들어도 보람 있는 일을 하려면 도전해볼 만합니다. 자신이 쓴 기사로 세상을 바꿀 수 있거든요."(김지선, 2003, p.160. 한겨레신문 정치부 서정민 기자 인터뷰) "그런대로 세상을 내가 1센티미터라도 바꿀 수 있다는 착각과 자부심을 갖고 살 수 있는 직업이고, 굉장히 재미는 있다. 그리고 젊을 때는 오히려 쉬운데, 나이가 들어가면 아마 소외감 같은 것 때문에 좀 힘들어질 거다."(정준희, 2021, p.104. 한겨레신문 성한용 기자가 후배 기자들에게 한 말)

6장. 밀착 관찰 I: 사회부

1. 사회부 기동팀은 서울의 경찰 조직, 법조팀은 검찰, 법원, 공수처 등 법조 분야, 전국팀은 전국에 있는 주재 기자를 담당한다. 사회정책부는 경제부와 문화부가 다루는 영역을 제외한 노동, 교통, 교육 등의 분야를 다룬다. 사회부 데스크석에는 내근 기자가 함께 근무하는데, 주로 말진 기자들이 번갈아 들어와서 기사 요약, 사진 설명 등의 잡무 처리를 담당한다.

2. 이날 논의한 기획 기사는 5일 뒤 12월 31일 오피니언 지면(29면)에 실렸다.

3. 타 언론사에서 경력직으로 입사하는 경우 이전 언론사 경력을 인정하여 기수를 산정한다. 전국 데스크는 2013년 경력직으로 입사했지만, 이 원칙에 따라 1999년 입사한 38기로 간주된다.

4. 드론 기사와 골프장 기사를 포함하여 이날 사회면(10면)에는 여섯 개의 기사가 실렸다.

5. 51판에서는 부고 기사 두 개가 더 추가되었다.

6. 편집국에서는 연말을 맞아 정치, 경제·산업, 사회, 국제, 문화·스포츠 등 분야별로 '2021년 올해의 말'을 선정하는 '말말말'이라는 제목의 기획 지면을 구성했다.

7. 인터넷 기사 〈與, 김건희 회견에 "빵점짜리 사과" "러브스토리 왜 들어야 하나"〉를 지적한 것으로 보인다. https://www.chosun.com/politics/politics_general/2021/12/26/5PPFBYIBZVE3BOM6XSPQEJWXCY/

8. 52판에서 제목 '빅 브러더' 아래에 작은 글씨로 〈사회 감시·통제 권력〉이라는 설명이 추가되었다(기사 6-3).

9. 이후 51판 제목은 〈"靑 '김학의 기획사정' 의혹, 윤중천(건설업자) 면담 보고서는 허위"〉로 변경되었다.

10. 이후 '서울대 대출 1위 도서' 기사는 남고 '사고 차량 도우려다 외국인 사망' 기사가 빠졌다.

11. 사회부 데스크 자리에 앉아 이들을 밀착 관찰하며 기록하는 주 관찰자 역할은 배진아 교수가 맡았다. 그 작업은 예상을 훨씬 뛰어넘을 만큼 힘들었다. 공동연구자인 윤석민 교수가 4일째 되던 날에 사회부 밀착 관찰 작업을 중

단하고 정치부 밀착 관찰 계획도 포기하자고 제안할 정도였다. 하지만 배 교수는 물러서지 않고 애초 계획했던 사회부 및 정치부 밀착 관찰 작업을 완수했다.

7장. 밀착 관찰 II: 정치부

1. 이와 관련해 정치부장에게 여당 데스크가 나오지 않는 이유를 물었다. 그에 대해 특별한 이유는 없고, 기자들은 현장에서 일하는 게 원칙이기 때문에 편집국 일에 꼭 필요한 3인은 편집국에, 나이가 가장 어린 여당 담당 데스크는 현장에 있도록 했다는 답을 얻었다.

2. 52판에서는 언급된 윤석열 후보 사진의 채도를 낮췄다.

3. 동타(動打)는 미리 기획되거나 예정되지 않았으나 갑자기 새롭게 발생한 일을 취재하여 작성하는 기사를 말한다.

4. 50판에서 5면(정치면)에 있던 이 기사는 51판에서 3면(종합면)으로 이동했다. 두산건설이 당시 부도 직전 구조조정 위기였다는 내용은 포함되지 않았지만, '두산그룹은 당시 그룹 핵심 계열사인 두산중공업이 유동성 위기에 빠져 사옥 매각이 불가피했다는 입장이다'라는 문장이 포함되었다.

5. 코로나 이슈에 대해선 사회정책부장, 대장동 이슈에 대해선 사회부장이 동석하는 경우도 많았다.

6. 이러한 미팅의 성격을 둘러싸고 두 연구자는 논쟁을 벌였다. 배진아 교수는 이 미팅이 조선일보의 논조 혹은 편향이 생산되는 경로일 가능성에 무게를 두었다. 종합면 및 정치면 기사들이 조선일보의 논조와 이미지 형성에 결정적인 역할을 한다는 사실을 고려할 때, 국장과 정치부장의 별도 미팅은 조선일보만의 논조를 만들어가는 내밀한 논의 과정으로 이해된다는 것이다. 반면 윤석민 교수는 이를 편집회의 석상의 공개 토론으로 충분치 않은 사안에 대해 심층적 의견 교환이 이루어지는 자리로 보았다. 하지만 '아' 다르고 '어' 다를 뿐 두 연구자의 의견은 사실상 다르지 않다고 할 것이다. 정치는 팩트에 머무르지 않는 해석과 판단의 영역이다. 정치 뉴스는 실제로 그 수준에서 생산되고 있었다. 이 과정을 주도하는 이는 당연히 편집국장이었다.

7. 서상현 등(2015)이 수행한 정치부 기자 대상의 심층 인터뷰에서 응답자들은 "정치 보도에 정파적 인식이 수반되는 것은 자연스런 것"(A, D, E, F, H 기자)이고, "이를 굳이 부인하는 것도 우습다"(C기자)라고 답했다.

8장. 뉴스의 편집

1. 신문의 판별 변화 분석 결과 중 일부는 '신문의 지면 편집은 무엇을 지향하는가'라는 제목의 논문으로 〈한국언론학보〉 68권 1호에 게재되었다(배진아·윤석민, 2024a).

2. 51판 신문은 밤 9시 발행 직후 인쇄되어 지방으로 배송, 배포되기 때문에 '지방판'이라고도 부른다.

3. 52판은 인구가 집중된 서울·수도권 지역을 대상으로 제작되기 때문에 흔히 '서울판' 또는 '수도권판'이라고 하며, 가장 많은 부수가 인쇄, 배포된다.

4. 보안 프로그램을 설치하고 권한을 부여받는 절차를 거치면 편집국 외부에서도 '뉴스 모니터'에 접근할 수 있지만, 그러한 권한까지 요청하는 것은 과하다고 판단하여 편집국 내부에 머물 때만 자료를 수집하기로 했다.

5. 50판(초판)에서 51판(지방판)으로의 수정은 미완성 상태인 지면을 완성하는 의미가 강하고, 51판(지방판)에서 52판(서울판)으로의 변화는 완성된 지면을 섬세하게 보완하는 진정한 의미의 수정이라고 할 수 있다.

6. 종이 신문의 지면은 우리가 흔히 아는 것 이상으로 탄력적인 방식으로 운용된다. 종합면은 좁게는 1면 및 지면 제목이 '종합'이라고 명시된 지면들이라고 할 수 있지만, 넓게는 이러한 지면들 외에 투데이 및 포커스, 그리고 팬데믹, 대장동 게이트, 대선 등 탄력적으로 지면 제목이 표시되는 범부서 차원의 지면들을 망라한다고 할 수 있다.

7. '코로나 관련' 지면: 코로나 팬데믹, 코로나 대유행, 오미크론 비상 등
'대선 관련' 지면: 대선 여론조사, 대선 D-30, 대선후보 TV토론 등
'경제 관련' 지면: 경제, 경제 이슈, 경제 종합, 부동산 등
기타: 미중정상회담, 핫이슈, 미표기, 민노총 택배노조 파업 등

8. '스트레이트' 기사는 사건이나 사고, 특정 사안에 대한 사실을 별도의 해석

없이 전달하는 기사, '스트레이트＋분석' 기사는 사실 전달에 치중하면서 관계자, 전문가, 기자 등의 해석·의견을 덧붙인 기사, '심층 분석' 기사는 사건·사고의 원인, 책임, 대책, 대안 등에 대한 종합적이고 심층적인 분석 기사, '기획' 기사는 사건·사고 관련 기사가 아니고 언론사의 독자적인 기획과 아이디어에 의해 주도된 기사이다. '사진(이미지)' 기사는 기사 본문 없이 사진(이미지)과 캡션(사진 설명)으로만 구성된 기사, '인터뷰' 기사는 기자와 취재 대상 간의 인터뷰를 정리한 기사이다.

9. 기사의 구성 요소 중 '기사 제목 전체'는 주 제목과 중간 제목, 어깨 제목을 포함한 모든 제목을, '사진 캡션'은 사진의 제목과 설명 부분을 의미한다.

10. '정보 추가'는 통계자료, 인터뷰, 관계자 신상 등을 추가하거나 내용에 대해 부연 설명을 하는 경우를, '정보 삭제'는 인터뷰, 사례 등을 삭제하는 경우를 말한다. '가독성(독이성) 제고'는 문장을 가다듬거나 이해하기 쉽게 수정하는 경우, 문법적 오류를 수정하는 경우이다. 그리고 '기자의 해석·의견 추가'는 기사에 대한 해석이나 의견 등 기자의 판단을 추가하는 경우를 말하며, '기자의 해석·의견 삭제'는 기사에 대한 해석이나 의견 등 기자의 판단을 삭제하는 경우이다. 마지막으로 '기사 완성'은 미완성 기사를 완성한 경우로서 단순히 바이라인을 추가한 것도 이 유형으로 코딩했다. 기타로 분류된 경우는 단순한 오류 수정, 레이아웃을 맞추기 위한 문단 바꾸기나 문장 길이 조절, 새로운 사건 발생 등으로 인한 본문 수정, 문장 순서나 문단 순서 변경 등을 포함한다.

11. 기사당 몇 건의 인용원을 포함하는 것이 바람직한지 명확히 명문화된 기준이 없는 상황에서 기사당 인용원 수 3.5, 인용 횟수 6.2라는 숫자의 의미를 판단하기는 쉽지 않다. 다만, 심층 인터뷰에서 사회부 기동팀장은 기사 하나에 최소 5명 이상을 인용하는 것이 바람직하다고 언급한 바 있는데, 이 기준에는 못 미치는 수치이다.

12. '실명'은 인용원 개인이나 기관의 실명을 밝힌 경우(예: 문재인 대통령은, 보건복지부는)를, '실명(소속과 직함 명기)'은 인용원의 소속과 직함을 명기하여 본인을 특정할 수 있는 경우(예: 성남도개공 개발사업 2팀장 한모씨)를 말한다. 익명은 세 가지 유형으로 세분화했는데, '익명(소속 명기)'은 인용원의

실명을 밝히지 않고 소속만 명기한 경우(예: 교육부 관계자는)이며, '익명(분야·지역 정보 제공)'은 인용원의 실명과 소속을 모두 밝히지 않고 인용원이 소속된 분야와 지역 등을 광범위하게 언급한 경우(예: 법조계에서는, 학계 전문가는)이다. 마지막으로 인용원의 정보를 전혀 언급하지 않은 경우(예: 시민은, 관객은)는 '익명'으로 코딩했다.

13. 〈조선일보 윤리규범 가이드라인〉 제3장 제2조(취재원 명시)

① 모든 기사는 원칙적으로 출처와 취재원을 밝힌다.

② 다만 다음의 경우에는 취재원을 익명으로 표기할 수 있다.

    1. 의견이나 추측이 아닌 정보로서 뉴스 보도에 필수적인 경우

    2. 익명을 요구한 출처를 제외하고는 해당 정보를 입수할 수 없을 경우

    3. 출처를 신뢰할 수 있고 취재원이 정확한 정보를 얻을 수 있는 위치에 있을 경우

    4. 실명이 드러나면 각종 위해나 신분상 불이익에 노출될 위험이 있을 경우

    5. 국가 안보 등 공익을 위해 부득이한 경우

③ 익명으로 보도할 경우 익명의 제보자가 어떻게 제보 사실을 알게 되었는지, 정보를 제공하게 된 동기와 익명을 요청하는 사유, 취재원을 신뢰할 수 있는 사유에 대해 기사 안에 상술해야 한다.

④ 취재원이 익명의 출처에 의존하거나 자기의 일방적 주장에 근거하여 제3자를 비판, 비방, 공격하는 경우 그의 익명 요청은 원칙적으로 받아들여서는 안 된다.

⑤ 복수의 정보원 취재를 기본으로 하며, 실명 공개가 가능한 정보원을 우선시한다.

⑥ 취재원을 익명으로 보도할 경우 가상의 이름이나 가명으로 표현해서는 안 되며, 추상적이거나 일반적인 취재원을 빙자하여 보도해서도 안 된다.

⑦ 기사에서 취재원을 익명으로 표기하더라도 그 실명과 신원, 익명으로 표기한 이유 등을 담당 부서장에게 보고해야 한다. 보고 받은 담당 부서장은 취재원의 신원을 비밀에 부칠 의무를 진다.

⑧ 기사가 인터뷰에 의한 것이라면 해당 자료를 어떻게 입수했는지 가능한

범위까지 서술한다.

⑨ 익명은 성만 쓰는 것을 원칙으로 하고, 성을 써서 누구인지 알 수 있는 경우 A, B, C 등으로 쓴다.

⑩ 단순히 '제보자'라고 인용해서는 안 된다. 가급적 '청와대 고위 관계자에 따르면', '외무부의 고위 관리에 따르면' 등과 같이 익명 취재원의 소속 기관, 일반적 지위 등을 밝히도록 한다.

14. 부정적 표현의 코딩 사례

※ 비속어·욕설·저속한 표현

— 노동조폭: 노동조합인가 노동조폭인가(2022년 1월 20일 1면 50판)

— 짜고 친: 시민단체들이 짜고 친 '서울시 태양광'(2021년 11월 15일 1면 50판)

※ 혐오·차별·비하 표현

— 더러운 중국산: 바이든, 14개국 모아놓고 "더러운 중국산 제한"(2021년 11월 2일 1면 50판)

※ 성적 표현

— 오피스 누나: "오피스 누나, 확 끄네요" 이재명 발언 논란일자 "웹툰 선정성 지적한 것"(2021년 11월 4일 4면 50판)

※ 폭력적 표현

— 뺨 철썩: 딱지치기 지면 뺨 철썩…초등생 오징어게임 따라하기에 부모들 가슴 철썩(2021년 10월 19일 10면 51판)

※ 신조어·유행어·은어

— 워라밸: 의대생들 "워라밸 없는 '빅5 병원' 안가요"(2022년 2월 15일 12면 50판)

— 먹튀: 아파트 증여해줬더니, 자식이 '먹튀'됐다(2021년 11월 16일 2면 50판)

※ 과장된 표현

— 직격탄: 군 부실급식 파문이 중소업체에 직격탄(2022년 2월 12일 10면 50판)

— 전 세계가 항의: 중국 '심판찬스' 전 세계가 항의(2022년 2월 9일 1면 50판)

15. 주 제목의 서술 유형별 사례

    ※ 사실형: 자영업자 800명 선정, 3개월마다 추적 조사(2021년 10월 18일 8면)

    ※ 판단형: 지역업체에 일감 절반 안 줬다고…지자체들 "실태조사" 압박 (2022년 2월 8일 10면)

    ※ 직접 인용형: 미접종자 혼밥 허용했는데…"저희 가게는 안됩니다"(2022년 1월 1일 10면)

    ※ 화행형: 코로나 낳는 사람들, 심혈관 질환 조심하세요(2021년 10월 16일 2면)

16. 직접 인용형 제목은 기사 내용을 선정적으로 포장하거나 주관적으로 윤색한다는 점에서 "따옴표 저널리즘"이라는 비판을 받으며, 특히 기사 본문의 내용과 불일치하는 직접 인용형 제목은 심각한 문제로 지적된다. 이준웅 등(2007)의 연구에 따르면 우리나라 주요 일간지(조선일보, 중앙일보, 동아일보, 한겨레신문)의 직접 인용형 제목은 60%에 달했다. 이 연구 결과와 비교해서 비율이 낮긴 하지만, 조선일보는 제목에 따옴표를 여전히 많이 사용하고 있다.

17. 표현의 정확성 제고 사례: 요즘 강의실엔 교수 동선 추적 카메라, 홈수강생 얼굴 띄우는 대형 모니터 → 강의실에 교수 동선 추적 카메라, 재택수강생 얼굴 띄우는 대형 모니터(2021년 10월 18일 10면)

18. 팩트 강화 사례: 포항 지진 대피소 마지막 남은 주민들, 1434일만에 떠나 → 포항 지진 대피소 마지막 남은 주민 10여명, 1434일만에 떠나(2021년 10월 20일 10면)

19. 가독성 개선 사례: 서울 주거지 26%, 7층 규제 풀려…재개발 사업성 개선 → 7층 규제 묶였던 서울 주거지 26%, 25층까지 허용(2021년 10월 22일 8면)

20. 부정적 표현 수정 사례: 경비원 대신 '관리원' 명칭 붙여, 대리주차 계속 맡기는 편법도 → 경비원 대신 '관리원' 명칭 붙여, 대리주차 계속 맡기기도(2021년 10월 20일 2면)

21. 해석·의견 강화 사례: 새똥 골치 수상태양광에 조류 퇴치기 설치 → 새똥 골

치 태양광에 '조류 퇴치기' 설치…철새 도래지서 새를 내쫓나(2021년 11월 2일 12면)

22. 연구자들은 이러한 주 제목 표현의 변화가 주는 의미가 무엇인지 수차례 토론했지만 결론에 이르지 못했다. 하지만 이러한 사례의 존재 자체가 뉴스 생산자들이 섬세한 표현을 찾아내기 위해 얼마나 고심하는지 보여준다.

23. 대표 사진은 기사 내에서 가장 크기가 큰 사진 혹은 왼편 상단에 있는 사진으로 정의했으며, 사진의 크기가 1단×1칼럼 이하로 작은 경우 대표 사진 분석에서 제외했다.

24. 기사 본문에서 다루는 장소, 인물, 사물 등이 사진에 등장하는 경우 '기사 내용과 직접 관련'이 있는 것으로 간주했고, 기사 내용에서 다루는 장소, 인물, 사물과 동일하지 않으나 관련이 있는 장소, 인물, 사물이 사진에 등장하면 '기사 내용과 간접적으로 관련'이 있는 것으로 보았다. '사진 기사'는 기사 텍스트 없이 사진만 있는 기사이므로 분석에서 제외했다.

25. '편집상의 조화 개선'은 지면 전체의 균형을 맞추거나 디자인적인 면에서 심미성을 높이는 방향으로 수정하는 것, '뉴스 사안을 바라보는 관점의 변화'는 기사 내용 중 특정 사건·장소·인물을 다루는 사진에서 다른 사건·장소·인물을 다루는 사진으로 변경하는 것을 의미한다. '기사와의 관련성 강화'는 기사와 관련성이 좀 더 높은 사진으로 변경하는 것, '감성적 요소 강화'는 사진이 다루는 대상을 바꾸거나 인물의 표정을 강조하는 등의 방식으로 사진의 감성적 속성을 강화하는 것이다.

26. 이날 1면의 지면 디자인이 전체적으로 수정된 이유는 베이징 동계올림픽 쇼트트랙 황대헌 선수의 금메달 소식이 추가되었기 때문이다.

9장. 추가 편집

1. 추가 편집 과정에 관한 분석 결과 중 일부는 「신문의 지면 편집은 무엇을 지향하는가」라는 제목의 논문으로 『한국언론학보』 68권 1호에 게재되었다(배진아·윤석민, 2024a).

2. '질주'는 빨리 달리는 것을, '스퍼트'는 어떤 지점에서부터 전속력을 내는 것

을 의미한다.

3. 특히 해당 기사의 내용이 자사의 이익(광고비 수입)에 관련된다는 점을 고려할 때, 자사의 관점에서 정부를 비판하는 논조를 강화한 것으로 해석된다.

4. 2024년 12월 3일 한밤중에 발생한 윤석열 대통령의 계엄령 선포 사태는 이러한 연구진의 판단이 여전히 성급한 것이었음을 보여주었다.

10장. 현장으로부터의 성찰

1. 그 대표 사례로 미중정상회담(2021년 11월 17일 1면) 기사의 제목을 열띤 논쟁 끝에 〈관계개선 나선 바이든, '하나의 중국' 첫 인정〉에서 〈바이든 "하나의 중국 지지"…대만은 현상 유지〉로 변경한 것(4장 기사 4-1, 주 27 참조), 2022년 1월 6일자 1면 톱의 윤석열 후보 관련 기사 제목을 〈"다시 초심으로" 민심 돌아올까〉에서 〈초심으로 다시… 민심 돌아올까〉를 거쳐 〈"초심으로 다시" 민심 돌아올까〉로 수차례 바꾼 것(8장 사진 8-1 참조), 그리고 동계올림픽 쇼트트랙 여자 3000m 계주 결승 기사(2022년 2월 10일 2면) 제목을 〈최민정의 막판 질주〉에서 〈최민정의 막판 스퍼트〉로 변경하기 위해 53판을 추가 발행한 것(9장 표 9-3 참조)을 들 수 있다.

2. 1장에서 서술한 대중적 소통 능력으로서의 언론의 전문성이 이러한 코드 사용 능력에 해당한다.

3. 이 점이 조선일보가 이러한 비판에 대해 무대응 원칙을 지켜온 이유라 할 것이다(심층 인터뷰 9).

4. 정파성에 대한 실증적 평가 모형을 만들고 기사 내용 분석을 통해 이를 검증하는 방식으로 조선일보의 정파성을 검증하고 이를 타 신문이나 매체와 비교하는 연구가 가능함은 물론이다. 윤영철·김경모·김지현(2015)은 경제민주화 이슈 보도를 중심으로 보수 및 진보 성향 미디어들의 경향성을 평가한 바 있다. 뉴스의 신뢰도, 객관성, 공정성, 사실성 등 질적 가치에 대한 실증적 평가 모형에 대해서는 오세욱·송해엽(2020) 참조.

5. 종래의 뉴스의 대안으로 생동감 넘치는 스토리텔링형 글쓰기를 강조하는 내러티브 저널리즘(박재영, 2020), 그리고 사실 보도를 넘어 문제 해결 방안까

지를 포함하는 솔루션 저널리즘(이정환, 2021)이 제시된다. 하지만 이들은 사실 기반 저널리즘의 대안이 아니라, 그것을 토대로 저널리즘의 지평을 보다 넓히자는 제안에 해당한다.

6. 국내에서 언론의 전문직주의 문제를 다룬 최초의 연구는 강명구(1992)다. 그가 인용한 라슨(Larson, 1977; 강명구 1992, p.25 재인용)에 따르면 전문직은 세 가지 차원의 요소로 구성된다. 첫째는 인지적 차원으로, 전문직이 가지는 지식, 기술, 훈련 등이다. 둘째는 규범적 차원으로, 전문직에 요구되는 윤리를 말한다. 셋째 평가적 차원은 전문직 집단이 향유하는 자율성과 특권을 의미한다.

7. 웨이즈보드(Waisbord, 2013)는 언론 전문직주의가 양면성을 띠고 있으며, 그 정당성을 둘러싸고 팽팽하게 대립하는 옹호론 및 비판론의 두 가지 입장 중 무엇이 타당한지 판정하기란 쉽지 않다고 본다(p.226). 이 양 입장을 절충하는 차원에서 그는 전문직주의의 재설계(redesigning)를 대안으로 제시한다. 조항제(2018)는 언론 전문직주의 역시 여느 전문직주의와 마찬가지로 시장을 봉쇄하고 직업 영역을 독점하려는 특권주의의 문제를 내포하지만 언론·비언론의 경계가 약해지고 생산자·소비자가 구분되지 않는 현 상황에서 전문직주의는 폐기보다는 권장의 필요성이 훨씬 커졌다고 주장한다.

8. 연구자(윤석민)는 기존의 미디어 연구자들이 드러내는 이 같은 '형식화된 규범주의'를 극복하기 위한 대안으로 '실천적 규범주의(윤석민, 2020)'를 제안한다. 그 핵심은 현실과 괴리된 규범에서 출발해 현실을 분석·평가하는 종래의 톱다운식 규범주의 논의를 현실에서 출발해 실천적 규범을 모색하는 보텀업 논의로 전환해야 한다는 것이다.

강명구 (1992), 「기자 전문직화(professionalization)의 사회적 성격에 관한 일 연구」, 『언론정보연구』, 29호, pp.3~19.

강명구 (2004), 「한국 언론의 구조변동과 언론 전쟁」, 『한국언론학보』, 48(5), pp.319~348.

강명구 (2006), 「언론권력과 훈민(訓民)적 공론장」, 『역사비평』, 77호, pp.67~94.

강미선·김영욱·이민규·장호순 (2003), 『신문의 위기』, 한국언론진흥재단.

강아영·최승영 (2021. 11. 3), 「기자들 '언론계 엑소더스' 가시화… 그런데 대책이 없다」, 『기자협회보』, 1면.

강원택 (2018), 「한국 정당 정치 70년: 한국 민주주의 발전과 정당 정치의 전개」, 『한국정당학회보』, 17(2), pp.5~31.

강원택 (2022), 『정당론』, 박영사.

강진숙·이광우 (2012), 「문화예술 프로그램 생산자에 대한 문화기술지 연구: EBS '문화공감' 제작진을 중심으로」, 『한국언론학보』, 56(4), pp.339~364.

고문정 (2024), 「가치 있고 경쟁력 있는 저널리즘을 구현하기 위한 조건의 탐색: 품질, 주목, 경제적 성과의 선순환적 추구」, 서울대학교 대학원 언론정보학과 박사학위 논문.

공희정 (1999. 5), 「밀착동행취재 5: 윤승모 동아일보 정치부 기자」, 『신문과방송』, 341호, pp.112~116.

김경모 (2012), 「새로운 저널리즘 환경과 온라인 뉴스 생산–전통과 변화의 경계」, 『언론정보연구』, 49(1), pp.7~37.

김경모·신의경 (2013), 「저널리즘의 환경 변화와 전문직주의 현실: 반성적 시론」, 『언론과학연구』, 13(2), pp.41~84.

김경희 (2017), 「지역의 재난 뉴스에서 나타난 보도관행과 대안: 세월호 뉴스 생산 과정에서의 기자들의 갈등구조를 중심으로」, 『한국언론학보』, 61(5),

pp.7~39.

김기동·이재묵 (2021), 「한국 유권자의 당파적 정체성과 정서적 양극화」, 『한국
　　정치학회보』, 55(2), pp.57~87.

김동률 (2006), 「언론직(업)에서 오는 심리적 탈진감에 대한 연구」, 『인적자원관
　　리연구』, 13(2), pp.1~18.

김동률 (2009), 「방송사 기자들의 심리적 탈진에 관한 연구: KBS, MBC, SBS 등
　　지상파 3사 취재기자를 대상으로」, 『한국방송학보』, 23(1), pp.7~49.

김사승 (2006), 「온-오프 뉴스룸 통합에 의한 간부통제기능의 변화 가능성
　　에 대한 분석: 뉴스 생산 과정의 변화를 중심으로」, 『한국언론학보』, 50(3),
　　pp.122~150.

김사승 (2008), 「저널리즘의 기술적 재구성에 대한 이론적 고찰: 뉴스생산 과정을
　　중심으로」, 『커뮤니케이션 이론』, 4(2), pp.7~47.

김상균·한희정 (2014), 「천안함 침몰 사건과 미디어 통제: 탐사보도 프로그램 생
　　산자 연구」, 『한국언론정보학보』, 66호, pp.242~272.

김성재 (2024.4.20), 「22대 국회 언론 개혁, 시민들과 함께해야 성공한다」, 『민들
　　레』, https://www.mindlenews.com/news/articleView.html?idxno=8054.

김세은 (2006), 「민주주의와 언론의 신뢰: '옳은' 언론과 '좋은' 언론에 대한 이론
　　적 모색」, 『한국언론학보』, 50(5), pp.55~78.

김세은 (2010), 「해직 그리고 그 이후 … 해직 언론인의 삶과 직업을 통해 본 한국
　　현대언론사의 재구성」, 『언론과 사회』, 18(4), pp.158~208.

김세은 (2012), 「해직 언론인에 대한 생애사적 접근 연구: 동아자유언론수호투쟁
　　위원회를 중심으로」, 『한국언론학보』, 56(3), pp.292~319.

김세은 (2017a), 「디지털 시대 특종의 사회학: 특종의 지위 변화와 뉴스 생산 규범
　　의 균열」, 『한국방송학보』, 31(4), pp.5~50.

김세은 (2017b), 「한국 '폴리널리스트'의 특성과 변화: 언론인 출신 국회의원을
　　중심으로」, 『한국언론학보』, 61(3), pp.7~54.

김세은 (2017c), 「'신'해직 언론인의 '압축적' 생애사를 통해 본 한국 정치권
　　력의 언론 통제: YTN과 MBC 사례를 중심으로」, 『언론과 사회』, 25(3),
　　pp.221~328.

김송희·윤석년 (2009), 「디지털 환경에 따른 지역신문 뉴스 생산 과정 변화에 관한 연구」, 『언론과학연구』, 9(2), pp.207~242.

김수영·박승관 (2017), 「KBS의 공보 방송 모형적 성격에 관한 연구: 부동산 뉴스 생산 과정을 중심으로」, 『한국언론정보학보』, 81호, pp.225~271.

김영욱 (2009), 「독자가 본 한국 언론의 정파성」, 『미디어 인사이트』, 3호, pp.2~20.

김영욱·이지상·이재현 (2023), 「나는 기자인가? 기레기인가?: 디지털 환경, 비즈니스 모델, 문제 해결에 대한 기자들의 인식」, 『커뮤니케이션 이론』, 19(4), pp.42~108.

김용찬 (2023), 『포스트 매스 미디어』, 컬처룩.

김위근·안수찬·백영민 (2018), 『한국의 언론 신뢰도: 진단과 처방』, 한국언론진흥재단.

김은정·이견실 (2010), 「신문편집디자인에 나타난 정치적 성향 연구」, 『디지털디자인학연구』, 10(3), pp.103~113.

김지선 (2003. 9), 「[밀착동행 취재 (47)] 한겨레 정치부 서정민 기자」, 『신문과방송』, 2003년 9월호, pp.159~162.

김창숙 (2020), 「의례적, 방어적, 의도적: 한국 주요 신문 에디터의 사실확인을 중심으로 한 게이트키핑 관행 연구」, 『한국언론학보』, 64(5), pp.5~45.

남재일 (2008), 「한국 객관주의 관행의 문화적 특수성: 경찰기자 취재관행의 구조적 성격」, 『언론과학연구』, 8(3), pp.233~270.

남재일 (2014), 「포털 연예뉴스 생산 관행에 대한 비판적 고찰」, 『사회과학연구』, 25(3), pp.83~105.

남재일·이강형 (2017), 「좋은 저널리즘 구성 요소에 대한 기자 인식 변화 추이」, 『언론과학연구』, 17(2), pp.82~128.

남찬순 (2002), 「사설의 기명화 문제」, 『관훈저널』, 43(1), pp.228~235.

민영 (2016), 「신뢰의 조건: 저널리즘 전문성과 정파적 편향성이 언론 신뢰와 정치 신뢰에 미치는 영향」, 『한국언론학보』, 60(6), pp.127~156.

민영·이상원 (2022), 「불신을 넘어 냉소로: 언론 신뢰 위기를 바라보는 새로운 시각」, 2022 Asian Future Forum 발표문.

박근영·최윤정 (2014), 「온라인 공론장에서 토론이 합의와 대립에 이르게 하는 요인 분석: 개방형 공론장과 커뮤니티 공론장의 토론 숙의성 비교」, 『한국언론학보』, 58(1), pp.39~69.

박상영·조성제 (2014), 「언론인의 직무 스트레스가 정서적 탈진과 신체적 증상에 미치는 영향에 관한 연구: 서울시 언론인을 중심으로」, 『한국산학기술학회논문지』, 15(6), pp.3548~3556.

박서연 (2022. 8. 24), 「'젊은' 기자들은 왜 기업으로 떠나는 것일까」, 『미디어오늘』. https://www.mediatoday.co.kr/news/articleView.html?idxno=305532

박선이 (2023. 10), 「독자 피로감 주는 극도의 정파성 결국 언론의 신뢰 하락으로 이어져」, 『신문과방송』, 2023년 10월호, pp.73~75.

박성호·윤영민 (2016), 「방송 법조뉴스의 품질 연구: 정확성, 심층성, 불편부당성을 중심으로」, 『한국방송학보』, 30(4), pp.83~120.

박승관 (2000), 「숙의 민주주의와 시민성의 의미」, 『한국언론학보』, 45(1), pp.162~194.

박승관 (2003), 「한국 사회의 근대화 과정과 사회적 커뮤니케이션 세계의 변동」, 『한국정치연구』, 12(1), pp.153~179.

박승관 (2017), 「패권(군주)제 사회질서와 정파언론: 그 현실과 기원」, 『언론과 사회』, 25(4), pp.5~58.

박승관 (2023), 「한국 언론과 언론교육의 길」, 『언론정보연구』, 60(4), pp.5~39.

박승관·장경섭 (2000), 『언론권력과 의제동학』, 커뮤니케이션북스.

박영흠 (2020), 「법조 뉴스 생산 관행 연구: 관행의 형성 요인과 실천적 해법」, 『한국언론정보학보』, 101호, pp.268~304.

박영흠 (2023), 「뉴스룸 세대 갈등은 왜 심화되는가: 기자들에 대한 심층 인터뷰를 중심으로」, 『언론정보연구』, 60(4), pp.203~244.

박영흠 (2024), 『한국 언론 정파성의 기원과 형성: 신문의 적대적 정파성을 중심으로』, 『언론과 사회』, 32(2), pp.165~212.

박영흠·서수민 (2023), 「뉴스룸 내부 커뮤니케이션 개선 방안 연구」, 한국언론진흥재단

박재영 (2005), 「공정성의 실천적 의미: 문화일보 2002년 대선(大選) 보도의 경

우」, 『한국언론학보』, 49(2), pp.167~195.

박재영 (2020), 『뉴스 스토리: 내러티브 기사의 작법과 효과』, 이채.

박재영 외 (2016), 『저널리즘의 지형: 한국의 기자와 뉴스』, 이채.

박재영·안수찬·박성호 (2014), 「대통령 선거 보도의 기사품질, 심층성, 공공성의 변화: 1992~2012년 국내 주요 신문의 경우」, 『방송문화연구』, 26(2), pp.33~66.

박재영·이완수 (2007), 「인용(quotation)과 취재원 적시(attribution)에 대한 한미(韓美) 신문비교」, 『한국언론학보』, 51(6), pp.439~468.

박종민·김창숙·이두희 (2023), 「언론사 유튜브 지식정보채널 운영 현황 및 전략」, 한국언론진흥재단 지정주제 연구보고서[2023-07].

박진우 (2012), 「뉴스 생산의 유연화와 저널리스트 노동」, 『언론정보연구』, 49(1), pp.38~72.

박진우 (2015), 「한국 언론의 전문직주의와 전문직 프로젝트의 특수성: 언론-정치 병행관계의 한국적 맥락」, 『한국언론정보학보』, 74호, pp.177~196.

박진우 (2020), 「미디어 생산연구의 계보」, 『한국언론정보학보』, 101호, pp.11~41.

박진우·송현주 (2012), 「저널리스트 전문직에 대한 인식의 변화: 전문직 노동과 직업 전망에 대한 위기의식」, 『한국언론정보학보』, 57호, pp.49~68.

배정근 (2024), 「한국 언론인은 누구이며 무엇을 생각하는가」, 좋은 저널리즘 연구회, 『한국의 기자』, pp.206~237, 이화여자대학교 출판문화원.

배정근·하은혜·이미나 (2014), 「언론인의 외상성 사건 경험과 심리적 외상에 관한 연구: 세월호 참사 취재 기자를 대상으로」, 『한국언론학보』, 58(5), pp.417~445.

배진아·유수정 (2021), 「TV 시사 프로그램의 정치적 편향성」, 『한국언론학보』, 65(3), pp.201~238.

배진아·윤석민 (2024), 「신문의 지면 편집은 무엇을 지향하는가?」, 『한국언론학보』, 68(1), pp.157~192.

배진아·윤석민 (2024. 5.), 「편집국에서의 61일, 뉴스에 대한 헌신과 희망을 보다-연구: '신문의 지면 편집은 무엇을 지향하는가'」, 『신문과방송』, 2024년 5월호, pp.41~44.

백강희 (2019), 「취재보도 원칙과 정치성향에 대한 인식 차이가 기자의 심리적 탈진에 미치는 영향」, 『한국콘텐츠학회논문지』, 19(6), pp.24~32.

서상현·이연경·김경모 (2015), 「가차 저널리즘의 뉴스결정 과정에 대한 탐색: 정치부 기자의 심층 인터뷰 분석」, 『언론과학연구』, 15(2), pp.245~284.

손호철 (2011), 『현대 한국 정치: 이론, 역사, 현실, 1945~2011』, 이매진.

송수진 (2024. 3), 「사라져 가는 탐사보도_눈앞의 효율 vs 장기적 경쟁력, 언론사의 선택은」, 『신문과방송』, 2024년 4월호, pp.42~45.

송의달 (2021), 『뉴욕타임스의 디지털 혁명』, 나남.

송채은·윤석민 (2022), 「피의사실을 둘러싼 경찰과 언론의 상호작용: 일선 경찰관들과 기자들에 대한 심층 인터뷰를 중심으로」, 『언론정보연구』, 59(2), pp.193~254.

송현주 (2021), 「'미디어화'를 통한 정치-언론 관계의 이론화: 조항제의 『한국의 민주주의와 언론』(2020)」, 『언론과 사회』, 29(1), pp.152~179.

송호근 (2003), 『한국, 무슨 일이 일어나고 있나: 세대, 그 갈등과 조화의 미학』, 삼성경제연구소.

심석태 (2023), 『불편한 언론』, 나녹.

안수찬 (2022. 5), 「한겨레 몰고 사태로 본 기자의 책임, 데스크의 책임_정보 처리와 정보 수집의 전문성 사이에서 균형 찾아야」, 『신문과방송』, 2022년 5월호, pp.39~44.

안차수·이건혁 (2020), 「언론노동자의 스트레스와 정서적 고갈에 관한 연구: 일간 신문 산업 종사자들의 노동환경을 중심으로」, 『지역과 커뮤니케이션』, 24(4), pp.62~91.

연정모·김영찬 (2008), 「텔레비전 연예정보 프로그램의 생산자 문화에 대한 민속학적 연구: KBS 2TV '연예가 중계'의 생산 현장을 중심으로」, 『한국방송학보』, 22(2), pp.82~122.

오세욱·송해엽 (2020), 『뉴스 기사 신뢰도 측정 방안: 뉴스 트러스트 사례를 중심으로』, 한국언론진흥재단 연구서[2020-03].

오해정 (2023), 「여기자의 이직 의도 결정요인 분석: 심리적 탈진의 매개효과를 중심으로」, 『미디어, 젠더 & 문화』, 38(2), pp.47~82.

유석재 (2020. 7. 21), 「한밤중 윤전기 세우고 社說 교체…권력에 직설 쏟아낸 '시대의 논객'」, 조선일보 100년 특별 섹션.

유선영 (1995), 「객관주의 100년의 형식화 과정」, 『언론과 사회』, 10호, pp.86~128.

유용민 (2019), 「유튜브 저널리즘 현상 논쟁하기: 행동주의의 부상과 저널리즘의 새로운 탈경계화」, 『한국방송학보』, 33(6), pp.5~38.

유용민 (2021), 「언론 위기 담론에 대한 비판적 고찰: 언론 연구자 심층 인터뷰를 토대로」, 『언론정보연구』, 58(2), pp.136~176.

육서영·윤석민 (2012), 「탐사보도 프로그램 제작에서 구성작가의 역할」, 『방송통신연구』, 81호, pp.127~155.

윤석민 (2007), 『커뮤니케이션의 이해』, 커뮤니케이션북스.

윤석민 (2009), 「방송소유규제완화와 여론독과점」, 사단법인 공영방송 발전을 위한 시민연대 세미나 발표 원고.

윤석민 (2011), 『한국 사회 소통의 위기와 미디어』, 나남.

윤석민 (2015), 『미디어 공정성 연구』, 나남.

윤석민 (2020), 『미디어 거버넌스: 미디어 규범성의 정립과 실천』, 나남.

윤석민 (2023. 1. 13), 「그 모든 한계에도 나는 언론을 응원한다」, 『조선일보』. https://www.chosun.com/opinion/chosun_column/2023/01/13/PWQ27OGBKNANFORRP7UKEJFLLA/

윤석민 (2023. 11. 17), 「언론은 수명을 다했다고? 당신은 틀렸다」, 『조선일보』. https://www.chosun.com/opinion/chosun_column/2023/11/17/AIHI7JDXBBGK3E2GJSOLFNU5LA/

윤여광 (2013), 「인포테인먼트(infotainment)를 위한 신문 편집의 스토리텔링 연구」, 『한국엔터테인먼트산업학회논문지』, 7(2), pp.19~30.

윤영철 (2003), 「한국 언론전문직주의를 말한다: 분열과 충돌」, 2003 한국언론학회 제1차 언론학 포럼, pp.1~22.

윤영철·김경모·김지현 (2015), 「의견 다양성을 통해 본 언론매체의 이념적 지형도: '경제민주화' 이슈 보도의 의견 분석을 중심으로」, 『방송통신연구』, 89호,

pp.35~64.

윤영철·홍성구 (1996), 「지역사회 권력구조와 뉴스 만들기: 지역언론의 뉴스틀 형성과정에 관한 참여관찰 연구」, 『언론과 사회』, 11호, pp.90~122.

윤익한·김균 (2011), 「통합 뉴스룸 도입 이후 뉴스 생산 노동과정의 변화: CBS 통합뉴스룸 사례연구」, 『한국언론정보학보』, 55호, pp.164~183.

이가림·조원빈 (2022), 「한국 정당의 후보공천과 본선 경쟁력: 제21대 국회의원 선거를 중심으로」, 『한국동북아논총』, 27(1), pp.139~160.

이건호·정완규 (2008), 「한국과 미국 신문의 1면 기사 비교: 취재 영역 및 보도 형태별 취재원 출현에 따른 심층성 분석」, 『한국언론학보』, 52(4), pp.25~49.

이기형 (2010), 「"현장" 혹은 "민속지학적 저널리즘"과 내러티브의 재발견 그리고 미디어 생산자 연구의 함의: 한겨레 21의 '노동 OTL' 연작을 중심으로」, 『언론과 사회』, 18(4), pp.107~157.

이기형·임도경 (2007), 「문화연구를 위한 제언: 현장연구와 민속지학적 상상력을 재점화하기: 조은과 조옥라의 『도시빈민의 삶과 공간: 사당동 재개발지역 현장연구』의 사례를 매개로」, 『언론과 사회』, 15(4), pp.156~201.

이기형·황경아 (2020), 「'지금 여기에서' 생산연구라는 주제와 문제의식을 복기하기: 저널리즘과 비판적 생산연구와의 결합을 중심으로」, 『한국언론정보학보』, 100호, pp.11~63.

이나연 (2018), 「과학적 객관주의, 형식적 객관주의, 한국형 형식적 객관주의: 신문 기사에 사용된 취재원 사용과 직접 인용 분석을 중심으로」, 『한국언론학보』, 62(2), pp.112~142.

이나연·김창숙 (2023), 「포털에 게재된 주요 언론사 기사의 타블로이드화」, 『미디어, 젠더 & 문화』, 38(2), pp.181~228.

이동훈 (2019. 8. 24), 「윤전기를 세워라」, 조선일보 만물상.

이배영·임준수·맹태균·한경석·강상대 (2010), 『멋진 편집 좋은 신문』, 한울.

이석호·이오현 (2019), 「취재 현장을 떠난 젊은 신문기자들의 직업적 삶에 대한 질적 연구: 중앙일간지를 중심으로」, 『언론과 사회』, 27(4), pp.152~214.

이선민·진민정·이봉현 (2020), 「밀레니얼 세대의 뉴스 이용에 대한 탐색적 연구」, 『한국방송학보』, 34(4), pp.80~115.

이소은 (2024), 「이용자가 본 종이 신문: 진단과 제언」, 『한국언론학보』, 68(1), pp.231~268.

이영태 (2002. 4. 18), 「조선일보, 변신의 몸부림인가: 평기자 논설위원 발령·방사장 "진보 입장도 포용" 천명」, 『프레시안』. https://n.news.naver.com/mnews/article/002/0000000811?sid=100

이오현 (2005), 「TV 다큐멘터리 프로그램의 생산과정에 대한 민속지학적 연구」, 『언론과 사회』, 13(2), pp.117~156.

이오현 (2007), 「TV 코미디 프로그램의 생산과정에 대한 민속지학적 연구」, 『언론과 사회』, 15(2), pp.131~174.

이재경 (2003), 「언론인 인식을 통한 한국 사회와 언론 자유의 조건 연구」, 『한국언론학보』, 47(2), pp.54~77.

이재경 (2006), 「한·미 신문의 대통령 취재관행 비교: 조선일보와 뉴욕타임스」, 『언론과 사회, 14(4), pp.37~69.

이재경 (2007), 「한국 언론의 사상적 토대」, 『커뮤니케이션과학』, 26, pp.5~28.

이재경 (2008), 「한국의 저널리즘과 사회갈등: 갈등유발형 저널리즘을 극복하려면」, 『커뮤니케이션 이론』, 4(2), pp.48~72.

이재열 (2019), 『다시 태어난다면, 한국에서 살겠습니까: 한강의 기적에서 헬조선까지 잃어버린 사회의 품격을 찾아서』, 21세기북스.

이정환 (2021), 『문제해결 저널리즘: 문제를 넘어 해법과 대안으로, 솔루션 저널리즘의 한국형 모델과 실행 방법론』, 인물과 사상사.

이정훈·김균 (2006), 「한국 언론인의 직업 정체성: 샐러리맨화의 역사적 과정을 중심으로」, 『한국언론학보』, 50(6), pp.59~88.

이종혁·길우영 (2018), 「보도 프레임 메타분석(meta-analysis)을 통한 보수-진보 매체의 공정성 모형 검증: 정파성(partisanship), 양가성(ambivalence), 이중성(biconceptualism)을 중심으로」, 『커뮤니케이션학 연구』, 26(1), pp.117~154.

이준웅·양승목·김규찬·송현주 (2007), 「기사 제목에 포함된 직접인용부호 사용의 문제점과 원인」, 『한국언론학보』, 51(3), pp.64~90.

이준웅·조항제·송현주·정준희 (2010), 「한국 사회 매체 체계의 특성: '민주화 이행 모형'의 제안」, 『커뮤니케이션 이론』, 6(1), pp.87~143.

이준웅·최영재 (2005),「한국 신문 위기의 원인: 뉴스 매체의 기능적 대체, 저가
치 제공, 그리고 공정성 위기」,『한국언론학보』, 49(5), pp.5~35.

이충재·김정기 (2015),「종합일간지 편집국장의 편집권에 대한 인식 연구: 10개
일간지 전·현 편집국장을 대상으로」,『한국언론학보』, 59(6), pp.165~186.

이현우 (2012. 5. 18),「미디어 정책결정 과정의 네트워크 구조분석」, 한국언론학
회 학술대회 발표논문집.

임영호 (2019),『신문원론』, 한나래출판사.

임영호 (2020),「미디어 생산(자) 연구의 방법론적 쟁점: 전통적 미디어 대상 연
구를 중심으로」,『한국언론정보학보』, 101호, pp.48~80.

임영호·김은진·홍찬이 (2008),「도덕경제와 에로 장르 종사자의 직업 정체성 구
성」,『언론과 사회』, 16(2), pp.107~147.

임영호·홍찬이·김은진 (2009),「문화산업 주변부 종사자의 삶과 커리어: 한국 에
로물 감독의 구술 생애사」,『언론과 사회』, 17(3), pp.2~50.

전오열 (2016),「지역 언론인의 심리적 탈진에 관한 연구: 전북기자협회 회원의
인구사회학적 속성, 직무 스트레스, 직업 환경 요인을 중심으로」,『언론과학연
구』, 16(1), pp.263~306.

전진오·김형지·김성태 (2020),「21세기 국내 언론인의 정체성 인식에 대한 시계
열적 연구: 2003년~2017년 '언론인 의식조사' 자료를 바탕으로」,『한국방송학
보』, 34(6), pp.401~452.

정수복 (2007),『한국인의 문화적 문법: 당연의 세계 낯설게 보기』, 생각의나무.

정영주·박성순 (2023),「내적 언론 자유는 어떻게 구현 가능한가?: 편집권 독립
을 넘어」,『언론정보연구』, 60(4), pp.40~103.

정은령 (2025),『허위정보시대의 팩트체크(가제)』, 출간 예정 원고.

정준희 (2018),「시민사회의 확장을 통한 정치적 후견주의의 제어: 민주적 공
고화 맥락에서의 한국 공영방송 거버넌스 개혁」,『언론정보연구』, 55(1),
pp.56~118.

정준희 (2021. 8),「성한용 한겨레 선임기자_"좋은 정치부 기자가 있어야 우리 정
치가 좋아질 수 있다"」,『신문과방송』, 2021년 8월호, pp.100~106.

정준희·이정훈·송현주·김영욱·채영길 (2022),『언론 자유의 역설과 저널리즘

의 딜레마』, 멀리깊이.

정태철 (2005), 「언론 전문직업인주의(professionalism)의 필요성: 1987년 민주화 이후 한국 언론의 문제와 개혁에 대한 논의」, 『언론과학연구』, 5(2), pp.417~454.

정환봉 (2022. 9), 「뉴스룸 세대 갈등 어떻게 볼 것인가_투자와 지원 통해 세대 갈등의 부정적 영향 최소화해야」, 『신문과방송』, 2022년 9월호, pp.28~31.

정희경·김사승 (2007), 「온라인 시민저널리즘의 뉴스 생산양식 특성에 관한 분석」, 『한국언론학보』, 51(2), pp.124~152.

조항제 (2014), 「한국의 민주화와 언론의 자유·언론학에 대한 비판적 성찰」, 『커뮤니케이션 이론』, 10(2), pp.41~76.

조항제 (2018), 「한국 공영방송 노동조합의 자율성 투쟁: 반후견주의와 전문직주의 노조주의」, 『언론정보연구』, 55(2), pp.112~168.

조항제 (2020), 『한국의 민주주의와 언론』, 컬처룩.

지병근 (2024), 「한국 2023: 정치적 갈등의 심화와 의회 정치의 후퇴」, 『아세아연구』, 67(1), pp.9~44.

진보래 (2021), 「언론인의 자율성, 소진, 그리고 오보: 자원 보존 이론과 직무 요구-자원 모형의 적용」, 『한국언론학보』, 65(6), pp.47~87.

채윤경 (2023), 「젊은 기자들의 스타트업 이직 사례연구」, KAIST 과학저널리즘 대학원 석사학위 논문.

최문호·박승관 (2018), 「한국 탐사보도 기자들의 소명의식과 실천에 대한 문화기술지 연구」, 『언론정보연구』, 55(3), pp.249~307.

최영재 (2022), 「포털뉴스 생태계와 기자 직종의 위기: 기자는 무엇을 하고 있는가?」, 『언론과 사회』, 30(3), pp.93~134.

최은철·윤석민 (2022), 「담론네트워크 분석을 통해 살펴본 언론보도에 대한 징벌적 손해배상 정책 논쟁」, 『한국언론학보』, 66(2), pp.5~69.

최장집 (2010), 『민주화 이후의 민주주의: 한국 민주주의의 보수적 기원과 위기』, 후마니타스.

최진호 (2022), 「뉴스 신뢰 하락과 선택적 뉴스 회피 증가」, 『미디어이슈』, 8(3), pp.1~21.

한국언론진흥재단 (2022), 『2022 언론수용자 조사』, 한국언론진흥재단.

한국언론진흥재단 (2023), 『2023 한국의 언론인』, 한국언론진흥재단.

허만섭·박재영 (2019), 「디지털시대 언론 전문직주의의 위기와 변화」, 『언론과학 연구』, 19(4), pp.254~290.

허진아·이오현 (2009), 「지역신문 기사생산에 영향을 미치는 요인에 대한 질적 연구: 광주드림 기사생산을 중심으로」, 『한국언론정보학보』, 46호, pp.449~484.

허철·박관우·김성태 (2009), 「디지털 시대의 방송뉴스 생산 관행의 변화와 시 청자의 뉴스 생산 과정 참여: YTN 뉴스 사회부를 중심으로」, 『방송문화연구』, 21(1), pp.39~76.

황비웅·장환영 (2020), 「언론사 조직문화의 특성과 관행이 기자 직무수행에 미 치는 영향에 대한 내러티브 연구」, 『기업교육과 인재연구』, 22(2), pp.61~88.

Altschull, H. (1990). *From Milton to McLuhan: The Ideas Behind American Journalism*. 양승목 옮김 (1993), 『현대언론사상사』, 나남.

Anderson, C. W. (2013). *Rebuilding the news: Metropolitan journalism in the digital age*. Philadelphia, PA: Temple University Press.

Berger, P. & Luckmann, T. (1966). The reality of everyday life. *The social construction of reality: A treatise in the sociology of knowledge*, pp.33~42.

Boczkowski, P. J., & Anderson, C. W. (Eds.) (2017). *Remaking the news: Essays on the future of journalism scholarship in the digital age*. 김균수 옮김 (2019), 『디지 털 저널리즘 연구 톺아보기』, 전남대학교출판문화원.

Breed, W. (1955). Social control in the newsroom: A functional analysis. *Social Forces*, pp.326~335.

Coleman, J. S. (1988). Social capital in the creation of human capital, *American journal of sociology*, 94, pp.95~120.

Cottle, S. (2000). New(s) times: Towards a "second wave" of news ethnography. *Communications*, 25(1), pp.19~42.

Cottle, S. (2007). Ethnography and news production. *Sociology Compass*, 1(1),

pp.1~16.

Curran, J. (2014). *Media and Democracy*. London: Routledge. 이봉현 옮김 (2014), 『미디어와 민주주의』, 한울.

DeFleur, M. L. (1975). *Theories of Mass Communication*. New York: David McKay.

Doyle. G. (2002). *Media Ownership*. 정윤경 옮김 (2003), 『미디어 소유와 집중』, 커뮤니케이션북스.

Eldridge, J. (2000). The Contribution of the Glasgow Media Group to the Study of Television and Print Journalism. *Journalism Studies*. 1(1), pp.113~127.

Epstein, E. J. (1973). *News from nowhere: Television and the news*. New York, NY: Random House.

Fishman, M. (1980). *Manufacturing the news*. Austin: University of Texas Press.

Folkerts, J., Hamilton, J. M., Jemann, N. (2013). *Educating Journalists: A New Plea for the University Tradition*. New York: Columbia Journalism School.

Fukuyama, F. (1995). *Trust: The social virtues and the creation of prosperity*. New York: Free Press.

Gans, H. J. (1979a). *Deciding what's news: A study of CBS Evening News, NBC Nightly News, Newsweek, and Time*. New York, New York: Pantheon Books.

Gans, H. J. (1979b). The messages behind the news. *Columbia Journalism Review*, 17(5), pp.40~45.

Gitlin, T. (1980). *The whole world is watching: Mass media in the making and unmaking of the New Left*. Berkeley, CA: University of California Press.

Golding, P., & Middleton, S. (1979). Making claims: news media and the welfare state. *Media, Culture & Society*, 1(1), pp.5~21.

Hallin, D. C., & Mancini, P. (2004). *Comparing media systems: Three models of media and politics*. Cambridge: Cambridge University Press.

Howard, P. N. (2020). *Lie machines: How to save democracy from troll armies, deceitful robots, junk news operations, and political operatives*. Yale University Press.

Just, N. (2009). Measuring media concentration and diversity: New approaches and instruments in Europe and the US. *Media, Culture & Society*, 31(1),

pp.97~117.

Kovach, B. & Rosenstiel, T. (2014). *The elements of journalism*(3rd Ed.). 이재경 옮김 (2014),『저널리즘의 기본원칙』, 한국언론진흥재단.

Lippmann, W. (1922/1950). *Public Opinion*. New York: The Macmillan Company.

Loecherbach, F., Moeller, J., Trilling, D., & van Atteveldt, W. (2020). The unified framework of media diversity: A systematic literature review. *Digital Journalism*, 8(5), pp.605~642.

Mazzoleni, G. & Schulz, W. (1999). 'Mediatization' of politics: A challenge for democracy?. *Political communication*, 16(3), pp.247~261.

McChesney, R. W. (2004). *The Problem of the Media: U.S. Communication Politics. in the Twenty-First Century*. New York: NYU Press. 오창호·최현철 옮김 (2009),『미디어 정책 개혁론: 21세기 미국의 미디어 정치학』, 나남.

McCombs, M. E., & Shaw, D. L. (1972). The Agenda-Setting Function of Mass Media. *The Public Opinion Quarterly*, 36(2), pp.176~187.

McQuail, D. (1976). Review of sociological writing on the Press. (No Title).

Mill, J. S. (1859). *On liberty*. 박홍규 옮김 (2009),『자유론』, 문예출판사.

Milton, J (1644). *Areopagitica* 박상익 옮김 (2016),『아레오파기티카』, 인간사랑.

Molotch, H., & Lester, M. (1974). News as purposive behavior: On the strategic use of routine events, accidents, and scandals. *American sociological review*, pp.101~112.

Munnik, M. B. (2016). When you can't rely on public or private: Using the ethnographic self as resource. In C. Paterson, D. Lee, A. Saha, & A. Zoellner (Eds.) Advancing media production research: Shifting sites, methods, and politics, pp.147~160. Basingstoke: Palgrave Macmillan.

Murdock, G., & Golding, P. (1973). For a political economy of mass communications. *Socialist register*, 10.

Murdock, G., & Golding, P. (1977). Beyond monopoly: Mass communications in an age of conglomerates. In *Trade unions and the media*, pp.93~117.

London: Palgrave Macmillan UK.

Napoli, P. M. (2001). *Foundations of Communications Policy*. NJ: Hampton Press, pp.125~152.

Nielsen, R. K. (2017). The one thing journalism just might do for democracy: Counterfactual idealism, liberal optimism, democratic realism. *Journalism Studies*, 18(10), pp.1251~1262.

Park, R. E. (1940). News as a form of knowledge. *American Journal of Sociology*, 45, March, pp.669~686.

Paterson, C., Lee, D., Saha, A., & Zoellner, A. (2016), Production research: Continuity and transformation. In C. Paterson, D. Lee, A. Saha, & A. Zoellner (Eds.) *Advancing media production research: Shifting sites, methods, and politics*, pp.3~19. Basingstoke, UK: Palgrave Macmillan.

Putnam, R. (2001). *Bowling Alone: The Collapse and Revival of American Community*. Simon & Schuster.

Reuters Institute for the Study of Journalism (2024. 1. 9). *Journalism, Media, and Technology Trends and Predictions 2024*. Reuters Institute for the Study of Journalism.

Reuters Institute for the Study of Journalism. (2023). *Digital news report 2023*. Retrieved from https://reutersinstitute.politics.ox.ac.uk/digital-news-report/2023

Riley, J. W and & Riley, M. W., (1965). Mass communication and the social system, in R. K. Merton, L. Broom, and L. s. Cottrell (Eds.) *Sociology Today*. New York: Harper & Row.

Robinson, S. (2011). Convergence crises: News work and news space in the digitally transforming newsroom. *Journal of Communication*, 61(6), pp.1122~1141.

Ryfe, D. M. (2009). Broader and deeper. *Journalism*, 10(2), pp.197~216.

Ryfe, D. M. (2016). The importance of time in media production research. In C. Paterson, D. Lee, A. Saha, & A. Zoellner (Eds.) *Advancing media production research: Shifting sites, methods, and politics*, pp.38~50. New York, NY Palgrave Macmillan.

Sallach, D. L. (1974). Class domination and ideological hegemony. *The Sociological Quarterly*, 15(1), pp.38~50.

Schlesinger, P. (2016). On the vagaries of production research. In C. Paterson, D. Lee, A. Saha, & A. Zoellner (Eds.) *Advancing media production research: Shifting sites, methods, and politics*, pp.20~37. Basingstoke, UK: Palgrave Macmillan.

Schramm, W. (1959). *One day in the world's press*. Stanford, CA: Stanford University Press.

Schramm, W. (1973). *Men, Messages, and Media*. New York: Harper & Row.

Schudson, M. (1978). *Discovering the News*. New York: Basic Books.

Schudson, M. (1991). News Production Revisited. in J. Curran and M. Gurevitch (Eds.) *Mass Media and Society* (2nd ed.). London: Edward Arnold.

Schudson, M. (2020). *Journalism: Why it matters*. Polity Press.

Shils, E. (1991). The virtue of civil society. *Government and opposition*, 26(1), pp.3~20.

Shoemaker, P. J., & Reese, S. D. (2014). *Mediating the message in the 21st century: A media sociology perspective*. New York, NY: Routledge.

Smythe, D. W. (1977). Communications: Blindspot of Western Marxism. *Canadian Journal of Political and Social Theory*, 1(3), pp.1~27.

Sulzberger, A. G (2023). Journalism's Essential Value, *Columbia Journalism Review*. (https://www.cjr.org/special_report/ag-sulzberger-new-york-times-journalisms-essential-value-objectivity-independence.php)

Sumpter, R. S. (2000). Daily newspaper editors' audience construction routines: A case study. *Critical Studies in Media Communication*, 17(3), pp.334~346.

Swanson, D. L. (1992). The political-media complex. *Communication Monographs*, 59, pp.397~400.

Swanson, D. L. (1997). The political-media complex at 50: Putting the 1996 presidential campaign in context, *American Behavioral Scientist*, 40(8),

pp.1264~1282.

Tuchman, (2002). The Production of News, pp.78~90. in Klaus Bruhn Jensen (ed). (2002). *A Handbook of Media and Communication Research: Qualitative and Quantitative Methodologies*. London and New York: Routledge.

Tuchman, G. (1972). Objectivity as strategic ritual: An examination of newsmen's notions of objectivity. *American Journal of Sociology*, 77(4), pp.660~679.

Tuchman, G. (1978). *Making News: a study in the Construction of Reality*. New York: The Free Press

Tunstall. J. (1971). *Journalists at work*. London: Constable.

Uscinski, J. E., & Butler, R. W.(2013). The epistemology of fact checking. *Critical Review*, 25(2), pp.162~180.

Usher, N. (2013). Marketplace public radio and news routines reconsidered: Between structures and agents. *Journalism*, 14(6), pp.807~822.

Wahl-Jorgensen, K., & Hanitzsch, T. (Eds.) (2009). *The handbook of journalism studies*. New York: Routledge. 저널리즘학연구소 옮김 (2016), 『저널리즘 핸드북』, 새물결.

Waisbord, S. (2013). *Reinventing professionalism: Journalism and news in global perspective*. Polity Press.

White, D. M.(1950). The gatekeeper: A case study in the selection of news. *Journalism Quarterly*, 27(3), pp.383~390.

Willig, I. (2013). Newsroom ethnography in a field perspective. *Journalism*, 14(3), pp.372~387.

Wright, C. R. (1974). Functional analysis and mass communication revisited. *The uses of mass communications*. Oxford University Press, pp.197~212.

Wright, C. R., & Page, C. H. (1959). *Mass communication: A sociological perspective* (Vol. 17). New York: Random House.

Zelizer, B., Boczkowski, P. J., & Anderson, C. W. (2022). *The journalism manifesto*. Cambridge: Polity Press. 신우열·김창욱 옮김 (2023), 『저널리즘 선언: 개혁이냐 혁명이냐』, 오월의 봄.

567

순서	날짜	시간	내용
1	2021.9.9.(목)	15:00~17:00	편집국장 면담 편집국의 조직과 공간에 대한 오리엔테이션
2	2021.10.1.(금)	9:30~16:00	〈관찰〉 편집국 4층 〈심층 인터뷰〉 논설위원1, 여론독자부 부장
3	2021.10.4.(월)	18:30~20:30	〈심층 인터뷰〉 편집국장
4	2021.10.7.(목)	9:30~17:00	〈관찰〉 편집국 4층 〈심층 인터뷰〉 논설위원2, 주간
5	2021.10.14.(목)	9:30~11:00	〈관찰〉 편집국 4층 〈심층 인터뷰〉 논설위원3
6	2021.10.15.(금)	11:30~15:30	〈관찰〉 편집국 4층 〈심층 인터뷰〉 논설실장, 논설위원4
7	2021.10.21.(목)	10:00~15:30	〈관찰〉 편집국 4층 〈심층 인터뷰〉 발행인, 주필
8	2021.10.25.(월)	12:00~17:00	〈관찰〉 편집국 4층 〈심층 인터뷰〉 편집부 차장, 부국장1 〈차담〉 경영기획부장
9	2021.10.28.(목)	9:30~11:30	〈관찰〉 편집국 4층 〈심층 인터뷰〉 기획부장
10	2021.11.1.(월)	10:30~18:00	〈관찰〉 편집국 4층(초판 편집회의) 〈심층 인터뷰〉 사회부 데스크
11	2021.11.4.(목)	11:00~13:00	〈심층 인터뷰〉 사회부 기동팀장(1차)
12	2021.11.5.(금)	9:30~17:00	〈관찰〉 편집국 4층 〈심층 인터뷰〉 언론학자1, 사장
13	2021.11.8.(월)	11:00~13:00	〈심층 인터뷰〉 정치부장
14	2021.11.9.(화)	22:00~00:30	〈심층 인터뷰〉 조선일보 전 기자1
15	2021.11.12.(금)	12:30~17:00	〈관찰〉 편집국 4층 〈심층 인터뷰〉 언론학자2, 사회부장
16	2021.11.15.(월)	14:00~16:00	〈심층 인터뷰〉 조선일보 전 기자2
17	2021.11.16.(화)	09:00~18:00	〈관찰〉 6층 논설위원실(오전 회의), 편집국 4층(오후 부장단 회의, 초판 편집회의, 51판 편집회의) 〈점심 식사〉 편집 부국장, 디지털 부국장
18	2021.11.19.(금)	10:30~22:00	〈관찰〉 편집국 4층(초판 편집회의, 51판 편집회의) 〈심층 인터뷰〉 사회부 기동팀장(2차)
19	2021.11.22.(월)	10:30~22:00	〈관찰〉 편집국 4층(오후 부장단 회의, 초판 편집회의, 51판 편집회의) 〈심층 인터뷰〉 경제부장
20	2021.11.26.(금)	11:30~14:00	〈관찰〉 편집국 4층 〈차담〉 TV조선 대표

21	2021.11.29.(월)	10:00~17:30	〈관찰〉 편집국 4층 〈점심 식사〉 국제부장, 사회부 데스크 〈회의〉 온라인팀 팀장, 기자, 디지털 뉴스 데스크
22	2021.12.1.(수)	13:00~17:30	〈관찰〉 편집국 4층(자료 수집)
23	2021.12.2.(목)	10:00~14:00	〈관찰〉 편집국 4층(조선일보 확진자 발생) 〈차담〉 사회정책부 차장, 편집 부국장, 정치부장 〈점심〉 주간
24	2021.12.3.(금)	09:30~17:00	〈관찰〉 편집국 4층(오전 부장단 회의, 오후 부장단 회의) 〈차담〉 사회부장, 디지털 팀장
25	2021.12.6.(월)	10:00~17:00	〈관찰〉 편집국 4층(오전 부장단 회의, 오후 부장단 회의) 〈차담〉 사회부 기동팀장
26	2021.12.9.(목)	10:30~18:00	〈관찰〉 편집국 4층(오전 부장단 회의, 오후 부장단 회의) 〈심층 인터뷰〉 디지털 편집팀 부장
27	2021.12.10.(금)	10:30~16:30	〈관찰〉 편집국 4층(사회부 회의, 초판 편집회의) 〈점심〉 경영기획부장, 논설위원5
28	2021.12.13.(월)	10:00~18:30	〈관찰〉 편집국 4층(초판 편집회의) 〈심층 인터뷰〉 편집부장, 주말뉴스부장 〈차담〉 부국장
29	2021.12.14.(화)	11:45~22:00	〈관찰〉 편집국 4층(초판 편집회의, 51판 편집회의) 〈심층 인터뷰〉 미디어오늘 대표
30	2021.12.17.(금)	10:10~18:30	〈관찰〉 편집국 4층(초판 편집회의) 〈점심〉 사회부장, 사회부 기동팀장
31	2021.12.20.(월)	10:10~18:00	〈관찰〉 편집국 4층(오전 부장단 회의, 초판 편집회의) 〈점심〉 경제부장, 기획부장 〈심층 인터뷰〉 부국장 〈차담〉 사회부 기동팀 일선 기자
32	2021.12.21.(화)	10:10~18:00	〈관찰〉 편집국 4층(디지털 회의, 오전 부장단 회의) 〈심층 인터뷰〉 사회부 법조팀장 〈차담〉 부국장, 정치부 법조팀장
33	2021.12.23.(목)	09:50~22:00	〈관찰〉 편집국 4층(디지털 회의, 오전 부장단 회의, 오후 부장단 회의, 초판 편집회의) 〈회의〉 일선 기자 동행 관찰 학생 사전 모임 〈심층 인터뷰〉 디지털 부국장 〈기타〉 주필 모친상 조문
34	2021.12.24.(금)	09:40~17:00	〈관찰〉 편집국 4층(디지털 회의, 오전 부장단 회의, 오후 부장단 회의) 〈점심〉 편집국장, 편집부장 〈차담〉 사회부장
35	2021.12.26.(일)	09:20~22:00	** 사회부 밀착 관찰 1일 차
36	2021.12.27.(월)	09:20~22:00	** 사회부 밀착 관찰 2일 차
37	2021.12.28.(화)	08:00~22:00	** 사회부 밀착 관찰 3일 차 ** 사회부 일선 기자 동행 관찰 1일 차
38	2021.12.29.(수)	08:00~22:00	** 사회부 밀착 관찰 4일 차 ** 사회부 일선 기자 동행 관찰 2일 차

39	2021.12.30.(목)	08:00~22:00	** 사회부 밀착 관찰 5일 차 ** 사회부 일선 기자 동행 관찰 3일 차
40	2021.12.31.(금)	08:00~22:00	** 사회부 밀착 관찰 6일 차 ** 사회부 일선 기자 동행 관찰 4일 차
41	2022.1.2.(일)	08:00~22:00	** 사회부 팀장 동행 관찰 1일 차
42	2022.1.3.(월)	08:00~22:00	** 사회부 팀장 동행 관찰 2일 차
43	2022.1.4.(화)	08:00~22:00	〈관찰〉 편집국 4층(디지털 회의) 〈기타〉 노조 사무실 방문, 윤전기 인쇄 현장 방문 ** 정치부 일선 기자 동행 관찰 1일 차 ** 사회부 팀장 동행 관찰 3일 차
44	2022.1.5.(수)	08:00~22:00	〈관찰〉 편집국 3층 〈차담〉 부국장1 〈심층 인터뷰〉 부국장2 ** 사회부 팀장 동행 관찰 4일 차
45	2022.1.6.(목)	08:00~22:00	〈관찰〉 편집국 3층 〈점심〉 사회정책부장 〈차담〉 전문기자 〈심층 인터뷰〉 조선NS 대표 ** 정치부 일선 기자 동행 관찰 2일 차 ** 사회부 팀장 동행 관찰 4일 차
46	2022.1.7.(금)	08:00~22:00	** 정치부 일선 기자 동행 관찰 3일 차 ** 사회부 팀장 동행 관찰 4일 차
47	2022.1.9.(금)	08:00~22:00	** 사회부 일선 기자 동행 관찰 5일 차 ** 정치부 일선 기자 동행 관찰 4일 차
48	2022.1.10.(토)	08:00~22:00	** 사회부 일선 기자 동행 관찰 6일 차 ** 정치부 일선 기자 동행 관찰 5일 차
49	2022.1.11.(화)	08:00~22:00	〈관찰〉 편집국 3층 〈점심〉 문화부 기자 〈심층 인터뷰〉 중앙일보 디지털 관련 부서 팀장 ** 정치부 일선 기자 동행 관찰 6일 차
50	2022.1.12.(수)	10:30~18:30	〈관찰〉 편집국 3층 〈심층 인터뷰〉 부국장3, 경영본부장
51	2022.1.13.(목)	11:30~14:00	〈관찰〉 편집국 3층 〈점심〉 정치부장
52	2022.1.14.(금)	10:10~18:00	〈관찰〉 편집국 3층 〈심층 인터뷰〉 조선NS 기자1, 기자2(1차)
53	2022.1.19.(수)	09:30~15:00	〈심층 인터뷰〉 문화부 기자(1차) 〈점심〉 언론학자2, 중앙일보 기자
54	2022.1.20.(목)	09:30~17:30	〈관찰〉 편집국 3층 〈심층 인터뷰〉 논설위원6, 전문기자1
55	2022.1.21.(금)	09:30~15:00	〈관찰〉 편집국 3층 〈점심〉 정치부장 〈심층 인터뷰〉 전문기자2

56	2022.1.24.(월)	09:30~22:00	** 정치부 밀착 관찰 1일 차
57	2022.1.25.(화)	09:30~22:00	** 정치부 밀착 관찰 2일 차
58	2022.1.26.(수)	09:30~22:00	** 정치부 밀착 관찰 3일 차
59	2022.1.28.(금)	09:50~16:00	〈관찰〉 편집국 3층 〈차담〉 문화부 기자 〈점심〉 전문기자3 〈심층 인터뷰〉 전략팀 기자1, 기자2
60	2022.2.3.(목)	10:20~21:00	〈관찰〉 편집국 3층 〈점심〉 동아일보 기자 〈심층 인터뷰〉 문화부 기자(2차)
61	2022.2.4.(금)	10:00~17:00	〈관찰〉 편집국 3층
62	2022.2.7.(월)	10:00~19:00	〈관찰〉 편집국 3층 〈기타〉 노조 사무실 방문 〈심층 인터뷰〉 조선NS 기자1, 기자2(2차)
63	2022.2.10.(목)	10:00~15:00	〈관찰〉 편집국 3층 〈심층 인터뷰〉 정치부 차장
64	2022.2.14.(월)	09:30~18:00	** 논설위원실 관찰 1일 차
65	2022.2.15.(화)	09:10~16:00	** 논설위원실 관찰 2일 차
66	2022.2.16.(수)	09:10~15:00	** 논설위원실 관찰 3일 차
67	2022.2.17.(목)	09:30~16:00	** 논설위원실 관찰 4일 차
68	2022.2.18.(금)	09:30~15:00	** 논설위원실 관찰 5일 차

일자	오프라인 관찰 자료				온라인 자료		심층 인터뷰
	편집국 관찰	일선 기자	부서 단위	논설위원실	일일보고	뉴스모니터	
2021.9.9.(목)	○						
2021.10.1.(금)	○				○	○	○
2021.10.4.(월)					○	○	○
2021.10.7.(목)	○				○	○	○
2021.10.14.(목)	○				○	○	○
2021.10.15.(금)	○				○	○	○
2021.10.21.(목)	○				○	○	○
2021.10.25.(월)	○				○	○	○
2021.10.28.(목)	○				○	○	○
2021.11.1.(월)	○				○	○	○
2021.11.4.(목)					○	○	○
2021.11.5.(금)	○				○	○	○
2021.11.8.(월)					○	○	○
2021.11.9.(화)					○	○	○
2021.11.12.(금)	○				○	○	○
2021.11.15.(월)					○	○	○
2021.11.16.(화)	○				○	○	
2021.11.19.(금)	○				○	○	
2021.11.22.(월)	○				○	○	○
2021.11.26.(금)	○				○	○	
2021.11.29.(월)	○				○	○	
2021.12.1.(수)	○				○	○	
2021.12.2.(목)	○				○	○	
2021.12.3.(금)	○				○	○	
2021.12.6.(월)	○				○	○	
2021.12.9.(목)	○				○	○	○
2021.12.10.(금)	○				○	○	
2021.12.13.(월)	○				○	○	○
2021.12.14.(화)	○				○	○	○
2021.12.17.(금)	○				○	○	
2021.12.20.(월)	○				○	○	○
2021.12.21.(화)	○				○	○	○
2021.12.23.(목)	○				○	○	○

일자	오프라인 관찰 자료				온라인 자료		심층 인터뷰
	편집국 관찰	일선 기자	부서 단위	논설위원실	일일보고	뉴스모니터	
2021.12.24.(금)	○				○	○	
2021.12.26.(일)	○		○		○	○	
2021.12.27.(월)	○		○		○	○	
2021.12.28.(화)	○	○	○		○	○	
2021.12.29.(수)	○	○	○		○	○	
2021.12.30.(목)	○	○	○		○	○	
2021.12.31.(금)	○	○	○		○	○	
2022.1.2.(일)					○	○	
2022.1.3.(월)	○	○			○	○	
2022.1.4.(화)	○	○			○	○	
2022.1.5.(수)	○	○			○	○	○
2022.1.6.(목)	○	○			○	○	○
2022.1.7.(금)	○	○			○	○	
2022.1.9.(금)	○	○			○	○	
2022.1.10.(토)	○	○			○	○	
2022.1.11.(화)	○				○	○	○
2022.1.12.(수)	○				○	○	○
2022.1.13.(목)	○				○	○	
2022.1.14.(금)	○				○	○	
2022.1.19.(수)					○	○	○
2022.1.20.(목)	○				○	○	○
2022.1.21.(금)	○				○	○	○
2022.1.24.(월)	○		○		○	○	
2022.1.25.(화)	○		○		○	○	
2022.1.26.(수)	○		○		○	○	
2022.1.28.(금)	○				○	○	○
2022.2.3.(목)	○				○	○	○
2022.2.4.(금)	○				○	○	
2022.2.7.(월)	○				○	○	○
2022.2.10.(목)	○				○	○	○
2022.2.14.(월)	○			○	○	○	
2022.2.15.(화)	○			○	○	○	
2022.2.16.(수)	○			○	○	○	
2022.2.17.(목)	○			○	○	○	
2022.2.18.(금)	○			○	○	○	

I. 기사 기본 정보

※ 50판 A면 중 중심 지면(1면부터 사회면까지―통상 종합·기획·정치·사회면 포함)을 코
   딩. 상황에 따라 변동하나 대개 1~16면에 해당. 전면광고는 제외
※ 제외 기사: 팔면봉, 투데이, 베이징 목차, 부음기사, 바로잡습니다 등

❶ **일자** (20220104) (   )

   ＊ 연도＋월＋일(8자리)

❷ **판**
   ① 50판   ② 51판   ③ 52판   ④ 53판   ⑤ 54판

❸ **지면 번호** (   )

   ＊ 분석 대상인 [지면 A]의 지면 번호

❹ **지면 제목**
   ① 종합(1면 포함)   ② 투데이   ③ 핫이슈   ④ 대선기획
   ⑤ 정치   ⑥ 사회   ⑦ 전국   ⑧ 경제   ⑨ 대장동게이트
   ⑩ 포커스   ⑪ 코로나 관련   ⑫ 기타(직접 기입) (   )

   ＊ 지면 최상단 중앙에 있는 제목으로 확인. 기타는 제목을 직접 기입

❺ **지면 내 기사 번호** (   )

   ＊ [지면 A]의 1, 2, 3, 4, 5, 6 순으로 번호 부여
   ＊ 기사, 사진, 그래픽 등이 두 면에 걸쳐 편집(통편집)되어 있는 경우 0으로 코딩하고 이
      후 아래 그림의 번호순으로 기사 번호 부여

[지면 A]

⑤-1 통편집된 경우 (5번에서 0으로 코딩한 경우) 추가 코딩

① 양면에 각각 다른 기사 편집

② 양면에 걸쳐서 같은 기사 편집

* 같은 주제라 하더라도 양면의 기사가 다른 기사로 구분되어 있는 경우 ①에 코딩

❻ 기사 위치 (   )

* [지면 A]의 1, 2, 3, 4, 5, 6 중 가장 많은 면적이 포함되어 있는 면의 번호를 기입
* 2개 위치 이상에 동일하게 분포된 경우에는 왼쪽 상단의 번호를 적을 것
* 기사가 2개 면에 걸쳐 통편집된 경우 기사가 시작되는 왼쪽 면의 위치 번호를 기입

❼ 기사 고유 번호 (   )

* 일자(8자리)+판+지면 번호+기사 번호
  예: 1월 4일 50판 A20면 3번 기사의 경우 (20220104502003)

* **51판이나 52판에서 새롭게 추가된 기사의 경우에는 '판'에 해당 판 번호를 기입**
  예: 1월 4일 51판 A01면 6번 기사의 경우 = 20220104510106

❽ 기사 크기 (   )칸

* [지면 A]처럼 신문 지면을 12칼럼 15단으로 구분한 그리드를 기준으로 기사가 총 몇 칸에 해당하는지 세어서 소수점 단위 없이 반올림해서 기입
* 기사가 2개 면에 걸쳐 통편집된 경우 양면의 면적 모두 포함
* 사진/그래픽이 2개 면의 중앙에 위치하고 양 측면에 각각 다른 기사가 편집된 경우, 사진/그래픽은 소속 기사에 포함하는 것으로 측정
* 기사가 아직 완성되지 않은 경우 공란도 기사에 포함해서 면적 계산

❾ 원기사 및 이어달리기 기사 여부
  ① 원기사
  ② 이어달리기 기사
  ③ 일반 기사
  ④ 확인 불가

❾-1 ② 이어달리기 기사에 해당하는 경우, 원기사의 고유 번호 (   )

  ① 원기사: 이어달리기 기사가 있는 기사(주로 1면 기사)
  ② 이어달리기 기사: 원기사에서 이어지는 기사
  ③ 일반 기사: 원기사와 이어달리기 기사를 제외한 모든 기사

뉴스의 생산

❿ **코딩 진행 여부**
   ① 진행: 내용(기사 본문, 제목, 이미지 등) 중 하나라도 완성된 경우
   ② 코딩 중단: 내용(기사 본문, 제목, 이미지 등) 모두가 공백인 경우

II. 기사 본문

❶ **기사 본문 코딩**
   ① 기사 본문 코딩 진행
   기사 본문 내용이 절반 이상 작성된 경우(사진 기사는 사진이 있는 경우)
   ② 기사 본문 코딩 중단
   기사 본문이 절반 미만 작성된 경우(사진 기사는 사진이 없는 경우) → 'III. 제목'으로

❷ **기사 본문(사진, 제목, 이미지 등 제외)의 크기 (   )칸**

   * **텍스트 부분이 아직 작성되지 않은 경우, 공란도 기사에 포함해서 면적 계산**

❸ **중심 내용**

   * 중분류 기준으로 코딩. 하나를 선택하는 것을 원칙으로 하되 필요시 2개까지 중복 코딩
   * 면제목(사회, 정치, 경제, World 등)을 참고해서 코딩(다음 페이지의 표 참고)
   * 각 대분류별로 '기타'는 다른 항목 전부에 해당하지 않을 경우에만 코딩. 기타에 코딩한 경우는 구체적인 내용을 직접 기입

❹ **기사 유형**
   ① 스트레이트 기사
   ② 스트레이트+분석 기사
   ③ 사건·사고 심층 분석 기사
   ④ 기획 기사
   ⑤ 사설/칼럼
   ⑥ 사진 (또는 이미지) 기사 → **기사 본문 코딩 중단하고 'IV. 사진''으로**
   ⑦ 인터뷰 기사
   ⑧ 본문 미완성 (확인 불가) → **기사 본문 코딩 중단하고 'III. 기사 제목'으로**

대분류	중분류	세분류
1. 정치	① 대통령 선거 관련	후보 경선 관련
		후보자/후보자 가족
		여론조사
		선거운동
		대선 TV토론회
	② 대장동	대장동 관련 기사
	③ 대통령/대통령 가족/청와대	대통령/영부인/가족
		청와대
		기타
	④ 국회/정당/정치 단체/정치인과 그의 가족	국회/국회의장
		여당
		야당
		정치단체/정치인과 그의 가족
		정치 셀럽(정치 유력자): 진중권, 김어준, 서민 등
	⑤ 국무총리 등 주요 헌법기관	국무총리/국무총리실
		대법원장/대법원
		법무부장관/검찰총장/공수처장
		감사원/선거관리위원회
		기타
	⑥ 외교/안보	외교부, 국립외교원
		국방부, 군, 국방연구원
		국정원
		기타
	⑦ 북한/통일 관련	김정은 위원장, 안보 도발, 북한 내 주요 사건/사고/동향
		북한/남북 관계와 관련한 한국사회 내 동향, 통일부, 통일연구원, 민주평통, 대한적십자사, 북한 관련 특파원 외신 보도
		기타
	⑧ 기타	기타 정치 분야
2. 경제	⑨ 경제 동향	국내외 주요 경제 동향
	⑩ 국가 차원의 재정/금융/산업 정책	경제 관련 정부 부처 및 기관 동향: 기재부·국토교통부·산자부(산업통상자원부), 과학기술정보통신부, 농림부, 해양수산부, 국세청, 공정거래위, 금감원, 소보원(한국소비자원), 한국은행 등 집값/부동산 관련 정책
	⑪ 기업	대기업(은행/금융기관 포함)/대기업 경영자 동향
		중소기업 관련
		경제5단체(대한상공회의소·한국무역협회·중소기업중앙회·한국경영자총협회·한국중견기업연합회), 기타 친기업 단체(자유기업원 등)
		기타

뉴스의 생산

		⑫ 경제 관련 시민단체	경실련, 참여연대, 소비자시민연대 등
		⑬ 노동/취업	노동시장/취업, 노동운동, 노동조합, 산업재해, 노동부 등
		⑭ 가계 경제/자영업	집값/부동산/물가/가계/교육비/주식/재태크/납세 등을 정부 정책 차원에서가 아니라 개인, 가계 및 자영업자 단위에서 다룬 경우
		⑮ 기타	
3. 사회		⑯ 코로나	코로나 관련 동향, 정부 정책, 사건·사고 등 여기에
		⑰ 보건·복지	보건복지부, 식약청, 의사협회, 국민연금, 건강보험, 질병, 실업급여 등의 관련 뉴스 포함(코로나는 위로)
		⑱ 사건·사고/ 재난·재해	검찰, 법원: 검찰 수사(비리 수사), 법원 판결 등
			경찰, 소방: 범죄 수사(일반 수사), 사건사고, 재난재해 등
		⑲ 시민운동	경제 관련 시민운동 제외
		⑳ 교육	입시, 교육부, 시도 교육청, 대학, 학원 관련 뉴스, 학부모 단체, 학생 인권, 학폭 뉴스도 여기에
		㉑ 미디어 정책	공영방송 거버넌스 문제, 언론중재법 개정 문제, 방송통신위원회, 과기정통부, 문화체육관광부 등의 미디어 정책 현안 여기에
		㉒ 환경	환경부, 환경(시민) 단체 등의 관련 뉴스 포함
		㉓ 여성 관련	여성가족부, 여성단체, 젠더 갈등, 성추행/성폭력 문제 여기에
		㉔ 수도권(서울·경기도)	서울 및 수도권 지방자치단체/ 수도권 관련 이슈
		㉕ 지역 문제	수도권 이외의 지방자치단체/ 지역 대학/교육 이슈, 지방 행정, 지역 개발 이슈 여기에
		㉖ 기타	최신 사회 동향, 생활정보, 미담 등 여기에
4. 문화와 스포츠		㉗ 문화	공연/문화행사/관광/전시
			문화/예술/학술 영역의 뉴스/셀럽 등
			미디어/영화/출판/연예/학술
		㉘ 스포츠	스포츠
		㉙ 기타	기타 문화와 스포츠 분야
5. IT/과학		㉚ AI/IT관련	AI, IT, 기술 동향 등
		㉛ 의학·생명과학	의료 정보, 생명 과학/기술
		㉜ 기타	
6. 세계		㉝ 해외 코로나	해외의 코로나 관련 동향, 정책, 사건·사고 등
		㉞ 국제 정치/분쟁	국제 정치, 해외 정치인
		㉟ 국제 경제/산업	국제 경제, 해외 기업, 주요 기업인
		㊱ 해외 주요 사건·사고/동향	해외 사건·사고/재난·재해, 해외의 사회 동향, 미담 등
		㊲ 기타	
7. 기타		㊳ 기타	직접 기입
		㊴ 날씨	

⑨ 기타

① 스트레이트 기사: 사건이나 사고, 특정사안에 대한 사실(fact)들을 전달하는 기사로 별도의 해석이 없는 경우
② 스트레이트+분석 기사: 스트레이트 전달에 치중하면서 관계자, 전문가, 기자 등의 해석/의견을 덧붙인 기사
③ 사건·사고 심층 분석 기사: 사건·사고의 원인, 책임, 대책, 대안 등에 대한 종합적이고 심층적인 분석 기사
④ 기획 기사: 외부에서 발생한 사건·사고 관련 기사가 아닌, 언론사의 독자적인 기획과 아이디어에 의해 주도된 기사(지면 제목이 '기획'인 경우 기획 기사에 해당하는 경우가 많음)
⑤ 사설/칼럼: 의견과 주장을 중심으로 하는 글. 주로 오피니언 면에 게재된 기사
⑥ 사진(또는 이미지) 기사: 사진(이미지)과 캡션(사진 설명)으로만 구성된 기사
⑦ 인터뷰 기사: 기자와 취재 대상 간의 인터뷰를 정리한 기사
⑧ 본문 미완성이거나 확인 불가인 경우
⑨ 기타: 어떤 유형인지 직접 기입

❺ **직접 관찰(현장 확인) 문장의 수: 총 (　　　)개**

  * 기사 내에서 직접 관찰을 근거로 한 문장의 개수를 입력
  * 직접 관찰: 1인칭(기자, 취재팀, 언론사 등)의 관점으로 직접 관찰과 현장 확인의 결과 등을 서술한 문장(1인칭이 적시된 경우에 한하여 직접 관찰로 코딩). 조선일보가 직접 조사한 여론조사, 분석 등도 모두 포함

III. 기사 제목

❶ **제목 코딩**
  ① 완성
  ② 미완성 → 'IV. 사진'으로
  ③ 제목 없음 → 'IV. 사진'으로

❷ **기사 제목의 수(주 제목 포함): 총 (　　　)개**

＊ 주 제목·부제목·어깨 제목을 포함한 모든 제목의 개수를 세어서 기입
  주 제목(기사에서 가장 크기가 큰 제목). 이하 주 제목 코딩
＊ 부제목의 경우 단락 띄어쓰기를 한 경우와 글자체가 달라진 경우에 다른 제목으로 취급

❸ **주 제목(직접 기입): (   )**

  ＊ 제목을 따옴표, 쉼표 등을 포함해 직접 기입, 한자는 우리말로, 위아래 첨자는 제외

❹ **주 제목의 글자 수 (   )개**

  ＊ 제목의 글자 수: 따옴표, 쉼표 등 부호를 글자 수 1개로 취급해서 셀 것

❺ **주 제목에 한자 포함 여부**
  ① 있음   ② 없음

❻ **주 제목에 위아래 첨자 형식의 설명 포함 여부**
  ① 있음   ② 없음

❼ **주 제목의 서술 유형(중복 코딩)**
  ① 사실형
  ② 판단형
  ③ 직접 인용형 → ❼-1 코딩
  ④ 화행형(명령형·촉구형·의문형)
  ⑤ 기타(구체적으로 설명)

＊ 제목의 한 문구에 대해서는 하나의 판단만. 예를 들어 제목 전체가 따옴표 인용인 경우
  는 ③만 코딩하며, 제목 일부는 판단형 서술이고 일부에 따옴표 인용이 있는 경우 ①
  과 ③에 코딩. 의문형 문구에 대해서도 ④에 코딩했다면 다른 유목에 중복 코딩하지
  않음
  판단형의 예 1: 주말 알바생 구인난 심각
  판단형의 예 2: 원두값 급등에 커피값 못 올리고 울상짓는 동네 카페
  사실형의 예: 원두값 급등에도 커피값 못 올리는 동네 카페

① 사실형: 기사의 제목에 실제로 발생한 일, 곧 사실 확인이 가능한 내용을 중심으로 제목을 붙인 경우
    ㄱ. 이회창도 '개헌' 반대(한겨레)
    ㄴ. 중임제와 차이는 연임제, 차기 낙선 땐 출마 못해(경향신문)
    ㄷ. 한나라 '4년 연임제 개헌' 공식 거부(중앙일보)
② 판단형: 편집자가 자신의 판단을 추가해서 이를 중심으로 제목을 만드는 것
    ㄱ. '개헌 역풍 돌파' 나선 노대통령(중앙일보)
    ㄴ. '임기단축' 내세워 개헌몰이? 중·대선거구로 판 흔들 수도(조선일보)
    ㄷ. 청와대, 종교계 방문 개헌 설득 동분서주(동아일보)
    ㄹ. 노대통령 '4년 연임제' 개헌 제안 폭발력 불구 실현은 '산 넘어 산'(경향신문)
    ㅁ. '개헌 역풍' 탈당 카드로 맞대응(서울신문)
    ㅂ. 개헌, 힘 못 얻는 3가지 이유(한겨레신문)
③ 직접 인용형: 큰따옴표가 있는 경우
④ 화행형: 명령형, 촉구형, 의문형(화자가 있는 경우)

❼-1 ③ 직접 인용형인 경우 인용의 속성
① 직접 인용구 창작
② 직접 인용구 대폭 변경
③ 직접 인용구 부분 변경
④ 직접 인용구 무수정
⑤ 본문 없음
⑥ 직접 인용형 아님

* **제목 전체가 기사 본문에서 전혀 언급되지 않은 경우에만 ①로 코딩**

① 직접 인용구 창작: 기사 내용에 직접 인용구가 없는데 임의로 직접 인용구 삽입
② 직접 인용구 대폭 변경: 기사 내용 중 직접 인용구의 내용과 동떨어진 직접 인용구 삽입
③ 직접 인용구 부분 변경: 기사 내용이 훼손되지 않는 범위 내에서 부분적으로 변경해 삽입
④ 직접 인용구 무수정: 기사 내용 중 일부를 그대로 직접 인용

❽ 표현의 적절성

❽-1 비속어·욕설·저속한 표현
① 있음   ② 없음
①의 경우 직접 기입 (   )

❽-2 외국어(외래어 불포함)·약자·전문용어(해설을 붙이지 않은)
① 있음　② 없음
①의 경우 직접 기입 (　　　　　　　　　　　　　　　　　　　　)

❽-3 신조어·유행어·은어
① 있음　② 없음
①의 경우 직접 기입 (　　　　　　　　　　　　　　　　　　　　)

❽-4 성, 지역, 인종, 연령 등 특정 집단에 대한 혐오·차별·비하 표현
① 있음　② 없음
①의 경우 직접 기입 (　　　　　　　　　　　　　　　　　　　　)

❽-5 성적인 표현
① 있음　② 없음
①의 경우 직접 기입 (　　　　　　　　　　　　　　　　　　　　)

❽-6 폭력적 표현
① 있음　② 없음
①의 경우 직접 기입 (　　　　　　　　　　　　　　　　　　　　)

❽-7 과장된 표현
① 있음　② 없음
①의 경우 직접 기입 (　　　　　　　　　　　　　　　　　　　　)

❽-8 기타 (어떤 표현인지 직접 기입) (　　　　　　　　　　　　　　　　　　　　)

* 인용구에 있는 표현도 제목의 일부이므로 제목으로 보고 동일하게 코딩
* 한자어: 쉬운 한자어, 어려운 한자어 여부와 상관없이 한자어가 등장하면 모두 코딩
　예: 美, 北 등
* 신조어·유행어·은어: 인터넷 등에서 새롭게 만들어진 단어
　예: 워라밸, 킹받네, 어쩔티비, 존예, 현타 등
* 혐오·차별·비하 표현: 사회적 소수자에 대한 고정관념과 편견에서 비롯된 표현으로서
　대상 집단에 대한 사회적 활동을 위축시키고 고통을 주는 표현
　예: ○충, ○○녀, 발암, 헬조선, 과메기, 홍어, ○린이 등
　나무위키의 예시 참고 https://namu.wiki/w/%ED%98%90%EC%98%A4/%EC%98%88%EC%8B%9C

IV. 사진

❶   사진의 유무
① 있음
② 없음 → Ⅴ. 기타 이미지로 이동

❷   총 사진의 개수 (   )

* 대표 사진(기사에 있는 사진 중 가장 크기가 큰 사진) 이하 대표 사진 코딩
* 복수의 사진을 병렬적으로 붙여 편집한 경우, 대표 사진 하나로 취급하고 '10. 특이한 사진의 속성'에서 ①번에 표기
* 크기가 동일한 사진이 여러 개 있는 경우 '왼편 상단'에 위치한 사진을 대표 사진으로 봄
* 사진 크기가 1단×1칼럼 이하인 경우는 대표 사진 분석에서 제외 → 코딩 중단

❸   사진 출처
① 소속 기자
② 내부 데이터베이스(조선일보DB)
④ 외부 데이터베이스(게티이미지 등)
⑤ 국내 통신사
⑥ 외국 통신사/언론사
⑦ 기자단
⑧ 시민 제보(독자 제공)
⑨ 캡처(컴퓨터 화면, 스캔, 다운로드 등)
⑩ 취재원 제공/공개(보도자료, 취재원 홈페이지 등)
⑪ 출처 없음 혹은 알 수 없음
⑫ 기타(직접 기입)

* **출처가 2개 이상인 경우 기타로 코딩하고 직접 기입**

❹   캡션의 유무
① 제목+설명
② 제목만
③ 설명만

④ 캡션 없음
⑤ 기타

❺ **캡션의 길이: 문장 수 (　　　)개**

　* 캡션에 있는 문장의 개수를 세어서 직접 기입(제목 포함)

❻ **기사와 사진의 관련성**
　① 기사 내용과 직접 관련이 있는 사진

　* **기사 내용에서 다루는 장소, 인물, 사물 등이 등장하는 사진**

　② 기사 내용과 간접적으로 관련이 있는 사진

　* **기사 내용에서 다루는 장소, 인물, 사물과 동일하지 않지만, 관련이 있는 장소, 인물, 사물이 등장하는 사진**

　③ 기사 내용과 관련이 없는 사진
　④ 사진 기사
　⑤ 본문 없음(확인 불가 포함)

❼ **기타 특이한 사진의 속성**
　① 2개 이상의 사진을 병렬적으로 붙인 경우
　② 사진 속 특정 부분을 별도의 사진으로 클로즈업해서 보여주는 경우
　③ 사진 속 특정 인물, 요소를 표시하기 위해 화살표, 동심원 등의 부호를 추가한 경우
　④ 사진의 각도를 기울이거나, 테두리를 특수 처리한 경우(비정형 테두리, 프레임 장식 등)
　⑤ 사진 속 인물/장소/요소를 알아볼 수 없도록 모자이크 처리한 경우
　⑥ 해당 없음(확인 불가 포함)
　⑦ 기타 (　　　　　　　　　　　　　　　　　　　)

Ⅴ. 기타 이미지(그래픽/일러스트레이션)

❶ 기타 이미지의 유무
① 있음
② 없음 → 코딩 완료

❷ 기타 이미지의 유형별 개수
① 그래픽 (　　　)개
② 일러스트레이션 (　　　)개

* 대표 이미지(기사에 있는 기타 이미지 중 가장 크기가 큰 이미지) 이하 대표 이미지 코딩
* 기사에 기타 이미지가 여러 개이고 크기가 동일한 경우 왼편 상단에 위치한 이미지를
대표 이미지로 봄
* 기타 이미지의 크기가 1단×1칼럼 이하인 경우는 대표 이미지 분석(아래의 문항 3-7)
에서 제외 → 코딩 중단

❸ 대표 이미지의 유형
① 그래픽
② 일러스트레이션

❹ 대표 이미지의 수치 기반 여부
① 수치 기반
② 수치 기반 아님 → 코딩 완료

❺ 출처 제시 여부
① 출처 있음
② 출처 없음

* 본문에 출처가 명확히 제시되어 있는 경우는 출처가 있는 것으로 코딩
* 그래픽 내에 출처가 표기되어 있는 경우도 꼼꼼히 살필 것

❻ 수치 표시 오류(중복 코딩)

① 비율을 잘못 표시

② 원점(기준점) 표기 오류

③ 수치의 위치를 잘못 표시

④ 수치의 차이를 실제와 다르게 표시

⑤ 축(x축/y축)의 간격을 왜곡

⑥ 해당 없음

⑦ 기타: 직접 기입 (   )

Ⅰ. 기사 기본 정보

* 50판 A면 중 중심 지면(1면부터 사회면까지—통상 종합·기획·정치·사회면 포함)을 코딩. 상황에 따라 변동하나 대개 1~16면에 해당. 전면광고는 제외
* 제외 기사: 팔면봉, 투데이, 베이징 목차, 부음기사, 바로잡습니다 등

❶ **일자 (20220104) (   )**

   * 연도+월+일 (8자리)

❷ **판**
   ① 50판   ② 51판   ③ 52판   ④ 53판   ⑤ 54판

❸ **지면 번호 (   )**

   * 분석 대상인 A면의 지면 번호

❹ **기사 고유 번호 (   )**

   * 일자(8자리)+판+지면 번호+기사 번호
     예: 1월 4일 50판 A20면 3번 기사의 경우 = 20220104502003

   * **51판이나 52판에서 새롭게 추가된 기사의 경우에는 '판'에 해당 판 번호를 기입**
     예: 1월 4일 51판 A01면 6번 기사의 경우 = 20220104510106

❺ **해당 면에서 기사의 변화**
   ① 기사 유지
   ② 기사 삭제 → 코딩 중단

③ 기사 이동(다른 면의 기사가 옮겨온 경우)

④ 새로운 기사 추가 → **50판 코딩북으로 가서 기사 기본 정보부터 코딩**

＊ 같은 면 안에서 위치가 변한 경우는 기사 이동이 아니라 기사 유지에 해당

❺-1 기사 유지에 해당하는 경우

① 수정 있음

② 수정 없음 → 코딩 중단

❻   기사 기본 정보(지면 제목·기사의 위치와 크기·원기사와 이어달리기 기사 여부)의 수정 여부

① 수정 있음

② 수정 없음 → 'Ⅱ. 기사 본문'으로 이동

❼   지면 제목 → 항목은 50판 코딩북과 동일

❽   기사 위치 (   ) → 50판 코딩북과 동일한 방식으로 코딩

❾   기사 크기 (   )칸 → 50판 코딩북과 동일한 방식으로 코딩

❿   원기사 및 이어달리기 기사 여부 → 항목은 50판 코딩북과 동일

Ⅱ. 기사 본문

❶   기사 본문 수정 여부

① 수정 있음

② 수정 없음 → 'Ⅲ. 제목'으로

❷   기사 본문(사진, 제목, 이미지 등 제외)의 크기 (   )칸

* 텍스트 부분이 아직 작성되지 않은 경우, 공란도 기사에 포함해서 면적 계산

❸ 중심 내용 → 항목은 50판 코딩북과 동일

❹ 기사 유형 → 항목은 50판 코딩북과 동일

❺ 직접 관찰(현장 확인) 문장의 수: 총 (   )개

❻ 인용원의 변화
① 변화 있음 → 인용원 코딩
② 변화 없음

❼ 본문 변경의 속성(복수 선택 가능)
① 정보 추가: 통계자료, 인터뷰, 관계자 신상 등을 추가하거나 내용에 대해 부연 설명
② 정보 삭제: 인터뷰, 사례 등의 삭제
③ 가독성(독이성) 제고: 문장을 가다듬거나 이해하기 쉽게 수정, 문법적 오류 수정
④ 기자의 해석·의견의 추가
⑤ 기자의 해석·의견의 삭제
⑥ 기사 완성(이어달리기/바이라인 추가 포함)
⑦ 기타(변경의 속성을 구체적으로 기입)

III. 기사 제목

❶ 전체 기사 제목 수정 여부
① 수정 있음
② 수정 없음 → 'IV. 사진'으로
③ 제목 없음 → 'IV. 사진'으로

❷ 기사 제목의 수(주 제목 포함): 총 (   )개

* 주 제목(기사에서 가장 크기가 큰 제목). 이하 주 제목 코딩

❸   **주 제목의 수정 여부**
    ① 수정 있음
    ② 수정 없음 → 'Ⅳ. 사진'으로

❹   **주 제목(직접 기입): (**   **)**

❺   **주 제목에 한자 포함 여부**
    ① 있음   ② 없음

❻   **주 제목에 위아래 첨자 형식의 설명 포함 여부**
    ① 있음   ② 없음

❼   **주 제목의 서술 유형(중복 코딩) → 항목은 50판 코딩북과 동일**

    ❼-1 ③ 직접 인용형인 경우 인용의 속성 → 항목은 50판 코딩북과 동일

❽   **표현의 적절성**

    ❽-1 **비속어·욕설·저속한 표현 → 항목은 50판 코딩북과 동일**

    ❽-2 **외국어(외래어 불포함)·약자·전문용어(해설을 붙이지 않은) → 항목은 50판 코딩북과 동일**

    ❽-3 **신조어·유행어·은어 → 항목은 50판 코딩북과 동일**

    ❽-4 **성, 지역, 인종, 연령 등 특정 집단에 대한 혐오·차별·비하 표현 → 항목은 50판 코딩북과 동일**

    ❽-5 **성적인 표현 → 항목은 50판 코딩북과 동일**

❽-6 폭력적 표현 → 항목은 50판 코딩북과 동일

❽-7 과장된 표현 → 항목은 50판 코딩북과 동일

❽-8 기타(어떤 표현인지 직접 기입) (**)**

❾ 주 제목 수정의 속성

❾-1 표현의 정확성(기준을 정확하게 제시, 정확한 단어)
① 개선   ② 감소   ③ 불변

❾-2 팩트(수치, 객관적 자료의 수정 혹은 추가)
① 개선   ② 감소   ③ 불변

❾-3 가독성
① 개선   ② 감소   ③ 불변

❾-4 해석·의견
① 강화   ② 약화   ③ 불변

❾-5 부정적 표현(선정적 표현, 폭력적 표현 등)
① 강화   ② 완화   ③ 불변

표현의 정확성 강화	年1400명 청소년이 보육원서 쫓겨나 헤매고 있다 **→ 年1000명 청소년이 보육원서 밀려나 헤매고 있다** ※ 쫓겨난 것이 아니라, 밀려난 것으로 정확하게 표현
팩트 개선 사례	전국회의원 100명 시민사회 "야 단일화해야" 릴레이 성명 **→ 전국회의원 120여명 시민사회 "야 단일화" 릴레이 성명** ※ 성명서에 참여한 전국회의원의 수를 수정하여 팩트를 바로잡음 세차례 고개숙인 김혜경…'법카 심부름' 언급은 안해 **→ 7분간 네차례 고개숙여…'법카 심부름' 질문엔 답안해** ※ 고개숙인 횟수 수정/언급하지 않은 것이 아니라 질문에 답하지 않은 것으로 팩트를 바로잡음
해석·의견 약화 사례	사망자 61명…오미크론 치명률 심상찮다 **→ 신규 확진 8만명 육박, 사망자도 61명** ※ '심상찮다'라는 판단이 담긴 단어 대신 팩트 전달로 수정하여 해석·의견을 약화
해석·의견 강화 사례	정부 섣부른 거리두기 완화 사인…국민 이동량 벌써 코로나 전 복귀 **→ "방역현장은 지옥인데…거리두기 완화 신호, 불에 휘발유 붓는 격"** ※ 인용형 제목으로 바꾸면서 비판적 논조를 강화

IV. 사진

❶ **사진(캡션 제외) 수정 여부**

① 수정 있음
② 수정 없음 → **❼ 캡션의 수정 여부로 이동**

❷ **총 사진의 개수 (   )**

* 대표 사진(기사에 있는 사진 중 가장 크기가 큰 사진) 분석, 이하 대표 사진 코딩
* 복수의 사진을 병렬적으로 붙여 편집한 경우, 대표 사진 하나로 취급하고 '**❺** 특이한
   사진의 속성'에서 ①번에 표기
* 크기가 동일한 사진이 여러 개 있는 경우 '왼편 상단'에 위치한 사진을 대표 사진으로 봄
* 사진 크기가 1단×1칼럼 이하인 경우는 대표 사진 분석에서 제외 → **코딩 중단**

❸ **사진 출처 → 항목은 50판 코딩북과 동일**

❹ **기사와 사진의 관련성 → 항목은 50판 코딩북과 동일**

❺ **기타 특이한 사진의 속성 → 항목은 50판 코딩북과 동일**

❻ **사진 변경의 속성**

❻-1 뉴스 사안을 바라보는 관점
① 변화 있음   ② 변화 없음

❻-2 기사와의 관련성
① 강화   ② 약화   ③ 불변

❻-3 편집상의 조화
① 개선   ② 감소   ③ 불변

❻-4 감성적 요소

① 강화　　② 약화　　③ 불변

❻-5 기타 변경의 속성을 직접 기입 (　　　　　　　　　　　　　　　**)**

* 지면에 크기를 맞추기 위해 사진을 늘리거나 잘라낸 경우는 코딩하지 않음

 ① 뉴스 사안을 바라보는 관점의 변화: 기사 내용 중 특정 사건/이슈/인물을 다루는 사진에서 다른 사건/이슈/인물을 다루는 사진으로 변경하는 경우

 ② 기사와의 관련성 강화: 기사와 좀 더 직접적으로 관련이 있거나 관련성이 높은 사진으로 변경하는 경우

 ③ 편집상의 조화: 지면 전체의 편집상 균형을 맞추거나 디자인 차원에서 심미성을 높이는 사진으로 변경하는 경우

 ④ 감성적 요소의 강화: 사진의 색조와 예술성, 인물의 표정 등을 통해 사진의 감성적 속성을 강화하는 경우

 ⑤ 기타: 변경의 속성을 직접 기입

 ⑥ 확인할 수 없음: 어떤 이유로 사진을 변경했는지 확인하기 어려운 경우

❼　　**캡션의 수정 여부**

 ① 수정 있음

 ② 수정 없음 → **Ⅴ. 기타 이미지로 이동**

❽　　**캡션의 구성**

 ① 제목+설명

 ② 제목만

 ③ 설명만

 ④ 기타

❾　　**캡션의 길이: 문장 수 (**　　　**)개**

 * 캡션에 있는 문장의 개수를 세어서 직접 기입(제목 포함)

❿　　**캡션 수정의 속성**

❿-1 표현의 정확성
① 개선　② 감소　③ 불변

❿-2 팩트·설명
① 개선　② 감소　③ 불변

❿-3 가독성
① 개선　② 감소　③ 불변

❿-4 해석·의견
① 강화　② 약화　③ 불변

Ⅴ. 기타 이미지(표/그래프/일러스트레이션)

❶　기타 이미지 수정 여부
　① 수정 있음
　② 수정 없음 → 코딩 완료

❷　기타 이미지의 유형별 개수
　① 그래픽 (　　　)개
　② 일러스트레이션 (　　　)개

　＊ 대표 이미지(기사에 있는 기타 이미지 중 가장 크기가 큰 이미지) 이하 대표 이미지 코딩
　＊ 기사에 기타 이미지가 여러 개이고 크기가 동일한 경우 왼편 상단에 위치한 이미지를 대표 이미지로 봄
　＊ 기타 이미지의 크기가 1단×1칼럼 이하인 경우는 대표 이미지 분석(아래 문항 ❸~❽)에서 제외

❸　대표 이미지의 수정 여부
　① 수정 없음 → 코딩 완료
　② 수정 있음

❹ 대표 이미지의 유형
① 그래픽
② 일러스트레이션

❺ 대표 이미지의 수치 기반 여부
① 수치 기반 아님 → 코딩 완료
② 수치 기반

❻ 출처 제시 여부 → 항목은 50판 코딩북과 동일

❼ 수치 표시 오류(중복 코딩) → 항목은 50판 코딩북과 동일

❽ 대표 이미지 수정의 속성

❽-1 정보의 정확성
① 강화   ② 약화   ③ 불변

❽-2 설명력 제고
① 강화   ② 약화   ③ 불변

❽-3 정보와 그래픽 요소의 일치도
① 강화   ② 약화   ③ 불변

❽-4 디자인상의 변화
① 변화 있음   ② 변화 없음

❽-5 기타 변경의 속성을 직접 기입 (   )

① 정보의 정확성: 정보를 추가하거나 좀 더 구체적으로 명확하게 제시
② 설명력 제고: 복잡한 기사 내용을 이해하기 쉽게 만들어줌
③ 정보와 그래픽 요소의 일치도: 그래픽에 사용한 기호와 상징 등을 정보 내용과 일치하는
   방향으로 수정
④ 디자인상의 변화: 심미성을 높이거나 균형을 맞추기 위한 디자인 변화

개별 인용원 속성

※　　인용원 유형, 소속, 인용 횟수를 '기사에 등장하는 인용원 수'만큼 반복해서 입력

❶　　**일자 (20220104)** (　　　　　　)

❷　　**판**
　　　① 50판　② 51판　③ 52판　④ 53판　⑤ 54판

❸　　**지면 번호** (　　　)

❹　　**지면 내 기사 번호** (　　　)

❺　　**기사 고유 번호** (　　　　　　　)

　　*　**일자(8자리)+판+지면 번호+기사 번호**
　　　예: 1월 4일 50판 A20면 3번 기사의 경우 = 20220104502003

　　*　**51판이나 52판에서 새롭게 추가된 기사의 경우에는 '판'에 해당 판 번호를 기입**
　　　예: 1월 4일 51판 A01면 6번 기사의 경우 = 20220104510106

❻　　**인용원 번호** (　　　)

　　*　**기사 안에서 인용원이 등장한 순서대로 번호 부여**

❼　　**인용원 직접 입력**

❽ 인용 유형
① 실명
② 실명(소속과 직함 명기)
③ 익명(소속 명기) → ①·②·③에 해당할 경우 ❾로 계속 코딩
④ 익명(분야/지역 정보)
⑤ 익명 → ④·⑤에 해당할 경우 ❿으로 이동

① **실명: 인용원 개인이나 기관의 실명을 밝힌 경우**
　　예: 윤석열 대통령은, 보건복지부는, 보건복지부 대변인은 등
② **실명(소속과 직함 명기): 인용원의 소속과 직함을 명기하여 본인을 특정할 수 있는 경우.**
　　예: 성남도개공 개발사업 2팀장 한모 씨
③ **익명(소속 명기): 인용원의 실명을 밝히지 않고 소속만 명기한 경우**
　　예: 보건복지부의 관계자는
④ **익명(분야/지역 정보 등): 인용원의 실명과 소속을 모두 밝히지 않고 인용원이 소속된 분야와 지역 등을 광범위하게 언급한 경우**
　　예: 법조계에서는, 의료계에서는, 학계 전문가는 등
⑤ **익명: 인용원의 정보를 전혀 언급하지 않은 경우**

❽-1 재인용 여부
① 재인용 [인용원을 통해 제3자의 발언을 인용한 경우(대변인, 언론사, 비공식 출처 등 망라)]
② 재인용 아님

❽-2 재인용 횟수 (　　　)회

❾ 인용원 소속

* 인용원이 개인/대변인/단체/조직인지의 여부를 떠나 소속을 입력

[국내]
① 문재인 정부 및 국가기관(입법/사법/행정 관련 국가기관)
② 박근혜 정부 및 국가기관(입법/사법/행정 관련 국가기관)
③ 이명박 이전 정부 및 국가기관(입법/사법/행정 관련 국가기관)
④ 정당 및 정당 산하 기관(민주당)
⑤ 정당 및 정당 산하 기관(국민의힘)
⑥ 정당 및 정당 산하 기관(정의당)

⑦ 정당 및 정당 산하 기관(국민의당)
⑧ 정당 및 정당 산하 기관(나머지)
⑨ 공공기관(국가기관은 아니지만 공적 속성이 강한 공기업, 기관, 공공연구기관, 단체: 변호사협회, 의사협회 등)
⑩ 민간 기업 및 민간 단체(전경련 등 기업 협회, 기업 연구소, 민간 연구소 포함)
⑪ 유명인/연예인
⑫ 전문가(변호사, 회계사, 컨설턴트 등)
⑬ 대학/학술단체(대학 소재 연구소는 여기 포함)
⑭ 의료기관(병원, 요양원, 보건소, 대학병원 등)
⑮ 보육 및 초중등 교육기관, 학원, 일반인 교육, 직업 교육, 평생 교육 등
⑯ 시민단체(시민들이 주체가 되는 언론 관련 단체 포함)
⑰ 언론(언론인들이 주체가 되는 단체 포함, 노조 제외)
⑱ 노조(산별노조, 개별노조 망라), 근로자
⑲ 일반인(지역주민, 지역 관계자, 자영업자 등)
⑳ 북한 정부 및 국가기관
㉑ 북한 언론/민간단체
㉟ 국내 기타

[해외]
㉒ 국제기구
㉓ 주요국 입법/사법/행정/공공기관/언론/군 기관
㉔ 주요국 기업/민간단체
㉕ 주요국 유명인/연예인
㉖ 주요국 대학/학회/연구기관
㉗ 주요국 의료기관
㉘ 주요국 일반인
㉙ 비주요국 입법/사법/행정/공공기관/언론
㉚ 비주요국 기업/민간단체
㉛ 비주요국 유명인/연예인
㉜ 비주요국 대학/학회/연구기관
㉝ 비주요국 의료기관
㉞ 비주요국 일반인
㊱ 해외 기타

* **주요국: G7(미국·일본·영국·프랑스·독일·캐나다·이탈리아)+중국·러시아·EU**

❿   해당 인용원의 인용 횟수 (   )회

⓫   타 인용원과 해당 인용원의 공동 인용 여부
    ① 공동 인용 없음
    ② 공동 인용 있음

    ⓫-1 ②의 경우 공동 인용된 횟수 (   )회